泰州 2017年鉴

TAIZHOU NIANJIAN

中共泰州市委 泰州市人民政府 主办

泰州年鉴编纂委员会 编

方志出版社
Publishing House of Local Records

图书在版编目（CIP）数据

泰州年鉴.2017/泰州年鉴编纂委员会编.
--北京：方志出版社，2017.10
ISBN 978-7-5144-2657-1

Ⅰ.①泰… Ⅱ.①泰… Ⅲ.①泰州—2017—年鉴
Ⅳ.①Z525.33

中国版本图书馆CIP数据核字(2017)第273588号

泰州年鉴（2017）

编　者：泰州年鉴编纂委员会
责任编辑：丛　珺

出 版 人：冀祥德
出 版 者：方志出版社
地址：北京市朝阳区潘家园东里9号(国家方志馆4层)
邮编：100021
网址：http://www.fzph.org
发　行：方志出版社图书经销中心
电话（010）67110500
经　销：各地新华书店
印　刷：江苏苏中印刷有限公司

开　本：889×1194　1/16
印　张：31.25
字　数：1055千字
版　次：2017年10月第1版　2017年10月第1次印刷
印　数：0001～2500册

ISBN 978-7-5144-2657-1　定价：300.00元

泰州年鉴编纂委员会

主　　任　史立军
副 主 任　张余松　臧大存　王学锋　奚爱国　沈明刚
委　　员　陈士宏　沈惠彪　吉志铭　查学斌　赵云燕　戴庆柳
张永生　朱　峰　张士林　陈　维　祝　光　刘秋平
丁志强　李志高　王明根　高卫东　张长平　毛正球
傅　升　李龙根　胡正平　何卫东　徐洪涛　谢　宁
覃海平　沈南松　刘荣华　徐立华　丁和扣　蒋向荣
戴兆平　任志强
主　　编　沈明刚
副 主 编　陈士宏　沈惠彪　张士林　陈　维

《泰州年鉴》编辑部

主　　任　张　华
责任编辑　张　华　叶　彤　耿　维　王　卉　黄芹侠
彩页策划　叶　彤
审　　稿　（按姓氏笔画排序）
丁　辰　杨建忠　沈　静　张高贵　邵月娥　季　杰
周荣华　顾云晓　钱志宇　徐　震　奚　进　高新华
韩　峰　解恒俊　潘小冬　薛　林

泰州市政区图

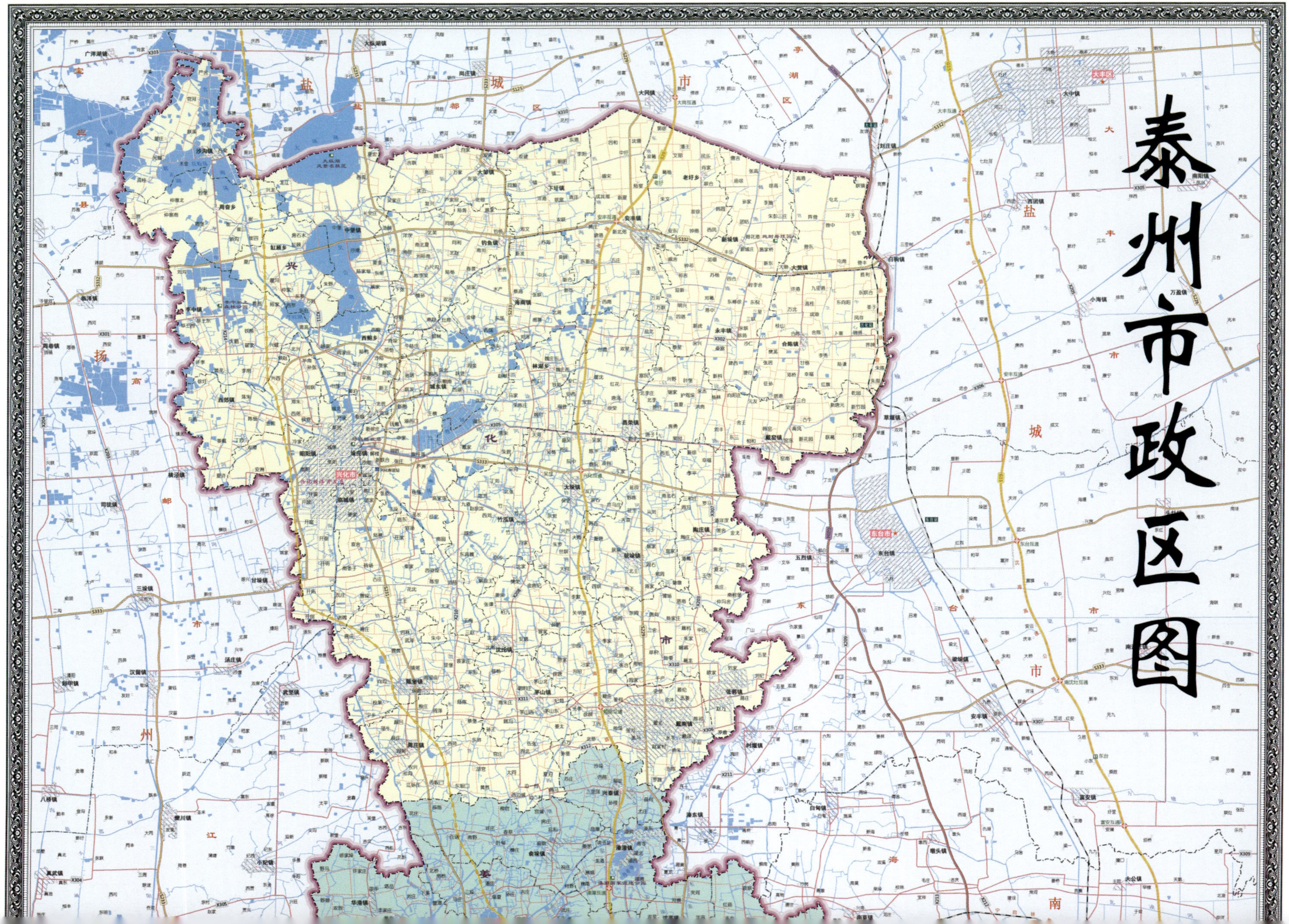

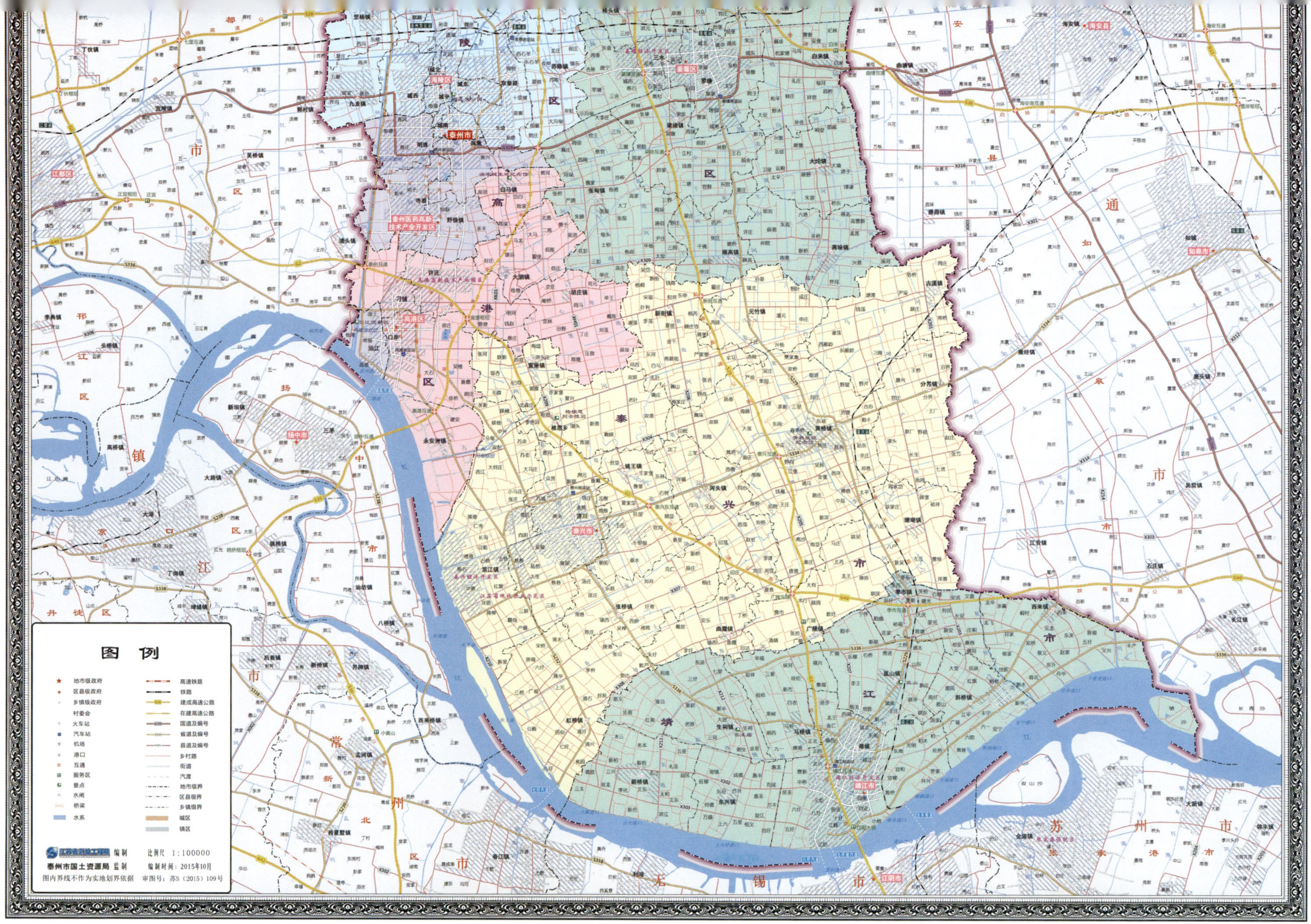

泰 兴 市
靖 江 市
高 港 区
海 陵 区
泰州市
泰兴市
靖江市
如 皋 市
扬 中 市
丹 徒 区
京 口 区
常 州 市
新 北 区
无 锡 市
江 阴 市
苏 州 市
张 家 港 市
图 例
地市级政府
区县级政府
乡镇级政府
村委会
火车站
汽车站
机场
港口
互通
服务区
景点
水闸
桥梁
水系
高速铁路
铁路
建成高速公路
在建高速公路
国道及编号
省道及编号
县道及编号
乡村路
街道
汽渡
地市级界
区县级界
乡镇级界
城区
镇区
江苏省测绘工程院 编制
泰州市国土资源局 监制
图内界线不作为实地划界依据
比例尺 1:100000
编制时间：2015年10月
审图号：苏S（2015）109号

泰州市区政区图

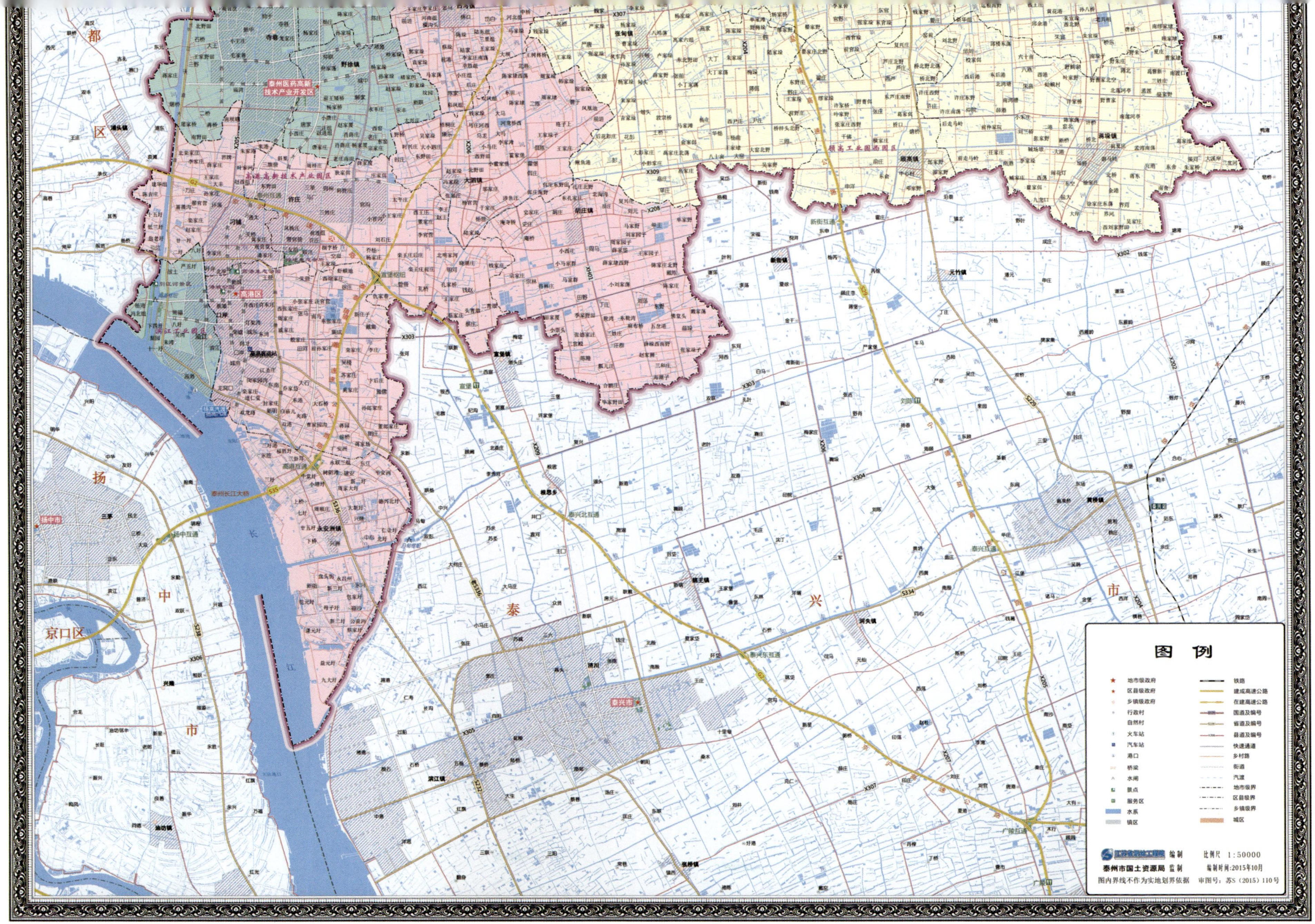

泰
兴
市
扬
中
京口区
都
区
图例
地市级政府
区县级政府
乡镇级政府
行政村
自然村
火车站
汽车站
港口
桥梁
水闸
景点
服务区
水系
镇区
铁路
建成高速公路
在建高速公路
国道及编号
省道及编号
县道及编号
快速通道
乡村路
街道
汽渡
地市级界
区县级界
乡镇级界
城区
编制
泰州市国土资源局 监制
图内界线不作为实地划界依据
比例尺 1:50000
编制时间:2015年10月
审图号：苏S（2015）110号

全国文明城市

国家卫生城市

市花　梅花

国家环保模范城市

国家园林城市

国家历史文化名城

中国吉祥文化之乡

中国优秀旅游城市

全国双拥模范城市

市树　银杏

国家现代农业示范区

全国科技进步先进市

国家知识产权示范城市

国家创新型试点城市

金融支持产业转型升级改革创新试验区

长江经济带大健康产业集聚发展试点城市

国家中医药综合改革试验区

全国康养旅游示范基地

户籍总人口508.21万人
总面积5787.36平方千米、水域面积占22.15%
地区生产总值4101.78亿元
三次产业结构5.9∶47.1∶47.0
人均地区生产总值88330元
农业总产值415.96亿元
粮食总产量313.03万吨
粮食绿色高产高效创建示范片105个
规模以上工业总产值12170.80亿元
固定资产投资额3164.12亿元
高新技术产业产值5310.75亿元
建筑业总产值2924.44亿元
服务业增加值1927.89亿元
旅游总收入282.66亿元
接待国内外游客2282.32万人次
国家AAAAA级旅游景区1个、AAAA级8个
进出口总额 103.81亿美元
新批协议注册外资25.16亿美元
一般公共预算收入327.60亿元
金融机构人民币存款余额5406.35亿元
金融机构人民币贷款余额3720.85亿元
居民人民币存款余额2474.71亿元
居民人民币贷款余额1010.62亿元
保险业务总收入123.30亿元
公路总里程9634.85千米
公路客运量8766万人次
民用汽车拥有量61.93万辆
长江岸线长96.30千米

沿江万吨级以上生产性泊位54个
航道总里程2550.23千米
国家科技奖3项
专利授权量12489件
万人发明专利拥有量7.86件
普通高等学校7所，在校学生5.92万人
公共图书馆7座、总藏量298.38万册
登记备案的博物馆19座
全国重点文物保护单位7处
国家级“非遗”项目7个
电视综合人口覆盖率100%
有线电视入户率97.20%
各类卫生机构1963家、拥有病床23237张
国家级生态乡镇85个、覆盖率95.50%
空气质量二级以上标准天数比例74%
社会消费品零售总额1118.34亿元
居民消费价格指数同比上涨2.10%
城镇常住居民人均可支配收入36828元
农村常住居民人均可支配收入17861元
城镇常住居民人均生活消费支出22480元
农村常住居民人均生活消费支出13250元
常住人口城镇化率63.20%
每万人拥有私营企业191家
每万人拥有个体工商户552户
新增城镇就业9.96万人、新增创业6.65万人
城镇登记失业率1.87%
城乡居民养老保险参保209.30万人
标准化社区居家养老服务中心154个

以上所有数据截至2016年12月

◆水色连城

◆大美溱湖

◆亲水而居

◆水天堂　夜游城

◆光孝寺

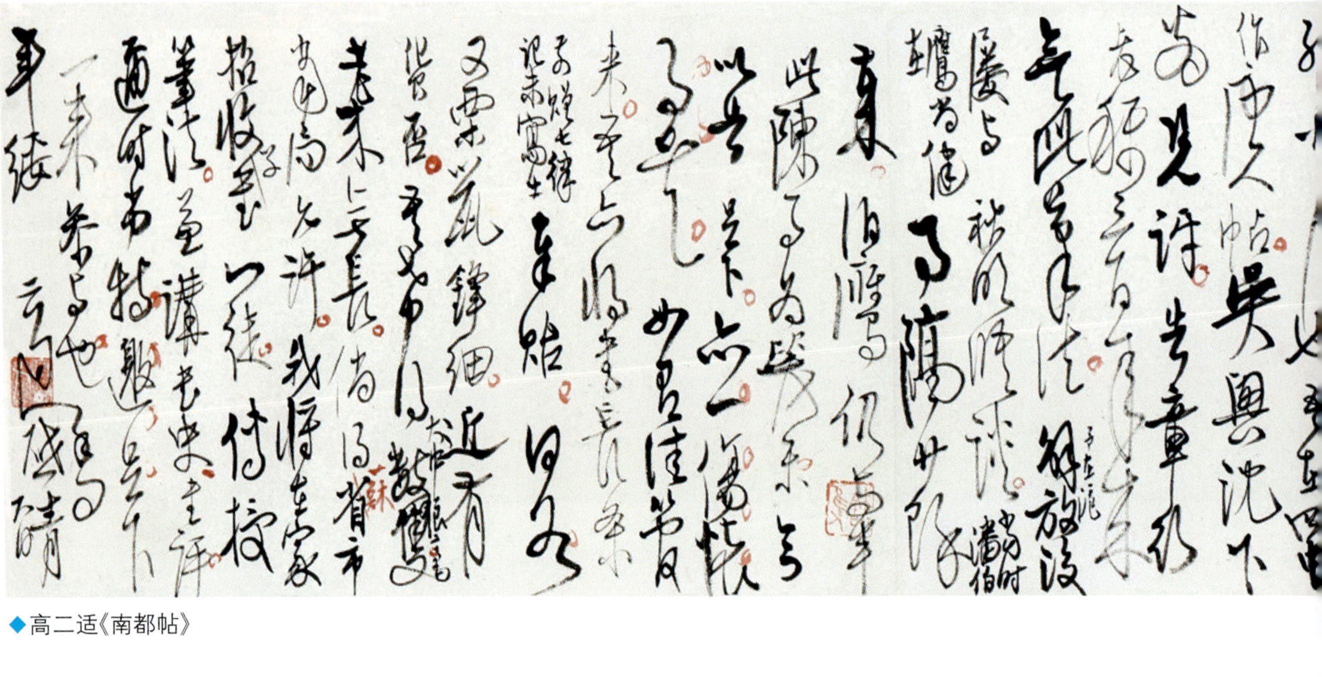

◆高二适《南都帖》

古泰坝掣盐浮雕

城隍庙

江苏盐税博物馆

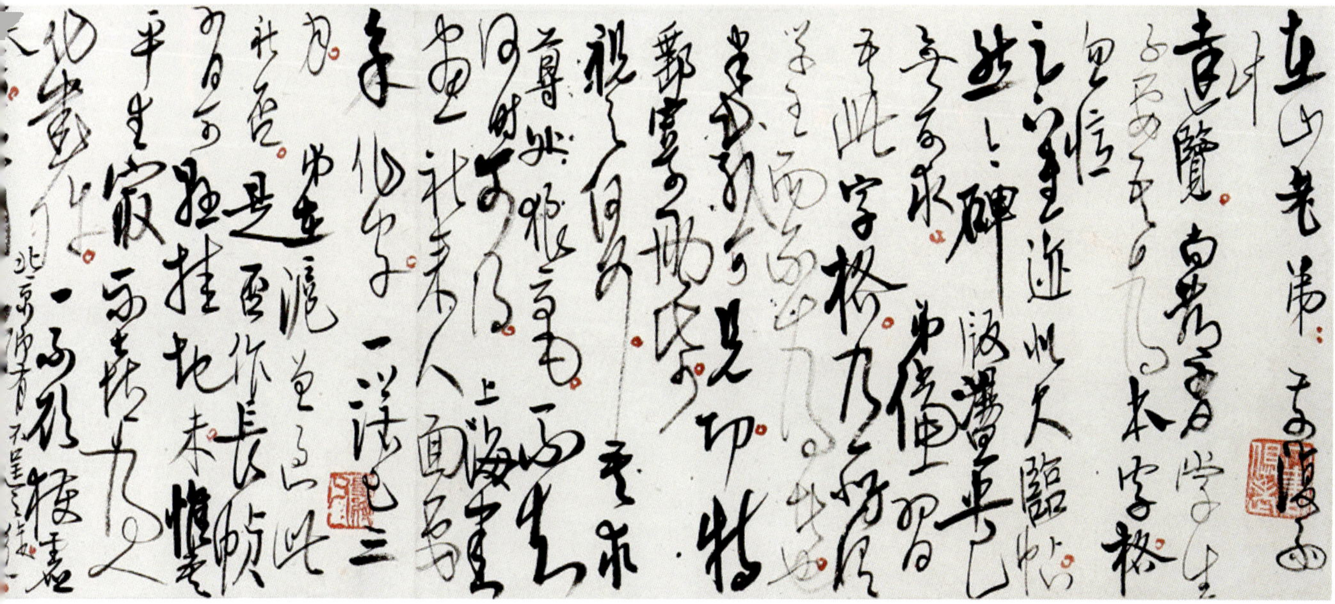

◆中国科举院试博物馆

◆梅兰芳公园

◆江苏省泰州中学新校区

◆泰州学派纪念馆——崇儒祠

断桥相会

桂英挂帅

霸王别姬

梅兰冷拼

玉堂春色

贵妃醉酒

游园惊梦

◆梅兰宴

菌香金丝鱼

豆苗野鸭片

鸳鸯螺蛳

溱湖簖蟹

溱湖八景碟

豆豉蒸白条

◆溱湖八鲜宴

河豚

长江刀鱼

鲥鱼

◆长江三鲜

◆黄桥烧饼

◆鱼汤面

◆靖江蟹黄汤包

◆煮干丝

◆油炸臭干

◆宣堡小馄饨

◆2016年8月2日，省委书记李强（左二）实地调研中国医药城医药博览馆

◆2016年9月29日，省长石泰峰（前排左一）在黄桥镇翁庄村调研

◆2016年3月，市委书记蓝绍敏在全国“两会”期间接受中央电视台采访

◆2016年9月9日，市委副书记、市长史立军（中）在泰州学院走访慰问一线教师

◆2016年9月22~24日，中国共产党泰州市第五次代表大会召开。会议选举产生新一届市委委员、市委候补委员及市纪委委员

◆2016年9月24日，中共泰州市五届一次全会选举产生新一届市委常委，蓝绍敏为市委书记。图为新一届市委常委合影。(左起：李伟、杨杰、李国强、陆春云、卢佩民、蓝绍敏、史立军、张国梁、马士光、常胜梅、张余松)

◆2017年1月17~20日，泰州市第五届人民代表大会第一次会议召开。会议选举产生新一届市人大常委会、市政府领导班子，蓝绍敏为市人大常委会主任，史立军为市长

◆2017年1月16~19日，中国人民政治协商会议泰州市第五届委员会第一次会议召开。会议选举产生新一届市政协领导班子，卢佩民为市政协主席

◆2016年9月24日，中国共产党泰州市第五届纪律检查委员会第一次全体会议召开。会议选举马士光为市纪委书记

◆2016年2月14日，泰州市工业经济和开放创新工作大会召开。会议动员全市上下进一步推进三大主题工作，全面实施创新驱动战略，深入推进供给侧结构性改革，促进工业经济和开放型经济转型升级、持续发展

◆2016年7月11~13日，中共泰州市委工作会议在靖江召开。会议期间，组织开展全市项目建设集中观摩点评活动

◆2016年12月9日，泰州市召开动员大会，部署开展“百团千村万企”大走访大落实活动

◆2016年3月26~28日，胡锦涛同志（前排右一）到泰州视察。这是胡锦涛卸任中共中央总书记以来，第二次回到家乡泰州。图为胡锦涛接见泰州市四套班子成员

◆2016年3月21日，全国春季农业生产暨森林草原防火工作会议在泰州召开。图为中共中央政治局委员、国务院副总理汪洋（右二）在会议期间实地察看高产示范田麦苗生长情况

◆2016年12月29日，中国共产党泰州市第五届委员会第二次全体会议召开。市委书记蓝绍敏在会上作题为《全力打好"聚力创新、聚焦富民"主攻仗，向着高水平全面建成小康社会奋力前进》的工作报告

◆2016年1月21日，市四届人大六次会议审议通过《泰州市制定地方性法规条例》，这是泰州市获得地方立法权后制定的第一部法规。图为市人大立法调研组开展立法调研活动

◆2016年4月13日，泰州市公布首批“蜗牛奖”名单，在全国引发强烈反响

◆2016年6月，国务院颁布《长江经济带发展规划纲要》，明确提出“支持江苏泰州开展大健康产业集聚发展试点”。图为高层次专家为产业发展出谋支招

◆2016年7月,泰州市第四次获"全国双拥模范城"称号。图为市委副书记卢佩民(右三)走访驻泰部队

◆2016年8月12日,泰州市召开弘扬建市创业精神大会。会议表彰"新泰州建设功臣"和2016年度泰州市劳动模范

◆2016年9月2日，江苏省个体工商户“两证合一”改革在泰州启动

◆2016年10月31日，泰州市第五届运动会在市体育中心开幕

◆2016年8月11日，泰州市128个重大项目集中开工，计划总投资710.50亿元。图为新泰州建设功臣、市劳动模范和企业家代表为高德美项目培土奠基

◆2016年11月11日，泰州市举办全市重大竣工项目集中巡礼活动。图为市委书记蓝绍敏在活动现场与企业家互动对话

◆2016年12月28日，泰镇高速泰州段建成通车。图为淤溪枢纽

◆2016年10月9日，泰州市三大产业研究院启动运行。图为揭牌仪式

◆2016年10月29日，泰州市政府举行大健康产业项目集中签约仪式暨中国医药城政策发布会

◆打造国家千亿级新能源产业基地。图为华东地区最大的水上光伏发电基地—— 华电(兴化)太阳能发电项目

◆2016年4月8日~5月8日，第八届中国泰州水城水乡国际旅游节在泰州举行

◆兴化千垛菜花节期间迎来万人观花海

◆2016年4月8日，第十一届中国湿地生态旅游节暨2016中国泰州姜堰溱潼会船节在溱湖风景区开幕。图为会船现场

◆2016年9月29日，2016中国泰州梅兰芳艺术节在泰州大剧院开幕

◆2016年10月28~30日，第七届中国（泰州）国际医药博览会在中国医药城举行

◆2016年6月21日，两岸（泰州）健康产业交流合作基地在医药高新区揭牌成立

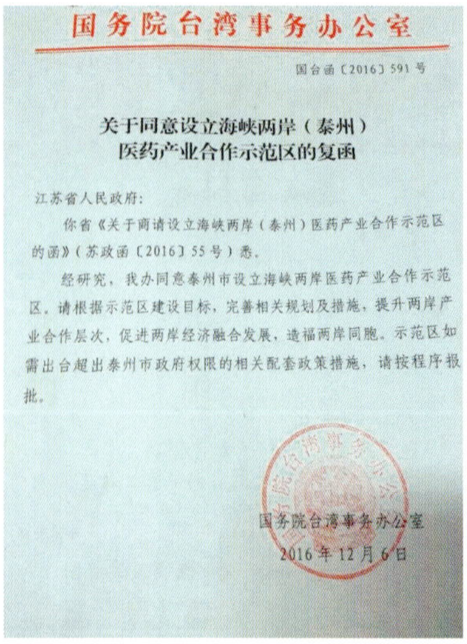

国务院台湾事务办公室

国台函〔2016〕591号

关于同意设立海峡两岸（泰州）医药产业合作示范区的复函

江苏省人民政府：

你省《关于商请设立海峡两岸（泰州）医药产业合作示范区的函》（苏政函〔2016〕55号）悉。

经研究，我办同意泰州市设立海峡两岸医药产业合作示范区。请根据示范区建设目标，完善相关规划及措施，提升两岸产业合作层次，促进两岸经济融合发展，造福两岸同胞。示范区如需出台超出泰州市政府权限的相关配套政策措施，请按程序报批。

国务院台湾事务办公室

2016年12月6日

◆2016年12月6日，国台办批复设立海峡两岸（泰州）医药产业合作示范区。这是全国首家国家级医药类对台经贸合作载体平台

◆2016年4月8日，泰台经贸交流合作峰会在泰州举行。图为市政府与台湾工业总会签订深化合作战略协议书

◆2016年6月
交流活动

◆2016 年 10 月 20 日，台湾工业总会参访团到泰州市参观访问

日，市委副书记、市长史立军（中）率团赴台湾地区开展经贸

◆2016 年 4 月 20 日，台湾巨腾公司投资 1.5 亿美元的电子产品部件项目落户泰州经济开发区

◆2016年10月27日，市委书记蓝绍敏（右三）会见中国—东盟商务理事会代表团一行

◆2016年10月28日，中国—东盟医药行业合作委员会在泰州揭牌成立

◆2016年4月8日，市长史立军(右四)会见四国驻沪总领馆领事及商会代表

◆2016年1月7~9日，“外交官看中国——江苏行”考察团到泰州考察。图为市领导会见考察团一行

◆推进全民创业，实现富民增收

◆市政协跟踪回访《关于加快提升中心城市医疗卫生服务功能的建议案》采纳转化情况

◆保障农民工工资支付权益

◆弘扬中华民族尊老敬老传统美德

◆走访慰问

◆全面开展老年人助餐助浴点建设，完善居家养老服务功能

◆文化惠民券让百姓在家门口免费看戏

◆开展全民阅读活动，推动书香泰州建设

◆中国评书评话博物馆在泰州柳园开馆

◆泰州市获评“长三角公共自行车推广典范城市”。图为元旦万人“骑·跑”活动现场

◆泰州市首届冬泳公开赛在凤城河举行

《泰州市志》首次出版发行

◆2016年8月10日，以地级泰州市为记述范围的第一部志书——《泰州市志》正式出版发行。图为《泰州市志》首发式

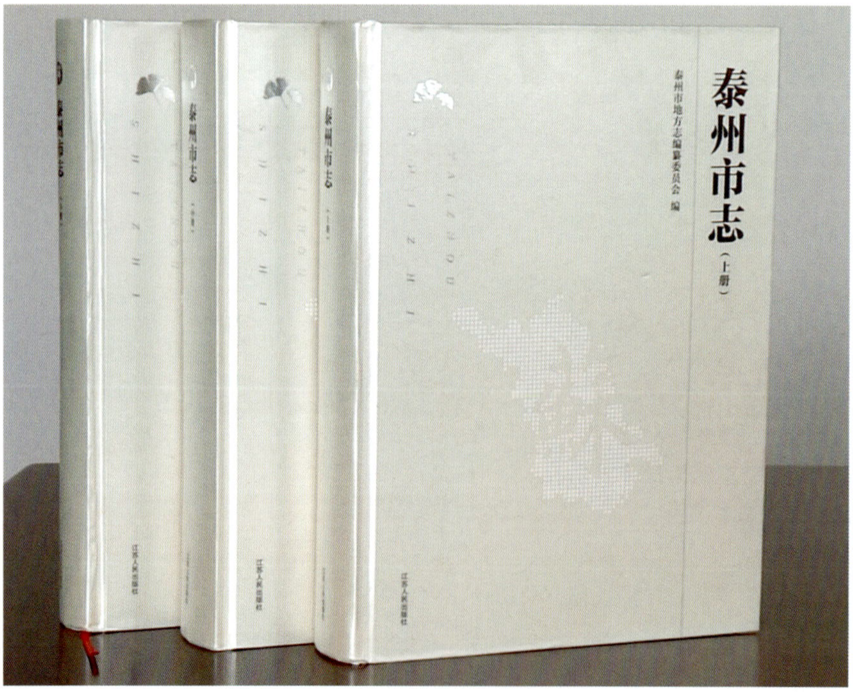

◆《泰州市志》由志首图片、总述、大事记、49篇专志、附录和随书光盘组成，分上、中、下三册，计300多万字

编 辑 说 明

一、《泰州年鉴》是中共泰州市委、泰州市人民政府主持编纂的地方综合性年鉴。创刊于1998年，本卷为第20卷。

二、《泰州年鉴(2017)》以马克思列宁主义、毛泽东思想、邓小平理论、“三个代表”重要思想、科学发展观和习近平新时代中国特色社会主义思想为指导，全面、翔实地记述2016年泰州市政治、经济、文化、社会、生态等方面的情况，为认识泰州、研究泰州、发展泰州，提供系统、权威的市情资料。

三、《泰州年鉴》采用分类法编辑，全书设栏目、分目(部分分目设副分目)和条目3个层次。栏目、分目用不同字体加以区别，栏目标于书眉，副分目前后加•表示。条目标题加【 】表示。大事记条目前△者，表示该条目与前条目日期相同。

四、《泰州年鉴(2017)》共设40个栏目，314个分目，1555个条目。彩页刊登最新版《泰州市政区图》《泰州市区政区图》。

五、为便于检索，卷首配备详细中文目录和英文要目，卷末设有索引。索引采用主题分析法编制，款目按汉语拼音字母顺序(同音字按声调)排列。

六、书中所涉及机构名称大多采用规范化或习惯性简称，目录前备有部分组织机构简称、全称对照表。

七、本年鉴资料稿件由全市各有关部门、单位提供，并经部门领导审核。统计数据以统计部门的资料为准。

八、撰稿人姓名加( )列于所写正文之后，同一栏目内相邻条目为同一撰稿人的，则列于末条正文之后。

部分组织机构简称、全称对照表

简称	全称
市委	中国共产党泰州市委员会
市人大常委会	泰州市人民代表大会常务委员会
市政府	泰州市人民政府
市政协	中国人民政治协商会议泰州市委员会
市纪委	中国共产党泰州市纪律检查委员会
市法院	江苏省泰州市中级人民法院
市检察院	江苏省泰州市人民检察院
市委办	中国共产党泰州市委员会办公室
市政府办	泰州市人民政府办公室
市委政法委	中国共产党泰州市委员会政法委员会
市委统战部	中国共产党泰州市委员会统一战线工作部
市委农工办	中国共产党泰州市委员会农村工作办公室
市委机关工委	中国共产党泰州市委员会市级机关工作委员会
市委保密办	泰州市委保密委员会办公室
市外侨办	泰州市人民政府外事侨务办公室
市人社局	泰州市人力资源和社会保障局
市民宗局	泰州市民族宗教事务局
市编办	泰州市机构编制委员会办公室
市机关管理局	泰州市机关事务管理局
市发改委	泰州市发展和改革委员会
市经信委	泰州市经济和信息化委员会
市商务局	泰州市商务局
市科技局	泰州市科学技术局
市卫计委	泰州市卫生和计划生育委员会
市综治办	泰州市社会治安综合治理委员会办公室
市农委	泰州市农业委员会
市环保局	泰州市环境保护局
市工商局	泰州市工商行政管理局
市城管局	泰州市城市管理局
市住建局	泰州市住房和城乡建设局
市交通运输局	泰州市交通运输局
市文广新局	泰州市文化广电新闻出版局
市安监局	泰州市安全生产监督管理局
市食药监局	泰州市食品药品监督管理局
市质监局	泰州市质量技术监督局

简称	全称
市国土局	泰州市国土资源局
市民防局	泰州市民防局
市建工局	泰州市建筑工程管理局
市盐务局	泰州市盐务管理局
市供销社	泰州市供销合作总社
市国税局	泰州市国家税务局
市地税局	泰州市地方税务局
泰州检验检疫局	中华人民共和国泰州出入境检验检疫局
泰州海关	中华人民共和国泰州海关
市人行	中国人民银行泰州市中心支行
农发行泰州市分行	中国农业发展银行泰州市分行
工行泰州分行	中国工商银行泰州分行
农行泰州分行	中国农业银行泰州分行
中行泰州分行	中国银行泰州分行
建行泰州分行	中国建设银行泰州分行
交行泰州分行	交通银行泰州分行
民革市委	中国国民党革命委员会泰州市委员会
民盟市委	中国民主同盟泰州市委员会
民建市委	中国民主建国会泰州市委员会
农工党市委	中国农工民主党泰州市委员会
九三学社市委	九三学社泰州市委员会
民进泰州总支	中国民主促进会江苏省委员会泰州市总支部委员会
致公党泰州总支	中国致公党江苏省委员会泰州市总支部委员会
市工商联	泰州市工商业联合会
团市委	中国共产主义青年团泰州市委员会
市妇联	泰州市妇女联合会
市残联	泰州市残疾人联合会
市侨联	泰州市归国华侨联合会
市文联	泰州市文学艺术界联合会
市社科联	泰州市哲学社会科学联合会
市科协	泰州市科学技术协会
泰州军分区	中国人民解放军江苏省泰州军分区
市武警支队	中国人民武装警察部队泰州市支队
市消防支队	中国人民警察部队泰州市消防支队

目 录

特 载

名 城 建 设

专 记

2016年泰州大事记

泰　州　概　貌

中共泰州市委员会

泰州市人民代表大会

泰州市人民政府

政协泰州市委员会

纪检监察

民主党派·工商联

群　众　团　体

法 治

地 方 军 事

人力资源

城市建设与管理

环　境　保　护

旅　　游

信息化建设

水　利

交通·邮政

建 筑 业

农业·农村

工　业

对外及对港澳台经济贸易

产业园区·沿江开发

国　内　贸　易

综合经济管理

财政·税务

金　融

教　育

科　　学

文化·新闻

卫　生

体　育

社　会　生　活

市（区）概貌

人物·先进集体

附　　录

索　　引

MAIN CONTENTS

SPECIAL RECORD

FAMOUS CITY CONSTRUCTION

SPECIAL ACCOUNT

2016 TAIZHOU MEMORABILIA

TAIZHOU PROFILE

CPC TAIZHOU MUNIPAL COMMTTEE

TAIZHOU MUNICIPAL PEOPLE S CONGRESS

TAIZHOU MUNICIPAL PEOPLE S GOVERNMENT

CPPCC TAIZHOU MUNICIPAL COMMITTEE

DECIPLINE INSPECTION AND SUPERVISION

DEMOCRATIC PARTIES AND THE FEDERATIONS OF INDUSTRY AND COMMERCE

PEOPLE'S ORGANIZATIONS

RULE BY LAW

LOCAL MILITARY

LABOR EMPLOYMENT

URBAN CONSTRUCTION & MANAGEMENT

ENVIRONMENT PROTECTION

TORUISM

INFORMATION CONSTRUCTION

WATER RESOURCES

TRANSPORTATION & POST

CONSTRUCTION INDUSTRY

AGRICULTURE & COUNTRYSIDE

INDUSTRY

FOREIGN, HONGKONG, MACAO & TAIWAN ECONOMY & TRADE

INDUSTRIAL DEVELOPMENT ZONE & RIVERINE DEVELOPMENT

DOMESTIC TRADE

COMPREHENSIVE ECONOMIC ADMINISTRATION

FINANCE & TAXATION

FINANCIALS

EDUCATION

SCIENCE

CULTURE & NEWS

PUBLIC HEALTH

SPORTS

SOCIAL LIFE

PPOFILE OF THE COUNTY LEVEL CITIES DISTRICTS

CHARACTER & ADVANCED ORGANIZATIONS

APPENDIX

INDEX

激发干事创业精气神 提高转型创新含金量 为建设“强富美高”新泰州而团结奋斗

——在中共泰州市第五次代表大会上的报告(摘要)

中共泰州市委书记 蓝绍敏

(2016年9月22日)

这次大会的主要任务是:认真总结市第四次党代会以来的工作,全面部署今后一个时期经济社会发展的目标任务和党的建设工作,选举产生中国共产党泰州市第五届委员会和纪律检查委员会,动员和带领全市广大党员和干部群众,为建设“强富美高”新泰州而团结奋斗。

一、干事创业、砥砺奋进的五年

市第四次党代会以来的五年,是宏观经济形势复杂多变、外部性结构性周期性多重因素交叠挤压的五年,也是我市经济社会发展极不平凡的五年。在党中央和省委的坚强领导下,我们团结带领全市人民,全面贯彻党的十八大和十八届三中、四中、五中全会精神,深入学习贯彻习近平总书记系列重要讲话特别是视察江苏重要讲话精神,主动适应和引领新常态,致力稳中奋进,持续推进全省转型升级综合改革试点,扎实开展“思想再解放、项目大突破、城建新提升”三大主题工作,经济社会发展和党的建设取得显著成就,胜利完成了市第四次党代会确定的目标任务。

2016年9月22日,市委书记蓝绍敏在中共泰州市第五次代表大会上讲话

五年来,我们致力转型升级、特色发展,走上了争先进位、跨越赶超的发展新路。经济总量迈上新台阶,预计今年全市地区生产总值突破4000亿元,人均地区生产总值突破8万元。2015年,一般公共预算

收入突破300亿元，规模以上工业企业总产值、主营业务收入双双突破1万亿元，社会消费品零售总额突破1000亿元，金融机构人民币年末存贷款余额分别突破4000亿元、3000亿元。转型升级取得新突破，三次产业结构由2011年的7.2∶54∶38.8调整为2015年的5.9∶49.1∶45，高新技术产业产值年均增长23.2%，R&D经费支出占比由1.9%提升至2.4%，科技进步贡献率达到59.7%，获批国家创新型试点城市、国家知识产权示范城市、国家现代农业示范区、国家农业科技园区和国家高标准农田建设试点。主导产业实现新跨越，生物医药及高性能医疗器械产业持续领跑全省，去年产业规模达到948亿元，成为国家级长江经济带大健康产业集聚发展试点和两岸（泰州）健康产业交流合作基地；高技术船舶及海工装备产业加快转型，去年船舶完工量668.6万载重吨，占全球的6.8%、全国的16%、全省的40%，“泰州造船板块”成为世界造船版图中的新亮点；节能与新能源产业快速突破，在单晶太阳能、负极材料、通讯电源、石墨烯新能源运用等方面占据了产业发展制高点。

五年来，我们致力项目招引、有效投入，打下了增创优势、增添后劲的坚实基础。累计新开工亿元以上项目884个，实际利用外资62亿美元，固定资产投资年均增长22.5%。特别是近两年，我们持续推进“项目大突破”，顶住了经济下行压力，招引实施了一批大项目、好项目，项目建设呈现爆发式增长态势。园区承载能力不断增强，成为全市扩大开放的主窗口、集聚资源要素的主阵地。中国医药城成为国家新型工业化示范基地和国家新型疫苗及特异性诊断试剂产业区域集聚发展试点，落户了600多家国内外知名医药企业，一批企业步入产业化快车道。泰州综合保税区获批，靖江经济开发区升格为国家级经济开发区，泰州港迈入亿吨港行列，靖江港成为国家一类开放口岸。

五年来，我们致力深化改革、开拓创新，形成了活力迸发、动力强劲的良好态势。出台人才10条、工业10条、开放10条、金融10条等政策，在全省率先实现企业登记“三证合一”“一照一码”全覆盖，率先启动个体工商户“两证合一”改革，率先推行排污权有偿使用和交易试点，探索实施支持创新创业的“创新券、创业券、购房券”“离岸孵化”和“金三角”人才柔性创业机制，与省里共同设立国家一类新药研发投资基金，建成运营全国首家地级市网上技术交易平台“泰科易”。推出供给侧结构性改革30条重点措施，制定“1+25”政策体系，供给侧结构性改革扎实推进。

五年来，我们致力城乡一体、互动并进，展现了和谐宜居、别具特色的城乡风貌。我市被国家规划定位为长三角Ⅱ型大城市，创成全国文明城市、国家历史文化名城、全国首批康养旅游示范基地，“泰州太美、顺风顺水”成为享誉全国的城市名片。扎实推进“城建新提升两年行动计划”，周山河新城开发建设全面提速，稻河古街区建成开街，“双水绕城”建设步伐加快，东风路、永定路实施快速化改造，姜堰撤市设区，“一体两翼、组团布局、融合发展”的中心城市形态初步形成。新型城镇化和城乡一体化稳步推进，7个镇入选全国重点镇，村庄环境整治实现高质量全覆盖，农村饮水安全工程新增受益人口150万人。城乡重大基础设施建设实现重大突破，泰州长江大桥建成通车，扬泰机场正式通航，国电泰州电厂二期竣工投产，泰镇高速、阜兴泰高速、京沪高速江广段扩容工程加快推进，新建改建一级公路总里程近300公里。卤汀河、泰东河、引江河二期等重大水利工程顺利竣工，四级以上内河航道新增达标总里程超过前15年的总量。宁启铁路复线开通动车，盐泰锡常宜城际铁路、北沿江高铁规划和前期工作取得突破性进展。

五年来，我们致力改善民生、造福百姓，构建了共建共享、安定祥和的生动局面。坚持每年将全部财力的75%、新增财力的80%以上用于改善民生，人民群众的获得感和满意度持续提升。就业创业工作扎实有效，获评全国创业先进城市，城镇登记失业率持续保持全省最低水平，城乡居民人均可支配收入分别达到34092元、16410元，年均增长9.6%、10.4%。泰州学院成功获批，全域建成国家义务教育发展基本均衡市（区）。医药卫生体制改革深入推进，县级市公立医院全部创成三级医院，获批国家中医药综合改革试验区，在苏中苏北地区率先实现国家卫生城市全覆盖。社会保障体系日益完善，主要险种参保率稳居全省前列。坚持文化惠民，市规划展示馆、美术馆、图书馆、博物馆、文化馆建成使用，推出“文化惠民券”，获评全国首家“中国吉祥文化之乡”。生态环境实现新改善，市本级达到国家生态市考核标准。创成全国“六五”普法先进市，连续5年获评全省综治平安建设先进市，群众安全感位居全省前列。国防动员不断加强，再次荣获全国双拥模范城称号。人大和政协重要作用充分发挥，地方立法工作全面启动。加强与各民主党派、工商联和无党派人士合作共事，工青妇等人民团体的桥梁纽带作用持续增强，凝聚起推动发展的强大合力。

五年来，我们致力党要管党、从严治党，营造了干事创业、风清气正的政治生态。制定《推动全面从严治党迈上新台阶实施意见》，层层压实主体责任，扎实开展党的群众路线教育实践活动、“三严三实”专题教育和“两学一做”学习教育。干部队伍建设成效显著，树立鲜明的选人用人导向，构建长效动态激励机制，制定容错纠错实施办法，通过“五个激励”“蜗牛奖”等举措，既“促有为”又“治不为”，各级干部干事创业激情充分迸发。“为民党建”不断深入，推出群众工作团、联建党组织、管党治党“书记项目”“常委项目”等有效做法，基层党建工作走在全省前列。在全国率先出台《落实党风廉政建设责任制防止“挂帅不出征”的九项规定》和《监督执纪“四种形态”实践运用规则》，得到中央纪委充分肯定并向全国推介。坚决落实中央八项规定精神和省市委十项规定，持续整治“四风”问题，始终保持惩治腐败的高压态势，党风廉政建设和反腐败工作取得新成效。

五年攻坚克难、砥砺奋进，取得的成绩来之不易，积累的经验尤为宝贵，必须一以贯之继承发扬：我们切实发挥市委“统揽全局、协调各方”的领导核心作用，始终坚持“中央和省委有要求，第一时间有行动，落实部署有成效”的政治自觉，确保中央和省委的每一项重大决策部署，全面及时地在泰州贯彻执行、落地生根，使我们的发展始终沿着正确方向前进。我们致力推动泰州发展行稳致远，始终坚持“一张蓝图绘到底、一个目标干到底”的工作定力，以三大主题工作为抓手，丰富名城战略内涵，持续推进转型升级，紧紧扭住全面小康，一任接着一任干，一锤接着一锤敲，不断为泰州的长远发展打好坚实基础。我们努力建设人民满意的幸福城市，始终坚持“真心爱民、善待百姓，真心为民、造福百姓”的发展初心，发展不忘百姓，发展为了百姓，切实解决好民生基本问题和群众关心的热点难点问题，努力用党员干部的辛苦指数、绩效指数，换取人民群众的幸福指数、满意指数。我们大力弘扬新时期泰州精神，始终坚持“激情燃烧、干事创业”的精神追求，广大干部群众大力弘扬“四个长期”“三个不相信”精神，长期奋斗、长期攻坚、长期吃苦、长期奉献，不相信有完成不了的任务、不相信有克服不了的困难、不相信有实现不了的目标，再造了一个激情燃烧、干事创业的火红年代。实践证明，紧紧依靠508万勤劳智慧的泰州人民，建成一支善作善成、为民务实、风清气正的好队伍，是我们最核心的基础工程；形成一种昂扬向上、奋勇争先、激情澎湃的精气神，是我们最重要的竞争优势。这是我们战胜一切艰难险阻、不断奋勇前行的宝贵财富和强大动力！

在充分肯定成绩的同时，我们也清醒认识到，经济社会发展和党的建设还存在一些问题和不足：在中心城市功能完善、交通基础设施建设、创新资源要素集聚等方面还要花大气力“补课”；经济发展还不充分，转型升级压力较大，产业结构仍然偏重，开放型经济规模不大，服务业发展相对滞后，补生态环境“欠账”的工作必须抓紧；城乡之间、区域之间发展不平衡问题依然突出；城乡居民收入与经济发展水平还不相适应，社会治理、公共服务、风险防范等方面还有不少亟待解决的问题；党风廉政建设和反腐败斗争形势依然严峻复杂，少数党员理想信念动摇、宗旨意识淡薄，少数干部责任意识、担当能力与发展的新形势新要求还不相适应，作风和能力建设仍需常抓不懈。对此，我们必须高度重视，采取有力措施，切实加以解决。

二、建设“强富美高”新泰州

发展继往开来，使命催人奋进。经济强、百姓富、环境美、社会文明程度高，是习近平总书记为江苏发展确立的新坐标、新任务，我们有信心更有决心把“强富美高”的宏伟蓝图在泰州大地上变成美好现实。

今后五年工作的总体要求是：高举中国特色社会主义伟大旗帜，以邓小平理论、“三个代表”重要思想、科学发展观为指导，深入贯彻习近平总书记系列重要讲话特别是视察江苏重要讲话精神，以“五位一体”总体布局和“四个全面”战略布局为统领，坚定不移地把“五大发展理念”作为行动指南，坚定不移地把全面建成小康社会作为核心任务，坚定不移地把“四个名城”建设作为战略支点，坚定不移地把三大主题工作作为主要抓手，坚定不移地把新时期泰州精神作为动力之源，同心同德建设经济强、百姓富、环境美、社会文明程度高的新泰州。

——建设经济强的新泰州。经济实力更强，地区生产总值年均增长8%以上，到2021年，确保迈上6000亿元新台阶，人均地区生产总值达到12.8万元，一般公共预算收入与经济同步增长。科技创新力更强，R&D经费支出占比2.8%以上，科技进步贡献率62%以上，高新技术产业产值占规模以上工业产值比重45%以上，高新技术企业达到1000家以上，建成国家创新型城市。产业竞争力更强，形成中国医药城在全国生物医药发展的领先地位，巩固全国最大船舶出口基地的领航地位，确立节能与新能源产业在全省的领军地位，在以产业转型带动经济社会发展转型上取得重大突破。

——建设百姓富的新泰州。努力实现居民收入高、就业创业广、社会保障好、教育质量优、医疗保健强的目标。力争居民收入增长和经济发展同步、劳动报酬增长和劳动生产率提高同步；新增就业30万人、创业25万人，城镇登记失业率控制在3.5%以内；城乡基本社会保险覆盖率超过98%；教育主要发展指标达到现代化水平，义务教育巩固率达到100%；居民健康主要指标达到国际先进水平，人民群众物质生活富足、精神生活丰富，全面小康有更广代表性、更多获得感、更高满意度。

——建设环境美的新泰州。生态文明建设取得重大进展，单位GDP能耗、二氧化碳排放和主要污染物排放总量明显下降，林木覆盖率、Ⅲ类以上地表水比例、空气质量优良天数比例进一步提高，争创国家生态文明建设示范区，做到空气清新、水质清澈、环境清洁，拥有自然环境之美、景观特色之美、文化交融之美、城乡协调之美，把水城水乡的诗画美景生动地展现在泰州大地。

——建设社会文明程度高的新泰州。中国梦和社会主义核心价值观深入人心，精神文明建设水平持续提升，公平正义充分彰显，崇德向善蔚然成风，诚实守信成为自觉，市民素质大幅提高，文化事业文化产业繁荣发展，民主法治环境更加优良，社会大局和谐稳定，一切有利于泰州发展的积极因素得到充分调动，一切有利于泰州发展的智慧力量得到充分汇聚。

发展无坦途，奋斗无止境。我们是在发展的转型期、改革的攻坚期、小康的决胜期建设“强富美高”新泰州，既面临许多发展机遇，也面临不少现实挑战。虽然项目招引的短板正在变长，但发展不充分的短板没有变；虽然追赶别人的速度、质量和位次正在变好，但追赶型城市的地位没有变；虽然经济运行的整体质态和产业结构正在变优，但城市的产业竞争力、科技竞争力、环境竞争力迫切需要提升的现状没有变。我们必须本着对历史负责、对人民负责的态度，咬定发展不放松，越是艰险越向前，努力实现遵循经济规律的科学发展、遵循自然规律的可持续发展、遵循社会规律的包容性发展、遵循创新规律的智慧型发展。全市上下必须牢记：我们坚决不要空喊口号的高点定位，坚决不要华而不实的增长速度，坚决不要后劲不足的争先进位，我们要的是有转型与创新含金量的高点定位，我们要的是有转型与创新含金量的增长速度，我们要的是有转型与创新含金量的争先进位！

我们必须始终坚定应对挑战、克难奋进的坚强意志。世界经济仍处于深度调整期，我国经济发展进入新常态，我们推动发展、加快转型的紧迫性、艰巨性前所未有。要准确把握日趋严峻复杂的外部环境，清醒认识可能出现的中期“L型”走势和近期“W型”波动，科学应对经济下行压力带来的风险和矛盾，既要切实增强忧患意识，把困难估计得更充分一些，把工作做得更周全一些，又要坚定信心、保持定力，努力营造好泰州发展的“小环境”，在挑战中发现机遇，在危机中抢得先机，在新旧动能转换中把握发展主动权。

我们必须始终高扬转型升级、创新驱动的时代旋律。只要是有转型与创新含金量的发展速度，再快不用“刀子砍”，没有转型与创新含金量的发展速度，再慢不用“鞭子赶”。以全面深化改革推动经济转型升级，以提高开放水平集聚高端资源要素，以加快创新驱动推进跨界深度融合，在打破行政分割、行业壁垒、区域限制中，加强体制创新和制度供给，确保招商有科技含量、转型有优质增量、创新有产业力量，努力实现经济增长与自然环境和谐统一的“绿色GDP”、经济增长与人民幸福和谐统一的“幸福GDP”、经济增长与质量效益和谐统一的“金色GDP”。

我们必须始终弘扬真抓实干、马上就办的优良作风。切实用好长江经济带大健康产业集聚发展试点、金融支持产业转型升级改革创新试验区、高标准农田建设试点等一系列国家级改革试点在我市先行先试的重大机遇，以高效率赢得高速度，以快节奏换来快发展，以好作风催生好态势，用实实在在的举措支撑实实在在的发展，确保我们的发展稳中奋进、长期向好。

我们必须始终激发高点定位、争先进位的拼搏精神。持续推进“思想再解放”，确立更高参照系，树立更高新追求，在长三角和江苏城市群中选定标杆城市，全力对标找差，与强的争、与高的比、与优的赛，能快则快、能超则超、能好则好，努力实现发展质量、经济总量、人均均量全面赶超，转型升级指数、生态环境指数、民生幸福指数全省领先，以“三赶超三领先”为全市经济总量力争“省内进前8、全国40强”奠定坚实基础，再造一个泰州发展的黄金期。

三、奋力实现更具转型与创新含金量的发展

转方式、调结构是我们绕不过去的历史关口。要闯过这个关口，必须坚持以质量效益为中心，以打造“品质泰州”为追求，崇尚创新、推进转型，实现泰州发展的凤凰涅槃、行稳致远。

1.着力构筑现代产业高地，增创转型与创新的新优势。围绕调高调轻调优调强，推进产业特色化、高端化、服务化、绿色化发展，着力构建以大健康产业为特色，三大战略性主导产业为引领，先进制造业和现代服务业为主体，技术先进、协调融合、优质高效、绿色低碳的现代产业体系，加快建设现代特色产业名城。

聚焦聚力三大主导产业，体现泰州“高度”。全力以赴抓好三大主导产业，打造全国领先、世界知名的生物医药及高性能医疗器械产业基地，国内综合实力强、国际竞争力强的高技术船舶及海工装备产业基地，全国有位置、全球有影响的节能与新能源产业基地。在总量上形成规模。加大三大主导产业优质项目招引和重点企业培育力度，力争三大主导产业年均增速高于全市平均水平3个百分点，占全市总量比重每年提高1个百分点，到2021年形成超过6000亿元的产业规模。在创新上形成优势。加快组建三大主导产业创新中心，加大核心技术攻关力度，支持行业龙头企业牵头组建国际标准化专业技术委员会，掌握标准制定权、市场话语权，促进三大主导产业不仅做高端，更要做顶端，加快实现由有影响力的产业集群向有竞争力的创新集群跃升。在影响上形成声势。依托三大主导产业，精心办好国际医药博览会、泰州医药峰会，积极举办高技术船舶及海工装备、节能与新能源领域的高层峰会和高端论坛，建设一批具有较强影响力、标志性的平台，形成集聚资源要素的“强磁场”。在发展上形成协同。深入研究三大主导产业对区域发展的带动作用，拉长产业链，通过产业链与供应链、资金链、人才链、创新链、价值链的协同发展，引领经济社会向更高层次更高水平迈进。

不断深化沿江产业转型，打造泰州“样板”。把沿江地区的产业转型，放到长江经济带发展的大背景下来深度考量，放到“共抓大保护，不搞大开发”的新理念下来定位发展。全力打造大健康产业集聚示范的样板。推进国家级长江经济带大健康产业集聚发展试点，加快“医、药、养、游”一体化发展，突出“研+产”“药+诊”“医+养”“养+文”融合发展，大力推动特色医疗诊断、中医药保健、养生养老深度对接，打造国家级前沿医疗技术应用基地、长三角医养结合养生养老胜地。全力打造传统产业加速转型的样板。扎实推进《中国制造2025泰州实施纲要》，深入实施企业互联网化提升计划和企业制造装备升级计划，加快“两化”融合，创建全国质量强市示范城市，推动装备

制造、粮油食品、化工等传统产业创新转型，向“微笑曲线”两端攀升。全力打造高水平融入苏南、接轨上海的样板。深度对接上海自贸区建设，主动接受上海的辐射带动，切实加强与“苏锡常”经济圈的跨江融合，深化完善两岸联动开发，在产业接轨中分享溢出效应，在制度接轨中分享先发效应，在资源要素接轨中分享扩散效应，争当融入苏南、接轨上海的先行区。

积极发展现代服务业，做出泰州“特色”。着力构建“一核、一带、一组团、一全域”的发展新格局，力争服务业增加值占比达到50%以上。“一核”，即市区服务业发展核心。重点发展总部经济、现代商贸、科技金融、文化创意等产业，打造中心城区商贸及文创服务中心、南部新城金融服务中心、高新区商务服务中心。“一带”，即沿江现代物流产业带。以泰州城北物流园、高港电商快递产业园、泰兴沿江物流园、靖江三江现代物流中心为主要载体，打造以长江航运物流为主的沿江现代物流产业带。“一组团”，即高新区—高港生产性服务业功能组团。充分发挥综合保税区政策优势，发展科技服务业、金融服务业、现代物流业，打造长江中下游先进的生产性服务业基地。“一全域”，即全域旅游。以兴化建设国家全域旅游示范区为契机，把泰州全域作为一个大景区来整体谋划建设，重点培育健康慢生活旅游品牌，创建国家中医药健康旅游示范区，打造长三角一流、国内著名的康复养生旅游目的地、水城慢生活旅游目的地。

切实加快农业现代化步伐，形成泰州“示范”。推广姜堰桥头家庭农场发展经验，推进家庭经营、集体经营、合作经营、企业经营共同发展，构建以农户家庭经营为基础、合作与联合为纽带、社会化服务为支撑的现代农业经营体系，确保国家现代农业示范区建设走在全国前列。深入推进国家高标准农田建设试点、粮食高产增效万亩示范片创建，新增高标准农田200万亩，全面建成亩产吨粮市。推进农业全产业链标准化、品牌化建设，培育一批“泰”字牌绿色农产品、养生农产品。积极开展“智慧农业”试点示范和应用推广，大力提升农业科技创新研发能力和农业技术装备水平，努力建设全国高效设施农业强市、农业科技创新强市和农产品加工流通强市。

2.大力发展新经济，培育转型与创新的新动能。牢牢把握新一轮科技革命和产业变革趋势，在新产业、新业态、新模式中发现和培育新的增长点。

以互联网思维创新为新经济发展拓展空间。强化互联网思维，鼓励开放、推动融合、实现共享，瞄准高端产业、高端环节、高端价值，通过技术创新、产品创新、服务创新和商业模式创新，催生分享经济、数字经济、创意经济、智造经济等新的经济业态。大力实施“互联网+”行动计划，加快推进移动互联网、大数据、云计算等技术与各行各业深度融合，推动各类产业跨界发展、拓展空间。积极培育电子商务、互联网金融、云制造研发服务等产业，做大做强“网上中国医药城”、综保区跨境电商等平台，培育一批特色鲜明、竞争力强的互联网经济品牌产品、品牌企业，使互联网经济成为泰州发展的新亮点。

以持续扩大有效投资为新经济发展增添动能。更加注重招商引资的精准性，瞄准世界500强、大型央企以及行业领军企业，招引一批产业配套和关联带动效应强、集聚和引领能力强的优质项目，力争五年实际利用外资100亿美元。更加注重项目建设的实效性，坚持以质量论英雄、以亩产论英雄、以特色论英雄，对亿元以上开工项目质效进行全程考核，持续跟踪项目的投入质量、产出效率和绩效状况，确保项目建设务实有效，力争五年完成产业投资2万亿元。更加注重严把环保门槛，决不允许为了项目发展牺牲环境，决不允许把降低环保门槛作为招商的优惠条件，决不允许在承接产业转移中承接污染转移，决不允许让各类平台、园区和项目载体成为新的污染源。在环保问题上，我们必须做到：坚决不让子孙后代为我们买单，坚决不让子孙后代没了机会、断了生路！

以人才加快集聚为新经济发展提供活力。积极推进“大众创业、万众创新”，培育更多的本土企业家，造就更多的“创二代”“创业代”“创新代”，汇聚成创造不止、生生不息的“创生代”。以全球化的视野、国际化的规则、市场化的手段，加快集聚高层次人才，积极推行“金三角”人才柔性创业机制，努力引进培养一批能够把握世界科技大势、研判科技发展方向的战略科技人才，善于凝聚力量、统筹协调的科技领军人才，勇于创新、善于创新的企业家和高技能人才，熟悉市场运作、具备科技背景的创新创业人才。加强紧缺型技术人才培养，推进“蓝领精英培育工程”，培育一大批“泰州工匠”。持续放大“创新券、创业券、购房券”政策效应，大力实施产业人才集聚计划、凤城千人计划、海外人才智汇泰州计划，力争五年引进市级以上高层次创新创业人才1000名。

以特色小镇建设为新经济发展创造平台。坚持因地制宜，科学有序推进，把特色小镇打造成承载新产业、新业态、新模式的创新创业新空间、城乡融合新平台、产业集聚新载体、人文风情新亮点、旅游休闲新去处。重点在“特”上求突破，摒弃传统发展思路，用更多的创新创意创造推进规划建设，在产业发展、文化传承、规划布局、生态环境和创新创业五个方面形成特色。着力在“小”上下工夫，把握好“聚焦、精致、集约”三个关键词，不搞拉框架、铺摊子式的粗放式发展，推进土地等资源要素节约集约利用的内涵式发展。坚持企业为主体、市场化运作，力争用五年时间建成20个左右具有明确产业定位、文化内涵、旅游业态和一定社区功能的特色小镇。

3.深入推进供给侧结构性改革，形成转型与创新的新机制。以推进供给侧结构性改革为主线，不断提高全要素生产率，实现发展质量和效益的显著提升。

在“三去一降一补”上持续用力。去产能，遵循市场经济规律，注重运用倒逼办法，稳妥处置"僵尸企业"，确保全面完成压减过剩产能和淘汰落后产能目标。去库存，科学供应开发用地，加大棚改安置和住房保障货币化力度，畅通农民市民化通道，积极培育住房租赁市场，确保去化周期保持在合理区间。去杠杆，通过加强企业股份制改造、处置企业"两证"不全遗留问题等举措，切实增强企业的资本实力和资产实度，力争到2021年，非金融企业直接融资占社会融资规模比重提高到28%以上。加强政府性债务管理，严格政府举债程序，严格控制新增债务，严格政府投资项目绩效管理。降成本，深入开展降低实体经济企业成本行动，不断完善企业减负政策体系和长效机制，认真落实"营改增"政策，切实降低企业税负成本和制度性交易成本。补短板，聚焦基础设施、民生保障、生态环境、人才供给等薄弱环节，加大工作力度，消除发展"痛点"，增强发展动力。

在重点领域改革上精准发力。坚持目标导向和问题导向，不断深化重点领域改革。通过改革，充分发挥市场主体作用，最大限度释放创新创业活力，为实体经济做大做强提供有力支撑。推进要素配置市场化改革，推广中国医药城"321"综合节地模式，提高土地集约利用水平，探索建立公平公开公正的企业绩效综合评价机制、差别化的要素节约集约利用机制，建立健全要素交易平台，努力实现资源要素的"合理配、优质配、合法配、高效配"。推进投融资体制改革，建好金融支持产业转型升级改革创新试验区，加大金融支持实体经济、中小企业力度，切实解决融资难、融资贵的问题，构建形成主体多元、功能完备、充满活力的产业金融体系。推进政府治理现代化改革，实施以"集中审批、分类监管、精准服务、综合执法"为核心内容的行政管理体制改革，严格落实权力清单和责任清单，下决心减事项，清理一批行政审批和核准项目；下决心减环节，清理一批让企业和群众来回奔波的关卡；下决心减材料，清理一批没有法律法规依据的申报材料；下决心减收费，清理一批"红顶中介"和涉企收费。要以"壮士断腕、破釜沉舟"的勇气，向市场放权，为企业松绑，真正用政府权力的"减法"换来市场与民间活力的"乘法"！

在创新驱动战略上深度着力。强化企业创新主体地位，鼓励企业加大创新投入，推进产学研深度合作，确保企业研发机构有效运行。紧贴产业发展需求，依托企业、园区建设一批国家和省级技术创新中心，搭建服务中小企业和重点产业的公共技术平台，培育一批有影响力的行业领军企业。加快科技广场建设，用好泰科易网上技术交易平台，打造"永不落幕的科洽会"。建立创新创业离岸孵化机制，通过高校院所孵化器挂牌一批、地方优质孵化器合作一批、国外专业孵化器驻点一批、重点产业集聚区自建一批，构建创新创业离岸孵化基地网络；设立创新创业离岸孵化风险投资基金、融资担保基金、风险补偿基金、成果奖励基金，加强政策服务引导，构建创新创业离岸孵化配套政策服务网络，形成研发成果"异地孵化、泰州产业化"的创新优势，使离岸孵化成为泰州拼抢世界前沿技术成果、拼抢高端创新创业人才、拼抢特色产业项目的新机制新平台。

4.拓展对内对外开放空间，激发转型与创新的新活力。深入对接"一带一路"战略，向东开放补短板，向西开放抢先机，全方位融入国际经济大循环。

加快推进开发园区提档升级。省级以上开发区都要围绕塑造特色、优化功能，着力形成特色鲜明、具有较强竞争力的优势产业集群。医药高新区全力打造以生物医药及高性能医疗器械为主导的全球生物医药产业高地，靖江经济开发区重点发展高端装备制造和现代物流业，泰兴经济开发区做优做强化工产业链，兴化经济开发区着力推进健康食品产业规模化、集群化发展，海陵工业园区重点围绕新能源、文化创意提升发展能级，高港高新区着力壮大新型环保装饰材料、汽车零部件产业，姜堰经济开发区主要聚焦新能源、新材料产业发展。支持现有省级园区整合重构，错位竞争，创建国家级园区。坚持特色化、专业化、集约化方向，重点发展20个市级特色园区，统筹项目规划布局，落实"飞地"政策，有序引导各类重大项目落户相关园区。

全力打胜高铁等重大交通基础设施建设大决战。全面迈入"高铁时代"，加快推动明后两年开工建设盐泰锡常宜城际铁路、北沿江高铁，同步推进高铁综合客运枢纽建设，推动蚌埠—兴化—大丰港铁路列入省规划。着力完善高速公路网络，加快实施阜兴泰二期工程、宁通高速广陵至南通段扩容工程，优化高速公路城市出入口布局，实质性启动泰常过江通道前期工作。不断优化区域干线路网体系，全面实施中部干线、省道353等干线公路，积极推进328国道姜堰段快速化改造，规划建设城市联通大外环、市区融合大通道，健全完善快速路、主次干路和支路搭配合理的路网体系。全面提高航空发展水平，加快提升扬泰国际机场等级，大力推进通用机场规划建设，满足高端旅游、商务出行等需求。继续推进内河等级航道建设，建成通扬线三级航道整治工程，实质性开工建设兴东线、姜十线。通过五年努力，实现公铁水空立体交通跨越发展，进一步提升区位优势和城市竞争力。

扎实推进港口名城建设。优化港口集团的股本结构，增强港口集团的资本实力，使港口集团成为投资建设运营主体，进一步提升码头的公用化程度和专业化水平，将泰州港打造成现代化的江海联运中心港，力争到2021年货物吞吐量达到2亿吨，集装箱吞吐量达到100万标箱。加大港口对外开放力度，提升港口信息化应用水平，建成综合保税区B区，加强与长江中上游港口、沿海港口以及国际枢纽港的合作，加强与国内重点物流企业的合作，推动泰州港由喂给港向深水直挂港转型。构建衔接畅通的港口集疏运网络，基本建成多式联运体系，进一步提升港口通过能力和服务能力。推进港口资源整合，推动核心港区、靖江港区、泰兴港区错位发展，实现沿江岸线、港口资源的一体规划、整体开发和利用效率最大化。

着力提升发展环境。营造尊重劳动、尊重创新创业、尊重企业家的社会氛围，构建政府职能转换快、社会和市场主体活力强、符合国际惯例的商务环境好的最优经济发展环境，切实增强实体经济的发展信心。着力营造亲商安商的服务环境，大力弘扬"店小二"精神，坚持"围墙内的事帮办到底、围墙外的事包办到位"，提高服务企业效能，"让数据多走路、企业少跑腿"，营造有利于企业成长的政务生态。着力营造统一开放的市场环境，坚决打破"中梗阻"、拆除"旋转门"、削掉"高门槛"，清除市场壁垒，提高资源配置效率，促进市场各类要素实现最佳配置、自由流动和充分竞争。着力营造诚实守信的信用环境，加强"诚信泰州"建设，夯实社会信用基础，完善失信惩戒机制，以政府带头诚信推动社会诚信建设。着力营造公平公正的财产保护法治环境，依法保护物权、债权、股权、知识产权及其他各种无形财产权，真正让非公有制经济财产权和公有制经济财产权同样得到保护、同样不可侵犯！

四、切实增强人民群众的获得感和满意度

今后五年，是全面建成小康社会的冲刺阶段，是"四个名城"建设的内涵提升阶段，也是抢抓长三角大城市建设机遇的关键阶段，必须坚持以人民为中心的发展思想，致力打造人民群众更有自豪感、幸福感、归属感的美好家园。

1.着力提升城乡发展品质，打造更具魅力的宜居家园。顺应区域融合和城乡一体化发展趋势，统筹"地、水、绿、文、美、产、居"多种要素功能，进一步提高城乡规划建设管理水平和城市品质，让我们的城市有根有魂、有个性有品位、有魅力有活力。

做优城乡空间布局。以科学规划引领中心城市、县级市和小城市特色发展、错位发展、个性发展，实现精明增长，建设紧凑城市。围绕长三角Ⅱ型大城市定位和"一大三中九小"新型城镇体系目标，做好第四轮城市总体规划修编，促进生产空间集约高效、生活空间宜居适度、生态空间天蓝地绿。做大做强市区经济，不断提高中心城市首位度，力争中心城市人口占全市40%，GDP占全市50%，一般公共预算收入占全市60%。加快小城市建设，规划设计集中审批，支持政策集成倾斜，推进落实集聚发力，形成农民就地就近城镇化的吸引源、辐射源、带动源。启动实施"强富美高"新农村示范创建活动，扎实推进农村新一轮实事工程，推动基础设施和公共服务加快向乡镇延伸，支持乡镇依托自身资源禀赋，坚持特色发展，打造比较优势。扎实推进农业转移人口市民化，并同等享受城市公共服务，让留在农村的也能获得相应的公共产品。

做强重大基础功能。坚持精致有序，立足高标准，运用新技术，力求精品质，在强化社会服务功能、健全商贸金融服务功能的同时，突出抓好四个方面：协调推进新城老城建设，加快周山河新城建设，塑造城市现代风貌；扎实推进海陵老城改造，切实保护地域环境、文化特色、建筑风格等"基因"，彰显城市个性魅力。切实加快"双水绕城"建设，全面畅通城市内环——凤城河、外环——南凤城河，加强沿河景观建设，做到驳岸亲水化、景观生态化、风格多样化，形成"内环抱古城、外环护新城"的亲水空间，打造市民受益、群众欢迎的精品工程，真正实现"环起来、绿起来、游起来"。统筹规划地下空间建设，严格执行城市地下空间开发利用规划，切实提高地下空间综合利用水平，促进地上空间、地下空间的功能有机组合、融合贯通。统筹各类市政管线规划、建设和管理，加快地下综合管廊建设，打造经得起检验的城市地下良心工程。扎实推进海绵城市建设，进一步提升城市管网排水能力，高标准建设运转雨水滞留设施、防洪排涝设施；规划并推动增产港—安宁港拓宽升级工程，增强通南地区排水入江能力。要通过城乡基础设施的系统规划和持续投入，做到应对暴雨洪水"不战而胜"。

做精城市管理服务。推进城市管理法治化，深化城市执法体制改革，探索跨部门综合执法，切实解决城市多头管理、职责不清等问题。推进城市管理网格化，强化街道在"两级政府、三级管理、四级网络"管理体制中的重要作用，提高社区治理和服务能力。推进城市管理数字化，推动现代信息技术与城市管理服务融合，以数字化推进城市管理精细化标准化。

2.着力推动文化大发展大繁荣，打造和谐温馨的人文家园。坚持"敬畏历史、传承文化、造福百姓"，聚焦"三强两高"目标，持续推进文化名城建设，凸显开放创新、大气包容的文化特质，让城市散发文化的温度，让文化成为城市的灵魂。

以社会主义核心价值观为引领，不断增强文化凝聚力。开展核心价值观进机关、进学校、进企业、进社区、进家庭活动，努力在全社会形成共同的理想追求、精神支柱和思想道德基础。开展美德善行系列活动，打造一批美德善行教育基地，选树一批先进典型，引导人们自觉践行文明风尚。完善文明城市创建长效机制，组织开展社区环境综合整治、讲文明树新风活动、志愿服务行动等创建工作，持续巩固全国文明城市创建成果，不断提升社会文明程度。

以满足人民群众精神文化需求为根本，不断提升公共文化服务水平。坚持"建管用"并重，统筹规划布局城乡公共文化服务设施，加快建成城市"15分钟文化圈"、农村"十里文化圈"。组织群众文化艺术节、"书香泰州"全民阅读活动，提升"百姓"系列文化活动品质，在活动中种文化育文明。发挥"文化惠民券"作用，为基层群众提供更受欢迎的公共文化服务。深化文化体制改革，鼓励社会力量、民间资本参与文化建设，探索文化项目竞标制、签约制，筹办专业文艺院团。建立文艺精品生产良性运作机制，形成一批具有泰州特色、泰州风格、泰州气派的精品力作。

以打造特色文化品牌为方向，不断彰显泰州独特文化魅力。深入挖掘“泰州太美、顺风顺水”城市品牌内涵，创新文化传播方式和表现形式，提高泰州的知名度美誉度。着力打造以水城水乡国际旅游节为主要载体的水文化品牌，不断丰富大江文化、城河文化、里下河文化，构建全国著名的水乡文化集聚示范区。着力打造以健康养生为核心内涵的大健康文化品牌，以中国医药城为主体，整合溱湖、千垛花海、古银杏森林公园等生态资源，建设中医药养生文化园、中医药养生体验馆，形成全国健康养生文化高地。着力打造中国吉祥文化之乡品牌，提炼吉祥文化内涵，开发吉祥文化产品，促进吉祥文化融入城乡建设、产业转型和人民生活，培育具有泰州特色的吉祥文化产业集群。

3.着力加强生态文明建设，打造环境优美的绿色家园。坚持绿色发展，深化生态名城建设，推广泰兴环保执法监管经验，为老百姓提供更多优质生态产品。

加强环境治理，破解“生态难题”。加大产业结构和能源结构调整力度，严格落实控煤、减排、降尘、秸秆禁烧等综合治理措施，坚决把霾污染降下来，促进空气质量持续改善。推进国家水生态文明试点城市建设，加强饮用水源地保护和备用水源建设，开展河流综合整治和生态修复，推动污水管网全面覆盖、污水处理厂稳定运行，实现从“水源地”到“水龙头”全过程监管。强化土壤环境综合监管，系统整治农业面源污染、重金属污染和工业固废污染，从源头上保障好人民群众的“米袋子”“菜篮子”和生产生活环境。

加快改革创新，创造“生态红利”。严格落实生态红线保护制度，进一步优化生态红线保护区域，强化监督管理，健全问责机制，实施生态补偿，确保全市生态红线区域面积占比不低于20.5%。严格落实排污权有偿使用和交易制度，按照多排放多缴费原则，用价格机制和市场机制倒逼企业减排治污。严格落实生态文明建设考核评价和责任追究制度，推广兴化和姜堰差别化考核试点工作经验，对限制开发区和生态敏感区探索取消GDP考核，形成有利于生态保护的鲜明导向和体制机制。

突出绿色引领，确立“生态路标”。实施“绿满泰州”行动计划，加快建设城市组团间的生态廊道，打造中心城市北部和沿江地区两大绿色生态走廊，构建覆盖城乡的绿色网络和城乡一体的三级城镇绿化体系。扎实推进低碳社会建设，建成一批绿色学校、绿色企业、绿色社区，引导广大市民进一步养成勤俭节约、绿色低碳、文明健康的生活方式和消费模式。

4.着力加强社会建设，打造人民满意的幸福家园。深入实施“七大公共服务体系提升工程”，着力改善民生、造福百姓，让人民群众生活得更有尊严、更加幸福。

坚持富民为先，持续增加居民收入。切实拓宽城乡居民增收渠道，进一步增加工资性收入、提高经营性收入、扩大财产性收入、巩固转移性收入。更大力度促进农民转移就业，大力培育能够带动农民增收的新型业态，挖掘增收潜力，让更多新型农民迈进中等收入门槛。深入实施“创业泰州”八大行动，进一步完善创业载体、优化创业生态，以创业促就业、以技能增强促居民增收。扎实推进农村产权制度改革，探索建立农民土地承包权、宅基地使用权和集体收益分配权的依法自愿有偿退出机制，增加农民财产性收入。大力实施脱贫致富奔小康工程，高度关注社会弱势群体，聚焦黄桥老区和里下河经济薄弱地区，加大产业开发、就业帮扶、转移支付、政策兜底力度，确保全面小康路上“一个不少、一户不落”。我们共产党人奋斗的目标、工作的原点，就是要让老百姓的腰包一年更比一年鼓，生活一年更比一年好，幸福感一年更比一年强！

坚持均衡为要，大力发展社会事业。办好人民满意教育，推动学前教育优质普惠、义务教育全域均衡、特殊教育全面普及、高中教育提质创优、职业教育特色多元、高等教育内涵发展。建设“健康泰州”，为人民群众提供全生命周期的卫生与健康服务。深化医药卫生体制改革，加强分级诊疗制度、现代医院管理制度、全民医保制度、药品供应保障制度、综合监管制度建设，加快妇幼保健院、精神病医院、传染病医院、康复医院等建设，构建覆盖城乡的全民健身服务网络。健全社会保障体系，持续推进社会保险扩面，切实增强社会救助、社会福利和慈善事业的实际功能。大力发展养老服务业，着力构建以居家为基础、社区为依托、机构为支撑的社会养老服务体系。

坚持和谐为基，深化民主法治建设。支持人大、政协依法履职，发挥民主党派、工商联、无党派人士的独特优势和工青妇等人民团体的积极作用，不断提高民主法治建设水平。强化系统治理、依法治理、综合治理、源头治理，织密立体化现代社会治安防控网、多元化矛盾纠纷预防化解网、社会化基础综合服务管理网，全力打造全省平安建设示范区、法治建设先导区、社会治理样板区。严格落实安全生产责任制，提高安全监管水平，强化安全生产基础能力建设，增强一线员工安全意识和实际操作能力，切实解决安全责任“最后一米”不到底、不到边问题，坚决遏制重特大事故发生。加强食品药品安全治理，坚持产管并重，严把从农田到餐桌、从实验室到医院的每一道防线。巩固发展军政军民团结，持续推进军民融合深度发展。深化法治泰州建设，推进司法体制改革，做到科学立法、严格执法、公正司法和全民守法，使法治成为共同信仰和行为准则。

五、不断开创全面从严治党新局面

建设“强富美高”新泰州，关键在党，关键在人，关键在干部。全市各级党组织必须始终坚持全面从严治党，把严的要求贯彻全过程，真管真严、敢管敢严、长管长严，抓发展“第一要务”与抓党建“第一责任”一肩挑，巩固拓展党的群众路线教育实践活动和“三严三实”专题教育成果，深入开展“两学一做”学习教育，不断把党的建设新的伟大工程推向前进，为建设“强富美高”新泰州提供坚强有力的政治保证。

1. 从严加强思想政治建设，铸就理想信念之魂。对马克思主义的信仰，对社会主义和共产主义的信念，是共产党人的政治灵魂，是共产党人经受住任何考验的精神支柱。我们任何时候都要坚守理想信念，坚持思想建党，把深入学习贯彻习近平总书记系列重要讲话精神作为一项长期的重大政治任务，把理想信念建立在对科学理论的理性认同上，建立在对历史规律的正确认识上，建立在对基本国情的准确把握上，补足精神之钙，筑牢信仰之基，把稳思想之舵，不断增强道路自信、理论自信、制度自信、文化自信。我们任何时候都要坚定政治立场，严守政治纪律和政治规矩，严肃党内政治生活，净化党内政治生态，对党忠诚、为党分忧、为党担责、为党尽责，加强党性锤炼，站稳政治立场，在大是大非面前旗帜鲜明，在风浪考验面前无所畏惧，在各种诱惑面前立场坚定，在关键时刻毫不含糊，时刻保持政治敏锐性和政治鉴别力。我们任何时候都要坚持正确方向，全市各级党组织和广大党员必须切实增强政治意识、大局意识、核心意识、看齐意识，向以习近平同志为总书记的党中央看齐，向党章党规的基准看齐，向党的理论和路线方针政策看齐，永远听党话跟党走，始终走在最前列。

2. 从严加强干部队伍建设，激发干事创业之志。突出“关键少数”，抓好“最大多数”，建设一支具有铁一般信仰、铁一般信念、铁一般纪律、铁一般担当的干部队伍。以鲜明的选人用人导向激励干事创业。严格执行《干部任用条例》，按照“20字”好干部标准和“三严三实”要求，坚决不用理想缺失、信念动摇的人，坚决不用因循守旧、消极懈怠的人，坚决不用急功近利、脱离群众的人，坚决不用跑官要官、谋取私利的人，旗帜鲜明地选用工作面前敢为人先、雷厉风行的干部，考验面前敢于亮剑、挺身而出的干部，难题面前敢于负责、勇往直前的干部，矛盾面前敢于担当、善于突破的干部，真正把政治强、懂专业、善治理、敢担当、作风正的干部选出来、用起来。注重用好各年龄段干部，认真执行职务与职级并行制度，切实调动各类干部的积极性。加强年轻干部、女干部、党外干部培养选拔工作，对那些看得准、有潜力、有发展前途的年轻干部，多给他们压担子、搭平台，在推动发展中增长才干，在破解难题中提升能力，让党的事业后继有人、薪火相传。以鲜明的负向激励机制倒逼干事创业。完善干部实绩档案制度和问责制度，以考验型交流、“蜗牛奖”等负向激励措施，深入推进“治不正”和“治不为”，推动形成能者上、庸者下、劣者汰的有效机制。以鲜明的容错纠错机制保护干事创业。坚持“三个区分开来”，用好容错纠错实施办法，让激情燃烧、干事创业成为广大党员干部的鲜明特质，成为全市人民奋力开拓、锐意创新的鲜明标志，坚决不让想干事、能干事的干部“心悬着”，坚决要让敢担当、善作为的干部“腰杆硬”！

3. 从严加强基层组织建设，弘扬为民务实之风。持续深化“为民党建”，坚持把打牢基层基础作为重中之重，健全基层组织体系，建强基层组织带头人队伍，推动基层党的组织和党的工作全面覆盖，实现政治功能和服务功能全面提升，使每个基层党组织都成为推动发展、服务群众、凝聚人心、促进和谐的坚强战斗堡垒。各级领导干部必须时刻牢记全心全意为人民服务的宗旨，坚持群众观点，站稳群众立场，多到矛盾多、意见大的地方去，多到重点工程、民生项目现场去，多到经济薄弱村、困难家庭去，接地气、通下情、解难题，以为民服务的实际成效取信于民。要倍加珍惜时代赋予的使命，倍加珍惜干事创业的舞台，倍加珍惜组织和人民的信任，把精力放在干工作上，把工夫下在抓落实上，把本领用在促发展上，拒做“蜗牛”，争当“奔牛”，甘为“孺子牛”。广大基层干部是推动发展、维护稳定的基本力量。他们常年风里来雨里去，遇到的矛盾多、困难多，遭受的误解多、委屈多。要让每一位基层干部都能够铁下心来扎根基层，埋下身来服务群众，甩开膀子推动发展，我们就要对他们政治上信任，创造良好的干事和成长环境，工作上支持，当好他们的坚强后盾，生活上关心，解决好他们的后顾之忧，让他们辛苦不“心苦”、流汗不“流泪”、吃苦不吃亏！

4. 从严加强党风廉政建设，恪守清正廉洁之本。深入推进党风廉政建设和反腐败工作，着力营造风清气正的政治生态。始终做到铁肩担责决不懈怠，各级党组织要切实担负起主体责任，党组织书记要认真承担起“第一责任人”职责，把党风廉政建设纳入经济社会发展和党的建设总体布局，统一部署实施，统一检查考核；纪检监察组织要切实担负起监督责任，敢于瞪眼黑脸、较真碰硬。始终做到铁腕执纪决不动摇，从严落实中央八项规定精神和省市委十项规定，严格执行中国共产党《廉洁自律准则》《纪律处分条例》和《问责条例》，进一步加强党内监督，把握运用好监督执纪“四种形态”，坚持纪严于法、纪在法前，坚持抓早抓小、动辄则咎，切实使纪律成为管党治党的尺子，真正管住全体党员干部。始终做到铁拳惩腐决不手软，坚持对腐败零容忍的态度不变、猛药去疴的决心不减、刮骨疗毒的勇气不泄、严厉惩处的尺度不松，做到有案必查、有腐必惩。各级领导干部要牢固树立正确权力观，敬畏人民、敬畏组织、敬畏法纪，公正用权、依法用权、为民用权、廉洁用权，树立道德“高线”，严守纪律“底线”，立身不忘做人之本、为政不移公仆之心、用权不谋一己之私，把清正廉洁更加鲜明地写在泰州干部队伍的旗帜上。

全力打好“聚力创新、聚焦富民”主攻仗 向着高水平全面建成小康社会奋力前进

——在中共泰州市委五届二次全会上的讲话(摘要)

中共泰州市委书记 蓝绍敏

(2016年12月29日)

这次全会的主要任务是,深入学习贯彻习近平总书记系列重要讲话精神,全面贯彻落实党的十八届六中全会、中央经济工作会议和省党代会、全省经济工作会议精神,回顾总结2016年工作,研究部署2017年任务,动员全市上下聚力创新、聚焦富民,深入推进三大主题工作,切实加快“四个名城”建设,为高水平全面建成小康社会而努力奋斗。

2016年12月29日,中共泰州市委五届二次全会召开

一、在困难和挑战中前行,实现“十三五”良好开局

“四件大事”:一是深入推进三大主题工作。在思想再解放上,高标准开展“两学一做”学习教育,通过设立“蜗牛奖”、推行“五个激励”、建立容错纠错机制等措施,既“治不正”又“治不为”,营造了想干事、能干事、干成事的浓厚氛围。在项目大突破上,形成了一手抓招引开工、一手抓竣工达产的项目协调推进机制,预计全年新开工亿元以上产业项目637个,竣工345个,投产运行270个,迎来了项目建设的收获期。在城建新提升上,确立了“1234”城建项目布局,“双水绕城”、金融服务区、市人民医院新区医院等一批项目加快推进,泰州职业技术学院、省泰中新校区交付使用,泰镇高速泰州段正式通车,东风路、永定路快速化改造即将完成。二是扎实推进供给侧结构性改革。在全省率先推出30条重点举措,系统谋划“1+25”政策文件体系,逐项推进落实。1月~11月,规模以上工业产品产量中,生铁产量下降4.6%,粗钢产量下降26.2%;市区房地产去化周期缩短为10.2个月;贷款不良率下降到1.84%,规模以上工业企业负债率同比下降2.69个百分点;降低企业成本45.6亿元,规模以上工业企业亏损额下降53.3%;基础设施、民生保障等短板进一步补长。行政审批制度改革成效显著,在全省率先启动个体工商户营业执照、税务登记证“两证合一”改革,率先实施企业登记“五证合一、一照一码”改革。三是成功举办建市20周年系列活动。召开了弘扬建市创业精神大会,开展了“建市20年万人看泰州”、科学发展20年成就展等系列活动,激发全市上下大力弘扬“四个长期”“三个不相信”的新时期泰州精神,在新的起点上续写新的辉煌。四是精心组织市县乡党委集中换届。坚持把加强党的领导贯穿换届工作全过

程，严格执行中央和省委关于换届工作的各项要求，讲规范、重程序、求实效，换届工作平稳有序、风清气正，换出了人民满意的好干部，换出了团结干事的好局面，换出了风清气正的好生态。

“四大突破”：一是经济社会发展实现重大突破。预计全年GDP突破4000亿元，高新技术产业产值突破5000亿元，三大主导产业产值突破3000亿元，固定资产投资突破3000亿元，工业技改投资突破1000亿元。预计全年GDP增长9.5%，一般公共预算收入增长1.6%（同口径增长6%），居民收入增长8.2%，固定资产投资增长17.4%，规模以上工业增加值增长10.2%，实际到账注册外资增长35.1%。国家现代农业示范区建设成效显著，新型农业经营主体达2.38万家。全国春季农业生产暨森林草原防火工作会议在泰召开，我市现代农业发展得到汪洋副总理的充分肯定。姜堰区在全国农业改革与建设试点三年总结考核中荣获第一名。生态文明建设取得重要进展，顺利通过国家生态市考核验收。荣获全国“六五”普法先进市、全省综治平安建设先进市，群众安全感持续保持全省前列。荣获全国双拥模范城“四连冠”。二是争取国家战略机遇实现重大突破。成功获批金融支持产业转型升级改革创新试验区、长江经济带大健康产业集聚发展试点、国家高标准农田建设试点、海峡两岸（泰州）医药产业合作示范区、国家中医药综合改革试验区和康养旅游示范基地，被规划确定为长三角Ⅱ型大城市。一年之中，国家层面对一个设区市赋予如此多的改革试点任务，不仅在泰州历史上前所未有，在全省全国也不多见。只要把这些最具含金量和全局意义的重大机遇抓住用好，泰州就完全可以站在新的历史“风口”。三是重点工作的品牌效应实现重大突破。我们的重点工作品牌，不仅“墙内开花墙内香”，而且“墙外也香”，一些特色工作得到了省委省政府主要领导以及社会的充分肯定。企业家座谈会制度，两次获得省委李强书记的批示，并在全省推广。“三张券”效应持续放大，全市累计发放科技创新券4.19亿元，撬动企业创新投入近20亿元；发放购房券7273万元，兑付创业券1850万元，今年共引进高层次人才1800多名，各类人才集聚量同比增长11.24%。“三张券”得到省委省政府主要领导的充分肯定，要求全省各地学习推广。近期发布的江苏中小企业景气指数中，我市的景气指数达108.85，跃居全省第一；2016年中国最佳表现城市中，我市列全国第三、全省第一。这些由第三方机构评出的数据，既说明了我们经济发展特别是中小企业的质态好、信心足，也是对我们组织经济工作、优化发展环境的充分肯定。四是高铁等基础设施建设实现重大突破。经过一年来艰苦努力、积极上争，盐泰锡常宜城际铁路基本确定明年开工建设，北沿江高铁有望2018年开工建设，再加上泰常过江通道和江阴靖江第二过江通道的推进，我市有望在“十三五”全面进入“高铁时代”。

在充分肯定成绩的同时，我们要清醒地看到发展中存在的困难和问题。对照引领经济发展新常态的要求，在提高转型与创新含金量、加快创新驱动发展上还要继续努力；对照人民群众过上美好生活的期盼，群众富裕程度、生态环境质量等还存在一定差距；对照全面从严治党的更高要求，各级党组织在既“治不正”又“治不为”上还要下更大工夫。对此，我们要始终保持清醒头脑和务实作风，明大势，抓重点，善作为，把工夫下到抓落实上，把力气用到求突破上，去拼抢泰州发展的又一个“春天”！

二、准确把握发展大势，更高定位谋划新一年工作

明年是党的十九大召开之年、供给侧结构性改革的深化之年，也是全面落实省市党代会部署的开局之年。从我们泰州来看，有利因素越来越多，新的动能加快积聚。一是从竣工达产的产业项目看，明年我们将继续以项目竣工为目标，以季度为单位，倒排节点，强化组织，预计明年有400个产业项目竣工，再加上今年已竣工的345个项目，一大批项目的竣工投产，将为我市经济发展带来强劲的动力。二是从新增的入库企业看，预计今年净增入库工业企业150家、批零住餐企业115家、服务业企业110家，这些都是新的优质增量。三是从明年增长点的摸排情况看，2940家规模以上企业，预计开票销售增长的占63.3%，基本持平的占27.6%，下降的只占9.1%，比今年实际增长56.3%高出7个百分点；预计可净增开票销售514亿元，比今年调查预计的净增165亿元，增长47.4%；净增开票销售5亿元以上的重大增长点30个，净增356亿元。无论是从企业的增长面来看，还是从增长量来看，都明显好于今年。四是从三大主导产业的带动性看，生物医药及高性能医疗器械产业有望继续保持较快发展，扬子江药业、济川药业等重点企业支撑作用明显，另有9家药企新进入规模以上企业行列；节能与新能源产业有望实现较大幅度增长，乐叶光伏、智航新能源等一批产业项目竣工达产将形成有力支撑。五是从产业发展的痛点看，原油价格的复苏对化工行业呈现出利好；戴南不锈钢转型初见成效，有望回到上升通道；四大船企目前手持订单222艘、1834万载重吨，造船业有望在低位保持平稳发展。总之，明年我们完全可以营造一个风景这边更好的小环境，实现好上加好、又好又快的发展。

明年全市经济社会发展的总体要求是：全面落实党的十八大和十八届三中、四中、五中、六中全会，以及中央经济工作会议、省党代会、全省经济工作会议精神，深入贯彻习近平总书记系列重要讲话精神，以“五位一体”总体布局和“四个全面”战略布局为统领，坚持稳中求进工作总基调，牢固树立和贯彻落实新发展理念，适应把握引领经济发展新常态，突出“两聚一高”发展布局，深入推进三大主题工作，全面做好稳增长、促改革、调结构、惠民生、优生态、防风险各项工作，着力提高转型创新含金量，不断激发干事创业精气神，在建设“强富美高”新泰州征

程上迈出坚实步伐，以优异成绩迎接党的十九大胜利召开。

明年的预期目标是：地区生产总值增长9%左右（上下波动1个百分点左右），居民收入增长与经济增长同步，规模以上工业利润增长10%左右，一般公共预算收入保持正增长，单位GDP能耗降低、主要污染物减排完成省下达的目标。确定这样的预期目标，主要考虑是给经济转型升级腾出更大空间，留下更大余地。全市上下要在经济结构调整上用功发力，在追求质量效益上下更大工夫，既不要在一两个点的增速上纠结，又要主动进取、积极作为，争取最好的结果。

明年的总体思路是：坚持“三个不变”，做到“四个转变”。“三个不变”：就是推进三大主题工作和建设“四个名城”的战略目标不变，狠抓招商引资和项目建设的工作力度不变，坚持“四个长期”“三个不相信”新时期泰州精神、保持干事创业的昂扬精气神不变。“四个转变”：一是真正转到自觉践行五大发展理念上来，特别要把群众的痛点作为我们发展的重点，针对绿色发展、共享发展的短板，像重视项目建设一样重视生态建设、民生建设，像重视基础设施投入一样重视生态投入、民生投入，坚决不选破坏资源和环境的产业，坚决不走先污染后治理的老路，坚决不干毁祖宗家业、断子孙后路的蠢事。二是真正转到“两聚一高”发展的大布局上来，以高度的政治自觉、迅速的实际行动、扎实的工作作风来推进“两聚一高”，争当“聚力创新”的快跑者、“聚焦富民”的实干者、“转型出关”的示范者。三是真正转到有转型与创新含金量的发展上来，切实转变重经济总量和发展速度、轻质量效益和转型创新的惯性思维，在思想深处真正重视转型与创新，在工作布局上真正谋划转型与创新，在实际行动上真正推进转型与创新，任尔东西南北风，咬定转型创新不放松。四是真正转到全面从严治党的更高要求上来，坚持“治不正”与“促清正”并重，坚持“治不为”与“促有为”并重，使清正廉洁、干事创业、勇于创新成为泰州干部队伍最鲜明特质。

强调“三个不变”和“四个转变”，归根结底就是要牢牢把握稳中求进工作总基调。明年贯彻这个总基调具有特殊重要意义，为迎接党的十九大召开，必须保持经济社会大局稳定。“稳”是主基调、是大局，要重点稳住经济运行、稳住物价水平、稳住市场预期、稳住社会大局，坚决守住金融风险、社会民生、生态环境等底线。“进”是目的、是指向，要突出转型升级的主攻方向，加大结构调整力度，在产业科技创新、培育新的经济增长点、改造修复传统动能等方面取得较大进展，在推动深化改革、民生改善、社会治理等关键领域有新的进步。总之，要紧紧抓住稳定大局、不断进取这个根本点，在把握好度的前提下奋发有为，把“稳”的基础打得更牢，把“进”的势头保持和发展好。

三、突出重点猛发力，打造聚力创新“杀手锏”

高水平全面建成小康社会，必须把创新作为引领发展的第一动力，摆在发展全局的核心位置。创新资源不足仍是我市的突出短板，当今的泰州，不创新不行，创新慢了也不行，必须坚持用创新的思路抓创新，用开放的视野抓创新，用市场的手段抓创新，既抓科技创新又抓全面创新，既要创新指标更要创新成果，既隆起创新高原又突破创新高峰，加快由创新追随者向创新领跑者转变，由破茧成蝶的“蓄势期”向成果丰硕的“优势期”转变，用创新定义“泰州力量”，用创新提升“泰州品质”，用创新作出“泰州贡献”，走出一条具有泰州特色的创新之路！

到2021年，努力实现科技综合实力显著提升，布局合理、良性互动、开放配置、服务高效的区域创新体系初步形成，全社会研发投入占GDP比重2.8%以上，每万人发明专利拥有量12件，科技进步贡献率65%以上；创新型经济成为发展主体，企业创新主体地位进一步凸显，三大主导产业国际竞争力进一步增强，高新技术产业产值占规模以上工业产值比重45%以上，高新技术企业1200家；全社会创新蔚然成风，改革创新贯穿全市一切工作，建成国家创新型城市和全国质量强市示范城市。

1. 围绕提升三大主导产业国际竞争力猛发力。越是特色的东西越具有不可替代性，越具有竞争力和生命力。聚焦最有条件、最具优势的领域抓创新，对泰州而言，重中之重就是要提升三大主导产业国际竞争力，在培育国际影响力强的研发机构、形成全球领先的重大原创成果、进入全球技术创新百强企业等方面实现重大突破，加快由有影响力的产业集群向有竞争力的创新集群跃升。一要围绕形成中国医药城在全国生物医药发展的领先地位，打造国内一流、国际知名的生物医药及高性能医疗器械产业。坚持以中国医药城为龙头，以扬子江药业、济川药业、苏中药业等企业为主体，推动“科技”与“产业”协同互动，“知识”与“利润”相互促进，率先走出一条从“跟跑”向“并跑”和“领跑”跨越的高端生物医药和世界特需前沿医疗技术集聚之路。加快中科院大化所江苏（泰州）生物医药创新研究院、江苏生物医药创新中心等载体建设，加快推进高端创新制剂、免疫技术服务、安评中心等一批具有国际水平的公共技术服务平台建设，构建立足华东、辐射全国、面向世界的生物医药创新体系。精心举办第八届国际医药博览会，打造医药会展高端品牌，成为世界生物医药新成果新产品以及高端人才集聚的强磁场。二要围绕巩固全国最大船舶出口基地的领航地位，打造国内实力强、世界有地位的高技术船舶及海工装备产业。引导重点船企加强产学研合作，加快开发具有自主知识产权的“两高”船型，增强国际各类船型接单能力。充分利用现代智能制造技术，推进船舶产品高技术化、生产自动化智能化、军民融合深度化。三要围绕确立节能与新能源产业在全省的领军地位，努力成为全球通讯电源领导者、负极材料领先者、单晶太阳能电池领跑者、石墨烯新能源运用领衔者。加快高端技术产业化应用,鼓励支持双登集团、中全新能源、乐叶光伏、东旭光电等企业领衔制定国家标准、国际标准,推动一批高技术项目快出产品、早见效益。加强高新技术研究载体建设,做强泰州国家级石墨烯研究检测平台,助推中智电力组建国家级工业研究院、中全新能源建立国内动力电池能效研究中心、中恒电力组建动力电池研究院。

2.围绕推进离岸孵化猛发力。坚持用招商的思路抓创新,用创新的思路抓招商,让创新服务向市外拓展,让创新孵化向源头延伸,让创新成果向泰州集聚。重点要发挥好“三个网络”的作用:一是发挥好以四个一批为重点的基地网络作用。通过在高校院所孵化器挂牌一批,地方优质孵化器合作一批,国外专业孵化器驻点一批,重点产业集聚区自建一批,加快创新成果的招引、落地和产业化,增强我市招商服务的精准性、成果对接的精准性、产业落地的精准性。二是发挥好以四个基金为重点的服务网络作用。设立总规模达20亿元的离岸孵化基金,包括12亿元的离岸孵化投资母基金、6亿元的离岸孵化信用保证基金、1亿元的离岸孵化贷款风险补偿基金、1亿元的离岸孵化成果转化和引进奖励基金,形成金融服务支撑离岸孵化的集成效应,让在孵企业得到最好的“离岸环境”。三是发挥好以四个部门为重点的工作网络作用。坚持以融合跨界的新思路推进离岸孵化,科技局与商务局“双牵头”,金融办与人才办“双联动”,形成强有力的部门协同、上下联动的组织推进体系。到明年一季度,要确保建设100家离岸孵化基地,“十三五”期间保持在孵项目2000个左右,每年通过离岸孵化落户创新型项目300个以上。

3.围绕高新区建设猛发力。我市高新区比较少,全省16个国家级高新区、29个省级高新区中,我市各1个,一个是国家级医药高新区,一个是省级泰兴高新区。要把高新区建设作为集聚创新资源的重要载体,坚持“两手抓”:一手抓开发区转型。开发区不仅是经济发展的主载体,也是推动创新的主阵地,必须围绕创新这个时代大命题进行“再开发”,努力成为创新集聚区、示范区、辐射区。各级开发区都要围绕创新体系建设、创新平台建设、创新产业布局、创新人才培育狠下工夫,让开发区的发展有更多的创新支撑、创新力量。一手抓高新区创建。在全力推动靖江高新技术产业开发区、兴化戴南高新技术产业开发区、海陵新能源产业园、姜堰现代科技产业园创建省级高新区的同时,在全市相关开发区里面划出一定区域,挂牌建设市级高新区。力争通过一年左右的时间,提升2个现有高新区、争创4个省级高新区、挂牌4个市级高新区,在全市形成10个左右的高新区建设网络体系。

4.围绕创新平台提升完善猛发力。坚持把创新平台建设放到突出位置,通过打造一批新型载体平台,在更大范围内集聚创新要素,提升创新浓度。一是加快建设国家级创新平台。重点推进中国医药城国家疫苗工程技术研究中心的获批,推动3家企业进入“国家工程技术研究中心培植点”计划;围绕打造省内领先、国内先进、特色鲜明的长江经济带检验检测新高地的目标,加快“品质泰州”建设,用好国家级精细化学品质检中心、不锈钢制品质检中心,加快国家特种劳动防护产品质检中心创建,为产业转型升级、提高产品质量提供技术支撑。二是完善技术交易平台。建好泰科易网上技术交易平台,进一步升级平台、拓展服务。加强与省技术产权交易所、省跨国技术转移中心以及国际技术转移机构的对接和联系,嫁接多方资源,扩大链接服务,建立国际化的技术服务平台。三是建立创新服务平台。加快科技广场建设,招引国际知名的专业团队运营管理,吸引一批高端科技服务机构,培育一批科技服务品牌,形成一批科技服务业龙头企业,打造科技服务产业集聚区。用好三大产业研究院,准确把握产业发展趋势,为主导产业创新发展提供前沿政策咨询。与此同时,各地要按照全市特色小镇建设推进会部署要求,结合本地实际,积极有序推进,把首批重点打造的10个特色小镇,建设成为集聚创新要素、培育新型产业、推动富民创业的重要载体。

5.围绕增强企业创新能力猛发力。进一步强化企业创新主体地位和主导作用,加快建立覆盖企业初创、成长、发展等不同阶段的政策支持体系,提高对企业技术创新的支撑服务能力。一是鼓励企业加大研发投入。泰州制造业要从低端走向高端,没有持续高强度的研发投入是不可能实现的。2015年我市全社会研发投入占GDP比重达到2.37%,但工业企业研发投入占主营业务收入比重仅为0.78%,还低于全省平均水平。从国际经验看,这一指标占2%的企业可以生存发展,达到5%-10%的企业才具有持续的竞争力。要继续打好科技创新券品牌,引导撬动更多的企业加大投入。加强财税政策对企业创新的支持,认真落实鼓励企业加大创新投入的税收优惠政策,无论明年困难多大,都要及时足额兑现到位。明年全社会研发投入占GDP比重要提高到2.5%。二是加强企业研发机构建设。深入实施“百企示范、千企试点、万企行动”计划,支持骨干企业建设高水平研发机构,支持各类企业开展先进技术收购引进、消化吸收和再创新,增强企业配置创新资源和持续创新的能力。明年力争新增省级以上企业研发机构25家,建有率达95%,有效建有率达83%。三是加大高新技术企业培育力度。实施《高新技术企业千企行动计划》,开展全流程专业化服务,帮助企业争创高新技术企业。大力开展“小升高”专项行动,支持小微企业开展新产品、新技术、新工艺、新业态创新,加快推进小微企业成长为高新技术企业。明年力争新增高新技术企业200家以上,高新技术产业产值占规模以上工业产值比重达43%。

6.围绕人才集聚和层次提升猛发力。创新驱动本质上是人才驱动，必须以高层次人才引领高水平发展，以人才优势增创发展优势。一方面，要加大高层次创新创业人才招引力度。优化“三张券”等政策，做到“即时申报、即时发放、即时兑现”，吸引更多的人才“刚性落户”。加快推进人才金三角发展模式，探索“离岸、在岸”一视同仁、“成型项目、未成型项目”同等待遇，不求所在、不求所有，但求所用，用最灵活的方式吸引最需要的人才。另一方面，要加大企业家培养力度。企业家是创新的组织者、推动者，在把握创新方向、凝聚创新人才、筹措创新投入等方面发挥着重要作用。要倍加珍惜，满腔热情地予以关心，依法保护其财产权益和创新收益，使他们的创新动力充分释放、创新才智充分涌流。继续实施企业家“三百”培育工程，着力建强百名“精英型”企业家、百名新生代企业家、百名科技型企业家队伍。实施“千名企业家思维转型提升工程”，引导企业家强化人才主体意识，不断为企业发展注入新动能。要通过人才的大力集聚和层次提升，培育出更多的泰州本土企业家，涌现出更多的“创二代”；更好地发挥年轻人的作用，涌现出更多的“创业代”；更好地集聚天下英才，涌现出更多的“创新代”，让“创二代”“创业代”“创新代”汇聚成创造不止、生生不息的“创生代”，成为泰州改革的先行者、创新的引领者、市场的开拓者、资源的整合者、发展的维护者，成为支撑泰州经济发展的中流砥柱！

7.围绕产业基金引导猛发力。顺应产业转型升级和财政体制改革需要，加大产业基金组建运行力度，引导撬动更多资金要素向产业集中、向创新聚力。一是大力度推进，形成产业基金的规模优势。加大专项资金整合、存量资金盘活和金融资本聚合力度，构建“1+10”产业投资基金体系。“1”，就是组建运行首期50亿元的市产业投资母基金，力争未来3-5年内，基金总规模达到200亿元；“10”，就是在母基金的基础上，设立运行10支实体子基金，放大财政资金杠杆效应。二是精准化投放，形成基金投向的集聚效应。产业基金的投向，要聚焦创新，聚焦优质增量的培育，聚焦三大主导产业发展和传统产业提升，聚焦重大关键项目的引进。三是规范化运营，形成基金管理的科学模式。科学选择基金运行模式和投资方向，有效做好成本控制和风险防范，形成“多元参与、风险共担、合作共赢”的基金运营机制，确保基金安全运行、稳定收益、持久发力。

8.围绕生产率主导的优质项目猛发力。我们一直说没有投入就没有产出，以后还得更加强调的一句话就是，同样的投入，投得好不好，产出大不同，关键要在优化投资结构、提高投资效益上下工夫，投到能产生先进生产力的优质项目上。在项目招引上，要通过招商力量的整合优化来促进落户项目质量的提升。明年在全市招商力量配备上实行“一体两翼”模式：“一体”，就是牢固确立开发区作为招商引资的主体，强化开发区招商为零、一切为零的理念，打造专业队伍，增强招商能力，使之真正成为招商引资的主力军、主阵地；“两翼”，就是机关部门提供招商信息与组建市直属招商局提供招商信息“两翼齐飞”，在机关部门继续提供招商信息不变的前提下，组建市直属招商局进行驻点招商，把驻点区域的产业发展政策研究透，把驻点区域的重点企业走访透，把驻点区域的产业对外投资和溢出的信息把握透，使之成为锻炼干部的机制、服务中心的机制、项目突破的机制。力争全年新签约亿元以上项目800个以上，实际到账注册外资16亿美元。在项目建设上，要通过狠抓项目的竣工达产来促进开工项目早出效益。强化项目竣工达产考核，一个季度一个季度紧抓不放，确保在建项目早竣工早达产，力争全年新开工亿元以上项目500个以上，竣工400个。抓项目竣工达产，做好服务是关键。各地各部门对项目建设面临的资金、土地、用工、用电等问题，要主动对接，精准服务，创造性地为企业排忧解难。要不断放大我市企业家座谈会经验在全省推广的示范效应，不仅要做“店小二”，而且要为实体经济发展当“长工”，不是招商招回来就结束了，不是竣工投产就结束了，不是为企业解决一个困难就结束了，而是要一直为企业“打工”下去，一直为企业的发展保驾护航！

9.围绕“四换”并进猛发力。推进腾笼换鸟、机器换人、空间换地、电商换市，是我市创新发展的必然选择。腾笼换鸟，重点是通过新体制牵动、新机制驱动、新产业拉动，加速从制造型向创造型转变、从创业型向创新型提升。各地要全面摸清“笼子”底数，对辖区内企业的运营、用地、投资状况等进行全面排查摸底，并结合排查摸底情况，实施差别化的扶持政策，把引导产业集聚、淘汰落后产能与腾笼换鸟结合起来，分类推进，分步实施。机器换人，重点是鼓励和支持企业加快技术改造，大力实施“机器换人”三年行动计划，通过减员增效、减能增效、减耗增效、减污增效，提高优质产品率、全员劳动生产率，力争全市工业生产装备和智能制造水平处于全省第一方阵。到2019年，新增工业机器人1500台以上，规模以上工业企业亿元工业增加值从业人员数比2015年下降20%以上。空间换地，重点是推广中国医药城“三维立体利用、二次开发利用、一体共享利用”的综合节地模式，强化工业企业土地使用绩效综合评价，不断提高单位土地、环境容量等要素产出率，以有限的土地资源支撑经济的持续发展。电商换市，重点是积极利用互联网思维来拓展新市场、拓展新空间、拓展新领域，运用物联网、云计算、大数据等载体，推进“电商+企业”“电商+市场”“电商+社区”“电商+农村”“电商+生活”，实现跨界经营、跨界竞争、跨界发展。

10.围绕全面深化改革猛发力。创新，不仅是技术创新，更重要的是制度创新，坚持改革就是创新。要切实发挥改革的“深刺激”“强刺激”作用，不断增强创新的内生动力。

第一，抓好供给侧结构性改革的深化。推动供给侧结构性改革，最终目的是满足需求，主攻方向是提高供给质量，根本途径是深化改革。要紧紧围绕“三去一降一补”，扎实抓好“1+25”政策体系的落实深化。去产能，一要全面完成和落实好上级下达的各项任务；二要抓住处置“僵尸企业”这个牛鼻子，注重运用倒逼办法，创造条件推动企业兼并重组；三要以市场化和法治化的办法，重点做好化工企业整治的减法、船舶行业整合的减法、不锈钢行业提升的减法和低质低效产能清理的减法。去库存，把去库存和促进人口城镇化结合起来，畅通农民市民化通道；把去库存和房地产健康稳定发展结合起来，重点解决区域去化周期的不平衡，解决开发总量中的结构和区域不平衡，解决棚户区改造和市场供应量的不平衡，以及解决历史形成的供地存量过大的潜在不平衡。去杠杆，把降低企业杠杆率作为重中之重，通过加强企业股份制改造，加大企业股权融资力度，切实增强企业的资本实力，来降低企业杠杆率；通过支持企业市场化、法治化债转股，来降低企业杠杆率；通过解决企业“两证”不全遗留问题等举措，切实增强企业的资产实度，来降低企业杠杆率。降成本，全面落实中央和省委确定的降本措施，通过改革的办法和创新的思路，把该降的全降到位、把能降的先降下来。要强化放水养鱼意识，宁可政府开支紧一点，也要取信于企业、取信于市场。补短板，聚焦基础设施、民生保障等薄弱环节，既补“硬短板”也补“软短板”，既补发展短板也补制度短板，消除发展“痛点”，增强发展动力。

第二，抓好国家级改革试点的推进。用足用好已经获批的国家级改革试点机遇，坚持先行先试，形成助推创新发展、转型发展的裂变效应。要以金融改革试点为契机助推产业转型升级。围绕服务实体经济，构建前台与后台贯通、线上与线下联动、贷款与投资有机组合、担保与风补协同支持的四位一体产融综合服务中心，实现网络化、一站式、高效率的产融对接。围绕服务三大主导产业发展，通过金融改革助推产业兼并重组、整合产业链、拓展市场，组建融资租赁集聚区，重点发展医疗器械、船舶、新能源电站的融资租赁业务；组建运营国家一类新药投资基金，通过基金运作让医药产业的创新成果“我先挑、我先选”“江苏造、泰州造”。围绕服务转型升级，以产业基金的组建运作为支撑点，设立沿江化工产业转型发展基金和专项保险，推动沿江化工企业转型升级；加强与深交所等方面的合作，探索筹建大健康基金类股权投融撮合平台、金融资产交易平台、江苏省绿色资源和技术产权交易平台。要以大健康产业集聚发展试点为纽带延伸特色产业链条。全力推进大健康产业集聚发展试点方案报批工作，抓紧推动省政府完成专家评估论证，力争早日获得国家相关部委批复。对大健康产业的重点工作，进行项目化推进，加快形成有利于产业集聚的机制、环境和特色，吸引更多大健康领域的人才、技术、资本等要素加快向泰州集聚，助推“医、药、养、游”一体化发展。要以国家高标准农田建设试点为依托发展现代农业。扎实抓好第一批姜堰区10万亩和第二批兴化市50万亩试点，加快建成“水土田林路综合治理、桥涵闸站库全面配套”的粮食生产示范片区。积极推进农业供给侧结构性改革，在严守耕地红线的前提下，以绿色化、特色化、品牌化、信息化为主攻方向，加快农业结构调整，提升现代农业发展水平。

第三，抓好行政审批制度改革的推进。创新不是政府管出来的，而是市场放出来的。要围绕“在市场准入上，确保注册登记3个工作日办结；在项目建设上，从立项到开工，确保50个工作日内完成审批”的目标，进一步简政放权、优化流程，能减一项减一项，能少一天少一天，全力以赴、分秒必争，为创新创业提供最大的便利。一是全力做好相对集中许可权改革试点。以市场准入和投资建设两大领域行政许可事项的相对集中为重点，加快筹建市行政审批局，优化行政审批流程，真正实现一个窗口流转、一颗印章审批。二是深入推进综合行政执法体制改革。加快建立以信用为基础的综合有效监督执法体系，实现“双随机、一公开”监督全覆盖。支持市(区)跨部门综合执法，整合执法职能，推动执法力量向一线倾斜。进一步完善市(区)市场监督运行机制，创新监督服务，全面提升市场监督质量，激发市场活力。三是积极探索“互联网+政务服务”。推动网上政务服务与实体政务服务线上线下有机融合，努力做到事项一网通办、信息一库通享、服务一站通行，为群众提供更快捷、更方便的政务服务，打造全省领先的“互联网+政务服务”体系。省里已经明确，在确保安全和环保的前提下，以企业投资政府“不再审批、有效监管”为取向，持续深化“放管服”改革，实现省级部门“不再审批”、市县区扁平管理、一层级全链审批，努力做到网上办、集中批、联合审、区域评、代办制、不见面，推进审批标准化、扁平化、便利化。我们一定要按照这样的要求，加大改革力度，推动行政审批制度改革继续走在全省前列，力争走在全国前列。

以上10个方面，就是明年聚力创新的重点工作。“猛发力”不是平均用力，要把创新发力点对得更准。一定要坚持有所为、有所不为，采取“非对称”赶超战略，找准自己的突破口，拿出自己的“杀手锏”，形成自己的“一招鲜”。各地各部门要围绕10个方面的创新重点抓落实、快推进、早见效，真正把发力点聚焦到创新上来。“猛发力”不是蜻蜓点水，要把创新力量调得更强。“猛发力”，强调的是个“猛”，就是要集中力量、集中资源、集中政策，就是要用足全力、下足工夫、开足马力，就是要有大力度、大突破、大成效。比如省里出台了创新“40条政策”，含金量很高。各地各部门要全力以赴争资金、争项目、争平台、争牌子、争政策，能不能把“40条政策”用足用好，就是对我们是不是“猛发力”抓创新的一个检验。比如我们获批了不少国家级试点，要勇于探索、敢于突破，早出成效、快出经验，把这些“牌子”的含金量变为发展的含金量、创新的闪光点。“猛发力”不是仅靠政府发力，要把创新热潮掀得更高。创新不仅仅是政府的事，需要全社会共同努力，政府、企业、高校院所一起发力。要大力营造勇于探索、鼓励创新、宽容失败的社会氛围，培养创新的意识、激发创新的潜力、激励创新的行为，使创新成为一种价值导向、一种生活方式、一种时代风气。各级领导干部要争做创新的自觉践行者、创新生态的营造者、创新的坚定支持者，让泰州成为最具吸引力、最富成功机会的创新热土！

四、围绕问题补短板，打好聚焦富民“组合拳”

进一步厘清居民增收和公共服务中的突出问题、薄弱环节，千万不能年初简单压指标、年末向下要数字，要积极探索富民新路子，促进政府有形之手、市场无形之手、群众勤劳之手同向发力，不断把短板拉齐补长，共同创造全市人民幸福生活。

明年的富民工作，总的思路和要求是“坚持一个导向、聚焦两大方面、致力三大目标、解决四大痛点”，努力让人民群众有更多获得感、更强幸福感。坚持一个导向，就是坚持民生优先的导向，作决策、出政策，都先要想想老百姓最急、最盼、最需的是什么；干工作、抓工程，都先要想想老百姓欢迎的、满意的、赞成的是什么，真正使我们所做的事更加符合老百姓的意愿、得到老百姓发自内心的点赞。聚焦两大方面，就是一方面要找准群众持续增收的关键点，切实解决好居民收入“口袋”鼓起来的问题；另一方面要找准群众对小康生活的关切点，切实解决好老百姓民生诉求问题。致力三大目标，就是“增速领先、发展同步、明显快于”三大目标，即居民收入增幅在全省领先、进入全省第一方阵，居民收入与GDP增长要确保同步并力争快于GDP增长，居民收入增长明显快于财政收入增长。解决四大“痛点”，就是下真工夫，把生态环境诉求、出行难、绿量少、老城区基础设施和棚户区积累性矛盾多等与群众切身利益密切相关的问题解决好，同步推进文化、教育、医疗、养老等公共服务建设，让人民群众有看得见、摸得着的实惠，不断彰显泰州的发展“温度”和幸福“质感”。

1.聚焦提升就业质量，增加工资性收入。泰州不缺一般性就业岗位，缺的是高端就业岗位。要围绕实现更加充分更高质量就业的目标，把产业升级和提升就业质量结合起来，在扩大企业利润空间、提高技能水平和劳动生产率的基础上增加工资性收入。一是提高产业核心竞争力。只有产业转型升级了、核心竞争力增强了、产品附加值提高了，企业的利润空间才能不断扩大，对工资的敏感度才能降下来，才有能力付出更高的工资。虽然提高产业核心竞争力和产品附加值是个长线工程，但我们还是要一步一步扎实地抓下去，尤其要抓住项目大突破这个“牛鼻子”，抓好优质项目的招引建设，推动经济结构优化升级，为高端就业提供更多岗位。二是提高本地企业产销配套率。做好这项工作，既有利于降低企业的采购成本、物流成本，也有利于在拉长产业链中扩大就业面。要在推动本地上下游企业合作上加大力度，健全促进企业产能对接、产品配套的激励机制，让更多的本地企业及时、精准对接，让更多的群众捧上家门口的“饭碗”。三是提高就业技能适用性。进一步突出新型职业农民、高技能人才和紧缺工种普工等重点对象，不断提高劳动者的就业技能、技术素质、技术等级。扎实推进“蓝领精英培育工程”，培育一大批“泰州工匠”。

2.聚焦推进全民创业，提高经营性收入。群众致富最大的潜力在创业，而我们泰州的创业氛围还不浓，小老板还不多，居民经营性收入还不高。我们要下工夫把创业富民这个“最大潜力”研究透、挖掘好、释放出来，着力形成“想创业者能创业、会创业者创成业、善创业者创大业”的生动格局。一方面，要在政策激励上下工夫。针对我市实际，坚持问题导向，研究出台“创业富民30条”政策举措，不求面面俱到，但求务实管用，拿出一批含金量高、操作性强的“干货”。比如，在创业注册便利化上，要进一步完善制度设计，探索实施一址多用的“秘书公司”制度，解决好创业门槛问题。比如，在创业技能培训上，要整合分散在相关部门的创业培训资金，建立创业技能培训券制度，形成创业撬动效应。最近，国务院办公厅印发了《关于支持返乡下乡人员创业创新，促进农村一二三产业融合发展的意见》，送出了一系列政策“大礼包”，各地各部门要认真组织好宣传解读，抓好贯彻落实。另一方面，要在分类施策上下工夫。对困难人员、城镇失业人员、返乡农民等群体的生存型创业，着重解决好“有资金、有技能、有项目、有场所”的问题，加大低成本、低门槛、低风险创业项目征集开发力度，为他们打通创业渠道。对以大学生为重点的新成长劳动力、高层次人才等群体的发展型创业，既“扶上马”，更“送一程”“重全程”，针对创业的不同阶段，更为有效地提供启动资金、风投创投、企业管理、市场开拓等支持，帮助他们降低创业风险、提高创业成功率。农民收入是居民收入短板中的短板，要推进农村创业就业富民服务中心建设，发挥创业宣传、孵化和服务功能，打造一批农创空间、农创田园；推进特色乡村建设，引导农民围绕“一乡一业、一村一品”开展协同创业创新，培育一批富民示范村；总结推广“桥头经验”，大力发展适度规模经营，培养一大批新型职业农民。

3.聚焦拓宽增收渠道，扩大财产性收入。人民群众财产性收入的增加，是生活水平提高的重要标志，也是各级党委政府落实共享发展理念的重要体现。一是在深化农村产权制度改革中扩大财产性收入。以确权登记颁证为基础,在尊重农民意愿和维护农民合法权益的前提下,积极推进增强农民带资进城实力和积极性试点工作,增强土地承包经营权、宅基地使用权、集体收益分配权“三权”变现能力和流动性,使农民有实力、能够不负债或者少负债进城,而且进城后有活干,甚至有余钱做生意、去创业。要加快推进农村土地经营权抵押贷款试点工作,进一步简化流转经营权发证及抵押登记流程,健全金融支持体系,让“沉睡”的土地变成“活资本”。二是在拓宽居民投资渠道中扩大财产性收入。过去,居民的财产性收入主要是存款利息。现在资本市场日渐发达,投资渠道也日益多样,要在引导居民合理投资、理性投资上下工夫,引导居民参股创办企业或出资入股、联合投资建设一批经营风险小、预期回报好的经营项目,提高居民股权红利收入。各金融机构要加强金融产品和金融工具创新,改善金融服务,为居民提供多元化、安全性高的理财产品。三是在大力发展分享经济中扩大财产性收入。分享经济是一种通过互联网平台调动闲置资源,提高资源利用效率,并产生经济价值的经济模式。在这种经济模式下,居民闲置的汽车、房屋等财产,乃至知识、服务等资源都可以“生财有道”。我国分享经济发展迅速,2015年市场规模约为1.96万亿元,到2020年占GDP比重将超过10%,潜力十分巨大。目前,我市居民参与分享经济发展还处于自发状态,要着力引进、培育一批平台企业,围绕快递、家政服务、教育培训、新闻、租赁、广告创意、医疗等领域,整合利用好分散、闲置的社会资源,推动分享经济加快发展,创造条件更快更好地带动居民财产性收入增长。同时,要深入谋划和推进全域旅游工作,努力把生态景观变银行、乡土气息变钞票、“空关房”变“黄金屋”,促进老百姓增收致富。

4.聚焦重点人群和重点地区,打好脱贫攻坚战。要从实际出发,坚决防止数字脱贫、弄虚作假,把工夫用到帮助贫困群众解决实际问题上,把精力放在创造可持续发展条件、激活内生动力上,推动精准扶贫、精准脱贫各项政策措施落到实处。一是要把重点地区整体发展与低收入农户精准脱贫结合起来。立足重点地区实际,强化比较优势发挥,走发展特色产业脱贫致富的新路子;强化农村电商发展,走促进就业创业脱贫致富的新路子;强化资产收益扶贫,走通过制度创新脱贫致富的新路子,让扶贫脱贫成果在重点地区整体发展中得到有效巩固和提升。二是要把物质帮扶与情感交流结合起来。结对帮扶,不仅要在资金上支持,更要在感情上关心,不仅要为老百姓增收致富想办法、找路子、招项目,更要做好政策宣传、情感交流、思想引导,把工作做到群众心坎上,在全社会形成“勤劳致富光荣、自主脱贫可贵”的良好风尚。三是要把夯实农村基层党组织与脱贫攻坚结合起来。进一步增强基层党组织的政治功能和服务功能,打造强有力的战斗堡垒,组织带动群众发展产业、兴办实事、扶贫解困,真正成为老百姓脱贫致富的主心骨、领路人。

5.聚焦更加公平更可持续,拧紧社会保障安全阀。坚持全覆盖、保基本、多层次、可持续方针,以增强公平性、适应流动性、保证可持续性为重点,夯实覆盖城乡居民、与经济社会发展水平相适应的社会保障体系。一是基本保障要全面覆盖。持续扩大覆盖面,推进应保尽保,加快实现人人享有基本社会保障。进一步提高企业职工养老保险统筹层次,推进机关事业养老保险制度改革。扎实推进生育保险和基本医疗保险合并实施试点工作,确保平稳运行,确保参保人员待遇不降低。二是补充保障要协调发展。促进保险与保障紧密衔接,建立财政支持下以商业保险为平台、多层次风险分担为保障的巨灾保险制度,支持保险机构提供保障适度、保费低廉、保单通俗的“三农”保险产品,鼓励保险资金采取多种方式支持新型城镇化、重大基础设施建设和棚户区改造等,加快把商业保险建成社会保障体系的重要支柱。三是托底保障要更加有效。加快筑牢以社会救助为重点的托底保障,进一步完善最低生活保障制度,加快健全“救急难”机制,对因病、因学、因灾和各种急难事件而陷入困难的群众及时救助,确保困有所济、难有所助、急有所帮。

6.聚焦化工行业转型发展,推进化工企业两年集中整治行动。全市化工行业“三多”问题突出:化工企业多,目前,全市共有化工生产、仓储企业443家,占全省的7%左右;小化工多,443家企业中,规下企业223家,占比超过50%,但主营业务收入仅占行业全部收入的2.3%;化工园区多,经省、市政府批准设立的化工园区(集中区)7个,其中沿江地区有3个、占全省沿江化工园区总数的12.5%。全市生态安全和生产安全压力很大。据测算,一块被化工污染的场地想要修复还原,起码要50到100年的时间,一亩污染土壤洗一遍要花50万元,相当于500年的种地收入。我们不能把这些“定时炸弹”留给子孙后代,只有在化工行业转型发展上“伤筋动骨”,我市环境保护、安全发展才能实现“脱胎换骨”。要强力推进化工企业两年集中整治行动,“四年任务两年干,化工企业减一半”,把四年任务压缩到两年完成,两年内淘汰关闭化工生产企业一半以上,化工企业入园率提高到70%左右。做好这项工作,一是要整体治理。化工生产企业和危化品经营企业的整治目标要一起下,两项工作一起推,一次性定好目标,一次性启动,形成整体的治理体系和工作合力。二是要早做预案。对需要转型提升的化工企业,要做好引导、早给出路。对整治、转型过程中可能出现的问题,比如职工安置、土地再利用等,要分析透、掌握准,做好方案和预案,把握工作的主动权。三是要完善政策。统筹谋划正向的引导政策、倒逼的经济政策、市场化整合的机会,形成合力,助推加快转型。对限期整改不到位的企业,实施差别化电价水价和惩罚性电价水价等政策,倒逼其整顿提高,逼得没有退路,逼出内生动力。

7.聚焦提升中心城市功能品质,切实提高人民群众的获得感。对于中心城市建设,广大干部群众都有很大的期待。明年,一方面要制定实施好新一轮城建新提升两年行动计划,确保城市建设不断线、有节奏、迈稳步。对于推进新型城镇化等工作,将在近期的城市工作会议上进行部署。另一方面要在提升群众的获得感上下工夫,解决好老百姓对中心城市建设呼声最强烈的一些"痛点"问题。

第一,着力解决好"交通堵"的问题。交通承载能力已经成为泰州发展非常突出的约束性条件,要着力解决好老城区跨区交通出行不快捷、路网骨架布局不均衡、微循环组织不通畅等问题。一是在快速路建设上,要"快速成环,构筑骨架"。发挥快速路效应的关键在成环成网,要加快启动S231高架北延、永定路西延、站前路建设、长江大道快速化建设、东风路北延,努力构建"一环三射一贯通"的快速路格局(一环:海陵的快速外环;三射:S231高架北延、长江大道快速化、东风路;一贯通:横贯东西的永定路),实现海陵快速环路贯通,高港、姜堰与海陵便捷联通,快速路与高速公路出入口无缝衔接,海陵、高港、姜堰城区30分钟通达。二是在干路建设上,要"干路成格,打通经络"。强化海陵城北、城西、火车站街区干路建设,基本消灭海陵主次干道的断头路。三是在支路建设上,要"支路成网,疏通血管"。结合双水绕城工程,以"老城环河路"为骨架,推动老城路网加密,改善地区交通微循环组织,提升老城活力。重点启动京泰路南延、祥泰路南延、青年路北延等25条道路建设。总之,明年开始,我们要更大力度地推进市区交通建设,通过2–3年的努力,实现"三区快速联动、城区格网均衡、老城活力畅通",推动"三泰"交通同城化。

第二,着力解决好"停车难"的问题。目前中心城市汽车保有量年均净增2.7万辆左右,停车难问题日益凸显。今后两年要确保新增停车泊位1万个(不含路边增设的停车泊位),力争每年5000个以上,其中海陵区两年新增7000个。一是在平面向立体拓展中建设一批。今后新建的停车场,在规划和工程质量许可的情况下,原则上都要建成多层、立体、现代化、生态化的停车场,提高用地效率,增加停车泊位。二是在功能错配纠正中增加一批。开展配建泊位、公共停车泊位使用情况摸底调查,对规划停车泊位挪为它用的现象,要狠下决心进行纠正,恢复原有的停车功能。三是在单位和社会融合中优化一批。打破机关事业单位内部停车场封闭运行的模式,加快向社会融合、向社会敞开,分时段对社会开放,通过盘活存量资源,优化出一批停车泊位。

第三,着力解决好"绿量少"的问题。目前,市区建成区绿地率、绿化覆盖率、人均公园绿地面积,分别列全省倒数第一、倒数第四、倒数第一,这与我们建设生态名城的目标极不相称。要大力建设"一核两带十廊道三十公园"(一核:双水绕城核心景区;两带:中心城市北部生态走廊、沿江生态保护走廊;十廊:10条景观廊道;三十公园:30个绿地公园),确保今后两年新增绿地1200万平方米,积累更多的绿色财富,增进群众的生态福祉。各市也要加快规划建设10平方公里左右的生态涵养区,形成一个彰显生态资源特色的大公园。

第四,着力解决好棚户区改造的问题。我们的中心城区是县级市的底子,城市建设历史欠账还比较多,棚户区还不少。要继续抓好棚户区改造三年行动计划的推进实施,确保按期保质完成4.88万户、800万平方米的棚户区改造任务。

8.聚焦重大交通基础设施,推进"两高铁、两通道"建设。"两高铁、两通道",是全省长江两岸高铁环线和过江通道建设大布局的重要组成部分。路通了,经济发展就插上了翅膀,群众也就有了更多创业就业的机会。抓好"两高铁、两通道"建设,对于富民增收也有着至关重要的作用。高铁发展是一场深刻的经济地理革命,我们全力上争高铁和过江通道,就是在争未来的交通枢纽,就是在争百姓的致富之路。经过前期努力,盐泰锡常宜城际铁路,预可研报告即将完成,我市境内的线位、站位已经基本确定;北沿江高铁,将于近期开展预可研招投标;江阴靖江第二过江通道,预可研工作正抓紧开展;泰常过江通道,相关前期工作正在加快推进。明年,要全力争取盐泰锡常宜城际铁路开工建设,同步推进江阴靖江第二过江通道建设,北沿江高铁、泰常过江通道前期工作取得重大突破。

9.聚焦生态建设工程化推进,扎实抓好"两减六治三提升"专项行动。加强生态建设的重要性,怎么强调都不为过。抓好明年的生态建设工作,关键是要工程化推进,抓好"两减六治三提升"专项行动(两减:减少煤炭消费总量,减少落后化工产能;六治:治理清水通道水环境,治理生活垃圾,治理黑臭水体,治理畜禽养殖污染,治理挥发性有机物污染,治理环境隐患;三提升:提升生态保护水平,提升环境经济政策调控水平,提升环境执法监管水平),把"减"的要求、"治"的目标、"升"的导向落到实实在在的项目上,实行项目化管理、责任化落实、节点化倒逼,努力实现经济发展质量、生态环境质量、人民生活质量齐头并进。一是要狠抓源头、调优结构。能源结构调整重在减煤,产业结构调整重在减化。要严格落实煤炭消耗总量和强度"双控"机制,推进能源绿色化改造,通过环保、用地、能耗等标准倒逼,加快淘汰化工、钢铁、水泥等重点行业落后产能,坚决取缔"地条钢"等非法钢铁生产企业。二是要综合施策、精准治污。专项行动排出的"六治",针对的是当前环境污染最突出、老百姓反映最强烈的问题,必须以最有力的行动和举措,尽快拿出真正过硬的成果,全力打赢生态保护和环境治理攻坚战。扎实推进全国水生态文明建设试点，全面推行河长制，把河湖管理工作抓实抓好。高度重视沿江岸线资源整合工作，既保护好长江母亲河，也为发展高端产业腾出空间。持续推进城乡环境综合整治，培育一批有特色的美丽乡村。三是要强化责任、从紧从严。各地要抓紧建立强有力的工作班子，配齐配强工作力量，逐级落实责任，层层传导压力，有力保障专项行动各项工作的顺利开展。要实行“刚性减排、铁腕治污、高压监管”，对责任不落实、推进不得力、成效不明显、质量不达标的，要严肃追究，绝不姑息；对超标或违规排污的企业，要有违必究、严管重罚。

10.聚焦优化公共服务，提高社会事业发展水平。社会事业发展，承载着人民群众更多的美好期盼，也承载着各级党委政府更大的责任担当。一是以社会主义核心价值观为主心骨，大力发展文化事业。更加注重落细落小落实，推动社会主义核心价值观融入市民日常生活；更加注重发挥好文化惠民券的作用，为群众提供更接地气、更有品质的公共文化产品；更加注重文化产业发展，加快提质增效，打造产业特色；更加注重抓好舆论引导，把握时效度，守好主阵地。二是以更加公平优质为目标，大力发展教育事业。致力于指标均衡与质量均衡相互匹配、硬件现代化与“软件”现代化同步提升，加快缩小城乡、区域、校际教育差距，更大力度推进师德师资建设，切实加强心理健康教育，加快构建泰州卓越教育体系，努力让所有孩子都能健康成长、早日成才。三是以“健康泰州”建设为抓手，大力发展医疗卫生事业。在深入推进医改的同时，要把好“一道关”，坚持预防为主，把卫生工作的关口前移，让群众不得病、少生病；筑牢“一个圈”，加快覆盖城乡的15分钟医疗、健身服务圈建设，为群众提供可及性强、水平高的医疗卫生服务；织密“一张网”，加快推进中心血站、120急救中心、市级精神卫生中心等项目建设，不断健全医疗卫生服务网络。四是以推进养老机构体制改革为重点，大力发展养老事业。我市已经成为全省老龄化程度较高的地区之一，全市60岁以上老年人口比例达到24.5%，列全省第4。要推动公办养老机构改革，大力发展民办养老机构，推进农村区域性养老中心、政府兜底型养老机构、标准化社区养老服务中心和日间照料中心建设，加强养老机构服务质量监管，不断提高服务水平。五是以责任落实为龙头，大力推进“平安泰州”建设。着力推动数据运用联动融合、治理力量联动融合、矛盾化解联动融合，强化信访积案问题、治安突出问题、执行难问题的专项治理，扎实推进社会综合治理考核试点工作，确保社会和谐稳定。坚决守住安全生产红线，切实强化领导干部“党政同责、一岗双责、齐抓共管、失职追责”的落实，强化企业主体责任、首要责任的落实，强化一线员工安全意识和实际操作能力的提高，确保人民群众生命财产安全。切实强化食品药品安全监管，坚持源头严防、过程严管、风险严控，完善监管体制，加强统一性、权威性，确保“舌尖上的安全”。

需要强调的是，法治是实现国家治理体系和治理能力现代化的重要保证，也是我们推进“两聚一高”的重要保证。市委将紧紧围绕全市改革发展稳定大局，切实加强对地方立法工作的领导，推进科学民主立法进程，加快完善与宪法法律行政法规相配套、体现时代特征、富有泰州特点的地方性法规和规章。同时，各有关方面也要围绕打造全省法治建设先导区目标，大力推进法治政府、法治社会建设，深入实施“七五”普法规划，切实加强社会信用体系建设和公共法律服务体系建设，让法治成为泰州发展核心竞争力的重要标志。

五、全面从严强约束，激发干事创业精气神

实现泰州新的发展，决定因素在人，关键靠实干。我们要以党的十八届六中全会精神为指引，认真落实习近平总书记提出的“六个从严”要求，以永远在路上的定力和韧劲，持续加强换届后各级领导班子建设，推动全面从严治党不断迈上新台阶，把各级党委的主体责任落实到位、各级纪检组织的监督责任聚焦到位，把党组织“主动抓”与党员干部“自觉守”、“治不正”与“促清正”、“治不为”与“促有为”更好地结合起来，把干事创业的“风向标”更加鲜明地立起来、树起来，打造一支忠诚干净担当的泰州铁军。

1.在看齐追随中找准干事创业落点。牢固树立政治意识、大局意识、核心意识、看齐意识，坚定不移地向党中央看齐追随，坚定不移地与党中央保持高度一致、步调一致，在看齐追随中找准贯彻落实党中央和省委重大决策部署的切口和抓手，找到干事创业的发力点和突破口，确保贯彻不走样、执行不跑偏。要深入学习系列讲话，在把握思想理论脉络和历史文化源流上下工夫，在掌握立场、观点、方法上下工夫，在联系思想和工作实际上下工夫，进一步巩固“两学一做”学习教育成果，真正做到学思践悟、融会贯通、指导实践、推动工作。要坚定理想信念宗旨，加强思想教育和理论武装，引导党员干部立根固本、补钙铸魂，真正做到不忘入党初心，永远听党话跟党走；不忘为民初心，倾力助民富解民忧；不忘清廉初心，始终守本色扬正气。要严肃党内政治生活，认真落实《关于新形势下党内政治生活的若干准则》，突出用好组织生活这个经常性手段，用好批评和自我批评这个有力武器，不断增强党内政治生活的政治性、时代性、原则性、战斗性，促进党员干部知德守正、知任图进、知责思为。

2.在大走访大落实中造浓干事创业氛围。开展“百团千村万企大走访大落实”活动，目的就是要让各级党员干部在跑遍千村万企的过程中，跑透泰州的市情民情企情，跑深与广大人民群众和企业家的深厚感情，不断密切与人民群众的血肉联系。这项工作已经全面展开，明年要按照“领导带头、组团走访，设置网格、全面覆盖，上下联动、层层跟进，责任包保、常态长效”的原则，在走深访

透的基础上，形成走访情况专题报告，列出问题清单、任务清单、建议清单，建立全市域综合服务平台，把分工负责的区域和对象，固化为基层群众工作责任区、创新工作试验田、维稳工作包保点。开展好这项活动，既是一项重要的政治任务，更是一次难得的实践锻炼；既检验工作作风，更考验能力水平，必须全身心投入、全方位投入、全过程投入。要用脚板丈量发展短板，找准重大决策部署推进落实的“堵点”，找准影响群众生产生活的“痛点”，找准制约企业发展壮大的“难点”，为党委政府决策提供真实情况和可靠依据。要用真心换取群众真情，善于倾听心声，善于小中见大，善于同群众交朋友，当一回村民，走一圈亲戚。只有这样，我们才能听到真心话、摸准真情况、结下真友谊；只有这样，我们收获的才不仅仅是建议，而是与群众朝着一个目标共同奋斗的激情。要用实招赢得企业实绩，加强沟通引导，加强个性化服务，帮助企业克服困难、解决问题，让泰州的营商环境越来越好，让我们的实体经济越来越强。服务企业是我们的本分，而不是送给企业的情分。各级党员干部要严格落实“亲”“清”要求，既要守好底线，又要倾情服务。

3.在正风肃纪中倒逼干事创业动力。推进全面从严治党，激发干事创业精气神，必须以正风肃纪的力度，倒逼出各级党员干部干事创业的加速度，催生出泰州发展的新高度。要打好纠治“四风”持久战。以更严的标准落实中央八项规定精神和省市委十项规定，科学运用监督执纪“四种形态”，抓早抓小、防微杜渐，坚决治“病树”、拔“烂树”、护“森林”，推动作风建设常态长效发展、党风政风持续好转。要用好党内监督“探照灯”。认真落实《中国共产党党内监督条例》，把党内监督和人民群众监督更好地结合起来，构建多元化、多层次、全方位的监督体系，做到有权必有责、有责要担当，用权受监督、失责必追究，让“隐身人”无处藏身，让“微腐败”无所遁形。要架好党纪国法“高压线”。坚持无禁区、全覆盖、零容忍，持续保持反腐败高压态势，着力构建以规范行政执法、资金管理、选人用人、公共资源配置、行政权力运行、基层党风廉政建设为主要内容的“不能腐”制度防范体系，让人民群众在全面从严治党的新成效中拥有更多获得感。

4.在容错纠错中保护干事创业激情。打好“聚力创新、聚焦富民”主攻仗，比以往任何时候都更加需要全市广大党员干部勇于担当新任务、勇于担当新实践、勇于担当新发展，也更加需要各级党组织、各级领导为敢于担当者担当、为敢于负责者负责。一方面，广大党员干部要敢于担当、实干进取。应该说，全市干部队伍的主流是好的，但一些不良现象还不同程度存在：害怕多做多错的有，遇到难事“踢皮球”的有，以走程序为挡箭牌能拖则拖的有。这类现象与党员干部的身份、与岗位职责的要求是格格不入的，必须纠正。什么叫敢于担当？就是面对任务，要始终做到接受任务不讲条件、执行任务不找借口、完成任务不留退路；就是面对困难，要始终做到知难不畏难、吃苦不叫苦、补台不拆台；就是面对歪风邪气，要始终做到敢于抵制、敢于亮剑、敢于斗争，勇做发展先锋、改革先锋。另一方面，各级党政组织和领导干部要为担当者担当、为负责者负责。进一步加大“五个激励”落实力度，加大《容错纠错实施办法》落实力度，加大党员干部“在岗不作为、履职不担当”问题的专项整治力度，在容错纠错中保护好、引导好、激发好各级党员干部干事创业的积极性，坚决不让想干事、能干事的干部“心悬着”，坚决要让敢担当、善作为的干部“腰杆硬”！坚决不让担当实干、奋勇争先的干部“遭埋没”，坚决要让不事张扬、埋头苦干的干部“有舞台”！我们就是要把那些敢于改革创新的干部、埋头干事创业的干部，把那些孺子牛式的干部、老黄牛式的干部发现出来、重用起来、提拔上来！

政府工作报告(摘要)

——在泰州市第五届人民代表大会第一次会议上

泰州市人民政府市长 史立军

(2017年1月17日)

一、本届政府工作回顾

2012年6月以来,我们在中共泰州市委的坚强领导下,坚持以党的十八大和十八届三中、四中、五中、六中全会精神为指导,深入贯彻习近平总书记系列重要讲话特别是视察江苏重要讲话精神,主动适应经济发展新常态,自觉践行新发展理念,持续推进全省转型升级综合改革试点,扎实开展三大主题工作,加快建设"四个名城",经济社会发展取得显著成就。

坚持稳中求进,综合实力迈上新台阶。坚定不移把发展作为第一要务,制定出台工业10条、开放10条、人才10条、金融10条等政策措施,在转型升级中保持经济平稳较快发展。经济总量持续攀升。2016年,预计实现地区生产总值4060亿元,五年连跨两个千亿元台阶,人均地区生产总值突破8万元。一般公共预算收入327.6亿元,年均增长8.5%。固定资产投资3170亿元,五年累计突破1万亿元。规模以上工业增加值2750亿元,年均增长12.2%。高新技术产业产值突破5000亿元,占全省比重较2011年提高2.5个百分点。社会消费品零售总额1115亿元,年均增长11.8%。居民消费价格涨幅保持在2%左右。发展层次加快提升。我市被定位为长三角Ⅱ型大城市,全域纳入沿海开发战略。成为长江经济带大健康产业集聚发展试点,创成国家中医药综合改革试验区、康养旅游示范基地。获批国家级金融支持产业转型升级改革创新试验区,建成国家创新型试点城市和知识产权示范城市。获批国家高标准农田建设试点,创成国家现代农业示范区。产业结构进一步优化。三次产业结构由2011年的7.2:54:38.8调整为5.9:48.1:46。加快发展现代农业,累计新增高标准农田69万亩,综合机械化率80%以上,建成全省首家"亩产吨粮市",姜堰荣获全国农业改革与建设试点三年总结考核第一名。聚焦聚力三大战略性主导产业,生物医药产销规模全省领先,造船完工量占全国比重达16%,节能与新能源产业规模超过1100亿元。实施传统产业改造提升计划,推进千企升级百企示范工程,累计新增销售10亿元以上企业113家、利税过亿元企业144家,境内外上市和新三板挂牌企业分别达10家、26家。获批创建全国质量强市示范城市,扬子江药业获中国质量奖提名奖。推进"建筑强市"建设,建筑业总产值累计突破1万亿元,8项承建工程获评"鲁班奖"。"十二五"期间,单位地区生产总值能耗累计下降27.2%,主要污染物排放量削减提前完

2017年1月17日,市长史立军在泰州市五届人大一次会议上讲话

成省定目标任务。服务业发展明显加快，去年实现增加值1870亿元，占比年均提高1.4个百分点。溱湖风景区升级为国家5A级景区，凤城河风景区创成国家级城市中央休闲区，全市接待游客数和旅游总收入分别是2011年的1.8倍、1.9倍。本外币贷款余额达3721亿元，新引进9家银行业金融机构，全市银行机构数达35家。

坚持改革创新，经济发展积蓄新动能。实施全面深化改革两年行动计划，推进以科技创新为核心的全面创新，改革创新成为积聚发展优势的鲜明特征。供给侧结构性改革扎实推进。围绕"三去一降一补"，在全省率先推出30条重点举措，形成"1+25"政策体系。提前完成省下达水泥、钢铁等行业淘汰落后产能任务，化解船舶行业产能143万载重吨；市区商品住宅去化周期缩短至9.5个月；贷款不良率降至1.75%，规模以上工业企业资产负债率降至51%；"营改增"累计减税42.3亿元，去年直接降低企业成本55.1亿元；基础设施、民生保障、公共服务等短板进一步补长。重点领域和关键环节改革不断深化。出台并向社会公布"五张清单"，取消和下放行政审批事项405项。在全省首创"互联网+"联合图审模式，医药高新区行政审批实现"园内事园内结"。在全省率先实现企业登记"三证合一""一照一码"全覆盖，率先启动个体工商户"两证合一"改革，率先开展排污权有偿使用交易试点。深化投融资体制改革，成立市凤城国资控股有限公司，组建城建基金、产业发展基金和信用担保基金，中小企业转贷资金运作良好。科技创新活力迸发。连续多年入选全国科技进步先进市，研发经费支出占地区生产总值比重达2.45%，新获发明专利授权量是2011年的3.5倍，科技进步贡献率达60.5%。成立三大主导产业研究院，建成"泰科易"网上技术交易平台，推进创新创业离岸孵化工作。建立"金三角"人才柔性创业机制，推行创新券、创业券、购房券取得积极成效，累计新增国家"千人计划"专家61名、省"双创团队"9个。

坚持扩大开放，项目建设形成新优势。持续推进项目大突破，深入开展"开发园区追赶跨越三年行动"，开放开发水平进一步提高。有效投资持续扩大。累计新开工亿元以上项目1286个，其中10亿元以上项目97个、50亿元以上项目4个，总投资102亿元的中海油气一体化项目竣工投产，国电泰州电厂二期建成投运；完成产业投资8860亿元，工业技改投资超过4000亿元。严格项目准入和绩效考评，工业用地投资强度是2011年的2.5倍，高耗能行业投资增速明显放缓。开放型经济难中求进。精心组织各类招商活动，累计实际使用外资61.3亿美元，落户世界500强企业18家。多措并举稳定外贸增长，累计净增外贸实绩企业402家，去年实现进出口总额102亿美元。加快企业"走出去"步伐，累计完成外经营业额40.3亿美元。优化口岸通关环境，靖江港获批国家一类独立对外开放口岸，海关、国检、海事、边检为开放开发作出积极贡献。载体建设提档升级。中国医药城步入产业化快车道，建成国家新型工业化示范基地，获批全国战略性新兴产业区域集聚发展试点、海峡两岸（泰州）医药产业合作示范区，签约落户国内外医药企业超过600家。泰州出口加工区创成国家级综合保税区，靖江经济开发区升格为国家级开发区，三个南北共建园区呈现良好发展势头。

坚持完善功能，城乡建设实现新提升。遵循城市发展规律，统筹城乡规划建设，创成全国文明城市、国家历史文化名城，国家卫生城市实现市（区）全覆盖，"泰州太美、顺风顺水"成为享誉全国的城市名片。中心城市首位度明显提升。姜堰撤市设区，建成区面积扩展到105平方公里。实施城建新提升两年行动计划，周山河新城开发建设全面提速，泰职院新校区、省泰中新校区、凤凰小学交付使用，"双水绕城"、金融服务区、市人民医院新区医院等重点项目建设步伐加快；稻河古街区、三水湾二期建成开街，评书评话博物馆、盐税博物馆建成开馆，老旧小区、城中村、棚户区、后街背巷等老城改造有序实施；东风路、永定路快速化改造即将完成，一批断头路相继接通。国家生态市创建通过考核验收，水生态文明城市建设试点工作全面展开，累计新增造林面积34.6万亩，市区"空转绿"新增绿地面积302万平方米。新型城镇化和城乡一体化稳步推进。实施"城乡转型2115计划"和"美丽城乡建设行动"，城镇化率提高到62.8%，7个镇入选全国重点镇。城市环境综合整治项目全面完成，村庄环境整治实现全覆盖。办好新一轮农村实事，农村饮水安全工程累计新增受益人口120万人，新改建农村道路1780公里、桥梁3340座，疏浚县乡村河道4900条。重大基础设施建设实现突破。泰州大桥通车，扬泰机场通航，宁启铁路复线开通动车，盐泰锡常宜城际铁路、北沿江高铁前期工作取得实质性进展。泰镇高速泰州段建成通车，阜兴泰高速兴化至泰州段、京沪高速江广段扩容工程加快推进。泰州港跻身全国港口20强，核心港区5万吨级集装箱码头开港运营。马甸水利枢纽、川东港整治等重大水利工程加快实施，卤汀河、泰东河、引江河二期等项目顺利竣工。

坚持发展为民，社会事业取得新进步。大力实施民生幸福工程，每年将一般公共预算支出的75%、新增财力的80%以上用于改善民生，城乡居民人均可支配收入分别达36750元、17850元，年均分别增长9.6%、10.7%。就业和保障水平不断提升。获评全国创业先进城市，城镇登记失业率保持在3%以下。建立全民参保登记动态管理机制，社会保险主要险种覆盖率稳定在97%以上，城乡低保标准、城镇居民医保和新农合补助标准逐年提高。深入实施精准扶贫，全市人均年收入5000元以下的建档立卡低收入人口实现脱贫。累计新开工各类保障性住房7.4万套，住房保障体系健全率达91.3%。公共服务水平不断提升。办好人民满意教育，终身教育体系发展指数居全省前列，泰州学院成功获批，全域建成国家义务教育发展基本均衡市（区）。医药卫生体制改革深入推进，公立医院全部取消药品加成，县域三级医院实现全覆盖。扎实推进公共文化服务设施建设，创新推出文化惠民券，获评"中国吉祥文化之乡"，成功举办梅兰芳艺术节、建市20周年成就展等系列活动。《泰州市志》出版发行。各市（区）均建成省级公共体育服务体系示范区，成功举办一系列国际国内重大赛事。优化养老服务供给，每千名老年人拥有养老床位37.5张。建成"全国残疾人之家"，在里约残奥会上我市运动员取得历史最好成绩。优先发展公共交通，公共自行车系统建成投用，市区公交出行分担率达25.2%，镇村公交覆盖率达74%。民族宗教、社会科学、广播电视、妇女儿童工作取得新进步，统计、气象、防震、民防、台务、外事侨务及对口支援工作取得新成绩。社会治理水平不断提升。深化法治泰州、平安泰州建设，创成全国"六五"普法先进市，连续五年获评全省综治平安建设先进市，群众安全感保持全省前列。加强领导干部接访下访和社会稳定风险评估，率先实施信访权益保障卡制度，有效预防和化解社会矛盾。应急管理体系不断完善，安全生产形势总体稳定，食品药品安全监管体制进一步理顺。国防后备力量建设和双拥共建工作深入开展，荣获全国双拥模范城"四连冠"。

坚持严格履职，自身建设得到新加强。推进依法行政。强化法治政府建设，遵循重大行政决策程序，严格政府规范性文件制定程序，建立政府法律顾问制度。深化政务公开，健全政府信息发布制度，推动行政权力网上公开透明运行。加强行政执法监督，全面落实执法责任制和责任追究制。自觉接受人大的法律监督、工作监督和政协的民主监督，广泛听取各民主党派、工商联、无党派人士和社会各界意见。认真办理人大代表建议和政协提案，落实率超过70%、满意率95%。转变工作作风。弘扬"四个长期""三个不相信"的新时期泰州精神，践行"马上就办、真抓实干"，坚决把市委决策部署、各项政策措施落到实处。在全省率先推行"互联网+政务服务"，整合开通"12345·政风行风热线"，认真办好市长信箱、望海楼论坛，及时解决基层反映的突出问题。构建"三服务"长效机制，定期组织企业家座谈，打造"包办墙外事、帮办墙内事"服务品牌。加强廉政建设。深入贯彻中央八项规定和省、市委十项规定，扎实开展党的群众路线教育实践活动、"三严三实"专题教育和"两学一做"学习教育，持之以恒纠正"四风"。聚焦重点领域、关键环节和公共资金，加强行政监察和审计监督。落实容错纠错实施办法和"五个激励""蜗牛奖"制度，建立绩效管理评价体系，整治为官不为和"庸懒散"现象。全面落实党风廉政建设责任制，完善廉政风险防控机制，树立为民务实清廉形象。

我们也清醒地看到，全市经济社会发展仍存在一些问题和不足。船舶、化工等传统产业转型任务艰巨，不少中小微企业面临融资难、盈利难的困境，高水平研发机构、高层次创新人才、高新技术企业总量偏少，出口产品结构、对外贸易方式亟须调整优化，提高转型与创新含金量还要下更大功夫。老城区的道路交通、市政设施、人居环境有待进一步改善，新城区的现代化功能品质有待加快提升，打造宜居幸福城市仍需付出艰辛努力。民生实事与群众需求联系还不够紧密，城乡居民收入与经济发展水平还不匹配，教育医疗养老等公共服务供给还存在不少短板，空气、水、土壤污染治理还需加大力度，提高人民群众幸福感必须贯穿各项工作始终。政府职能转变还不到位，权责脱节、推诿扯皮现象依然存在，依法行政能力仍显不足，加强作风建设永远在路上。

二、今后五年目标任务

——建设经济强的新泰州。到2021年，经济总量力争"省内进前8、全国40强"，地区生产总值年均增长8%以上，迈上6000亿元新台阶，居民收入、企业利润、财政收入"三个口袋"更加充实。研发经费支出占比2.8%以上，高新技术产业产值占比45%以上，科技进步贡献率62%以上，建成国家创新型城市。形成中国医药城在全国生物医药发展的领先地位，巩固全国最大船舶出口基地的领航地位，确立节能与新能源产业在全省的领军地位，在以产业转型带动经济社会发展转型上取得重大突破。

——建设百姓富的新泰州。努力实现居民收入高、就业创业广、社会保障好、教育质量优、医疗保健强的目标，人民群众物质生活殷实、精神生活丰富，全面小康有更广代表性、更多获得感、更高满意度。新增就业30万人、创业25万人，城镇登记失业率控制在3.5%以内；城乡基本社会保险覆盖率超过98%；教育主要发展指标达到现代化水平，义务教育巩固率达100%；"健康泰州"建设深入推进，居民健康主要指标达到国际先进水平。

——建设环境美的新泰州。生态文明建设取得重大进展，单位地区生产总值能耗、二氧化碳和主要污染物排放总量明显下降，林木覆盖率达24%，Ⅲ类以上地表水比例每年提高2个百分点，空气质量优良天数比例超过75%，争创国家生态文明建设示范区，彰显自然环境之美、景观特色之美、文化交融之美、城乡协调之美。

——建设社会文明程度高的新泰州。中国梦和社会主义核心价值观深入人心，公民文明素质和社会文明程度显著提高，实现全国文明城市"三连冠"。公共文化服务体系更加完善，文化事业文化产业繁荣发展，国家历史文化名城的知名度美誉度明显提升。文化惠民券累计发放6000万元，文化产业增加值占比提高到6%。法治泰州、平安泰州建设深入推进，法治政府建设初见成效，公共安全体系更加健全，社会公平正义得到保障，诚信体系建设扎实推进，社会治理现代化水平进一步提升，社会既保持和谐稳定又充满旺盛活力。

今后五年的工作原则是：肩负起高水平全面建成小康社会的历史使命，将聚力创新作为提升发展水平的核心战略，将聚焦富民作为实现全面小康的根本要求，致力追求更具转型与创新含金量、让人民群众更有获得感的高点定位、增长速度、争先进位。

——提高转型与创新含金量、增强人民群众获得感，必须坚持“高水平”这一奋斗指向。围绕建成贯彻新发展理念、体现“强富美高”要求、惠及全市人民的小康社会，在发展速度、发展目标、发展层次上确立更高参照系，能快则快、能超则超、能好则好，努力实现“三赶超三领先”。围绕用好长江经济带大健康产业集聚发展试点、金融支持产业转型升级改革创新试验区等一系列战略机遇，持续推进全省转型升级综合改革试点，努力创造具有泰州特色的改革成果和发展模式。围绕最应干、能够干、必须干好的事情，扎实推进三大主题工作，加快建设“四个名城”，在提高整体发展水平的同时打造亮点、形成标志。

——提高转型与创新含金量、增强人民群众获得感，必须坚定“聚力创新”这一工作导向。以全面深化改革推动经济转型升级，在创新文化和创新环境、创新主体和创新人才、创新平台和创新机制上聚力用力，催生更多的新技术、新产业、新模式。以提高开放水平集聚高端资源要素，大力招引能产生先进生产力的优质项目，确保招商有科技含量、转型有优质增量、创新有产业力量。以加快创新驱动推进跨界深度融合，抓住科技创新这个“牛鼻子”，培育创新集群，发展高端产业，形成以创新为引领的经济体系和发展方式。

——提高转型与创新含金量、增强人民群众获得感，必须坚守“聚焦富民”这一发展取向。聚焦居民增收难的短板，突出技能型人才、大学生、新型职业农民、增收困难群体等重点人群，拓宽创业、就业、投资等增收渠道，让老百姓的腰包鼓起来。聚焦生态建设欠账多的短板，着力加强生态环境保护和治理，增加生态产品有效供给，让老百姓的生活环境美起来。聚焦教育医疗养老等方面的短板，集中力量办好一批群众看得见、摸得着的民生实事，解决一批事关群众切身利益的民生问题，让老百姓的获得感和幸福感强起来。

今后五年的主要任务是：

1. 着力推动经济转型升级。牢牢把握供给侧结构性改革这条主线，以打造“品质泰州”为追求，构建以大健康产业为特色、三大主导产业为引领、先进制造业和现代服务业为主体的现代产业体系。加快产业结构调整，落实《中国制造2025泰州实施纲要》，实施企业互联网化提升计划和制造装备升级计划，到2021年三大主导产业规模超过6000亿元；构建“一核、一带、一组团、一全域”的现代服务业发展新格局，服务业增加值占比达50%以上；新增高标准农田200万亩，确保国家现代农业示范区建设走在全国前列。加快发展动力转换，推进三大主导产业研究院建设，发挥科技广场和“泰科易”平台作用，完善创新创业离岸孵化机制，推进产学研协同创新，全市高新技术企业超过1000家。加快新经济发展，培育壮大数字经济、创意经济、分享经济、新金融，大力实施“互联网+”行动计划，助推产业转型发展；加强质量品牌建设，实施标准引领战略，创成全国质量强市示范城市；放大“三张券”效应，打造人才高地，五年引进高层次创新创业人才1000名。

2. 持续发力三大主题工作。以解放思想为先导，打好全面深化改革攻坚战。围绕提高资源配置效率、增强核心竞争力和经济免疫力，认真落实“三去一降一补”重点任务；围绕经济体制改革这个主轴，不断深化行政管理体制、投融资体制、科技体制、国资国企等重点改革。以扩大有效投资为关键，增添经济发展新动能。精准做好激发民资、引进外资、对接央企等各项工作，力争五年实际使用外资100亿美元；持续跟踪项目的投入质量、产出效益，力争累计完成产业投资2万亿元；更加注重严把环保门槛，坚决不在新一轮项目建设中留下任何后遗症。以提升发展品质为重点，打造更具魅力的宜居家园。立足长三角Ⅱ型大城市定位，开展第四轮城市总体规划修编，实施新一轮城建新提升两年行动计划，统筹推进老城新城建设；构建“一大三中九小”新型城镇体系，促进中心城市和中小城市、重点镇、新农村协调发展；全力打胜重大交通基础设施建设大决战，加快迈入“高铁时代”。

3. 全面推进“四个名城”建设。找准在全省发展布局中的新定位，立足资源禀赋和发展实际，致力构筑区域竞争新优势。医药名城，以中国医药城为核心支撑，突出“医药养游”融合发展，加强国际医药博览会、泰州医药峰会等重大平台建设，推进医药产业前伸后延、向高端攀升，打造国家级前沿医疗技术应用基地、长三角医养结合养生养老胜地。港口名城，把握“共抓大保护、不搞大开发”的基调，推进长江岸线修复和资源整合，构建衔接畅通的港口集疏运网络，建成综合保税区B区，形成港产城联动发展格局。文化名城，聚焦“三强两高”目标，提升文化软实力，打造水文化、大健康文化、吉祥文化等特色品牌，彰显“泰州太美、顺风顺水”城市内涵魅力。生态名城，坚持“绿水青山就是金山银山”，以“两减六治三提升”专项行动为抓手，落实主体功能区规划，加大“绿色调控”力度，完善环境保护长效机制，力争实现生态环境质量的根本性好转。

4. 共建共享幸福美好家园。自觉践行以人民为中心的发展思想，深入实施“七大公共服务体系提升工程”，让人民群众过上好日子。坚持富民为先，开展“创业泰州”八大行动，推进农村产权制度改革，实施脱贫致富奔小康工程，进一步增加工资性收入、提高经营性收入、扩大财产性收入、巩固转移性收入。坚持均衡为要,加快构建“公平普惠、优质多样、充满活力、人民满意”的卓越教育体系,“健身、防病、治病一体化”的全民健康体系,更加公平、更可持续的社会保障体系。坚持和谐为基,强化系统治理、依法治理、综合治理、源头治理,织密现代社会治安防控网、矛盾纠纷预防化解网、基础综合服务管理网,打造全省平安建设示范区、法治建设先导区、社会治理样板区。

三、2017年工作建议

今年政府工作的总体要求是:全面贯彻党的十八大和十八届三中、四中、五中、六中全会精神,认真落实省第十三次党代会、市第五次党代会和市委五届二次全会决策部署,坚持稳中求进工作总基调,以提高发展质量和效益为中心,以推进供给侧结构性改革为主线,突出“两聚一高”发展布局,深入推进三大主题工作,全面做好稳增长、促改革、调结构、惠民生、优生态、防风险各项工作,在建设“强富美高”新泰州征程上迈出坚实步伐,以优异成绩迎接党的十九大胜利召开。

今年全市国民经济和社会发展主要预期目标建议安排为:地区生产总值增长8%以上,一般公共预算收入保持正增长,固定资产投资增长12%左右,社会消费品零售总额增长11%左右,城乡居民收入实现与经济基本同步增长,居民消费价格涨幅3%左右,城镇登记失业率控制在3%以内,研发经费支出占比2.5%左右,节能减排完成省定目标任务。

今年,建议重点抓好十个方面的工作:

1. 构筑现代产业高地。围绕提升三大主导产业国际竞争力,推进集聚发展、转型发展、创新发展,力争产业规模达3500亿元。坚持以中国医药城为龙头,加强生物医药创新研究院、创新中心及免疫技术服务、安评中心等载体平台建设,全力推进大健康产业集聚发展试点,加快中国医药城整体上市步伐。引导船舶行业抢抓军民融合机遇,加快开发具有自主知识产权的“两高”船型,有效化解接单难、交船难。支持新能源重点企业领衔制定行业标准,推动组建动力电池研究院等研发载体,做强国家级石墨烯研究检测平台。突出“四换”并进改造提升传统产业,实施“两化融合”示范行动和“机器换人”三年行动计划,力争全市工业生产装备和智能制造水平进入全省第一方阵。推进建筑产业现代化,加快建设“建筑强市”。统筹发展生产性服务业和生活性服务业,抓好现代商贸、科技金融、现代物流等重点产业发展,培育电子商务、云制造研发服务等产业,做大做强“网上中国医药城”、综保区跨境电商等平台。启动全域旅游建设,支持凤城河风景区创建国家5A级景区、溱湖风景区创建国家级旅游度假区。积极推进农业供给侧结构性改革,加快转变农业发展方式。大力调整农业结构,促进一二三产融合发展。推广“姜堰桥头经验”,结合农村土地“三权分置”改革,发展以家庭农场为主的多种形式的适度规模经营。加快姜堰、兴化高标准农田试点项目建设,新增高标准农田25万亩。加强农业全产业链标准化、品牌化建设,种植业“三品”认证比重提高到50%。实施农业技术推广计划,推进粮食生产全程机械化,推广应用智慧农业服务平台,支持市农业开发区创建国家农业物联网工程技术中心。深化供销合作社综合改革,不断提升为农服务能力。

2. 支持实体经济振兴。合理引导发展预期。推进工业企业大数据平台建设,强化对重点行业、企业、指标的监测分析,抓好30个重大增长点的跟踪服务,确保规模以上工业企业达3000家、利润增长10%。引导企业发扬“工匠精神”,加强全面质量管理和品牌建设,扩大高质量产品和服务供给。集成整合扶持企业发展的各类政策,落实好减税降费各项举措,让企业感受更直接、政策利好更普惠。推进社会信用体系建设,搭建全社会信用信息服务平台,健全守信激励、失信惩戒机制。强化要素科学保障。实施差别化信贷政策,完善中小企业转贷资金市区联动机制,创新小微企业融资产品服务模式,建成产融综合服务中心,让更多金融活水流入实体经济。立足土地节约集约利用“双提升”,推广“321”综合节地模式,细化产业用地分类考核标准,探索租让并举、弹性出让等工业用地供应方式创新。推进“才富泰州”平台建设,加强高层次创新人才引进培养,实施“蓝领精英培育工程”,促进人力资源合理流动配置。营造良好营商环境。落实“亲”“清”要求,坚持企业家座谈会制度,深化“三服务”活动,当好服务发展的“店小二”。实施企业家“三百”培育工程,组织“功勋企业家”评选表彰,保护和激发企业家精神。支持企业家专心创新创业,切实维护公平、保护产权、呵护市场秩序。

3. 加大有效投资力度。注重实施精准招商。以三大主导产业为重点,瞄准世界500强、国内500强和行业100强企业,加强龙头型、配套型项目招引。精心组织“2266”招商计划,强化园区招商考核,组建市直属招商局,开展产业链招商、互联网招商、驻点招商和以商引商,力争新签约亿元以上项目超过800个。加快项目落地见效。建立项目建设分级督查推进和协调服务机制,完善重大工业项目组织推进体系,力争产业投资增长18%,新开工亿元以上项目超过500个、竣工400个。加大对本土企业新上项目、增资扩股、并购重组的支持力度,组织实施一批重点技改项目,力争完成工业技改投资1300亿元。按照“四个决不允许”的要求严格环保准入,对亿元以上新开工项目实行全程跟踪考核,确保项目建设优质高效。提升园区发展水平。支持现有省级开发园区整合重构、错位竞争,探索飞地开发、园区共建、项目转移的有效形式。启动实施高新区培育行动,提升发展2家现有高新区,积极争创4家省级高新区,遴选挂牌4家市级高新区。支持泰兴经济开发区、泰州港经济开发区创建国家级开发区，支持兴化经济开发区创建国家级健康食品产业园区。

4. 抓好深化改革工作。深入推进“三去一降一补”。加快“僵尸企业”市场化退出步伐，坚决取缔非法产能，确保完成压减过剩产能和淘汰落后产能目标任务。把去库存和促进人口城镇化、房地产健康稳定发展结合起来，科学供应开发用地，重点解决“四个不平衡”。推动企业深化股改和规范化提升，启动实施百企上市(挂牌)行动计划，支持企业市场化、法治化债转股，非金融企业直接融资占比提高到28%。继续开展降低实体经济企业成本行动，全年直接降低企业成本40亿元。聚焦基础设施、民生保障、生态环境等薄弱环节，保持有效投资强度，增强发展的整体性和协调性。加快推进基础性关键性改革。推进行政管理体制改革，严格落实权力清单和责任清单，开展相对集中行政许可权改革试点，市行政审批局挂牌运行；加快政务服务“一张网”建设，努力做到行政审批网上办、集中批、联合审、区域评、代办制、不见面；全面推行“双随机、一公开”，支持市(区)开展跨部门综合执法。推进金融支持产业转型升级改革创新试验区建设，建成运营“1+10”产业投资基金和国家一类新药投资基金，筹建大健康基金类股权投融撮合平台、金融资产交易平台、金融控股集团。推进国资国企改革，逐步实现国有资产资源统筹管理、规范运作，努力提高国有资本运营效率和管理水平。推进财税体制改革，加强政府性债务管理，完善全口径预算管理体系和财政管理体制。

5. 着力强化创新驱动。突出企业主体地位。深入实施高新技术企业千企行动计划和“小升高”专项行动，力争新增高新技术企业200家。引导企业加大研发投入，开展企业研发机构“百企示范、千企试点、万企行动”，新增省级以上研发机构25家。扎实抓好离岸孵化。设立总规模20亿元的离岸孵化基金，加快建设100个离岸孵化基地，新增在孵项目500个左右，通过离岸孵化落户创新型项目300个以上。提高协同创新水平。依托特色产业和技术优势，实施产学研协同创新行动计划，加快国家疫苗工程技术研究中心申报。拓展“泰科易”网上技术交易平台功能，加强与省技术产权交易所、跨国技术转移中心等机构的对接合作。强化产业技术创新战略联盟建设，推进共性关键技术联合攻关，加快形成一批创新成果。完善创新生态体系。对接落实省科技创新“40条”，扩大科技金融风险补偿资金池规模，改进科研项目和资金管理，提高专利培育和知识产权保护水平。发挥三大主导产业研究院作用，加强科技广场、新型创新空间和科技企业孵化器建设，促进创新政策、资源、服务向企业集聚。用好国家级精细化学品、不锈钢制品质检中心，加快国家特种劳动防护产品质检中心创建，打造长江经济带检验检测新高地。推进特色小镇建设。按照“531”总体要求，合理布局功能板块，创新发展特色产业，搭建完善平台载体，确保10个特色小镇建设取得阶段性成果。

6. 进一步扩大对外开放。提高利用外资规模和质量。组织开展境外投资促进活动，强化产业链、价值链中高端招商，力争全年实际使用外资16亿美元。推进服务业和制造业扩大开放，发展总部经济和功能性机构，拓宽利用外资领域。鼓励外资企业通过合资、参股、并购等方式与本土企业开展战略合作，实现技术、管理和资本的高位嫁接。推动外贸向优质优价、优进优出转变。加强国家生物制药、新能源科技兴贸创新基地和船舶出口基地建设，支持先进技术设备、关键零部件、能源原材料进口，力争进出口总额实现正增长。优化进出口产品、市场和地区结构，推进加工贸易创新，提升加工贸易增值率和新兴市场、一般贸易、服务贸易出口比重。大力发展新型贸易方式，开展第二批跨境电商产业园和海外仓试点，加快国际服务外包示范区建设、国家药品进口口岸城市创建，积极申报综合保税区B区。主动融入“一带一路”国家战略。制定企业“走出去”产业目录，推动优势产业企业在“一带一路”沿线布局，开展产能和装备制造合作，实施跨国并购和境外上市，增强国际化经营能力。借鉴复制自贸区改革经验，健全同国际投资贸易规则相适应的体制机制，提高投资贸易便利化水平。

7. 提升城乡发展品质。聚力解决“欠账短板”。围绕解决交通拥堵的问题，启动S231高架北延、东风路北延、永定路西延、长江大道、站前路快速化改造，首先形成“一环三射一贯通”快速路网；推进京泰路南延、济川路东延、吴陵路北延等主干道路建设，实施道路接通和“微循环”畅通工程，基本消除海陵区主次干道断头路；加强公共停车场地规划建设，市区新增停车泊位5000个；加快智慧交通建设，开展“治堵治乱保畅”专项行动，完善公共自行车、城市道路慢行系统。围绕解决绿化总量不足、分布不均的问题，实施城市绿化“1213”工程，推进重点地块、重要路段绿化提档升级，建成区绿化覆盖率达42%。围绕解决棚户区环境脏乱差的问题，加大分类成片改造和征收建设力度，确保完成棚户区改造三年行动计划。推进老城有机更新。实施“五大城市修补行动”，改造提升西客站、城中、东部片区，加强扬州路、南通路、江洲路等道路沿线出新整治。继续开展老旧小区“微整治”，升级改造低洼易涝地段排水系统。统筹推进水气电、雨污分流、网络通信等管网建设，新建污水管网60公里。加快新城建设步伐。基本形成“路网畅通、出行便利”的新区道路框架，推进金融服务区、医药高新区商务服务中心、华润万象城建设，启动周山河初中、小学及体育公园建设，确保市人民医院新区医院、中心血站和120急救中心建成投用。持续优化城市环境。扎实抓好“双水绕城”及凤凰河、南官河景观提升工程，加快实施天禄湖、凤栖湖建设。加强建筑、餐厨、医疗等垃圾处理设施建设，完善农贸市场、公共厕所、垃圾中转站等市政基础设施。开工建设京泰路地下综合管廊。深化城管执法体制改革，合理划分城市管理事权，提高数字化城市管理水平。推进新型城镇化和城乡发展一体化。抓好国家新型城镇化综合试点，推动农业转移人口市民化，逐步实现城乡基本公共服务均等化。开展"强富美高"新农村示范创建，建成省级美丽乡村14个。办好新一轮农村实事，完成农村公路提档升级280公里、新改建桥梁180座，改造农村危房1500户，实现管道燃气达镇全覆盖。加强重大交通基础设施建设。打好"两高铁、两通道"攻坚战，全力争取盐泰锡常宜城际铁路开工建设，同步推进江阴靖江第二过江通道建设，北沿江高铁、泰常过江通道前期工作取得重大突破。建成兴泰高速、京沪高速江广扩容段，开展阜兴泰高速二期、宁通高速广陵至南通段扩容、高兴东高速前期工作。组建港口建设发展有限公司，推进核心港区集装箱码头和集疏运体系建设，启动建设港口物流园区。

8. 推动文化繁荣发展。深化省级公共文化服务体系示范市创建，加快建设城市"15分钟文化圈"、农村"十里文化圈"，提高图书馆、博物馆、美术馆资源数字化水平。发挥文化惠民券引导作用，建立政府购买公共文化服务机制，持续开展"百团千场""百姓大舞台"等群众性文化活动。加快"书香泰州"建设，普及科学文化知识。按照"1133"文化产业布局，依托互联网、金融、科技、旅游等载体资源发展文化新业态，培育吉祥文化产业集群，发展创意文化产业。加强历史文化资源保护、传承和利用，推进涵东等历史文化街区有序保护更新，开展宫氏住宅、笔颖楼、万字会等文保建筑修缮。实施文化精品创作工程和优秀传统文化传承计划，加强文化人才队伍建设，努力多出脍炙人口、深入人心的精品力作。完善文明城市创建长效机制，深入开展社会主义核心价值观"五进"、未成年人道德实践和美德善行系列活动，不断提升社会文明程度。

9. 加强生态文明建设。启动生态文明建设示范区创建，实施"两减六治三提升"专项行动，集中力量解决环境突出问题；深化生态文明体制改革，严格落实生态红线保护制度，放大绿色考核差别化试点效应，完善绿色金融政策体系。更大力度治理空气雾霾，采取控煤、减排、降尘、秸秆禁烧等综合治理措施，确保二级以上空气质量天数比例达70%。推进国家水生态文明城市建设试点，全面推行河长制，继续开展城市黑臭河道治理，确保地表水省控断面优于Ⅲ类水质比例达83%以上。加强土壤污染治理与修复，系统整治农业面源、重金属和工业固废污染。全力保障区域生态环境安全，加快打造中心城市北部和沿江地区生态走廊，着力构建覆盖城乡的绿色网络和绿化体系；加强沿江环境污染综合治理，设立沿江化工产业转型基金和专项保险，强力推进化工企业两年集中整治行动。开展第二次全国污染源普查，强化环保联动执法，最大限度消除环境风险隐患。

10. 切实增进民生福祉。力促居民收入持续较快增长。出台"创业富民30条"，鼓励支持科技人员、大学生、城镇居民、返乡农民自主创业，确保新增创业5万人。加快建设众创空间、创业孵化基地、农村创业就业服务中心，引导和支持小微创业者在"双创"中实现创收致富，努力扩大中等收入群体。把就业作为民生之本，坚持产业升级和扩大就业规模、调整就业结构联动推进，积极拓展就业新空间。加强就业困难人员动态管理和去产能转岗职工的免费培训，新增城镇就业6万人以上。健全职工工资正常增长机制，着力构建和谐劳动关系。提高企业职工养老保险统筹层次，推进机关事业单位养老保险制度改革，开展生育保险和基本医疗保险合并试点。完善最低生活保障制度，加快健全"救急难"机制，支持残疾人和慈善福利事业发展。聚焦黄桥老区和里下河经济薄弱地区，抓好新一轮脱贫攻坚，确保50%的建档立卡低收入农户和经济薄弱村实现脱贫。提高公共服务供给水平。推进教育现代化，深化教育改革，推广教育信息化应用模式，深入实施素质教育"5+2"工程，加快缩小城乡、区域、校际教育差距。健全现代医疗卫生体系，完善基本医疗卫生制度，加快市妇幼保健院、精神卫生中心建设，确保市中医院新院建成投用。扶持发展养老事业，推进农村区域性养老中心、政府兜底型养老机构、标准化社区养老服务中心和日间照料中心建设。贯彻国家生育政策，推进服务资源整合，提高妇女儿童健康水平和出生人口素质。构建全民健身服务网络，倡导健康生活方式。完成首批市民卡发行，逐步扩大使用范围。加强和创新社会治理。树立治安环境也是投资竞争力的理念，争创全国社会治安综合治理先进市。健全立体化、信息化社会治安防控体系，加强对多发性侵财犯罪、涉网新型犯罪的打击治理。开展信访积案"双百攻坚"，落实重大决策社会稳定风险评估机制。深入实施"七五"普法，加强法律援助工作。严格落实安全生产责任制，突出抓好危险化学品、交通运输、建筑施工等重点行业领域专项整治，坚决防范重特大事故发生。推进应急指挥平台和管理体系建设，加强食品药品安全监管和综合治理，保障人民群众生命安全和身体健康。

四、加强政府自身建设

新形势新任务对政府自身建设提出了新的更高要求，必须紧扣"三个不变""四个转变"的总体思路和政府治理能力现代化的目标，更加务实、更高效率、更有担当地做好政府工作。

弘扬求真务实作风。践行新发展理念，善用改革的思维，相信市场的力量，正确处理好速度与质量、当前与长远的关系，致力追求"金色GDP、绿色GDP、幸福GDP"。牢记为民宗旨，扎实开展"百团千村万企大走访大落实"活动，在接地气、抓具体中推动政策举措落地生根。深入调查研究，加强工作的预见性、计划性、统筹性，保持定力和韧劲，不浮躁，不折腾。坚持问题导向，不绕圈子直面挑战，撸起袖子攻坚克难，切实把发展最急迫的事办好、把企业最反感的事改好、把群众最期盼的事做好。

转变政府工作方式。围绕科学民主决策，严格落实公众参与、专家论证、风险评估、合法性审查、集体讨论决定等法定程序，确保决策制度科学、程序正当、过程公开、责任明确。围绕权力规范运行，落实法治政府建设纲要，将行政权力纳入法律框架下、制度笼子里和平台监控中，进一步增加透明度、提高公信力。围绕提升工作效能，发扬钉钉子精神，对各项重点工作实行项目化推进，抓好常态化督查。围绕方便群众办事，建成“互联网+政务服务”体系，促进实体大厅与网上平台互动融合，让居民和企业少跑腿、好办事。

加强勤政廉政建设。保持“激情燃烧、干事创业”的精神状态，整肃“能为不为、敷衍了事”的怠政行为，力促勤勉敬业、守土尽责。健全激励和容错纠错机制，为改革创新者撑腰鼓劲，营造想干事、能干事、干成事的浓厚氛围。深入贯彻中央八项规定和省、市委十项规定，持续纠正“四风”，严控“三公”经费，降低行政成本。自觉接受人大法律监督、工作监督和政协民主监督，更加重视审计监督和舆论监督，及时回应社会关切。认真落实党风廉政建设责任制，完善政府系统惩治和预防腐败体系。加强政府公务人员培训，巩固“两学一做”学习教育成果，提高政治素质和业务能力，打造一支忠诚干净担当的泰州铁军。

2017年1月17日，泰州市五届人大一次会议开幕

医药名城建设

【概况】泰州市有全国首家国家级医药高新区——中国医药城，规划面积30平方千米，由科研开发区、生产制造区、会展交易区、康健医疗区、教育教学区、综合配套区等功能区组成，拥有完善的平台功能和专业化服务水平。全市医药产业基础深厚，拥有扬子江药业、济川药业、苏中制药等中国医药百强企业。2016年6月国务院颁布的《长江经济带发展规划纲要》，明确提出“支持泰州开展大健康产业集聚发展试点”。泰州市顺势融入，打造长江经济带大健康产业集聚示范城市，推进“制药、医疗、养生、旅游”四位一体融合发展，争取到2019年医药产业规模达到2000亿元。年内，泰州市成功举办第七届中国（泰州）国际医药博览会、两岸（泰州）健康产业交流合作座谈会等大型活动。医药高新区成为全省唯一的医药产业集群品牌培育基地，并成功与兴业银行合作共同出资成立中国医药城产业基金。泰州医药高新技术产业园被评为全省首家专业类省级留学人员创新创业园，年末留学人员企业孵化面积达6.47万平方米，累计入驻留学人员创业企业达40家。

2016年，泰州市医药产业销售居全国地级市首位，并连续15年领跑全省。在中国医药工业百强企业榜单上，泰州3家企业榜上有名，其中扬子江药业集团荣登榜首，同时蝉联全国医药行业QC成果一等奖“十二连冠”。生物医药产业发展异军突起，全市规模以上生物医药和高性能医疗器械企业主营业务收入首次突破1000亿元，达1147.93亿元，比2015年增长17.5%；中国医药城生物制品申报数量占全省申报总数的60%；江苏苏中药业与

高层次专家为泰州大健康产业发展出谋支招

中国人民解放军总医院等7家单位完成的"IgA肾病中西医结合证治规律与诊疗关键技术的创研及应用"项目获2016年度国家科技进步奖一等奖。

【中国医药城】2016年,中国医药城呈现出高端项目加速集聚、高层次人才加速汇聚、创新成果加速转化的良好发展态势。至年末,已集聚包括雀巢、阿斯利康、武田制药、勃林格殷格翰等在内的700多家国内外知名医药企业,国内外60多家知名大学和医药研发机构、2800多名海内外高层次人才落户创业,43人入选国家"千人计划",1000多项医药创新成果成功落地申报。医药产业化步伐加快。雀巢特殊医学用途配方食品、高德美皮肤健康药品和化妆品、中国医药城医疗器械区三期标准厂房等项目开工建设,江苏信立康医疗科技和中崇信诺项目竣工,阿斯利康"可定"产品项目正式投产,勃林格殷格翰项目建成。全年新增获GMP认证企业11家,新增药品生产批件56个,其中一类新药13个。

【创新驱动】2016年,泰州医药高新区突出创新人才、技术、资本,加速汇聚创新资源。推进"人才特区"建设,累计引进2800多名生物医药类高层次人才,其中国家"千人计划"专家43名、江苏省"双创人才"82名。前沿技术获得突破,在研和申报的国家一类新药达72个,已获得药品临床批件86个,其中20个国家一类新药取得临床批件。疫苗产业集聚度在全国同类园区最高,成为国内生物医药产业创新高地,已累计入驻生物制品研发生产企业32家,在研和申报的生物制品60多个,其中2016年申报生物制品数占全国的8.9%。金迪克生物的一类新药"流感病毒裂解疫苗(四价)"成为全国申报生产的2个疫苗品种之一,瑞科生物的HPV疫苗申报临床试验。产业资本加速融合,包括国家一类新药研发投资基金、生物医药产业母基金在内的20支基金完成组建并开始运营,总规模近200亿元;"金融超市""统贷"平台正常运作,中国医药城整体上市加快推进,创新创业资本体系加快完善。

【产城融合】2016年,泰州医药高新区坚持产城一体、以人为本、绿色低碳、智能智慧的发展理念,推进城市与产业协同融合发展。康健医疗区、医疗器械区、标准厂房区、会展交易中心、数据产业大厦等产业载体建设加速推进,工业和商业邻里中心、金融中心、商务中心、双语学校、体育馆等城市功能项目建设进展顺利,集医药研发、生产制造、会展交易、康健医疗、教育教学、养生养老于一体的医药名城核心区正在建设之中。

【领导视察】2016年2月3日,市委书记蓝绍敏赴中国医药城走访慰问部分专家。3月18日,科技部重大专项办副主任杨哲一行到园区调研。8月2日,省委书记李强调研中国医药城,强调"泰州坚持聚焦发展生物医药产业,打响中国医药城这一特色品牌,形成自身特色优势"。9月7日,省政协副主席、中科院南京分院院长周健民带领中科院南京分院及院属各研究所专家一行考察中国医药城。10月28日,十一届全国人大常委会副委员长桑国卫出席第七届中国(泰州)国际医药博览会开幕式,作题为《中国创新药研发的政策环境》主旨演讲,并调研中国医药城。

【部省共建联席会议】2016年10月28日,省政府、科技部、国家卫生计生委、国家食品药品监管总局、国家中医药管理局共同推进中国医药城建设联席会议第五次会议在泰州召开。会上,市委常委、医药高新区党工委书记陆春云汇报中国医药城建设发展情况,提出请求研究解决的有关事项。四部委负责人充分肯定中国医药城建设发展取得的成绩,对提请研究的有关事项表示积极支持,并明确具体支持举措。副省长张敬华出席会议,对共同推进中国医药城加快创新发展提出要求。市委书记蓝绍敏代表市委、市政府对省政府和四部委长期以来给予泰州和中国医药城的关心支持表示感谢。市领导史立军、张余松、王学锋、范玲等参加会议。

(高新区)

2016年10月28日,省部共同推进中国医药城建设联席会议第五次会议召开

港口名城建设

【概况】泰州地处长江AB级航道的分界点，境内水运口岸是长江中上游西部地区物资中转运输的重要口岸，是江海河联运、铁公水中转、内外贸运输的重要节点。泰州港是长江干线25个规模以上港口之一，国家一类开放口岸。泰州沿江港口常年通航靠泊万吨级海轮，与世界上60多个国家、地区的70多个港口有运输往来，可承接钢材、木材、化工品、粮油、煤炭、件杂货等不同货种的中转储运，是全国木材、钢材、粮油、化工品等货物的重要中转港和国际贸易商港。2016年末全市沿江港口共拥有生产性泊位161个，其中万吨级以上生产性泊位54个，泊位长度21489米，综合通过能力1.38亿吨，量能比达1.2∶1。

2016年，泰州港口生产经营保持良好态势。全年沿江港口完成货物吞吐量1.69亿吨，与2015年基本持平。泰州口岸和靖江口岸全年进出境货运量2236.13万吨，增长28%；集装箱进出境运量8.5万标准箱，增长7.7%。沿江港口专业化水平及码头生产效益不断提升。永安作业区公用码头一期、二期有3个专业化泊位、长江岸线705米，全年吞吐量795万吨，每延米吞吐量达1.13万吨。拓展航线航班资源，开通泰州港—洋山港“精品快航”航线，年末航线增至28条(外贸航线13条)、航班2886班次(外贸航班1659班次)。

【沿江一体化改革】稳步推进沿江一体化改革，调优港口质态，深化港口名城建设。融入全省沿江港口一体化改革布局，按照“一市一港”发展模式，注册成立泰州港口投资开发公司，沿江各市(区)先后成立国有港口集团。统筹沿江港区转型发展，明确靖江港区以临港工业和江海联运为主，发展煤炭、粮食、木材、钢铁等大宗散杂货的专业化运输；泰兴港区发展精细化工类的特色运输；高港港区在散杂货运输的基础上，发展精细化集装箱运输和现代港口物流业。依托港口资源开展对外合作。年内，中国诚通与泰州市正式签约，在核心港区规划7平方千米，投资100亿元打造泰州诚通产业园，并拟设立综合保税区B区。加强与国际枢纽港及长江上下游港口的合作，融入国际国内航运网络。

【港口投资建设】2016年，靖江港新港作业区罗家桥港码头工程、泰州内河港姜堰港区姜堰开发区许陆河作业区码头工程开工建设。江苏国电泰州扩建“二次再热”示范工程配套煤炭码头工程、江苏国信靖江电厂一期专用码头工程、金燕仓储液体化工码头工程建成，新增5万吨级以上泊位4个，新增通过能力1154万吨。提升杨湾通用、盈利港务、龙威粮油等沿江码头的靠泊能力，7万吨级减载船舶可直达各港区。整合岸线资源，优化港口基础设施供给结构。医药高新区将老集装箱码头改造为油品码头，并与相邻泊位发挥规模效应，服务投资中海油一体化、东联油品等重点项目。高港区整合闲置的梅兰通用和太平洋钢管岸线并规划改造，与永安三期连片布置，为腹地集装箱及后方粮油产业提供公共服务。泰兴市打造沿江绿色化工产业基地，将泰兴经济开发区划为北片、中片、南片3个区域，集中由相关码头承载新落户项目的液体化工品水路运输。靖江市利用政府融资平台，回收利用率较低的扬子江二期、新华、新天地、苏农等岸线资源，服务中铁建等项目落户。

【安全、绿色、智慧港口建设】推广港口岸电应用，推动港口企业加强大气污染和水污染物治理，沿江内河共建设岸电设施67套，节能照明覆盖率、粉尘综合防治率、电动起重机覆盖率均达省定要求，新建项目全部实现环保措施“三同时”。港口生产、运营、管理等环节智能化水平不断提升，全面应用港口安全监管与应急管理系统，完善办公自动化等专用系统，运行资源管理信息系统，筹建港口视频监控平台，推进各业务系统功能整合。加强沿江港口安全隐患治理，全年全市累计发现各类港口安全隐患229条，至年末均整改完成。

绿色港口

【港口管理】加强港口管理，开展专项整治，维护港口秩序。至年末，全市存在违规违法现象的8个港口建设项目中，安宁港内港池、国信电厂、华元金属、六助港港池等项目补办岸线许可，伟业拆船履行报批手续，国信电厂通过竣工验收；高港港区3家非法码头全部完成装卸吊机设备的拆除，靖江港区2家非法码头1家进入强制拆除阶段；对已拆除装卸设施的码头，编制生态修复方案，进行生态修复。市交通、海事部门建立联合工作机制，对4个超试运行期违规经营项目，督促指导业主办理竣工验收手续，至年末，高港海螺水泥二期、靖江新港三期通过竣工验收并核发经营许可证。

(徐　方)

【泰州港高港港区】2016年，泰州港高港港区（高港、杨湾、永安3个作业区）有长江泊位14个，其中万吨级泊位10个，集装箱、石油、沥青、液化气等专用码头各1个。有各类装卸机械近300台（套），最大起吊能力40吨，具备集装箱、件杂、散货、液体各形态货物的装卸能力，接卸以木材、钢铁、原油、沥青、铁矿、煤炭、硫黄等主要大宗外贸货种近20个，与世界上40多个国家的港口有运输往来。全年完成货物吞吐量2369万吨，比2015年增长26%；外贸吞吐量411万吨，增长9.5%；完成装卸自然吨1228万吨，增长47%；集装箱完成25万标准箱，增长20%。

年内，高港作业区通用泊位工程通过竣工验收并运行。永安作业区粮食指定口岸申报工作稳步推进，港区内煤炭业务搬迁至杨湾作业区。为适应船舶大型化及长江12.5米航道发展，杨湾作业区靠泊能力由5万吨级提升为减载靠泊10万吨级，并通过省交通运输厅组织的专家评审。

推进港口多元化经营发展，杨湾作业区和永安作业区年内新增水渣中转业务，全年完成水渣吞吐量120万吨。6月新增岳阳铁矿中转业务，至年末，完成岳阳铁矿吞吐量50万吨。全年武钢铁矿中转67万吨，比2015年增长179%。继续实施货源多元化调整，强化发展新型绿色货源，进一步推行“前港后厂”物流发展模式。永安作业区后方的亚东（中国）项目投产，全年完成自然吨72万吨；6月，“凯拉”轮装载4.7万吨大豆靠泊永安作业区。汇福粮油公司完成装卸量45万吨。益海粮油公司靠泊作业船舶205艘次，完成装卸量255万吨。

港口服务实现新提升。年初，调度中心实时视频监控系统投入使用，港口生产调度指挥信息化水平实现提升。10月，永安作业区和杨湾作业区港口岸电系统投入使用，在满足船舶靠港期间用电需求的同时，港口污染进一步减少。修订《生产安全事故应急救援预案》《集团员工安全生产操作规程（制度）》，全年未发生重特大事故。

高港核心港区集装箱码头

2016年泰州港高港港区主要泊位一览表

表1

作业区	码头（泊位）名称	长度（米）	宽度（米）	结构型式	前沿机械	前沿水深（米）	实际靠泊能力（吨级）
杨湾作业区	万吨级通用件杂货码头	360	30	高桩板梁式	40T门机1台，25T门机6台	11.20	50000（减载靠泊10万吨）
	杨湾小码头	60	-	直立式	皮带机装船机系统一套	12.00	500
高港作业区	油品码头	250		直立式	管道	12.50	20000
	4、5、6码头	337	西侧25 东侧27	高桩板梁式	25T门机2台，10T门机2台	10.50	30000
	汽渡码头	34	-	块石斜坡	-	1.50	500
	内河码头	170	-	重力式	5T浮吊1台	5.00	1000
永安作业区	一期工程	270	25	高桩梁板式	25T门机3台	12.00	70000
	二期工程	435	25	高桩梁板式	25T门机6台	12.60	40000
	三期工程	240	45	高桩梁板式	25T门机3台，集装箱桥吊4台	17.00	40000

（季　玲）

【泰州港泰兴港区】2016年，泰兴港区完成货物吞吐量4205万吨，比2015年增长19.52%。年末累计建成投运码头13座、生产性泊位18个，其中万吨级以上泊位11个，对外开放泊位9个。全年完成港口建设投资5.57亿元。

年内，东夹江开发一期油品泊位工程完成前期批复，七圩作业区公用码头工程项目获交通运输部岸线批文，裕兴通用码头获初步设计、施工图批复并完成招投标，滨江通用码头开工建设，宏锦物流公用码头工程水工部分完成交工验收，虹桥仓储有限公司码头完成交工验收。

加强港口管理，组织开展“安全管理年”活动，全年共检查企业240家次。利用港口安全监管与应急管理信息系统，逐步实现事故隐患线上线下双重闭环管理，所有港口企业均纳入系统管理，按时完成事故隐患的上报和整改工作。印发《泰兴市沿江港口码头突发事件应急预案》，并纳入全市应急救援体系。组织各类应急演练30多次，开展危险化学品储存场所安全专项整治、危险化学品安全专项整治行动、危险货物港口作业安全治理三年专项行动。

（泰兴政府办）

【靖江港】2016年，靖江港完成港口建设投资4.6亿元，新建万吨级泊位3个。全年完成货物吞吐量9448.91万吨，其中外贸1061.58万吨，比2015年增长36%。靖江口岸累计进出国际籍船舶1707艘次。

年内，国信电厂、新华港务、太和港务码头工程完成竣工验收，和尚港内港池码头工程完成交工验收，罗家桥综合执法基地码头工程、靖江段护岸工程、福姜沙北水道航道疏浚工程完工，新荣船坞和中油码头拆除工作、双涧沙水工工程按序推进，新民拆船出运码头改扩建工程、罗家桥港大码头工程开工建设，12号海轮锚地拆除还建及临时锚泊区工程编制完成可行性研究报告。全年改造港口照明节能灯5056只，建成岸电系统64台（套），6家港口企业建成防风抑尘网，8家企业建成喷淋设施，5家企业建成污水处理和收集系统。

推进“三互”（信息互换、监管互认、执法互助）大通关改革。电子口岸建成运行，口岸远程监控升级改造工程开工建设，港口建设与经营管理信息系统与省级港口综合管理系统联网运行，可正常实施数据采集、录入与更新。12.5米深水航道福姜沙中水道靖江段实现初通。

加强港口经营监管。靖江市港口、口岸部门多次召开查验部门协调、论证会议，帮助企业解决超等级靠泊、临时进靠、双档靠泊等问题。严把港口经营准入门槛，办理港口经营许可证57份，其中新办证18份；开展港区驳运车辆年度核验，发放核验标识近300份。

强化港口安全监管。开展“港口安全管理年”活动、港口企业外协单位安全专项整治、港口危险货物作业专项整治，配合做好“4·22”德桥仓储事故善后处置，接手德桥仓储安全监管；严格审查危险物料水路转运方案，确保水路转运安全有序；开展节假日、“两会”、台风、汛期等重要时段安全大检查以及“4·22”事故后港口企业“拉网式”大检查，查处事故隐患152项，督促企业完成整改；开展安全生产月、主题签名、夏百赛等活动，强化港口安全宣传教育，提升港口从业人员安全意识。

2016年靖江港分货类吞吐量一览表

表2　　单位：吨

货物分类	总计			出港			进港		
	合计	外贸	内贸	合计	外贸	内贸	合计	外贸	内贸
总　计	94489128	10615843	83873285	41684587	957465	40727122	52804541	9658378	43146163
煤炭及制品	47860920	4058028	43802892	21400200	344274	21055926	26460720	3713754	22746966
石油、天然气及制品	1476121	828065	648056	584672	262784	321888	891449	565281	326168
金属矿石	9224111	813604	8410507	3657338	25824	3631514	5566773	787780	4778993
钢铁	6261621	80640	6180981	3246717	80640	3166077	3014904	0	3014904
矿建材料	13065050	16684	13048366	4894606	8342	4886264	8170444	8342	8162102
水泥	244996	0	244996	75748	0	75748	169248	0	169248
木材	7311789	3966861	3344928	3352652	26030	3326622	3959137	3940831	18306
非金属矿石	193181	0	193181	15764	0	15764	177417	0	177417
化肥及农药	310227	92454	217773	122288	36570	85718	187939	55884	132055
盐	228041	118600	109441	121180	53220	67960	106861	65380	41481
粮食	6923387	318593	6604794	3405761	0	3405761	3517626	318593	3199033
机械、设备、电器	188604	73780	114824	103662	3780	99882	84942	70000	14942
化工原料及制品	1046719	234581	812138	557356	102048	455308	489363	132533	356830
农、林、牧、渔业产品	42593	13953	28640	42593	13953	28640	0	0	0
其他	111768	0	111768	104050	0	104050	7718	0	7718

（顾海燕）

文化名城建设

【概况】2016年，泰州市委、市政府坚持“两手抓、两手都要硬”，推进文化泰州建设，全市特色文化品牌逐步形成，公共文化服务体系进一步完善，文化产业发展态势良好，文艺精品创作成果丰硕，“康泰之州、富泰之州、祥泰之州”的凝聚力和美誉度明显提升。

【公民道德建设】2016年，泰州市积极培育践行社会主义核心价值观。组织开展“美德善行”系列活动，深化“道德讲堂”活动，推出马晓兵、戴荣梅、胡方斌、顾纪和等先进典型，逐步形成“泰州典型”群像现象，推动社会主义核心价值观在泰州“落地生根”，被中宣部确定为全国培育和践行社会主义核心价值观百家经验之一并在全国推广。广泛开展群众性文明创建活动，提高社会文明程度。组织文明创建活动评选，深化服务品牌建设，7个乡镇获批省文明乡镇，25个村获批省文明村，69家单位（社区、校园）获批省文明单位（社区、校园）。拓展志愿服务领域，推动志愿服务社会化，全市有注册志愿者63万多人，志愿组织3100多个。推动诚信建设制度化，完善诚信建设“红黑榜”评价办法、发布制度等，构建激励诚信、惩戒失信的长效机制，营造文明诚信社会环境，全年按期发布“守信红名单”“失信黑名单”24批。

【公共文化服务】加快健全公共文化设施网络，推进城市“15分钟文化圈”、农村“十里文化圈”建设，一批重大文化设施相继建成开放，全年全市建成并投入使用各类公共图书馆、文化馆、博物馆（纪念馆）47个，镇（街）文化站99个，村（居）文化室1891家，基本形成“横向到边、纵向到底”的城乡一体公共文化服务网络。公共文化服务内容不断优化，加快推进“总分馆制”和“24小时自助图书馆”建设，全市“三馆一站”全部实行免费开放。广泛开展群众性文化活动，定期举办海陵“梅兰芳菲”、高港“大江放歌”、姜堰“激情三水”等文化活动，“百姓大学堂”“百姓大舞台”“百团千场”等“百姓”系列文化惠民活动深受群众欢迎。组织“胡瑗读书节”活动，“书香泰州”建设取得成效。靖江市创成“第二批江苏省公共文化服务体系示范区”，全市15个乡镇创成“全省公共文化服务体系示范乡镇”，4个市（区）创成省级以上群众文化先进县（市），其中泰兴市被评为“全国群众文化先进集体”。“三送”工程成效明显，“十二五”以来全市累计送戏下乡5000多场，送书下乡30多万册，送电影下乡55000多场。设立“文化惠民券”，制定《泰州市文化惠民券实施办法（试行）》，探索文化惠民新举措，引导撬动更多资金和社会力量投入基层文化服务，形成文化体制改革新亮点。

2016年4月19日，泰州市举行“胡瑗读书节”启动仪式

【文化产业发展】2016年，随着一批优质文化产业项目的成功引进，全市文化产业集聚区加快成长，初步形成包括乐器生产、文化用品制造、文化旅游、传媒出版、工艺美术品生产和文化培训等在内的文化产业体系。至年末，全市有国家级文化产业示范基地1个、省级文化产业示范园区2个、省级文化产业示范基地4个、市级文化产业园区2个、市级文化产业示范基地4个，有国家文化出口重点企业5家。开展2016年度泰州市文化产业引导资金项目申报工作，文化产业引导资金自2013年设立以来累计资助文化产业项目近60个，扶持金额2000万元。文化产业规模不断壮大，文化产业“三上”列统单位逐年增加，2016年达到272家，实现文化产业增加值135.9亿元，利润总额30.3亿元，比2015年分别增长13.7%、25.3%。创成全国首个“中国吉祥文化之乡”，培育形成具有泰州特色的吉祥文化产业集群。

【城市文化影响】深入挖掘各类文化资源，重点打造的“梅兰芳戏曲文化”“水城水乡地域文化”“革命老区红色文化”“里下河风情文化”等特色文化品牌知名度、美誉度不断提升。经过多年打造的中国泰州国际旅游节、靖江文艺节、泰兴银杏艺术节、兴化菜花旅游节、姜堰溱潼会船节等成为享誉全国的旅游节庆活动。开展文艺精品创作展演活动，推出电影《我的影子在奔跑》《国徽》《哺乳期的女人》、淮剧《李斯》、歌舞剧《银杏花又开》、歌曲《同心唱响中国梦》《三十六垛上》等一批带有鲜明泰州烙印、由本土优秀人才创作的文艺精品，并在全国、全省重大赛事活动中屡获大奖。与省音乐家协会联合举办“名人故里 祥泰之州”中国泰州歌曲创作大赛，收到来自全国近20个省的1000多件作品，产生广泛影响。

【历史文化保护】加强文物保护，推进历史建筑修缮复兴工作。完成第一次全国可移动文物普查的信息采集、平台数据登录审核等工作，共登录可移动文物近2万件（套）。年末全市已发现并列入保护的不可移动文物近800处，其中全国重点文物保护单位7处。加大“非遗”传承保护力度，组织实施“非遗”保护“记忆工程”，推进国家级“非遗”

保护项目数字抢救保护等工作。年末全市有国家级“非遗”保护项目7项、国家级“非遗”代表性传承人2人。

【泰州市首届群众文化艺术节】2016年2月,市委宣传部、市文广新局、市文联共同举办“中国梦·泰州美”泰州市首届群众文化艺术节,在全市掀起一股文艺创作的热潮。活动期间,共收到各类参评作品1096件,其中来自全国各地群众文艺爱好者参赛的投稿作品614件,泰州各市(区)、各部门报送的舞台作品482件。经专家组评审,最终评出舞台类作品优秀节目奖30件、征集类优秀作品奖30件。

【文化名城建设恳谈会在北京召开】2016年7月24日,泰州市文化名城建设恳谈会在北京召开。会议邀请在京部分泰州籍领导、专家、学者和商界精英参加。市委书记蓝绍敏出席并讲话,国务院国资委监事会主席季晓南、孙来燕,中国农业发展银行行长祝树民以及市领导王守法、戴胜利、王学锋等出席恳谈会。

【泰州市启动“文化惠民券”工程】2016年初,为实现基层公共文化的有效供给,泰州市探索文化惠民新举措,制定《泰州市文化惠民券实施办法(试行)》,创新推出“文化惠民券”工程。首期“文化惠民券”总金额1000万元,采取“以券激励、群众点单、基层比选、政府资助、全程监督”的运作模式,由市文广新局按照人口数量确定乡镇(街道)、村(社区)文化惠民券额度,统一发放到基层,事前发放、事后兑现。由市文化馆负责打造的泰州市文化惠民服务平台于2月1日正式上线,包括戏曲、歌舞、小品等门类的1000多个节目可供群众挑选。全市经过评审并拥有“文化惠民券”演出资格的文艺团体有89家,全年共完成演出1600多场,使用“文化惠民券”990.46万元,惠及群众60多万人次,并实现演出场地“市区镇村”全覆盖。为防止“文化惠民券”实施过程中出现弄虚作假等不诚信行为,泰州市将信用审查纳入“文化惠民券”点单签约程序,先后制定《泰州市文化惠民券点单演出团队评审标准》

文化惠民演出走进京泰路街道

《泰州市文化惠民券点单单位预约演出须知》《泰州市文化惠民券演出审核单》等相关标准,全年未发生失信演出情形,惠民演出得到基层群众的好评。

(叶　彤)

生态名城建设

【概况】2016年,泰州市制定并完善生态名城建设的各项规划和相关推进措施。市第五次党代会将“建设环境美的新泰州”作为“十三五”时期全市战略目标之一,市政府先后出台《生态文明建设规划》《城市环境总体规划》《生态红线区域保护规划》等一系列重要规划。

生态文明建设取得重要进展。全市共创成国家级生态市(区)6个,市本级通过国家生态市考核验收,海陵区、姜堰区获国家生态区正式命名,靖江市、泰兴市、高港区通过国家生态市(区)考核验收。全市建成国家级生态乡镇85个、省级生态工业园区5个,其中国家级生态乡镇覆盖率达95.5%。

全市区域环境质量持续改善。根据省统计局发布的2015年全省生态文明建设满意度调查报告,泰州市生态文明建设总体成效、水资源保护、工业污染防治、空气质量满意率等4项主要指标中,有3项增幅排名居全省第一位,1项排名居全省第二位。

打造绿色发展格局。强化环境倒逼机制,严格项目环境准入,把好投资项目联动审核关,从源头上杜绝产能过剩行业新上项目,培育壮大节能环保产业。全年全市节能环保产业增加值450亿元,占全市地区生产总值的11%,基本形成节能技术装备、环保技术装备、资源循环利用技术装备、环境友好产品、节能环保服务等五大领域的产业体系。

【泰州市本级通过国家生态市考核验收】2016年9月24~25日,受环保部委托,由省环保厅副厅长蒋巍带队、环保部专家组成的技术评估组到泰州,对泰州市国家生态市创建工作进行技术评估;9月25日,技术评估组宣布泰州市通过国家生态市技术评估。12月13~14日,省环保厅副厅长蒋巍率考核验收组,对泰州市创建国家生态市进行考核验收;12月14日上午,考核验收组宣布泰州市各项指标达到要求,通过创建国家生态市考核验收。

【出台生态红线区域保护规划】2016年11月16日,市政府第42次常务会讨论并通过《泰州市生态红线区域保护规划》。该《规划》在对泰州市自然环境特征、生态功能重要性和生态环境敏感性评估的基础上,提出生态红线区域的分类体系和规划方案,明确主导生态功能和保护范围，并提出生态补偿建议方案和监督管理措施，为科学、合理保护生态红线区域提供依据。根据《规划》，全市共划定生态红线区域71个，总面积1191.46平方公里，占全市总面积的20.59%，其中一级管控区面积51.57平方千米，二级管控区面积1139.89平方千米。

绿色家园

【生态环保领域改革】2016年，出台《泰州市生态文明建设考核评价与责任追究办法》，进一步完善"党政同责、一岗双责、终身追责"的责任体系。排污权质押贷款试点范围进一步扩大，成功举办全省首场排污权交易拍卖会。强化绿色金融政策的激励约束作用，对全市65家国控重点污染源企业、4376家非国控污染源企业实行环保信用情况评价，全面实施差别化电价、污水处理价以及金融信贷政策。加快推进环保立法改革，制订出台《泰州市水环境保护条例》，并经省人大常委会批准，于2016年10月1日起施行。

【环境监管】开展中央环保督察组反馈意见整改落实工作，按时完成32批共146件环境信访交办件，共立案处罚71件、处罚金额833万元，责令整改114件，关闭取缔32家。加大执法监管力度，制定《泰州市环境监管网格划分实施方案》，严厉打击各类环境违法行为和环境污染犯罪，全年共立案562起、处罚金额4689万元，比2015年分别增长90.1%和262%。

【区域环境质量】2016年，泰州市实施环境污染治理项目842个，全市区域环境质量持续改善。PM2.5（细颗粒物）年均值比2015年下降9.8%，空气质量优的天数增加45天，城市空气质量达到及好于二级标准天数比例达74.0%。全市省考以上断面达标率达83.3%，高于考核目标4.1个百分点；地表水好于Ⅲ类水质比例达87.5%，集中式饮用水源地水质达标率保持100%。扬尘、机动车、挥发性有机物等大气污染物综合治理成效显著，村庄环境整治达标率100%，农作物秸秆综合利用率93%，夏秋两季均实现国家、省通报"零火点"。

【环境基础设施建设】2016年，泰州市加快环境基础设施建设步伐，污水管网和污水处理厂建设进展顺利，"拉网式"农村环境综合整治成效显著，全年全市共建设污水处理设施建设项目83个、垃圾转运项目17个。出台《泰州市畜禽养殖污染治理实施方案》，关停禁养区养殖场790家。泰州市循环经济产业园、餐厨废弃物处置中心加快建设步伐，日处理1000吨的生活垃圾焚烧发电厂建成投运。

【重要会议】2016年2月25日，全市环境保护工作会议召开，副市长孔德平出席会议并讲话，市政府副秘书长徐保国主持会议并宣读市委书记蓝绍敏、市长史立军关于全市环境保护工作的批示和2015年度环境保护工作先进市（区）、先进单位的表彰决定，市环保局局长钱忠通报2015年全市环境保护工作情况，靖江市政府、兴化市政府、姜堰区政府、市公安局、市住建局分别进行表态发言，各市（区）递交2016年度市（区）长环保目标责任状。6月15日，泰州市生态文明研究与促进会成立暨第一次会员大会在市环保局举行，大会选举产生第一届理事会理事和理事长，副市长孔德平、省生态文明研究与促进会理事长赵挺出席会议。9月20~21日，省环保厅在泰兴市召开苏中、苏北化工园区环保专项整治督办推进会，省环保厅副厅长于红霞出席会议并讲话，泰兴市委书记张育林致辞，徐州、淮安、扬州、宿迁、泰州环保局负责人作前期专项整治工作开展情况汇报，省环保厅苏中、苏北环保督查中心、固管中心、土壤处分别通报前期赴各地督查情况。10月27日，全市大气和水污染防治工作推进会召开，会议传达全省大气和水污染防治工作推进会精神，市环保局通报大气和水污染防治工作情况，分析当前全市大气和水污染防治工作现状、存在问题，提出下一步的工作建议和打算。

（金飞捷　王　浩）

项目招引和建设

【概况】2016年，泰州市紧扣“三大主题”工作，不断提升转型创新含金量，全力推动项目招引和建设，主要指标全面超额完成。产业投资实现高位增长，全年完成产业投资2725.74亿元，比2015年增长22.9%，其中工业投资1957.87亿元、服务业投资767.87亿元，分别增长19.8%、31.6%，工业投资增幅居全省第一位。开工项目势头强劲，全年共认定亿元以上新开工项目637个(年度目标322个)、增长92.4%，项目计划总投资1747亿元(年度计划投资628亿元)。其中，10亿元以上新开工项目39个，增加11个。竣工项目循序渐进，全年共有345个项目竣工，其中2015年、2016年亿元以上新开工项目中共认定竣工项目296个，竣工率30.8%，计划总投资557.5亿元，实际完成投资578.5亿元。

【项目建设督查推进】严格落实“一月一通报、双月一过堂、一季一点评、半年一观摩、一年一述职”督查推进机制。2016年，先后召开市委四届十次全会、市委工作会议、市委五届二次全会以及2次季度点评会、3次项目过堂会，组织开展全市重大项目建设观摩活动3次、年度重大项目述职活动1次。每月组织对亿元以上新开工、新竣工项目逐一进行现场核查、媒体通报、建档追踪。组织开展两轮“推磨核查”，实地复核已认定新开工、新竣工项目的进展情况。组织开展全市扩大有效投资重大项目集中开工活动，集中开工项目128个，计划总投资710.5亿元。建成泰州市重点在建产业项目动态库，实行每月更新，及时掌握项目建设进展情况，跟踪监测开工、竣工、投产等关键环节。

【项目考核评价】修订完善《泰州市项目大突破考核计分办法》，制定下发《项目大突破亿元以上新开工项目质效全程跟踪考核评价办法(试行)》，建立完善的统计核算、考核追溯和项目累积机制，项目建设考核由开工考核调整为开工与竣工并重，由单纯投入考核调整为投入与产出并重，由年度考核调整为年度与周期并重。推进各市(区)项目招引和建设投产，举行全市重大竣工项目集体巡礼，集体巡礼的竣工项目共269个。

【园区项目载体建设】加快开发园区平台载体建设，提升开发园区对重大项目的承载集聚能力。泰兴经济开发区创建国家级经济开发区进入两年培育期。黄桥经济开发区、泰兴高新区成功获批筹建省级经济开发区和省级高新区。医药高新区加快申报国家药品进口口岸城市，全力争取成为药品生产许可人制度试点园区，建成中科院大连化物所泰州生物医药创新研究院。姜堰区突出开发区和科技园区互联互通，做强智能电网产业园、扬帆创业园、智谷软件园等特色园区，争创国家级开发区。兴化市稳步实施城区暨开发区调整，构建“大开发区”，争创国家级健康食品产业园区。

【项目建设服务保障】全面开展项目“容缺审批”，应减尽减、能快则快，提高行政审批、中介服务、要素保障效率。健全领导干部挂钩联系服务制度，市委、市政府全年共召开16期企业家座谈会，市四套班子领导累计为企业、项目协调解决各类矛盾问题100多个。推进土地节约集约利用，保障项目用地需求，上争用地指标288.93公顷。加大金融改革创新力度，定期开展“金融超市”等“政银企”

对接活动。

（刁春宏）

【重大项目集中开工】2016年8月11日，泰州市扩大有效投资重大项目集中开工活动在医药高新区举行，市四套班子领导出席活动。有128个重大项目集中开工，计划总投资710.5亿元，其中产业项目108个、基础设施项目20个。该批项目呈现两大特点：一是规模体量大，10亿元以上项目21个，30亿元以上项目6个，单体平均规模近6亿元，最高单体投资达136亿元；二是项目投资结构好，主要以改善生态环境，提升产业竞争力，提升公共服务水平为投资重点；三是高新项目多，108个产业项目中，高新技术项目、新兴产业项目、新业态项目有57个，占比达52.8%。集中开工活动特邀部分劳动模范、新泰州建设功臣等先进人物代表为项目开工奠基培土。

2016年8月11日，泰州市扩大有效投资重大项目集中开工活动在医药高新区举行

【重大竣工项目集体巡礼】2016年11月11日，泰州市举行重大竣工项目集体巡礼，现场检阅各地项目建设成效。市委书记蓝绍敏与6个竣工项目负责人进行现场视频互动，市长史立军主持巡礼活动，市四套班子领导参加活动。项目大突破开展两年来，全市共认定新开工亿元以上产业项目879个，已竣工项目220个，加上2015年以前开工、2016年竣工的49个项目，当天参加巡礼的项目共269个，实际完成投资677亿元，有232个项目已投入运营，投产运营率达86%。其中，中海油泰州一体化项目体量最大，总投资达102亿元，全部投产后预计年产值300亿元、利税50亿元。生物医药及高性能医疗器械、高技术船舶及海工装备、节能与新能源三大战略性主导产业项目成为主力军，一批体现新一轮科技革命和产业变革趋势的高新技术项目，以及填补泰州市空白的现代服务业项目纷纷亮相。

（叶　彤）

第八届中国泰州水城水乡国际旅游节

【概况】2016年4月8日~5月8日，由江苏省旅游局和泰州市政府共同主办的第八届中国泰州水城水乡国际旅游节成功举办。该届旅游节围绕“水城水乡，吉祥泰州”主题，策划推出凤城河桃花节、姜堰溱潼会船节、兴化千垛菜花旅游节、泰兴小南湖牡丹节、靖江春鲜美食品尝季、华侨城篝火音乐节等50多项旅游节活动。

旅游节期间，全市游客接待量、旅游综合消费、酒店客房出租率等市场主要指标均创新高。全市主要景区、星级酒店共接待游客243万人次，营业收入1.08亿元，比2015年分别增长23%、15%。主要景区门票收入7414万元，增长19%，其中凤城河风景区接待游客40万人次、门票收入369万元，分别增长60%、146%；姜堰溱湖旅游景区接待游客53.08万人次、门票收入3945.31万元，分别增长10.79%、11.06%；兴化千垛菜花景区接待游客69万人次、门票收入2400万元，分别增长15%、9%。据国家统计局泰州调查队统计，该届旅游节期间游客满意度93.4%，比上届提高1.8个百分点。

【旅游节开幕式】2016年4月8日晚，第八届中国泰州水城水乡国际旅游节在泰州市周山河开幕。十一届全国政协副主席李金华出席并宣布旅游节开幕，市委书记蓝绍敏致辞。开幕式上，中国文联副主席杨承志与市委书记蓝绍敏共同为泰州市荣获“中国吉祥文化之乡”称号揭牌，同时举办兴化入选国家全域旅游示范区创建单位授牌仪式、秋雪湖获批国家AAAA级旅游景区授牌仪式。开幕式上，大型水景演出《水城水乡，吉祥泰州》以及展示泰州城市建设形象和发展成就的10条特色花船在周山河巡展，2000多名国内外游客和泰州市民现场观赏。

【旅游节活动】旅游节期间，全市各重点景区推出康养旅游、惠民便民旅游等特色活动。康养旅游方面通过举办凤城河“筝棋斗艳”户外演艺秀、“春兰杯”世界职业围棋锦标赛、泰州铁人三项亚洲杯赛、全国微电影大赛、“水城古巷”清吧节、古罗塘茶文化节、雕花楼亲子风筝节、兴化“荷塘聆风”旅游节、靖江“好摄好食”美食旅游摄影大赛等活动，挖掘泰州康养旅游资源，呈现泰州“水城慢生活”魅力。惠民便民旅游方面，市区凤城河风景区举办早茶节、“最美凤城河”摄影网络大赛，天德湖景区、田园牧歌景区、泰州华侨城均推出特色活动，海陵区、姜堰区、靖江市以花为媒、以棋为友，推出“凤还巢”梅乡京剧票友汇、中国河横乡村旅游节、生祠生态休闲旅游节等互动性强、参与度高的惠民活动。

水天堂·夜游城

【旅游节宣传报道】整合全市旅游资源，在央视《朝闻天下》《新闻30分》《走遍中国》等多档栏目投放为期一年的泰州旅游宣传广告。各市(区)在旅游节期间，在《扬子晚报》、上海虹桥高铁站、上海户外大屏以及“驴妈妈”“优酷”网站等重点市场、OTA平台进行宣传推广。组织各市(区)、各重点旅游景区赴上海、安徽、山东及省内等市场开展旅游节推介会。旅游节开幕式、溱潼会船节、兴化菜花景区在央视《新闻直播间》《新闻联播》播出。

【旅游市场营销】从2016年3月中旬起，泰州市牵头江苏旅游新干线，赴安徽省4座城市举行旅游推介会。2月~3月，千垛菜花旅游节、溱潼会船节先后在上海举行推介会。4月2日，青岛旅游专列连续5年开进泰州。台湾地区赏花包机团、中国国旅总社北京旅游专列先后到泰州。清明节期间，凤城河风景区、溱湖旅游景区、兴化千垛景区等重点旅游景区游客爆满，游客接待量增幅均超过10%，其中千垛景区接待游客达15万人次。

（旅游局）

2016中国泰州梅兰芳艺术节

【概况】2016年9月29日~10月29日，由江苏省文化厅和泰州市政府共同举办的2016中国泰州梅兰芳艺术节(简称梅艺节)在泰州举行。梅艺节自2008年创办以来，已连续举办8届。为期一个月的梅艺节由开幕式暨“梅韵千秋”京剧名家演唱会、2016泰州金秋投资说明会、泰州市第四届文化产业产品展示会、“祥泰之州”泰州建市20周年书画展、全国优秀经典剧目展演、“中国梦·泰州美”首届群众文化艺术节等6项活动组成，共举办近20场演出。中央电视台等20多家新闻媒体跟踪报道梅艺节盛况。

2016中国泰州梅兰芳艺术节重要活动一览表

表3

序号	时间	地点	活动名称	牵头单位
1	9月3日	兴化昭阳中学	“中国梦·泰州美”首届群众文化艺术节淮剧票友大赛	兴化市文广新局
2	9月29日	泰州大剧院	2016泰州金秋投资说明会	市商务局
3	9月29日	泰州大剧院	2016中国泰州梅兰芳艺术节开幕式暨“梅韵千秋”京剧名家演唱会	市委宣传部、市文广新局
4	9月30日~10月5日	泰州市工艺美术馆	泰州市第四届文化产业产品展示会	市文广新局
5	9月30日~10月上旬	市美术馆	“祥泰之州”——建市20周年书画展	市文广新局
6	10月4~5日	泰州大剧院	锡剧《清风亭》	市广电台
7	10月11~16日	靖江市民广场	“中国梦·泰州美”首届群众文化艺术节锡剧票友大赛	靖江市文广新局
8	10月14日	泰兴市文化馆	“中国梦·泰州美”首届群众文化艺术节黄梅戏、越剧票友大赛	泰兴市文广新局
8	10月14~15日	梅兰芳影剧院	曲剧《骆驼祥子》	市广电台
9	10月16~18日	梅兰芳影剧院	黄梅戏《红楼梦》	市广电台

续表3

序号	时间	地点	活动名称	牵头单位
10	10月21~22日	梅兰芳影剧院	沪剧《邓世昌》	市广电台
11	10月24~25日	市文化馆	“中国梦·泰州美”第二届全国京剧票界演唱会暨京剧票房建设与发展研讨会	市文广新局
12	10月27日	高港市民广场	第三届江苏文化节泰州市广场演出暨“中国梦·泰州美”首届群众文化艺术节优秀节目展演	市委宣传部、市文广新局
13	11月2~3日	泰州大剧院	越剧《梁祝》	市广电台
14	11月24~25日	泰州大剧院	京剧《智取威虎山》	市广电台

【梅艺节开幕式暨“梅韵千秋”京剧名家演唱会】2016年9月29日晚，2016梅艺节在泰州大剧院拉开帷幕。市长史立军致辞，市委副书记、常务副市长卢佩民主持开幕式。省政府副秘书长王思源，省委宣传部常务副部长周琪，省文联副主席高云，梅兰芳外孙、中央电视台戏曲频道导演范梅强，梅兰芳曾孙、第四代传人梅玮，市政协主席王守法及市四套班子其他领导出席开幕式。与会嘉宾一起观看“梅韵千秋”京剧名家演唱会。来自北京、天津、上海、江苏京剧院以及中国戏曲学院和战友京剧团的演员，包括尚长荣、胡文阁、陈少云、巴特尔等京剧名家和梅派传人现场演绎梅派经典唱段以及追忆、讴歌梅兰芳先生、梅葆玖先生的新创节目。演唱会巧妙融入泰州文化元素，彰显泰州戏曲文化特色。

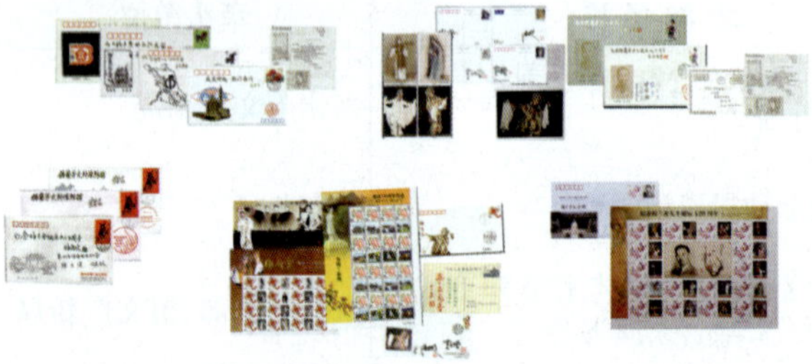

梅兰芳邮品

【全国优秀经典剧目展演】作为2016梅艺节期间的重头戏，优秀剧目展演是政府文化惠民工程之一，泰州市面向全国地方戏重点院团公开招标，共征集选调6台精品剧目到泰州展演13场。具体剧目是：江苏省演艺集团锡剧团的锡剧《清风亭》、北京市曲剧团的曲剧《骆驼祥子》、安徽省黄梅戏剧院的黄梅戏《红楼梦》、上海沪剧院的原创新编沪剧《邓世昌》、浙江小百花越剧团的越剧《梁祝》以及天津京剧院的京剧《智取威虎山》，梅艺节期间分别在泰州大剧院和梅兰芳大剧院展演。

【第二届全国京剧票界演唱会在泰州举行】2016年10月24日，为庆祝《京剧票界》创刊二十周年，由中国传统文化促进会、京剧票友艺术交流委员会、省京剧票友工作委员会、市文广新局联合主办，市文化馆、市京剧票友协会执行承办的第二届全国京剧票界演唱会在泰州市文化馆民众剧场拉开帷幕。中国传统文化促进会京剧票友艺术委员会常务副会长袁树兴、省京剧票友工作委员会会长邱平致辞。国内外京剧界相关专家学者、省市相关领导和部门负责人共同出席开幕式。该次演唱会是相隔15年后，在梅兰芳故乡泰州再次举办的全国性京剧票友活动。演唱会分为“京韵悠扬”“梅兰芳华”“凤城京韵”“京韵飘香”4场特色主题，分别由来自全国10多个省市，香港地区以及加拿大、澳大利亚、日本等国家的100多名票友共同登台演绎。《京剧票界》创刊于1997年10月，是中国唯一的一份京剧报刊，该刊以“弘扬京剧，服务票友”为宗旨，影响遍及海内外。

10月25日，第二届全国京剧票界演唱会“京剧票房建设与发展研讨会”在泰州市文化馆举行，来自北京、天津、上海、山东、湖北以及加拿大、日本等地的京剧票界理论研究专家、京剧票友活动家和海内外相关票房负责人出席研讨会。同日，中华京剧票友书画暨《京剧票界》出版200期展在泰州市文化馆美术展厅开幕，展出的近百幅书画作品均来自全国各地书画名家之手。

【国家版《中华戏曲之京剧旦角》明信片在泰州首发】2016年10月22日，京剧大师梅兰芳先生122周岁诞辰之际，国家版《中华戏曲之京剧旦角》明信片首发仪式在泰州举行。首发仪式由中国邮政集团公司、泰州市政府联合主办。该明信片是中华戏曲明信片系列的重要组成部分，一套共8枚，全国发行100万套。同步发首的还有《满园芬芳梅桃柳》戏曲主题邮册，全国限量发行500册，收录中华戏曲主题的多张经典邮票，收藏价值极高。

第七届中国(泰州)国际医药博览会

【概况】2016年10月28~30日,以"汇聚医药养游资源、建设健康产业名城"为主题的第七届中国(泰州)国际医药博览会(简称医博会)在泰州举行,来自美国、以色列、意大利、德国、英国、法国、瑞士等15个国家和中国香港的500多家企业前来参展,汇聚全球3000多项专利和医药创新成果,吸引海内外4000多名客商的积极响应。

医博会期间,共举办"才富泰州"暨第三届中国医药城高层次人才创新创业大赛落户项目签约仪式、中国医药城高层次人才智力项目交流大会、部省共建中国医药城联席会议第五次会议、中国(泰州)医药峰会、中国医药产业投资发展论坛、医药及健康产业国际交流合作会、华为医药新品上市推介会、中国—东盟医药行业合作高峰论坛暨中国—东盟医药行业合作委员会成立大会、中国(泰州)医药峰会、兽用生物制品高峰论坛、第二届国际康复医学与康复工程前沿技术临床转化会议、中国抗体药物高峰论坛暨投融资项目路演、中国体外诊断试剂创新论坛、泰州市大健康产业项目集中签约仪式暨中国医药城政策发布会等14项专题活动,邀请海内外知名学者、企业家、权威人士,围绕国际生物医药发展趋势、康复工程前沿技术临床转化、抗体药物、体外诊断试剂发展现状及展望等话题深入研讨交流,一批最前沿的信息、最尖端的技术和最具创新力的资源纷纷亮相。医博会已成为国内外医药行业发展的"风向标"、医药创新成果展示的舞台、医药行业价格的发布源头。医博会的举办,助推以大健康产业集聚为特色的泰州医药名城建设,形成在全国、全球独具特色的发展优势。医博会期间,中国—东盟医药行业合作委员会秘书处正式落户中国医药城;以大健康产业为主题的招商活动取得丰硕成果,82个项目落户泰州、签约总投资375亿元。

【医博会开幕式】2016年10月28日,由省政府主办的第七届中国(泰州)国际医药博览会在中国医药城会展交易中心开幕。十一届全国人大常委会副委员长桑国卫出席开幕式,并作题为《中国创新药研发的政策环境》主旨演讲。科技部副部长徐南平、副省长张敬华、市委书记蓝绍敏分别致辞,市长史立军主持开幕式。国家中医药管理局副局长闫树江、中国高新区协会理事长张景安、工信部消费品司副司长吴海东、商务部驻南京特派员贾国勇、国家卫计委科技教育司副司长吴沛新、国家食药监总局药品化妆品注册司副司长黄敏、中国国际人才交流协会副主任沈艳杰、中国医药保健品进出口商会副会长孟冬平、省食药监局党组书记莫宗通、中国—东盟商务理事会执行理事长许宁宁、文莱国家工商会会长卡玛鲁汀、部分"两院"院士和知名专家等出席开幕式。

第七届医博会开幕式现场

【中国(泰州)医药峰会】2016年10月28~30日,首届中国(泰州)医药峰会在中国医药城高规格举行。峰会以"仿制药一致性评价""中医药现代化"为两大主题,汇聚国内医药界顶尖专家和精英参与研讨,是中国医药产业界一次激烈的思想碰撞和头脑风暴。十一届全国人大常委会副委员长、中国(泰州)医药峰会主席桑国卫出席,并与市委常委、医药高新区党工委书记陆春云共同为泰州医药高新区获得的"国家'重大新药创制'科技专项产业化基地"揭牌。国家卫计委科技教育司副司长吴沛新,中科院院士、军事医学科学院毒物药物研究所所长张学敏,中国工程院院士、军事医学科学院研究员李松,中国工程院院士、全军基因工程重点实验室主任金宁一,原总后勤部卫生部副部长、中国预防性病艾滋病基金会理事长、少将王玉民,军事医学科学院毒物药物研究所中药和神经免疫药理研究室主任、少将张永祥,军事医学科学院生物工程研究所所长、少将陈薇,国家食品药品检定研究院院长李波,国家食品药品监督总局药品评审中心首席科学家何如意,中国中医科学院中药研究所所长陈士林,中国工程院院士、江苏省科协副主席王广基,国家药典委员会首席科学家钱忠直等出席峰会。峰会发表《2016泰州共识》,对仿制药一致性评价、中医药现代化提出可供借鉴的对策与路径。举办10场聚焦中国医药产业发展的专题报告。峰会还设置"对话泰州"环节,与会嘉宾现场解答参会企业关心的新药审评、临床试验机构建设、一致性评价等问题。

中国(泰州)医药峰会由省政府主办,市政府及泰州医药高新区承办,泰州市是峰会的永久举办地。峰会的主题是学术性、创新性、先进性、平台性、国际性,内容是围绕医药创新、产业升级、市场拓展以及药事管理等国内外重大相关议题，搭建学术交流、成果展示、项目和产品孵化转化、产学研用相结合的高端平台。

【展览展示】该届医博会展览展示共分为5个展区。国际团组及国内外知名医药企业展区面积约4000平方米，重点介绍部分国家、地区生物医药及健康产业发展情况，展示国内外知名医药企业新技术、新产品。高端医疗器械展区面积约1500平方米，展示国内外高端医疗器械、体外诊断技术及试剂、实验室装备、制药设备、包装材料等产品和创新成果。医药创新成果和专利产权展示、对接、交易区面积约500平方米，展示最新医药创新成果和专利产权，加强交流对接，推动集中交易。医疗服务展区面积约200平方米，展示体检机构、医院及医疗咨询服务机构、医疗保险机构等特色服务。大健康产业展区面积约1300平方米，展示中医药及健康产品、中医技术及服务、养老地产等，同时展示泰州及周边地区旅游资源和生态环境。

【央视新闻聚焦医博会】医博会期间，中央电视台共播发相关新闻5条。10月28日、29日，央视《新闻联播》《晚间新闻》《朝闻天下》《新闻直播间》等重点栏目对医博会进行报道，除介绍参展企业及带来的专利和创新成果外，重点报道中国—东盟医药行业合作委员会秘书处永久落户中国医药城，成为策应国家“一带一路”战略的重要桥梁和纽带。《新闻直播间》栏目报道兴化市李中水上森林，展示泰州推进“医药养游”大健康产业集聚发展成果。《晚间新闻》栏目在结尾采用兴化市水上森林系列画面。

（叶　彤）

靖江港扬子江物流码头

1月

4日 2016年世界排舞联赛冠军赛在美国田纳西州纳什维尔市举行。代表中国参赛的高港区文体旅游局中老年排舞精英队获民族舞组和大众排舞组2个组别冠军。

7日 市委四届十次全体会议召开。会议深入学习贯彻习近平总书记系列重要讲话精神,全面贯彻落实党的十八届五中全会、中央和省经济工作会议精神,回顾总结2015年工作,研究部署2016年任务。市委书记蓝绍敏作题为《聚力三大主题工作,迎接建市二十周年,为实现"十三五"良好开局而努力奋斗》工作报告。市委副书记、市长陆志鹏作小结讲话并部署当前工作。会议审议《关于市委常委会工作情况的报告》,通过大会《决议》。与会人员观看作风效能建设专题片。靖江市、泰兴市、医药高新区和市经信委、住建局作交流发言。

8日 2015年国家科学技术奖励大会在京召开。靖江籍教授邵新宇带领团队研发的"汽车制造中的高质高效激光焊接、切割关键工艺及成套装备"项目获国家科技进步奖一等奖。

7~9日 "外交官看中国—江苏行"考察团27名外交官和外籍专家到泰州考察。考察团实地考察市中医院泰和堂国医馆、市社会福利中心、中国医药城医药博览馆、扬子江药业集团等。市领导蓝绍敏、张国梁、卢佩民、张余松、陈明冠先后会见考察团一行。

11日 市政府第三十三次常务会议召开。市长陆志鹏主持会议。会议讨论修改《政府工作报告》(讨论稿)。

12日 由中国社会科学院主办的2015年度"中国六大考古新发现"公布。南京博物院考古研究所承担考古发掘的兴化蒋庄良渚文化遗址项目成为2015年度"中国六大考古新发现"之一。

14日 市委常委会会议召开。市委书记蓝绍敏主持会议。会议讨论《政府工作报告》和《泰州市国民经济和社会发展第十三个五年规划纲要》(送审稿),研究建市20周年系列活动方案。

15日 市委常委会会议召开。会议专题听取各市(区)委书记抓基层党建和履行党风廉政建设主体责任述职。市委书记蓝绍敏主持会议并讲话。会上,各市(区)委主要负责人分别汇报抓基层党建工作和履行党风廉政建设主体责任情况。省委副秘书长、改革办常务副主任刘松汉出席会议并讲话。

16日 国家旅游局验收组到泰州验收康养旅游示范基地创建工作。市委副书记、代市长史立军,市委常委、市委秘书长张国梁会见验收组一行。验收组查看市创建资料,听取创建工作汇报,实地考察中国医药城医药博览馆、江苏亿康基因科技有限公司、桑缇亚(中国)生物技术有限公司、稻河古街区、泰和堂国医馆、凤城河等。省旅游局副局长汤永林,副市长张余松陪同验收。

17日 政协泰州市第四届委员会第五次会议召开。市委书记蓝绍敏出席会议并讲话。市政协主席王守法受市政协第四届委员会常务委员会委托向大会作工作报告。市政协副主席刘励向大会作提案工作报告。市政协副主席王东主持开幕式。

19日 市第四届人民代表大会第六次会议召开。市委书记、市人大常委会主任蓝绍敏主持会议。代市长史立军代表市政府向大会作工作报告。报告分2015年工作和"十二五"发展回顾、"十三五"发展目标任务、2016年工作任务、加强政府自身建设四个部分。市人大常委会副主任、市人大法制委员会主任委员高纪明作《泰州市制定地方性法规条例》草案说明。

△ 政协泰州市第四届委员会第五次会议闭幕。市

政协副主席蔡德熙主持会议。会议通过市政协四届五次会议《决议》,选举陆晓声为市政协副主席,增选蒋建华、戴庆柳、邢秀华为市政协常委。

20日　市第四届人民代表大会第六次会议第二次全体会议召开。市人大常委会副主任陶幸蓉主持会议。会议听取市人大常委会副主任高纪明所作的市人大常委会工作报告,听取市中级法院代院长徐军所作的市中级人民法院工作报告,听取市检察院代检察长李军所作的市人民检察院工作报告,通过大会《选举办法》。

21日　市第四届人民代表大会第六次会议闭幕。市委书记、市人大常委会主任蓝绍敏主持闭幕式。大会补选史立军为市长,补选徐军为泰州市中级法院院长,补选李军为泰州市检察院检察长;补选丁卫平、王亦波、叶海波、张志洋、赵昶东为市四届人大常委。大会通过《政府工作报告》《关于泰州市国民经济和社会发展第十三个五年规划纲要》《关于泰州市2015年国民经济、社会发展计划执行情况和2016年计划草案的报告》《关于泰州市2015年预算预计执行情况和2016年预算(草案)的报告》《泰州市人大常委会工作报告》《泰州市中级人民法院工作报告》《泰州市人民检察院工作报告》等7个报告的决议。大会通过《泰州市制定地方性法规条例》。

25日　兴化市被国家卫生计生委表彰为"全国妇幼健康优质服务示范市"。

29日　全市领导干部警示教育大会召开。市委书记蓝绍敏出席会议并讲话。市委副书记、市长史立军主持会议。市委常委、纪委书记马士光通报2015年全市纪律审查工作情况。

△　市政府第三十四次常务会议召开。市委副书记、市长史立军主持会议。会议审议并原则通过市电子政务工程建设项目管理暂行办法、工伤保险管理办法等。会议听取并审议2015年度全市工业经济和开放创新工作先进集体和个人评选推荐情况、市科学技术贡献奖和科技进步奖评审情况、关于《政府工作报告》目标任务分解情况的汇报。

2月

1日　市委常委会会议召开。市委书记蓝绍敏主持会议。会议传达学习十八届中央纪委六次全会、十二届省纪委六次全会精神;传达学习省十二届人大四次会议、省政协十一届四次会议精神。会议讨论通过市纪委四届六次全会相关事项和推动全面从严治党迈上新台阶、激励干部干事创业若干规定;讨论通过2016年度绩效考核办法等文件,听取工业经济、科技创新、开放型经济目标考核和表彰奖励情况汇报。会议原则通过《激励干部干事创业防治"在岗不作为、履职不担当"的若干规定》和《关于把纪律挺在前面的若干规定》。会议审议通过《关于推动全面从严治党迈上新台阶、为实现"十三五"目标任务提供坚强保证的实施意见》。会议讨论《2016年度市级机关部门(单位)绩效管理实施细则》《2016年度市(区)和开发区绩效管理实施细则》《泰州市效能建设"蜗牛奖"认定暂行办法》《2016年度市(区)主要经济指标"争先进位奖"评选办法》。

3日　市委、市政府召开表彰大会。会议表彰2015年度十佳人民满意机关、十佳服务地方发展单位、机关效能建设先进单位、绩效管理先进市(区)、项目招引先进单位等。市委书记蓝绍敏出席会议并讲话。市委副书记、市长史立军主持会议。市委常委、常务副市长何榕宣读表彰决定。

14日　全市工业经济和开放创新工作大会召开。市委书记蓝绍敏出席会议并讲话。市委副书记、市长史立军作工作报告。市委常委、常务副市长何榕主持会议。会议表彰一批先进集体、单位等。会议为泰州市所获国家工信部首批"全国两化融合贯标试点城市"和"企业信用大数据公共服务平台泰州分平台"揭牌,对首批认定的泰州市众创空间运营企业授牌,并发放2016年科技创新券。各市(区)政府、医药高新区管委会向市政府递交2016年度工业经济、科技创新、开放型经济和节能工作目标责任书。姜堰区、江苏济川控股集团有限公司、市经信委、科技局、商务局作交流发言。

16日　市委常委会会议召开。市委书记蓝绍敏出席会议并讲话。会议听取2016年市区城建新提升重点项目、市级政府投资项目有关情况汇报,研究确定2016年市区重点城建项目。

19日　市委常委会会议召开。市委书记蓝绍敏主持会议。会议讨论通过《中共泰州市委关于省委点评意见和落实党风廉政责任制检查考核反馈意见的整改工作方案》,传达学习全省组织部长会议精神,研究部署全市关心下一代工作和效能建设工作。

25日　中国医药城新春首批亿元以上项目集中签约仪式举行。投资1.8亿元的江苏先声卫科生物制药有限公司项目、投资1.2亿元的江苏豪科生物工程有限公司项目、投资1.05亿元的江苏泰华包装股份有限公司项目、投资1.2亿元的江苏维尼康智能科技有限公司项目、投资1亿元的蓝韵凯泰医疗设备项目、投资1.1亿元的华亿美素医用整形美容材料项目、投资1亿元的豪科生物工程项目、投资1.1亿元的贺尔福医疗器械项目、投资1亿元的施美康药剂项目、投资1亿元的思迈特康复医疗器械项目等集中签约。市委常委、医药高新区党工委书记陆春云出席签约仪式。

26日　市政府第三十五次常务会议召开。市委副书记、市长史立军主持会议。会议审议并原则通过2016年市区改善民生实事项目、《进一步加快姜堰区与中心城区融合发展的若干意见》等。2016年市区改善民生实事项目初步安排10大类30项具体任务,涵盖就业保障、教育文化、医疗惠民、体育健身、社会福利、旧城改造、城市绿化、小区整治、环境卫生、公共设施等方面。

△ 经中国民用航空局批复，扬州泰州机场正式更名为扬州泰州国际机场。

3月

1日 市委常委会会议召开。市委书记蓝绍敏主持会议。会议学习贯彻习近平总书记在党的新闻舆论工作座谈会上重要讲话精神，传达全省市县乡领导班子换届工作会议精神，讨论并原则通过《关于进一步加快姜堰区与中心城区融合发展的若干意见》和2016年市区改善民生实事项目。

2日 2015“寻找最美医生”颁奖典礼在中央电视台举行。靖江市人民医院心内科副主任胡方斌作为江苏省唯一入选者当选2015年“最美医生”。2015年7月4日凌晨，胡方斌在体内主动脉发生大出血的情况下，强忍不适，打止痛针坚持为病人做完手术。手术结束后，胡方斌经过12小时抢救，昏迷三天后才苏醒。

17日 省委常委、副省长徐鸣到泰州检查全国春季农业生产暨森林草原防火工作会议筹备情况。徐鸣实地检查市农业开发区、姜堰区、高港区和泰兴市各观摩点准备情况，并召开座谈会听取省、市有关部门关于会议筹备情况的汇报。徐鸣要求各项工作要再检查再落实再完善，确保会议圆满召开。市领导蓝绍敏、史立军、张国梁、王建、陈明冠参加检查和座谈。市委书记蓝绍敏表示，全国春季农业生产暨森林草原防火工作会议在泰州召开是对泰州市的关心与信任，全市必将更细更实地做好各项工作，全力以赴确保会议圆满成功。

18日 全市领导干部会议召开。会议学习贯彻十二届全国人大四次会议和全国政协十二届四次会议精神。市委书记蓝绍敏主持会议并讲话。蓝绍敏强调，学习贯彻十二届全国人大四次会议和全国政协十二届四次会议精神是当前工作的重中之重，要切实把全市上下的思想和行动统一到中央的部署要求上来，推动全市各项工作在“十三五”的新起点上迈出新步伐、取得新成绩。市委常委、医药高新区党工委书记陆春云传达十二届全国人大四次会议和全国政协十二届四次会议精神。

20~21日 全国春季农业生产暨森林草原防火工作会议在泰州召开。中共中央政治局常委、国务院总理李克强作出重要批示。中共中央政治局委员、国务院副总理汪洋出席会议并讲话。省委副书记、省长石泰峰代表省政府作交流发言。省委书记罗志军，省委常委、副省长徐鸣，市领导蓝绍敏、何榕、卢佩民、杨杰、王建、陈明冠等陪同考察。

22日 市委常委会会议召开。市委书记蓝绍敏主持会议。会议讨论《关于进一步推进户籍制度改革的实施意见》，听取市县乡领导班子换届工作情况汇报，原则通过《中共泰州市委关于推进领导干部能上能下激励担当作为干事创业的暂行办法》《关于市管领导班子和领导干部综合分析研判的暂行办法》等相关文件。会议通报省委组织部反馈的2015年度干部选拔任用工作“一报告两评议”情况，讨论并原则通过《中共泰州市委关于监督执纪“四种形态”实践运用规则》。

23日 泰州市被中国民间艺术家协会正式命名为“中国吉祥文化之乡”。

24日 由中国电影家协会和泰州市政府联合举办的第三届“微影·我们”全国微电影大赛优秀作品表彰活动在泰州大剧院举行。市委书记蓝绍敏出席活动并致辞。新西兰亚太电影节主办方负责人张培军，美国纽约电影学院副院长朱宇华，美国好莱坞短片电影协会会长戴维·伍迪，表演艺术家秦怡、斯琴高娃、祝希娟等担任开奖、颁奖嘉宾。中国文联原副主席、导演丁荫楠，团中央宣传部副部长孟春，团省委书记万闻华，上海市文联副主席、导演张建亚，省文联副主席、电影家协会主席陶泽如，市领导王守法、卢佩民、戴胜利、孔德平、董勤等出席活动。

25日 由中国电影家协会和泰州市政府联合举办的2016中国(泰州)新媒体电影产业发展论坛在泰州举行。中国文联原副主席、著名导演丁荫楠，中国文联电影艺术中心主任胡子光，市委常委、宣传部部长卢佩民，副市长王学锋等参加论坛。

25~29日 第十一届“春兰杯”世界职业围棋锦标赛在泰州举行。来自中韩日等国的24位职业围棋选手进行第一阶段前2轮对决。中国队派出古力、柯洁、时越、周睿羊、陈耀烨、柁嘉熹、芈昱廷、连笑、檀啸、李轩豪和辜梓豪11位棋手，其中柯洁、芈昱廷、檀啸、柁嘉熹、连笑、辜梓豪进入八强。

26~28日 前中共中央总书记胡锦涛到泰州考察。这是胡锦涛卸任中共中央总书记以来，第2次回到家乡泰州。在泰州期间，胡锦涛实地考察引江河水利枢纽工程、中国人民解放军海军诞生地纪念馆、泰山公园、市大浦中心小学、溱潼古镇和华侨城，并与当地群众亲切交流。

29日 泰州军分区党委四届五次全体(扩大)会议召开。会议按照中央军委、国防动员部、东部战区和江苏省军区党委的部署要求，分析形势，研究工作，部署任务，要求深入推进政治建军、改革强军、依法治军，努力在新起点上开创军分区部队建设新局面。市委书记、泰州军分区党委第一书记蓝绍敏出席会议并讲话。蓝绍敏充分肯定泰州军分区为泰州建设发展作出的积极贡献。泰州军分区党委书记、政治委员张志洋代表泰州军分区党委常委会作工作报告。泰州军分区党委副书记、司令员李国强出席会议并讲话。

30日 市政府第三十六次常务会议召开。市委副书记、市长史立军主持会议。会议听取市住建局《关于促进市区房地产市场平稳健康发展的若干意见》和《关于加快推进市区棚户区(危旧房)改造货币化安置的实施办法》的说明。会议审议《市政府关于进一步加强安全生产监管执法工作的实施意见》和《泰州市较大及以上生产安全事故应急预案》。会议专题交办市人大代表建议和市政协委员提案431件。

4月

1日　2016中国·兴化千垛菜花旅游节开幕式在兴化千垛菜花风景区举行。2016中国·兴化千垛菜花旅游节以“相约美丽兴化 畅游千垛花海”为主题,组织策划重点活动20多项,从不同层面反映水乡兴化千年的历史积淀、文化风俗。

4日　第三方新媒体价值权威评估机构—清博大数据(又称蓝榜)发布新一期“全国媒体类微信公号传播指数周榜”。泰州报业传媒集团微信公众号—“微泰州”(wtz0523)获全国纸媒公众号亚军。

5日　省人大常委会副主任蒋定之到泰州调研引江河高港枢纽工程建设情况。蒋定之实地调研引江河工程船闸控制中心、泵站机房及高港枢纽一、二线船闸运行现场,并了解引江河水利枢纽工程建设运行等方面的情况。市委书记、市人大常委会主任蓝绍敏,市人大常委会副主任高纪明陪同调研。

7日　省人大常委会副主任蒋宏坤视察泰州“六五”普法工作。市领导史立军、张爱平、高纪明、陈明冠陪同视察。市委副书记、市长史立军出席“六五”普法工作情况汇报会并讲话。史立军表示,法治宣传教育是推进全面依法治国的基础性工作,深入开展普法宣传教育对于推进法治建设、推进“强富美高”新泰州建设具有积极作用。

8日　2016泰台经贸交流合作峰会在泰州召开。市委书记蓝绍敏出席会议并作题为《泰州太美　顺风顺水》的主题演讲。市委常委、常务副市长何榕主持会议。台湾工商协进会理事长林伯丰,台湾工业总会副理事长林明儒,惠生(中国)投资有限公司总裁刘洪钧分别致辞。市领导史立军、何榕、张国梁、倪斌、杨杰、张余松出席会议。在同时进行的全市项目集中签约大会上,104个5亿元以上项目现场签约。

△　第八届中国泰州水城水乡国际旅游节开幕式举行。十一届全国政协副主席李金华宣布开幕。市委书记蓝绍敏致辞。中国文联副主席杨承志,省旅游局副局长周旭,马来西亚驻沪总领事陈扬泰,台湾工商协进会理事长林伯丰,市委副书记、市长史立军,市政协主席王守法等出席开幕式。

△　第十一届中国湿地生态旅游节暨2016中国泰州姜堰溱潼会船节开幕式举行。十一届全国政协副主席李金华,中国文联副主席杨承志,安徽省委常委、省军区司令员于天明,科技部原副部长刘燕华,人民日报社原副总编陈俊宏,省人大常委会原副主任张艳,国家林业局湿地保护管理中心副主任严承高,省林业局副局长卢兆庆,省文联副主席杨企鹏,市领导王守法、张国梁、卢佩民、马士光、丁士宏、张余松、范玲等出席开幕式。开幕式会船表演由序曲《春潮》和《盛典》《篙歌》《欢腾》等3个篇章组成,再现“千篙万桨闹溱湖、万众欢腾庆盛会”的壮观场面。

18日　中国评书评话博物馆开馆仪式举行。市委书记蓝绍敏,中国曲艺家协会主席、相声表演艺术家姜昆,评书表演艺术家连丽如分别致辞。中国曲艺家协会副主席、省文联副主席、评弹表演艺术家盛小云,省文联副主席、省演艺集团总经理、昆曲表演艺术家柯军,中国曲艺家协会评书艺术委员会主任、评书表演艺术家田连元,市领导张国梁、戴胜利、张余松、蔡德熙等出席开馆仪式。市委常委、宣传部长卢佩民主持开馆仪式。中国评书评话博物馆由市政府与中国曲艺家协会共同建设,是国内唯一一座全面介绍评书评话艺术史和艺术家的专题博物馆,也是泰州市首个“国字号”博物馆。

19日　市政府第三十七次常务会议召开。市委副书记、市长史立军主持会议。会议研究建立全市统一的公共资源交易平台,审议并原则通过《泰州市水环境保护条例(草案)》《泰州市公共信用信息管理条例(草案)》等2个地方性法规。

20日　市委常委会会议召开。市委书记蓝绍敏主持会议。会议传达全省推进供给侧结构性改革工作会议精神,听取《泰州市水污染防治工作方案》汇报,听取并通过《泰州市生态文明建设规划》,通过“两学一做”学习教育实施方案,研究《2016年度全市开放型经济工作目标考核奖励办法》,讨论“新泰州建设功臣”推荐活动方案。市委常委、市委秘书长张国梁领学毛泽东同志《党委会的工作方法》一文。

21日　全国环保科普工作交流会在泰州召开。中国环境科学学会秘书长任官平,省环保厅总工程师刘建琳,副市长孔德平,环保部、科技部和中国科协科普工作相关负责人,有关省(自治区、直辖市)环保科普工作负责人,国家环保科普基地负责人及相关专家共70多人出席会议。会议由中国环境科学学会主办,市环保局承办。会议总结“十二五”环保科普工作经验,部署“十三五”环保科普工作思路和内容。有关专家专题探讨交流“中科院系统科研院所开放情况”“科普内容建设和信息化传播”“科普导览导视系统建设”等3项工作。

△　全省乡镇年鉴编纂工作座谈会在高港区召开。省地方志编纂委员会办公室副主任牟国义出席会议并讲话。各市和部分县(市、区)地方志办公室负责人共70多人出席会议。高港区党史方志档案办公室、高港区永安洲镇政府、张家港市委党史地方志办公室等单位介绍编

撰乡镇年鉴的体会、经验与做法。

22日　全省农村土地承包经营权确权登记颁证档案工作推进会在泰州召开。省档案局副局长欧阳旭明出席会议并讲话。各市和各涉农县(市、区)档案部门负责人共110多人出席会议。省农委经管站副站长王建华通报全省农村土地承包经营权确权登记颁证试点工作的进展情况。姜堰区档案局、南通市档案局、金坛区档案局作交流发言。

25日　省政府在靖江市召开安全生产工作现场会。副省长张雷出席会议并讲话。会议传达省委书记罗志军和省长石泰峰重要批示精神,要求深刻吸取"4·22"火灾事故教训,部署全省安全生产大检查,坚决遏制重特大事故发生,确保全省安全生产形势平稳。

27日　"书画频道进万家—走进泰州"活动开幕式暨广场文艺演出举行。活动由市委宣传部和中央数字电视书画频道主办,泰州报业传媒集团承办。全国政协委员、中国美术家协会原副主席尼玛泽仁,全国政协委员、中国书法家协会顾问言恭达,中国书法家协会副主席包俊宜等20多位知名书画家及市领导卢佩民、戴胜利等出席开幕式。

5月

4日　《泰州市志》终审会召开。省地方志编纂委员会办公室主任漆冠山,副市长王学锋出席会议。《泰州市志》由市地方志编纂委员会办公室承编。《泰州市志》终审稿约320万字,由总述、大事志、专志和附录组成,全面、客观、真实地记录几千年来,特别是新中国建立及新泰州成立以来,泰州市自然、经济、政治、文化和社会发展的历史与现状。与会专家认为,《泰州市志》经过相关专家和编纂人员的多轮评议、修改和完善,终审稿基本达到志书质量的总体要求。

6日　省委书记罗志军到泰州视察宁启铁路动车开行准备情况。罗志军指出,要抓住宁启铁路开行动车的机遇,加快跨江融合发展,推进区域协调发展,进一步优化产业结构、提升城市形象。省委常委、省委秘书长樊金龙,市委书记蓝绍敏,市委副书记、市长史立军,市委常委、市委秘书长张国梁陪同视察。

7日　"铁人杯"2016年泰州铁人三项亚洲杯赛开幕式举行。市委书记蓝绍敏出席开幕式并宣布本次赛事开赛。国家体育总局中国铁人三项运动协会副主席季道明,省体育局局长陈刚,市委副书记、市长史立军分别致辞。市领导戴胜利、蔡德熙出席开幕式。副市长王学锋主持开幕式。本次赛事由中国铁人三项运动协会、省体育局和泰州市人民政府联合主办,市体育局、姜堰区共同承办,可获得里约奥运会参赛积分,中国、塞尔维亚、澳大利亚、俄罗斯、日本等9个国家和地区的运动员参加本次赛事。

12日　省委常委、副省长徐鸣,国际桥梁及结构工程协会主席代表、副主席高铉武在泰州长江大桥共同为泰州长江大桥工程所获"2014年度杰出结构工程奖"揭牌。国际桥协副主席葛耀君,省政府副秘书长陆永泉,市领导史立军、杨杰等出席揭牌仪式。省交通运输厅厅长游庆仲主持揭牌仪式。2014年,在西班牙马德里举行的国际桥协第三十七届年会上,泰州长江大桥工程被国际桥协杰出结构评审委员会授予"2014年度杰出结构工程奖",该奖项是目前国际桥梁工程界公认的最高奖项,授予全世界最具创新性的桥梁和建筑结构。

13日　市民防局在第七次全国人民防空会议上被人力资源和社会保障部、中央军委国防动员部联合表彰为"全国人民防空先进集体"。

15日　宁启铁路动车正式开通。7点25分,D5504/1次动车从泰州火车站驶向南京火车站,自此泰州市进入动车时代。副市长杨杰到泰州站视察动车开通首日泰州站运营情况及车站建设情况。

18日　省政协副主席程崇庆到泰州调研市义务教育优质均衡发展工作。市政协副主席、教育局局长奚爱国陪同调研。程崇庆一行实地调研高港实验小学、口岸实验学校、永安洲实验学校、泰州市城东中心小学经东校区和江苏省泰州中学附属初级中学,察看学校校园建设,并了解基础设施提升、教师队伍建设、教育教学管理、信息化建设等情况。

19日　澳大利亚维多利亚州卫生部创新工业和国际卫生部门负责人琳达·克里斯蒂纳率考察团到泰州考察。市委常委、常务副市长何榕,江苏省食品药品监督管理局副局长王越,医药高新区党工委副书记、管委会主任吴跃等陪同考察。代表团实地考察中国医药城医药博览馆、疫苗工程中心和沃森生物技术有限公司。

26日　市政府第三十九次常务会议召开。市委副书记、市长史立军主持会议。会议研究讨论主城区道路交通治堵保畅综合整治方案,审议生态文明建设环境保护重点任务行动方案(2016~2017年),审议并原则通过促进和扶持建筑业发展的意见、加强政府债务管理创新政府融资机制和路径的意见、优化调整市区规划建设管理体制方案、2016年全市工业经济工作目标考评办法等文件,听取市环保局关于生态文明建设《行动方案》起草情况的说明,听取市四届人大常委会第三十次会议审议意见办理情况的汇报。

27日　国家安监总局安全监察专员王力争率国务院安全委员会第一巡查组到泰州开展安全生产巡查。市委副书记、市长史立军,市委常委、靖江市委书记倪斌,省安监局副局长喻鸿斌,副市长杨杰等陪同巡查。巡查组实地察看靖江市德桥仓储"4·22"火灾事故现场,听取事故相关情况汇报,并抽查泰兴市部分化工、粉尘企业。

30日　市委常委会会议召开。市委书记蓝绍敏主持会议。会议讨论工业经济目标考评办法,讨论并原则通过《泰州市生态文明建设考核评价与责任追究办法》《关于加强政府债务管理创新政府融资机制和路径的意见》。

6月

2日　全省不动产统一登记工作推进现场会在泰州召开。市委常委、常务副市长、宣传部部长卢佩民出席会议并讲话。会议要求各地不断完善信息平台建设,进一步加强证书规范管理,加快数据整合步伐,积极推进农房发证试点。

4日　第五届中国(泰州)国际装备制造业展览会在泰州国际博览中心开幕。国内外近300家装备制造业企业参展。参展展品包括高端机械装备、数控机床、模具制造、工业机器人、五金机电、焊接切割设备等先进工业机械制造设备。

6日　市委常委会会议召开。市委书记蓝绍敏主持会议。会议讨论并原则通过《关于构建"亲、清"政商关系的若干规定》《关于进一步推进县乡人大工作和建设的意见》。

13日　国家食品药品监管总局副局长焦红到泰州调研中国医药城及医疗器械产业发展情况。焦红实地调研医药高新区医药博览馆、医疗器械集聚区、硕世生物科技有限公司、省医疗器械检验所医药城分所、省食品药品监管局医药高新区直属分局和泰州市食品药品监管局。市委书记蓝绍敏出席情况汇报会并致辞。市委常委、医药高新区党工委书记陆春云汇报中国医药城建设情况。副市长王学锋、范玲出席情况汇报会。

17日　中国—东盟商务理事会理事长许宁宁到泰州考察市大健康产业发展情况。副市长张余松会见许宁宁并陪同考察。许宁宁一行实地考察中国医药城展示中心、中崇信诺生物科技泰州有限公司、桑缇亚(中国)生物技术有限公司、海王健康生物科技有限公司和国家精细化学品质量监督检验中心,了解中国医药城及相关企业建设发展情况。

20日　市委常委会会议召开。市委书记蓝绍敏主持会议。会议就市委常委班子和各级党组织落实主体责任、推进监督执纪"四种形态"运用进行部署,讨论并原则通过《泰州市水环境保护条例(草案修改稿)》《泰州市公共信用信息条例(草案修改稿)》和《泰州市促进改革创新鼓励干事创业容错纠错实施办法》,并研究市第五次党代会、市委四届十一次全会、"七一"纪念大会等会议筹备工作。

21日　省检察院检察长刘华到泰州调研市检察工作。刘华实地调研医药高新区医药博览馆和市检察为民服务中心;召开座谈会,听取全市检察工作和医药高新区检察工作情况汇报,听取基层检察院检察长和部分全国、省人大代表、政协委员的建议和意见。市委书记蓝绍敏,市委常委、政法委书记张爱平,市检察院检察长李军出席座谈会。

23日　市委四届十一次全体会议召开。市委书记蓝绍敏出席会议并讲话。蓝绍敏就做好市委换届工作进行动员部署,就市第五次党代会有关情况进行说明。会议决定9月在泰州召开市第五次党代会。会议审议通过《关于召开中国共产党泰州市第五次代表大会的决议》和《中国共产党泰州市第五届委员会、纪律检查委员会组成人员名额及组成原则》。会议递补刘秋平、顾跃进、张坤、陈士宏等4人为中国共产党泰州市第四届委员会委员。

△　市政府第四十次常务会议召开。市委副书记、市长史立军主持会议。会议审议并原则通过《泰州市房屋安全管理条例(草案)》。

28日　省委宣传部副部长焦建俊率省委"八项工程"督查组到泰州督查市"八项工程"推进情况。督查组实地走访莲花社区、乐叶光伏科技有限公司等,并召开情况汇报会。市委书记蓝绍敏出席情况汇报会。市委常委、常务副市长、宣传部部长卢佩民汇报相关情况。

30日　庆祝建党95周年暨"两学一做"学习交流大会召开。市委书记蓝绍敏出席会议并讲话。市领导王守法、倪斌、马士光、李国强、高纪明出席会议。市委常委、市委秘书长、组织部部长张国梁主持会议。会议庆祝中国共产党建党95周年,回顾党的光辉历史,讴歌党的丰功伟绩,弘扬党的优良传统,表彰先进典型,畅谈"两学一做"学习教育体会,进一步动员全市各级党组织和广大共产党员争当先锋先进。会议对泰州市先进基层党组织、优秀共产党员和优秀党务工作者进行表彰。泰兴市委书记张育林,市城管局长高卫东,市广电传媒集团董事长、台长万永良,靖江市新桥镇德胜中心村党委书记杨恒俊,泰州口岸船舶有限公司焊接工艺室主任王海东,姜堰区公安局白米派出所副所长丁昌华等6人围绕做新时期合格党员,交流"两学一做"学习教育心得体会。

7月

1日　市委常委(扩大)会议召开。市委书记蓝绍敏主持会议。会议学习贯彻习近平总书记在中共中央政治局第三十三次集体学习时的重要讲话精神和全省领导干部会议精神。

10日　市委常委会会议召开。市委书记蓝绍敏主持会议。会议讨论新泰州建设功臣相关工作,听取第五次党代会代表名额分配及选举产生办法说明,讨论并原则通过第五次党代会代表名额分配及选举产生办法。

△　市政府与吉林大学战略合作协议签约仪式举行。吉林大学党委书记杨振斌,市委副书记、市长史立军出席签约仪式。市人大常委会副主任、高港区委书记王建介绍相关情况。副市长杨杰与吉林大学副校长孙友宏

签署战略合作协议。市政府党组成员孙耀灿主持签约仪式。市政府秘书长王群参加签约仪式。根据协议，高港区将与吉林大学合作共建吉林大学（泰州）汽车动力传动研究院。

11日　全市项目集中观摩活动动员会在靖江市召开。市委书记蓝绍敏出席会议并讲话。蓝绍敏要求通过项目观摩进一步把全市上下的智慧和力量集中起来，以更高的定位、更强的责任、更实的举措，奋力推进三大主题工作，加快建设“四个名城”，以崭新的面貌迎接建市20周年的到来，以优异的成绩迎接市第五次党代会的召开。

13日　中共泰州市委工作会议在靖江中学剧院召开，并向全市直播。市委书记蓝绍敏作题为《不忘初心继续前进 聚焦重点真抓实干 确保高质量完成“十三五”开局之年目标任务》工作报告。市委副书记、市长史立军主持会议并作小结讲话。市委常委、常务副市长、宣传部部长卢佩民通报项目招引建设情况和为民办实事情况。副市长孔德平通报城建新提升项目建设情况。会议号召全市上下，不忘初心，继续前进，大力发扬“四个长期”“三个不相信”精神，进一步凝心聚力、奋发作为，聚焦重点、真抓实干，确保高质量完成“十三五”开局之年的目标任务，加快建设“强富美高”新泰州。与会人员观看效能建设专题片。

14~15日　省委“两学一做”学习教育检查组到泰州调研检查“两学一做”学习教育开展情况。检查组实地调研市直机关、高港区和海陵区相关部门，通过问卷调查、查阅资料、现场观摩、走访基层组织和党员干部等方式，对市“两学一做”学习教育开展情况进行全面调研检查。市委书记蓝绍敏出席情况汇报会并讲话。市委常委、市委秘书长、组织部部长张国梁汇报相关情况。

25日　工业和信息化部、国家发改委公布2016年度“宽带中国”示范城市（城市群）评选结果。泰州市入选“宽带中国”示范城市。

28日　全国人大常委会副委员长、民建中央主席陈昌智到泰州调研。陈昌智一行实地调研姜堰区现代科技产业园、江苏贝特管件有限公司和民建泰州市委姜堰支部会员之家，并听取民建泰州市委近年来工作情况汇报。省人大常委会副主任刘永忠，省政协副主席、民建江苏省委主委洪慧民，全国政协委员、民建中央组织部部长李世杰，市领导蓝绍敏、史立军、王守法、张国梁、马士光、高纪明、仲建生陪同调研。

29日　“听民声、马上办、转作风、促担当”《政风热线》省市联动直播—走进泰州活动举行。市委副书记、市长史立军率各市（区）政府、医药高新区管委会以及市各有关部门负责人参加活动，现场接受群众投诉，并当场给出答复和承诺。省监察厅副厅长李圣华，市委常委、纪委书记马士光，省纪委党风政风监督室主任郑立新，市人大常委会副主任丁士宏，市政协副主席王东，市政府秘书长王群等参加活动。

30日　市委常委会会议召开。市委书记蓝绍敏主持会议。会议学习贯彻全省科技创新大会精神，研究部署安全生产工作，听取2016年安全生产工作情况汇报和工作安排，讨论研究“新泰州建设功臣”和市劳动模范评选有关工作，审议通过《市委全面推进依法治市工作重要举措实施规划（2016-2020年）》。

△　市委常委议军会召开。会议听取各市（区）人武部党委第一书记述职。市委书记、军分区党委第一书记蓝绍敏主持会议并讲话。蓝绍敏为各市（区）人武部党委第一书记颁发任职通知书。市委常委、军分区司令员李国强汇报2015年以来工作情况和2016年下半年主要军事任务。会议听取各市（区）人武部党委第一书记党管武装工作述职。

△　全国双拥工作领导小组、民政部、中央军委政治工作部决定，授予泰州市“全国双拥模范城”称号。

8月

2日　省委书记李强到泰州调研。李强详细了解泰州中心城市建设、北沿江高铁等情况，实地调研中国医药城医药博览馆，听取中国医药城发展情况介绍；实地调研瑞科、中慧元通和荃信3家生物公司，了解疫苗生产销售情况；实地调研靖江市机器人智能制造（焊接）中心和靖江市拆迁安置小区—东阜社区，了解东阜社区“两学一做”学习教育情况。省委常委、省委秘书长樊金龙，市委书记蓝绍敏，市委副书记、市长史立军，市委常委、市委秘书长、组织部长张国梁，市委常委、医药高新区党工委书记陆春云参加调研。

△　省政协副主席罗一民到泰州视察市公共文化服务建设情况。罗一民实地视察泰州医药高新区野徐镇康居社区宣传文化服务中心、姜堰区三水街道军铺村综合文化服务中心和姜堰区淤溪镇靳潭村综合文化服务中心。市政协主席王守法，副市长王学锋，市政协副主席王东及秘书长田军陪同视察。

5日　市政府第四十一次常务会议召开。市委副书记、市长史立军主持会议。会议听取全市安全生产工作情况汇报，要求进一步落实安全生产责任，全面加强和改进安全监管，全力防范和压降各类安全生产事故。会议审议并原则通过《江苏泰州长江经济带大健康产业集聚发展试点方案》《泰州市食品药品违法行为举报奖励办法》《泰州市医疗机构设置规划（2016－2020年）》等。

9~10日　江苏海事局副局长王秀峰率省长江经济带共抓大保护检查组到泰州检查市长江经济带共抓大保护工作。王秀峰一行实地检查靖江市螃蜞港水源地、靖江市牧城公园、泰兴经济开发区园区污水处理厂、新浦液体化工二号码头、高港区春江湿地公园、扬子江药业集团和引江河管理处,并听取市长江经济带共抓大保护工作情况汇报。市委常委、常务副市长、宣传部长卢佩民,副市长孔德平陪同检查。

10日　第一部以地级泰州市为记述范围的志书—《泰州市志》首发仪式举行。省地方志办公室主任漆冠山,市委常委、市委秘书长、组织部长张国梁,市人大常委会副主任王建,副市长王学锋,市政协副主席、统战部长仲建生,市人大秘书长赵留贯,市政府秘书长王群等出席首发仪式。市地方志编纂委员会成员及地方历史文化学者81人参加首发仪式。《泰州市志》上限因事而异,适当溯源,下限为2007年(大事记延至2015年)。记述范围为今泰州市所辖市、区,古代海陵、古代泰州部分适当从古。全志由总述、大事记、49篇专志、附录等组成,分上、中、下三册,共计300多万字,全面反映泰州市境内自然、经济、政治、文化、社会的历史和现状。张国梁对《泰州市志》的出版发行表示祝贺。张国梁指出,在地级泰州市成立20周年之际,《泰州市志》正式出版发行,这不仅是全市文化建设的一项重大成果,也是泰州政治经济文化生活中的一件盛事;《泰州市志》具有浓郁的地方特色和鲜明的时代特征,是一部不可多得的精品力作;《泰州市志》的出版发行,对于进一步弘扬传统文化、展现地方魅力,更好地服务于全市经济社会发展,必将产生广泛而深远的影响。

15日　扬州市委书记谢正义,市委副书记、市长朱民阳率扬州市党政代表团到泰州考察市县域经济发展情况。扬州市党政代表团实地考察双登集团、富朗特新能源公司、太平洋精锻科技公司、壹千零壹号公司、越美光电产业园等。市领导蓝绍敏、史立军、王守法、张国梁、高纪明等陪同考察。

16日　长三角地区城市民营经济和商会工作合作与交流机制第十四次会议在泰州召开。省人大常委会副主任、省工商联主席许仲梓出席会议并讲话。市委书记蓝绍敏致欢迎辞。市政协副主席、市工商联主席姚社成主持会议。市政协副主席、市委统战部部长仲建生出席会议。长三角地区15个城市工商联和民营经济代表围绕"新形势下民营企业如何参加供给侧结构性改革,加快转型升级"主题,探讨民营经济和商会工作发展新思路与新举措。

29日　省安监局局长陈正邦率督查组到泰州督查市危险化学品安全专项整治工作进展情况。督查组查看全市危险化学品专项整治台账资料,并听取相关工作情况汇报。副市长杨杰陪同督查。

9月

1日　省委副书记、省长石泰峰到泰州调研危化品企业安全生产情况。石泰峰实地调研位于靖江沿江的江苏中燃长江石化公司,检查企业罐区整改情况,观看企业消防演练,并听取相关工作情况汇报。副省长马秋林,省政府秘书长王奇等参加调研。市委书记蓝绍敏,副市长杨杰陪同调研。

5日　"根在基层 健康中国"中央国家机关青年干部泰州调研实践活动启动仪式在中国医药城举行。科技部直属机关党委副书记、纪委书记马宏建,科技部中国生物技术发展中心主任黄晶,科技部直属机关团委书记张丽,市委常委、常务副市长、宣传部长卢佩民,市委常委、医药高新区党工委书记陆春云,副市长范玲,市政府党组成员、医药高新区管委会主任吴跃出席启动仪式。

6~7日　国家重点研发计划"数字诊疗装备研发"重点专项实施工作推进会在泰州召开。中国生物技术发展中心主任黄晶,科技部社会发展科技司副司长田保国,市委副书记、市长史立军,市委常委、医药高新区党工委书记陆春云,副市长范玲,市政府党组成员、医药高新区管委会主任吴跃出席会议。

11日　省委常委、副省长杨岳到泰州调研黄桥老区扶贫开发工作。杨岳实地调研黄桥镇祁巷村、黄桥乐器特色小镇以及新街镇好又多蔬菜专业合作社、洋宇生态农业有限公司。市委书记蓝绍敏,副市长陈明冠陪同调研。

17日　市委常委会会议召开。市委书记蓝绍敏主持会议。会议听取市第五次党代会筹备工作情况汇报,研究关于召开市第五次党代会的有关事项;讨论提交市第五次党代会的"两委"工作报告(讨论稿),讨论市第五次党代会大会议程(草案)、大会日程(草案)和"两委"候选人预备人选、大会组织机构等各类建议名单、省党代表候选人预备人选建议名单及表决办法(草案)、关于对部分市第四次党代会代表终止代表资格、停止执行代表职务的决定(草案),研究确定市委四届十二次全会召开时间、议程和递补四届市委委员等事项。会议研究知识产权强市工作,原则通过《关于加快建设知识产权强市的意见》。

18日　西藏自治区党委常委、拉萨市委书记齐扎拉率拉萨市党政代表团到泰州考察。代表团实地考察扬子江药业集团厂区及展览馆,了解企业发展、技术创新、文化建设等情况;实地考察医药高新区医药博览馆及美时医疗、疫苗工程中心等企业,了解医药高新区生物医药产业发展情况。市委副书记、市长史立军,市委常委、常务副市长卢佩民,市政府秘书长王群陪同考察。

22日　中国共产党泰州市第五次代表大会第一次全体会议召开。市委书记蓝绍敏代表中共泰州市第四届委员会向大会作题为《激发干事创业精气神 提高转型创新含金量 为建设"强富美高"新泰州而团结奋斗》工作报告。报告共分为五个部分:一、干事创业、砥砺奋进的五年;二、建设"强富美高"新泰州;三、奋力实现更具转型与创新含金量的发展;四、切实增强人民群众的获得感和满意度;五、不断开创全面从严治党新局面。市委副书记、市长史立军主持大会。市委常委、纪委书记马士光代表中国共产党泰州市第四届纪律检查委员会作题为《坚持全面从严治党 强化监督执纪问责 为建设"强富美高"新泰州提供坚强纪律保障》工作报告。省换届工作指导组组长、省委组织部副部长陆永辉出席会议。

24日 中国共产党泰州市第五次代表大会第二、三次全体会议选举产生新一届市委委员55名、市委候补委员10名、市纪委委员35名和出席省第十三次党代会代表35名。大会在通过关于中共泰州市第四届委员会工作报告的决议、关于中共泰州市纪律检查委员会工作报告的决议后闭幕。

△ 中共泰州市委五届一次全体会议召开。会议以无记名投票方式选举蓝绍敏、史立军、卢佩民、张国梁、陆春云、马士光、李国强、常胜梅、杨杰、张余松、李伟为市委常委，选举蓝绍敏为市委书记，选举史立军、卢佩民为市委副书记。

△ 中共泰州市纪委五届一次全体会议召开。会议选举马士光、刘刚、栾立平、王海波、王中庆、于庆、肖志勇、陆宝存、田春荣为市纪委常委，选举马士光为市纪委书记，刘刚、栾立平、王海波为市纪委副书记。

26日 新一届市委常委会第一次会议召开。市委书记蓝绍敏主持会议。会议专题学习《中国共产党地方委员会工作条例》，要求从严从实抓好《中国共产党地方委员会工作条例》的贯彻落实，切实发挥市委"统揽全局、协调各方"领导核心作用，确保市委运行更规范、工作更有效、治理更科学，扛起抓发展、惠民生、强党建的时代使命，向党和人民交上一份满意的答卷。市委常委、市委秘书长、组织部长张国梁作领学和解读。

△ 市首个15年一贯制双语学校—泰州市第一外国语学校开工仪式在泰州医药高新区举行。市委常委、医药高新区党工委书记陆春云致辞。副市长王学锋出席开工仪式。市政府党组成员、医药高新区管委会主任吴跃主持开工仪式。

27日 长三角城市市场信息协作网第十六次联席会议发布2015年度长三角最具商业潜力十大县市、2015年度长三角县域商业十强。泰兴市、兴化市入选长三角最具商业潜力十大县市。

29日 省委副书记、省长石泰峰到泰州调研黄桥老区发展和扶贫开发工作。石泰峰实地调研泰兴市黄桥镇翁庄村、祁巷村、黄桥经济开发区、双桥村劳务合作社等，并听取老区扶贫开发情况汇报。市委书记蓝绍敏汇报市扶贫开发工作成效和当前及今后一个时期重点思路与打算。省委常委、副省长杨岳，省政府秘书长王奇，市领导蓝绍敏、张国梁、陈明冠参加调研。

△ 2016泰州金秋投资说明会举行。市委副书记、市长史立军作主旨推介。市委副书记、常务副市长卢佩民主持会议。说明会上，104个重大项目签约，总投资额913亿元。其中内资项目85个，总投资770亿元；外资项目19个，总投资21.64亿美元。项目涉及新能源、新材料、生物医药、高端装备制造等领域。市领导杨杰、张余松、李伟等出席说明会。

△ 2016中国泰州梅兰芳艺术节在泰州大剧院开幕。市委副书记、市长史立军致辞。省政府副秘书长王思源，省委宣传部常务副部长周琪，省文化厅巡视员、省文联副主席高云，京剧艺术大师梅兰芳先生外孙、中央电视台戏曲频道导演范梅强，梅兰芳先生曾孙、第4代传人梅玮，市政协主席王守法等出席开幕式。市委副书记、常务副市长卢佩民主持开幕式。

10月

12日 市政府第四次全体(扩大)会议召开。市委副书记、市长史立军出席会议并讲话。史立军要求各地各部门把确保完成全年目标任务作为落实市第五次党代会精神的具体实践，加快转变工作方式，全面提高工作效率，全力以赴赶进度、补短板、抓落实，奋力实现"十三五"发展良好开局，加快建设"强富美高"新泰州。市委常委、常务副市长杨杰主持会议。

13日 住建部公布第1批中国特色小镇名单，姜堰区溱潼镇入选。溱潼镇是泰州市唯一入选的特色小镇。

19日 市地名办对市区环凤城河区域内6座新建桥梁进行命名，分别是：福龙桥、敬亭桥、如意桥、净因寺桥、南园桥、迎淮门桥。福龙桥位于引凤路北段，跨越老通扬运河，南北走向；敬亭桥位于海陵南路，柳园西侧，南北走向；如意桥位于柳园新开道路(未命名)与海陵南路交接处西侧，净因寺北侧，东西走向；净因寺桥位于海陵南路，跨越老通扬运河，南北走向；南园桥位于人民西路向南新开道路(未命名)中段，跨越原生产河，南北走向；迎淮门桥位于海陵北路，跨越凤城河，南北走向。对市区环凤城河区域内4座桥梁进行更名，分别是：新高桥更名为西池寺桥，西门桥更名为阜通门桥，新民街桥更名为新民桥，东河路桥更名为天滋桥。

20日 全国政协副主席王家瑞率全国政协视察团到泰州调研无障碍环境建设工作。视察团实地视察兴业银行泰州分行、市残疾人综合服务中心、鼓楼南路、泰州祥和老年康乐中心、市特殊教育学校等。省政协副主席范燕青，市委书记蓝绍敏，市政协主席王守法，副市长王学锋等陪同视察。

21日 市委常委会会议召开。市委书记蓝绍敏主持会议。会议传达学习全省推动长江经济带发展工作座谈会精神，讨论并原则通过《关于增强农民带资进城实力和积极性的试点意见》，研究市意识形态和当前信访稳定工作。

△ 2016年中国技能大赛暨第二届全国动物防疫职业技能竞赛开幕式在江苏农牧科技职业学院举行。农业

部副部长于康震，中华全国总工会书记处书记赵世洪出席开幕式并分别讲话。市委副书记卢佩民出席开幕式并致辞。

27日　省践行“四讲四有”先进典型报告团宣讲报告会在泰州召开。市委书记蓝绍敏会见报告团。市领导史立军、王守法、卢佩民、马士光、常胜梅、张余松、李伟、高纪明等出席报告会。市委常委、组织部长、统战部长张国梁主持报告会。

28日　第七届中国(泰州)国际医药博览会在中国医药城会展交易中心开幕。十一届全国人大常委会副委员长桑国卫作题为《中国创新药研发的政策环境》主旨演讲。科技部副部长徐南平，副省长张敬华，市委书记蓝绍敏分别致辞。市委副书记、市长史立军主持开幕式。国家中医药管理局副局长闫树江，工业和信息化部消费品司副司长吴海东，商务部驻南京特派员贾国勇，国家卫生计生委科技教育司副司长吴沛新，国家食品药品监管总局药品化妆品注册司副司长黄敏，省食品药品监督管理局党组书记莫宗通，中国—东盟商务理事会执行理事长许宁宁，文莱国家工商会会长卡玛鲁汀，市领导王守法等出席开幕式。

△　中国(泰州)医药峰会在中国医药城举行。十一届全国人大常委会副委员长、中国(泰州)医药峰会主席桑国卫，市委常委、医药高新区党工委书记陆春云共同为泰州医药高新区“国家‘重大新药创制’科技专项产业化基地”揭牌。国家卫生计生委科技教育司副司长吴沛新，中科院院士、军事医学科学院毒物药物研究所所长张学敏，市领导王建、王学锋等出席峰会。军事医学科学院毒物药物研究所中药和神经免疫药理研究室主任、少将张永祥主持峰会。中国工程院院士、军事医学科学院研究员李松作“我国如何彻底解决仿制药一致性问题”报告；国家食品药品检定研究院院长李波作“仿制药质量和疗效一致性评价之政策推进”报告；国家食品药品监督总局药品评审中心首席科学家何如意作“完善药品审评规范，促进中国新药研发”报告；华海制药美国公司副总经理郭晓迪作“华海开拓美国仿制药市场的经验分享”报告。

△　中国—东盟医药行业合作高峰论坛暨中国—东盟医药行业合作委员会成立大会在泰州举行。中国—东盟商务理事会执行理事长许宁宁，市委副书记、市长史立军出席会议并分别致辞。市委常委、常务副市长杨杰主持会议。40多名东盟国家代表和100多名中方企业家代表交流医药行业发展情况，探讨医药行业、企业的交流与合作。

28~29日　十一届全国人大常委会副委员长桑国卫考察市医药产业发展情况。桑国卫实地考察中国医药城泰凌生物、疫苗工程中心、迈博太科、阿斯利康和扬子江药业集团。市领导蓝绍敏、陆春云、王建、范玲等陪同考察。

31日　市委常委(扩大)会议召开。市委书记蓝绍敏主持会议并讲话。会议专题学习十八届六中全会精神。会议要求，紧密结合泰州实际，谋划和落实好全面从严治党的思路和举措；始终坚持问题导向，有的放矢、对症下药，在解决问题中不断提升管党治党水平。

△　泰州市第五届运动会开幕式在市体育中心举行。市委书记蓝绍敏出席开幕式并宣布运动会开幕。市委副书记、市长史立军致开幕词。市领导王守法、张余松、高纪明、戴胜利、蔡德熙等出席开幕式。副市长王学锋主持开幕式。泰州市运动会每四年举办一届。本届运动会共设青少年部、高校部、职工部、农民部、老年部、残疾人部、民族宗教部、驻泰部队部和政法干警部9部65个项目。

11月

3日　中央文明办发布10月“中国好人榜”榜单。全国首对成功捐献造血干细胞夫妻石云根、张冬梅夫妇入选榜单，获助人为乐类“中国好人”称号。

11日　副省长马秋林到泰州调研市工业经济发展、安全生产情况。马秋林实地调研江苏扬子鑫福造船有限公司、爱森(中国)絮凝剂有限公司、新浦化学(泰兴)有限公司、济川药业集团股份有限公司、泰州滨江工业园区重大危险源监测预警与应急管理平台、中海油气(泰州)石化一体化项目、江苏春兰清洁能源研究院有限公司、泰州LG电子冷机有限公司和泰州乐叶光伏科技有限公司，并听取泰州工业经济发展、安全生产情况汇报。市委书记蓝绍敏，市委副书记、市长史立军，市委常委、常务副市长杨杰陪同调研。

△　市委常委(扩大)会议召开。市委书记蓝绍敏主持会议。会议传达学习省委十二届十三次全会精神。会议强调，要深入学习贯彻党的十八届六中全会精神和省委十二届十三次全会精神，在求真务实上下工夫，推动全会精神真正在泰州落地生根，确保全年工作任务圆满完成，确保实现“十三五”发展良好开局。

13日　国家旅游局局长李金早到泰州调研市旅游工作。李金早实地调研溱湖国家湿地公园、稻河古街区等，并听取市旅游工作情况汇报。副省长张雷，省旅游局局长秦景安，市领导蓝绍敏、史立军、张余松、李伟、陈明冠陪同调研。

15日　市委常委会会议召开。市委书记蓝绍敏主持会议并讲话。会议讨论并原则通过《加快特色小镇规划建设的意见》。会议强调，推进特色小镇建设重点要做好“三个创新”：规划上要创新、机制上要创新、服务上要创新。

16日　省委宣讲团在泰州举行党的十八届六中全会精神宣讲报告会。省委宣讲团成员、市委书记蓝绍敏作宣讲。蓝绍敏从党的十八届六中全会的重大意义、坚定不移推进全面从严治党、全面加强和规范党内政治生活、全面落实党内监督责任、突出抓好领导干部特别是高级干部五个方面，对党的十八届六中全会精神进行系统阐释和深入解读，并就贯彻中央和省委要求，把全面从严治党落实到泰州改革发展实践提出明确要求。市委常委、宣传部长常胜梅主持报告会。

23日　市委副书记、市长史立军会见到泰州访问的塞拉利昂卫生部副部长马迪纳·拉赫曼。市政府党组成员、医药高新区管委会主任吴跃，市政府党组成员、市政府秘书长沈明刚参加会见。

24日　全市领导干部会议召开。市委书记蓝绍敏出席会议并讲话。蓝绍敏强调，全市各地各部门要把学习省第十三次党代会精神作为重要政治任务，全力推动、全面展开，在全省发展新目标新布局中，把握定位、体现作为、贡献力量。市委副书记、市长史立军传达省委书记李强在省第十三次党代会上所作报告的主要精神。市委副书记卢佩民传达省纪委书记蒋卓庆所作省纪委工作报告的主要精神。市委常委、组织部长张国梁传达省委书记李强在省委十三届一次全会上的讲话精神。

△　由海政文工团主创的“人民海军精神颂”主题晚会在泰州大剧院举行。海军政治工作部副主任曹新元，市领导史立军、卢佩民、张国梁、李国强、常胜梅、张余松等出席晚会。晚会回顾人民海军历史，反映不同时期人民海军的英雄部队和光荣传统，展现新时期海军官兵走向深蓝的奉献和担当。

25日　市委常委会会议召开。市委书记蓝绍敏主持会议。会议集中学习省第十三次党代会精神。会议强调，市委常委会和市四套班子领导干部要带头做到精研报告学深学透，联系实际悟深悟透，问企问民找深找透，聚焦重点做深做透，引导全市上下在深入学习上更加自觉坚定，在“两聚一高”创新实践上更加自觉坚定，在以全面从严治党保证各项工作展开新布局、实现新开拓上更加自觉坚定，确保全市上下更加鲜明、更加突出、更加集中地推动“两聚一高”创新实践。

29日　省第十三次党代会精神宣讲报告会召开。市委书记蓝绍敏主持报告会。省委宣讲团成员、省财政厅厅长刘捍东围绕“聚力创新、聚焦富民、高水平全面建成小康社会”主题，着重就如何使群众的口袋、企业的口袋、政府的口袋“三个口袋”更加充实，如何处理好政府、企业与老百姓的关系等方面，对省第十三次党代会精神作阐释与解读。市领导王守法、卢佩民、常胜梅、杨杰等出席报告会。

30日　南通市委书记陆志鹏率南通市党政代表团到泰州考察市特色产业发展和中心城市建设工作。代表团实地考察泰州乐叶光伏科技有限公司、泰和堂国医馆、泰州建市二十周年成就展、稻河古街区、中国医药城医药博览馆、迈博太科药业有限公司和勃林格殷格翰生物制品有限公司。市领导蓝绍敏、王守法、张余松、王建及市政府党组成员、医药高新区管委会主任吴跃，市政府党组成员、市政府秘书长沈明刚陪同考察。

12月

1日　市委书记蓝绍敏参加“‘两聚一高’在江苏”泰州站访谈活动。蓝绍敏与南京财经大学金融学院院长、省现代服务业智库首席专家卞志村，新华日报副总编辑金伟忻围绕贯彻落实省党代会精神，就如何理解“高水平”、实施创新驱动发展战略、如何全面深化改革、如何推进跨江融合、如何加快发展大健康产业、如何增强人民群众的获得感、如何鼓起城乡居民“钱袋子”、如何激发干部群众的精神状态等话题开展对话。蓝绍敏还就“蜗牛奖”等问题与网友、市民进行互动。

8日　由工业和信息化部、国防科工局、全国工商联共同举办的首届中国军民两用技术创新应用大赛颁奖仪式在泰兴举行。工业和信息化部副部长辛国斌，中央军委装备发展部副部长王力，全国工商联副主席黄荣，国防科工局总工程师龙红山，北斗卫星导航系统总设计师杨长风，省经信委副主任秦雁，省工商联副主席陆群，市委副书记、市长史立军，市政府党组成员孙耀灿出席颁奖仪式，并参观优秀项目展览。此次大赛以“军民融合 协同创新”为主题，重点聚焦新一代信息技术、新材料、高档数控机床和机器人、航空航天装备、海洋工程装备及高技术船舶、新能源动力及节能环保6个重点领域，共有6个项目获金奖、12个项目获银奖、24个项目获铜奖。其中泰州市南极集团的倪氏压载水管理系统项目获金奖。

9日　“百团千村万企大走访大落实”活动动员大会召开。市委书记蓝绍敏出席会议并讲话。蓝绍敏强调，广大党员干部必须始终干在实处、走在前列，勇做“两聚一高”的实干家、带头人，勇做“大走访大落实”的担当者、急先锋，交出忠诚于党、造福人民、引领创新的时代答卷。市委副书记、市长史立军主持会议并讲话。史立军要求各市(区)迅速成立“百团千村万企大走访大落实”活动相应领导和工作机构，实现高效运转。市委常委、组织部长、统战部长张国梁作具体工作部署。

△　市委常委会会议召开。会议听取全市化解钢铁过剩产能及打击“地条钢”工作情况汇报，研究部署进一步做好化解过剩产能、打击非法产能和淘汰落后产能工作。市委书记蓝绍敏主持会议并讲话。会议要求在思想上高度重视、行动上自觉服从，将中央和省的决策部署贯彻好执行好。

14日　省环保厅副厅长蒋巍率考核验收组到泰州对市创建国家生态市进行考核验收，并宣布泰州市各项指标达到要求，通过创建国家生态市考核验收。市委副书记、市长史立军出席创建汇报会并讲话。市人大常委会副主任戴胜利，市政协副主席陆晓声，市政府党组成员孙耀灿出席会议。

15日　全国卫生计生系统先进典型事迹巡回报告会在泰州召开。中国人口宣教中心主任姚宏文，省卫计委副主任徐东红出席报告会。市委常委、宣传部长常胜梅致辞。

17日　省交通运输厅厅长游庆仲率综合督查组到泰州，对市交通运输重点工作进行年度综合督查。游庆仲一行实地查看泰高高速大泗服务区、宁通高速泰州港互通连接线、泰州交通运输局信息化指挥中心等项目现场，并听取市交通运输局关于全市交通运输工作情况汇报。副市长孔德平陪同督查。

20日　泰州市正式获批创建“全国质量强市示范城市”。

21日　省委常委、常务副省长黄莉新到泰州调研市深化行政审批制度改革工作。市委书记蓝绍敏介绍泰州经济社会发展情况。市委常委、常务副市长杨杰汇报市行政审批制度改革工作进展。市委副书记、市长史立军，市政府党组成员、市政府秘书长沈明刚参加调研。

22日　市政府第四十三次常务会议召开。市委副书记、市长史立军主持会议。会议研究《市区城建新提升新两年行动计划》，讨论并原则通过全市产业结构调整指导目录(2016年本)等文件，审议并原则通过《关于深化供销合作社综合改革的实施意见》，听取市四届人大常委会第三十六次会议对改进政策性农业保险工作、提高财政资金使用效率审议意见研究办理情况的汇报，审议市电梯安全管理办法、市区存量房交易资金监管办法、市区公共租赁住房租售转换实施细则等文件，通过第二届市青少年科技创新市长奖表彰名单，并拟对在第四次创建全国双拥模范城工作中作出突出贡献的集体和个人给予记功奖励。

26日　市委常委会会议召开。市委书记蓝绍敏主持会议。会议传达学习全省经济工作会议精神，研究市委五届二次全会筹备工作。会议讨论并原则通过《关于深化供销合作社综合改革的实施意见》，听取创建全国双拥模范城先进集体和个人表彰方案汇报。会议强调，2017年是党的十九大召开之年、供给侧结构性改革的深化之年，也是全面落实省党代会部署的开局之年。全市上下要认真学习好、贯彻好、落实好全省经济工作会议精神，以优异成绩迎接党的十九大胜利召开。

29日　市委五届二次全会在姜堰区召开。会议深入学习贯彻习近平总书记系列重要讲话精神，全面贯彻落实党的十八届六中全会、中央经济工作会议和省党代会、全省经济工作会议精神，总结2016年工作，研究部署2017年任务，动员全市上下聚力创新、聚焦富民，深入推进三大主题工作，切实加快“四个名城”建设，为高水平全面建成小康社会而努力奋斗。市委书记蓝绍敏作题为《全力打好“聚力创新、聚焦富民”主攻仗，向着高水平全面建成小康社会奋力前进》工作报告。市委副书记、市长史立军作小结讲话并部署工作。会议通过大会《决议》。全体与会人员观看作风建设专题片。靖江市、泰兴市、兴化市、海陵区、高港区、姜堰区和医药高新区作交流发言。

30日　市委常委会会议召开。市委书记蓝绍敏主持会议。会议研究城市工作会议相关工作，讨论并原则通过《城建新提升新两年行动计划》，讨论通过2017年市本级一般公共预算安排方案。会议强调，市委、市政府对城市建设工作高度重视，决定启动实施《城建新提升新两年行动计划》，下决心解决好老百姓对中心城市建设呼声最强烈的一些“痛点”问题。要市区联动，统筹协调，扎实推进，加快把蓝图变为现实，让老百姓拥有更多获得感、幸福感。

△　2017年元旦“骑·跑”活动启动仪式在市人民广场举行。市领导蓝绍敏、史立军、卢佩民、张国梁、汤成快、李国强、常胜梅、杨杰、张余松、王建、王学锋，市政府党组成员、市政府秘书长沈明刚以及近万名社会各界干部群众一同参加“骑·跑”活动。市委副书记、市长史立军致辞，并向全市市民致以新年问候。

（耿　维）

地　情　概　要

【位置面积】泰州地处江苏中部，位于北纬32°01′57"~33°10′59"、东经119°38′21"~120°32′20"。南部濒临长江，北部与盐城毗邻，东临南通，西接扬州。全市除靖江有一独立山丘外，其余均为江淮两大水系冲积平原。地势呈中间高、南北低走向，南边沿江地区真高一般为2~5米，中部高沙地区真高一般为5~7米，北边里下河地区真高为1.5~5米。全市总面积5787.36平方千米，其中陆地面积占77.85%，水域面积占22.15%。市区面积1567.13平方千米。

【人口】2016年末，全市户籍总人口508.21万人，比2015年增长0.7‰，其中市区户籍人口163.98万人，增长2.6‰。全市常住人口464.58万人，增长0.9‰；市区常住人口162.60万人，增长2.2‰。全市户籍人口中，全年新出生人口4.66万人，人口出生率9.18‰；死亡人口3.67万人，人口死亡率7.23‰；人口自然增长率1.95‰。全市常住人口中，城镇人口293.61万人，增长2.8%；城镇化率63.2%，提高1.6个百分点。

【行政区划】2016年末，全市行政区划设三市三区及医药高新区，有71个镇、5个乡、20个街道。兴化市、靖江市、泰兴市3市下辖49个镇、5个乡、4个街道、201个居委会和1100个村民委员会；海陵区、高港区、姜堰区及医药高新区下辖22个镇、16个街道、260个居民委员会和325个村民委员会。

【民族】根据第六次全国人口普查，2010年末，全市常住人口中，有少数民族52个、人口1万多人，占全市常住人口的2.2‰，其中苗族、土家族、回族人口较多，占少数民族人口的48.5%。

2016年泰州市行政区划一览表

表4

地　区	土地面积（平方千米）	户籍人口（万人）	常住人口（万人）	镇（个）	乡（个）	街道（个）	居委会（个）	村委会（个）
全　市	5787.36	508.21	464.58	71	5	20	461	1425
市　区	1567.13	163.98	162.60	22	–	16	260	325
海陵区	237.35	42.91	47.91	3	–	6	112	23
高港区	286.84	26.29	25.32	4	–	3	50	40
姜堰区	927.52	78.66	73.07	14	–	2	39	262
医药高新区	115.42	16.12	16.30	1	–	5	59	–
兴化市	2395.00	158.25	125.53	27	4	2	70	614
靖江市	655.58	66.67	68.71	8	–	1	79	188
泰兴市	1169.65	119.31	107.74	14	1	1	52	298

表5

2016年泰州市各街道、镇、乡一览表

地　区	街道、镇、乡名称
海陵区	城东街道、城西街道、城南街道、城中街道、城北街道、京泰路街道、红旗街道、九龙镇、苏陈镇、罡杨镇
高港区	口岸街道、刁铺街道、许庄街道、永安洲镇、白马镇、胡庄镇、大泗镇
姜堰区	罗塘街道、三水街道、溱潼镇、蒋垛镇、顾高镇、大伦镇、张甸镇、梁徐镇、桥头镇、淤溪镇、白米镇、娄庄镇、沈高镇、兴泰镇、俞垛镇、华港镇
医药高新区	凤凰街道、沿江街道、寺巷街道、明珠街道、野徐镇
兴化市	戴窑镇、合陈镇、永丰镇、新垛镇、安丰镇、海南镇、钓鱼镇、大邹镇、沙沟镇、中堡镇、李中镇、西郊镇、临城街道、垛田镇、竹泓镇、沈伦镇、大垛镇、荻垛镇、陶庄镇、昌荣镇、茅山镇、周庄镇、陈堡镇、戴南镇、张郭镇、昭阳街道、大营镇、下圩镇、兴东镇、老圩乡、周奋乡、缸顾乡、林湖乡
靖江市	靖城街道、新桥镇、东兴镇、斜桥镇、西来镇、季市镇、孤山镇、生祠镇、马桥镇
泰兴市	济川街道、黄桥镇、分界镇、古溪镇、元竹镇、珊瑚镇、广陵镇、曲霞镇、张桥镇、河失镇、新街镇、姚王镇、宣堡镇、虹桥镇、滨江镇、根思乡

（统计局）

【气候】 2016年是泰州市气候综合评价较差的年景，平均气温较常年同期略偏高，年降水量异常偏多并突破历史全市极多值，年日照时数接近常年。主要天气气候事件有：1月下旬超级寒潮来袭，1月22~24日出现1971年以来1月同期最强的一次寒潮降温过程；“暴力梅”致部分河堤超警戒水位，梅雨期内降水量较常年偏多1倍；夏季大暴雨致灾严重，尤其是7月1~7日的暴雨过程，降水量之大、持续时间之长为历史同期罕见；7月20日~8月2日出现持续高温天气过程；春季和秋季连阴雨创历史同期最长纪录；秋季受到3个台风影响降水量，较常年同期偏多。

气温。2016年泰州市年平均气温16.1℃，较常年正常略偏高。年极端最高气温38.5℃，出现在7月29日；年极端最低气温-10.2℃，出现在1月24日，为1993年以来极端最低值。

降水。2016年泰州市年降水量1954毫米，较常年偏多近9成，突破历史极多值。其中，5月降水量为212毫米，是常年同期2.5倍；10月降水量为427毫米，是常年同期7倍。

日照。2016年泰州市年日照总时数为2055小时，接近常年，4月和10月日照时数较常年同期明显偏少。其中，4月为94小时，偏少近5成；10月为62小时，偏少6成。

【主要气候事件（气象灾害）】 2016年泰州市主要气象灾害有：暴雨、强对流、高温、连阴雨、台风、大雾、低温冻害等灾害性天气，气象灾害具有影响范围广、强度大、多灾并发等特点，给人民财产、农业经济造成一定的损失，其中以暴雨、低温冻害、连阴雨的影响较为严重。

暴雨。2016年泰州市强降水频发，暴雨日较常年明显偏多，暴雨具有持续时间长，频次高、强度强的特点。全年共出现7次区域性暴雨过程，分别出现在5月21日、6月21~22日、7月1~7日、9月15~16日，10月7日、10月22日。

强对流。2016年泰州市强雷电、雷暴大风、短时强降水等强对流天气与常年相比出现频次偏高、强度偏强，下击暴流时有发生。7月1日11时20分至12时，泰兴市出现雷雨大风等强对流天气，济川街道、滨江镇、黄桥镇部分村出现较严重的灾情。7月6日晚，海陵区出现强对流天气，城东街道出现较严重的灾情。

高温。2016年泰州夏季高温（35℃以上）日数为15天，较常年偏多。其中，7月20日~8月2日出现持续高温天气过程，市区37℃以上日数为6天，7月29日最高气温达38.5℃。

梅雨。2016年泰州市6月19日入梅，入梅正常（常年6月18日）；7月20日出梅，出梅偏晚（常年7月10日）；梅期32天，梅期偏长（常年23天）。梅雨期降雨总量大，各地梅雨量分别为：海陵区478毫米、高港区445毫米、姜堰区498毫米、兴化市553毫米、靖江市674毫米、泰兴市582毫米。与常年梅雨量相比，均异常偏多，为常年的2倍

(海陵区)~2.8倍(靖江市),其中靖江市梅雨量为有历史记录以来同期第二多,仅次于1991年(832.7毫米)。

台风。2016年泰州市台风生成时间较常年偏晚,共受到3个台风影响,分别为:1号台风"尼伯特"(7月10~11日)、14号台风"莫兰蒂"(9月15~16日)、17号台风"鲇鱼"(9月28~30日)。其中,"莫兰蒂"影响较严重,造成泰州连续两天出现暴雨和大暴雨,并出现8级的瞬时大风。

寒潮。2016年泰州市共受到5次寒潮天气过程影响,较常年偏多,强度偏强,分别出现在1月、2月、3月、11月和12月。其中,1月22~24日的寒潮天气影响重大,出现大幅降温并伴随严重雨雪冰冻天气;1月24日市区最低气温-10.2℃,为1993年以来极端最低气温;兴化市最低气温-11.3℃,为1971年以来最低值;该次寒潮过程强度为1971年以来1月历史同期最强,仅次于1970年1月2~5日寒潮过程。

连阴雨。2016年5月21日~6月8日,泰州市出现春季连续阴雨天气,累积雨日16天,较常年同期异常偏多,为泰州市有气象记录以来历史同期最多值;同时由于日照时数不到常年同期的三分之一,对夏收工作造成严重影响,导致很多田块出现"倒伏",部分田块还出现"穗发芽"现象;春季连阴雨还造成水稻播栽推迟。2016年10月1~27日,泰州市出现秋季连阴雨天气,累计雨日18天,达到泰州市历史同期最多,日照总时数较常年同期偏少6成;降水异常偏多,光照不足,使得水稻收获进度受阻严重,麦油播栽推迟,部分田块的严重积水导致出现水稻"倒伏"和"穗发芽"现象,秋收秋种进度较2015年偏慢。

大雾。2016年2月12日早晨,泰州市大部分地区出现能见度低于100米的浓雾,局部不足50米,泰州市气象台发布大雾橙色预警信号。该次大雾由于正值公路铁路航空全面迎来春节客流返程高峰,导致盐靖高速、启扬高速入口全部关闭,江阴大桥、泰州大桥全部封闭,多条高速入口车辆积压。4月13日早晨、5月6日早晨,泰州市大部分地区出现能见度低于200米,部分地区不足100米的浓雾。

(气象局)

【水文水情】2016年,据泰州地区各主要水文站实测,各地全年降水量分别为:泰州1803.7毫米、兴化1588.0毫米、溱潼1814.8毫米、姜堰1789.3毫米、黄桥2042.3毫米、过船港闸1957.8毫米、夏仕港闸2014.2毫米。

汛期(5月1日~9月30日)雨水丰沛,总降水比常年同期多3~8成,其间强降水频发,各地都出现4~9次暴雨天气过程,但强降水呈间隙性,一定程度上减轻防汛压力。各地汛期总雨量分别为:泰州市区1035.5毫米、兴化841.5毫米、溱潼1059.9毫米、黄桥1223.4毫米、夏仕港1189.0毫米。

6月19日入梅,7月20日出梅,梅期32天,比常年多12天;市区梅雨量比常年多8成。各地梅雨量分别为:泰州市区500.5毫米、兴化530.0毫米、姜堰513.5毫米、黄桥587.6毫米、夏仕港591.5毫米。入梅后,阴雨连绵,暴雨不断,特别是7月上旬,里下河地区出现3次暴雨和大暴雨天气过程,通南和沿江地区出现5次暴雨和大暴雨天气过程。其中,黄桥降水量7月3日达98.6毫米、姜堰降水量7月5日达100.0毫米,降水强度之大,为近40年最大纪录。

汛期海上台风活动几于绝迹,汛末却反常地活跃。9月16日、9月17日,受14号台风"莫兰蒂"在福建登陆后减弱为热带低气压云系和北方冷空气共同影响,泰州市连降两次暴雨。9月30日至汛后的10月上旬,由于海上台风活跃,先后有两个台风外围云系在泰州市上空与北方冷空气共同影响,9月30日沿江和通南地区降暴雨,10月2日里下河地区降暴雨,10月8日全市普降暴雨。

通南地区受连续强降水影响,于7月5日创下全年最高水位。其中,周山河4.53米(废黄河基面,下同)、姜堰4.51米、黄桥4.31米,分别超3.80米警戒线0.73米、0.71米、0.51米;泰州(通)水位3.27米。受入梅后连续降水影响,加之长江大通来量大,长江泰州段落潮位高,低潮不低,给沿江各通江口门自流排涝带来困难,通南地区水位居高不下,各地持续超3.80米警戒水位天数分别为:周山河6天、姜堰(老通扬运河)5天、黄桥6天,其中黄桥最高水位为有水文纪录以来的次高水位。泰州(通)所代表的泰州凤城河等主城区水系,其间水情平稳,仅在2.50米~3.27米景观水位范围内波动。9月12~14日,通南地区各主要测站出现汛期最低水位,其中泰州(通)2.08米、周山河2.10米、姜堰2.06米、黄桥2.09米。

里下河地区受入梅后连续强降水影响,水位在7月7日创下全年最高水位,其中泰州(下)2.80米、溱潼2.94米、兴化2.94米、沙沟2.62米(7月6日、7月8日)、安丰2.83米(7月7日、7月8日)。里下河地区水位超2.00米警戒线主要发生在7月上中旬和9月中旬及汛后的10月及11月初,超警戒线水位天数分别为:泰州(下)14天(含汛后7天)、溱潼20天(含汛后10天)、兴化27天(含汛后16天)、沙沟11天(含汛后4天)、安丰15天(含汛后7天)、沈伦32天(含汛后20天)。里下河地区汛期最低水位都发生在6月20日,分别为泰州(下)0.95米、溱潼0.93米、兴化1.05米、沙沟0.82米、安丰0.89米。

2016年长江属于大水年,大通来量4月12日超过30000立方米/秒,达30600立方米/秒,提前19天入汛;4月22日超过40000立方米/秒,达40700立方米/秒,提前40天进入主汛期。汛期大通最大流量70100立方米/秒(7月14日),超过70000立方米/秒有2天,为三峡大坝2005年建成后首次;大通流量超过60000立方米/秒有26天(不含7万以上)。汛期大通最小流量17900立方米/秒(9月29日)。9月10日提前40天入枯开始小于30000立方米/秒。大通全年最小流量14200立方米/秒(12月20日)。

沿江各地都在7月6日(农历六月初三)创下年内最高潮,分别为:口岸闸下5.65米、过船港闸下5.30米、夏仕港闸下4.74米。沿江地区长江潮位在7月5日、6日、7日、8日连续4天全线超警戒潮水位。整个汛期夏仕港潮位有20天超4.04米警戒潮水位。

汛期沿江四大闸(口岸、马甸、过船、夏仕港)共自流引江7.37亿立方米,排水5.27亿立方米。口岸闸以引江为主,汛期引江3.01亿立方米;夏仕港闸以排水为主,共排水4.09亿立方米。

汛期高港枢纽向里下河地区自流引江11.01亿立方米,江都枢纽(东闸)向里下河地区引水12.48亿立方米。汛期高港枢纽抽排里下河地区涝水3.50亿立方米,江都枢纽(东闸)抽排里下河地区涝水10.07亿立方米。高港枢纽7月3~12日,通过送水河非常规抽排通南地区涝水7244万立方米。

全年各主要水文站最低水位分别为:通南地区泰州(通)2.08米(9月12日)、周山河2.07米(3月6日)、姜堰2.03米(3月6日)、黄桥2.02米(3月6日);里下河地区兴化1.03米(4月5日)、溱潼0.93米(6月20日)、泰州(下)0.95米(6月20日)。

(戚根华　张玉田)

【矿产资源】泰州市境内矿产资源相对贫乏,石油、地热、二氧化碳气体为特色矿种。石油资源主要分布在姜堰区和兴化市,其中兴化市陈堡地区探明石油地质储量1800万吨,是江苏省最大的陆上整装油田,年产量达30万吨以上。地热资源条件优越,特别是孔隙型和岩溶裂隙地热资源呈现分布广、埋藏深度浅、温度高、出水量大的特点,具有很好的开发利用前景。二氧化碳气主要分布在泰兴的河失、溪桥一带。2016年液态二氧化碳产量为36.75万吨。此外,姜堰区内部分区域有泥炭分布,规模小,矿泉水资源较丰富,主要为含锶偏硅酸矿泉水,但开发利用水平较低。

石油、天然气。泰州市境内石油资源主要分布在姜堰区、兴化市,贮存在新生界下第三系三垛级下段E1s、戴南组Ed、阜宁组三段E3f、阜宁组二段E2f、泰州组E1地层中。经华东石油局和江苏石油勘探局30多年的石油地质普查勘探,发现淤溪、储家楼、达城、俞垛、周庄、茅山、刘陆等断块油田,中国石油勘探局在兴化市境内开展新一轮石油详查。2016年,全市石油产量约45万吨。兴化市境内天然气储量约1亿吨,产于周庄的天然气成分以甲烷为主,含量达97.8%,属于气类型;与石油天然气伴生的还有硼,主要分布在兴化市戴南油田,但未达到工业品位。

二氧化碳。二氧化碳气田位于泰兴市黄桥地区,储量综合评定为中深度、高产能的大型二氧化碳气田,居全国之冠;与二氧化碳伴生的氦气为黄金型气体,地质储量约1200万立方米,具有很好的开发利用价值。气田面积52.2平方千米,气田埋深1800×2650米,产气层位主要为中生界三叠系青龙组T1x、上古生界二叠系栖霞组P1q、石炭系船山组C3c、黄龙组C2h,产气层岩性主要为碳酸盐岩;探明可控面积二氧化碳地质储量261.48亿立方米,可采储量65亿立方米,二氧化碳纯度99%以上,伴生少量凝析油;气田压力高,生产井口压力高达8.6万帕斯卡。2016年二氧化碳气开采量1.83亿立方米,产量36.75万吨,工业产值6105万元,主要用于食品保护焊接和化工等领域。

地热。泰州境内蕴藏较大面积的孔隙型地热水和中深部的裂隙型地热水,为大型低中温地热田,控制面积120平方千米,水质含有对人体有益的碘、溴、锶、氡等微量元素,可用于洗浴、农业大棚种植、住宅供暖、旅游休闲等,具有广阔的开发利用前景。其中,海陵区地热资源尤为丰富,地热水埋深650～1800米,水温38℃～70℃,含有对人体有益的碘、溴、锶等微量元素。根据专家初步预测,全市地热资源储量估算40亿立方米以上。至2016年末,全市已成功钻探9口地热井,其中投入开发使用的有4口,分别是"溱湖地热1井、2井"(泰州华侨城云海温泉)、"碧桂园地热井"(泰州碧桂园凤凰温泉酒店)、"天德湖地热井"(泰州天德湖宾馆有限公司),全年开发利用地热资源12.22万吨。

煤炭。泰州境内煤炭资源分布于靖江市孤山镇地区,查明资源储量1330.7万吨,产煤层位为上古生界二叠系龙潭组,煤质好。因煤层薄、地下涌水量大,开采储量有限,成本高,已封井作为资源储备。

矿泉水。泰州境内矿泉水资源丰富,至2016年末,全市5处地下水通过原省地矿厅矿泉水鉴定评价,命名为含锶、溴、偏硅酸复合型饮用天然矿泉水和含锶、偏硅酸饮用水。

泥炭。泰州境内泥炭资源主要分布在兴化市和姜堰区,泥炭具有制造肥料、工业过滤等特殊用途,尚未利用。

黏土、江砂。泰州市黏土资源的获取以利用废弃土为主,结合土地整理的高田降土、农业生产结构改造的鱼塘浚深、水利河道疏浚、江滩溢泥等,严禁农田取土,有效保护市内有限的土地资源,并建立一套较为完善的黏土资源长效管理制度。市域长江内有适宜建筑用的江砂,江砂资源有待于科学开采和利用。2016年,泰州市下放砖瓦用黏土资源采矿权审批权限,从7月1日起,砖瓦用黏土资源由各市(区)国土资源部门审批登记,颁发采矿许可证,组织开展矿业权人信息公示工作。全年开发利用黏土资源317.44万吨,实现工业总产值2.66亿元。

(国土局)

【交通格局】泰州市位于江苏的地理区位中心,地处沿海和长江“T”型产业带的结合部，是“长三角”经济区16座中心城市之一，自古有“水陆要津，咽喉据郡”之称，是承启南北、横贯东西的交通枢纽。境内新长、宁启铁路以及京沪、宁通、盐靖、启扬高速公路纵横全境，干线公路四通八达。

近年来，泰州从接轨苏南、融入苏南、融入“长三角”核心区的宏观着眼，抓住国家和江苏省交通大发展的契机，以构建“城市通畅、城际快速、城乡通达”的客运服务网络为目标，构筑内联外畅的区域交通，加快完善公路网布局，确立以“高速公路为骨架、一级公路为干线、二级以上公路为次干线、等级公路成网”的市域公路网体系，逐步构筑“两横两纵一联”的高速公路网和“三纵十一横”的干线公路网，南北纵横，东西贯通。至2016年末，全市公路总里程达9634.85千米，公路密度1.7千米/百平方千米，其中高速公路283.88千米、一级公路897.94千米。有二级以上汽车客运站8个，其中一级站5个、二级站3个。全市航道总里程2550.23千米，其中三级航道126.81千米。有通航船闸6座、套闸11座。全市沿江港口拥有生产性泊位161个，其中万吨级以上生产性泊位54个，泊位长度21489米，综合通过能力1.38亿吨，量能比达1.2:1。

铁路航空方面，由宁启铁路和新长铁路构成“一横一纵”的铁路网，总长度100.4千米，宁启铁路泰州段复线电气化改造已完成，泰州迈入“动车时代”。扬州泰州机场运营国内航线24条、国际（地区）航线10条，航空出行更加便捷。

（徐　方）

【建置沿革】秦王政二十四年（公元前223年），置晦（海）陵县。新莽天凤元年（公元14年），海陵县更名为亭间县。新莽地皇四年（公元23年），亭间县复称海陵县。三国魏文帝黄初五年（公元224年），海陵县废。西晋武帝太康元年（公元280年），复置海陵县。东晋安帝义熙七年（公元411年），置海陵郡，治建陵县，辖建陵、宁海、如皋、蒲涛、临江。南北朝梁武帝天监元年（公元502年），郡治由建陵县移至海陵县，海陵郡辖海陵、建陵、宁海、如皋、临江、蒲涛、临泽、海安等县。隋文帝开皇三年（公元583年），废海陵郡。五代十国杨吴武义二年（公元920年），置兴化县。南唐烈主昇元元年（公元937年），置泰州，取“国泰民安”之义，沿袭至今，时辖海陵、泰兴、兴化、盐城县。南唐元宗保大十年（公元952年），泰州增领如皋县。后周世宗显德五年（公元958年），泰州升为团练州。北宋太祖乾德五年（公元967年），泰州由团练州降为军事州。北宋太祖开宝九年（公元976年），盐城县改隶楚州，泰州辖海陵、兴化、泰兴、如皋。北宋徽宗宣和四年（公元1122年），泰兴县改隶扬州。南宋高宗建炎四年（1130年），泰兴县复隶泰州，兴化县改隶承州。南宋孝宗淳熙四年（公元1177年），泰州辖海陵、如皋。明太祖洪武元年（公元1368年），废海陵县，泰州仅辖如皋县。明宪宗成化七年（公元1471年），分江阴之马驮沙置靖江县。清世宗雍正二年（公元1724年），如皋县改隶通州，泰州遂为散州。民国元年，废州为县，泰州改称泰县。民国38年1月21日，泰州城区解放；次日，划城区设置泰州市，乡村设置泰县；4月21日，苏北行政公署成立，行署驻泰州，下辖泰州、扬州、盐城、淮阴、南通5个行政区、41个县（市）；5月1日，原华中第一行政区改称苏北泰州行政区，辖泰州市、泰兴县、靖江县、泰县、海安县、如皋县、东台县、台北县等县（市）。

1950年1月，泰州行政区与扬州行政区合并为泰州行政区，地专机关驻泰州，下辖泰州市、扬州市、泰县、泰兴县、靖江县、江都县、兴化县、高邮县、宝应县、仪征县、六合县（1953年1月1日又从皖北滁县地区划进江浦县）等县（市），后扬州市直属苏北行政区。1953年2月，苏北泰州专署改名为江苏省扬州行政公署（行署机关迁扬州）。1950年5月~10月、1959年1月~1962年5月，泰州市与泰县几度划并。1996年8月，撤销县级泰州市，设立地级泰州市，辖海陵区、泰兴市、姜堰市、靖江市、兴化市。1997年4月设高港区。2012年12月撤销县级姜堰市，设立姜堰区。

【历史文化遗存】泰州是江苏省首批公布的省级历史文化名城，文物古迹众多。境内有距今4000多年前的龙山文化遗址，有新石器时代晚期至商、周的古文化遗址，西汉初开凿的古运盐河遗址，战国时期的昭阳墓，《水浒传》作者施耐庵墓，扬州八怪之一的郑板桥墓，明朝南京吏部左侍郎储巏墓等亦在泰州。此外还有始建于东晋的江淮名刹光孝寺、唐建明修的南山寺大雄宝殿和城隍庙，明建清修的庆云寺、东岳庙、胡安定祠堂、岳飞生祠、崇儒祠、胡公书院、马洲书院、襟江书院和扬郡试院。古典园林有日涉园和李园。另有郑板桥、刘熙载、刘国钧等故居。泰州的风景名胜颇具特色，有垛田风光、溱湖风景区、孤山风景区、泰山公园、梅兰芳公园、凤城河风景区等。

一代评话宗师柳敬亭

泰州历史上名贤辈出。唐代有书法评论家张怀瓘，著有《书断》、《书议》、《书估》等，擅长正、行、草书，书法“正、行可比虞、褚，草欲独步于数百年间”。宋代有著名教育家胡瑗，元末明初有文学家施耐庵创作古典文学名著《水浒传》。至明代，哲学家王艮阐发以尊身立本为内涵的“格物说”与具有社会改良思想的“王道论”，逐渐形成“泰州学派”。清代有著名天文历算家陈厚耀，评话宗师柳敬亭，扬州八怪之一郑板桥，“扬州学派”先驱任大椿，著名文艺评论家刘熙载。围棋棋圣黄龙士，太谷学派集大成者黄葆年。近现代有著名地质学家丁文江，著名爱国实业家刘国钧，杰出女教育家吴贻芳，著名剧作家丁西林，京剧表演艺术家梅兰芳，著名文学史家、传记文学家朱东润等。泰州又是具有光荣革命斗争传统的城市。南宋抗金，明代抗倭，鸦片战争期间群众抗英，抗日战争和解放战争期间陈毅三进泰州、新四军黄桥决战、苏中七战七捷、中国人民解放军海军诞生等重大历史事件也都发生在泰州。中安轮遇难烈士纪念馆、杨根思烈士陵园、七战七捷纪念碑、中共江浙区委泰兴独立支部旧址、新四军东进泰州谈判处旧址、黄桥战役纪念馆、中国人民解放军海军诞生旧址等都是爱国主义和革命传统教育的基地。

2016年，全市有各类博物馆30多家，征集收藏从新石器时代，历商、周、汉、六朝、宋、元至明、清的珍贵陶瓷、明代服饰、明清字画、故宫档案等文物近4万件，其中国家一级文物18件(套)。已登录的可移动文物近2万件(套)，发现并列入保护的不可移动文物近800处，其中全国重点文物保护单位7处。有“非遗”项目248个，其中国家级7个。

【市树市花】2002年1月6日，泰州市一届人大常委会第三十七次会议决定，泰州市市树为银杏树，市花为梅花。

银杏树，又名白果树，古又称鸭脚树或公孙树。它是世界上十分珍贵的树种之一，是古代银杏类植物在地球上存活的唯一品种，因此植物学家把它们看做是植物界的“活化石”，并与雪松、南洋杉、金钱松一起，被称为“世界四大园林树木”。

梅花，原产于中国，每年2月开花，花容端庄静雅，傲雪迎雪，凌寒独放，被人们视为高风亮节的象征。

（顾　伟）

国民经济和社会发展

【概况】2016年，泰州市经济发展缓中有进。全市实现地区生产总值4101.78亿元，可比增长9.5%，比2015年回落0.7个百分点，但增速跃居全省首位。其中第一产业增加值240.00亿元，增长1.4%；第二产业增加值1933.89亿元，增长8.8%；第三产业增加值1927.89亿元，增长11.4%。三次产业结构为5.9∶47.1∶47.0。按常住人口计算，全年人均地区生产总值88330元，增长9.4%，人均地区生产总值按当年汇率折算为13298美元。

经济结构持续优化。服务业加快发展。全年服务业增加值增速比2015年提升0.2个百分点；服务业增加值占地区生产总值比重为47.0%，提升2.0个百分点。服务业税收有所回落，全年完成服务业税收收入206.82亿元，下降4.4%；服务业税收收入占全部税收收入的比重为44.7%。

价格指数保持在合理区间。居民消费价格指数温和上涨。全年居民消费价格指数(CPI)上涨2.1%，较上年扩大0.4个百分点。从调查项目看，食品价格上涨4.6%，非食品价格上涨1.5%，服务项目价格上涨2.2%，工业消费品价格上涨0.6%。从调查类别看，八大类商品和服务价格“七涨一跌”，其中食品烟酒类上涨3.8%，衣着类上涨2.2%，居住类上涨1.5%，生活用品及服务类上涨1.9%，教育文化和娱乐类上涨1.3%，医疗保健上涨3.3%，其他用品和服务类上涨2.8%；交通和通信类下跌0.3%。工业生产者价格重回涨势。全年工业生产者出厂价格指数(PPI)同比下降1.9%，跌幅较上年缩小2.1个百分点；工业生产者购进价格指数(IPI)同比下降1.7%，跌幅较上年缩小7.7个百分点。

市场活力进一步释放。全年新增私营企业1.44万家，增长18.0%；新增个体工商户3.4万户，增长31.8%。至年末，全市每万人拥有私营企业191家，每万人拥有个体工商户552户。

全市经济社会发展仍存在一些困难和问题，主要表现在：船舶、化工等传统产业转型任务艰巨，不少中小微企业面临融资难、盈利难的困境，高水平研发机构、高层次创新人才、高新技术企业总量偏少；老城区的道路交通、市政设施、人居环境有待进一步改善，新城区的现代化功能品质有待加快提升；城乡居民收入与经济发展水平远不匹配，教育、医疗、养老等公共服务供给还存在短板，空气、水、土壤污染治理还需加大力度。

【农林牧渔业】农业生产因灾减产。全年粮食总产量313.03万吨，比2015年减少16.3万吨，下降5.0%。其中夏粮113.99万吨，下降7.5%；秋粮199.04万吨，下降3.5%。棉花产量1770吨，下降64.6%；油料产量12.20万吨，下降8.1%。粮食播种面积43.51万公顷，减少2400公顷，下降0.5%。粮食平均每公顷产7195.5千克，减少333千克，下降4.4%。虽因灾减产，但粮食综合单产仍位于全省第一。

农林牧渔业平稳发展。全年肉类产量26.03万吨，下降3.3%；禽蛋产量12.44万吨，增长3.5%；牛奶产量4.21万吨，下降8.0%；水产品产量39.64万吨，增长1.0%。完成成片造林面积2567公顷，新建完善农田林网1.85万公顷，“四旁”植树446.9万株，森林抚育面积3600公顷，年末林木覆盖率23.5%。

农业现代化建设深入推进。全年新增设施农业面积4000公顷，新增设施渔业面积1561公顷，新增有效灌溉面积0.79千公顷，新增节水灌溉面积9.1千公顷。农业机械化耕种程度提高。全年新增大中型高效农机具5412台，新增粮食烘干机1152台，年末农业机械总动力达275.52万千瓦，增长2.7%。全市水稻机插率、秸秆还田率超过85%和65%，其中机插率超90%的“整体推进镇”达到52个。

【工业和建筑业】工业增长稳中趋缓。全年规模以上工业增加值增长10.0%，比2015年回落1.0个百分点；规模以上工业总产值12170.80亿元，增长12.9%，回落2.0个百分点。分轻重工业看，轻工业产值3444.08亿元，增长15.3%；重工业产值9131.73亿元，增长12.0%。分经济类型看，国有、集体、股份制、外商和港澳台投资企业分别完成产值91.13亿元、167.69亿元、9007.12亿元、2645.20亿元，分别增长2.9%、10.0%、13.2%、11.0%。分企业规模看，大中型、小微型企业分别完成产值6155.71亿元、6420.09亿元，分别增长7.7%、18.3%。分重点行业看，食品制造业产值886.56亿元，增长8.0%；纺织服装业产值682.74亿元，增长17.6%；石化产值1826.25亿元，增长12.2%；医药制造业产值863.36亿元，增长19.7%；建材产值207.37亿元，增长11.4%；冶金行业产值668.29亿元，增长3.2%；装备制造业产值6822.85亿元，增长12.9%。

工业效益稳中向好。全市规模以上工业企业实现主营业务收入12190.18亿元，增长13.0%；实现利润936.76亿元，增长11.2%。年末，规模以上工业亏损企业亏损额9.16亿元，下降56.3%；规模以上工业企业资产负债率为51.1%，比2015年下降2.3个百分点。

建筑业平稳发展。全年建筑业完成总产值2924.44亿元，增长9.8%；实现增加值255.4亿元，增长3.4%。年末具有资质等级的总承包和专业承包建筑企业633家，其中具有特级、一级和二级资质企业262家，比2015年增加21家。全年建筑业企业平均从业人员98.32万人，增长9.5%。

【固定资产投资】固定资产投资快速增长。全年固定资产投资3164.12亿元，增长17.4%。分行业看，一产投资6.84亿元，增长10.5%；二产投资1962.54亿元，增长19.6%；三产投资1194.74亿元，增长14.0%。在二产投资中，工业投资1957.87亿元，增长19.8%，其中食品制造业投资131.83亿元，增长75.0%；纺织服装业投资77.36亿元，下降2.7%；石化投资186.87亿元，增长11.3%；医药制造业投资95.49亿元，增长33.7%；建材行业投资52.54亿元，增长6.5%；冶金行业投资64.45亿元，增长60.7%；装备制造业投资1109.68亿元，增长27.3%。在三产投资中，信息传输、软件和信息技术服务业投资22.82亿元，增长59.0%；租赁和商务服务业投资119.36亿元，增长52.4%；科学研究和技术服务业投资56.83亿元，增长30.8%；教育投资49.27亿元，增长97.8%；卫生和社会工作投资24.08亿元，增长23.8%；文化、体育和娱乐业投资63.41亿元，增长274.3%。从新开工项目看，全年新开工项目4121个，增长8.2%；完成投资2172.09亿元，增长11.4%。其中，亿元以上新开工项目543个，增长61.6%；完成投资785.74亿元，增长38.9%。

城乡基础设施建设扎实推进。重大城建项目大突破。稻河古街区保护复兴工程建设全面完工，九州森美国际影视城和古井博物馆顺利建成，省泰中新校区竣工交付，东风路快速路、永定路与东风路交叉形成的五层高架、永定路1号和2号隧道全面贯通，农溱线接通、运河路接通、京泰路南延、梅兰路东延、吴陵路北延等一批城市道路正在抓紧推进。生态建设全面提升。周山河十里生态长廊景观工程全面完成，凤城河污水管网全覆盖工程完成阶段性目标，市区人行道进行海绵化试点改造总面积约8000平方米。民生实事稳步推进。完成30个老旧小区的“微整治”，累计增加停车位2800个，道路维修6000平方米，清掏下水管网450处；完成13个小区共3290户老小区管道燃气改造和2000多户居民二次供水改造接管等。

房地产市场健康发展。全年房地产开发投资250.71亿元，增长1.3%，其中住宅投资194.91亿元，下降2.0%。商品房施工面积2312.85万平方米，增长0.7%，其中住宅1809.61万平方米，下降0.8%；商品房新开工面积555.03万平方米，增长31.4%，其中住宅413.39万平方米，下降221.3%；商品房竣工面积525.97万平方米，下降6.7%，其中住宅437.40万平方米，增长0.3%；商品房销售面积698.56万平方米，增长31.8%，其中住宅645.44万平方米，增长31.4%；商品房待售面积435.46万平方米，增长7.4%，其中住宅291.77万平方米，增长4.2%；商品房销售额402.68亿元，增长28.8%，其中住宅359.33亿元，增长30.1%。年末全市商品房库存去化周期为9.5个月，同比下降8.5个月。

【国内贸易和旅游】消费品市场发展势头加快。全年社会消费品零售总额1118.34亿元，增长11.7%，比2015年提升0.8个百分点。从城乡市场看，城镇消费品零售额1035.78亿元，增长11.6%；乡村消费品零售额82.56亿元，增长12.8%。从消费形态看，批发和零售业964.94亿元，增长11.7%；住宿和餐饮业153.40亿元，增长11.1%。从限额以上单位看，全年限额以上社会消费品零售总额446.90亿元，增长14.3%。其中，限额以上批发零售业零售额424.08亿元,增长14.6%;限额以上住宿餐饮业零售额22.82亿元,增长7.7%。

发展享受型消费市场快速成长。全年限额以上贸易单位中书报杂志、家用电器和音响器材、通讯器材、建筑及装潢材料、汽车等发展享受型消费实现零售额178.57亿元,同比增长16.3%,高于限额以上社会消费品零售增速2.0个百分点;发展享受型消费占限额以上社会消费品零售额的比重为40.0%,同比提升0.7个百分点。

旅游市场健康发展。全年接待国内游客2282万人次,增长12.0%;接待入境过夜游客3.61万人次,增长13.1%。全年实现旅游总收入283亿元,增长15.5%;实现旅游外汇收入3631万美元,增长11.6%。

【外向型经济】对外贸易基本稳定。全年完成进出口总额103.81亿美元,增长1.5%,其中出口66.74亿美元,增长4.7%;进口37.07亿美元,下降3.8%。按贸易方式分,出口中,一般贸易出口40.07亿美元,与上年持平;加工贸易出口26.33亿美元,增长14.6%。进口中,一般贸易进口26.04亿美元,下降3.8%;加工贸易进口7.97亿美元,增长0.6%。按企业性质分,出口中,外商投资企业出口36.35亿美元,增长2.2%;民营企业出口28.62亿美元,增长10.0%。进口中,外商投资企业进口26.72亿美元,增长5.6%;民营企业进口9.62亿美元,下降23.7%。按商品类别分,出口中,机电产品出口35.32亿美元,增长10.6%;农产品出口3.28亿美元,增长32.4%。进口中,机电产品进口6.06亿美元,下降10.4%;农产品进口9.57亿美元,下降18.4%。按产销国别分,对亚洲出口24.82亿美元,下降0.4%;对非洲出口1.06亿美元,下降41.1%;对欧洲出口5.6亿美元,下降37.5%;对拉丁美洲出口5.57亿美元,下降37.5%;对北美洲出口13.91亿美元,增长6.3%;对大洋洲出口8.55亿美元,增长138.8%。

利用外资形势良好。全年新批协议注册外资25.16亿美元,增长100.6%;实际到账注册外资13.44亿美元,增长26.2%。

【交通运输、邮政电信】交通运输平稳发展。全年公路客运量8766万人次,下降2.6%;公路客运周转量542963万人千米,下降0.7%;公路货运量2546万吨,增长2.3%;公路货运周转量716605万吨千米,增长4.1%;水路货运量15215万吨,增长0.6%;水路货运周转量7981620万吨千米,增长6.3%。港口货物吞吐量18823万吨,下降3.5%,其中泰州港区吞吐量16941万吨,增长0.8%,外贸吞吐量1524万吨,增长3.5%。

居民汽车保有量稳步增长。年末民用汽车拥有量61.93万辆,增长15.0%;私人汽车拥有量55.56万辆,增长15.3%。

邮电业发展较快。全年邮政业务总量18.25亿元,增长23.8%。邮电业务收入51.46亿元,增长7.8%。年末移动电话用户405.17万户,增长6.1%。互联网宽带接入用户117.50万户,增长28.7%。

【财政、金融、保险和证券】财政收支平稳增长。受营改增影响,全年完成一般公共预算收入327.60亿元,增长1.7%(同口径增长5.8%),其中税收收入263.73亿元,增长0.6%,税收收入占公共财政预算收入的比重为80.5%。全年一般公共预算支出450.88亿元,增长4.9%,其中公共安全支出29.08亿元,增长14.1%;教育支出75.05亿元,增长8.8%;科学技术支出11.61亿元,增长3.6%;文化体育与传媒支出6.24亿元,下降21.1%;社会保障和就业支出43.85亿元,增长17.7%;医疗卫生支出40.40亿元,增长1.9%;节能环保支出11.06亿元,增长9.8%;城乡社区事务支出56.91亿元,下降0.6%;交通运输支出10.94亿元,增长12.6%。

金融市场规模不断扩大。年末全市金融机构人民币各项存款余额5275.62亿元,比年初增加833.92亿元,其中住户人民币存款余额2474.71亿元,比年初增加232.25亿元。金融机构人民币各项贷款余额3656.79亿元,比年初增加428.71亿元,其中住户人民币贷款余额1010.62亿元,比年初增加152.77亿元;人民币贷款中短期贷款1218.19亿元,中长期贷款1211.56亿元。

保险业发展势头良好。全年保险业务收入123.30亿元,增长24.4%,其中财产险收入32.87亿元,增长10.6%;人寿险收入90.43亿元,增长30.3%。全年赔款和给付51.38亿元,增长37.9%,其中财产险赔付19.97亿元,增长19.7%;人寿险赔付31.41亿元,增长52.7%。

证券市场回归理性。全年证券交易额7946.99亿元,下降30.6%;基金交易额155.53亿元,下降11.2%;债券交易额3.91亿元,下降68.0%。全年期货交易额605.76亿元,下降30.2%。

【科学技术和教育】科技创新能力不断提升。全市科技进步贡献率达60.5%,比2015年度提高0.8个百分点。全社会研发支出占地区生产总值比重2.45%,提高0.08个百分点。全市获国家科技奖3项,其中发明奖1项,科技进步奖2项。全市专利授权12489件,发明专利授权939件,增长47.9%,万人发明专利拥有量达到7.86件。高新技术产业化步伐加快。全年实现高新技术产业产值5393.86亿元,增长14.4%,快于规模以上工业1.5个百分点;高新技术产业产值占规模以上工业的比重为42.9%,提高0.6个百分点。高新技术产业投资不断加快。全年高新技术产业完成投资688.54亿元,增长45.8%。

教育现代化建设加快推进。学前教育优质资源不断扩大。新创建省优质园31所,占成型园总数的77%,占比列全省第一。义务教育实现高位全域均衡发展。新创义务教育现代化学校36所，建成比例达88%。普通高中教育优质特色发展稳步推进。全市高考再创佳绩，本二以上达线人数连续9年超万人，高分层人数继续位列全省第一方阵。新增四星级高中1所，四星占比达40%。高等教育内涵发展成效明显。全年新增本科专业16个，引进博士、教授等高层次人才27名。年末全市拥有小学149所，在校学生22.00万人；初中149所，在校学生10.94万人；高中37所，在校学生6.14万人；职业高中3所，在校学生0.26万人；普通中等专业学校9所，在校学生2.13万人；普通高等学校7所，在校学生5.92万人；特殊教育学校5所，在校学生1029人。

【文化、卫生和体育】文化事业蓬勃发展。公共文化服务设施更加完善。打造"泰州掌上图书馆"手机移动阅读APP，24小时自助图书馆、实体书店、阅读书吧建成并对外开放，年末全市共有文化馆7个、公共图书馆7个、博物馆19个。文艺精品创作生产成果丰硕。全年创成一批带有鲜明泰州烙印的文艺精品，大型现代淮剧《赶鸭子下架》在各类评比中取得优异成绩，广播文艺作品《桑梓情深话梅郎》获得广播影视大奖广播电视节目奖提名奖，《花开等你来》泰州风情组歌等18个作品参选2016年度江苏艺术基金资助项目。公共文化活动影响力进一步提升。成功举办2016中国泰州梅兰芳艺术节，开展"书香泰州"全民阅读活动，圆满举办"2016胡瑗读书节"，全市居民综合阅读率达87.5%。年末全市公共图书馆总藏量298.38万册，电子图书藏量28.52万册，电视综合人口覆盖率100%，有线电视入户率97.2%。

卫生事业加快发展。年末全市拥有各类卫生机构1963家，其中医院、卫生院183所，卫生防疫防治机构11家，妇幼卫生保健机构6家；各类卫生机构拥有病床23237张，其中医院、卫生院拥有病床21778张；拥有卫生技术人员26124人，其中执业(助理)医师11317人、注册护士10172人。其中乡镇卫生院116所，床位5187张，卫生技术人员5819人；乡村医生和卫生员2709人。新型农村合作医疗人口覆盖率100%。

体育事业持续发展。打造"康泰之州、运动之城"，构建"1+4+N"体育健身场馆格局。实施民生体育"十百万工程"，投入4000多万元用于体育设施建设，为12000多名市民提供健康评估测试并建立健康档案。推动社会优质体育设施资源对外开放，率先试点推行高校体育场地设施向社会免费开放，最大限度满足市民体育健身需求。主动承办体育赛事活动。成功举办中欧乒乓球冠军对抗赛、第十一届"春兰杯"世界职业围棋锦标赛、泰州"铁人三项"亚洲杯，顺利实现"泰铁""两年三步跳"，从业余赛直接升格为洲际性比赛。

【资源环境、节能降耗和安全生产】生态文明建设成效显著。全市通过国家生态市考核验收，海陵、姜堰获得国家生态区正式命名，靖江、泰兴、高港通过国家生态市(区)考核验收，全市建成国家级生态乡镇85个，覆盖率高达95.5%。环境质量持续改善。全市PM2.5平均浓度下降9.8%，优良天数增加4天，其中空气质量优的天数增加45天；城市空气质量达到及好于二级标准天数比例达到74.0%，环境污染治理项目842个；地表水好于Ⅲ类水质比例达到87.5%；村庄环境整治达标率100%。

节能降耗压力较大。全市规模以上工业综合能源消费量为970.08万吨标准煤，比2015年增长21.3%，规模以上工业万元产值能耗为0.0779吨标准煤/万元，同比增长7.0%。其中电力、热力生产和供应业498.7万吨标准煤，增长49.8%，万元产值能耗4.7943吨标准煤/万元，增长11.1%；石化工业42.54万吨标准煤，增长19.0%，万元产值能耗0.1344吨标准煤/万元，增长8.7%。高耗能投资回落较快。全年高耗能制造业投资下降17.9%，高耗能制造业占工业投资的比重下降7.3个百分点。

安全生产形势基本稳定。全市发生各类安全生产事故503起，上升7.5%；死亡265人，下降7.0%。其中生产经营性道路交通事故451起，死亡211人，事故起数上升5.4%，死亡人数下降10.66%。全市亿元GDP生产安全事故死亡0.065人，下降15.1%。

【人口、人民生活和社会保障】人口平稳增长。年末户籍总人口508.21万人，增长0.07%，其中市区163.98万人。总人口中女性249.25万人，性别比103.90，比2015年下降0.11。当年出生人口4.66万人，人口出生率9.17‰；死亡人口3.67万人，人口死亡率7.23‰；人口自然增长率1.94‰。年末全市常住人口464.58万人，其中市区162.60万人。年末常住人口城镇化率为63.2%，提高1.65个百分点。

居民生活持续改善。全年城镇常住居民人均可支配收入36828元，农村常住居民人均可支配收入17861元，分别增长8.0%、8.8%。城镇常住居民、农村常住居民人均生活消费支出分别为22480元和13250元，分别增长7.0%和11.9%。

就业形势整体良好。推进城乡统筹就业，着力解决困难群众就业问题。全年新增城镇就业9.96万人，城镇失业人员再就业5.28万人，新增创业6.65万人，带动就业18.59万人，培训城乡劳动者17.85万人，年末城镇登记失业率1.87%。

保障水平不断提高。全市企业职工基本养老、医疗、失业、工伤和生育保险参保人数分别达到84.9万人、121.68万人、65.3万人、82.4万人、59.19万人，城乡居民养老保险参保209.3万人、机关事业单位养老保险参保5.5万人。职工医保、城镇居民住院合规费用报销比例分别达到81.91%和70%。提高城乡低保标准,城市统一提高到每人每月590元,农村提高到470元以上,保障了1.12万名城镇和6.72万名农村低保对象的基本生活,其中市区和靖江实现低保标准城乡一体化。继续实施覆盖市区所有户籍居民和自住房的“佑护万家”自然灾害惠民保险,市区全年累计赔付119例、115.65万元。稳步推进养老服务设施建设。全市建成标准化社区居家养老服务中心154个、社区日间照料中心6个、助餐点152个。开展未成年人保护工作。全市排查出留守儿童2.1万人,为市区500名监护缺失未成年人营造良好的成长环境。

(统计局)

深化改革

【行政管理体制改革】推进相对集中行政许可权改革。制定组织架构、“三定”方案、人员配备方案,编印行政审批事项标准操作规程和审批流程。确定划转市场准入和投资建设两大领域15个部门146项事项,其中许可事项82项、省级审批市级初审事项39项、与行政许可有关联的其他事项25项。

进一步优化审批流程。“互联网+联合图审”被列为省“互联网+政务服务”试点内容。继续深化多图联审、联合评估、联合踏勘、联合验收,打造“包办企业墙外事、帮办企业墙内事”政务服务品牌。在市住建局、气象局、民防局、消防支队联合审图基础上,将市规划局技术规范审查及面积核定工作纳入多图联审范围。

深化商事制度改革。以泰州市被列为江苏省商事登记制度改革试点市为契机,于2016年9月2日,在全省率先启动个体工商户营业执照、税务登记证“两证合一”改革。10月1日,在全省率先实施企业登记“五证合一、一照一码”改革,改革后“五证”办结时间从过去的平均15个工作日缩短到3个工作日,实现工商、人社、统计等五部门信息共享、数据互通。

【资源要素市场化改革】推进供给侧结构性改革。出台供给侧结构性改革30条重点任务,组建生物医药及高性能医疗器械等三大产业研究院。制订《培育三大战略性主导产业的意见》《泰州市船舶行业开展资产重组工作的意见》《关于实施差别化金融政策推进产业转型升级的指导意见》等系列文件,推进实施差别化的金融信贷、技改扶持、项目支持等政策,建立落后产能逐步退出激励机制。

建立土地要素节约集约利用机制。推进土地综合整治,每年占补平衡补充耕地1万亩以上。推进同一乡镇范围内村庄建设用地布局调整试点。开展盘活利用工业企业低效用地和闲置土地的调研。试点推行建立以投资强度、亩均税收、单位能耗、单位排污为主要内容的项目准入制度。

加大金融改革力度。先后引进民生银行、华夏银行、浙商银行等8家市外银行在泰州设立分支机构,2016年末全市已开业的银行业金融机构达33家,村镇银行实现县域全覆盖,银行机构数量在苏中、苏北居前列。推进企业上市三年行动计划。全市有10家上市公司,18家企业在“新三板”挂牌,其中10家挂牌企业通过定向增发、股权质押、股债夹层融资等方式融资3亿元,30多家企业在上海股交中心、天交所、江苏股交中心等区域性股权交易市场挂牌。区域金融综合改革试点顺利推进,《江苏省泰州市建设金融支持产业转型升级改革创新试验区总体方案》于11月正式获批。进一步推进重点地区“化圈解链”工作,海陵区、兴化市分别组建5000万元转贷资金。设立市级中小企业转贷资金,首期规模2亿元。

深化科技创新体制改革。探索离岸孵化新模式。与中科院大化所共建生物医药创新研究院;全年全市共发放科技创新券1.7亿元。完善“泰科易”平台功能,年末平台共收录科技成果3万多条,入驻高校院所236家,促成落地项目129项,合同签约金额近7000万元。大健康产业集聚发展试点正式纳入国家《长江经济带发展规划纲要》,成功获批国家中医药综合改革试验区和国家康养旅游示范基地。

实施排污权有偿使用和交易试点改革。推进现有企业初始排污权核定,建立完善覆盖重点排污企业的环保信息化管理系统。全面推广刷卡排污试点,建立排污总量控制新模式。扩大排污权质押贷款试点,加快建设排污权交易二级市场。

【城乡一体化改革】深化户籍制度改革,印发《进一步推进户籍制度改革的实施意见》,有序实现有能力在城镇稳定就业和生活的常住人口市民化,稳步推进城镇基本公共服务常住人口全覆盖。农村土地承包经营权确权登记推进顺利,率先在全省建成三级联动的确权登记颁证信息化软件平台,全市有1335个村已基本完成确权工作;在泰兴市分界镇王厂村发放全市首批农村土地承包经营权证书。探索宅基地有偿使用制度和自愿有偿退出机制,选择高港区许庄街道作为试点,结合同一乡镇范围内村庄建设用地布局调整、农村集体土地房地统一调查、房地合一登记发证开展“四位一体”试点。做强农村产权流转交易服务平台,所有市(区)均全面建成农村产权交易市场并正式运行,在全省第四家实现交易市场全覆盖;全市建成市级交易监管平台1个、市(区)农村产权交易市场6个、乡(镇)级农村产权交易服务站95个,乡镇(街道)建成率达100%。加快培育新型农业经营主体,推进农业适度规模经营,构建集约化、专业化、组织化、社会化相结合的新型农业经营体系；全市发展新型农业经营主体2.3万多个，新型农业经营主体经营总面积16.4万公顷，占全市家庭承包耕地总面积的72%。推进特色小镇建设，明确重点培育的市级特色小镇10个，储备特色小镇20个。强化金融支持，泰州市成为“全国投贷结合推进高标准农田建设”两个试点地区之一；姜堰区获批的中央预算内扶持资金1.2亿元、重点建设基金6000万元、农发行跟进贷款3亿元和兴化市4.4亿元重点建设基金年内均已到位；全市有8家金融机构参与农村承包土地经营权抵押试点，累计发放农村承包土地经营权抵押贷款1.83亿元，累放额居全省第四位。

2016年4月28日，市委宣传部联合市委农工办、市公安局、国土局召开户籍制度改革新闻发布会

【民主法制和社会领域改革】建立有利于创新创业的工作机制。先后推出“购房券”“科技创新券”“创业券”，“凤城众创空间”年内投入使用。创新互联网经济和电子商务孵化平台搭建机制。全面建成泰州市人力资源产业园并投入使用；实施“433”人力资源总量优势提升计划，市人力资源市场全年共举办各类招聘会近150场，提供就业岗位6万多个。

完善公共服务供给制度改革。进一步完善参保缴费、社保补贴、基本养老保险关系转移衔接等政策，在全省率先建立“全民参保登记”动态管理机制。率先探索建立城乡统一的居民医疗保险制度。实施素质教育“5+2”工程，推进义务教育教师交流工作。聚焦“看病难、看病贵、看病烦”，在巩固扩大基本药物制度成果的同时，构建市、市(区)、小城市、乡(镇)、村(居)五级医疗卫生服务体系。设立1000万元文化惠民券。

推进社会治理体制改革。深化社区网格化服务管理体制改革，提升社会管理服务三级平台规范化水平。统筹基层社会治理力量建设，壮大基层社会治理队伍。创新完善社会矛盾纠纷预防化解体系。

推进法制建设。推进法官办案责任制改革和检察机关司法责任制改革。推进地方立法工作，《泰州市水环境保护条例》《泰州市公共信用信息条例》《泰州市房屋安全管理条例》年内陆续出台。

（顾博明）

精神文明建设

【概况】2016年，泰州市积极培育和践行社会主义核心价值观，深化全国文明城市创建，全市公民道德建设兴起新热潮，志愿服务和诚信建设制度化取得新进展，未成年人思想道德建设工作实现新提升。

深化全国文明城市创建工作，完成全国文明城市复查迎检工作，配合中央文明委检查组开展实地考察测评任务和问卷的调查工作。贯彻实施各类文明创建管理办法和测评标准，加强单位创建的规范管理，进一步推广文明创建电子化管理系统。深化拓展群众性精神文明创建活动，组织开展2013~2015年度江苏省文明村镇、文明单位(社区、校园)评选推荐工作，7个乡镇获批省文明乡镇、25个村获批省文明村、69个单位(社区、校园)获评省文明单位(社区、校园)。深化“泰州市最美乡村”创建评选活动，15个乡村获评“泰州市最美乡村”。加大社区联创共建力度，制定下发《关于深化部门(单位)与社区联创共建工作的意见》，开展联创共建活动，推进文明社区创建，夯实全国文明城市创建基础。组织第三届“泰州市文明小区”推选，命名10个“泰州市文明小区”。

加强公民思想道德建设，组织开展“做谦恭有礼的泰州人”主题教育实践活动、“美德善行”系列活动、“讲文明树新风”活动、“公民道德建设月”等活动，引导全市各行各业和广大市民树立良好“家风、乡风、行风、校风和机关作风”，提升全民素质。

加强志愿服务队伍建设，完善志愿服务体系。推进志愿者电子注册工作，全市注册志愿者人数达63万多人，建立志愿组织3100多个，在全省“注册志愿者人数占城镇人口比例”考核中排名第六位。依托“志愿江苏”服务平台，加强平台动态管理和推广普及，开展全市党员义工志愿服务活动，深化志愿服务品牌创建，全市党员义工志愿服务活动成效显著。组织参加江苏省首届“志愿服务展示交流会”，23个项目参展，获金奖1个、银奖1个、铜奖2个。常态化开展文明秩序引导、文明礼仪宣传、生态文明共建、关爱空巢老人等志愿服务活动。结合“3·5”学雷锋日、“六一”儿童节、“七一”建党节、“八一”建军节等重要时间节点，开展志愿服务活动7600多次。倡导好人好报，进一步落实志愿者礼遇制度，分两批共礼遇志愿者120多名。开展2015~2016全市优秀志愿者、优秀志愿服务组织评比表彰活动，21名优秀志愿者和21个优秀志愿组织获表彰。

广场志愿服务活动

推进未成年人思想道德建设。加强阵地队伍建设，推动街道（乡镇）、社区（村）未成年人校外活动场所建设。强化乡村学校少年宫建设管理，组织实施新建专项彩票公益金支持乡村学校少年宫项目，全年共新建国家级少年宫3所、省级18所；按照“一校一档”要求，进一步规范管理活动器材、参与人数、活动次数、考核登记、财务账本等。组织“美德善行——阳光伴我行”心理健康教育宣讲，开展心理健康进学校、进社区活动。推进“校园心理剧”创作演出，6个剧目获第七届江苏省中小学“校园心理剧”优秀剧目。

【“做文明有礼的泰州人”主题教育实践活动】组织开展“文明旅游行动”“文明餐桌行动”“文明交通行动”“网络文明行动”四大活动，从基本素养、基本行为、基本规范抓起，引导人们向往和追求讲道德、遵道德、守道德的生活。在全市深化拓展“道德讲堂”建设，推进道德讲堂进机关、进行业、进学校、进社区、进企业、进村镇，扩大“道德讲堂”覆盖面和影响力。泰州市“道德讲堂总堂”全年组织活动17期。组织“公民道德建设月”系列活动，提高广大市民思想道德素质、科学文化素质和身心健康素质。

【选树培育道德模范和先进典型】举办2015“感动泰州”美德善行十大人物颁奖典礼。组织“感动中国·2016江苏十大感动人物”评选活动。开展“我推荐、我评议身边好人”等活动，全年有7人入选“中国好人”，评选泰州市“最美人物”近100人，2人当选省级“最美人物”。召开“学习和争做美德少年”现场推进会，发挥泰州市“美德少年”的示范引领作用，推动“美德少年”评选向各市（区）、各学校拓展。开展“家庭文明礼仪之星”评选，丁艳等100人获评泰州市“家庭文明礼仪之星”，促进“八礼四仪”向家庭、社会延伸。组织“好妈妈”推选活动，倡导家庭美德，评定50名“泰州好妈妈”。

【宣传推广泰州文明市民“十要十不要”】组织开展宣传教育、督查整治、文明劝导、文明实践等四大主题活动，推进“不乱扔垃圾、不随地吐痰、不乱扔烟头”和不文明交通行为专项整治，开展月度“文明达人”评选和城市文明示范点创建工作，开展“我与文明同行”征文大赛、微视频大赛等，提高广大市民文明素养，改善城市人居环境。

【网络文明传播】加强网络文明建设，注重网络阵地建设，利用网络特点和优势，打造网络文明传播“文明矩阵”。建好“泰州文明网”，强化网站内容建设和技术建设。3月，召开全市网络文明工作推进会，表彰网络文明传播先进集体和先进个人，组建泰州网络特约评论员队伍，明确网络文明传播志愿者的工作职责和传播要求。组织网络文明传播志愿者参加中央文明办开展的“好人365”“幸福故事汇”“春节回家九件事”“春日读好书”“我从农村来”“我们这里唱国歌”“指尖上的国粹”等重大传播活动。开展网络精神文明建设活动，全年共开展“我家的年味儿”“泰州暖冬行动”“学雷锋 做快乐的人”“我在泰州读好书”“感恩母亲节 我的伟大母亲”“老泰州人这么过中秋”“我们这里唱国歌”等60多个网络文明传播主题活动。“泰州文明网”网络文明传播考核排名在全国文明城市中居前列。海陵区打造“乐助海陵”志愿品牌，成立市区首家网络志愿服务工作站。泰兴市组织开展网络文明传播志愿者行动，成立青年志愿者网络联盟。姜堰区加强网络舆论引导，举办网民节活动，组织开展一系列网络主题实践活动。

【诚信泰州建设】构建激励诚信、惩戒失信的长效机制。召开推进诚信建设制度化工作联席会议，落实诚信“红黑榜”发布制度，推进社会法人和自然人失信行为联动惩戒；市委宣传部联合市法院、环保局、食药监局等部门，落实《泰州市“构建诚信、惩戒失信”合作备忘录》，逐步扩大“红黑榜”发布范围，全年共按期发布“守信红名单”“失信黑名单”24批。开展诚信主题教育实践活动。市委宣传部、文明办、经信委等7家单位联合在全市工商企业和个体工商户中组织开展“诚信之星”评比表彰活动，江苏新宏大集团有限公司董事长陈爱民等20人被评为泰州市第二届“诚信之星”；组织参加省“诚信之星”评比活动，提高社会各界对诚信建设的关注度；推进行政部门执法人员文明执法规范化工作，市委宣传部、市法制办召开行政执法人员文明执法工作座谈会，就出台《行政执法人员文明执法规定》开展前期准备工作。市物价局加强全市价格信用体系建设，开展价格诚信单位创建活动，引导企业诚信经营，泰州老街、姜堰区西大街步行街和兴化市戴南镇工农路（一条街）被评为“江苏省价格诚信街区”，苏果超市等27家单位被评为“2014~2015年度泰州市价格诚信单位”。市人社局组织开展劳动保障诚信示范企业评选活动，江苏林海动力机械集团公司等55家企业获评“2015年度泰州市劳动保障诚信示范企业”。市科技局推进全市科技信用体系建设，首次表彰20家泰州市“科技诚信之星"企业。

【文明礼仪养成教育】将文明礼仪养成教育纳入学校教育教学环节，推动文明礼仪进课堂、进学生头脑。全市共建成文明礼仪典型示范校50所、"文明护照"推广校10所。组织开展"开学第一课"文明礼仪教育活动，开展"八礼四仪""十要十不要"教育活动，增强未成年人"学礼仪、尊礼仪、践礼仪"的意识。

【主题实践活动】围绕"我们的节日"，利用春节、元宵、清明、端午、中秋、重阳等传统节日，开展民俗展演、网上祭英烈、文艺演出、诗歌吟诵、文明关爱等群众性活动，弘扬中华民族优秀传统文化。实施"七彩的夏日""缤纷的冬日"等主题实践活动143项，督促检查30个重点项目。组织优秀童谣征集评选活动，推选出《水娃娃》等20首简洁明快、易于传唱的优秀童谣。

【创建文明校园、文明家庭活动】制定文明校园创建工作意见和实施细则，组织各级各类学校开展文明校园创建，初步形成自下而上、整体联动的创建格局，全市有36所学校被命名表彰为"江苏省文明校园"。制定下发"晒家训树家风传美德"活动意见和实施方案，举行活动启动仪式，开展征集、宣传、展示和践行等4大类共14项活动。组织第一届全国、江苏省文明家庭推选活动，姚炜平家庭获评首届"全国文明家庭"，赵玉芳等6户家庭获评"江苏省文明家庭"。组织首届泰州市文明家庭评选活动。

（文明办）

组织机构及负责人

中国共产党泰州市委员会

书　记　蓝绍敏

副书记　陆志鹏（至2016-01-04）
史立军
卢佩民（2016-09-24任）

常　委　蓝绍敏
陆志鹏（至2016-01-04）
史立军
卢佩民
何　榕（至2016-05-17）
张爱平（至2016-09-24）
张国梁
倪　斌（至2016-09-08）
陆春云
马士光（至2016-12-06）
汤成快（2016-12-06任）
李国强
常胜梅（女，2016-09-08任）
杨　杰（2016-09-24任）
张余松（2016-09-24任）
李　伟（2016-09-24任）

四届市委委员（至2016-09-24，按姓氏笔画为序）：

丁士宏　马士光　王　建
王　群　王守法　王明根
孔德平　卢佩民　申泰州
叶海波　田　军　史立军
仲建生　刘　励　许书平
孙耀灿　李　伟　李国强
杨　杰　吴　跃
何　榕（至2016-05-17）　邹祥凤（女）
沈明刚　张小兵　张文彬
张国梁　张爱平　张培成
陆志鹏（至2016-01-04）　陆春云
陆晓声　陈明冠
周剑浩（至2016-01-13）　周裕昌
赵　叶　赵晓玲（女）　赵留贯
顾　萍（女）　倪　斌（至2016-09-08）
徐克俭　徐保国　徐洪涛
高亚梓　常胜梅（女，2016-09-08任）
蓝绍敏　蔡德熙　缪云忠
戴胜利

五届市委委员（2016-09-24任，按姓氏笔画排序）：

万永良　马士光（至2016-12-06）
马雅斐（女）　王　建　王　斌
王守法　毛正球　方　针
孔德平　卢佩民　叶冬华
史立军　刘　刚　刘志明
刘秋平（女）　汤成快（2016-12-06任）
孙宏建　孙靓靓（女）　孙耀灿
杜荣良　李　伟　李　向
李　军　李卫国　李文飙
李兴国　李志高　李国强
杨　杰　吴　跃　沈明刚
沈惠彪　张小兵　张长平
张余松　张国梁　张育林

陆春云　　陈　翔　　陈士宏
陈明冠　　封新华　　赵　叶
查学斌(女)　姜文湘　　祝　光
姚灿华　　顾　萍(女)　钱　忠
徐　军　　徐克俭　　黄红旗
黄海燕(女)　曹茂良　　常胜梅(女)
蓝绍敏

四届市委候补委员(按得票多少排序):
刘秋平(女)　顾跃进　　张　坤
陈士宏　　丁　亚　　祝　光
赵昶东　　陈正泉　　蒋建华

五届市委候补委员(按得票多少排序):
胡正平　　孔德峰　　高卫东
顾维中　　陈忙耕　　徐洪涛
赵云燕(女)　傅　升　　张　涛
戴庆柳

秘书长　张国梁(至2016-09-30)
　　　　张余松(2016-09-30任)
副秘书长　沈明刚(至2016-09-30)
　　　　缪云忠(正处级,2016-09-30任)
　　　　陈士宏(2016-09-30任)
　　　　陈正泉(正处级)
　　　　姜文湘
　　　　王　龙
　　　　何卫东(挂职,至2016-09-30)
　　　　张玉萍(女)
　　　　朱　莹(2016-07-04任)

办公室(挂"研究室"牌子)
主　任　沈明刚(至2016-09-30)
　　　　陈士宏(2016-09-30任)
副主任　朱　莹(至2016-07-04)
　　　　申晓勇(至2016-05-10)
　　　　高红亮(2016-05-10任)
督查室主任　全冬明(2016-07-04任)
调研员　王　龙
　　　　张玉萍(女,2016-05-10任)
　　　　朱　莹(2016-10-15任)

▲机要局
局　长　徐小明
副调研员　陈国华

▲保密委员会办公室(挂"国家保密工作局"牌子)
副调研员　王　进

▲接待办
主　任　张玉萍(女)
副调研员　吉锦忠

组织部("非公有制企业和社会组织工作委员会""党的建设工作领导小组办公室"与其合署)
部　长　史立军(至2016-01-03)
　　　　张国梁(2016-05-16任)
副部长　程秋喜
　　　　刘　刚(至2016-09-30)
　　　　查学斌(女,2016-09-14任)
　　　　于顺华(2016-09-14任)
非公经济组织工委书记　刘　刚(至2016-09-30)
党建办公室主任　查学斌(女,2016-09-30任)
党建办公室副主任　赵荣华

宣传部(挂"精神文明建设指导委员会办公室""对外宣传办公室""市人民政府新闻办公室"牌子)
部　长　卢佩民(至2016-09-07)
　　　　常胜梅(女,2016-09-07任)
副部长　黄林华
　　　　王海波(至2016-09-30)
　　　　程荣稳
　　　　孟国平(2016-07-04任)
部务委员　徐春洪
　　　　孟国平(至2016-07-04)
调研员　成爱君
文明办主任　王海波(至2016-09-30)
　　副主任　王树桃
　　　　刘文杰(2016-05-10任)
外宣办(新闻办)副主任　孟国平(至2016-07-04)
　　　　王　飞

讲师团
副团长　顾戛良(女)

统一战线工作部
部　长　仲建生(至2016-09-30)
　　　　张国梁(2016-09-30任)
副部长　戴庆柳
　　　　陆国富(正处级)
　　　　孙　琦
　　　　孙正龙
正处级干部　王　考
　副调研员　刘山林

政法委员会("社会管理综合治理委员会办公室"与其合署)
书　记　张爱平(至2016-09-30)
　　　　张余松(2016-09-30任)
副书记　陈明冠
　　　　杜荣良(2016-05-10兼任)
　　　　李　向(正处级,2016-07-04任)
　　　　黄书华(正处级)
　　　　张永生

政治部主任　朱广洲
调研员　吉敏成(至2016-03-22)
综治委办主任　张永生
副主任　杭春宏
　　周德建
　　邓宏林
副调研员　朱荣华

农村工作办公室

主　任　姚灿华
副主任　曲　波
　　智俊忠
　　陈嵘嵘
　　王晓秋
副调研员　蔡先锋
　　谢志来(至2016-08-28)

台湾工作办公室(挂"市人民政府台湾事务办公室"牌子)

主　任　王晓梅(女,2016-02-19任)
副主任　史庆胜
　　周海霞(女,至2016-11-25)
　　王　浩(2016-11-25任)
　　余良霁(女,2016-11-25任)
台事办主任　王晓梅(女,2016-02-26任)
副处级干部　季酉兴
副调研员　陈晋禄

机构编制委员会办公室(挂"事业单位登记管理局"牌子)

主　任　马　林(至2016-07-04)
　　陶　玲(女,2016-07-04任)
副主任　任国平(至2016-07-04)
　　刘　磊
　　孙　兰(女,2016-05-10任)
调研员　马　林(2016-07-04任)

市级机关工作委员会

书　记　刘建邦
副书记　夏红鑫
　　丁国和
　　周　勇
纪工委书记　殷宏俊
副调研员　周　汉
　　曹吉华(2016-11-25任)

老干部局

局　长　程秋喜
副局长　毛振宏
　　陈宇清(女)
副调研员:吉淦章(至2016-12-30)

市人民政府防范和处理邪教问题办公室

主　任　徐生炉
副主任　周爱萍(至2016-09-30)
　　何银海
　　葛德高
　　刁德林
副调研员　周爱萍(2016-09-30任)

党史方志档案办公室(挂"档案局""档案馆"牌子)

主　任　申俊才
副主任　叶建国
　　戴志勇
　　吴学华
档案局局长(档案馆馆长)　申俊才
调研员　陈　维
副调研员　李寿根

党校(挂"行政学院""社会主义学院"牌子)

校　长　史立军(至2016-01-14)
　　卢佩民(2016-09-30任)
副校长　邹祥凤(女,正处级)
　　张国祥
　　沈炳华
　　景云祥
行政学院院长　何　榕(至2016-06-21)
　　卢佩民(2016-06-21任,至2016-10-31)
　　杨　杰(2016-10-31任)
副院长　邹祥凤(女,正处级)
社会主义学院副院长　邹祥凤(女,正处级)
副处级干部　张树俊
副调研员　刘瑞强
　　周春前

泰州报业传媒集团(泰州日报社)

党委书记　曹茂良
董事长　曹茂良
社　长　曹茂良
总编辑　杨　勇
副社长　苏元华
　　祝伟民
副总编辑　张建兰(女)
　　翟　明
纪委书记　金如旺(至2016-09-30)
副调研员　刘国铭
　　金如旺(2016-09-30任)

▲泰州晚报社

总编辑　翟　明

泰州广播电视传媒集团(泰州广播电视台)

党委书记　万永良
董事长　万永良
台　长　万永良
总编辑　杨富年
党委副书记　杨富年

纪委书记　张建国
副台长　杨富年(至2016-07-04)
　　李　晋
　　朱建珊
　　孙小平(2016-07-04任)
副总编辑　冯晨光
副调研员　臧道光
　　丁新吾(至2016-08-28)

泰州市人民代表大会常务委员会

主　任　蓝绍敏
副主任　高纪明(正市级)
　　陶幸蓉(女)
　　丁士宏
　　戴胜利
　　王　建
党组书记　高纪明
党组副书记　丁士宏
　　张爱平(2016-09-30任)
党组成员　戴胜利
　　王　建
　　周绍泉(2016-12-30任)
　　赵留贯

四届人大常委会委员(按姓氏笔画排序):
丁卫平(2016-01-21任)
王亦波(2016-01-21任)
王秀荣　王宏玖　邓　华(女)
叶海波(2016-01-21任)　申泰州
冯健华(至2016-01-21)
乔　霞(女)　乔向民　任志强
刘　刚(至2016-10-25)
刘振东　孙少为(至2016-01-21)
孙苏平　杨　扬　杨善基
李　跃　李光玉(至2016-01-21)
沈明刚(至2016-10-25)　张仁德
张志洋(2016-01-21任)　陈春红(女)
周亚文　居锦杰(至2016-01-21)
胡万贵　赵昶东(2016-01-21任)
顾跃进　徐国平　高天蔚(至2016-01-21)
高军业　黄林华　黄海燕(女)
曹学赋　臧大存　颜忠林
薛　敏　戴月华　魏国俭

秘书长　赵留贯(2016-12-30提名免职)
副秘书长　王宏玖
　　颜忠林(2016-12-30提名免职)
　　孙少为(正处级,至2016-03-30)
　　徐国平(正处级,2016-12-30提名免职)
　　周亚文(2016-12-30提名免职)
　　杨延慧(女,2016-12-30提名任职)

办公室

主　任　王宏玖
副主任　朱承敏
　　李　蓓(女,至2016-05-31)
　　张金华
调研员　赵留贯(2016-12-30任)
　　周亚文(2016-12-30任)
　　薛　敏(至2016-12-30)
　　陈春红(女,2016-12-30任)

人事代表联络工作委员会

主　任　王亦波(至2016-10-25)
　　叶海波(2016-10-25任,2016-12-30提名免职)
　　孙　平(2016-12-30提名任职)
副主任　陈春红(女,2016-12-30提名免职)

内务司法工作委员会

主　任　叶海波(2016-12-30提名免职)
　　黄书华(2016-12-30提名任职)
副主任　窦文喜

经济工作委员会

主　任　赵昶东(2016-12-30提名免职)
　　戈　琦(2016-12-30提名任职)
副主任　魏国俭
调研员　赵昶东(2016-12-30任)

教科文卫工作委员会(民族宗教侨务台湾外事工作委员会)

主　任　曹学赋(2016-12-30提名免职)
　　薛　敏(2016-12-30提名任职)
副主任　臧桂龙
　　陈怀荣(正处级)
调研员　曹学赋(2016-12-30任)

农村工作委员会

主　任　李　跃(2016-12-30提名免职)
　　黄宗岳(2016-12-30提名任职)
副主任　陆仁峥
　　赵金洪(2016-12-26任)
调研员　李　跃(2016-12-30任)

环境资源城乡建设工作委员会

主　任　颜忠林(2016-12-30提名免职)
　　葛银余(2016-12-30提名任职)
副主任　孙苏平
　　卞新峰(2016-10-25任)

法制工作委员会
主　任　顾跃进(2016-12-30提名免职)
　　　　钱　刚(2016-12-30提名任职)
副主任　钱　刚
调研员　顾跃进(2016-12-30任)

预算工作委员会
主　任　丁卫平
副主任　吉江平(女)

研究室
主　任　薛　敏(2016-12-30提名免职)

信访室
主　任　吴文斌

泰州市人民政府

市　长　陆志鹏(至2016-01-13)
　　　　史立军(2016-01-13代理,2016-01-21任)
副市长　何　榕(至2016-05-31)
　　　　卢佩民(2016-05-31任,至2016-10-25)
　　　　杨　杰
　　　　王　斌(正市级,援疆)
　　　　孔德平
　　　　王学锋(女)
　　　　张余松(至2016-10-25)
　　　　陈明冠
　　　　杜荣良(2016-05-31任)
　　　　范　玲(女,挂职)
　　　　托里坤·阿孜尔拜(挂职,2016-05-31任)
秘书长　王　群(至2016-10-25)
　　　　沈明刚(2016-10-25任)
副秘书长　沈惠彪
　　　　　徐保国(正处级)
　　　　　李龙根(正处级)
　　　　　刘宏鸣
　　　　　周天云
　　　　　葛志晖(正处级,至2016-05-27)
　　　　　戚才俊(2016-05-27任)
　　　　　陈锋剑(挂职,2016-05-27任)

办公室(挂“研究室”“口岸办公室”牌子)
主　任　沈惠彪
副主任　李　恺
　　　　许向前(至2016-05-27)
　　　　刘江明
　　　　吴艳华(女)
　　　　陈应柳(援疆)
　　　　陶　旭(2016-05-27任)
纪检组长　朱　望(2016-05-10任)
口岸办副主任　缪俊豪
应急办主任　徐友宏(至2016-05-27)
　　　　　　陶德喜(2016-05-27任)
政府办督查室主任　解中东
调研员　刘宏鸣
　　　　周天云
　　　　戚才俊(2016-05-27任)
副调研员　徐友宏(2016-05-27任)

市政府驻北京办事处
主　任　施劲华(至2016-02-26)
　　　　耿晓利(2016-02-26任)
副主任　史凯忠(兼)
　　　　吕天玉(2016-02-26任)

▲市政府驻上海办事处
主　任　吴　虓(2016-02-26任)
副处级干部　夏栋基

▲市政府驻南京办事处
(主要负责人空缺)

发展和改革委员会
主　任　张小兵
副主任　杨　勇(至2016-01-14)
　　　　何新国(至2016-01-14)
　　　　孙正龙(至2016-01-14)
　　　　王洪兴
　　　　朱应才
　　　　张国祥(2016-01-14任)
　　　　高永康
　　　　陈世忠(挂职,至2016-03-06)
纪检组长　尹友平
调研员　何新国(2016-01-14任)
副调研员　吴余泉(2016-01-14任)

重大项目办公室
主　任　朱建华
副主任　史凯忠
　　　　周玲洁(女)

▲经济协作办公室
主　任　卞赋章

▲信息中心
主　任　夏朝云

经济和信息化委员会(挂“中小企业局”牌子)
主　任　黄红旗(至2016-06-30)
　　　　刘秋平(女,2016-06-30任)
党委书记　黄红旗(至2016-06-20)
　　　　　刘秋平(女,2016-06-20任)
副主任　蔡勇根
　　　　李留根(至2016-01-14)

王亚明(正处级)
朱嘉浩(2016-01-14任)
栾　斌(2016-01-14任)
朱亚坤
张汉勇(挂职,2016-07-01任,至2016-09-30)
纪委书记　裴家泰
副调研员　查长法
王建华
林　扬
许庆生

▲无线电管理办公室

主　任　陈玉明

教育局(“市委教育工作委员会”与其合署,挂“市人民政府教育督导室”牌子)

局　长　奚爱国
工委书记　陶　玲(女,至2016-07-04)
副局长　万　琳(女)
孙　平(2016-12-30提名免职)
封留才
工委副书记　管文华
纪工委书记　汤益民
主任督学　万　琳(女)
调研员　万　琳(女,2016-01-14任)
副调研员　孙晓龙(至2016-03-28)
朱三峰
芮新海(2016-10-31任)
赵国全(2016-12-09任)
副处级干部　冯　明

科学技术局

局　长　祝　光
副局长　冯广振(至2016-01-14)
杨国华(至2016-10-31)
王本富
丁春华(至2016-12-09)
董元华(挂职)
丁　骅(2016-01-14任)
纪检组长　顾宏伟(女)
副调研员　顾建忠
翟正荣(至2016-01-14)
张荣进
副处级干部　葛树义

▲知识产权局

局　长　黄雨祥
副处级干部　姚久松

▲生产力促进中心

主　任　季开桢

公安局

局　长　杜荣良
党委书记　杜荣良
督察长　杜荣良
副局长　肖天奉(正处级,至2016-01-29)
徐生炉
董维华(正处级)
张卫东
徐　军
党委副书记　肖天奉(正处级,至2016-01-14)
张　涛(正处级)
赵旭晴(正处级,2016-10-15任)
纪委书记　陈　浩(籍贯泰州)
政治部主任　张　涛(正处级)
正处级干部　唐永银
调研员　张卫东(2016-01-14任)
徐　军(2016-01-14任)
副处级干部　陈　浩(籍贯兴化)
政治部副处级干部　许建平
副调研员　王伟中
指挥中心主任　燕国年
政　委　史石竹
副处级干部　殷爱卿
国内安全保卫支队支队长　刁德林
政　委　余金秀(至2016-12-01)
治安支队政委　宗长友(2016-12-30提名免职)
副处级干部　万　俊
巡特警支队支队长　曹本宽(至2016-12-01)
副处级干部　张松华
王筛良
张义平(2016-12-09任)
交通警察支队政委　唐宝骝
副处级干部　缪　颖
副调研员　曹爱民
刑警支队支队长　张海腾(2016-12-30提名免职)
政　委　金小军
经侦支队支队长　吴国华
政　委　朱　晋
水警支队支队长　夏伯华
政　委　姚泽宝
副处级干部　崔进叶
技侦支队副调研员　康增跃
维稳办副主任　严夏明
单明朗(2016-12-09任)
调研员　刘一峰
副处级干部　周京祥
耿建忠

副调研员　柳玉钱

民政局

局　长　李志高
党委书记　李志高
副局长　丁亚明(2016-12-30提名免职)
　　　　孙　雷
　　　　张亚坤
　　　　郑永寿
党委副书记　曹戎健
纪委书记　周雅俊
副调研员　张阿晓
　　　　　陈庭文

司法局

局　长　赵晓玲(女,至2016-03-30)
　　　　孔德峰(2016-08-30任)
副局长　吴建华(2016-01-14任,2016-12-30提名免职)
　　　　蒋仲伟
　　　　林　政
　　　　赵　峰
纪检组长　成玉贯
调研员　丁建军(至2016-07-01)
副处级干部　孔德明
副调研员　孟维新

财政局(挂“市人民政府国有资产监督管理委员会”牌子)

局　长　张长平
党组书记　蔡德熙(至2016-01-14)
　　　　　张长平(2016-01-14任)
副局长　王根余(至2016-10-31)
　　　　陆啸峰
　　　　尤玉华(女)
　　　　王金云
纪检组长　田　宏
副调研员　谢成建(2016-01-14任)
　　　　　许兵民
国资委副主任　谢成建

▲国库集中收付中心

主　任　屈耕乾

人力资源和社会保障局

局　长　王明根
党委书记　王明根
副局长　叶跃华(至2016-01-14)
　　　　陆　玲(女)
　　　　韩金虎
　　　　吉志铭
　　　　严俊武
　　　　钱筱湄(女,2016-10-31任)
党委副书记　乔和平
纪委书记　夏志明
调研员　朱　敏(至2016-02-26)
　　　　马新亮
　　　　叶跃华(2016-10-31任)
副处级干部　杨　零
副调研员　叶跃华(2016-01-14任,至2016-10-31)
　　　　　仲召和

▲公务员局

局　长　王明根

▲人才服务中心

主　任　钱筱媚(女,至2016-10-31)
副处级干部　夏雨花(女,至2016-08-17)

▲劳动就业管理中心

主　任　金茂荣
副处级干部　沈满涛

▲社会保险管理中心

主　任　徐兖兵
副处级干部　李建平(2016-12-09任)

▲城镇职工医疗保险管理中心

主　任　周春林

国土资源局

局　长　李兴国
党委书记　李兴国
副局长　何文忠
　　　　潘金华
　　　　刘银发(2016-06-20任)
　　　　陆　俊(2016-10-13任)
纪委书记　刘银发(至2016-06-20)
　　　　　庞佑林(2016-10-13任)
土地开发储备中心主任　周海滨
副处级干部　朱　兵
　　　　　　钱艺兵
副调研员　黄仲梅(女,2016-07-11任)
　　　　　范建国(2016-07-11任)

住房和城乡建设局

局　长　陈松林
党委书记　陈松林
党委副书记　孙建兴
副局长　葛银余(2016-12-30提名免职)
　　　　孙建华(女)
　　　　刘志群(兼,至2016-05-27)
　　　　周国翠(女)
　　　　焦斐虎
纪委书记　包继春
调研员　袁彩根
　　　　范克永
副调研员　陈小平(至2016-12-09)

王锦华

▲房产管理局(挂“住房制度改革领导小组办公室”牌子)

局　长　封伯平(2016-10-31任)

党总支书记　封伯平

▲园林绿化管理局

局　长　王文官

▲市政公用事业管理局

局　长　于　路

▲建筑工程管理局

党委书记　李　向(正处级,至2016-07-04)

局　长　刘志群(至2016-05-27)

副处级干部　张照平

陈　平

规划局

局　长　叶冬华(至2016-08-30)

邢秀华(2016-08-30任,2016-12-02去世)

党组书记　叶冬华(至2016-07-04)

徐　兵(2016-10-15任)

副局长　邢秀华(至2016-08-30)

张　纯

吴　皓

纪检组长　栾建中

总规划师　丁晓鹏

副调研员　刘　缨(女,2016-01-14任)

城市管理局(挂“城市管理行政执法局”牌子)

局　长　高卫东

党委书记　高卫东

副局长　常剑忠(至2016-10-31)

蔡吉圣

张珠连(至2016-10-31)

夏建洲

党委副书记　高　斌

纪委书记　赵继年

城市管理行政执法局局长　高卫东

调研员　常剑忠(2016-10-31任)

副调研员　张珠连(2016-10-31任)

夏隽莹

赵大燕(2016-01-14任)

数字化城市管理监督指挥中心

主　任　常剑忠(至2016-10-31)

蔡吉圣(2016-10-31任)

副主任　纪广田

王茂坤

▲城市管理行政执法支队

支队长　孙荣贵

政　委　董同成

交通运输局(挂“港口管理局”牌子)

局　长　王金国

党委书记　王金国

副局长　马庆生

葛立网(至2016-10-31)

刘广宏

李东劲(兼)

张新民(援疆)

黄　铭

李扣其(兼)

徐　馨(挂职,2016-10-31任)

党委副书记　徐朝铭(至2016-12-30)

纪委书记　刘亚明(至2016-09-30)

总工程师　刘　婷(女)

调研员　马庆生(2016-01-14任)

副调研员　胡宁生

刘亚明(2016-10-31任)

曹其平(2016-01-14任)

刘成峰(2016-10-31任)

许建军(2016-12-09任)

港口局局长　马庆生

▲公路管理处(挂“公路路政支队”牌子)

处　长　周进华

路政支队支队长　周进华

▲航道管理处

处　长　孔　元

副处级干部　陆华庆

▲地方海事局

局　长　范友方

副处级干部　张华清

副调研员　钟　翔

▲运输管理处

处　长　申元昌

水利局

局　长　胡正平

副局长　龚荣山(至2016-10-31)

田　波

蔡　浩

包　亚(2016-12-09任)

纪检组长　刘金发

总工程师　钱卫清

调研员　龚荣山(2016-10-31任)

副调研员　丁煜成(至2016-07-01)

徐　丹

朱晓春(2016-01-14任)

▲水利工程建设处

主　任　谢雪锋

副处级干部　张　荣(2016-12-09任)

农业委员会(挂"林业局""水产局""农业机械管理局""农业资源开发局"牌子)

主　任　毛正球

党委书记　毛正球

副主任　邱　江

张国祥(至2016-01-14)

陶进春

徐晓芳(女,至2016-12-01)

胡志鸿(2016-01-14任)

缪玉江

范　琦(2016-12-09任)

纪委书记　陆铁宏

首席兽医官　彭德旺

副调研员　吴建明

王桂宝

吴生岭

商务局

局　长　查学斌(女,至2016-10-25)

何卫东(2016-10-25任)

党委书记　查学斌(女,至2016-09-30)

何卫东(2016-09-30任)

副局长　李来熹(至2016-01-14)

蔡迎春

韩　潮

刘剑波

纪委书记　王明华

调研员　尤正才(2016-12-30提名免职)

副调研员　李来熹(2016-01-14任)

沈志敏(至2016-12-09)

杨　俊(2016-12-09任)

▲国际贸易促进委员会泰州市支会(挂"中国国际商会泰州商会"牌子)

会　长　孙远举(至2016-01-14)

唐　驰(2016-01-14任)

副调研员　孙远举(2016-01-14任)

文化广电新闻出版局(挂"文物局"牌子)

局　长　陈士宏(至2016-10-25)

钱建网(2016-10-25任)

党委书记　陈士宏(至2016-09-30)

钱建网(2016-10-15任)

副局长　陈扣喜(正处级,至2016-10-31)

杨延慧(女,2016-12-30提名免职)

江晓琴(女)

曹家为

黄正良(2016-12-09任)

纪委书记　蒋善坤

副调研员　韩登明

杨松杰

刘鸿林

卫生和计划生育委员会

主　任　徐洪涛

党委书记　徐洪涛

副主任　黄立红(女)

周卫兵

杨建国

翟德祥

孙正太

党委副书记　樊明书(至2016-09-30)

纪委书记　王　权

副调研员　樊明书(2016-10-31任)

陈园桃(至2016-10-31)

毛　跃

徐志明(女)

姚东社(至2016-01-14)

段义峰

吕海涛

▲疾病预防控制中心

主　任　杨建国

▲卫生监督所

所　长　孙正太

副调研员　杜　江(2016-12-09任)

审计局

局　长　刘汉秋(女)

党组书记　方　捷

副局长　叶　兵

张连璋

顾　军(女)

于　飞

纪检组长　刘卫国(至2016-09-30)

总审计师　孙宏伟

副调研员　刘卫国(2016-10-31任)

苏桂发

胡荣甫(至2016-12-09)

环境保护局

局　长　钱　忠

党委书记　钱　忠

副局长　徐　兵(至2016-10-31)

何如松

吴建伟

童　宁(女)

党委副书记　徐　兵(至2016-10-15)

纪委书记　史　卫

总工程师　陈玉琴(女)

副调研员　黄卫东
汤文奎（至2016-09-13）
吉登亮

▲环境监察局（挂“省环境监察局苏中分局牌子”）

局　长　张建军
副处级干部　徐志明

体育局

局　长　陈学东
副局长　徐　刚
樊　蓉（女）
王学标
洪　澄
纪检组长　顾贤卫
调研员　潘　强
副处级干部　周桂森
副调研员　秦国梁

统计局

局　长　傅　升
副局长　钱跃明（至2016-01-14）
徐　龙
戴国平
黄　斌（2016-01-14任）
纪检组长　周根成

工商行政管理局

局　长　蔡忠云（至2016-10-25）
孙　群（2016-10-25任）
副局长　李友胜（正处级）
张士林（2016-07-19任）
许德和（至2016-10-31）
张汉刚（至2016-05-27）
王万新（正处级，至2016-07-19）
唐龙础
于世生（2016-12-09任）
吴建峰（挂职）
纪检组长　杨基全
调研员　蔡忠云（2016-10-31任）
副调研员　许德和（2016-10-31任）
殷新可
李亚平
葛　琪

质量技术监督局

局　长　顾维中
副局长　江　峰（正处级）
王　坚
王建春
朱　化
纪检组长　张建强
副调研员　王安民
王九云
张　勇

安全生产监督管理局

局　长　陈忙耕
副局长　吴卫宁
张连华（至2016-10-31）
李　濮
华正迁
纪检组长　汪亚强
副调研员　张连华（2016-10-31任）
曹爱民

▲安全生产监察支队

支队长　刘红官

食品药品监督管理局

局　长　赵云燕（女）
副局长　许爱庆
翟耀华
李　萍（女）
沈洪喜（正处级）
纪检组长　刘金祥（至2016-05-10）
调研员　陈关华（至2016-05-27）
副处级干部　刘　露
副调研员　翟华兵
刘金祥（2016-05-27任）

旅游局

局　长　张　涛
副局长　季　彬
申　强（2016-01-14任）
许　晶
王立新
赵　忠

粮食局

局　长　刘金山
党委书记　刘金山
副局长　周书清（至2016-07-19）
王金明（至2016-10-31）
胡志鸿（至2016-01-14）
陈文炉（2016-01-14任）
纪委书记　凌云志
副调研员　王金明（2016-10-31任）
陈志明（至2016-01-14）
戴道友

信访局

局　长　姜文湘
副局长　常爱国
成玉贯（至2016-01-14）

卞德才(2016-01-14任)
于春祥(2016-12-01任)
李 明(2016-12-09任)
信访督查专员 卞德才(至2016-01-14)
王贵绪
周旺根(2016-05-27任)
谢凤友(2016-12-09任)
调研员 李洪喜
王长龙

民族宗教事务局

局 长 孙 琦
副局长 殷荣领
杨爱明
叶少华
调研员 张卫平

民防局(挂"人民防空办公室"牌子)

局 长 周宏进(至2016-10-25)
王根余(2016-10-25任)
副局长 戈 琦(至2016-01-14)
马生荣
刘俊雄(正处级)
高 宏(2016-01-14任)
王一平
纪检组长 杨宝龙
人民防空办公室主任 周宏进(至2016-10-31)
王根余(2016-10-31任)
调研员 周宏进(2016-10-31任)
副调研员 王强国

机关事务管理局

局 长 封新华
副局长 王 平
陈文炉(至2016-01-14)
王如铭
潘智民
纪检组长 朱马鸿
总工程师 秦金平
副调研员 王 群(至2016-10-31)
张红保(2016-12-01任)
刘小东(2016-12-09任)

市人民政府法制办公室

主 任 杨 歆
副主任 施志斌
丁正林
沙文高

▲仲裁委秘书处

秘书长 刘春档

市人民政府外事侨务办公室(挂"市人民政府港澳事务办公室"牌子)

主 任 张 坤(至2016-05-31)
何 军(2016-08-30任)
副主任 吴建华(至2016-01-14)
华生新(至2016-01-14)
王 强
张聿晗(女)
魏杰钢(2016-12-09任)
纪检组长 王卫兵
调研员 杨明良
副调研员 华生新(2016-01-14任)

金融工作办公室

主 任 李龙根(至2016-05-27)
陈锋剑(2016-05-27任)
副主任 张宇明
李金兵(挂职,2016-10-31任)
张健羽(2016-10-31任)

物价局(为发展和改革委员会挂牌单位)

局 长 杨 勇
副局长 王京校
杨建国
王学军
吐尔逊买买提·艾山(挂职,2016-07-01任,至2016-09-30)
纪检组长 吴正涛
副调研员 乔志林
丁 松

▲物价局检查分局

副处级干部 魏文灿

政务服务管理办公室(挂"政务服务中心"牌子)

主 任 孔德峰(至2016-07-19)
任国平(2016-07-19任)
副主任 陈海俊
纪检组长 瞿玉金(2016-05-10任)
副调研员 金步高

▲公共资源交易中心

主 任 陈长明

供销合作总社

主 任 孙建国(至2016-08-26)
周书清(2016-08-26任)
副主任 赵宏勋
顾 建
许国兵
纪检组长 何飞跃
调研员 孙建国(2016-08-26任)
副调研员 李金鸿

李晓荣

地震局

局　长　李留根(2016-01-14任,2016-03-13去世)

陈扣喜(2016-10-31任)

副局长　陈靖云

刘秀泰

调研员　钱　鸣

副调研员　吴泰中(至2016-02-26)

▲住房公积金管理中心

主　任　匡章斌

江苏省现代农业综合开发示范区管理委员会("市委现代农业综合开发示范区工作委员会""红旗良种场"与其合署)

主　任　黄宗岳

工委书记　黄宗岳

副主任　张　彧

柏长春

柳林景

朱明华

工委副书记　张　彧

纪工委书记　张国武

调研员　姜文盛(至2016-10-31)

副处级干部　王根林

副调研员　唐正勇

凤城河风景区管理委员会

主　任　张　涛

副主任　赵幼林

李　良

高　晔

王　蕾(女)

纪检组长　薛如耀

火车站街区管理委员会

主　任　李东劲

工委书记　李东劲

副主任　许时阳

副调研员　高　健

严文忠

周山河街区管理委员会("市委周山河街区工作委员会"与其合署)

书　记　陈　林

副主任　许立新

丁银存

翟荣明

黄礼群

人民医院

党委书记　黄俊星

院　长　朱　莉(女)

党委副书记　朱　莉(女)

商继华

副院长　商继华

孔旭辉

桂　春

吴　健

纪委书记　顾成兴

副调研员　秦晓虹(女,至2016-02-26)

丁　蔚

人民医院医疗集团副总经理　商继华

王　彬

▲中医院

院　长　王　华

党委书记　王　华

技师学院

院　长　谷少平(至2016-01-14)

冯广振(2016-01-14任)

党委书记　冯广振

副院长　王一平

翁　平

党委副书记　朱必燕

副调研员　林　森

省农科院泰州农科所

党委书记　毛正球

所　长　焦庆清

党委副书记　焦庆清

副所长　秦晓平

张培通

城市建设投资集团有限公司

董事长　蒋爱民

总经理　蒋爱民

副总经理　程小平

泰政交通投资有限公司

董事长　黄金荣

总经理　黄金荣(至2016-05-27)

许向前(2016-05-27任)

建业投资建设集团公司

董事长　徐兴海

总经理　徐兴海

凤城国资控股有限公司

董事长　朱建和

总经理　朱建和

副总经理　王有广

张九龙

泰州市委医药高新技术产业开发区工作委员会、泰州医药高新技术产业开发区管理委员会

书　记　陆春云

主　任　吴　跃
副书记　吴　跃
　　　　王　越(挂职)
　　　　严晓明
副主任　刘正源(至2016-05-27)
　　　　刘玉平
　　　　方　针
　　　　赵旭晴(至2016-10-31)
　　　　李金兵(2016-10-31任)
正处级干部　刘正源(2016-05-27任)
纪工委书记　韩成龙
副书记　刘　鹏(2016-07-04任)
　　　　张明俊
人大工委主任　任志强
政法委书记　任志强
副调研员　高明岗
组织部部长　钱建网(至2016-10-15)
　　　　　　葛立网(2016-10-15任)
宣传部部长　王晓梅(女,至2016-02-19)
　　　　　　陈　磊(2016-10-15任)
法院院长　朱建华(至2016-10-25)
　　　　　胡欣荣(女,2016-10-25任)
党组书记　朱建华(正处级)
检察院检察长　何建明
副处级干部　朱德富
　　　　　　杨金霞(女,2016-11-15任)
党政办公室主任　陈　磊(至2016-10-31)
　　　　　　　　赵荣林(2016-10-31任)
发展改革委主任　丁建中(2016-01-14免,保留副处级)
　　　　　　　　王　届(2016-01-14任,2016-10-19立案调查)
科技教育局局长　何　杰
公安分局局长　赵旭晴(至2016-10-31)
　　　　　　　孙桂银(2016-10-31任)
政　委　费志民(至2016-10-31)
住房建设局局长　朱叶青
财政局局长　周同山
人力资源社会保障局局长　王　敏
卫生局局长　邵　骅(女,2016-01-14任,至2016-12-09)
监察局局长　刘　鹏
市场监管局局长　孙　静(女)
政务服务管理办公室主任　吴　诗

泰州医药高新技术产业园区管理委员会(“市委医药高新技术产业园区工作委员会”与其合署)

书　记　陆春云
主　任　吴　跃
副书记　吴　翔
副主任　吴　翔
　　　　史献锌
　　　　耿晓利(至2016-02-26)
　　　　周继红
　　　　王琳琳(女,挂职)
　　　　秦晓瑞(2016-02-26任)
纪工委书记　徐永千

泰州经济开发区管理委员会(“市委经济开发区工作委员会”与其合署)

书　记　方　针
主　任　方　针
副书记　霍雨霞
副主任　霍雨霞
　　　　潘爱民(女)
　　　　王昌林
　　　　华晓明
　　　　朱桂五
　　　　张银宝
　　　　高国庆(挂职)
纪工委书记　周　杰

出口加工区管理委员会

主　任　潘爱民(女)
副主任　严春荣(2016-01-14任)

高等教育园区管理委员会

主　任　章　涛
副主任　包晓敏(2016-11-10立案调查)
　　　　左有民
　　　　陈　正
纪检组长　祝灯山

▲数据产业园区管理委员会

书　记　刘玉平(2016-07-04任)
主　任　刘玉平(至2016-07-19)
　　　　魏昌东(2016-07-19任)
副处级干部　黄　亮(2016-12-09任)

▲滨江工业园区管理委员会

书　记　方　针
主　任　潘小泉

地方协管部门(单位)

泰州市国家安全局

局　长　沙　滨
党委书记　沙　滨
政　委　史祯晶(2016-10-11任)
纪委书记　吴高龙
副局长　陆　伟
　　　　王晓军(2016-05-10任)

政治部主任　吴高龙

江苏省泰州市国家税务局

局　长　陈步龙(至2016-03-31)
　　　　王新业(2016-03-31任)
副局长　王昌银
　　　　彭祖光
　　　　邱俊华
　　　　周曙东(至2016-03-31)
总经济师　艾永美(女)
纪检组长　陈晨阳(女)
总会计师　王平生
副调研员　王申筛(至2016-09-20)
　　　　　顾学群
　　　　　朱鹏亚

江苏省泰州地方税务局

局　长　余元原(至2016-08-19)
　　　　徐祖跃(2016-11-03任)
副局长　毛祥林
　　　　万小春
　　　　吉秋根
纪检组长　陈　宏(女)
总会计师　冯健男
总经济师　李　进
副调研员　马秋明(至2016-08-04)
　　　　　李　强

中华人民共和国泰州出入境检验检疫局

局　长　鞠德群
副局长　刘　进(2016-09-29任)
　　　　崔　鸿
　　　　谢　群
纪检组长　单衡明(至2016-09-29)
调研员　朱　平
　　　　沈学友
副调研员　刘晓明(至2016-03-18)
　　　　　刘建国
　　　　　金长泰

中国人民银行泰州市中心支行

行　长　谢　宁
党委书记　谢　宁
副行长　顾玉清
　　　　褚应前(女)
　　　　姚金楼
工会主任　陈旭之
纪委书记　刘艳霞(女)

中国银行业监督管理委员会泰州监管分局

局　长　陈惠莲(女,至2016-06-01)
　　　　胡　宏(2016-06-01任)
党委书记　陈惠莲(女,至2016-06-01)
　　　　　胡　宏(2016-06-01任)
副局长　谢　飞(2016-08-11任)
　　　　刘维民
　　　　陈　洪(至2016-02-26)
纪委书记　朱群英(女)
副调研员　李　明(至2016-02-26)

中国工商银行股份有限公司泰州分行

行　长　陈　阳
党委书记　陈　阳
副行长　王春荣(至2016-12-25)
　　　　李　杰
　　　　周仕俊
　　　　钱　敏(女)
　　　　王　忠
党委副书记　李　杰(2016-12-25任)
纪委书记　王春荣(至2016-06-20)
　　　　　王春松(2016-08-10任)
行长助理　商　凯(2016-08-22任)
资深经理　王春荣(2016-12-25任)
高级经理　陈文玉(女)

中国建设银行股份有限公司泰州分行

行　长　马　新(至2016-04-22)
　　　　陆　滨(2016-04-22任)
党委书记　马　新(至2016-03-18)
　　　　　陆　滨(2016-03-18任)
副行长　闫道祥
　　　　翁　颖
　　　　刘汉文(2016-10-27任)
　　　　陈　峰(挂职,2016-01-18任)
党委副书记　闫道祥
纪委书记　田振林
合规官　赵　强(2016-10-27任)

中国银行股份有限公司泰州分行

行　长　王恩福
纪委书记　郭锡均
副行长　邵永平
　　　　石海港
　　　　卞大军
风险总监　章　宇

中国农业银行泰州市分行

行　长　汪　洋
党委书记　汪　洋
副行长　孙　影
　　　　孙　建
　　　　黄翔林(至2016-10-17)
　　　　顾俊飞

王　炜(2016-10-17任)
纪委书记　孙　影
副调研员　王全达
黄翔林(2016-10-17任)

中国农业发展银行泰州市分行

行　长　汪建青(至2016-02-24)
徐　睿(2016-02-24任)
党委书记　汪建青(至2016-02-24)
徐　睿(2016-02-24任)
副行长　陈履庭
范建芳(女)
纪委书记　陈履庭

交通银行泰州分行

行　长　於　亮
党委书记　於　亮
副行长　叶齐芝(女,至2016-11-30)
陈荣璜
徐江萍(女,2016-11-30任)
李炎军(至2016-05-31)
孙光宇(2016-06-04任)
纪委书记　李炎军(至2016-05-05)
行长助理　束　东

中信银行泰州分行

行　长　丁峥嵘(至2016-01-27)
顾玉震(2016-02-01任)
党委书记　丁峥嵘(至2016-01-27)
顾玉震(2016-02-01任)
副行长　袁志勇
纪委书记　朱欣百(2016-02-04任)
专　员　冒晓玲(女)
行长助理　袁　星(至2016-11-18)
宦文锋
朱欣百
杭　江(女,2016-01-13任)

中国人民财产保险股份有限公司泰州市分公司

总经理　王晓文
党委书记　王晓文
副总经理　丁　波
田　彪
许如宏(2016-05-11任)
总经理助理　许如宏(至2016-05-11)
副调研员　夏中淮

中国人寿保险股份有限公司泰州市分公司

总经理　许　震(2016-09-27任)
副总经理　许　震(主持工作,至2016-09-27)
郑杰民(至2016-09-20)
许惠彤(至2016-09-20)
赵珏云(2016-09-20任)
廖卫兵
纪委书记　郑杰民(至2016-09-20)
总经理助理　李　俊
刘智章(2016-09-27任)
调研员　朱　彤
范刘月

中国电信股份有限公司泰州分公司

总经理　王　海
党委书记　王　海
副总经理　包志凯
邵亚红(女)
张建齐
纪委书记　包志凯
工会主席　邵亚红(女)

中国邮政集团公司泰州市分公司

总经理　王承东(至2016-02-23)
俞泽昕(2016-02-23任)
党委书记　王承东(至2016-02-23)
俞泽昕(2016-02-23任)
副总经理　仇小甫
郁云桥(至2016-05-17)
马兴军(2016-05-17任)
李　强(2016-05-17任)
纪委书记　仇小甫
工会主席　仇小甫

中国移动通信集团江苏有限公司泰州分公司

总经理　陈冬生
党委书记　陈冬生
副总经理　朱　烨(2016-05-01任)
总经理助理　朱　烨(至2016-05-01)
薄　斐
姜田先
纪委书记　朱　烨
工会主席　薄　斐

中国联通有限公司泰州分公司

总经理　刘剑桥(至2016-01-05)
陈宜进(2016-01-05任)
党委书记　刘剑桥(至2016-01-05)
陈宜进(2016-01-05任)
副总经理　陈庆荣
邵振锋
顾　炼
工会主席　杨　帆(至2016-01-05)

国网江苏省电力公司泰州供电公司

总经理　吴　争

党委书记　张天培(2016-05-30任)
副总经理　张天培(2016-02-22任)
　　杨善高(至2016-02-22)
　　俞春华(至2016-02-22)
　　范正满(2016-02-22任)
　　姚　军(女)
　　季昆玉
工会主席　胡亚山
纪委书记　郑祥华
调研员(正处级)　宋建华

泰州市气象局

局　长　严迎春(2016-05-16任)
副局长　严迎春(至2016-05-16)
　　夏金元
纪检组长　秦士春

江苏省泰州市烟草专卖局(公司)

局　长　余　彪
经　理　余　彪
副经理　赵宏贵
副局长　张礼伯
纪检组长　朱玉乔

泰州市盐务管理局(江苏省苏盐连锁有限公司泰州分公司)

副总经理　周律刚(主持工作)
　　王继兴(至2016-01-18)
　　张　军(至2016-01-18)
　　郭建森(挂职)
党委书记　王继兴(至2016-01-18)
副局长　周律刚(主持工作)
　　张　军(至2016-01-18)
纪委书记　王继兴(至2016-01-18)
工会主席　王继兴(至2016-01-18)

中华人民共和国泰州海关

关　长　林伟东
党组副书记、调研员　周　斌
副关长　秦敬兵
　　陈道亮
　　李　健
缉私分局局长　秦敬兵
南京海关驻泰州海关副处级纪检监察特派员　史学林

中华人民共和国泰州海事局

局　长　王　林(2016-03-31任)
政　委　黄　梅(女,2016-06-29任)
副局长　赵忠飞(至2016-03-28)
　　陈华文
　　陈建新
　　彭树林(2016-03-28任)
纪检组长　黄　梅(女,2016-06-29任)

江苏省泰州引江河管理处

主　任　张加雪
党委书记　张加雪
副主任　钱福军(至2016-06-19)
　　徐　明
　　张桂荣
　　王雪芳(女,至2016-08-30)
　　陈建标(2016-04-27任)
　　赵林章(2016-09-26任)
纪委书记　黄亚明
总工程师　徐铁涛(至2016-05-30)

江苏林海动力机械集团公司(林海股份有限公司、苏美达林海有限公司)

董事长　孙　峰(兼)
党委书记　周光军
总经理　潘国庆
副总经理　陈文龙
　　黄文军
董　事　王三太
党委副书记　卢中华
纪委书记　卢中华
总工程师　高　峰

泰州石油化工有限责任公司

总经理　刘居宝
党委书记　曹汉中
副总经理　曹汉中
　　沈　艺
　　宋双明(2016-07-08任)
党委副书记　林华光
纪委书记　林华光
总会计师　王安宁
工会主席　林华光
调研员　赵志远

中国石化销售有限公司江苏泰州石油分公司

经　理　俞桂林(至2016-11-14)
　　易思安(2016-11-14任)
党委书记　刘照江
党委副书记　俞桂林(至2016-11-14)
副经理　刘照江
　　张献明
　　黄晓梅(女)
纪委书记　刘照江
副处级调研员　高杰礼
　　薛　卫

国电泰州发电有限公司

总经理　杨宏强(至2016-11-09)

陈旭伟(2016-11-09任)
党委书记　高瑞斌
党委副书记　杨宏强(至2016-11-09)
陈旭伟(2016-11-09任)
副总经理　高瑞斌
侯海宏
马骏驰
王　强
王益民
张苏阅(2016-02-01任,至2016-12-19)
蒋欣军(2016-12-19任)
纪委书记　陈　鹏(至2016-11-09)
颜小剑(2016-11-09任)
工会主席　王　强
总工程师　张苏阅(至2016-02-01)
总会计师　王益民(至2016-04-28)
卢　迅(2016-04-28任)
调研员　蒋启红

国家统计局泰州调查队

队　长　申炳龙(至2016-08-22)
副队长　李　越(女,2016-08-22主持工作)
崔国祥(至2016-07-08)
王　成(2016-10-13任)
纪检组长　顾德富

江苏泰州农村商业银行股份有限公司

董事长　袁　军
行　长　赵　波(至2016-11-03)
李佳发(2016-11-03任)
党委书记　袁　军
党委副书记　赵　波(至2016-11-03)
李佳发(2016-11-03任)
副董事长　赵　波(至2016-11-03)
监事长　丁圣海
副行长　吴亚平
崔步成(至2016-02-23)
姜跃华(女)
张　杰(2016-02-23任)
丁　胜(2016-02-23任)
纪委书记　丁圣海
工会主席　姜跃华(女,至2016-11-24)
吴亚平(2016-11-24任)

省信用再担保公司泰州分公司

总经理　许　正

中国铁塔股份有限公司泰州市分公司

总经理　丁　静
党委书记　丁　静(2016-09-08任)
副总经理　袁国安
纪委书记　袁国安(2016-09-08任)

泰州市邮政管理局

局　长　李扣其
副局长　邰红兵
纪检组长　邰红兵

中国人民政治协商会议泰州市委员会

主　席　王守法
副主席　刘　励
王　东
姚社成
黄立红(女)
仲建生
奚爱国
董　勤(女)
蔡德熙
陆晓声(2016-01-19任)
党组书记　王守法
党组副书记　王　东(2016-01-14任)
党组成员　王　东
仲建生
蔡德熙
陆晓声(2016-01-22任)
田　军

四届政协常委(按姓氏笔画排序):

丁　南(女)　王　考　王　林
王丹妮(女)　王荣其　王临生
王晓洪(女)　毛雨华　卞新峰
尹愚夫　叶章华　包国芳(女)
冯亚强
邢秀华(2016-01-19任,2016-12-02去世)
刘士钢　刘汉秋(女)　刘金桂
孙佳玲(女)　孙靓靓(女)　杨　达
杨　健　杨世民　杨延慧(女)
李卫星(女)　李相林　吴建华
何　杰　沈伟勇　张亚林
张颖峰　陆中一　陈来新
邵　骅(女)　季春芳(女)　竺大明
周正青　封立群　姜建国
姚鹤逵　顾　勤(女)　顾宁成
顾永伯　徐晓芳(女)　唐勇兵
黄　勇　黄红华(女)　曹宏源
彭国良　蒋建华(2016-01-19任)
蒋建林　程秋喜　焦建华

褚平忠　　缪云忠　　潘林元
薛晨光　　戴庆柳(2016-01-19任)

秘书长　田　军(2016-12-30提名免职)
副秘书长　丁　南(女,2016-12-30提名免职)
吴建华(2016-12-30提名任职)

办公室

主　任　田　军(至2016-12-30)
刘建邦(2016-12-30任)
副主任　王　林(至2016-12-30)
徐　强
李铁军(2016-07-04任)
调研员　田　军(2016-12-30任)
王　林(至2016-12-30)

提案委员会

主　任　沈伟勇(2016-09-30提名免职)
王　林(2016-12-30提名任职)
副主任　陈　铭(女,2016-01-14任)

学习文史联络委员会

主　任　蒋建华(2016-12-30提名免职)
申俊才(2016-12-30提名任职)
副主任　丁　旭
郭　健(2016-11-25提名任职)

经济科技委员会

主　任　王丹妮(女,2016-12-30提名免职)
丁亚明(2016-12-30提名任职)
副主任　樊宝剑(2016-11-15提名任职)
调研员　王丹妮(女,2016-12-30任)

文教卫体委员会

主　任　季春芳(女,2016-12-30提名免职)
蒋建华(2016-12-30提名任职)
副主任　许　佳
黄红华(女,2016-09-30提名任职)
调研员　季春芳(女,2016-12-30任)

社会法制委员会

主　任　季春芳(女,2016-12-30提名免职)
徐国平(2016-12-30提名任职)
副主任　王春满(2016-12-30提名免职)
调研员　王春满(2016-12-30任)
副调研员　王秀华(2016-07-04任)

城乡建设委员会

主　任　蒋建林(2016-12-30提名免职)
徐朝铭(2016-12-30提名任职)
副主任　黄　斌(至2016-01-14)
钱跃明(2016-01-14任)
调研员　蒋建林(2016-12-30任)

港澳台侨委员会

主　任　姚鹤逵(2016-12-30提名免职)
顾永伯(2016-12-30提名任职)
副主任　徐学存
调研员　姚鹤逵(2016-12-30任)

研究室

主　任　王　林(至2016-12-30)

中国共产党泰州市纪律检查委员会

书　记　马士光(至2016-12-06)
汤成快(2016-12-06任)
副书记　缪云忠(至2016-09-24)
刘秋平(女,至2016-09-24)
刘　刚(2016-09-24任)
栾立平
王海波(2016-09-24任)
常　委　马士光(至2016-12-06)
汤成快(2016-12-06任)
缪云忠(至2016-09-24)
刘秋平(女,至2016-09-24)
刘　刚(2016-09-24任)
栾立平
王海波(2016-09-24任)
方　捷(至2016-06-06)
刘青萍(至2016-06-06)
王中庆(女)
于　庆
肖志勇(2016-09-24任)
陆宝存(2016-09-24任)
田春荣(2016-09-24任)
办公室主任　杨益华(至2016-07-04)
朱云桦(女,2016-07-04任)
组织部部长　陆彩鸣
宣传部部长　周焕祥
调查研究室主任　蒋　曦
党风政风监督室主任　王　钟(至2016-06-06)
王德太(2016-06-06任)
信访室主任　田春荣(至2016-10-15)
第一纪检监察室主任　陆宝存(至2016-10-15)
第三纪检监察室主任　顾宝林(至2016-07-04)
第四纪检监察室主任　胡日华
案件审理室主任　金永忠
纪检监察干部监督室主任　王德太(至2016-06-06)
副处级干部　顾宝林(2016-07-04任)

监察局

局　长　缪云忠(至2016-10-25)
　　　　刘　刚(2016-10-25任)
副局长　方　捷(至2016-06-21)
　　　　刘青萍(至2016-06-21)
　　　　王　钟(2016-06-21任)

市委巡视工作联络组办公室

主　任　方　捷(至2016-06-06)
副主任　陆宝存(至2016-10-15)

泰州市中级人民法院

院　长　徐　军(2016-01-21任)
党组书记　徐　军
副院长　纪阿林(正处级)
　　　　冯　毅(正处级)
　　　　任晓龙
　　　　宋亚平(2016-10-25任)
　　　　陈卫兵(2016-10-25任)
纪检组长　张谦恒
政治部主任　刘　瑛(女)
审判委员会专职委员　丁正明
　　　　胡欣荣(女,至2016-10-15)
　　　　褚靖娟(女,2016-10-15任)
　　　　黄和新(挂职,2016-09-30任)
执行局局长　任晓龙
副调研员　徐　林
　　　　吴跃生
　　　　王启华(至2016-05-10)
　　　　谢俊义
　　　　陈燕萍(女)
副处级干部　李建民
　　　　孙江宁
　　　　姜传纲
　　　　戚广银
　　　　王小新
　　　　张鸿顺
　　　　何　鸣
　　　　吴　军
　　　　瞿廷英(女)
　　　　李惠平(女)
　　　　刁志华
　　　　陈茂林
　　　　刘文亚(2016-11-15任)
　　　　田志友(2016-11-15任)
　　　　王家太(2016-11-15任)
　　　　周惠明(2016-11-15任)
　　　　张　军(2016-11-15任)

泰州市人民检察院

检察长　周剑浩(至2016-01-21)
　　　　李　军(2016-01-21任)
副检察长　周裕昌(正处级)
　　　　苍月岚(正处级)
　　　　张　蓉(女)
　　　　陆红梅(女)
　　　　翁亚峰
政治部主任　陈海峰
检查委员会专职委员　蔡红卫
　　　　邹云翔
反贪局局长　翁亚峰(至2016-09-14)
　　　　丁军青(2016-09-14任)
反渎职侵权局局长　郁艳清(女)
调研员　沙建国
正处级干部　李作斌
副调研员　薛利民(女,至2016-11-25)
　　　　刘　军
副处级干部　童连芳
　　　　顾传华
　　　　李文喜
　　　　王太宁(女)
　　　　汤　波
　　　　洪　春
　　　　陈咏梅(女)
　　　　俞　彦
　　　　黄继先
　　　　杨俊彦
　　　　干斐斐(2016-11-15任)
　　　　彭国栋(2016-11-15任)
　　　　周美华(女,2016-11-15任)

民 主 党 派

中国国民党革命委员会泰州市委员会

主任委员　奚爱国
副主任委员　丁　南(女,至2016-11-19)
　　　　丁春华(兼,至2016-11-19)
　　　　朱　玉(兼,至2016-11-19)
　　　　封立群(兼)
　　　　童　宁(女,兼,2016-11-19任)

夏道忠(女,2016-11-19任)
唐卫华(2016-11-19任)
调研员　丁　南(女,2016-12-30任)
副调研员　陈亚明(至2016-11-25)

中国民主同盟泰州市委员会

主任委员　董　勤(女,至2016-11-26)
臧大存(2016-11-26任)
副主任委员　臧大存(兼,至2016-11-26)
王晓洪(女,兼)
徐兴海(兼)
邵　骅(女,兼)
戴金龙(2016-11-26任)
副调研员　王临生(至2016-09-30)

中国民主建国会泰州市委员会

主任委员　邢秀华(2016-12-02去世)
副主任委员　杨　达(兼,至2016-11-26)
薛晨光(兼)
卞赋章(兼)
杨延慧(女,兼,2016-11-26任)
殷红兰(女,2016-11-26任)
副调研员　袁　进

中国农工民主党泰州市委员会

主任委员　黄立红(女)
副主任委员　王　涓(女,兼)
高军业(兼)
汪正九(兼)
杨芙蓉(女,2016-11-26任)
副调研员　黄红华(女,至2016-09-30)

九三学社泰州市委员会

主任委员　潘林元(至2016-11-30)
徐晓芳(女,2016-11-30任)
副主任委员　陈　鼎(兼,至2016-11-30)
俞新农(兼,至2016-11-30)
洪　澄(兼)
卞新峰(兼,2016-11-30任)
何　杰(2016-11-26任)
袁　强(2016-11-26任)
副调研员　魏友圣(2016-07-04任)

社 会 团 体

总工会

主　席　卢佩民
党组书记　马雅斐(女,2016-07-04任)
副主席　申泰州(至2016-03-28)
马雅斐(女,2016-07-28任)
戈　琦(2016-03-28任,2016-12-30提名免职)
杨世民
栾　斌(至2016-03-28)
邱　健(女)
纪检组长　汤日宏
副调研员　张　霖

共青团泰州市委员会

书　记　孙靓靓(女)
副书记　张　晶(女)
殷　俊
翟文周(2016-11-25任)

妇女联合会

主　席　黄海燕(女)
党组书记　黄海燕(女)
副主席　包国芳(女,至2016-05-10)
黄云平(女,2016-01-15任)
唐银华(女)
副调研员　吴秋娣(女)
董赛昭(女)

文学艺术界联合会

主　席　刘仁前
副主席　丁新吾(兼)
万　琳(女,兼)
刘秀兰(女,兼)
李晏墅(兼)
曹家为(兼)
翟　明(兼)

科学技术协会

主　席　竺大明(至2016-11-18)
杨国华(2016-11-18任)
副主席　谷少平(2016-01-29任)
姚洪生
朱红灿
何新国(兼)
王亚明(兼)
王本富(兼,2016-11-18任)
邱　江(兼)
董　健(兼,至2016-11-18)
封留才(兼,2016-11-18任)
王三太(兼)
费　翔(兼)
郭冬梅(女,兼)
调研员　竺大明(2016-11-18任)
副调研员　陈　波

哲学社会科学界联合会

主　席　倪郭明
党组书记　黄林华

副主席　窦立成
曹宝林
陈方根(兼)
贾　拓(兼)
郭宁生(兼)
王　龙(兼)
魏桂军(兼)
正处级干部　潘时常

归国华侨联合会

主　席　顾永伯
副主席　吴　焱(女)
陈　妍(女,兼)
吉江平(女,兼)
宗义正(兼)
副调研员　宗　斌(2016-11-25任)

残疾人联合会

名誉主席　史立军(至2016-11-25)
卢佩民(2016-11-25任)
主　席　陈明冠
副主席　奚爱国
周天云
邹　晶
王明根
叶海波
蔡德熙
徐洪涛
佘元原(至2016-08-19)
封红年
理事长　邹　晶
副理事长　蒋金林
唐　驰(至2016-02-03)
薛明生(2016-02-03任)
封红年
副调研员　窦国荣

红十字会

名誉会长　蓝绍敏
陆志鹏(至2016-01-13)
会　长　王学锋(女)
副会长　周　平(正处级)
梅有宏
李进强(2016-11-25提名任职)
兼职副会长　刘宏鸣
程秋喜
王海波
王　考
徐洪涛
刘建邦
张　涛
王晓梅(女)
孙　平
叶跃华

工商业联合会(挂“泰州商会”牌子)

主　席　姚社成
党组书记　戴庆柳
副主席　戴庆柳(兼)
卢均一
刘春堂
于　勇
陈文涛(兼)
丁　鑫(兼)
王秀荣(兼)
刘士钢(兼)
陆　军(兼)
刘荣富(兼)
郑红卫(兼)
殷爱国(兼)
周才炳(兼)
戴香玲(女,兼)
刘宇宏(兼)
赵　良(兼)
傅培锋(兼)
徐　杰(兼)
副调研员　朱于才(2016-07-04任)

人民解放军、武警部队

中国人民解放军江苏省泰州军分区

司令员　李国强
政　委　张志洋
副司令员　张颖峰
陈从久
参谋长　张颖峰
政治部主任　王晓华
后勤部部长　祁劲松

中国人民解放军江苏省军区教导大队

大队长　周为远(至2016-06-30)
政　委　朱　斌
办公室主任　管晓滨
办公室教员　章继承(至2016-06-30)
一队队长兼教员　肖留峰

中国人民解放军江苏陆军预备役高炮第一师第三团

团　长　陈　霖(至2016-06-01)
政　委　殷海忠

参谋长　陈幼平（至2016-06-01）
　　　　李永春（2016-06-01任）
政治处主任　穆金忠（至2016-06-01）
后勤和装备处处长　束秋明（至2016-06-01）
　　　　　　　　　李志军（2016-06-01任）

中国人民武装警察部队泰州市支队

支队长　刘支援（至2016-04-07）
　　　　张忠辉（2016-04-07任，至2016-06-13）
　　　　戴　勇（2016-06-13任）
政　委　徐恒功
副支队长　袁红刚
副政委　衡中正
参谋长　薛　盛（至2016-04-07）
　　　　晏　龙（2016-04-07任）
政治处主任　费　军
后勤处处长　常　剑

中国人民警察部队泰州市消防支队

支队长　孙德斌（至2016-03-31）
　　　　花　冰（2016-03-31任）
政　委　花　冰（至2016-09-27）
　　　　欧阳叔（2016-09-27任）
副政委　沈禄军
副支队长　奚冠军（至2016-09-27）
　　　　　杨　剑（2016-11-24任）
　　　　　焦　鑫（2016-11-24任）
纪委书记　沈禄军
参谋长　高　健
政治处主任　杨　剑（至2016-11-24）
　　　　　　席爱泉（2016-11-24任）
后勤处处长　张汉诚
防火监督处处长　焦　鑫（至2016-11-24）
　　　　　　　　黄文州（2016-11-24任）

学　校

泰州职业技术学院

党委书记　许书平
院　长　徐庆国
党委副书记　徐庆国
　　　　　　郭冬梅（女，至2016-11-15）
副院长　郭冬梅（女，至2016-12-01）
　　　　钟文乐
　　　　陈宜刚
　　　　陈红秋（2016-12-01任）
纪委书记　慕博华

泰州学院

党委书记　李久生
院　长　温潘亚
党委副书记　温潘亚
　　　　　　田　浩
副院长　田　浩
　　　　孙玲芳
　　　　陈克军（至2016-09-08）
　　　　邓友祥
　　　　王美林
　　　　张曙光
　　　　周建超（2016-09-08任）
纪委书记　潘林珍（女）
副院级调研员　杨淑娟（女）

江苏农牧科技职业学院

党委书记　吉文林
院　长　何正东
党委副书记　何正东
　　　　　　孙　玲（女）
副院长　臧大存
　　　　蒋春茂
　　　　朱善元
　　　　郑　义（女）
纪委书记　孙　玲（女）
江苏省动物医药创制中心主任（副院级）　葛竹兴

江苏省泰州中学

校　长　董　健
党委书记　董　健
副校长　季新明
　　　　夏淑萍（女）
　　　　蔡长春
　　　　王俊鹏
党委副书记　殷荣安
纪委书记　殷荣安

▲江苏省口岸中学

校　长　丁　骏

▲泰州机电高等职业技术学校

校　长　芮新海（至2016-10-31）
　　　　翁光明（2016-10-31任）

注：加“▲”的为副处级机构。

（组织部）

综 述

【概况】2016年，中共泰州市委深入学习贯彻习近平总书记系列重要讲话精神，全面贯彻落实中共十八届六中全会、中央经济工作会议和省第十三次党代会、全省经济工作会议精神，动员全市上下聚力创新、聚焦富民，深入推进三大主题工作，切实加快“四个名城”建设，为高水平全面建成小康社会而努力奋斗。

推进三大主题工作。在思想再解放上，高标准开展“两学一做”学习教育，通过设立“蜗牛奖”、推行“五个激励”、建立容错纠错机制等措施，既“治不正”又“治不为”，营造想干事、能干事、干成事的浓厚氛围。在项目大突破上，形成一手抓招引开工、一手抓竣工达产的项目协调推进机制，全年新开工亿元以上产业项目637个，竣工345个，投产运行270个，迎来项目建设的收获期。在城建新提升上，确立“1234”城建项目布局，“双水绕城”、金融服务区、市人民医院新区医院等一批项目加快推进，泰州职业技术学院、省泰中新校区交付使用，泰镇高速泰州段正式通车，东风路、永定路快速化改造完成。

推进供给侧结构性改革。在全省率先推出“30条重点举措”，系统谋划“1+25”政策文件体系，逐项推进落实。1~11月，规模以上工业产品产量中，生铁产量比上年下降4.6%，粗钢产量下降26.2%；市区房地产去化周期缩短为10.2个月；贷款不良率下降到1.84%，规模以上工业企业负债率同比下降2.69个百分点；降低企业成本45.6亿元，规模以上工业企业亏损额下降53.3%；基础设施、民生保障等“短板”进一步补长。行政审批制度改革成效显著，在全省率先启动个体工商户营业执照、税务登记证“两证合一”改革，率先实施企业登记“五证合一、一照一码”改革。

举办建市20周年系列活动。召开弘扬建市创业精神大会，开展“建市20年万人看泰州”、科学发展20年成就展等系列活动。

组织市县乡党委集中换届。把加强党的领导贯穿换届工作全过程，严格执行中央和省委关于换届工作的各项要求，讲规范、重程序、求实效，换届工作平稳有序、风清气正。

经济社会发展实现重大突破。全年地区生产总值突破4000亿元，高新技术产业产值突破5000亿元，三大主导产业产值突破3000亿元，固定资产投资突破3000亿元，工业技改投资突破1000亿元。全年地区生产总值比上年增长9.5%，一般公共预算收入增长1.6%(同口径增长6%)，居民收入增长8.2%，固定资产投资增长17.4%，规模以上工业增加值增长10.2%，实际到账注册外资增长35.1%。国家现代农业示范区建设成效显著，新型农业经营主体达2.38万家。全国春季农业生产暨森林草原防火工作会议在泰州召开，全市现代农业发展得到国务院副总理汪洋的充分肯定。姜堰区在全国农业改革与建设试点三年总结考核中荣获第一名。生态文明建设取得重要进展，顺利通过国家生态市考核验收。荣获全国“六五”普法先进市、全省综治平安建设先进市，群众安全感持续保持全省前列。荣获全国双拥模范城“四连冠”。

争取国家战略机遇实现重大突破。成功获批金融支持产业转型升级改革创新试验区、长江经济带大健康产业集聚发展试点、国家高标准农田建设试点、海峡两岸(泰州)医药产业合作示范区、国家中医药综合改革试验区和康养旅游示范基地，被规划确定为长三角Ⅱ型大城市。

重点工作的品牌效应实现重大突破。重点工作品牌中的一些特色工作得到省委省政府主要领导以及社会的充分肯定。企业家座谈会制度，两次获得省委书记李强的批示，并在全省推广。"三张券"效应持续放大，全市累计发放科技创新券4.19亿元，撬动企业创新投入近20亿元；发放购房券7273万元，兑付创业券1850万元，全年共引进高层次人才1800多名，各类人才集聚量增长11.24%。"三张券"得到省委省政府主要领导的充分肯定，并在全省各地推广学习。在年底发布的江苏中小企业景气指数中，泰州市的景气指数达108.85，跃居全省第一；2016年中国最佳表现城市中，泰州市居全国第三、全省第一。

高铁等基础设施建设实现重大突破。盐泰锡常宜城际铁路基本确定2017年开工建设，北沿江高铁有望2018年开工建设，再加上泰常过江通道和江阴靖江第二过江通道的推进，泰州有望在"十三五"全面进入"高铁时代"。

（沈　静）

【"两学一做"学习教育】2016年，全市上下深入学习贯彻中央和省委有关要求，从严从实深化"两学一做"学习教育，确保"规定动作做扎实、自选动作有特色"。

探索"党性+"学习模式。以支部为基本单位、以组织生活为基本形式，编发"两学一做口袋书"，开发"两学一做在泰州"APP，开展党章党规系列讲话"3个100条"知识测试。在农村突出"党性+增收技能"，选调200多名专家组建农村讲师团，组织种养大户、"田秀才"等农村实用人才传授技能，市县乡联动举办培训周，引导农村党员争当"致富先锋"。在社区突出"党性+优质服务"，遴选10多名社区书记进行巡讲，推荐100名优秀服务标兵结对1~2个社区，组织"党员中心户"等骨干党员帮带，引导社区党员争当"奉献先锋"。在"两新"组织突出"党性+主体意识"，引导"两新"组织党员争当"岗位先锋"。在机关突出"党性+务实作风"，通过举办"万名党员进党校上党课"、组织服务窗口党员上"心动党课"等形式，引导机关党员争当"服务先锋"。

2016年10月27日，泰州市委举行"两学一做"学习教育推进会

创设"两重一争"系列活动。进一步严格党内组织生活"十项规定"，率先开展党费收缴自查自纠行动，持续加强对软弱涣散基层党组织的整顿。开展"重温入党誓词、重读入党志愿，争做先锋党员"和"亮身份、亮承诺、创一流"活动，采取定期集中过政治生日、设立党员责任区等方式，在党员中争树先锋形象。全面开展"立家规、正家风、严家教"主题活动，宣传推介本土《板桥家书》《何氏家规十则》，组织评选"我最喜爱的家规家训"，引导党员干部修身齐家、培育良好家风。

开展"百组千支"集中督查。针对学习教育面广量大、点多线长的实际，制定落实单位主要负责人"八抓八带头"职责清单，以及农村、社区、机关、"两新"组织和流动党员5个分类指导性意见。强化分层督导，开展"百组千支"集中督查，市县联动组建100个督导组，对党委、基层党支部分别细化6个方面25项和9个方面28项的督导重点。先后开展6轮督查，实现全市15000多个基层党组织全覆盖，共通报整改共性问题40多个。该做法被省委组织部向全省推广。

（组织部）

【社会主义核心价值观宣传教育】召开深化全国文明城市创建动员会、推进会，制定下发《泰州市2016年深化全国文明城市创建工作实施方案》和《泰州市2016年文明城市长效管理考核办法》，坚持开展文明城市长效管理双月测评，实现文明城市创建长效化、常态化。以"美德善行"六大系列活动为总抓手，开展社会主义核心价值观"五进五树"系列活动，推动社会主义核心价值观"进机关、进学校、进企业、进社区（村镇）、进家庭"。开展"晒家训、树家风、传美德"活动。推进"道德讲堂"进基层，全年组织17期"道德讲堂总堂"活动。策划长征胜利80周年纪念活动，开展首届烈士日泰州市新婚夫妇向革命烈士献花活动。广泛开展道德模范、最美人物等先进典型的评选与学习宣传活动，表彰"2015泰州市美德善行十大人物"，全市有7人入选"中国好人"，1人当选省"岗位学雷锋标兵"，2人当选省级"最美人物"，102人当选泰州市"最美人物"。

（宣传部）

·市委办公室工作·

【信息工作】2016年，泰州市委办信息工作围绕市委工作大局，优化服务举措，提升信息服务品质，信息工作取得新成效。省委信息工作考核继续保持全省第一方阵，市内信息主要领导批示占比达到60%以上。

上报信息中被省委采用416条，其中获得领导批示32件次，相关经验在全省党委办公系统信息培训班上进行交流。围绕市委工作大局，先后报送《泰州以新的发展理念力促经济转型升级》《泰州市构建“1+25”政策体系对接“一中心、一基地”建设》等一系列信息，宣传市委在新常态下谋划泰州跨越发展的思路举措。围绕全市亮点特色，报送《泰州市主要领导坚持每月座谈服务中小企业成效显著》《中国医药城成功构建“人才金三角”模式》等信息，其中《泰州市主要领导坚持每月座谈服务中小企业成效显著》获省委书记李强的批示肯定，相关经验在全省推广。围绕工作热点难点，集中报送《泰州全面推进国家中医药综合改革试验区建设》《民营船企企盼公平政策摆脱发展困境》等信息，其中《泰州全面推进国家中医药综合改革试验区建设》获省委书记李强批示支持。

市内信息共编发《工作动态》44期、《选编》38期、《专报》41期、《政策动向》41期，市领导批示58件次，基本实现信息所有载体批示全覆盖。围绕市委全会、党代会以及党政联席会议等，梳理挖掘重点信息，及时向市委领导提供各阶段的重要项目进展、重要决策实施、重要部署落实情况。撰写形成《全市融资性担保行业发展受困》《关于妥善处置“僵尸企业”的调查报告》《聚焦中央环保督察组工作模式及周边省市环保创新做法》《聚焦“特色园区发展”》等专题信息，其中《聚焦中央环保督察组工作模式及周边省市环保创新做法》《聚焦各地“一区多园”发展模式》获市委市政府主要领导批示。对《泰州快报》(工作动态)进行改版，增设“决策参考”“社情民意”栏目，信息批示率提升明显，其中《各界点赞“购房券”政策并提出三点期盼》《建议我市汲取“天价鱼”事件教训》等信息获市领导批示。全年共处理重要紧急信息80多起，重新梳理《突发紧急信息处理流程》，妥善做好《靖江德桥仓储火灾事故》《网络热炒泰州乐叶光伏项目污染》等信息的跟踪处理工作。

【督查督办】2016年，泰州市委督查室贯彻市委主要领导“督查成为推动落实加速器”的要求，发挥党委督查工作职能，创新督查督办举措，顺利完成全年各项督查工作任务。

领导批示件督查。全年向市委主要领导提供部门情况汇报130多篇、专题督查报告30多篇，得到批示32次。

书记信箱办理。坚持“事事有着落，件件有回音”，开展书记信箱办理工作，全年共办理来信800多件。加大督查督办力度，成功化解多起长期投诉的问题，解决一批事关群众切身利益的问题。

专题督查。坚持“领导有批示、有要求，督查第一时间有行动、有反馈”，全年共开展12次专题督查。对解决问题类的督查，采用“深入一线+综合协调”方式，共勘查现场和召开协调会20多次，解决省泰中搬迁等一些迫在眉睫的问题。对落实文件类的督查，采用任务细化、挂图作战、定期报送、联合督查等方式，重点对落实供给侧结构性改革任务开展专项督查，推动“1＋25”文件的出台和30项任务的落实。对经验交流类的督查，采用督查调研、总结推广等方式。

企业座谈会问题督办。对企业反映的问题，坚持第一时间交办，第一时间督办，第一时间解决或解释问题。对交办的问题，明确专人、要求和责任。对短期解决不了的复杂问题，进行长期跟踪督办。开展定期电话回访或不定期现场回访，确保每家企业2次以上的回访。全年共开展企业座谈会交办事项专项督查10次，帮助80多家企业协调解决问题100多件，重点督办解决企业反映的行政处罚过重、弹性过大等问题。省委书记李强年内两次作出批示，要求总结推广泰州企业座谈会制度。

其他督查。全年共配合中央和省委督查组到泰州的7次专题督查，主要有中央环保督察组专项督察、省委书记调研交办事项落实情况、落实中央和省委作风建设规定情况、中央巡视组巡视反馈意见落实情况等。认真履行市“两会”建议提案办理职责，督促各承办单位按时保质完成人大建议和政协提案办理工作，全年共办理人大建议21件、政协提案57件，办复率、见面率和满意率均为100%。

【调查研究工作】2016年，泰州市委研究室共形成调研成果30多篇(自主调研成果8篇)，编发《泰州内参》29期，在省级刊物发稿4篇。围绕市委工作会议、省市党代会、市委重点工作等，确定一批全市重点调研课题。做好市委主要领导确定的贯彻落实省市党代会精神10个重点调研课题的任务分解，启动《泰州“三张券”效果评价及深化路径研究》等课题研究。围绕港口名城建设、泰州特色医疗诊断技术应用、盘活低效闲置资产等进行专题调研，形成《关于泰州建设港口名城的调查与建议》《关于加快特色医疗诊断技术集聚应用的调研报告》《关于盘活低效闲置资产助推项目大突破的调研报告》《“十三五”江苏和各设区市新兴产业规划概况》等调研报告，为市委决策提供参考。针对经济社会发展中的难点、企业群众关注的热点和研究室自身建设等问题，进行深入调研和思考，形成《建议推动民营船企和国有船企待遇的同等化》《妥善解决央企拖欠中小企业货款的建议》《关于改进调查研究工作的调查与建议》等一批“短平快”的调研成果。

【市委党刊工作】2016年，泰州市委党刊《泰州通讯》继续巩固“全国十佳党刊”成果，全年共编辑12期、《泰州通讯》文摘12期；在《江苏通讯》上用稿4篇，用稿量居全省各地级市前列。坚持政治性，开设相关栏目，邀请党政领导、专家学者撰写优质文章，及时传达、宣传、解读上级精神。在《泰州通讯》“泰州要闻”“本刊特稿”“本期聚焦”等栏目，摘登市委重要会议和市领导重要讲话精神，解读市党代会、市委全会精神和重大决策部署。编好《泰州通讯》文摘，开设聚焦李克强总理《政府工作报告》、特色小镇、招商引资等专题专栏。做精市委图片库，建成全市最大、最全、最新的图片库，年末入库图片达3万张，有特约摄影师近30人，每年提供图片的摄影爱好者近100人，为全市开展重大宣传活动提供图片支持。

【文字综合工作】2016年，泰州市委办文字综合工作致力于转变文风、改进作风，全年累计起草市委领导在有关会议和活动上的各类文字材料310多篇。在重要会议方面，起草市第五次党代会和市委四届十次、十一次全会，市委五届二次全会、市四套班子领导务虚会、市委工作会议等会议活动讲话材料。在专题会议方面，起草全市绩效综合考评大会、工业经济和开放创新工作大会、全市特色小镇建设推进会、全市农村工作会议、全市三农工作务虚会、农村基层干部政策培训班、开发园区工作座谈会和工作会议、文化名城建设恳谈会、弘扬建市创业精神大会、项目点评会、安全生产会议、离岸孵化推进会议等专项会议讲话材料。在专项汇报方面，起草个人述职述廉报告、民主生活会材料、大健康产业集聚发展试点方案材料、中央首长回泰州的书记汇报材料、市委主要领导在中组部培训示范班上的发言材料以及省委、省政府主要领导到泰州调研的书记汇报材料等。在其他文稿方面，起草市委主要领导接受中央电视台、《经济日报》《瞭望新闻周刊》《新华日报》等权威媒体采访材料。全年在《江苏通讯》《新华日报》《群众》《党建》等重要刊物发表书记署名文章6篇。

·机要保密接待工作·

【机要工作】2016年，泰州市委机要局围绕市委市政府中心工作，做好通信保障等各项工作。3月，在前中共中央总书记、国家主席胡锦涛到泰州考察期间，提供应急通信驻点服务，圆满完成各项通信保障任务。装备应急通信专用特种手机，启用应急指挥与视频监控系统，提升应急处置能力和服务保障水平。推进电子政务内网建设工作，全面完成中心机房建设和基础网络测评验收。做好电子政务数字证书的维护管理工作，全年累计新制证书151张，延期484张，重签58张。

（沈　静）

【保密工作】2016年，市委保密委员会以全面开启《“十三五”时期泰州市保密事业发展规划实施意见》为主线，继续推进保密“三大管理”，强化保密宣传教育，落实涉密资格、资质审查认证工作规范，组织开展保密管理专项检查，全市保密工作法制化、科学化水平不断提升。

推进定密、网络保密、涉密人员“三大管理”。强化涉密人员的确定分类，在全市范围内组织开展加强涉密人员保密管理工作，制定印发具体实施方案并召开动员部署培训会；召开全市保密局长会议，邀请省局有关专家就涉密人员确定把关标准进行业务辅导；组织各涉密单位填报涉密人员审定表，摸清全市涉密人员确定分类情况。开展涉密网络测评审批工作，加强对全市机关单位涉密网络测评审批工作的督促指导。召开全市涉密网络测评审批工作部署动员会。对市电子政务专网涉密信息系统进行现场测评。参与省保密局科技测评中心现场审查组对全市电子政务专网终端测评工作。

继续推进将保密教育纳入各级党校、行政学院教育计划，年内3期干部培训主体班次均安排保密教育课程。举办军工企业保密技术培训班，对保密资格审查认证和日常保密管理中发现的问题进行有针对性的技术培训和现场演示。开展保密知识宣讲活动，分别在海陵区、医药高新区举办两场保密业务培训，在市国税局、国网泰州供电公司、交通银行泰州分行开展保密知识宣传教育讲座，为市委组织部、市人事局组织的公务员和干部培训班提供保密讲座3次。通过举办“保密法制宣传周”活动、保密征文活动、保密知识竞赛活动以及在《泰州日报》刊登“保密宣传”专版、在电视频道显示保密知识滚动字幕、在机关大楼和户外大型视频播放保密知识视频等多种形式，在全市范围内开展保密法制宣传教育活动。组织全市保密干部共16人参加在青岛国际会展中心举办的保密技术交流大会暨产品博览会。

落实涉密资格、资质审查认证工作规范。为28家申请保密资格的企业提供业务指导服务，帮助企业改进保密管理，组织保密资格现场审核40家次。2016年，全市有28家企业通过省认证委的现场审查并获得保密资格，其中新增保密资格单位20家。有4家定点印制企业通过年审，新增2家新申请定点印制企业。

开展国家秘密载体印制资质单位年审工作，组织专项检查组对全市4家定点印制单位进行现场检查。开展互联网门户网站保密检查，制定实施方案，督促各机关单位开展自查工作；开展保密自查自评工作现场督查，分两批次对36家机关单位开展现场检查，其中16家优秀、20家合格，共检查涉密计算机56台、非涉密计算机125台、涉密移动存储介质23个。开展高、中考保密专项检查，配合市教育局、公安局等部门对各市（区）教育局和考点保密室进行现场检查，共检查标准试卷保密室5个、考点临时保密室13个。对政府门户网站进行日常保密检查，全年共检查860个（次）。

（奚　进）

【接待工作】2016年，泰州市接待办全年共完成接待任务260批、45255人次。其中，警卫任务8批；省部级团组77批、接待省部级以上领导184人；地厅级团组84批，接待地厅级领导846人；其他各类团组80批，接待其他各级随行人员7367人。

年内，先后参与服务和保障中共中央原总书记、国家原主席胡锦涛，中共中央政治局委员、国务院副总理汪洋，全国人大常委会原副委员长桑国卫、盛华仁、陈昌智、蒋树声，全国政协副主席王家瑞等重要领导到泰州视察调研的接待保障任务；参与全国春季农业生产暨森林草原防火工作会议、2016泰台经贸交流合作峰会、市委工作会议、两岸（泰州）健康产业交流合作座谈会、全省推动长江经济带发展工作座谈会、第七届中国（泰州）国际医药博览会、市委五届二次全会等重要经贸活动的后勤接待服务工作；完成省委书记李强、省长石泰峰、省委原书记罗志军等省部级领导到泰州调研的接待任务。先后参与新疆昭苏县党政考察团、新疆伊犁州党政代表团、扬州市党政代表团、拉萨市党政代表团、南通市党政代表团等到泰州考察的后勤接待工作，做好泰州市党政代表团赴宿迁、徐州等地参观考察的后勤服务工作。

重要会议和决策

【泰州市工业经济和开放创新工作大会】2016年2月14日，泰州市工业经济和开放创新工作大会召开。市委书记蓝绍敏出席会议并讲话。会议动员全市上下进一步推进三大主题工作，全面实施创新驱动战略，深入推进供给侧结构性改革，促进工业经济和开放型经济转型升级、持续发展，为谱写“强富美高”新江苏的泰州篇章多作贡献。会上总结交流2015年工业经济和开放创新工作，表彰先进，研究部署2016年主要工作目标和重点任务。

【全市领导干部会议】2016年3月18日，全市领导干部会议召开。会议学习贯彻十二届全国人大四次会议和全国政协十二届四次会议精神。市委书记蓝绍敏就深入贯彻落实“两会”精神，不断推动泰州发展，迎接泰州建市20周年作讲话。

2016年7月23日，全市领导干部会议召开。会议传达学习省委十二届十二次全会精神。市委书记蓝绍敏就确保完成全年目标任务、党委换届工作、党风廉政建设等提出要求，强调全市上下要全面贯彻落实省委全会新精神新要求新部署，坚持以质量效益为中心，不断提高转型与创新的含金量，确保圆满完成全年目标任务，实现“十三五”良好开局，努力使泰州的发展有更高水平、更高质量，更具含金量。

2016年11月24日，全市领导干部会议召开。市委书记蓝绍敏出席会议并讲话，要求全市各地各部门要把学习省第十三次党代会精神作为重要政治任务，全力推动、全面展开，在全省发展新目标新布局中，把握定位、体现作为、贡献力量。市委副书记、市长史立军传达省委书记李强在省第十三次党代会上所作报告的主要精神。市委副书记卢佩民传达省纪委书记蒋卓庆所作省纪委工作报告的主要精神。市委常委、组织部部长张国梁传达省委书记李强在省委十三届一次全会上的讲话精神。

【全市供给侧结构性改革督查推进会】2016年4月26日，全市供给侧结构性改革督查推进会召开。会议贯彻中共十八届五中全会、中央经济工作会议以及全省供给侧结构性改革工作会议精神，对照市委四届十次全会部署要求，督查交流前阶段工作进展，加快推进全市供给侧结构性改革工作。

【市委四届十一次全会】2016年6月23日，市委四届十一次全会召开。按照中央和省委统一部署，泰州市委换届工作将在2016年三季度进行。会上，市委书记蓝绍敏要求从干部标准、发展理念、换届纪律、组织领导4个方面做好换届工作，并指出在泰州建市20周年之际做好市委换届工作对泰州发展具有特殊和重要意义。

2016年6月23日，市委四届十一次全会召开

【泰州市庆祝中国共产党成立95周年暨“两学一做”学习交流大会】2016年6月30日，泰州市庆祝中国共产党成立95周年暨“两学一做”学习交流大会召开。大会回顾党的光辉历史，表彰先进典型，交流“两学一做”学习教育体会，动员全市各级党组织和广大共产党员争当先锋

先进。

【市委工作会议】2016年7月11~13日，市委工作会议在靖江召开。会议回顾总结全市上半年工作，研究部署下半年任务，动员全市上下继续奋力推进三大主题工作，加快“四个名城”建设，迎接建市20周年和市第五次党代会的到来。会上，市委书记蓝绍敏就推进三大主题工作、加强供给侧结构性改革、发展为民、党的建设4个方面提出新的要求。会议期间，与会人员就各市区项目建设情况进行项目观摩学习和点评。会议面向全市实况直播，并播放效能建设专题片。

【弘扬建市创业精神大会】2016年8月12日，泰州市召开弘扬建市创业精神大会。会议表彰地级泰州市成立20年来为泰州发展作出重要贡献的20位“新泰州建设功臣”、13位“新泰州建设功臣提名人选”和149位2016年度泰州市劳动模范。市委书记蓝绍敏出席大会并讲话。市委副书记、市长史立军宣读表彰决定。王守法、张爱平、张国梁、卢佩民、倪斌、陆春云、马士光、李国强、高纪明等市四套班子领导与社会各界人士代表一起出席大会。

2016年8月12日，地级泰州市组建20周年之际，泰州市召开弘扬建市创业精神大会

【中共泰州市第五次代表大会】2016年9月21~24日，中国共产党泰州市第五次代表大会召开。市委书记蓝绍敏代表中共泰州市第四届委员会向大会作题为《激发干事创业精气神 提高转型创新含金量 为建设“强富美高”新泰州而团结奋斗》工作报告。市委副书记、市长史立军主持大会。市委常委、纪委书记马士光代表中共泰州市第四届纪律检查委员会作题为《坚持全面从严治党 强化监督执纪问责 为建设“强富美高”新泰州提供坚强纪律保障》的工作报告。会议选举产生中共泰州市第五届委员会委员55名、候补委员10名，市纪委委员35名和出席省第十三次党代会代表35名。

【市委五届一次全会】2016年9月24日，市委五届一次全会召开。会议以无记名投票方式选举蓝绍敏、史立军、卢佩民、张国梁、陆春云、马士光、李国强、常胜梅、杨杰、张余松、李伟为新一届市委常委，选举蓝绍敏为市委书记，选举史立军、卢佩民为市委副书记，通过市纪委五届一次全会的选举结果。会上，市委书记蓝绍敏作题为《步调一致才能胜利》的讲话，对新一届“两委”委员特别是市委领导班子成员提出具体要求。

【“百团千村万企大走访大落实”活动动员大会】2016年12月9日，全市“百团千村万企大走访大落实”活动动员大会召开。会议以“助力发展解难题、聚焦富民补短板”为主题，采用电视直播形式。市委书记蓝绍敏在会上强调，广大党员干部必须始终干在实处、走在前列，勇做“两聚一高”的实干家、带头人，勇做“大走访大落实”的担当者、急先锋，交出忠诚于党、造福人民、引领创新的时代答卷。市委副书记、市长史立军主持会议并要求各市（区）迅速成立“百团千村万企大走访大落实”活动相应领导和工作机构，实现高效运转。市委常委、组织部部长、统战部部长张国梁作具体工作部署。

【市四套班子领导务虚会】2016年12月14~15日，市四套班子领导务虚会召开。会议总结2016年度发展成绩和经验，研究谋划2017年发展思路。市委常委，市人大、政协主要领导，市政府副市长就分管工作作交流发言，就全局性工作提出意见和建议。

【市委五届二次全会】2016年12月29日，市委五届二次全会在姜堰区召开。会议深入学习贯彻习近平总书记系列重要讲话精神，全面贯彻落实中共十八届六中全会、中央经济工作会议和省党代会、全省经济工作会议精神，总结2016年工作，研究部署2017年任务，动员全市上下聚力创新、聚焦富民，深入推进三大主题工作，切实加快“四个名城”建设，为高水平全面建成小康社会而努力奋斗。市委书记蓝绍敏作题为《全力打好“聚力创新、聚焦富民”主攻仗，向着高水平全面建成小康社会奋力前进》工作报告。市委副书记、市长史立军作小结讲话并部署工作。会议通过大会《决议》。全体与会人员观看作风建设专题片。靖江市、泰兴市、兴化市、海陵区、高港区、姜堰区和医药高新区作交流发言。

【全市综合绩效管理暨项目大突破奖励大会】2017年1月24日，全市综合绩效管理暨项目大突破奖励大会召开。会议总结2016年度全市综合绩效管理和项目大突破工作，动员全市上下学赶先进、创优争先，不断激发干事创业精气神，深入推进三大主题工作，加快“四个名城”建设，全力打造好“聚力创新，聚焦富民”主攻仗，向着高水平全面建成小康社会奋力前进。会议表彰2016年度绩效管理先进市(区)、十佳人民满意机关、十佳服务地方发展单位、机关效能建设先进单位、“改革创新奖”获奖单位、项目大突破招引获奖市(区)、项目大突破招引先进单位和个人等一批先进集体和先进个人。

(沈　静)

组　织　工　作

【概况】2016年,全市组织系统落实全面从严治党要求,深入贯彻习近平总书记系列重要讲话和全国、全省组织部长会议精神,抓大事带全局,抓关键求实效。注重精准施策,推动“两学一做”学习教育真学实做。组织市县乡党委集中换届,换届工作平稳有序、风清气正。统筹推进干部工作、人才工作、基层党建工作和组织部门自身建设,各项工作取得新成绩。至年末,全市有基层党组织15988个,其中党委477个、党总支1340个、党支部14171个。有中共党员287313人,年内新发展党员3743人,其中女性党员1613人,大专及以上党员2446人。

【市县乡村四级换届】将市县乡村四级换届作为全年工作的重中之重,在严格执行各项政策规定、程序规范的同时,坚持前期准备统筹谋划、政策规定统筹制定、人事安排统筹考虑、工作落实统筹推进,加强组织领导,换届工作圆满顺利、风清气正。市县乡领导班子换届期间,未发现违反换届纪律的案例,市(区)和乡镇党委换届风气满意率测评分别为100%和99.8%。

落实“20字”好干部标准,坚持“看德行修养、看工作实绩、看群众评价、看信访举报”,立足全市范围进行统筹配备,确保领导班子“结构硬、功能强”;先后从市级机关部门优选12名处级干部到市(区)任职、6名科级干部到乡镇担任“主官”,10名市(区)党政班子成员充实到市级机关部门;采取无领导小组讨论、座谈“考问”等方式,统筹选配10名“80后”年轻干部。严肃换届纪律,强化换届风气监督,在全省率先建立市县党委常委严肃换届风气联系点,细化落实“五类责任主体”31项责任清单,组织开展“四学四承诺”活动,制定并实施《干部选拔任用风险评估预警办法》;全面推行村党组织换届“风险防控、责任管理”全程督导,排查出47个潜在风险点,督查督导贯穿始终。借鉴巡视工作模式,市委组织部会同市纪委组建6个换届风气专项巡察组,赴6个市(区)开展为期一周的驻点巡察,并随机抽取23个乡镇、22个村进行延伸巡察,相关做法被省委组织部转发推广,省委《快报》《中国组织人事报》等聚焦报道。乡镇党委换届后,及时对新一届班子部署能力建设、状态建设、团队建设、规范建设和作风建设“五个及时跟进”;市(区)党委换届后,围绕“新理念、新班子、新作为”主题,专门举办全市领导干部读书班,市四套班子领导带头参加,重点对市(区)党委班子成员、乡镇(街道)党政正职,以及市级机关部门主要负责人共450多人,进行为期3天的“封闭式”集中培训。

【干部管理】围绕破解新常态下干部工作的难点,坚持“正向激励”与“负向激励”并重,放大创业精神、用人导向、考验交流、容错纠错、绩效考核等“五个激励”效应,激励担当作为、干事创业,着力破解“为官不为”等问题。着力解决认识不清“不想为”的问题。以建市20周年为契机,开展“对标找差、比学赶超”等活动,在全市党员干部中大力弘扬“四个长期”“三个不相信”精神,2016年泰州市多项经济指标增长好于全省、位次前移,其中前三季度地区生产总值增速、固定资产投资增速、高新技术产业投资额增幅、专利授权量增幅,上半年实际利用外资增速,以及江苏省中小企业景气指数等6个指标居全省第一位。着力解决担当足“不敢为”的问题。市委常委会带头发扬“5+2”“白加黑”“今天再晚也是早,明天再早也是晚”的工作作风,每月召开一次党政联席会;在市四套班子成员中开展“比正气、比奉献、比业绩、比担当”活动。修订出台《推进领导干部能上能下激励担当作为干事创业暂行办法》《鼓励改革创新激励干事创业容错纠错实施办法》,促进“能者上、庸者下、劣者汰”。着力解决动力不足“不作为”的问题。倡导“在岗使用是最大的激励、人岗相适是最大的信任”,常态化推进市管干部的上下交流、跨地区跨部门交流,重点对“不想为、不敢为、软作为、不作为”的干部进行考验性交流,共交流干部40多名,交流面占干部调整数的37.8%,其中负向激励的考验性交流占比近20%;完善绩效管理机制,对重点工作“每月一通报、双月一过堂、一季一点评、半年一观摩、一年一述职”,同时推出“蜗牛奖”,直击懒政怠政不作为。

【干部培养】常态化推进干部选学和挂职锻炼。以学习习近平总书记系列重要讲话为重点,在组织公务员网上选学的同时,推进市级机关处级干部“菜单式”选学、科级干部自主选学,着力构建干部选学全覆盖体系,全年共培训干部3960多人次;强化干部实践锻炼,继续选派第13批18名机关干部赴国家部委挂职、选派第12批3名市(区)经济一线负责人到上海浦东新区挂职。围绕“公务员业务能力提升”主题,在市级机关部门(单位)中开展“争当专家型中层干部”活动,所有中层干部完成“四个一”任务,即研学一遍政策文件、选学一本以上专业书籍、撰写一篇调研报告或专业论文、上好一堂业务公开课;围绕城市建设与规划管理、经济建设与项目管理、人事管理3个专题,分批组织130多名中层干部赴浙大、清华、复旦等知名高校进行为期一周的学习进修。继续实施“年轻公务员成长计划”。采取集中教育、主题培训、基层锻炼、岗位轮换等形式，对每年新录用公务员实行三年“滚动式”培养，分别以“基本行为规范”“基本职业素养”“基本领导素养”为主题，突出公文写作、演讲口才、调研策划三项基本功，实行初任培训集中授课、基本功学堂专题辅导、基层轮岗锻炼、读书交流等多种形式的培养锻炼；至2016年末，全市共有1028人纳入“年轻公务员成长计划”，其中2013级368名首批学员于年内结业。

【基层党建】坚持以党建制度改革为统领，探索加强基层党建的思路举措，推动全面从严治党要求向基层延伸、在基层生根，基层党建工作走在全省前列。年初，泰州市委出台“一号文件”，即《关于推动全面从严治党迈上新台阶、为实现“十三五”目标任务提供坚强保证的实施意见》，重点围绕理论武装、组织生活、干部队伍、作风改进、组织建设、纪律规矩、反腐倡廉等方面，明晰“七严七坚持七提升”的目标任务和方法路径；配套制定“一号文件”分工方案，进一步明确时间表、路线图和责任人。聚焦薄弱环节，统筹实施基层党建“十大行动”。结合村“两委”换届，实施农村干部“雁阵培育”“关爱激励”行动，解决基层带头人队伍来源不足、活力不强的问题；以村级“四有一责”建设为抓手，开展“固本强基”“脱贫攻坚”“争先竞赛”和“基础保障”行动，解决集体经济薄弱、基层基础不牢的问题；以“两学一做”学习教育契机，组织“走村结亲”“先锋增色”“服务升级”和“清单管理”行动，解决党员干部先锋模范作用发挥不够充分的问题。落实落细党建责任。在市（区）、乡镇（街道）和市县两级机关部门（单位）等层面，全面推行基层党建“书记项目”“常委项目”，先后建立各级各类党建项目600多个，形成“一级抓一级、一级带一级”的良性互动。

（组织部）

市委常委会专题听取党风廉政建设主体责任述职

宣传思想文化工作

【概况】2016年，全市宣传思想文化系统贯彻中共十八大和十八届三中、四中、五中、六中全会精神以及省第十三次党代会、市第五次党代会精神，宣传思想文化各项工作取得实效。

深化理论武装。把深入学习宣传贯彻习近平总书记系列重要讲话精神作为首要政治任务，通过多种形式，推动全市干部群众进一步树牢“四个意识”、增强“四个自信”。服务市委中心组学习，邀请知名专家做专题报告。进一步加强党委（党组）中心组学习的制度化、规范化建设。依托“百姓名嘴”、志愿宣讲团和理论故事会、百姓大学堂等载体，开展基层宣讲900多场，直接听众30多万人次。组建市委专题宣讲团，努力把党的声音传递到千家万户。精心组织开展全市基层党员冬训，强化构建市、市（区）、乡镇（街道）、村居（社区）四级联动组织推进党员冬训工作的培训格局，共培训基层党员22万人次。

深化意识形态工作。制定下发《关于贯彻落实江苏省委办公厅〈党委（党组）意识形态工作责任制实施细则〉的意见》，建立意识形态领域重大问题责任追究制度，首次把意识形态主体责任落实情况纳入对各级党委（党组）的年度考核。出台《泰州市意识形态领域情况分析研判联席会议制度》，定期召开联席会议，市委常委会专题研究意识形态工作。坚持“谁主管谁负责、谁主办谁负责”和属地管理原则，坚持党管媒体原则不动摇，加强网络传播阵地建设，加强党员干部政治纪律教育，全市意识形态工作平稳有序、向上向好。

强化新闻舆论宣传。突出抓好党中央治国理政新理念、新思想、新战略重大主题宣传。围绕中共十八届六中全会、五大发展理念、“十三五”开局、三大主题工作、“四个名城”建设、“大走访大落实”活动等，策划开展系列重大主题宣传报道。组织建市20周年、泰州国际旅游节、梅兰芳艺术节、医药博览会、微电影大赛等活动的宣传报道，全面展示泰州的新成就、新变化。泰州市广电台投资5000多万元建成全媒体新闻中心，搭建全媒体高清演播室。“我的泰州”APP、“泰州发布”“微泰州”“微泰州政务”“泰州微视听”等主流新媒体的传播力、影响力进一步提升。

全面推动文化建设。推动文化体制改革，建成综合文化服务中心372家，文化建设发展指数居全省首位。创新实施“文化惠民券”工程，完成演出1600多场，惠及群众100多万人次。成功举办2016梅兰芳艺术节、第三届“微影·我们”全国微电影大赛、“郑板桥杯”全国诗词大赛颁奖典礼、“书画频道进万家——走进泰州”等活动。开展“书香泰州”全民阅读活动。举办“美好家园·吉祥泰州”第三届江苏文艺节泰州市广场演出、首届群众文化艺术节等活动，开展群众文艺大创作活动。淮剧《赶鸭子下架》获评文化部全国戏剧剧本孵化计划一类优秀大戏、江苏省舞台艺术精品工程精品剧目。召开第四届全国里下河文学流派研讨会。全面启动“1133”工程，加快发展重点园区、特色产业街区，扶持重点文创企业、文化产业项目创新发展，全市文化产业增加值稳步提升。创成全国首个“中国吉祥文化之乡”，召开吉祥文化产业发展研讨会，致力培育形成具有泰州特色的“吉祥文化”产业集群。

扩大对外宣传。围绕市委市政府重大决策部署、重大会议活动、改革发展成就等，加强与中央、省和境外重点媒体沟通联系，精心策划，在《人民日报》、新华社、中央电视台、《光明日报》等重点媒体推出一批有深度、有影响的宣传报道。中央电视台用片在全国地级市中名列前茅，新华日报头版重要稿件用稿数位居全省第一，江苏卫视用片近千条，进入全省第一方阵。精心组织“泰州太美·发现别样泰州”全国融媒体泰州行活动，相关报道转发达1200多篇，新浪微博相关话题阅读量1633万次。制作城市外宣片、画册、口袋书、微电影等外宣产品，有效提升泰州市的影响力与美誉度。

【庆祝建市20周年系列活动】召开弘扬建市创业精神大会，开展地级泰州市成立20周年成就展、“20年，我们再出发”音诗画表演、“祥泰之州——泰州建市20周年”书画名家名作巡回展、“新泰州建设功臣”评选表彰活动、“万人看泰州”等系列活动，全方位展示建市20年来取得的辉煌成就。

2016年7月24日，全国政协原副主席、中国文联主席孙家正，全国政协原副主席李金华为地级泰州市建立二十周年书画作品展揭幕

【网络舆情引导和管理】加强网络正面宣传和舆情管理。坚持正确的舆论导向，巩固壮大网上主流思想舆论。围绕网民关注的社会热点难点问题，组织属地网评员在重点网站论坛积极跟帖。做好重要时间节点、重大敏感事件的舆情管控工作，严格落实24小时值班制度，整合网络舆情监测力量，做到重大敏感舆情早发现、早研判、早报告、早处置。组织开展“网上清朗专项工程”等多项专项活动。建立全市“一盘棋”的协调处置、联动负责机制。加强各类网络活动的统筹策划，坚持网络意见领袖座谈、重点网站负责人约谈等各项制度，全市网络生态总体向善向好。

【新媒体融合发展】加快新媒体融合步伐，市级层面“一端三微”主流新媒体用户数超过200万，各市（区）主流新媒体用户数100.9万户。其中，“我的泰州”手机客户端用户数突破100万户，全市主流新媒体覆盖面超过全市人口总数的59%。“微泰州”传播力已超过全国99.8%的微信公众号，2016年阅读量超过10万人的文章有105篇，在全国1310个报纸类微信公众号中居第二位。“泰州发布”原创微信条数比上年增长30%，微信公众号关注人数近9.1万人，获“腾讯网”颁发的2016年度江苏省政务微信“亲民互动奖”。

【科学发展观展示馆】泰州科学发展观展示馆位于稻河历史文化街区南面，总建筑面积2万多平方米，由泰州市稻河古街区建设有限公司投资建设，2011年8月竣工开馆，是泰州对外的重要窗口。2016年，展示馆共接待参观团体26879批次，团队人数621211人，街区人流量达1469876人次。

（宣传部）

政法委工作

【概况】2016年，泰州市政法战线贯彻落实中央和省市委决策部署，紧扣争创全省平安建设示范区、法治建设先导区、社会治理样板区“三区”目标，深化平安法治泰州建设“两年行动计划”和“10个全覆盖行动”，推进社会治安综合治理“三张网”建设，群众安全感居全省第三位、连续6年保持全省前列，获评全省综治平安建设先进市和全国“六五”普法先进市。制定江苏省综治信息系统运行管理标准，泰州市律师参与涉法涉诉信访调解工作入选中央政法委专题培训会交流材料，为全省设区市中唯一一家；“双争双创”（争当模范干警创一流队伍、争当示范单位创一流业绩）活动在中央和全省政法队伍建设工作会议上作书面交流。

【服务大局】优化服务举措。围绕服务全市三大主题工作，推出“账单式”服务，为重点企业、项目、客商提供服务事项30项，市县乡三级政法机关领导班子成员“一对一”挂钩服务重点企业（项目）898个，实地走访5576人次，梳理问题1998条，解决事项1349件。

规范市场秩序。集中开展投融资机构风险排查整治、“泰安行动”“打击侵财犯罪质效提升年”等活动，发现存在风险单位196家，涉及非法集资28家，立案侦办非法集资案件15起，配合相关部门查处取缔非法投融资企业139家，成功侦破兴化“5·3”非法买卖枪支配件案、姜堰“5·15”持仿真枪抢劫金店案等大要案件，破获特大跨省制售假冒调味品案件、私设暗管向古马干河偷排化工危废特大环境污染案等民生案件。全市政法机关通过查办案件共避免和挽回经济损失86.3亿元，比2015年增长18.9%。

营造诚信环境。建立“诚信红黑榜”制度，构建守法诚信褒奖和违法失信行为惩戒机制。靖江市出台社会信用体系建设工作考核办法，构建信用体系建设工作激励机制；高港区在政府网站公布“红黑榜”名单，对失信人采取限制高消费、限制出境等信用惩戒措施。开展诚信守法经营企业创建活动，对企业发展状况进行综合评价，建立企业诚信评估体系，全市共发布守信企业200家。市法院制定全国首份诉讼失信行为标准名录，并依托诉讼信用系统查询平台，对541名失信人进行公示，查询平台年访问量19618人次。

【平安泰州建设】全力维护社会政治稳定。开展反恐怖和反邪教斗争，全年共圆满完成全国“两会”、全国春季农业生产暨森林防火工作会议、中共中央原总书记胡锦涛回泰州视察、中共十八届六中全会、省市党代会、医博会等重大活动安保任务53项，全市未发生重大公共安全事件和极端暴力事件，实现重大活动期间“集访零进京、非访零登记”。进京非访量连续8年居全省末位，省驻京信访工作领导小组、省信访局3次向市委市政府发来表扬信，市委市政府主要领导多次作出批示，对全市信访工作成效予以肯定。

加快完善立体化现代社会治安防控体系。贯彻落实“大连会议”精神，严密打防管控措施，有效提升虚拟社会和现实社会的综合防范和打击处置能力。推进技防建设，所有市（县）际治安卡口、城市出入口和警务查报站全部建成具备自动抓拍、比对、报警功能的治安监控，技防乡镇（街道）规范化运行率、技防小区、技防村建设全部达标，110接警区全部通过省技防城验收，视频监控“村村通”实现全覆盖。开展群防群治活动，平安义工队伍不断发展壮大，基本形成“动静结合、攻防兼备、灵敏高效、覆盖全市”的平安义工网络，全市可防性案件明显下降，万人八类刑事案件发案率连续6年全省最低、年度破案率居全省前列，命案连续7年全破（全省地级市唯一），全省社会面巡防工作交流会到泰州进行现场观摩，平安义工队伍经验做法在公安部人力情报会议上作交流发言。

推进矛盾纠纷多元排查化解工作。建立社会稳定形势综合分析研判会议制度，推动社会矛盾纠纷、信访突出问题依法及时化解。加大人民调解力度，调解绩效居全省前列。拓展延伸专业调解组织，在全省率先下发《关于进一步加强行业性专业性人民调解组织规范化建设的意见》，开展医患纠纷人民调解创新体制机制试点工作，市级成立市区医患纠纷矛盾调处服务中心。创新群众议事评理机制，一大批矛盾纠纷在基层得到化解。健全律师参与涉诉矛盾纠纷化解机制，在全省率先将法定途径分类处理信访投诉请求与推行权益保障卡制度相结合，进京非访量连续8年居全省末位，全年信访总量居全省倒数第二位，市委市政府先后3次得到上级部门的通报表扬，全省依法分类处理信访诉求工作现场会在泰州召开，经验做法在全省推广。推行“名人调解”，全市涌现出“郑美琴消费维权工作室”“何健忠服务社”“何芬法官工作室”“朱连调解室”等一批群众信任度高的个人品牌调解室。

加强基层基础建设。探索综治信息系统标准化建设，泰州市综治信息标准成为全省标准，并召开新闻发布会予以发布。制定三级综治中心等级评定办法并在全省转发，中央综治办秘书处及国家标准委在泰州调研时给予充分肯定。

【法治泰州建设】全面推进“七五”普法。制定出台《关于加强领导干部法治教育的意见》等文件，规范普法工作。按照制度化、多层次、全覆盖的思路，实施“精准普法”全流程覆盖工程，经验做法在全省推广。深化“法律六进”，在固定场所开设市级“法治大讲堂”，开展“百场法治宣传班车进社区”“法润凤城·2016春风行动”、首个“泰州市见义勇为宣传日”等活动，全民法治意识普遍提升。推进市县乡村法治文化设施建设，建成全国首个法治文化戏曲广场、全省首个民俗法治文化展示馆。加强青少年法治教育，涌现出“汤姐姐法治课堂”“燕姐姐课堂”“小翁姐姐青少年维权热线”等工作品牌。

稳妥有序推进司法体制改革试点工作。试点法院、检察院年内均按时完成员额制改革。试点法院在全省率先实行立案登记制，探索建立以审判长（主审法官）责任制为核心、合议庭成员相互配合的审判团队，审执分离体制改革成效得到中央政法委督察组充分肯定。试点检察院积极推行主任检察官办案、巡回案管、网上巡查、现场督查、工作检查等机制，海陵、姜堰区检察院被列为大部制改革试点单位，泰兴市检察院“预防邮路”得到习近平总书记的肯定并在全国推广。市公安局全面推进“大部制”改革，对有关警种和部门的职能进行归并、划转、调整，得到省委政法委主要领导的充分肯定。

推进法治政府建设。强化依法行政，全市行政机关负责人出庭应诉率达100%。强化法治惠民，进一步完善市县乡村四级政务服务体系，全面完成诉讼服务中心标准化建设、规范户口登记管理等10件年度法治实事。深化行政执法体制改革，健全“两法衔接”机制，建成互通互联的信息共享平台，开展全市行政执法与刑事司法衔接工作专题培训，得到省政府法制办的充分肯定，并在全省“两法衔接”工作联席会议上作重点交流。

【政法队伍建设】将“两学一做”学习教育与“双争双创”活动有机结合，开展“五查摆五强化”“拒绝温吞水、不当小蜗牛”“法润泰州·廉洁从政”等专题教育，全市干警“四个意识”得到增强。投身“百团千村万企大走访大落实”活动，全市政法系统已走访10万多户家庭，收集问题线索5000多条，基本做到社情民意在一线掌握、矛盾问题在一线解决。围绕“补短板提能力、解难题促改革”，推进全警练兵考核，建立领导干部专题培训制度，全年举办各类培训138次、参训7000多人次。举办第二届律师与公诉人电视论辩大赛，通过实战对抗提升能力水平。市检察院、公安局获市“十佳人民满意机关”，市法院、司法局获市“作风建设先进单位”。开展“忠诚卫士”“十佳人民满意政法单位”“十佳人民满意政法干警”等评选活动。在全省政法系统“两学一做”知识竞赛中，泰州市代表队获三等奖。市检察院反贪局获全省“十佳反贪局”。泰州市政法队伍建设做法入选《全国政法队伍建设工作经验汇编》。

（刘　沛）

统　战　工　作

【概况】2016年，泰州市统一战线牢牢把握“大团结、大联合”主题，贯彻落实中央和省、市委关于统一战线一系列重大决策部署，围绕中心、发挥优势，抢抓机遇、创新实干，各领域统战工作取得新成绩。

构建大统战工作格局。加强党委对统战工作的领导。成立市委统战工作领导小组，市委书记任组长，各市（区）委统战部长全部由常委担任或兼任，初步形成党委统一领导、统战部门牵头协调、有关方面各负其责的大统战工作格局。省委统战工作专项督查组对泰州市“创新举措、狠抓中央和省委统一战线重大决策部署贯彻落实”的做法给予充分肯定。

巩固“同心”思想政治基础。举办泰州统战“同心讲坛”，召开全市党外人士学习会，传达学习中共十八届六中全会、习近平总书记“3·4”重要讲话和省市党代会等精神。开展坚持和发展中国特色社会主义学习实践活动、非公经济人士理想信念教育实践活动，引导统一战线成员进一步增强“四个自信”，不忘合作初心，继续携手前进。

服务经济社会发展。围绕“十三五”规划实施、供给侧结构性改革等重点课题，组织党外人士深入调查研究，形成调研报告46篇，为党委政府和有关部门提供决策参考。支持党外人士发挥参政议政、建言献策等作用，提交议案、提案212篇。推进“五好”县级工商联创建，辖市（区）实现省级“五好”全覆盖。开展统一战线凝心聚力“十三五”行动、“光彩同心行动”“统一战线专家服务团”活动，受到社会各界广泛好评。

2016年2月5日，泰州市举行各界人士迎新春茶话会

推进多党合作和政治协商事业。加强组织领导和工作指导，协助各民主党派、指导市工商联圆满完成换届工作。稳妥做好五届市政协人事安排，在政协委员人选的酝酿提名、推荐考察、民主协商、审议决定等方面，严格把好政治关、素质关、结构关，推荐产生新一届政协委员。落实政党协商制度，协助市委市政府召开党代会报告、政府工作报告征求意见座谈会，重要人事安排民主协商会和情况通报会。加强民主党派组织建设，协助成立致公党泰州市总支部委员会。组织党外知识分子围绕“特色小镇”“生态名城”“文化惠民”等开展考察调研、建言献策。

加强民族宗教海外统战工作。深化民族团结进步创建工作，开展“民族团结进步宣传周”“民族一家亲、关爱新疆行”等活动，省口岸中学主题馆被命名为全省首批“团结进步主题教育馆”。规范宗教团体及场所建设与管理，成功创建全国和谐寺观教堂1个，新认定省五星级场所2个，完成基督教私设聚会点治理，指导市道教协会完成换届工作。创新民族宗教政策法律宣传服务体系，优化法治环境。繁荣民族宗教文化，开设“最吉祥文化讲坛”，举办首届全市民族宗教运动会，指导宗教界开展形式多样的宗教文化和慈善公益活动。加强旅港同乡会建设，实现辖市（区）旅港社团组织全覆盖。

注重党外代表人士队伍和统战队伍建设。强化党外代表人士教育培训，举办第15期全市党外中青年干部培训班。将党外干部挂职锻炼和交流任职纳入全市干部挂职锻炼和交流任职总体安排，加大党外干部选用力度。开展“两学一做”学习教育、“大走访大落实”等活动，加强统战系统党员干部党性锻炼。举办全市统战干部能力提升培训班，提高统战工作的水平。推进理论创新和实践创新，市委统战部获“全省统战工作实践创新成果奖”1项和“全省统战理论研究创新成果奖”2项。

【全省民营企业家座谈会在泰州召开】座谈会于2016年3月25日召开，来自全省的20家民营企业家代表参加。会议学习贯彻习近平总书记在看望参加全国政协十二届四次会议的民建、工商联界委员时发表的重要讲话精神。红豆集团、三胞集团、扬子江药业、沙钢集团等8家企业的负责人在会上发言。省委书记罗志军在座谈会上强调，要坚持和完善社会主义基本经济制度，进一步强化支持非公有制经济发展的鲜明导向，营造有利于非公有制经济发展的良好环境，鼓励支持广大企业弘扬创新精神，激发创新活力，努力在推进供给侧结构性改革中实现更好发展。省长石泰峰主持座谈会，省政协副主席、省委统战部部长王雪非，省人大常委会副主任、省工商联主席许仲梓，省委统战部副部长、省工商联党组书记杨勇参加座谈。

【全市统战部长会议】2016年4月7日，全市统战部长会议召开。会议贯彻全国、全省统战部长会议精神以及市委书记蓝绍敏对统战工作所作批示精神，回顾总结2015年工作，研究部署2016年工作任务。市委常委、宣传部长卢佩民出席会议并讲话。市政协副主席、市委统战部部长仲建生作工作报告。市委统战部副部长、市工商联党组书记戴庆柳主持会议。各市（区）委统战部部长、医药高新区党工委分管统战工作负责人、市各有关单位负责人以及各有关高校统战部部长出席会议。

【第15期党外中青年干部培训班】2016年3月21~25日、4月11~15日，市委统战部在市社会主义学院、江西干部学院分段举办泰州市第15期党外中青年干部培训班。市委组织部副部长刘刚、市委统战部副部长戴庆柳出席开学典礼，来自全市的40多名党外中青年干部参加学习培训。

【省工商联调研组到泰州调研】2016年5月5~6日，省人大常委会副主任、省工商联主席许仲梓率省工商联调研组到泰州调研民营制造业发展情况。市委书记蓝绍敏会见调研组一行。市政协副主席、市工商联主席姚社成参加调研。市发改委、经信委、科技局等相关部门以及部分重点企业、行业协会参加座谈汇报。调研组分别走访调研泰州华强照明有限公司和江苏泰隆减速机股份有限公司2家企业。

2016年6月8日，省委统战部督查组实地调研泰州光孝寺

【省委督查组到泰州督查统战工作】2016年6月7~8日，省委统战部副部长马连美率省委督查组到泰州，对贯彻落实中央、省委统一战线一系列重大决策部署情况进行督查。市委常委、秘书长、组织部部长张国梁代表市委汇报贯彻落实情况。督查组充分肯定泰州市的工作成效，听取各市（区）贯彻落实情况汇报，并实地考察泰州浩普投资有限公司以及泰州光孝律寺等宗教活动场所。

【香港中药业协会华东访问团到泰州参观考察】2016年10月18日，以香港中药业协会理事长黄光辉为团长，中央政府驻港联络办协调部副部长张强等为高级顾问的香港中药业协会华东访问团一行29人到泰州参观考察。访问团一行参观考察扬子江药业集团生产车间、展览馆、中药生产基地，听取泰州市经济社会发展情况、人文地理风貌以及医药产业发展情况宣传推介。

【第六期泰州统战“同心讲坛”】2016年5月16日，市委统战部联合农工党市委举办第六期泰州统战“同心讲坛”暨农工党“走进基层 贴近党员 培育和践行社会主义核心价值观百场宣讲”泰州专场活动。全国政协常委、省政协副主席、农工党省委主委周健民，市政协副主席、市委统战部部长仲建生，市政协副主席、农工党市委主委黄立红出席会议。宣讲活动邀请农工党中央宣讲团专家、农工党中央常委、研究室主任游宏炳做“农工党的历史道路与优良传统”主题宣讲，省委宣讲团专家、农工党南通市金融支部主任王占德就参政议政工作和社情民意信息工作进行宣讲，市农工党员舒莲香就立足本职、敬业奉献进行主题演讲。

【市党外知识分子联谊会二届二次会员大会召开】2016年5月20日，泰州市召开党外知识分子联谊会二届二次会员大会，传达学习省党外知识分子联谊会三届二次会议精神，回顾总结三届一次会议以来的工作，研究部署下阶段工作任务。市政协副主席、市委统战部部长仲建生出席会议并讲话。市党外知识分子联谊会会长刘汉秋作工作报告。

【全市党外人士学习会】2016年9月27日，市委统战部举办全市党外人士学习会。市各民主党派、无党派代表人士以及市各民主党派、工商联机关干部代表等50多人参加。会上传达学习市第五次党代会精神，听取全市经济社会发展情况通报，参观科学发展观展示馆、海陵农业园区、无党派人士创业基地等。

（统战部）

机构编制

【概况】2016年，泰州市落实简政放权、放管结合、优化服务工作要求，持续推进以供给侧结构性改革为导向的行政管理体制改革。市编办创新和完善机构编制管理，加强自身规范化、制度化建设，为全市经济社会发展提供坚强体制机制保障。

【行政审批制度改革】2016年11月，省委、省政府正式批复同意将泰州列入相对集中行政许可权改革试点。结合省市县行政权力标准化清单工作，征求16个部门关于拟划转到行政审批局的行政许可事项(不含受委托和审核转报事项)的意见，确定首批集中行政许可事项。完善泰州市行政审批标准化流程，分批对应取消23项行政审批等事项，承接省政府下放22项行政审批事项，承接省政府委托设区的市、县(市、区)实施52项行政审批等事项。采取委托方式再次向医药高新区下放行政审批事项7项，助推“园内事园内办结”。推进省、市、县行政权力清单标准化建设，基本实现“三级四同”工作要求。深化多图联审，实现“互联网+联合图审”区域全覆盖，推进住建、气象、民防、消防、规划部门“五图联审”。优化审批模式，推进“并联审批、模拟审批”，进一步缩短审批流程。整合审批环节，探索开展联合评估、联合踏勘、联合验收，全面提升审批效能。更新市级行政审批前置中介服务事项及中介服务收费目录清单，完成市质监、环保、国土等部门涉及行政审批中介服务的下属事业单位改革，实现职能剥离、“红顶”脱钩。建成开通泰州政务服务网，实现权力事项库、办件信息库、行政权力库“三库”互联互通。印发《关于建立双随机抽查机制加强事中事后监管实施意见的通知》，梳理公布《市级机关部门随机抽查事项清单》，明确市级机关34家部门313项抽查事项。

【行政管理体制改革】出台《泰州市交通运输综合行政执法体制改革实施意见》，拟定市道路综合行政执法支队和市水上综合行政执法支队组建方案，市级层面推动商务领域执法重心下移，构建交通运输、商务领域综合行政执法格局。经济发达镇行政管理体制改革试点取得成效，推行“集中+集约”式重组，实行“大部门工作制”，启用“数字化城管”，建立“双随机”抽查制度，兴化市戴南镇、泰兴市黄桥镇两个试点镇在管理体制、人员配置、平台运行等方面取得新成效，顺利通过省发达镇行政管理体制改革试点工作评估验收，并作为改革典型在《新华日报》头版宣传推介。探索构建“集中高效审批、强化监管服务、综合行政执法”的基层政府治理体系，推动试点镇实现“一站式”办公、“一条龙”服务、“一支笔”审批。印发《关于进一步规范重点镇(园区)简政放权改革试点便民服务和综合执法工作的通知》，推进相关市(区)赋予试点镇(街)可承接的县级经济社会管理权限，靖江市新桥镇、海陵区九龙镇、姜堰区张甸镇、高港区口岸街道4个简政放权改革试点镇(街道)实现“三大平台”(便民服务中心、综合执法平台和社会管理服务中心)全部组建到位。

【机构编制管理和服务】探索公立医院编制管理创新，靖江、兴化、姜堰、高港等市(区)成立公立医院管理委员会。调研摸底全市承担行政职能的事业单位基本情况。制定出台《关于严格控制规范管理泰州市市级机关事业单位编外人员的实施办法》，进一步规范机关事业单位编外用工管理。按照“严控总量、盘活存量、增减平衡、分级负责”思路，落实控编减编任务，全市行政编制控制在上级下达的总额内，事业编制控制在2012年年底总量内，行政、事业实有人员总量不超编。严控新设机构、提高机构规格、增加领导职数，编制全市科级机构和领导职数目录库，制定科级机构设置领导职数动态调整制度，加强和规范领导职数管理。市编办会同组织、审计部门对5个市级部门、1个市(区)主要领导进行离任“三责联审”。

【事业单位登记管理】推进全市事业单位“四证合一”“一证一码”制度改革，为机关群团以及事业单位换发法人证书，市直事业单位换发法人证书388家，市直机关、群团领取72家。完成2015年度市直事业单位法人年度报告公示工作，事业单位法人信用信息实现上网公示、微信查询。制定《泰州市事业单位信用等级评价办法》，开发上线泰州市事业单位监督与服务云平台。确定靖江市医疗集团为全市省级事业单位法人治理结构建设示范点。全市政务和公益机构中文域名注册3525个，注册覆盖率居全省第一位。

（田　军）

市级机关党建工作

【概况】2016年,泰州市级机关党组织围绕市委推进三大主题工作、建设四个名城的决策部署,做好服务中心、建设队伍各项工作,为实现市委各项工作目标提供有力思想组织作风保证。至年末,市级机关工委辖党组织66个,其中机关党委18个、总支部19个、支部29个,有中共党员4137人(女党员1090人),具有大专以上学历党员3841人,35岁以下党员1024人。

【理论武装】发放《习近平总书记系列重要讲话》《中国共产党章程》《中国共产党纪律处分条例》《中国共产党廉洁自律准则》辅导读本和专题讲座光盘,组织党员干部精研细读。市级机关工委会同市委宣传部、组织部,对全市县处级党委(党组)中心组学习情况和党的重要会议重要文件学习贯彻情况进行巡学督查。市第五次党代会和省党代会结束后,及时组织开展宣讲活动。制定下发开展读书学习活动的意见和通知,推荐读书学习书目12种,发放书籍2种4000本,开展征文、演讲、心得交流等多种形式的读书活动。全年举办"学习型机关报告厅"报告会6场,参加学习的党员干部1200多人。开展学习2015年"感动中国"人物事迹活动。加强泰州机关党建网建设,全年网站发布信息1100多篇,平均日访问量超过4000人次。年内,泰州市"加大党员教育培训,促进理论武装"的经验做法,被中组部《共产党员网》刊发,并被省级机关工委《江苏机关党建工作简报》专题推介。

【机关党的基层组织建设】在市级机关中开展基层党建"书记项目"活动,举办交流推进会,66个市级机关分成5组,交流各自基层党建"书记项目"进展并互评打分。按照《中国共产党党和国家机关基层组织工作条例》要求,组织市级机关党组织开展换届工作,10个部门的机关党组织按期完成换届选举、1个部门新成立党总支。开展发展新党员工作,举办第20期入党积极分子培训班,385名入党积极分子参加培训。组织市级机关党员干部向盐城灾区捐款活动,灾情发生第二天即募集到第一批捐款达115万元。组织市级机关部门接力开展周末党员义工服务活动。"七一"期间在泰州火车站集中开展机关党员义工服务活动,390人参加义务献血,8人参加造血干细胞采集,21家单位的120多名党员义工参加广场集中服务活动。建立完善党员激励、帮扶、关怀工作机制,开展为机关党员过"政治生日"活动,发放"党员政治生日纪念卡"1700多张。组织开展市级机关"党员关爱月"活动,慰问机关特困(生病)党员。

【市级机关"两学一做"学习教育】发挥党建工作联席会议成员单位职能作用,组织市级机关开展"两学一做"学习教育。修订《2016年机关党的工作要点》,对机关党组织如何配合部门党组(党委)开展活动提出具体明确的要求。把学习教育开展情况和效果,纳入到年度机关党建考核要素中。在泰州机关党建网上开设"学党章党规,学习系列讲话,做合格党员"专栏,及时发布有关文件和机关党组织开展学习教育的经验做法。邀请全国党建研究会特约研究员、中国人民大学杨德山教授走进报告厅,作"中共党史和当代党情"专题辅导报告。会同市纪委举办党章党纪知识测试,市级机关各部门均安排4名党员干部参加测试,其中不少于1名处级干部,测试采取现场闭卷笔试的形式进行。推荐下发《陈云家风》等书籍。会同市妇联开展"涵养好家风,引领好作风"主题演讲比赛。针对党员教育管理中存在的突出问题,在市级机关开展对党代会代表和党员违法违纪未给予相应处理情况进行排查清理的工作。开展党员"固定学习日"活动,以每月25日为学习日。组织"万名党员进党校上党课"活动。年内,省督导组到泰州督导期间,组织51名机关党员参加学习测试和访谈,所有人均获90分以上好成绩,其中获100分的29人,占比达56.9%。

【选举出席市第五次党代会代表】2016年7月21日,成立泰州市市级机关出席市第五次党代表大会代表选举领导小组。8月2日召开市级机关党工委会议,制定选举工作计划和代表名额分配原则、方案。8月4日,召开出席党代会选举工作动员部署会。推选并审查通过出席市级机关工委代表会议代表150名,经酝酿协商,产生代表"候选人推荐人选"111名。至9月上旬,经向市委组织部、市纪委、市信访局等部门充分征求意见,在酝酿、提名、推选、审查考察、公示的基础上,产生"候选人预备人选"62名。9月8日,召开中共泰州市委市级机关工委代表会议,选举出席中国共产党泰州市第五次代表大会代表,选举产生51名代表。

【机关党建工作交流】召开市(区)机关党建工作交流会、务虚会,促进全市机关党建工作上下联动、共同发展。建立机关党建工作联系片、联系点制度,在市级机关党组织中设立8个联系片,每个市(区)工委为1个联系点,市级机关工委领导班子成员每人联系2个联系片和1~2个联系点。2016年4~5月,组成4个调研组开展机关党建工作调研活动,市级机关92个部门的机关党组织负责人和三市三区工委负责人及部分市(区)机关部门机关党组织负责人参加调研,发放并回收近100份调查问卷。开展机关党建课题调研工作,先后收到各类调研文章、论文42篇。

【市级机关作风建设和党风廉政建设】与市文明办、市效能办联合开展"讲品牌故事,创一流服务"学习交流活动,全市56个文明优质服务品牌和54个机关(行业)服务品牌参加交流,经过分片交流推荐和集中交流评选,表彰一等奖10个、二等奖12个、三等奖16个、优胜奖22个。围绕全市三大主题工作任务和为民办实事项目,组织市级机关部门开展"走近你我他"服务月活动,先后办实事解难题218件(次)。定期组织机关干部参加全市重大案件庭审、勤廉网络培训、观看各类反腐倡廉题材宣传片。开展"学习党章党规"网上知识竞赛,6000多名机关党员参加。选派9支队伍参加全市党章党纪现场知识竞赛。组织开展"党风廉政电教月"活动。全年查办案件9起,分别给予9人相应的党纪处分。

【组织参与建市20周年庆祝活动】做好市级机关群众文艺展演活动节目申报工作,先后收到34个机关部门报送的50个节目;经过选拔,13个优秀节目参加泰州市首届群众文化艺术节展演活动。组织100名机关干部参加"万人看泰州"活动。启动"我与泰州共成长,青春筑梦凤凰城"庆祝地级泰州市成立20周年暨纪念五四运动97周年系列活动。举办第二届"火红的青春"青年歌手大赛,44个部门(单位)的71个曲目参加,其中22个竞赛曲目入围决赛,评选产生一等奖3名、二等奖5名、三等奖6名。

【市级机关工会工作】开展"合格职工之家"创建活动。对市级机关工会主席进行培训。指导16个基层工会组织改选。做好困难职工调查。组织机关口省劳模和市劳模评选工作。组队参加市运动会职工部比赛。组织市级机关"政务通"杯乒乓球比赛,39个代表队参加。组织500人参加"迎新长跑"活动。

【市级机关共青团工作】推广"团组织+青工委"工作模式。在市级机关团工委所属团组织中开展创建"青年文明号"及"青年岗位能手"活动。举办"青春有约 团聚未来"首届市级机关单身青年联谊系列活动,200多名单身青年参加活动。与海陵区团区委联合开展"点亮小小微心愿 凝聚温暖正能量"关爱农村留守儿童志愿服务活动,100名青年志愿者参加,完成100个儿童的"微心愿"。

【市级机关妇女工作】评选、推荐2015年度"巾帼建功"活动先进集体、先进个人。开展2016年度"巾帼文明岗"和"巾帼标兵"创建活动。45个岗位(处室)分别申报国家、省级和市级"巾帼文明岗"。组织争创岗负责人参加创争升级培训班,市质监局特检院、市级机关幼儿园两个岗位作经验交流。宣传省"三八红旗手"卢春燕、袁晔明先进事迹。组织参加"让母亲温暖过冬"公益活动。开展义务植树活动。组织"让爱住我家——呵护成长'罐'爱项目",认领170个"爱心储蓄罐"。以"亲子关系——爱的力量"为主题,举办两期"科学家教进万家"专题讲座,近200名机关女干部女职工参加。

(机关工委)

台湾事务工作

【概况】2016年,泰州市台湾事务工作全面贯彻中央和省、市决策部署,积极适应经济发展新常态,服务全市三大主题工作目标和"四个名城"建设,在全省13个设区市对台工作综合考核中居第三位。

泰台经贸合作取得新进展。在台湾地区设立泰州市驻台湾联络处,依托台湾工业总会与岛内各界建立常态化机制化联系。依托泰州医药高新区,成功获批两岸(泰州)健康产业交流合作基地和海峡两岸(泰州)医药产业交流合作示范区两个"国字号"对台经贸合作载体平台。举办一系列重大对台经贸合作活动。成功举办2016泰台经贸交流合作峰会,与台湾工业总会签署深化战略合作协议;市长史立军率团赴台湾地区以"新兴产业和现代农业交流合作"为主题开展经贸交流活动,共签约7个项目,总投资1.8亿美元;副市长张余松、孔德平等分别率团赴台湾地区考察,与金宝集团、研华科技等多家台企达成合作意向。台湾工业总会、制药同业公会、电电公会参访团以及台湾地区宜兰县议会参访团等20多个团组年内到泰州参观考察,共达成意向项目30多个。2016年全市新批台资项目、协议利用台资、实际到账台资均创新高,增幅分别居全省第一、第二和第一位。台企可胜科技(泰州)有限公司被市委、市政府评为"销售上台阶企业"和"工业国税开票销售十强企业",台企纬创资通(泰州)有限公司获评"外经贸十强企业"。

2016年5月,副市长张余松率团赴台湾地区进行经贸交流合作

泰台各领域交流不断深化。举办中国台湾青年工作访问团"千里共婵娟——泰台青年中秋联欢晚会""泰台蜂鸟青创体验营"、两岸青年创业项目开放式专场路演等交流活动。以"走亲戚、叙乡情,看朋友、话友情"为主题,邀请3批42名台湾民众到泰州开展交流活动。泰州学院、泰州职业技术学院、南京师范大学泰州学院与台湾铭传大学、玄奘大学、岭南科技大学等台湾地区多所大学开展双向交流,全年共组织20多批次学术交流活动。泰州职业技术学院与台湾铭传大学签订学术交流协定书,泰州中学第二附属中学与台湾新北南山中学签订合作协议。市卫计委与台北荣民总医院、林口长庚医院、万芳医院开展医疗卫生交流。市委组织部、市民政局、市经信委等单位举办大学生"村官"、社会工作者和企业家等10多个赴台培训班。年内,泰州图书馆在全市台资企业中设立的首家分馆——泰州图书馆纬创分馆正式揭牌;梅兰芳纪念馆和单声珍藏文物馆先后获批"江苏省对台交流基地"。全年全市赴台交流团组共203批746人次,交流领域、批次和人数均创历史新高。

对台服务水平不断提升。实施"清源绿水""腾笼换鸟""老树开花"三大工程,服务台资项目招引"调新调高调轻"产业结构,推动在泰台企"向上向优向好"绿色发展。开展"走台企、访台商、解难题"专题活动,提供"政策落实、项目帮扶、要素提供、权益维护"4项服务,促进在泰台企平稳发展。桑缇亚、亚德胶粘、开广塑胶3家在泰台资企业入选全省"紫峰奖"企业,央视国际频道专题报道桑缇亚公司创新转型、快速发展的做法。编印《岛内大健康重点资源分布图》,为各市(区)及重点园区对台招商引资提供参考和指导,省台办主任杨峰专门就该图册的编印作出批示。编印《泰州市台胞服务指南》。成立审计师、会计师、科技服务3个台商服务工作顾问团。举办4期"台商讲堂",市国税局、环保局、国土局、科技局等单位分别为台商解读和辅导相关法律法规。运用"互联网+"服务模式,开展线上线下融合、多元化涉台服务。举办首届泰州"台协杯"羽毛球邀请赛,丰富在泰台商业余生活。年内,市台企协会会长叶俊晖当选为新一届全国台湾同胞投资企业联谊会副会长,市台企协会副会长张博钧当选为理事会理事。市公安局、质监局被评选为2016年度服务台商最优团体。

【2016泰台经贸交流合作峰会在泰州举行】2016年4月8日,泰州市举办"2016泰台经贸交流合作峰会暨全市项目集中签约大会",邀请包括台湾工商协进会、工业总会、工商建研会等10多家台湾地区行业公会、协会的200多名台商和相关嘉宾参加。会上,成功签约5亿元以上项目104个、总投资1000亿元,其中台资项目7个、总投资10亿美元。市委书记蓝绍敏在会上作题为《泰州太美、顺风顺水》的主旨演讲。台湾工商协进会理事长林伯丰、台湾工业总会副理事长林明儒、惠生(中国)投资有限公司总裁刘洪钧分别致辞。峰会召开前,市长史立军先后分4批次会见前来参加峰会的台商;其间,市政府与台湾工业总会签署战略合作协议。

【两岸(泰州)健康产业交流合作基地正式授牌】2016年6月21日,两岸(泰州)健康产业交流合作座谈会在中国医药城举行,两岸(泰州)健康产业交流合作基地正式授牌。两岸企业家峰会副理事长盛华仁出席并讲话,市委书记蓝绍敏致辞。大陆峰会生物科技与健康照护产业推进小组副召集人薛晓林与中国国民党副主席、台湾峰会生物科技与健康照护产业推进小组召集人詹启贤为泰州市授牌;两岸企业家峰会副秘书长王宪宣读《关于同意在江苏省泰州市设立两岸健康产业交流合作基地的批复》;国台办经济局副局长彭庆恩,省人大常委会副秘书长、办公厅主任邵伟明,两岸企业家峰会副秘书长、省台办主任杨峰,市领导张国梁、陆春云、高纪明、张余松以及部分台湾地区企业家等出席授牌仪式。座谈会上,台湾必康生技股份有限公司、鸿海集团睿健生技公司、锡安生技股份有限公司企业家,就在泰投资合作具体问题,与中国医药城和市级机关相关部门负责人进行互动交流。

【海峡两岸(泰州)医药产业合作示范区获批】2016年12月6日,海峡两岸(泰州)医药产业合作示范区获国台办批复同意设立,这是全国首家国家级医药类对台经贸合作载体平台,为两岸医药产业交流合作搭建一个新平台。

【泰台经贸交流活动】2016年6月24~30日,市委副书记、市长史立军率团赴台湾地区开展为期7天的经贸交流活动。赴台期间,史立军一行拜会台湾联华神通集团、科妍生物科技、汉神巨蛋购物广场、联仕电子、台湾农业科技研究院、台湾工业总会等企业总部、工商团体,出席台湾穆拉德加捷生物科技有限公司与汉皇印象江苏生物科技有限公司的签约仪式,并成功举办泰台新兴产业交流合作恳谈会;各市(区)与台湾地区相关企业签约项目7个,总投资1.8亿美元,达成合作意向16个。5月13~19日,副市长张余松率团赴台湾地区开展经贸考察活动。考察团拜会台湾地区海基会董事长林中森、现代妇女基金会董事长潘维刚,专题考察苗栗南庄、新社庄园、大坑薰衣草森林等地以及金宝电子股份有限公司、研华科技有限公司、内湖科技园等企业,拜访电电公会、工商协进会、商业联合会等台湾地区知名团体公会,并与台湾工业总会在中国台北共同举办"两岸(泰州)智能制造业交流合作研讨会"。

2016年5月4日,由兴化市委、市政府主办,市台办协办的江苏·兴化健康食品产业(上海)台商投资恳谈会在上海举行,旺旺集团、顶新集团、统一企业等30多家台湾地区知名食品企业的负责人和企业代表应邀参会。9月25日，2016江苏靖江台湾文化艺术节暨台商经贸交流活动举行，包括台湾地区少数民族原创音乐会、“台湾摄影教父”阮义忠摄影作品展、台湾著名作家舒国治交流会、台商经贸交流恳谈会等四大部分主题内容。

【泰州市政府设立驻台湾联络处】 为进一步提升泰台经贸交流合作层次，推进台资产业集聚新高地建设，2016年6月27日，泰州市政府正式设立驻台湾联络处。市委副书记、市长史立军与台湾地区工业总会监事会召集人潘俊荣共同为联络处揭牌，标志着泰台经贸交流合作发展到新阶段。泰州市政府驻台湾联络处将发挥桥梁纽带作用，推动泰州市加强与台湾工业总会、知名企业及其他重要行业公会、协会的沟通联络，协助泰州市在台湾地区开展重要经贸交流活动，促进泰台两地在更高层次上开展相关产业深度对接合作。

【泰州医药高新技术产业园区与台湾制药工业同业公会签署合作协议】 2016两岸企业家峰会年会于2016年11月6~7日在金门、厦门召开。其间，泰州医药高新技术产业园区与台湾制药工业同业公会签订全面合作协议，双方就利用两岸(泰州)健康产业交流合作基地，促进两岸健康生技企业交流合作等方面达成一致意见。两岸企业家峰会副理事长盛华仁、江丙坤，海协会会长陈德铭，峰会生物科技与健康照护产业合作推进小组陆方与台方召集人出席协议签订仪式。

【台湾同胞组团到泰州参观走访】 2016年4月18日，以台湾中华社会福利慈善服务协会顾问郑瑛茹为团长的台湾地区新北市里长代表团到海陵区兴业、美好等社区参观走访，并与两个社区签订友好社区共建协议。9月4日，参加“2016’江苏·台湾新北劳工兄弟情——劳工福祉研讨会”的台湾地区代表团一行65人参访泰州，代表团分别参访扬子江药业集团、中国医药城展示中心等地，与泰州市总工会就职工权益维护、帮扶服务职工和企业文化等方面的工作进行探讨交流。9月9日，台湾地区“中华青年交流协会”组织100多名台湾青年到泰州参访，市委书记蓝绍敏会见中国青年大陆研究文教基金会董事长、台湾地区“中华青年交流协会”创办人、泰兴籍台胞李钟桂博士一行；9月11日晚，在凤城河景区举办“千里共婵娟——两岸青年中秋联欢交流活动”。10月20日，台湾工业总会理事长许胜雄率团应邀到泰州参观考察，先后参观泰州市成立二十周年成就展和泰州乐叶光伏科技有限公司太阳能电池智能制造流水线。12月6~8日，台湾制药同业公会理事长陈威仁率团应邀到泰州参观访问，分别考察泰州国际医药博览馆、江苏生达生技医药有限公司、桑缇亚(中国)生物技术有限公司、泰凌生物制药江

2016年4月，台湾地区新北市里长代表团参访泰州

苏有限公司等，并与江康药业等企业就中药原材料萃取、中药饮片制剂等方面进行专业的探讨交流。

【台湾地区媒体采访泰州】 2016年5月6~9日，“魅力东方”台湾地区摄制组到泰州采访，摄制组先后拍摄和采访泰州医药高新区内的桑缇亚、生达生物技术、华为、长泰药业等多家企业，以及泰州综合保税区、疫苗工程中心、新药申报中心、招商中心、会展中心等配套服务平台，并采访东方温莎小镇麦田香草、臻馔台菜和泰州市老街古月特色茶楼等地。9月19日，来自海峡两岸及中国香港的17家知名媒体23名记者，联合采访“紫峰奖”入围企业桑缇亚(泰州)生物技术有限公司，并专访桑缇亚集团董事长江汉彰；央视国际频道专题报道桑缇亚公司创新转型、快速发展的成功经验。

【台资项目签约开工】 2016年3月21日，统一超商仓储物流项目奠基开工，成为继统一企业、统实企业之后，又一家在高港高新区落户的台湾统一集团旗下上市公司。4月20日，台湾巨腾国际控股有限公司与泰州经济开发区正式签约，投资1.5亿美元兴建电子产品部件项目。9月2日，海陵区政府与台湾同扬光电公司举行项目投资签约仪式，总投资2.7亿美元的同泰电子项目正式落户新能源产业园区。

【1台商获评“泰州名匠”】 2016年9月，市委宣传部、市质监局等9部门联合开展首届“泰州名匠”推选活动，泰州市台企协会监事长、泰州青山玉雕有限公司董事长洪福寿被评为首届“泰州名匠”。洪福寿1950年出生于中国台湾澎湖县，为两岸知名的工艺美术雕刻大师，现任泰州青山玉雕有限公司董事长兼艺术总监、亚洲珠宝联合会玉雕专业委员会会长、泰州市台企协会监事长、泰州工艺美术协会副会长、泰州市政协港澳台侨委工作顾问。

【“涉台教育进社区”活动】 2016年3月5日，泰州市台办、海陵区台办、海陵区城南街道在莲花社区联合开展“涉台教育进社区”活动。活动通过涉台知识展板宣传、发放宣

传资料、现场政策咨询、涉台知识竞赛等形式，向300多位社区居民宣传对台方针政策，共发放涉台知识宣传手册120多份。城南街道14个社区干部代表90人参加竞赛。

【台胞台属联谊工作】2016年，市及市（区）两级台胞台属联谊会共接待到泰州的台胞近200人次，接待来访台属近100人次。年内，泰州籍台胞李钟桂率100多位台湾青年代表到泰州参观访问；靖江市台属通过岛内关系，邀请10多名台商参加台湾文化艺术节暨台商经贸交流活动；姜堰区台属许勇组织22名亲属访台，成功邀请多家台湾地区医疗机构到姜堰区考察。开展“关爱台属 为台属建立健康档案”活动，建立台属与所在村（社区）医生“一对一”服务机制。泰兴市多个职能部门联合，历时1个多月帮助台胞黄公奇找到失散57年的姐姐。春节、中秋等传统佳节期间，二级台谊会走访慰问重点台属和贫困台属，帮助解决实际困难。台属投身“大众创业、万众创新”，靖江市黄志刚、泰兴市周进、兴化市王德成、姜堰区丁安民等成为当地成功的台属创业者。靖江市促成8名应届毕业生与2家台属企业签订用工协议；泰兴市台办组织相关职能部门上门为台属企业提供税收政策咨询服务。

（李晓东　姚红林）

党史方志档案工作

【概况】2016年，泰州市党史方志档案办公室贯彻落实《中共中央关于加强和改进新形势下党史工作的意见》和国务院《地方志工作条例》要求，党史、地方志、档案工作再上新台阶。起草《泰州市党史地方志档案事业发展“十三五”专项规划》，《泰州市志》《市委工作大事记（1996~2016）》《泰州年鉴（2016）》正式出版发行，完成《图说中国共产党在泰州（1926~2016）》《泰州市重大项目纪实》编写工作，《中国共产党泰州市委员会工作报告汇编（1996~2016）》《泰州市人民政府工作报告汇编（1997~2016）》编印成册并被市委市政府列为建市20周年的纪念书籍，《泰州大事记》按期编印，《泰州记忆》期刊创刊。与泰州银监分局、市卫生计生委合作，对12家金融机构和14家医院的档案工作进行执法检查；接收24家单位2006年前档案共2519卷3019件；完成9家单位档案工作规范化管理的测评验收；档案库房空气质量评价项目按设计要求分步实施；机要室安防系统建成达标。年内，市党史方志档案办公室党支部委员会升格为党总支委员会，下设4个支部；改组妇委会为妇女联合会。

【党史工作】继续开展口述党史征集工作，征集两名红军老战士的影像和文字资料，现场采访10名离休老干部，全年共征集影像视频时长1760分钟（其中经加工整理获取有效视频1098分钟），文字资料40多份、照片73幅、书法作品2幅。与泰州电视台合作摄制的电视片《泰州老兵》于国庆节期间播出，《英雄卢福祥》即将播出。组织开展改革开放新时期党史专题资料征编指导工作，成立7个组对97个专题进行指导督办，其中市人大办、信访局、公安局、经信委、人行等单位已上报专题资料稿或专题提纲。9月20日，党史微信以《泰州发布》“红旗”专栏为平台正式上线，每周五发布。

【地方志工作】2016年4月，省地方志办公室在高港区召开全省乡（镇）村年鉴编纂工作座谈会，推广高港区《永安洲镇年鉴》编纂经验和做法。完成《高港区志》《海陵区志》终审和《靖江市志》验收工作。开展地方志学术和地方史研究工作，《民国文献委员会与地方志编修》参与江苏省地方志学会2016年学术研讨活动，在《泰州日报》发表学术研究文章3篇。

【《泰州市志》正式出版发行】2016年8月10日，以地级泰州市为记述范围的第一部志书——《泰州市志》正式出版发行，省地方志办公室主任漆冠山，市领导张国梁、王建、王学锋、仲建生等出席首发式。《泰州市志》上限因事而异，适当溯源；下限为2007年（大事记延至2015年）。记述范围为今泰州市所辖市、区，古代海陵、古代泰州部分适当从古。全志由志首图片、总述、大事记、49篇专志、附录和随书光盘组成，分上、中、下三册，计300多万字，反映泰州市境内自然、经济、政治、文化、社会的历史和现状。在综合研究、比较分析考古学和有关历史研究成果的基础上，该志将海（晦）陵建县时间由公元前117年改为公元前223年，确认泰州建置史已有2200多年而非2100多年。《光明日报》《泰州日报》以及“泰州发布”微信号对该志出版发行进行报道。

2016年5月4日，《泰州市志》通过终审

【《泰州年鉴(2016)》出版发行】2016年10月,《泰州年鉴(2016)》正式出版发行,是自1998年创刊以来连续出版的第19卷。该卷年鉴采用分类法编辑,主体内容分为栏目、分目、条目3个层次,共设栏目41个、分目310个,收入条目2000多条、表格63张、随文图片230幅,卷首增设庆祝地级泰州市成立20周年系列彩版,共113万字,印数2500册。

【档案工作】2016年4月,全省农村承包地确权登记颁证档案工作推进会在泰州召开,会议推介姜堰区沈高镇相关经验做法,并召开省级机关档案工作协作组会议。举办市级机关部门(单位)档案人员培训班,200多人参加培训。开展档案室星级测评工作,姜堰区地税局等9家单位通过省星级测评,成为档案工作规范化管理达标单位。对150多家单位2015年度的归档工作进行"过堂"。10月21日,市政府常务会议确认"泰州电子政务档案管理中心"更新升级项目通过审核,近100家市级机关单位推广使用电子政务档案室管理系统。

加强档案征集和编研工作,全年共征集《三水王氏族谱》等家谱17部106册、《泰州文化丛书》等书籍101本、福建省军区原司令员卢福祥书法作品1幅、傅抱石纪念馆原馆长徐善书法作品1幅,共发放征集证书20本,举行捐赠仪式2场。与上海文史馆、市乔园管理处合作,编辑出版《王退斋诗选》;协助离休老干部孙振业编写出版个人回忆录《正业回途》。《泰州市档案文化建设的初步实践》等2篇论文在长三角城市档案局长联席会上参与交流。全年在《党史资料与研究》《档案与建设》《兰台世界》《中国档案报》《泰州日报》《泰州通讯》等报刊上发表文章19篇;《粟裕的人格魅力》《通如靖泰临时行政委员会》等论文参加省有关学术交流活动。

推进档案规范化建设,起草印发《2016年档案工作规范化建设计划》,对确定为2016年档案工作规范化管理拟达标单位的泰州高教园区、泰州边检站、市政公用事业管理局、市人民医院、市公路管理站、市引江河河道工程管理处等6家单位进行上门指导。做好全市5家省五星级申报单位、5家五星级复查单位的档案业务指导和测评申报材料的汇总、审核和上报工作。完成2016年度重大建设项目档案管理登记和13个省重大建设项目档案管理登记表的发放、收集、报送工作。

加强档案执法检查,与泰州银监分局联合组成档案专项执法检查组,抽查中行泰州分行共12家金融机构。与市卫计委联合组成档案专项执法检查组,随机抽查14家市(区)医院、乡镇医院档案工作,其中12家达到法定标准、2家责令限期整改。

深化档案普法工作,制订《泰州市档案法治宣传教育第七个五年规划》;完成泰州市法学会研究课题《重大项目档案执法探讨》。开展"6·9"国际档案日活动,发放《中国的世界记忆遗产》等宣传资料300多份,群发宣传短信2万多条。开展"档案与民生"征文比赛,共收到征文70篇。编印《档案行政执法指南》《档案与我相伴征文集》。利用《泰州日报》、泰州电视台、泰州广播电台、江苏有线云媒体、科普电子屏等媒介和平台,通过"讲述泰州档案里的故事""12·4"宪法日宣传活动、群发公益宣传短信等多种形式,宣传档案工作。

泰州市党史方志档案办公室大楼

【档案馆工作】印发《泰州市档案馆2016年接收档案进馆计划》。全年共接收24家单位档案2519卷3019件,接收市直机关部门公开的现行文件1245件,接收市国土局寄存房产交易档案20多万卷。修复破损家谱1100多页,已数字化档案装盒5815个20318卷,鉴定到期档案107个全宗2122卷、控制410卷、开放率80.7%。全年查档接待服务对象2014人次,其中市民查阅现行文件323人次、利用文件376件,市民查阅档案1216人次,接待一般性参观9批310人次,接待特藏室参观13批300多人次。

(顾 伟)

党 校 工 作

【教育培训】2016年,泰州市委党校充分发挥全市党员干部培训的主渠道主阵地作用,全年共举办主体班32个,参训人数4857人次。其中,市级机关处级干部"菜单式"选学培训班暨"名家讲坛"12期、培训学员2664人次,市第六期县处级干部进修班培训学员44人,市第20期新上岗县处级干部培训班培训学员42人,市级机关科级干部选学专题班3期、培训学员627人次,市第15期党外中青年干部培训班培训学员35人,市女干部能力提升培训班培训学员46人,市"专题升级与十三五规划"专题班培训学员235人,市"项目突破与资本运作"专题班培训学员202人,市"城市建设与城市现代化"专题班培训学员211

人，新疆昭苏县乡科级干部（泰州）培训班培训学员24人、县直干部能力提升培训班31人，湖北省秭归县第一书记泰州培训班培训学员49人。

2016年，市委党校加大“开门办学”力度，面向全市机关部门、企事业单位开展各类培训工作。全年共举办各类培训班140期、培训学员13444人。主要有：“万名党员进党校上党课”、市级机关入党积极分子培训班、“两学一做”学习教育暨弘扬铁军精神培训班、“供给侧结构性改革”专题研究班、市直机关事业单位工会主席培训班、年轻公务员成长计划培训班、全市关工委深入学习习总书记重要指示专题培训班、“招商能力提升”专题培训班、法治泰州建设暨涉法涉诉信访工作培训班、全市政法系统领导干部培训班、泰州市2016年度行政执法人员公共法律知识集中培训班、国家海洋局华东分局“两学一做”专题培训班、省第91期企业高级职业经理人培训（泰州班）暨省职业经理人（智能制造）培训班、泰州地税系统党务工作业务培训班、泰州市检验检疫局党性教育专题培训班、泰州市“千企升级”企业总裁高级研修班、市经济新常态下的中小企业转型变革与创新培训班、2014~2015年海陵区初任公务员培训班、高港区第十期新上岗副乡科级干部培训班、2016年度泰州医药高新区发展对象培训班、靖江地税“两学一做”学习教育深度专题培训、兴化市政法信访干部培训班、安徽省芜湖县2016年中青年干部培训班。

【科学研究】2016年，市委党校主动聚焦市委、市政府重大决策部署和社会热点难点问题，深化“重要智库”建设，及时、准确、有效地为市委、市政府提供智力支持。全年获第14届江苏哲学社会科学优秀成果奖三等奖1项，2015年度江苏省思想政治工作课题研究优秀成果二等奖、三等奖各1项，全省党校系统2011~2015年度优秀科研工作组织奖1项、优秀成果奖5项（一等奖1项、二等奖、三等奖各2项），江苏省第十届哲学社会科学学术大会优秀论文奖5项。全年共发表各类科研成果279项。其中，著作2部、编著11部，在省级及省级以上刊物公开发表67项、内部刊物发表27项，市级刊物公开发表37项、内部刊物发表78项，在《决策咨询》发表43项，撰写研讨会论文18项。年内，有1项决策咨询报告获省人大常委会副主任许仲梓批示，5项《决策咨询》报告获市厅级领导批示。全年市委党校共立项课题45项，分别是江苏省社科应用研究精品工程重点课题1项、江苏省社科基金课题1项、泰州市社科类市级课题2项、泰州市软科学课题1项、省委党校课题3项、泰州市思想政治研究会课题9项、泰州市机关党建课题4项、市委党校校级课题24项。全年共结项课题38项，分别是2015年度江苏省社科联课题1项、2015年省委党校课题6项、泰州市哲学社会科学课题2项、泰州市软科学课题4项、2015泰州市政研会课题5项、2015年度校级课题结项20项。

（党　校）

老干部工作

【概况】2016年，泰州市老干部工作以贯彻落实《关于进一步加强和改进离退休干部工作的意见》《关于进一步加强和改进离退休干部工作的实施意见》文件精神为主线，以建市20周年为契机，深入开展“两学一做”学习教育，落实老干部政治、生活待遇，组织离退休干部开展为党的事业增添正能量活动，探索改进离退休干部服务管理，推动全市老干部工作整体水平的提高。至年末，全市有离退休干部64040人，其中离休干部1619人、退休干部62421人；享受副地市级以上待遇60人、正县级待遇312人、副县级待遇804人；有离退休干部党员43394人。全年全市新建离退休干部党支部6个，年末党支部累计达331个。

【老干部党建工作】组织全市离退休干部党员开展“两学一做”学习教育，引导广大离退休干部党员带头“立家规、传家训、正家风”，推动学习教育向纵深推进。市和市（区）分别举办老干部党支部书记培训班，共培训老干部党支部书记达200多人次。在离退休干部活动学习场所、兴趣爱好团体、社团组织中建立临时党组织30多个，推动党组织设置和活动由单位向社会延伸。按照“一方隶属，多方管理”的原则，在7个社区开展离退休干部党建工作试点，对所在试点社区的596名离退休干部和异地流动老党员实现管理和服务全覆盖。全年全市新建离退休干部党支部6个，年末党支部累计达331个。

【为党的事业增添正能量活动】围绕“展示阳光心态、体验美好生活、畅谈发展变化”主题，深化老干部为党和人民事业增添正能量活动。发挥典型引领作用，树立一批在全国和省、市有影响的老干部先进典型，表彰一批老干部先进集体和老干部先进个人。组织老干部开展建言献策、参与社会服务活动，建立和完善“离退休干部银发人才库”，组织10多个老干部志愿服务团队，参加人数达12000多人，并形成“老娘舅”调解队、“俏夕阳”艺术团、“百姓议事亭”“心灵氧吧”“四点半课堂”等各具特色的志愿服务品牌。全市参与关心下一代工作的“五老”人员达43000多人，与1399名失足和问题青少年结对帮教，有1631名离退休干部与1269名大学生“村官”结对。年内，泰州市“搭建五大平台，助推老干部为党的事业增添正能量”经验在全省老干部局长会议上作交流介绍。

【落实离休干部生活待遇】 继续做好春节、中秋、重阳期间走访慰问离休老干部工作。一年两次上门走访慰问14级老干部、住院离休老干部，并通报最新市委工作情况。市老干部局加强与市财政局、人社局、卫计委等部门的联系协调，为离休干部落实年终一次性生活补贴和住房租金补贴发放，并对离休干部医疗进行征缴。组织市本级130名离休老干部进行健康检查，对每位离休干部的身体情况进行定量分析，进一步完善健康档案。开展政府为离休干部购买服务活动，为离休干部提供亲情化、个性化、特色化服务。对全市异地安置离休干部共17人进行走访慰问，了解生活、身体和各项待遇的落实情况。全年共处理离休干部丧事18起；接待答复来信来访100多人次。

【丰富老干部精神文化生活】 围绕建党95周年、红军长征胜利80周年以及地级泰州市组建20周年等主题，组织开展泰州市第五届老干部艺术节活动，活动主要内容有：金秋老干部文艺演出，纪念建市20周年集邮展、书画摄影展，泰州、扬州两市老干部活动中心共同举办的“扬泰风情”书画展并编印《双陵雅集》画册。围绕庆祝江苏省第29个敬老日，组织开展适合老年人特点的文化活动。组织“我看泰州”参观活动，400多名离退休干部参加。加强老干部（老年）大学建设，改善教学环境，提高教学质量，拓展服务途径。至年末，全市共有老干部大学7所、专业34个，在校学员近1万人次。其中，市老干部大学在册学员951人、全年累计就学2300多人次，共开设9个专业24个班级（包括智能手机应用和PS提高两个新开设的特色班级）。继续开办“夕阳红”大讲堂，内容包括书画、摄影、防诈骗等方面，听众达400多人。

（老干部局）

“夕阳更精彩”泰州市老干部艺术团专场演出

泰州市人民代表大会

责任编辑 叶 彤

综 述

【概况】2016年，在中共泰州市委的领导下，市人大常委会充分履行职权，为推动全市经济社会持续稳定发展和民主政治建设做出贡献。

强化基层民主政治建设基础。召开全市县乡人大工作和建设现场会，建立县乡人大工作联系点，制定出台乡镇人代会、主席团会议工作规范，邀请各乡镇人大主席列席市人大常委会会议、参加执法检查和调研考察等活动，推动乡镇人大围绕法律规定的乡镇人大13项职权、主席团4项职能、主席3项职责以及召开人代会、主席团会议的相关规定开展工作，提高基层人大工作和建设规范化、制度化水平。配合市委规范人大代表候选人推荐程序，协助做好考察、审查工作，对选举工作全程指导，换届选举风清气正。

夯实地方立法基础。完善立法重大事项向市委请示报告机制，充分发挥政府作为法案提出主体的作用。坚持社会参与，广泛开展立法协商，设立12个基层民主立法联系点，深入村组、社区听取法规草案修改意见，先后有5000多人次提出各类意见1500多条。实行地方立法两审制，完成年度立法计划实施，全年制定并经省人大常委会审查批准《泰州市制定地方性法规条例》《泰州市水环境保护条例》等4部地方性法规。加强对政府规范性文件的备案审查，做到“有件必备、有备必审、有错必纠”。

增强监督实效。推进重大决策部署的实施，专题询问项目大突破、城建新提升工作情况，审议和跟踪“医药名城”“港口名城”“文化名城”“生态名城”建设情况，专项督查行政审批和服务工作、地方政府性债务管理和政府融资平台运行等情况。加强监督检查，推进“一府两院”报告事项的落实。对照年度国民经济社会发展计划和预算，专项听取10个部门预算、3个政府专项资金使用情况汇报；对照为农服务工作三年方案、旅游工作三年行动计划、“两院”司法改革试点方案、友城工作等，专项督查工作进展情况。推进群众关注热点的解决，专项审议社会保险基金监管、政策性农业保险资金使用、公立医院医药分开等工作情况报告，听取有偿家教治理、路网水网建议办理等工作情况汇报，视察社会救助、防汛等工作。

2016年9月26日，全市市县乡三级人大换届选举工作会议召开

持续推进法律监督，开展消费者权益保护、物业管理、道路交通安全等相关法律法规执法检查，听取“六五”普法工作情况报告，并就“七五”普法作出决议，进一步推动法治泰州建设。

依法作出决议决定。依法讨论决定重大事项，对学前教育优质均衡发展等重大事项依法作出决议。跟踪督查决议决定执行情况，听取关于城市永久性绿地保护决议贯彻落实情况的汇报，推动绿地保护范围进一步扩大。视察凤城河风景区建设管理情况，督促常委会关于环城河风景区建设决议的落实。依法做好人事任免工作。坚持党管干部与人大依法任免相统一，完善选举任免工作机制，按照宪法宣誓制度，实现新任命人员向宪法宣誓规范化、常态化。

夯实人大工作群众基础。完善代表建议网上办理系统，实行全覆盖、动态化、台账式管理。组合运用专项审议、代表视察、主任督办、市长领办、集中督办等多种形式，制定落实《关于进一步提高代表建议办成率的意见》，代表建议办理质量得到提高，市四届人大代表累计提出建议815件，办成率达72.5%。拓宽民情民意反馈渠道，发挥主任接待代表日、“人大代表之家”等载体功能，累计建成486个“人大代表之家”。丰富代表活动形式，安排代表列席常委会会议，参与立法、专项工作报告审议；邀请代表参加常委会调研视察、执法检查等重点工作；完善代表履职档案，提高代表活动的实效。

重要会议和工作

【市四届人大六次会议】2016年1月18~21日，市四届人大六次会议召开。大会补选史立军为市长、徐军为市中级法院院长、李军为市检察院检察长。会议听取和审议《泰州市人民政府工作报告》《关于泰州市国民经济和社会发展第十三个五年规划纲要》《关于泰州市2015年国民经济、社会发展计划执行情况和2016年计划草案的报告》《关于泰州市2015年财政预算执行情况和2016年财政预算(草案)的报告》《泰州市人民代表大会常务委员会工作报告》《泰州市中级人民法院工作报告》《泰州市人民检察院工作报告》等7个报告，通过以上各项报告并作出相应决议决定。大会审议并通过《泰州市制定地方性法规条例(草案)的议案》。

【市人大常委会会议】2016年，市四届人大常委会共召开10次会议。

1月11日，市四届人大常委会第二十八次会议召开。会议听取并集中审议关于补选省人大代表议案的说明，通过补选省人大代表事项，市委副书记史立军当选为省十二届人大代表。

1月13日，市四届人大常委会第二十九次会议召开。会议审议并通过关于市四届人大代表变动及补选情况的报告，审议关于召开市四届人大六次会议的有关事项，通过有关人事任免议案。

3月29~30日，市四届人大常委会第三十次会议召开。会议审议市政府关于全市社会保险基金管理和监督情况的报告，并开展专题询问；审议市政府关于“医药名城”建设情况的报告；听取市卫计委、旅游局、机关事务管理局主要负责人履职情况的报告，并进行测评；审议并通过市人大常委会人事任免办法(修订稿)和市人大常委会关于进一步提高常委会会议审议质量的意见(修订稿)；通过有关人事任免议案。

4月27~28日，市四届人大常委会第三十一次会议召开。会议听取市政府关于《中华人民共和国消费者权益保护法》贯彻实施情况的报告，审议市人大常委会执法检查组关于检查《中华人民共和国消费者权益保护法》贯彻实施情况的报告，审议市政府关于“生态名城”建设情况的报告，初审《泰州市水环境保护条例(草案)》，初审《泰州市公共信用信息条例(草案)》，听取市农委、信访局、法制办主要负责人履职情况的报告并进行测评。

5月31日，市四届人大常委会第三十二次会议召开。会议通过有关人事任免议案。

6月29~30日，市四届人大常委会第三十三次会议召开。会议审议市政府关于2015年市级决算报告，审查和批准2015年市级决算；审议《关于泰州市2015年市级预算执行和其他财政收支情况的审计工作报告》；审议市人大常委会执法检查组关于检查《中华人民共和国道路交通安全法》和《江苏省道路交通安全条例》贯彻实施情况的报告；审议《泰州市水环境保护条例(草案)》；审议《泰州市公共信用信息条例(草案)》；审议《泰州市房屋安全管理条例(草案)》；审议通过关于促进学前教育优质普惠发展的决议；通过有关人事任免议案。

8月29~30日，市四届人大常委会第三十四次会议召开。会议审议市政府《关于泰州市2016年上半年国民经济和社会发展计划执行情况的报告》《关于泰州市2016年上半年预算执行情况的报告》《关于泰州市“六五”普法工作情况的报告》，通过关于在全市公民中实施法制宣传教育第七个五年规划的决议，审议市政府关于“文化名城”建设情况的报告，审议《泰州市房屋安全管理条例(草案)》，通过有关人事任免议案。

9月14日，市四届人大常委会第三十五次会议召开。会议审议通过《关于全市市、县、乡三级人民代表大会换届选举问题的决定》。

10月24~25日，市四届人大常委会第三十六次会议召开。会议审议市政府关于2016年市级财政预算调整建议事项的报告；审议市人大常委会执法检查组关于检查《江苏省物业管理条例》贯彻实施情况的报告；审议市政府关于代表建议办理工作情况的报告；审议市政府关于“项目大突破”工作情况的报告；审议市政府关于公立医院医药价格综合改革情况的报告；审议市政府关于改进政策性农业保险工作，提高财政资金使用效率落实情况的报告，并开展专题询问；审议通过关于召开市五届人大一次会议的决定；听取省人大代表省直泰州组履职情况报告，并进行测评；通过有关人事任免议案。

12月26~27日，市四届人大常委会第三十七次会议召开。会议初审市政府《关于泰州市2016年国民经济和社会发展计划执行情况和2017年计划草案的报告》《关于泰州市2016年财政预算预计执行情况和2017年财政预算(草案)的报告》；审议市政府关于“城建新提升”两年行动计划落实情况的报告；初审市人大常委会工作报告稿；通过有关人事任免议案。

【市人大常委会主任会议】2016年，市人大常委会共召开5次主任会议。2月26日，市四届人大常委会召开第十六次主任会议，听取市政府关于有偿家教治理工作情况的汇报，听取市政府贯彻实施《关于加强城市永久性绿地保护的决议》情况的汇报。5月27日，市四届人大常委会召开第十七次主任会议，听取市政府关于行政审批和服务工作情况、友好城市建设情况的汇报。7月29日，市四届人大常委会召开第十八次主任会议，听取市政府关于路网、水网重点建议办理情况的汇报，听取市级10个部门预算执行情况和政府3个专项资金使用情况的汇报。9月27日，市四届人大常委会召开第十九次主任会议，听取市中级法院、检察院关于司法改革工作情况的汇报，听取市政府关于政府性债务管理和政府融资平台运行情况的汇报。11月23日，市四届人大常委会召开第二十次主任会议，听取市政府关于为农服务工作三年方案落实情况的汇报。

【人大代表视察】2016年5月16日，市人大常委会组织部分市人大代表视察全市防汛工作。代表们实地视察周家墩泵站、老通扬运河整治四期工程、许庄河控制工程、马甸水利枢纽改建工程、太平闸工程、防汛物资储备仓库等，并听取市水利局关于全市防汛防旱工作情况汇报。5月30日，组织部分市人大代表视察凤城河风景区建设管理情况，实地视察北城河、西城河、南城河两岸建设管理情况，听取凤城河风景区建设情况汇报。7月上中旬，组织部分市人大代表视察旅游业重大项目建设情况。7月18日，组织全体驻会委员视察泰州海关工作，实地视察泰州海关监控指挥中心，并听取海关相关工作情况汇报。9月20日，组织部分市人大代表视察代表建议办理情况。10月19日，组织部分市人大代表视察医药高新区项目建设情况，实地视察巨腾电子科技、可利科技、武田药品、阿斯利康、桑缇亚生物技术等企业，听取相关工作情况汇报。11月18日，组织部分驻会委员视察市区社会救助工作情况，实地视察高港区许庄街道社会救助服务中心、口岸街道引江社区社会救助协助办理中心、医药高新区寺巷街道社会救助服务中心等。

【主任接待代表日活动】2016年3月8日，市人大常委会在高港区开展主任接待代表日活动。参加活动的人大代表围绕社会保险基金的管理和监督情况、《泰州市水环境保护条例(草案)》、港口名城建设等提出意见和建议。4月6日，省人大常委会党组书记、常务副主任蒋定之在泰州开展主任接待代表日活动，听取省人大代表的意见和建议，8名省人大代表分别围绕食品安全、消费者权益保护、代表履职等问题提出意见和建议。

【县乡人大换届选举】2016年9月，泰州市启动市县乡三级人大换届选举工作。至年末，全市累计有415万选民参加投票选举，选出新一届县级人大代表1786名，乡镇人大代表5476名。

全省首家地方立法研究院在泰州成立

【泰州成立全省首家地方立法研究院】2016年4月21日，泰州市地方立法研究院成立仪式举行。省人大常委会副主任公丕祥、市委书记蓝绍敏共同为研究院揭牌，并向30名立法咨询专家和25名预算审查专家颁发聘书。泰州市地方立法研究院由市人大法制委与南师大泰州学院合作共建，是全省首家地方立法研究院。

【全省人大常委会法工委主任座谈会在泰州召开】2016年11月22日，全省人大常委会法工委主任座谈会在泰州召开。全省13家设区的市人大常委会法工委主任交流2017年度立法计划(草案)和规范性文件备案审查工作情况，并就相关问题进行研讨。省人大常委会法工委主任孙如林出席会议，市人大常委会副主任高纪明出席会议并致辞。

重 要 建 议

【关于高度重视社保基金持续支付能力的建议】2016年，市四届人大六次会议期间，人大代表建议：加强部门联动，深入实施全民参保计划，做实缴费基数，完善基金预算制度，坚持精算平衡，扩大基金筹资渠道，拓宽基金保值增值渠道，健全监管体系，着力筑牢社会保险可持续发展机制，提高基金统筹层次和运行水平。

【关于对靖泰界河水环境实施综合整治的建议】2016年，市四届人大六次会议期间，人大代表建议：1.计划对靖泰界河（界河闸至季黄河段）总长37.2千米进行疏浚，原则上不进行河道驳砌和建筑物加固改造，疏浚及整治约需经费2000万元；如果考虑26千米通航河段护砌及危桥改造，需增加经费1亿元。2.靖江、泰兴市政府是靖泰界河整治工程的实施主体。由泰州市组建协调小组，靖江、泰兴两市分别成立建设处，按照基本建设程序，工程分段进行招投标和工程实施。工程红线范围内的征迁及临时用地等按照属地原则由两市政府各自负责。包括近长江口段河道内的乱搭乱建由两市分别进行查处和拆除。3.河道的建设标准及实施标段的划分由泰州市确定。对河道两侧同属一个市的河段，由所在市负责实施；对河道两侧属不同市的河段，由泰州市水利局负责划分河段交泰兴市、靖江市分别负责实施。建议泰兴市负责实施界河闸至曲霞段23.3千米、靖江市负责实施广陵段13.9千米。4.河道整治所需费用由泰兴市、靖江市各自承担，市水利局配合两市包装项目并向上争取补助，泰州市可给予适当以奖代补。实施河道疏浚的同时落实相关部门进行沿线排污口的整治，落实专门管护人员加强河道的管理。5.实施计划安排：2016年上半年做好设计、招投标等前期工作，汛后组织施工，2017年完成河道整治任务。

【关于加大受理执行案件执行力度的建议】2016年，市四届人大六次会议期间，人大代表建议：主动加强与人大代表的沟通联系，听取意见；全面落实市人大常委会评议法院执行工作的评议意见，进一步加大执行联动和执行威慑力度，通过多种举措严厉打击“老赖”，坚决杜绝执行拖拉、懈怠等现象，严肃查处违纪违法等行为，进一步提升执行工作水平。

【关于多措并举加快实体经济发展步伐的建议】2016年，市四届人大六次会议期间，人大代表建议：加大政策扶持力度，尤其是对中小微企业的政策扶持；聚焦三大主题工作，鼓励企业实施转型升级；加大对企业转型升级的引导、扶持力度。

【关于加强基层卫生人才队伍建设的建议】2016年，市四届人大六次会议期间，人大代表建议：1.提请市政府出台支持基层医疗卫生机构人才队伍建设的文件；2.开展基层医疗卫生机构免费定向培养；3.开展乡镇卫生院骨干务实进修；4、开展乡村医生实用技能进修。

【关于进一步加强农村环境整治工作的建议】2016年，市四届人大六次会议期间，人大代表建议：继续巩固提升村庄环境整治成果，完善长效管理制度，确保全市村庄环境不反弹、不回潮；实施美丽乡村建设试点、村庄环境整治提升行动，进一步打造特色村庄。

【关于促进全市农村电子商务发展的建议】2016年，市四届人大六次会议期间，人大代表建议：1、将农村电子商务发展作为全市电子商务发展的重中之重，推动市政府及相关部门制定“‘互联网+农业’行动计划”，把发展农村电子商务作为推进全市农业信息化的重要内容，积极培育农产品电子商务经营主体，不断完善服务支撑体系，全面加快全市农村电子商务发展进程。2、协同相关部门制定扶持农村电商的扶持政策，重点对农村电子商务网络平台建设、电子商务示范村建设、农产品电子商务人才培养及农业经营主体入网服务等给予支持，适当降低农产品电子商务支持门槛。3、强化泰州优良农业生态环境及特色名优农产品的宣传推广，总结全市农村电子商务发展过程中的好经验好做法好典型，努力营造发展农村电子商务的良好氛围。

2016年泰州市四届人大六次会议代表建议一览表(摘录)

表6

建议人	案　　由	主办单位	会办单位
李劲松	关于切实提高农村水污染治理水平的建议	市环保局	市农委、水利局
吕加太	关于规范电商经营行为　推动全市电子商务健康发展的建议	市工商局	市商务局、质监局
胡万贵	关于接通海陵区锋陵东区管道煤气的建议	市住建局	
陈兰英	关于“修改医保总额控制方案”的建议	市人社局	
陈国祥	关于加大受理执行案件执行力度的建议	市法院	
胡万贵	关于规范烟草专卖执法检查行为的建议	市烟草专卖局	
邓　华	关于启动青年路北延工程的建议	海陵区政府	
黄海燕	关于加强妇女“两癌”筛查,切实提高妇女健康水平的建议	市卫计委	市妇联、财政局、民政局、人社局
李　珂	关于进一步加强我市精神卫生服务工作的相关建议	市卫计委	市民政局
刘爱红	关于加强非机动车管理的建议	市公安局	
黄明明	关于解决城市住宅小区停车难问题的建议	市住建局	市公安局、规划局
崔明生	关于加大交通依法查处力度保障人民生命财产安全的建议	市公安局	
黄金珍	关于合理设置火车站晚班公交班次的建议	市交通运输局	
罗建群	关于加强代表建议办理力度,努力提高建议办成率的建议	市政府办	
刘志勇	关于将食品安全监管工作监督抽查经费纳入本级财政预算的建议	兴化市政府	
韩建荔	关于加强市区重要交通道路管理、缓解出行难停车难问题的建议	市公安局	市城管局、交通运输局
徐国平	关于大力发展我市大健康产业的建议	市卫计委	市发改委、医药高新区
王新国	关于建立泰州市公务员队伍中专业技术人员职称与职级并行制度的建议	市人社局	市委组织部
王昌建	关于进一步加强农村环境整治工作的建议	市住建局	市环保局
陆绍山	关于简化民间养老服务机构准入手续并予优惠的建议	市民政局	市公安局
徐　波	关于规范整治学校出入口交通秩序的建议	兴化市政府	
徐建庆	关于高度重视社保基金持续支付能力的建议	市人社局	市财政局
李国平	关于迎春东路与向阳路交界处的十字路口安装红绿灯的建议	市公安局	海陵区政府
杨凤辉	关于关注留守儿童身心健康的建议	市教育局	市公安局、民政局
吕红粉	关于建立泰州市失独老人医养公寓的建议	市卫计委	市国土局、民政局

续表6-1

建议人	案　　由	主办单位	会办单位
李国平	关于市区联动支持海陵工业园区创建国家级文化创意产业园区的建议	海陵区政府	市财政局、发改委、规划局、国土局、科技局
金慧霞	关于将姜堰区的地下综合管廊建设、与海绵城市建设纳入泰州市统一规划的建议	市规划局	姜堰区政府、市水利局
焦国庆	关于加快推进城区至市区干线道路建设的建议	市交通运输局	市发改委、高港区政府、市规划局、泰兴市政府、市住建局
李焕军	关于提升我市旅游业发展水平的建议	市旅游局	
季茂华	关于实行公交线路的优化和全覆盖的建议	市交通运输局	
仇党玉	关于将大纵湖等纳入泰州生态名城建设的建议	市环保局	市水利局、兴化市政府
朱宏全	关于谁为失控的“电动汽车”栓上安全的“缰绳”的建议	市公安局	市人大办、工商局、质监局
武丽君	关于规范市区户外LED广告屏安装使用管理的建议	市城管局	市工商局、公安局、环保局
戴月华	关于加强“教育之乡”品牌宣传，提升泰州区域竞争力的建议	市教育局	
葛　飞	关于在校(园)方责任险中增加“牙齿损伤险”专项条款的建议	市教育局	
刘玉其	关于加强乡镇清水建设，推进乡镇河道清淤的建议	泰兴市政府	
范荣春	关于设立市级农业技术推广奖的建议	市农委	市财政局、科技局
丁春华	关于加强城市“僵尸车”管理的建议	市公安局	市人大办、城管局、住建局
邵　琛	关于刑事案件中依法保障律师执业权利的建议	市委政法委	市检察院、公安局、司法局
陈　俊	关于在市(区)设立小汽车驾驶员培训全科目考试场的建议	市公安局	兴化市政府
叶　红	关于建设海绵生态名城的建议	市规划局	市住建局
姚德明	关于创新创业服务平台建设的建议	市科技局	团市委、经信委、人社局
王泓卫	关于关心和支持群众性京剧艺术活动，唱响“梅兰芳故乡．泰州京剧之城”文化品牌的建议	市文广新局	市委宣传部、总工会、财政局、教育局
王红英	关于加强城市规划的建议	市规划局	
邵　琛	关于大力推行调查令制度的建议	市法院	
王　坚	关于解决村级财务不规范问题的建议	市委农工办	市纪委、财政局、民政局、审计局
戴文华	关于将县级市隶属街道的农村事业单位工作人员纳入乡镇工作补贴范围的建议	市人社局	市财政局
杨屹峰	关于设立船舶产业发展基金的建议	市财政局	市经信委

续表6-2

建议人	案　由	主办单位	会办单位
魏仁华	关于落实中央医改政策，让民营医院享有与公立医院同等医保政策的建议	市人社局	市卫计委
赵龙才	关于将“医养结合”入住老人纳入部分医保补贴的建议	市人社局	市民政局
陆信才	关于对道路交通严格管理的建议	市公安局	市交通运输局
郭余庆	关于充分发挥金融办在当前经济形势中管理职能的建议	市金融办	市国土局、环保局、经信委、人行、银监局
薛　敏	关于创建国家森林城市的建议	市农委	市人大办、财政局、规划局、国土局、水利局、住建局
陈春红	关于开展土壤环境检测的建议	市环保局	
曾瑞祥	关于对跨市、跨区骨干河道统筹建设和管理的建议	市水利局	
王昌建	关于在泰州主城区禁放烟花爆竹的建议	市公安局	
陈文兰	关于尽快启动修建S355省道东线大泗镇区段的建议	市交通运输局	
徐国平	关于大力发展我市吉祥文化产业的议案	市委宣传部	市文广新局
朱靖娴	关于强化监管人才队伍建设，提高食药安全保障水平的议案	市人社局	市编委办
俞新农	关于扶持新能源低速电动汽车规范发展的议案	市公安局	市保险行业协会、经信委、质监局
唐晓伟	关于促进我市农村电子商务发展的议案	市商务局	市委农工办、团市委、财政局、人社局
李　飞	关于推进泰常过江通道进入实质性启动建设阶段的议案	市交通运输局	
李念民	关于进一步优化教师编制和评聘制度的议案	市教育局	市编委办、财政局、人社局
李劲松	关于将施耐庵文化品牌提升到与梅兰芳品牌同一等级打造的议案	兴化市政府	市旅游局、文广新局
侯瑞华	关于对居民小区物业管理工作加强监管的议案	市住建局	市城管局、姜堰区政府、经信委、物价局
赵桂银	关于组织挂钩帮扶我市部分经济薄弱镇村和低收入农户的议案	市委农工办	
王　坚	关于消除机关事业单位编外用工风险的议案	市编委办	市人社局
叶　红	关于制定《泰州市区禁止燃放烟花爆竹条例》的议案	市人大办	
邵剑峰	关于加快推进“港口名城”建设的议案	市交通运输局	市财政局、发改委、高港区政府、规划局、商务局
乔向民	关于推行一镇（街）一品建设的议案	市住建局	市发改委、规划局、国土局
郭余庆	关于顺利推进公车改革的议案	市机关管理局	市财政局、人社局
唐晓伟	关于多措并举加快实体经济发展步伐的议案	市经信委	市发改委、科技局、农委
丁新成	关于推行市区行政审批层级一体化改革的议案	市编办	

（人大办）

泰州市人民政府

综　述

【概况】2016年，泰州市人民政府主动适应经济发展新常态，自觉践行新发展理念，在转型升级中保持经济平稳较快发展。全年实现地区生产总值突破4000亿元，人均地区生产总值突破8万元，固定资产投资、高新技术产业产值分别突破3000亿元和5000亿元，居民消费价格涨幅继续保持在2%左右。发展层次加快提升，被规划确定为长三角Ⅱ型大城市，全域纳入沿海开发战略；成为长江经济带大健康产业集聚发展试点，创成国家中医药综合改革试验区、康养旅游示范基地；获批国家级金融支持产业转型升级改革创新试验区和国家高标准农田建设试点。产业结构进一步优化，三次产业结构调整为5.9∶47.1∶47.0。坚持扩大开放，持续推进项目大突破，开展“开发园区追赶跨越三年行动”；稳定外贸增长，加快企业“走出去”步伐。统筹城乡规划建设，创成全国文明城市、国家历史文化名城，国家卫生城市实现市（区）全覆盖。坚持发展为民，实施民生幸福工程，将一般公共预算支出的75%、新增财力的80%以上用于改善民生。就业和保障水平不断提升，城镇登记失业率保持在3%以下。社会治理水平不断提升，连续5年获评全省综治平安建设先进市，群众安全感保持全省前列。

【改革创新】实施全面深化改革两年行动计划，推进供给侧结构性改革。落实“三去一降一补”政策，在全省率先推出30条重点举措。深化重点领域和关键环节改革，出台并向社会公布“五张清单”，取消和下放行政审批事项405项。在全省首创“互联网+”联合图审模式，率先在全省实现企业登记“三证合一”“一照一码”全覆盖，率先启动个体工商户“两证合一”改革。深化投融资体制改革，成立市凤城国资控股有限公司，组建城建基金、产业发展基金和信用担保基金。科技创新成效显著，连续多年入选全国科技进步先进市，科技进步贡献率达60.5%。建立“金三角”人才柔性创业机制，推行创新券、创业券、购房券等扶持政策，打造高层次人才创业高地。

【市级政府投资项目】至2016年末，127个市级政府投资项目中，58个项目正在加紧实施，34个项目正在开展前期工作，1个项目暂缓实施，34个项目已竣工。其中，结转项目50个，年度计划投资119.7亿元，累计完成投资99.4亿元，完成年度投资计划的83%；计划新开工项目77个，年度计划投资69亿元，累计完成投资30.7亿元，完成年度投资计划的44.4%。

重要会议和政务

【市政府全体（扩大）会议】2016年10月12日，市政府召开第四次全体（扩大）会议，市长史立军讲话。会议主要内容是深入贯彻落实市第五次党代会精神，部署推进四季度重点工作，研究谋划今后一个时期政府工作，动员各地各部门步调一致、继续奋斗，加快建设“强富美高”新泰州。

【市政府常务会议】2016年，市政府共召开11次常务会议。

1月11日，市长陆志鹏主持召开市政府第33次常务会议。会议专题讨论《政府工作报告》（讨论稿）。

1月29日，市长史立军主持召开市政府第34次常务会议。会议讨论《泰州市电子政务工程建设项目管理暂行办法》《泰州市工伤保险管理办法》，听取2015年度全市工业经济和开放创新工作表彰奖励事项、市科学技术贡献奖和科技进步奖评审情况、市政府2016年重点工作目标任务及分解落实方案编制情况的汇报。

2月26日，市长史立军主持召开市政府第35次常务会议。会议讨论2016年市区改善民生实事项目、《进一步加快姜堰区与中心城区融合发展的若干意见》《进一步推进户籍制度改革的实施意见》。

3月30日，市长史立军主持召开市政府第36次常务会议。会议讨论《关于促进市区房地产市场平稳健康发展的若干意见》《关于加快推进市区棚户区（危旧房）改造货币化安置的实施办法》《关于进一步加强安全生产监管执法工作的实施意见》《泰州市较大及以上生产安全事故应急预案》，听取市人大代表建议市政协提案专题交办工作情况的汇报。

4月19日，市长史立军主持召开市政府第37次常务会议。会议讨论《泰州市整合建立统一的公共资源交易平台实施方案》《泰州市生态文明建设规划》《泰州市水污染防治工作方案》《2016年度全市开放型经济工作目标考核奖励办法》，讨论《泰州市水环境保护条例（草案）》《泰州市公共信用信息管理条例（草案）》等2个地方性法规。

5月9日，市长史立军主持召开市政府第38次常务会议。会议听取2016年第一季度“三个平台”民生民意情况汇报，讨论《关于增强农民带资进城实力和积极性的意见》《泰州市产学研合作离岸孵化实施方案》《关于推进供给侧结构性改革下岗失业人员分流安置和培训再就业的实施意见》《关于构建和谐劳动关系的实施意见》《关于盘活利用工业企业低效用地和闲置土地的实施意见》《关于全市工业企业土地使用权和房屋所有权“两证”遗留问题的处理意见》《关于推动全市实体经济降成本增效益的工作方案》《关于进一步化解过剩产能和淘汰落后产能工作的意见》《关于进一步鼓励工业企业兼并重组的意见》《关于分类施策处置“僵尸企业”的实施意见》《关于鼓励企业资本重构和股权优化的行动方案》《关于实施差别化产业发展战略培育三大战略性主导产业的意见》《关于加快发展三大战略性主导产业的若干政策》《三大战略性主导产业奖励项目评估认定办法》《2016年泰州市推进企业智能化改造和“两化融合”行动方案》。

5月26日，市长史立军主持召开市政府第39次常务会议。会议讨论《泰州市生态文明建设环境保护重点任务行动方案（2016~2017年）》《泰州市生态文明建设考核评价与责任追究办法》《关于促进和扶持建筑业发展的实施办法》《关于加强政府债务管理 创新政府融资机制和路径的意见》《关于优化调整市区规划建设管理体制的方案》《2016年度全市工业经济工作目标考评办法》《主城区道路交通治堵保畅综合整治方案》，听取市四届人大常委会第30次会议审议意见办理情况的汇报。

6月23日，市长史立军主持召开市政府第40次常务会议。会议讨论《泰州市房屋安全管理条例（草案）》。

8月5日，市长史立军主持召开市政府第41次常务会议。会议讨论《关于加快建设知识产权强市的意见》《泰州市全民科学素质行动计划纲要实施意见（2016~2020年）》《泰州大健康产业集聚发展试点方案》、《泰州市食品药品违法行为举报奖励办法》《泰州市医疗机构设置规划（2016~2020年）》，听取全市安全生产工作情况的汇报。

11月16日，市长史立军主持召开市政府第42次常务会议。会议讨论《关于进一步加强应急管理工作的意见》《泰州市应急管理工作水平提升三年行动计划方案》《泰州市土地使用绩效综合评价及结果运用实施方案》《泰州市关于推进工业用地供应方式改革促进节约集约用地“双提升”的意见》《泰州市食品安全考核评价办法》《泰州市食品安全责任制和责任追究办法》《泰州市食品小作坊登记管理暂行办法》《泰州市市区便民服务亭管理办法》《泰州市重大行政决策事项管理办法》《泰州市人民政府规章制度程序规定》《泰州市电子政务发展规划（2017~2019）》《泰州市城市环境总体规划》《泰州市生态红线区域保护规划》《关于市区贯彻〈省政府关于机关事业单位工作人员养老保险制度改革的实施意见〉的通知》《关于加强政府督促检查工作的实施办法》、《泰州市市民卡建设工程项目实施方案》，听取2016年第五届泰州市市长质量奖评审情况的汇报、《泰州市中小企业转贷资金管理办法》修订情况的汇报。

12月22日，市长史立军主持召开市政府第43次常务会议。会议讨论《泰州市电梯安全管理办法（草案）》《泰州市市区存量房交易资金监管办法》《泰州市市区公共租赁住房租售转换实施细则》《泰州市区城建新提升新两年行动计划（2017~2018）》《泰州市产业结构调整指导目录（2016年本）》《关于深化供销合作社综合改革的实施意见》《加快推进信用泰州建设的实施意见》、第二届泰州市青少年科技创新市长奖评审结果、2017年市本级一般公共预算安排方案，听取市四届人大常委会第36次会议审议意见研究办理情况的汇报、2016年度泰州市科技进步奖评审情况的汇报、给予在创建全国双拥模范城工作中做出突出贡献的先进集体和个人记功奖励情况的汇报。

【市长办公会议】 2016年，市政府共召开14次市长办公会议。

1月29日，市长史立军主持召开会议，研究财政经费安排有关事项。

2月26日，市长史立军主持召开会议，听取关于铁路规划、建设和管理职能调整的情况汇报，研究需要提交市委讨论决定的重要事项。

3月16日，市长史立军主持召开会议，研究当前重点工作、实行市政府领导AB岗工作制度、财政经费和平台融资事项。

4月14日，市长史立军主持召开会议，研究红旗大道东延农业开发区段征地拆迁费用事项、泰州高教投资发展有限公司融资担保事项、财政经费安排事项。

5月9日，市长史立军主持召开会议，研究市政府驻外办事处扎口管理事项、财政经费安排事项、市级平台公司融资事项、周山河景观带提升工程征地补偿资金事项，听取实施智能停车场和充(换)电站项目建设情况汇报，讨论《建立健全泰州市区国有土地资产管理机制的通知》《加快提升全市开发园区发展水平的实施意见》。

5月26日，市长史立军主持召开会议，研究成立泰州港口投资发展有限公司事项、中盛光电集团委托贷款到期续贷事项、《关于加强市级政府融资平台融资担保等管理的意见》、高标准农田建设试点贷款担保事项、财政经费事项、金融服务区7#8#地块及所建大楼权属事项、对外签约活动工作规范。

6月23日，市长史立军主持召开会议，专题研究江苏中瑞路桥建设有限公司集合票据兑付风险处置有关问题。

7月18日，市长史立军主持召开会议，研究市公安局巡特警支队申报集体二等功事项、市区实施公交1小时免费换乘政策事项、市交通产业集团对泰州港务集团债权处置事项、泰州现代农业发展集团持有AWL农业科技有限公司的20%国有股权实行有条件退出事项、扶持全市农业物联网项目建设方案事项、梅兰化工集团委托贷款事项、政府融资平台公司融资事项、财政经费事项。

8月23日，市长史立军主持召开会议，专题研究金融服务区相关问题。

8月24日，市长史立军主持召开会议，研究市科技馆、省防震抗灾科教馆两馆合一布展方案事项、政府融资平台公司融资事项、财政经费事项。

10月10日，市长史立军主持召开会议，研究筹建泰州市港口发展有限公司事项、扬泰机场建设与发展事项、武警泰州市支队新机关迁建工程建设事项、市老年活动中心建设事项、部分市属企业负责人2015年度绩效薪酬考核兑现事项、政府融资平台公司融资事项、财政经费事项。

10月18日，常务副市长杨杰受市长史立军委托主持召开会议，专题就深化出租汽车行业改革有关文件进行讨论。

11月16日，市长史立军主持召开会议，研究泰和园二期经济适用房“营改增”后销售成本上涨事项、与中信信托公司继续合作设立股权投资基金事项、江苏红旗种业股份有限公司申报“新三板”挂牌扶持政策事项、泰州鸿宇公司自办退休职工退休金事项、政府融资平台公司融资事项、财政经费事项。

12月26日，市长史立军主持召开会议，研究2016年度市级安全生产专项资金安排方案事项、完善公交投入和运营补贴办法事项、政府融资平台公司融资事项、财政经费事项。

【市政府专题会议】2016年，市政府共召开76次专题会议。

1月11日、1月19日，受副市长孔德平委托，市政府副秘书长徐保国两次主持召开会议，专题协调恒景国际花园部分土地过户相关问题。

1月12日，副市长王学锋主持召开会议，专题研究推进2015年规划遥感督察图斑涉及违法问题的查处工作。

1月12日，副市长陈明冠主持召开会议，专题研究部署除夕至大年初一光孝寺信众敬香祈福有关安全防范工作。

1月15日，副市长孔德平主持召开会议，就制订《泰州市环保公益诉讼专项资金管理办法(试行)》进行专题研究。

1月19日，副市长孔德平主持召开会议，专题研究第八届中国泰州水城水乡国际旅游节开幕式现场工程建设有关问题。

1月22日，副市长孔德平主持召开会议，专题研究周山河(生态环境工程二期)、南官河、凤凰河两侧绿化景观提升问题。

1月25日，受副市长王学锋委托，市政府副秘书长徐保国主持召开会议，专题研究高教园区春晖花苑安置房有关问题。

1月25日，受副市长孔德平委托，市政府副秘书长徐保国主持召开会议，专题研究东润首府回迁安置房移交相关问题。

1月27日，副市长孔德平主持召开会议，专题研究周山河生态景观提升工程二期建设供电杆线迁移问题。

2月4日，受副市长孔德平、张余松委托，市政府副秘书长、办公室主任沈惠彪主持召开会议，专题研究协调第八届中国泰州水城水乡国际旅游节开幕式现场有关临时供电问题。

2月22日，受副市长孔德平委托，市政府副秘书长徐保国主持召开会议，专题研究永定路和东风路快速化改造管线迁改相关问题。

2月22日，副市长孔德平主持召开会议，专题研究东润首府回迁安置房税费相关问题。

3月1日，市长史立军主持召开会议，专题研究2015年财政结算事项有关问题。

3月4日，受副市长杨杰委托，市政府副秘书长、金融办主任李龙根主持召开会议，专题研究海陵区政府平台涉及泰州市金泰船务有限公司担保风险化解相关问题。

3月17日，副市长孔德平主持召开会议，专题协调凤城河西南城河综合改造工程拆(搬)迁有关问题。

3月17日，根据3月16日市长办公会精神，市政府副秘书长徐保国主持召开会议，专题研究省泰中新校区二期工程建设相关问题。

3月22日，副市长孔德平主持召开会议，专题研究引凤路（太湖路—周山河路）工程建设相关问题。

3月29日，市长史立军主持召开会议，研究解决市妇幼保健院公办民营问题。

4月5日，副市长杨杰主持召开会议，专题研究高港区有关交通工程建设事宜。

4月13日，副市长孔德平主持召开会议，专题研究周山河生态环境工程（二期）绿化用地相关问题。

4月13日，副市长杨杰主持召开会议，部署推进信息通信基础设施建设工作。

4月14日，副市长杨杰调研中海油气（泰州）石化一体化项目，专题协调解决项目建设及审批过程中遇到的问题和矛盾，推动一体化项目依法依规实施，早日投产达效。

4月22日，受副市长孔德平委托，市政府副秘书长徐保国主持召开会议，专题协调周山河生态环境工程相关问题。

4月22日，受副市长孔德平委托，市政府副秘书长徐保国主持召开会议，专题协调周山河新城道路建设及泰州检验检疫局问题。

4月25日，根据市长史立军、副市长孔德平批示要求，市政府副秘书长徐保国主持召开会议，专题协调城投公司向金融机构申请贷款相关问题。

4月26日，根据3月16日市长办公会议精神，市政府副秘书长徐保国主持召开会议，专题研究省泰中新校区二期工程建设相关问题。

5月4日、5月17日、5月20日，根据市政府有关会议精神，市政府副秘书长徐保国3次主持召开会议，专题研究省泰中新校区二期工程建设相关问题。

5月17日，受副市长陈明冠委托，市政府副秘书长周天云主持召开会议，就认真落实市委书记蓝绍敏、市长史立军批示精神，开展长江大道绿地内明坟专项整治工作涉及的相关问题进行专题研究。

5月23日，副市长孔德平主持召开会议，专题研究“双水绕城”项目建设有关问题。

5月26日，副市长孔德平主持召开会议，专题研究周山河整治二期工程涉及的江苏中瑞路桥有限公司、泰州市海通航务工程有限公司两家企业拆迁安置问题。

5月27日，副市长孔德平主持召开会议，专题研究泰兴市水产良种场生产河污染及群众环境信访问题。

6月6日，副市长孔德平主持召开会议，专题研究永定路快速化改造工程隧道段交通封闭的相关方案。

6月8日，副市长孔德平主持召开会议，专题协调南官河绿化工程房屋搬迁项目（东明段）相关问题。

6月13日，根据市政府有关会议精神，市政府副秘书长徐保国主持召开会议，专题研究省泰中新校区二期工程建设相关问题。

6月13日，受副市长杜荣良委托，市政府副秘书长徐保国主持召开会议，专题研究中心城区4个停车场智能化改造相关问题。

6月14日，常务副市长、市委宣传部部长卢佩民主持召开会议，专题协调中车项目招引有关问题。

6月15日，副市长杨杰主持召开市科技馆建设领导小组第二次会议，研究确认科技馆展区规划调整方案。

6月17日，常务副市长、市委宣传部部长卢佩民主持召开会议，专题协调中国医药城整体上市有关问题。

6月20日，受副市长孔德平委托，市政府副秘书长徐保国主持召开会议，协调泰州凤城河建设发展有限公司发行绿色债券相关问题。

6月21日，受副市长王学锋委托，市政府副秘书长徐保国主持召开会议，专题研究凤凰曦城规划核实手续办理问题。

6月22日，副市长孔德平主持召开会议，专题协调古马干河污染相关问题。

6月29日，根据市政府有关会议精神，市政府副秘书长徐保国主持召开会议，专题研究省泰中新校区二期工程建设相关问题。

7月5日，副市长孔德平主持召开会议，专题协调南官河绿化工程（东明段）小产权房搬迁问题。

7月5日，受副市长杜荣良委托，市政府副秘书长徐保国主持召开会议，专题协调市人民医院南院、北院交通组织相关问题。

7月19日，受副市长杜荣良委托，市政府副秘书长徐保国主持召开会议，专题协调城区实验学校、海陵学校、实验小学、二附中等4所学校交通组织问题。

7月27日，市政府副秘书长、办公室主任沈惠彪主持召开会议，研究市政府驻上海办事处管理体制调整后的相关事宜。

8月22日，副市长孔德平主持召开会议，专题研究梅兰芳纪念馆工程款纠纷诉讼案件相关费用问题。

8月22日，副市长孔德平主持召开会议，专题研究永定路广场（暂定名）建设方案有关问题。

8月25日，受市长史立军委托，市政府秘书长王群主持召开会议，专题研究姜堰区规划管理体制调整有关问题。

8月31日，根据市长史立军的要求，受副市长孔德平委托，市政府副秘书长徐保国主持召开会议，专题研究青年南路西侧拆迁户回迁相关问题。

9月4日，根据市长史立军的要求，市政府副秘书长徐保国主持召开会议，专题研究省泰中新校区周边交通组织相关问题。

9月5日，根据市长史立军的要求，受副市长孔德平委托，市政府副秘书长徐保国主持召开会议，专题研究宝带小区拆迁户回迁安置相关问题。

9月6日，副市长孔德平主持召开会议，专题协调泰州市人力资源服务产业园项目建设相关证照手续办理问题。

9月19日，常务副市长卢佩民主持召开会议，专题协调市老干部活动中心南部分中心有关问题。

9月28日，受副市长孔德平委托，市政府副秘书长徐保国主持召开会议，专题研究向阳河整治工程引凤桥路西侧供电管线迁移相关问题。

9月28日，受副市长孔德平委托，市政府副秘书长徐保国主持召开会议，协调丁山大酒店收储税费缴纳相关问题。

9月29日，受常务副市长杨杰委托，市政府副秘书长李龙根主持召开会议，专题研究落实港区危险化学品仓储经营安全监管职责交接工作。

10月12日，市政府副秘书长、办公室主任沈惠彪主持召开会议，听取市各部门申报2017年度电子政务建设项目、专家评审工作情况，并对相关工作进行研究明确。

10月12日，市长史立军主持召开会议，专题研究明确市药品进口口岸药检所建设相关事项。

10月27日，副市长孔德平主持召开会议，专题研究周山河生态景观工程所涉及天德湖健身中心问题。

11月2日，受副市长孔德平委托，市政府副秘书长徐保国主持召开会议，专题协调省泰中新校区北侧地块挂牌上市有关问题。

11月2日，受副市长孔德平委托，市政府副秘书长徐保国主持召开会议，专题协调市区“空转绿”工程建设相关问题。

11月2日，受副市长孔德平委托，市政府副秘书长徐保国主持召开会议，专题协调西客站片区改造工程相关问题。

11月8日，市长史立军主持召开会议，专题研究加快推进市体育公园PPP项目建设工作。

11月10日，常务副市长杨杰主持召开市住户调查工作领导小组成员联席（扩大）会议。

11月15日，受副市长孔德平委托，市政府副秘书长徐保国主持召开会议，专题协调姜高路改扩建工程有关问题。

11月22日，市政府副秘书长戚才俊主持召开会议，专题协调企业“两证”不全办理工作有关问题。

11月25日，副市长、公安局局长杜荣良主持召开会议，专题研究市区治乱治堵相关工作。

11月28日，受副市长孔德平委托，市政府副秘书长徐保国主持召开会议，专题协调西客站片区及海陵东部片区改造相关问题。

11月28日，受副市长孔德平委托，市政府副秘书长徐保国主持召开会议，协调站前路（兴泰北路至五汊港河段）土地报批及工程绩效考核问题。

11月29日，受常务副市长杨杰委托，市政府副秘书长戚才俊主持召开会议，专题协调市直学校经费保障有关问题。

12月16日，受市长史立军委托，市政府副秘书长周天云主持召开会议，专题协调解决市老年活动中心建设有关事项。

12月19日，受市长史立军委托，市政府秘书长沈明刚主持召开会议，专题研究姜堰区规划管理体制调整后续工作有关问题。

12月23日，受市政府秘书长沈明刚委托，市政府副秘书长、办公室主任沈惠彪主持召开会议，就进一步理顺政府办与金融办挂靠管理关系进行专题研究。

12月23日，根据高港区委、区政府关于协调集装箱码头存在问题的报告及市领导的批示精神，受市政府委托，市政府副秘书长李龙根主持召开会议，专题研究泰州港高港港区永安作业区三期工程项目验收的相关问题。

12月30日，受副市长陈明冠委托，市政府副秘书长周天云主持召开世纪游轮停靠泰州市有关事项协调会。

电子政务

【概况】2016年，泰州市电子政务中心积极拓展电子政务系统建设与应用，加强资源整合与业务协同，推进政府网站集约化建设，完善安全保障体系建设，保障网络信息安全。

顺应“互联网+政务服务”的需求，推进电子政务项目建设。建成全市统一的移动办公平台、督查考核管理平台。推进会议云平台建设，制作APP会议专题。建设全市统一的短信发送平台，月短信发送量超10万条。采用“互联网+内联网”模式，搭建泰州市中小企业征信融资服务平台。

优化政府网站建设，全年制作政务专题38个，组织市领导在线访谈12次、“望海楼”视频访谈4次、会议直播15次、在线调查50次、新闻发布会15次。建成“中国·泰州”微门户网站群，推进部门微门户平台集约化建设，形成全市统一的部门微门户网站群，实现部门服务全公开、群众监督全覆盖。

【建成全省首家政务服务云平台】2016年1月，“泰州政务服务”作为全省首家建成的政务服务云平台正式上线运行，该平台整合市级49个部门及各市（区）的服务资源，集中发布市级行政权力和便民服务事项5463项及相关服务要素8万多条，提供办理指南、表格下载、网上咨询、办件公告、在线评价和投诉等服务。所有需到大厅办理的便民服务事项均实现网上预约办理，47.5%的行政审批事项实现网上预受理。围绕公众需求，提供社保、公积金、医疗健康等个人信息和公共自行车、公交线路、违章查询等25个服务事项。查询对所有部门、所有政务服务事项的办理情况实时监测、实时预警,真正实现政务服务领域权力事项全透明、办事流程全公开、数据信息全共享、数字红利全惠及。全年共发布不规范办件红黄灯预警250多起,95%的事项实现提前办理,平均用时缩短约2/3。

【"中国·泰州"微门户平台建设】整合全市82家政府职能部门网站,建成"中国·泰州"政府门户网站群,实现全市各部门网站信息和服务资源的充分共享。依托政府门户网站群,建成"中国·泰州"微门户,汇集要闻、公开、政情、专题、互动、信箱等频道,实现政府门户网站移动化,满足群众在智能终端上查阅政府信息、获取服务资讯、参与互动交流等需求。打造统一规范的部门微门户平台,整合部门相关资源,全维度公开部门信息。

【大数据平台建设】建成共享共用的大数据平台,为"互联网+政务服务"提供基础性支撑。先后发布两期《泰州市政务资源交换共享目录》,将具有公共性、标识性、基准性的数据汇集共享。整合全市44个部门、266个数据表、6000多万条人口数据、7000多万条法人数据,形成泰州市人口、法人等各类基础性数据库。打通政府部门之间的数据壁垒,推动政务服务办件数据跨部门、跨区域、跨行业互通共享、校验核对完善,促进部门间业务协同。

政府信息公开

【主动公开信息】2016年,泰州市主动公开政府信息82710条,比2015年增长17.22%,其中市级48950条、市(区)级33760条。通过政府门户网站公开信息66635条,占公开总量的80.56%;泰州市政府门户网站总访问量达9472242次,首页访问量达1381802次。政务新媒体作用进一步发挥,全市共开通政务微博、微信51个,全年通过政务微博公开信息21557条,通过政务微信公开信息12247条;"微海陵""中国兴化政府网""泰州教育发布""泰州公安微警务"等微政务品牌社会影响大、反响好。重点领域信息公开透明度不断提高。财政资金、公共资源配置、重大建设项目、公共服务等重点领域信息公开持续全面深化,市及市(区)政府及所属财政拨款部门除涉密部门外,全面实现预决算公开;全部完成行政权力清单编制并主动公布,其中靖江市5584项、泰兴市5067项、兴化市3624项、海陵区4187项、高港区4821条、姜堰区6915项。

【依申请公开信息】2016年,全市共收到政府信息公开申请1091件,比2015年增长54.97%,其中市级551件、市(区)级540件。按时答复1080件、延期答复11件。申请主体呈多元化态势,公民申请量仍占多数,社会团体、企业、科研院校等非公民主体申请量为206件,占比上升至18.88%。依申请公开涉及领域与公民生产生活密切联系,与社会突出矛盾、焦点紧密相连,其中涉及征地拆迁、土地规划类信息公开申请占比高达83.06%。政府信息公开引发行政复议和行政诉讼198件,增长15.12%;行政复议被纠正、行政诉讼败诉11件,下降15.38%。

应急管理

【概况】2016年,泰州市积极推进"一案三制"、应急保障体系、应急响应能力建设等应急管理各项工作,突发事件应对水平得到明显提升。年内,制订出台《关于进一步加强应急管理工作的意见》和《泰州市应急管理工作水平提升三年行动计划方案》两份重要文件。完善市政府办突发事件信息和敏感信息应急处置流程,强化保密意识,防止突发事件信息外泄,保障信息报送流转安全。严格执行24小时值班和领导带班制度。提升突发事件预防处置能力,组织做好雨雪冰冻灾害天气防范应急以及防汛抗灾各项准备工作,全年有效处置"4·22"靖江火灾、"7·12"张郭镇申源特钢钢水外溢、"7·24"华鑫船厂爆炸、"12·25"泰兴三木仓储公司火灾等突发事件。进一步推进基层基础应急管理工作,健全基层应急物资、应急装备和应急队伍。

【应急预案修编】全年共修编完成《泰州市较大及以上生产安全事故预案》《泰州市重大药品和医疗器械突发公共事件应急预案》《泰州市重大气象灾害应急预案》《泰州市集中式饮用水源突发污染事件应急预案》等10个应急预案。

【应急演练培训】全年共组织开展海陵区军地抗洪抢险应急演练、泰州食品安全事故(Ⅳ级)应急演练、船舶原油泄漏突发环境事件应急演练、扬泰机场跨区域防输入性传染病疫情联合演练等活动近20次。利用"5·12"防灾减灾日等重要时间节点,广泛开展各类应急知识宣传活动,全年开展各类重要专题培训500多次。

政府督查

【督查督办】2016年,市政府办围绕重要决策、重点工作和重要批示开展一系列督查,起草出台《关于加强政府督促检查工作的实施办法》《市政府重点工作、重要决策、领导批示督查工作规程》两份文件。

重要决策督查。围绕省政府供给侧结构性改革5个文件、116项工作要求的贯彻落实情况进行专题督查，编发《督查通报》3期。根据国务院第三次大督查工作部署组织开展自查工作，对照国务院反馈给省政府的整改清单，逐一对照、逐项落实。

重要工作督查。根据市政府2016年重点工作目标任务，对32个大项、156项涉及到43个部门(单位)的工作进行季度督查并形成《通报》。对供给侧结构性改革、中央环保督察、“先照后证”事中事后监管、外资利用、妇幼保健院搬迁、省泰中新校区建设进度等重要工作开展专题督查。

重要会议督查。对2016年4月~12月的政府常务会议实行专项督查，编发6期《常务会议督查情况通报》。

重要批示督查。对市委主要领导批示督办的省委书记李强调研泰州关注事项、市长史立军批示督办的为民办实事项目、财政奖补绩效评估、金融服务区招商、泰东大桥断面水质超标、主城区交通拥堵、安全生产监管、信息产业专项引导资金等28项重要批示进行专题督办，并形成《专报》《通报》，做到事事有交代、件件有回音。

【建议和提案办理】全年政府系统共承办省人大代表建议和省政协提案3件、市人大代表建议和市政协提案390件(其中建议145件、提案245件)，全部按期办结完成。组织开展建议提案办理工作“回头看”活动，对四届一次以来政府系统承办的2025件人大代表建议和政协提案进行梳理检查和跟踪督办，建议和提案落实率提高到72.5%。创新性提出并推行“三访”工作机制，即办前拜访，听取代表委员对办理工作的意见建议，拓展和深化建议提案内容；办中走访，及时汇报办理进展情况，采取座谈会、邀请视察等方式加强互动交流；办后回访，开展跟踪问效，将代表委员反馈的意见建议落实到具体工作中。

【“三个平台”办理】2016年，“12345”政风行风热线共接听群众来电123341个，按时办结率99.8%，回访满意率95.0%；“市长信箱”共接收市民来信6765个，办理回复率100%，网民评价满意率93.56%；望海楼论坛“民生回音壁”栏目共受理网民诉求帖402件，按期回复100%。强化现场调查和督办，全年共察看问题现场40次，编发群众诉求办理相关督查情况12期。筛选涉及面广、情况复杂的民生诉求难点问题，呈交市政府常务会议研究解决。举办“12345”政风行风热线领导上线节目87期，各市(区)政府、市级各部门和单位主要负责人直接接受咨询投诉。组织《泰州晚报》、泰州电视台对群众诉求办理情况进行追踪报道，共推出相关报道400多期。从2016年11月起，“12345”政风行风热线日常管理职责由市政府办公室划转到市政务服务管理办公室。

(徐　震)

对口支援和帮扶

【概况】2016年，泰州市共实施援疆项目20个，投入援疆资金2.46亿元，其中工程建设类项目11个、非工程建设类项目9个。实施援藏项目13个(续建项目3个)，投入援藏资金5740万元。全年有新疆昭苏县党政干部、基层干部和专业人才14批295人到泰州集中办班或挂职、跟岗学习；西藏曲水县2批5人到泰州短期挂职。在新一轮苏陕对口帮扶中，泰州市结对陕西省咸阳市。

(邹德桂)

2016年4月，新疆昭苏县党政代表团到泰州考察访问

【泰州援藏教师获评“拉萨市十大杰出青年”】2016年，泰州援藏教师汤恒跃被共青团拉萨市委员会评选为“2016年度拉萨市十大杰出青年”，并被授予“拉萨市‘五四’青年奖章”，成为唯一获得该殊荣的江苏援藏教师。汤恒跃是泰州市教学能手、兴化市戴南高级中学的数学教师，曾被评为“兴化市优秀班主任”“兴化市优秀共青团干部”，2014年8月作为江苏省首批援藏教师赴拉萨江苏实验中学支教，2015年汤恒跃选择留守并继续开展两年支教活动，2016年4月被评为“2015年泰州美德善行十大人物”。

(教育局)

外　事

【概况】2016年，泰州外事部门深入推进“大外事”发展格局，主动对接国家“一带一路”发展战略，服务全市三大主题工作，全年共接待外宾9批45人次。市外侨办获2016年度全省地方外事工作创新奖。

【涉外管理】2016年,全市因公出国(境)审核审批246批705人次,其中报省政府审批46批270人次,泰州市审批49批179人次,参加省"双跨"团组151批256人次。泰州市出访团组构成中,经贸科技类团组占80%、培训类团组占5%、教育及友好交流等团组占15%。坚持"因事定人、人事相符"的原则,取消6批20人次无实质性内容的因公出访,调整2批12人次的因公出访计划,压缩8批9人次不必要的出访和1批1人次的因公出访时间。加强全市外事专办员业务培训和指导,举办泰州市外事专办员培训班。举办APEC商务旅行卡申办工作推介活动,为全市民营企业申办APEC商务卡62人次。调整邀请外国人来华事项的审批流程,由原来的承诺3个工作日办结优化为材料齐全即刻办理,全年共办理被授权单位邀请外国人来华190批235人次,办理因私赴日签证169批389人次。规范涉外管理服务工作,完善涉外管理制度相关条款,修订《涉外突发事件应急处理预案》,为全市处理涉外突发事件提供指导性文件。借助泰州国际旅游节、医博会等大型涉外活动,开展领事保护专题宣传活动。稳妥处置涉外事件,妥善解决一名尼日利亚籍人员因劳资纠纷引起的涉外事件。

【友城交流和缔结】2016年,泰州市外事部门充分调动国外友城各领域交往积累的资源,积极搭建公共外事平台,推动中外合作交流。至年末,全市有国际友好城市11个,全年共接待国际友好团组到访7批20人次,组织交流团组赴友城访问1批6人次。

深化国际友城间的交流互访。4月,组织泰州市大健康产业代表团赴新加坡、新西兰和澳大利亚3国开展投资促进活动,与新西兰友城哈特市市长华莱士签订两市医药产业方面的交流备忘录。10月,市长史立军率团赴荷兰友城奥斯市访问,考察佩沃医药产业园,参观生物科技企业、智能机器人检测中心等,并对接产业合作项目。11月中旬,荷兰奥斯市派团到泰州回访,举行奥斯市佩沃医药产业园和泰州中国医药城交流会,在医药生物研究和药物开发生产领域加强合作,促成两市重点产业互补。12月,新西兰哈特市议员专题考察泰州市医药和教育领域,为2017年哈特市市长率团到访做前期准备工作。

开辟新的友好交流城市。2016年5月,市委书记蓝绍敏代表泰州市与美国奥克兰郡签署建立友好城市合作备忘录,双方将在商务贸易、教育科研等5个方面开展合作。10月,市长史立军率团赴欧洲、中东开展经贸交流活动期间,与以色列阿芙拉市签署友好城市合作备忘录,促成"英国泰州同乡会"正式成立。11月,市人大常委会副主任丁士宏率团赴美国友好访问期间,与美国库柏蒂诺市签订友好城市交往意向书,双方将在教育、人文、科技等领域开展合作。8月,在"2016江苏—美国西部市长对话会"期间,市外侨办向兴化市、姜堰区推荐美国奥克斯纳德市、科斯塔梅萨市和约巴林达市作为友城结好目标,并展开接触交流。

【民间人文交流】2016年,泰州市积极打造民间交往联谊平台,扩大民间交流覆盖面。教育领域:4月,澳大利亚联邦大学吉普斯兰校区校长哈里·巴里斯率团访问泰州实验中学,商讨国际合作办学事宜;8月,泰州友好城市澳大利亚拉特罗布市伊南小学与泰州市小学生举办"传播中澳友谊、争当小小外交家"线上视频活动,来自中澳双方共24名小朋友使用视频聊天工具进行线上交流并结对。体育领域:5月,邀请两名阿根廷足球专业教练到泰州进行教学交流,阿根廷代表团与泰州牧校就马球、马术的引进、驯马师的培养进行探讨交流。医药卫生领域:5月,邀请澳大利亚维多利亚州卫生部创新工业和国际卫生部门负责人琳达·克里斯蒂纳率团到泰州考察,与医药城举行座谈,相关企业与澳方就合作事宜进行探讨和交流。文化领域:9月,市外侨办、市委宣传部、市文联联合举办"泰州太美·2016海外友人摄影大赛"活动,100多名外国友好人士参与活动,活动共征集到作品162幅,《新华日报》、新华网、《泰州日报》等媒体进行跟踪报道;10月,泰州市政府首次与新西兰亚太电影节合作,举办中国(泰州)全国微电影大赛优秀影片展映,获"国际微电影贡献奖"。

【使领馆联络工作】2016年,市外侨办共邀请接待15个国家的使领馆团组3批56人次。4月,邀请马来西亚、哈

2016年4月8日,市长史立军(右五)会见马来西亚、以色列等国驻沪总领馆官员

萨克斯坦、以色列、比利时等国驻沪总领事馆官员参加中国泰州国际旅游节。5月，上海投资促进周活动期间，举办泰州市政府与外国驻沪机构交流会，邀请新加坡、南非、印度、马来西亚等国驻沪总领事和德国、新加坡等国驻沪商务机构代表参加联谊交流活动。第七届中国(泰州)医药博览会“中国—东盟医药行业合作高峰论坛”期间，40多位东盟国家使馆公使、参赞及商会代表到泰州开展交流洽谈合作。

侨　务

【示范创建】2016年，泰州市外侨办组织开展侨务工作示范单位创建活动，全年全市共创成2家国家级、3家省级社区侨务工作示范单位。4月、11月，姜堰区罗塘街道荷叶社区、兴化市昭阳镇文峰社区先后被国务院侨办授予“2016年度全国社区侨务工作示范社区”称号。11月，江阴—靖江工业园区办事处莲沁苑社区、泰州市兴华市昭阳镇长安社区、泰兴市济川街道越街社区被省侨办授予“2016年度江苏省社区侨务工作示范单位”称号。

【海外联络】2016年，泰州市不断拓宽海外联谊平台，构建海外联络站点。11月4日，泰州市越南联络处揭牌成立，成为中国设区市中第一家专门为“走出去”企业服务的商会组织，市委书记蓝绍敏、越南中国商会会长顾朝庆等出席揭牌仪式。10月21日，英国泰州同乡会在伯明翰成立，以市长史立军为团长的出访团一行、著名旅英泰州同乡单声博士及夫人单桂秋林女士、泰州同乡会首任会长刘伟群、伯明翰 Hockley Heath 区主席 Peter Rayson、泰州籍华人华侨共30多人出席成立仪式。借助海外联络站点，服务泰州投资创业。年内，市外侨办邀请柬埔寨泰州商会会长张海龙一行赴兴化戴南科技园区对接和洽谈，推进不锈钢产品进入柬埔寨市场；组织兴化不锈钢产业代表团赴柬埔寨访问，举办两场投资说明会。邀请越南中国商会会长顾朝庆回泰州，为泰州重点产业拓展东南亚市场“牵线搭桥”。

【侨界联谊】2016年1月26日，市外侨办组织召开泰州市侨界新春联谊会，在泰州的侨港资企业家、海外华人华侨和归侨侨眷等50多名侨界代表围绕侨界如何在泰州的经济社会发展中发挥作用进行互动交流，副市长张余松参加联谊会并讲话。9月12日，泰州市侨界中秋恳谈会在中国医药城召开，30多名侨界代表围绕《中华人民共和国归侨侨眷权益保护法》《江苏省保护和促进华侨投资条例》交流发言，并就泰州经济社会发展建言献策。

【侨务接待】2016年8月12~13日，以江岩博士为团长的关西旅日学者考察团一行9人在省海协会领导陪同下考察中国医药城和高港高新区，并达成合作意向，副市长张余松接见代表团一行。10月8日，泰州市单声珍藏文物馆举行“江苏省中华文化海外交流基地”揭牌仪式，著名爱国侨领单声和夫人单桂秋林女士、省侨办主任王华，副市长杨杰、海陵区区委书记徐克俭等参加活动。

【领导调研】2016年1月20日，省侨办主任王华、国家进出口银行江苏分行副行长王须国一行专题考察姜堰经济开发区常春高氮合金研发中心有限公司。市委书记蓝绍敏、市长史立军、副市长张余松会见考察团一行，并就项目引进、人才引进和融资等方面达成合作意向。

港　澳　事　务

【服务港澳资企业】2016年，市外侨办赴海陵工业园区走访调研港资企业发展情况，实地考察江苏冬庆数控机床有限公司、泰州凯利达食品有限公司，与企业负责人进行座谈，帮助协调解决相关困难。6月，在全市开展港澳投资企业法律服务月活动，宣传《江苏省保护和促进香港澳门同胞投资条例》《南京港澳仲裁院仲裁规则》。

【合作交往】2016年10月，副市长托里坤率团赴香港开展招商活动期间，市外侨办拜访泰州旅港同乡会，并与香港贸发局、香港中华厂商联合会、香港钟山有限公司等机构进行对接联系，邀请港商参加招商活动。

（外侨办）

信　访　工　作

【概况】2016年，泰州市级信访部门共办理国家、省信访局转交来信及直接受理群众来信4944件。全市进京上访337批421人次，成功劝返189人次；去省上访222批661人次。去省、进京上访比2015年分别下降9.2%和32%，其中进京“非访”14人次，下降51.72%，居全省倒数第二位，为历史最低值。泰州市被江苏省信访工作联席会议评为“信访工作先进单位”，市信访局被省人社厅、省信访局评选表彰为五年一度的“全省信访系统先进集体”，高港区、医药高新区被省信访局作为全国信访工作“三无”（无重复上访、无集体上访、无信访积案）市(区)推荐上报国家信访局。高港区、医药高新区、靖江市全年无去省集访，受到省信访局通报表扬。

【信访维稳】在2016年重大活动期间，泰州市全面启动信访工作应急预案，市信访局与市公安、法院、综治等部门配合，加强信访矛盾的排查梳理、信息分析、预警处置，营造良好的信访稳定环境。全国“两会”、G20杭州峰会、中共十八届六中全会以及市委工作会议、市第五次党代会等重要敏感时期，泰州市实现进京“非访”和进京集访“零”登记，实现“四个没有发生”目标任务。国家信访局接访司表扬泰州市“不仅进京非访量少，进京上访量也是全国最少的地级市之一。”省驻京信访工作领导小组先后4次专门向泰州发来表扬信。

【信访积案攻坚】2016年，市信访局加强积案攻坚和进京去省重复访集中化解工作，围绕案件化解率、当事人息访率“双提升”目标，全年有效化解各类疑难老案1507件，一大批长期困扰基层和信访部门的“三跨”事项及疑难信访问题取得突破，其中省交办26件“骨头案”结案率达100%、化解率96.2%。在全省信访工作会议上，副省长陈震宁表扬泰州市信访积案攻坚工作“措施有力、效果良好”，副市长杜荣良在会上作交流发言。

【依法分类处理信访诉求】2016年，泰州市进一步规范信访秩序，将群众诉求导入法定途径，市直25个部门及7个市（区）按照法定途径优先原则，制定部门清单，经法制部门审核后向社会公布。全年全市共依法分类各类投诉请求3700多件，导入信访渠道800多件。7月，省依法分类处理信访诉求工作现场会在泰州召开，《新华日报》、新华网、江苏电视台等新闻媒体作报道。

（信访局）

政　务　服　务

【概述】2016年，泰州市继续推进以大集中为标志的行政管理体制改革，深化行政审批机制改革，优化审批服务，打造“全省领先、全国先进”的政务服务环境。市政务办全年共办理行政审批服务事项212787件，其中行政审批事项136159件、服务事项76628件。

【行政审批改革】2016年，泰州市开展相对集中行政许可权改革，筹建泰州市行政审批局。按照改革任务分工，市政务办围绕“一窗受理、一室办结、车间式流水线”审批模式，制定受理及审批标准流程SOP。设立专项受理窗口，综合受理行政审批局的审批事项，模拟形成前台后台流转闭环式审批服务。进一步简化审批流程。按照市场准入领域新办企业营业执照审批不超过3个工作日办结的要求，围绕30类新办企业，编制“证照联办”服务指南；按照投资建设领域审批不超过50天的要求，初步拟定备案类企业投资建设项目审批50天流程方案并进行磨合优化。升级改造服务大厅，增加电子显示屏、取号等待系统等硬件设备，研发统一叫号、一窗受理、业务审批、信息推送、综合监管、统计分析等模块，为市行政审批局挂牌试运行奠定基础。

【“互联网+联合图审”实现市区全覆盖】2016年1月，泰州“互联网+联合图审”被列为国务院办公厅电子政务办公室及江苏省政务服务管理办公室“互联网+政务服务”技术体系建设和试点示范工作内容。市政务办按照“集中办公、统一收件、并联图审、统一发证”模式，进一步简化联合图审申报环节、扩大联合图审范围、优化联合图审流程，打造可复制、可推广的“互联网+多图联审”新模式。11月，随着兴化市“互联网+联合图审”窗口投入运行，泰州市“互联网+联合图审”实现市（区）全覆盖，为市（区）审图实现互联互通，服务向基层延伸奠定基础。至年末，市政务服务中心“互联网+联合图审”累计受理图审项目470个，审查时限全部在7个工作日内完成初审。

【企业注册登记改革】2016年，市政务办以全省个体工商户“两证合一”（个体营业执照和税务登记证合二为一）改革试点为契机，于9月2日率先在全省颁发首张个体工商户“两证合一”营业执照，提前3个月完成国务院下达的改革要求。10月1日，全面启动企业登记“五证合一”改革，即在企业营业执照、税务登记证、组织机构代码证“三证合一”“一照一码”的基础上，整合社会保险登记证和统计登记证，核发加载法人和其他组织统一社会信用代码的营业执照，企业不再需要跑人社、统计等部门领取企业社会保险登记证和统计登记证。

【“互联网+政务服务”工作】2016年，按照全省“网上申报、网上审批、网上反馈、快递送达”的改革目标，泰州市推进“一张网”建设，组织市县两级完成权力事项清单、办事指南、便民服务事项清单入库录入工作。开发政务服务事项预受理平台，推进政务服务事项“应上尽上、全程在线”，实现“不见面审批”。与中国邮政EMS（邮政特快专递服务）签订合作协议，实现审批事项“网上审批、快递送达”。升级改造政务服务管理平台，实现政务服务事项在线受理、办理、反馈及在线支付等应用，推动审批业务办理系统向市县乡三级拓展延伸。

【行政审批服务】2016年，市政务办制订《关于打造“包办企业墙外事、帮办企业墙内事”服务品牌，全力助推项目建设的实施意见》，搭建上下贯通的项目建设审批便捷通道。全年全市各级政务服务中心在25个工业园区及乡镇实行现场办公，对195个重点项目建设进行分类指导，现场协调解决企业难题104件。按照《关于全市工业企业土地使用权和房屋所有权“两证”遗留问题处理意见的通知》精神，完成对23家工业企业“两证”补办市级审批工作。

【公共资源交易中心】2016年，泰州市积极整合各市区公共资源交易平台。4月，市政府常务会议讨论通过《泰州市整合建立统一的公共资源交易平台实施方案》。6月，靖江市、泰兴市、兴化市和姜堰区原有交易平台整合为市级平台的分支机构，全市统一的公共资源交易平台建成，全市范围内的工程建设项目招标投标、土地使用权出让、国有产权交易、政府采购、排污权交易、医用耗材招标、城市广告经营权拍卖等各门类交易纳入平台统一交易。制定《泰州市公共资源交易目录》，进一步规范公共资源交易行为，提高公共资源配置效益。泰州市公共资源交易中心全年累计完成各类交易项目2536项，交易总金额182.55亿元，其中建设工程1199项、交通工程297项、水利工程84项、政府集中采购项目341个、土地交易24宗、排污权交易52宗、产权交易539宗。公车拍卖456辆，交易总额1726.3万元。

（市政务办）

住房公积金管理

【住房公积金归集】2016年,泰州市住房公积金管理中心年末住房公积金实缴单位7591家、实缴职工41.18万人，全年缴存39.78亿元，比2015年增长17.17%。当年新开户单位571家，新开户职工5.33万人，净增职工2.85万人。至年末，全市累计归集住房公积金总额245.19亿元，归集余额118.04亿元，分别增长19.37%、11.18%。

【住房公积金提取】2016年，泰州市共提取住房公积金27.91亿元，提取占当年缴存额的比率70.16%，比2015年增加6.16个百分点。至年末，提取总额127.15亿元，增长28.12%。

【住房公积金贷款】2016年，泰州市共发放个人住房贷款0.75万笔、金额23.88亿元。回收个人住房贷款15.93亿元。发放“公转商”贴息贷款7849笔、金额25.11亿元。至年末，全市累计发放个人住房贷款9.87万笔、金额203.40亿元，贷款余额112.46亿元，比2015年分别增长8.22%、13.30%、7.62%。2016年全市个人住房贷款率为95.27%。全年支持职工购建房191.44万平方米(含“公转商”)；通过申请住房公积金个人住房贷款，共节约职工购房利息支出2737万元。

（肖　林）

机关事务管理

【概况】2016年，泰州市机关事务管理局以保障机关高效有序运转和建设节约型机关为两大核心任务，组织开展“精细化管理巩固提升年”，推进法治后勤、廉洁后勤、节约后勤、品质后勤和智慧后勤建设，蝉联“江苏省文明单位”称号，被市委、市政府表彰为“效能建设先进单位”和“项目大突破项目招引先进单位”。

【公务用车改革与管理】统筹推进全市党政机关公务用车制度改革工作。建成泰州市公务车智能化管理服务平台，除涉及国家安全、侦查办案、特种专业技术用车等特殊需要的车辆外，将覆盖市本级、市（区）、乡镇（街道）三级的944辆保留车辆（含执法执勤车辆）纳入平台统筹管理。完成取消车辆的规范处置工作，全年共组织取消公务用车公开拍卖会19场，拍卖成交1653辆，拍卖资金全部上缴国库；报废处置363辆。做好司勤人员安置、公务交通补贴发放、保留公车标识化建设等其他车改后续工作。严格车辆日常使用管理，对市级机关公车使用、加油和停放情况开展联合检查，严格审核车辆编制、使用、维修、加油、保险、处置等。做好全市企事业单位车改的相关准备工作，经市委、市政府主要领导同意，对市公务用车制度改革领导小组成员进行充实调整，制订《泰州市企事业单位公车改革组织实施工作方案》，完成基础数据的统计工作。

【公共机构节能】开展能耗统计、示范创建、节能技改和考核评估工作，全市累计创成节约型公共机构国家级示范单位8家、省级示范单位39家。在省政府对各设区市政府节能考核中，泰州市公共机构节能子项目再次获得满分，并连续两年获得加分。编制出台《泰州市公共机构节能“十三五”规划》。

【通用资产管理】加强国有资产管理，构建从资产配置、使用到处置的闭合式管理机制。加强源头管理，集中审核审批218家行政事业单位2017年新增通用资产配置计划。会同市财政部门对有代表性的18家部门（单位）资产管理情况进行检查。开展全市资产清查工作。完成20家单位、约2.3万平方米的公有房屋经营性出租监管工作；完成15家经费归口管理单位的资产处置审核审批工作。

【办公用房管理】完善办公用房维修改造、调剂管理和物业服务采购机制，规范执行维修项目审核审批程序。创新办公用房联网动态管理机制，建成网络版办公用房智能图形管理系统，将市级机关80多家部门（单位）相关信息录入系统并实时更新数据，办公用房管理效率和水平明显提升。统筹使用腾退办公用房资源，共调剂使用办公用房1100多平方米。推进办公用房物业服务社会化，加强办公用房物业服务公开采购监管，组织实施16家部门（单位）、约53万平方米的物业项目公开采购。

【机关财会管理】规范市级机关71家经费归口单位的预决算、财务核算和项目资金绩效管理工作，配合市纪检监察、财政、审计等部门做好“三公”经费核查、部门预算执行情况检查以及部分归口单位的审计工作。全年归口单位财务无一差错，无一超预算开支。

【机关服务保障】为全国春季农业生产暨森林草原防火工作会议、苏中苏北片市委书记会议、市党代会、市人代会、市委工作会议、市委全会等10多次重要会议和重大活动提供现场保障和后勤服务。严格执行机关大院来访人员登记制度，全年共接待来客来访31598人次。利用重要节假日，先后组织近500人次对40多个设备设施项目进行集中维保和检修。提供会务服务2880场次，会议接待9.5万多人。为机关干部职工提供餐饮、洗理、健身等生活服务60多万人次。

（机关管理局）

永定路二号隧道

政协泰州市委员会

责任编辑 叶 彤

综 述

【概况】至2016年末，泰州市有市政协委员363人，住泰全国政协委员1人，住泰省政协委员13人。四届市政协委员会设中共、民革、民盟、民建、农工、九三、无党派、总工会、共青团、妇联、工商联、科协、侨台联、文艺新闻、科学技术、经济、农业农村、教育体育、医药卫生、民族宗教、特邀等21个界别，有内设机构8个，分别为提案委员会、学习文史联络委员会、经济科技委员会、文教卫体委员会、社会法制委员会、城乡建设委员会、港澳台侨委员会和办公室(研究室)。

2016年，市政协坚持围绕中心、服务大局，积极履行政治协商、民主监督、参政议政职能，全年共召开全体会议1次、常委会议5次、主席会议14次，开展“委员议政日”活动2次、政协委员视察活动15次。召开建市20周年座谈会，历任市政协领导应邀出席。

加强党派合作联系，坚持市政协与市各民主党派、工商联负责人联席会议制度，主动邀请参加市政协开展的专题调研、民主评议、走访视察等活动，优先将其集体提案列入主席督办的重点提案。

发挥政协界别作用，制定界别活动办法，明确界别召集人和对口联系的政协专委会，全年开展界别视察活动17次，参加委员260人次，形成一批以界别为单位的提案、报告等活动成果。其中，农业农村界委员围绕“特色小镇”建设形成界别建议，工青妇界别委员跟踪回访“法治泰州建设”“加强公安基层基础建设”协商建议的转化情况并形成回访报告。

【全国政协视察团到泰州调研】2016年10月20日，全国政协副主席王家瑞率全国政协视察团到泰州调研无障碍环境建设工作。视察团实地视察兴业银行泰州分行、市残疾人综合服务中心、泰州祥和老年康乐中心、市特殊教育学校等。省政协副主席范燕青、市委书记蓝绍敏、市政协主席王守法、副市长王学锋等陪同视察。

全国政协副主席王家瑞(中)率团到泰州调研无障碍环境建设工作

【省领导到泰州调研】2016年5月18日，省政协副主席程崇庆到泰州调研义务教育优质均衡发展工作，实地视察高港实验小学、口岸实验学校、永安洲实验学校、泰州市城东中心小学经东校区和江苏省泰州中学附属初级中学，了解学校基础设施提升、教师队伍建设、教育教学管理、信息化建设等情况。8月2日，省政协副主席罗一民到泰州调研公共文化服务建设工作，实地视察泰州医药高新区野徐镇康居社区宣传文化服务中心、姜堰区三水街道军铺村综合文化服务中心和姜堰区淤溪镇靳潭村综合文化服务中心。10月27日，省政协副主席许津荣率部分省政协委员、省政协相关专委会和部门负责人到泰州调研基层中医药服务开展工作，实地视察泰和堂国医馆、海陵区城西街道头营社区卫生服务站和九龙镇中心卫生院，了解全市基层中医药发展和服务情况，并听取关于市基层中医药服务开展情况的汇报。

【民主评议市民政局】2016年6~9月，市政协开展民主评议市民政局工作。6月上旬至8月上旬，市政协组织部分委员以社会救助、社会福利、社区治理为评议重点，采取市区联动、座谈走访、问卷调查、征求省民政厅意见等形式，广泛听取各方面意见和建议，形成3份评议报告、1份情况汇报和1份调查问卷信息汇总。9月29日，市政协四届二十六次常委会议听取评议情况汇报，并对市民政局工作进行民主测评。10月13日，泰州市召开市政协民主评议市民政局工作总结大会。

协　商　建　言

【突出转型升级】连续第五年组织开展政协主席走访医药高新区活动并开展座谈协商。围绕推进大健康产业加快发展，开展常委会专题协商，向市委、市政府提交《关于加快推进我市大健康产业发展的建议案》。围绕“加快建筑业转型升级”和“推进传统制造业转型升级”主题，分别开展委员议政日活动，就产业转型升级提出意见建议。服务“项目大突破”主题工作，招引落户两个亿元项目。

【突出开放创新】住泰州省政协委员就北沿江高铁建设提出联名提案，主席会议围绕港口、高铁、快速通道、高等级航道的规划建设与推进开展专题协商；专题听取市规划局、发改委关于泰州高铁规划及上争情况的汇报。组织委员调研“两法衔接”、行政审批制度改革、特种设备安全监管等工作。对民主评议市商务局工作开展“回头看”活动，提出相关意见和建议。

【突出城乡统筹】围绕周山河片区重点项目建设情况开展视察督查活动，建议把周山河街区打造成科学发展的示范区、产城一体的样板区。组织委员视察老城区交通治堵工作，助力解决市民关注的热点难点问题。组织委员视察名人故居保护利用情况、文化创意产业园发展情况；编辑出版《泰州文史资料（1992~2000）》《泰州文史资料精选》。围绕加快推进新型城镇化建设开展常委会专题协商，向市委、市政府提交《关于加快推进新型城镇化建设的建议案》。围绕农业现代化和新农村建设，组织委员赴泰兴、靖江开展视察走访活动。关注脱贫攻坚，主席会议听取市委农工办关于黄桥老区、里下河经济薄弱地区精准扶贫工作情况的汇报，并开展座谈协商。

【突出利民惠民】围绕养老服务业发展，开展常委会专题协商，形成常委会协商报告。开展历时4个月的民主评议市民政局工作，提交民主评议意见，对建设现代民政、完善社会救助和社会福利政策制度、破解社区治理难题等方面提出建议。组织委员调研县级公立医院综合改革、公共体育服务体系建设等工作，对提升中心城市医疗卫生服务功能建议案的落实情况开展“回头看”，对市区民生实事项目的落实情况开展主席会议协商。以主席会议的形式走访市法院、检察院、公安局，并开展座谈协商。

【突出绿色发展】组织委员调研生态保护区建设与管理工作，就完善生态政绩考核评价体系、健全协调配合机制等提出意见和建议。组织委员调研乡村旅游发展工作，就统筹全市资源、加强特色小镇建设、提高乡村旅游品质、打造特色品牌等提出协商意见。围绕长江岸线的生态环境保护、农村水环境治理等，开展界别协商、提案办理“回头看”等活动。

重要会议和工作

【市政协四届五次会议】2016年1月17~19日，市政协四届五次会议召开。17日上午会议开幕，市委书记蓝绍敏出席会议并讲话，市政协主席王守法作常务委员会工作报告，市政协副主席刘励作提案工作报告，市政协副主席王东主持开幕式；下午分组讨论、审议相关讲话和报告。18日，全体与会人员列席市四届人大六次会议，听取《政府工作报告》《泰州市国民经济和社会发展“十三五”规划纲要（草案）》和其他报告；下午分组讨论相关报告。19日，会议通过市政协四届五次会议《决议》，补选陆晓声为市政协副主席，增选蒋建华、戴庆柳、邢秀华为市政协常委。

【市政协“二十年同舟共济，十三五再铸辉煌”座谈会】2016年9月18日，市政协召开“二十年同舟共济，十三五再铸辉煌”座谈会，历任市政协领导，市各民主党派、工商联、有关人民团体负责人，各市（区）政协主席、秘书长，部分政协委员出席。会议回顾履职历程，总结工作经验；市政协主席王守法，一届市政协主席袁平波，二届、三届市政协主席陈克勤分别讲话。会议组织部分老领导、老同志参观泰州建市20周年成就展，印发《泰州市政协20年建言献策选编》《泰州市政协20年回眸》及《诗颂新泰州》等文史

2016年1月17日，市政协四届五次会议开幕

四届四十一次主席会议于1月14日召开。会议讨论市政协四届五次会议执行主席名单、会议秘书长和副秘书长名单、决议起草委员会名单；通过各组召集人名单，秘书处各组组长、副组长及工作人员名单。

四届四十二次主席会议于1月29日召开。会议讨论有关政协副主席分工事项及市政协2016年工作要点。

专辑。会前，市政协办公室、文教卫体委开展"泰州市政协成立20周年"书法、摄影、美术作品征集活动，并汇编成册。《人民政协报》刊发"泰州市政协成立20周年"专版。

【常委会议】2016年，市政协共召开5次常委会议。

四届二十二次常委会议于1月14日召开。会议听取市政协四届五次会议筹备情况报告；通过市政协四届五次会议日程、执行主席名单、会议秘书长和副秘书长名单、决议起草委员会委员名单。市委常委、宣传部部长卢佩民受市委委托，到会就有关人事安排事项作说明。

四届二十三次常委会议于1月18日召开。会议听取市政协四届五次会议秘书处组织组关于各组讨论选举事项情况的汇报；协商通过有关选举事项；协商通过市政协四届五次会议《决议》(草案)。

四届二十四次常委会议于3月29日召开。会议邀请省民政厅副厅长钮学兴作关于养老服务业方面的专题讲座；听取市政府关于加快推进养老服务业发展情况的通报。7位政协常委分别就强化政府主导责任、发挥市场主体作用、加强社区居家养老服务、探索医养融合服务模式、加大金融支持养老服务力度、推进文化养老、加强养老服务队伍建设等作协商发言。

四届二十五次常委会议于6月29日召开。会议听取市政府关于2016年以来泰州市经济运行情况的通报和市民政局近年来工作情况的汇报，协商通过《关于加快推进我市大健康产业发展的建议案》。

四届二十六次常委会议于9月29日召开。会议学习传达市第五次党代会精神，听取市政协民主评议市民政局工作情况汇报，听取市委、市政府关于市政协四届五次会议以来提案办理情况的通报。会议对市民政局工作进行民主测评，协商通过《关于加快推进新型城镇化建设的建议案》。

【主席会议】2016年，市政协共召开14次主席会议。

四届四十三次主席会议于2月29日召开。会议讨论市政协成立20周年活动方案。

四届四十四次主席会议于3月29日召开。会议讨论常委会有关事项。

四届四十五次主席会议于4月27日召开。与会人员赴泰兴市开展走访活动，听取泰兴市委、市政府有关项目大突破推进情况、农业现代化和新农村建设融合发展情况的通报，视察黄桥新城、黄桥工业园区、祁巷村、城东工业园区和泰兴经济开发区，并开展座谈协商。

四届四十六次主席会议于5月30日召开。会议听取市政府关于重大交通基础设施规划建设情况的通报，并开展座谈协商。

四届四十七次主席会议于6月24日召开。会议听取市委农工办关于黄桥老区和里下河经济薄弱地区扶贫开发工作情况的汇报，并开展协商。

四届四十八次主席会议于8月5日召开。与会人员赴靖江市开展走访活动，听取靖江市委、市政府关于项目大突破情况和特色城镇建设情况的通报，视察有关项目建设现场及特色小镇，并开展座谈协商。

四届四十九次主席会议于9月28日召开。会议讨论常委会有关事项，听取提案办理协商制度化事项的有关说明。

四届五十次主席会议于10月9日召开。与会人员走访医药高新区，并开展座谈协商。

四届五十一次主席会议于11月2日召开。会议听取市政府关于市区改善民生实事进展情况通报，并开展座谈协商。

四届五十二次主席会议于12月7日召开。与会人员实地视察市检察院锦园办案点、检察为民服务中心等，听取相关工作情况汇报，并开展座谈协商。

四届五十三次主席会议于12月16日召开。与会人员实地视察市法院执行指挥中心、诉讼服务中心等，听取相关工作情况汇报，并开展座谈协商。

四届五十四次主席会议于12月20日召开。与会人员实地视察市公安局局史陈列馆、大数据指挥服务中心等，听取相关工作情况汇报，并开展座谈协商。

【委员议政日】2016年，市政协组织召开2次“委员议政日”活动。6月28日，市政协围绕“加快建筑业转型升级”举行“委员议政日”活动；委员们从强化政府统筹推进力度、培育做强骨干龙头企业、调整优化产业结构、完善企业经营管理体制、优化建筑业发展环境等方面建言献策；市政协副主席陆晓声出席，副市长孔德平到会听取委员意见和建议。10月25日，市政协围绕“推进传统产业转型升级”举行“委员议政日”活动；委员们从增强技术创新能力、强化财政政策保障、突出标准化品牌化、加大金融支持等方面建言献策；市政协副主席王东出席，市政府党组成员孙耀灿到会听取委员意见和建议。

2016年泰州市政协委员视察活动一览表

表7

时 间	视察内容	参加领导
3月17日	特种设备安全监管	副主席王　东 副市长杨　杰
4月22日	电信事业发展	副主席陆晓声
4月28日	公共体育服务体系建设	副主席黄立红、蔡德熙
5月4~5日	名人故居保护利用	副主席蔡德熙
5月24日	台资企业转型升级	副主席陆晓声 副市长张余松
6月15日	少数民族脱贫致富	副主席陆晓声
7月18日	港澳台侨工作顾问企业	副主席陆晓声
7月27日	乡村旅游	副主席王　东 副市长张余松
8月23日	地方志编纂与利用	副主席蔡德熙
8月31日	生态保护区建设与管理	副主席陆晓声 副市长孔德平
9月13日	宗教慈善	副主席陆晓声 副市长陈明冠
10月11日	提升中心城市医疗卫生服务功能建议案落实情况及县级市公立医院综合改革情况	副主席蔡德熙 副市长王学锋
10月27日	周山河街区重点项目建设情况	副主席陆晓声
11月14日	提案办理“回头看”	副主席王　东 副市长杜荣良
11月15日	现代职业教育建议转化情况	副主席奚爱国、蔡德熙 副市长王学锋

【社情民意信息工作】2016年，市政协共编发《社情民意》(内刊)204期，其中17篇社情民意信息被全国政协采用，5篇被省政协采用；1篇得到中央领导批示，2篇得到省领导批示及省有关部门的反馈落实，11篇得到市领导批示。年内，市政协信息工作积分在全国政协21个信息直报点中名列第一。

【提案办理】深化提案办理协商，推出提案办理“办前沟通、办中征询、办后回访”的“三访”机制，进一步提升落实率和基本落实率。2016年共征集提案283件，经审查立案274件。经过承办单位办理，提案所提问题已经解决、基本解决或措施已经落实的190件，占70%；已列入计划逐步解决的73件，占26%；因条件限制，暂时无法解决的11件，占4%。提案办理面商率100%，满意和基本满意率达98%。加大协商建议跟踪回访力度，市政协文教卫体委、社会法制委对报送给市委、市政府及有关部门的9份协商报告转化情况开展8次“回头看”活动。

重要建议和重点提案

【关于加快推进全市大健康产业发展的建议案】2016年4~6月,市政协经济科技委组织部分委员就大健康产业发展进行专题调研,形成调研报告。在此基础上,市政协四届二十五次常委会议开展协商讨论,就加快推进泰州市大健康产业发展形成《建议案》。该《建议案》主要内容:一是提升思想认识,致力集聚发展。二是加强顶层设计,引导产业科学发展。三是加强统筹协调,形成工作合力。四是立足政策和资源优势,打造特色品牌。五是积极营造大健康产业发展良好环境。

【关于加快推进新型城镇化建设的建议案】2016年7月~9月,市政协城乡建设委组织部分委员就新型城镇化建设进行专题调研,形成调研报告。在此基础上,市政协四届二十六次常委会议开展协商讨论,就加快推进新型城镇建设形成《建议案》。该《建议案》主要内容:一是坚持优化发展理念,着力提升城镇化发展质量。二是坚持做强中心城市,着力提升辐射带动能力。三是坚持统筹城乡发展,着力提升城镇居民 获得感。四是坚持生态优先理念,着力提升城镇发展内涵。五是坚持推进改革创新,着力提升城镇发展动力。

2016年度泰州市政协重点提案一览表

表8

提案者	案　由
民盟泰州市委	关于进一步优化产业布局 引导招商引资的建议
顾维中	关于推进“品质泰州”建设的建议
民革泰州市委	关于主城区地下管线空间资源管理与保护的建议
农工党泰州市委	关于加强全市精神卫生工作的建议
市政协港澳台侨委	关于打造“台商投资集聚区”的建议
吉文林	关于充分利用本地高校资源　加快发展全市现代农业的建议

(管成伟)

市政协跟踪回访加快发展现代职业教育相关建议转化情况

纪检监察

责任编辑 叶 彤

综　述

【概况】2016年，泰州市委围绕“四个全面”战略布局，落实全面从严治党主体责任，坚定不移推进党风廉政建设和反腐败斗争。全市各级党组织和党员领导干部落实党风廉政建设和反腐败工作部署，担负起管党治党的政治责任。各级纪检监察机关把握新形势下纪律检查工作的新思路、新部署、新要求，聚焦中心任务，全面履行党章赋予的职责，坚持把纪律挺在前面，强化监督执纪问责，推动全市党风廉政建设和反腐败工作取得新进展、新成效，为全市经济社会发展提供坚强的纪律保障。

【鼓励改革创新激励干事创业容错纠错机制】2016年7月，《泰州市鼓励改革创新激励干事创业容错纠错实施办法》正式出台。该《办法》坚持依纪依法容错，明确国家工作人员在改革创新、干事创业中出现失误应受责任追究，纪检监察机关、组织人事部门或其他实施责任追究的职能部门应依法依规对其给予从轻、减轻直至免予责任追究，并督促当事人予以整改和纠错纠偏。明晰容错机制适用情形，明确因大胆履职、推进工作出现一定失误或引发矛盾，招商引资、项目建设中出现一定偏差、造成一定损失或未达预期效果，处理各类紧急、突发事件中出现一定失误和损失等14类情形，非主观故意、谋取私利、失职渎职，且未造成重大安全责任事故、重大损失或恶劣影响的，适用容错机制。规范容错结果运用，明确符合容错情形的，在各类考核中免予扣分、评优评先和职称申报评定中不作负面评价、干部提拔任用考察中免予一票否决、酌情从轻或免予党纪政纪处理等。严格容错纠错并行，明确适用容错机制的，当事人须主动查找失误环节、剖析问题根源，明确对策措施、及时纠错整改；责任追究部门应加强跟踪督查，确保纠错纠偏到位，消除影响、减少损失。

【构建“亲、清”政商关系】2016年6月，泰州市委常委会研究通过《关于构建“亲、清”政商关系的若干规定》。该规定共5章36条，从“亲近企业、优化服务”“清廉交往、遵纪守法”“加强监督、严肃问责”等方面列出政商交往的正面清单、负面清单，并明确激励和问责举措，制定党员干部涉嫌违规违纪、企业经营者违规违纪违法的惩戒清单。该规定的出台，进一步明晰机关部门(单位)及其工作人员、企业及其经营者两个方面的权利和义务，规范涉企服务和交往行为。

【全市领导干部警示教育大会】2016年1月29日，全市领导干部警示教育大会召开。市委书记蓝绍敏在会上要求全市广大党员干部特别是各级领导干部永葆为民务实清廉的政治本色。会上观看警示教育片并传达中纪委关于违反中央八项规定精神典型案例的最新通报，市纪委书记马士光通报全年全市纪律审查工作情况。

重　要　会　议

【市四届纪委六次全会】2016年2月2日，中共泰州市四届纪委六次全体会议召开。市委书记蓝绍敏出席会议并发表讲话，市四套班子全体成员，各市（区）、市级机关部门主要负责人，市级机关部门派驻纪检监察机构负责人等280人出席会议。会议传达贯彻十八届中央纪委六次全会、十二届省纪委六次全会精神和习近平总书记、省委书记罗志军的重要讲话，审议通过市纪委书记马士光代表市纪委常委会所作《坚持全面从严治党 聚焦监督执纪问责 努力开创全市纪律检查工作新局面》的工作报告和全会《决议》。

【市四届纪委七次全会】2016年9月13日，中共泰州市四届纪委七次全体会议召开。市委常委、市纪委书记马士光主持会议。会议听取市纪委向市第五次党代会工作报告的起草情况说明，听取推荐新一届市纪委委员候选人预备人选酝酿情况的说明。分组审议市纪委向市第五次党代会工作报告讨论稿，表决通过市纪委向市第五次党代会工作报告送审稿，同意将工作报告提交市委常委会和市委四届十二次全会审议。

【市五届纪委一次全会】2016年9月24日，中共泰州市五届纪委一次全体会议召开。会议以无记名投票的方式选举产生中共泰州市第五届纪律检查委员会常务委员会委员和书记、副书记，选举马士光、刘刚、栾立平、王海波、王中庆、于庆、肖志勇、陆宝存、田春荣为市纪委常委，选举马士光为市纪委书记，刘刚、栾立平、王海波为市纪委副书记。

2016年9月24日，中共泰州市五届纪委一次全会召开

落实“两个责任”

【主体责任落实】2016年，泰州市委将全市党风廉政建设年度任务细化分解为8类50项，逐一明确牵头市领导和责任单位，明确具体目标和工作要求。市委常委会专题听取各市（区）委书记履行主体责任情况汇报，开展公开点评、民主测评，并将述职情况通过泰州廉政网、泰州党建网、中国泰州网、泰州新闻网、凤城泰州网进行网上视频直播，接受社会各界评议监督。市委常委和党员副市长带队对市（区）和市级机关部门（单位）落实党风廉政建设责任制情况进行检查考核，针对突出问题提出整改要求。

【监督责任落实】2016年，泰州市纪委启动《落实全面从严治党主体责任工作规范》编制工作，细化工作标准，探索构建落实主体责任标准化体系。推行主体责任任务清单、监督清单、负面清单“三张清单”制度，其中市本级共制定领导班子主体责任清单126项、领导班子成员个人责任清单732项、纪委监督责任清单580项、负面问题清单295项。推行落实“两个责任”全程纪实制度，编制发放《落实“两个责任”工作手册》，实时记载、全程留痕责任落实情况。分层分级开展落实主体责任和监督责任情况当面报告工作。各级纪检监察机关创新监督方式，建立“清单+”工作模式，实施联合巡查、自评报缺等制度，督促各级党组织履行好主体责任。做好党员干部党风廉政建设情况征求意见回复工作，市纪委全年共对21批次336名党员干部的党风廉政建设情况进行回复。

【问责推动】2016年泰州市开展“责任追究年”活动，严格实施“一案双查”，全市共查处党风廉政建设责任追究案件40件，问责党员干部44人，其中给予党纪政纪处分24人，倒逼“两个责任”落地生根。年内，泰州市被省纪委明确为强化专责监督、推动“两个责任”落实试点单位。

实践运用“四种形态”

【“四种形态”制度建设】2016年，泰州市在全国率先出台《关于监督执纪“四种形态”实践运用规则》，同时配套制订《推进实践运用监督执纪“四种形态”相关工作任务分解方案》《关于把纪律挺在前面的若干规定》等制度，构建运用“四种形态”的“1+5+N”制度体系（“1”是指《关于监督执纪“四种形态”实践运用规则》；“5”是指推进“四种形态”实践运用的牵头负责、日常管理、问题发现、问题处理、监督保障等5大机制；“N”是指推动“四种形态”落地生根的若干项具体制度），形成市委主抓、以上率下，系统推进、层层落实的“泰州模式”。开展党委书记谈廉、分管领导谈责、纪委书记谈纪、支部书记谈心等“四谈”活动，加强日常提醒教育，推动“红红脸、出出汗”成为常态。全市纪检监察机关共运用“四种形态”3921人次，其中运用第一种形态2171人次、占55.4%，第二种形态1315人次，第三种形态128人次，第四种形态307人次；给予党纪政纪处分1781人，其中受到轻处分的占73.8%。编制《实践运用“四种形态”应知应会读本》，推行问题线索不立案审查监督制度，推动实践运用“四种形态”规范化、常态化。

【市四套班子党员领导干部实践运用第一种形态】2016

年11月，泰州市委研究制定《市级党员领导干部实践运用监督执纪第一种形态工作规程》。该规程的执行主体为市委常委和市人大、市政府、市政协领导班子中的党员干部；运用方式主要有提醒谈话、批评教育、诫勉谈话。市委成立"实践运用监督执纪'四种形态'办公室"，具体负责市委履行"四种形态"主体责任以及市级领导实践运用第一种形态的协调、组织、服务工作，牵头制定建议方案，明确实施对象、实施方式、实施时间、实施地点、参与人员等，经市委书记批准后实施。将相关实施材料存入党员干部个人廉政档案，实施3个月后被实施对象递交专题思想工作情况汇报。市委组织部将实施情况作为对被实施干部考核和提拔任用的重要依据。

作 风 建 设

【纠正"四风"】2016年，泰州市纪检监察机关重点围绕关键节点和重点领域，通过面上巡查、异地交叉检查、"飞行"检查、延伸检查等方式，开展违规吃请和公款吃喝专项整治、违规发放津贴补贴和奖金专项治理、党员领导干部与企业主"结干亲"专项清理以及"会所中的歪风"专项检查，严肃查纠"四风"突出问题。全市共查处违反中央八项规定精神问题273个、处理353人，其中给予党纪政纪处分322人，通报曝光典型案例28批97起。协助市委制订下发《深化落实中央八项规定和省委、市委十项规定精神整改工作方案》。健全作风建设长效机制，建立纠治"四风"问题"双派单"、主责部门定期报告等制度，督促各级各部门加强对职责范围内作风问题的排查和监管，形成整治"四风"问题的合力。

【"两不"专项治理】2016年2月，泰州市委常委会研究下发《激励干部干事创业防治在岗不作为、履职不担当若干规定》。该规定落实"动辄则咎"惩戒举措，列举14种在岗不作为、6种履职不担当情形，并明确出现不作为不担当情形的，视情节轻重给予当事人从单位提醒、函询、责令限期整改、诫勉谈话、通报批评、责令公开道歉、停职检查、调离工作岗位、引咎辞职、责令辞职、免职、降职，直至解聘或辞退。采取倒逼机制，将不作为不担当和违反纪律问题，与部门(单位)及个人绩效考核相挂钩。构建"齐抓共管"的激励机制，明确对"在岗不作为、履职不担当"问题，各级党政组织负有发现问题、调查核实、实施问责的主体责任，党政主要负责人负有第一责任，纪检监察组织负有监督责任，党政班子其他成员负有"一岗双责"责任。对职责范围内不作为、不担当问题，主动发现、主动调查并严格问责的，可免于追究领导责任，化解基层单位不愿查、不想查的问题。全年向社会公布3批"蜗牛奖"名单，整肃"庸政懒政怠政"、解决"不作为、慢作为"问题。

查处群众身边不正之风和腐败问题

【挂牌督办】2016年，全市各级纪检监察机关按时保质完成省纪委挂牌督办侵害群众利益不正之风和腐败问题线索的跟踪查处，并从信访、案管、巡察、审计监督、作风检查、民生资金监管等渠道梳理反映突出、久拖不决的群众身边"四风"和腐败问题，由市纪委实行挂牌督办。全年共办结省挂牌督办3批共13件问题线索，党纪政纪处分11人;办结市级配套挂牌督办3批共55件，党纪政纪处分61人。综合信访举报、群众投诉、上级督办交办等情况，研究确定季市镇、滨江镇、大泗镇、俞垛镇、野徐镇5个乡镇作为市纪委首批侵害群众利益不正之风和腐败问题重点督办对象，进行为期两个月的重点督办工作。督促基层党委、纪委把全面从严治党要求落到实处，对督办工作不认真、走过场或者发现问题不整改不处理的，及时约谈相关责任单位或责任人;对发生严重后果、产生不良影响的进行纪律处分，以严格问责推动主体责任和监督责任落实。

【专项整治】2016年，泰州市纪检监察机关组织财政、农委等5家职能部门，实施扶贫领域、农村集体"三资"管理、惠农补贴发放、工程招投标和农村集体经济增收5个专项治理行动，推动全面从严治党向基层延伸。采取"治理+问责+规范"的工作模式，通过梳理信访、实地督查、检查账册、抽查项目等方式，发现问题、拓宽案源，并建立台账、形成清单。全市共排查以权谋私、虚报冒领、贪污侵占等社会关注度高的基层不正之风和腐败问题线索212条，运用"第一种形态"问责处理59人，立案155件，给予党政纪处分88人。

【聚焦百姓民生】2016年，泰州市纪检监察机关进一步发挥"12345"政风行风热线平台作用，推动"不作为、慢作为、不担当"、侵犯群众权利、漠视群众利益等问题由问事向问责转变，全年共组织"12345"上线83期，反馈节目166期，开展项目大突破、城建新提升、环境保护、市场监管、教育收费、医疗卫生等6期主题访谈节目和7期市(区)长上线日活动，接听有效来电93250个，回访满意率95.2%，收集各类群众投诉和问题线索446件。督促解决泰兴市黄桥镇收费站乱收费、兴化市城东镇新南村村级财务管理不规范、姜堰区大纶镇村民私建庄园等一批群众投诉件。

廉 政 教 育

【党规党纪学习教育】2016年，泰州市各级纪检监察机关以党规党纪为廉政教育核心，开展《中国共产党廉洁自律准则》《中国共产党纪律处分条例》学习教育，举办"万名党员进党校上党课"党规党纪专题党课，办好"党纪党规就在身边"专栏，修订充实党纪条规应知应会测试题库，通过微信专区推出两份法规测试题。组织91个部门的360多名党员干部参加市级机关党章党规知识测试。举办全市党章党规知识竞赛，共有各市（区）、医药高新区和11个市级机关部门参加。面向全市党员干部开展"我与纪检监察"主题征文活动，共征集文章238篇，经专家评审，评出一等奖10名、二等奖20名、三等奖25名。泰州市报送的4篇文章在省纪委"寻找身边的老严"主题征文中获奖。

【反面教育警示】2016年，泰州市召开全市领导干部警示教育大会，播放警示教育专题片《底线不可越》，通报2015年度全市纪律审查工作情况，市级机关400多名县处级干部及科级干部代表现场接受教育。以部门为单位，组织机关干部观看专题片《底线不可越》，全市共有60多家单位、7000多人次进行集中观看。开展庭审警示教育活动，组织党员干部先后现场旁听吕骥林、王春华、戴恩东、钱建华、厉传进等人庭审，全年共组织庭审警示教育26场（次），1400多名党员干部现场接受警示教育。通过《泰州日报》、泰州电视台、泰州廉政网、"勤廉泰州"微信公众号等媒体及时发布有关执纪审查动态。举办新任副县处级干部及其配偶、新录用公务员和新入党党员集中廉政教育活动，通过旁听违纪违法典型案例庭审、参观廉政文化展示馆、观看警示教育片、听取家风家训主题演讲和党风廉政形势报告等形式，强化对"三新"人员的廉政教育。

2016年1月29日，全市领导干部警示教育大会召开

【"四谈"活动】2016年，泰州市开展"党委书记谈廉、分管领导谈责、纪委书记谈纪、支部书记谈心"活动，将"四谈"活动与党风廉政约谈、信访函询等教育提醒监督形式有机结合。在市卫计委召开市级机关"四谈"活动现场推进会，44个市级机关（部门）纪检监察组织主要负责人参会。

【家规促廉】2016年，泰州市组织开展"家规促廉"家规家训征集活动，面向全社会征集古代先贤、当代名人及党员干部的优秀家规家训，全市共征集到各类家规家训913条（篇）。召开"优秀家规的激励和约束作用"研讨会。组织编撰泰州地区家规家训相关书籍，挖掘家规家风、乡规民约、官德箴言精华，用历史智慧启迪和引导党员干部崇廉尚洁、修身齐家，推动社会风气持续好转。年内，中央纪委专题推介泰兴市黄桥镇何氏家范，《泰州日报》《泰州廉政》杂志作专题宣传。

【廉政文化建设】2016年，泰州市积极推进廉政文化示范项目创建，市法院、检察院等4家单位被命名为省级廉政文化示范点，市城管局、体育局、公路管理站等35家单位被命名为市级廉政文化示范点。开展"廉情一拍"廉政微视频征集活动，共征集廉政微视频120多部；在"勤廉泰州"微信公众号开展3轮评选活动，评出一等奖3名、二等奖6名、三等奖15名，其中有3部作品在全省微视频评选中获奖。加大廉政公益广告发布力度，制作"学纪铭廉"系列廉政教育微视频，选择优秀作品在泰州廉政网、"勤廉泰州"微信公众号、机关部门LED显示屏等平台推送。放大优秀廉政文艺作品的影响力，创作的大型廉政锡剧《呼唤》在北京、南京两地演出，中央纪委宣传部和省纪委有关领导现场观看并予以充分肯定。开展"颂家风·倡廉洁"专场文艺演出，市四套班子领导、省文化厅领导和市级机关党员干部代表1000多人现场观看演出。各地、各部门（单位）因地制宜举办廉政书画作品征集、廉政歌曲大家唱、廉政戏曲演唱会、廉政诗歌朗诵会等廉政文化活动，增强廉政文化的覆盖面和影响力。

执 纪 审 查

【违纪案件查办】2016年，泰州市纪检监察机关共受理各类信访举报3397件（次），处置问题线索4465件，立案1863件，查处县处级干部案件20件、乡科级干部案件145件；给予党纪政纪处分1781人，涉嫌犯罪移送司法机关处理77人。加强纪法衔接，建立健全线索通报移送工作机制，各级纪检监察机关对公安机关、检察院、法院移送的案件线索全部立案处理，18名"狱中党员"全部处分到位。

【案件监督管理】加大案件督查指导力度，规范垂直单位、驻泰州单位县处级党员领导干部违纪案件审查程序，创新监督管理方式，规范执纪审查行为，保证执纪审查质量。落实案件审理监督员制度，保障党员干部合法权益。及时通过媒体发布对党员干部开展组织调查或作出纪律处分情况，增强执纪审查透明度。

【深化问题线索不立案审查监督】加强对执纪行为的监督管理，制定出台《问题线索不立案处置审查监督暂行办法》及相关实施细则，明确审查监督的主体和督促检查责任，强化对问题线索处置的集体研究、集体审核把关，推动问题线索不立案处置审查监督工作向纵深开展。全年共审查监督191件不立案问题线索。

【执纪审理标准化建设】2016年，市纪委会同泰兴市纪委围绕案件受理审理、处分执行、检查考评、人员选配、责任落实5个方面，进一步细化工作流程，规范工作程序，形成《执纪审理标准化工作手册》，使审理工作每个程序都有据可依、有文可查。该手册融合各类审理工作制度和程序性要求，为基层审理人员提供系统、详细的工作指南，有助于提升全市执纪审理的标准化、规范化水平。

【“农机骗补”问题专项行动】为打击基层农机具购机补贴政策执行中的骗补、倒卖等问题，市纪委及时总结姜堰区在溱潼镇、张甸镇部署开展农机购置补贴执行情况专项检查的经验做法，于2015年9月在姜堰区召开现场观摩会，并从2015年10月起，集中利用4个月的时间，在全市部署实施“农机骗补”问题专项治理行动，至2016年初，全市共排查“农机骗补”问题线索113件，初核立案106件，给予党政纪处分94人，移送司法机关处理5人。专项行动中，实现“以案带案”15件，发现其他问题线索45条；实施“一案双查”18件，问责处理21人次；通报骗取“农机购置补贴”典型案件12起，下发《纪律检查建议书》32份和《监察建议书》27份，督促发案单位堵塞资金管理、使用方面存在的漏洞。

【扶贫领域违规违纪问题专项行动】2016年2月，市纪委在全市部署查处扶贫领域违规违纪问题专项行动，集中利用8个月的时间，查处各类扶贫项目和资金管理使用中的违规违纪问题。市纪委、市监察局牵头成立由市农工办、财政局、审计局、民政局等9家涉及扶贫工作的部门负责人参与的专项行动工作领导小组，定期协商专项行动工作情况。明确将2012年以来，各级财政扶贫项目和资金管理使用情况、机关部门和企业挂钩帮扶资金和项目建设、各类农民培训补助经费、农村低保、“五保”人员救助、农村交通水利设施项目建设等8个方面列入治理范围，将优亲厚友、虚报冒领，截留、挤占、挪用资金，资金拨付不足额、不及时，监管不到位等10种违规违纪行为作为查处重点。利用报纸、电视、网站、微信等载体，及时发布专项治理信息和举报电话、邮箱，发动群众参与监督。严格实施“一案三查”（查当事人责任、查村镇干部责任、查项目管理部门责任），坚决整肃瞒案不报、有案不查、查处不严等行为。全市共排查问题线索506条，立案281件，给予党纪政纪处分176人，涉嫌犯罪移送司法机关处理19人。

党的巡察工作

【巡察制度建设】2016年，市委制定《贯彻省委关于加强市县党委巡察工作的意见（试行）的实施办法》和《2016~2020年巡察工作规划》，细化相关规定和要求，推动巡察工作规范化、全覆盖。建立巡察组长库、副组长库和专业人才库，巡察组实行一次一任命、一次一授权。严格落实政治巡察要求，紧扣“六项纪律”，聚焦全面从严治党，增强巡察监督实效。首轮巡察工作于2016年3月启动，全年先后对12家单位开展常规巡察、对6个市（区）开展换届风气专项巡察，共发现突出问题211个，移交问题线索88条，给予党纪政纪处分11人。加强对中央和省委巡视以及市委巡察反馈意见整改落实情况的督查，推进整改措施落实，做到件件有着落。

2016年7月11日，泰州市委部署开展中央巡视组巡视反馈意见整改落实情况专项检查

【换届风气专项巡察】2016年，市委常委会研究决定成立6个专项巡察组，开展换届风气专项巡察，确保换届顺利进行、风清气正。制发《泰州市换届风气专项巡察工作方案》，明确将各市（区）委作为巡察重点，同时对乡镇进行延伸巡察监督，其中靖江、泰兴、兴化、姜堰延伸监督不少于4个，海陵、高港不少于2个；巡察时间为5月18~25日，选择在各乡镇换届选举的关键时刻集中开展。巡察组重点围绕贯彻执行“九严禁”情况开展巡察，集中访谈在职和退二线、退休的区、乡镇两级党政班子成员，受理有关

换届风气问题的来信、来电，重点巡察拉帮结派、拉票贿选、买官卖官、跑官要官、造假骗官、说情打招呼、违规用人、跑风漏气、干扰换届等方面的举报和反映。

【巡察整改专项行动】2016年6月下旬至10月底，针对巡察中发现的突出问题，在全市组织开展整治“吃空饷”、规范工程招投标、规范编外用工、规范乡镇（园区）财政收支及财务管理等6个专项行动，明确市政府办、编办、农工办、人社局、财政局等5家责任单位牵头负责，并明确各市（区）工作职责，推动全面从严治党向基层延伸。专项行动中，全市共查纠问题1755个，推进建章立制147项。其中，在涉及侵害群众利益的不正之风和腐败问题方面，共排查问题线索212条，运用“第一种形态”问责处理59人、立案155件、给予党纪政纪处分88人、通报典型问题16批73起、分层分级约谈有关部门负责人59人次，实施“一案双查”9件10人次。12月1日，市委召开巡察整改“六个专项行动”工作会，总结巡察整改“六个专项行动”开展以来的经验做法，巩固专项行动成果，推动建立长效监管机制。

纪检监察队伍建设

【自身建设】2016年，市纪委常委会严格自身要求，开展“两学一做”学习教育，落实民主集中制，带头学习贯彻党章党规党纪，带头严格执行中央“八项规定”精神和省委、市委“十项规定”，发挥示范表率作用。年初，组织召开全市纪检监察系统作风建设大会，通报2015年度纪检监察干部违纪违法案件查处情况，全面部署全市纪检监察系统作风建设。督促各市（区）纪委和市级机关（单位）65个纪检监察组织，查找自身作风建设存在不足问题464条，督促制定整改措施865条。组织市纪委委员带队进行明察暗访，重点对落实“三转”情况、履行监督责任以及纪检监察干部工作作风等进行检查，并下发专题通报和书面整改通知书。

【纪检体制改革】整体谋划推进市纪委向市一级党和国家机关派驻纪检机构工作；完善市（区）、市属企业、市属高校纪委书记、副书记等4个提名考察办法，在全省率先建立由31人组成的市（区）纪委副书记备用人选库，换届中有7人被选任为市（区）纪委副书记。加大市级机关纪检监察机构管理考核力度，对2015年度考核优秀的7个部门（单位）纪检监察组织，其主要负责人个人年度考核确定为优秀等次，对考核分数垫底的4家单位确定为一般等次，并由市纪委领导约谈其负责人。

【教育培训】加大实践锻炼、“岗位练兵”和业务培训力度，提升纪检监察干部监督执纪问责的能力。举办第11期全市纪检监察干部综合业务培训班，组织全市82名副科级以上纪检监察干部参加为期3天半的业务培训。组织开展“岗位练兵”活动，每2个月开展一次“机关讲坛”和党纪党规知识学习测试活动。继续开展年轻干部导师制培养计划，选派优秀年轻干部到信访一线、复杂环境、关键岗位和上级机关培养锻炼，有计划地安排纪检监察干部到系统外挂职锻炼。

【内部巡察】制订2016年度内部巡察工作方案，先后组织对海陵区、高港区纪委监察局和市体育局、安监局、物价局纪检组监察室进行巡察，重点采取查阅资料、个别访谈、召开座谈会、民主测评、走访区领导和案发单位等方式，共发现和收集问题、意见、建议155条。对兴化市纪委监察局、市农委纪委监察室、市环保局纪委监察室3家2015年度已巡察单位问题整改情况进行跟踪督查。

【监督管理】制定《委局机关重要岗位和关键环节“五位一体”廉政风险防范操作规程》，对重要岗位和关键环节做到“定岗、定责、定流程、定风险、定措施”。组织开展委局机关自办案件回访，加强纪检监察纪律审查工作的监督和管理，规范执纪办案行为。组织全市1672名纪检监察干部报告个人有关事项，按照20%比例开展抽查核实，并对其中17名核查情况与报告内容不一致的人员进行函询。市（区）纪委换届后，及时下发《关于核对纪检监察干部个人基本信息的通知》，收集新任纪检监察干部基本情况。

（周荣华）

中国国民党革命委员会泰州市委员会

【概况】2016年，民革市委在市政协四届五次会议和市四届人大六次会议上，提交《关于加快发展我市稻田生态种养的建议》《关于加快我市垃圾分类收集工作的建议》《关于主城区地下管线空间资源管理与保护的建议》《关于加快我市餐厨废弃物处置工作的建议》《关于加大泰州高校服务地方转型升级力度的建议》《关于加强我市社会事业领域高层次人才建设的建议》《关于完善当前城乡低保退出机制的建议》集体提案7件。提交市政协委员提案46件、市人大代表建议案2件。副调研员、市委会秘书长陈亚明代表民革市委作题为《推进社会事业人才建设，助力全市三大主题工作》大会交流发言。年内，提交区政协委员提案19件。全年上报社情民意信息59篇，其中，全国政协采用4篇，省政协采用1篇，市政协采用33篇，民革中央采用3篇，民革省委采用38篇，《关于强化全省桥梁安全管理的建议》获江苏省副省长徐鸣批示。民革市委连续第14年被评为市政协信息工作先进单位，并获民革全省信息工作先进集体二等奖。奚爱国、许勇、冯亚明、刘文俊被评为市政协信息工作先进个人，朱芹获民革全省信息工作先进个人二等奖，7人被聘任为民革江苏省委特约信息员。11月18～19日，民革泰州市第五次代表大会召开。选举产生民革泰州市第五届委员会和监督委员会，通过大会决议。民革泰州市第五届委员会第一次全体会议选举奚爱国为主任委员，封立群、童宁、夏道忠、唐卫华为副主任委员，任命夏道忠为秘书长。

【重点提案督办】2016年，民革市委集体提案《关于主城区地下管线空间资源管理与保护的建议》被市政协列为主席督办重点提案。5月5日，民革市委副主委封立群一行到苏州，考察桑田岛区域地下综合管廊建设情况，听取苏州市容市政管理局对苏州市地下管线建设的情况介绍。6月13日，副市长孔德平与市政协副主席、民革市委主委奚爱国带队督查提案办理工作，召开提案办理工作汇报会，市住建局、市政公用事业管理局对提案办理情况，市政府督查室、市政协提案委汇报负责人参加座谈。

【思想建设】2016年，民革市委组织党员到苏州、安徽等地开展“观故居，走多党合作之路”活动。3月4日，召开2016年工作会议，表彰先进支部8个、优秀党员14名、先进个人13名。全年出版《泰州民革》刊物4期，发布网站动态59条，报送的宣传信息被民革中央采用14篇，省级报刊和网站采用43篇，市级报刊采用13篇。年内，聘任网络巡视员12名，出版《第四届委员会活动图片集》1册。

【组织建设】2016年3月11日，民革市委成立社会与法制工作委员会，童宁任主任，蔡勇任副主任。4月13日，增补一批专委会委员。8月27日，举办新党员培训班，新党员到南京中山陵举行谒陵宣誓仪式。11月25日，朱芹被授予“民革全国机关工作先进个人”称号。全年共发展新党员27名，至年末，全市共有党员281名。

【学习调研】2016年4月11～15日，市政协副主席、民革市委主委奚爱国随民革江苏省委参访团到广西开展党务工作交流。7月20日，市直综合支部与民革常州市委直属二支部在泰州举行友好共建协议签订仪式。8月8～9日，民革市委组织特约信息员和骨干党员到上海，与浦东民革围绕社情民意信息工作开展座谈交流。8月17～19日，民革市委机关到南京参加民革全省机关工作会议，副调研员、市委会秘书长陈亚明围绕“进一步提高机关干部政治素养”作交流发言。9月23~25日，交通支部与民革上海市委嘉定区委举行友好共建协议签订仪式。

3月30~31日，民革市委与民革扬州、淮安市委联合调研生态文化建设，到兴化农村、姜堰城镇开展调研。5月4日，民革市委召开调研工作专题研讨会，交流2016年度调研课题及调研方案。5月20日，民革市委到兴化调研，视察兴化市生态种养示范基地建设情况。全年上报调研报告8篇。年内，出版《参政议政成果汇编》1册，收录优秀参政议政稿件100篇。

【社会服务】2016年1月31日，民革市委“博爱服务团”到兴化市陈堡镇武泽村开展“送文化、送医疗、送法律、送科技、送温暖”服务活动，慰问当地特困家庭。4月21日，民革市委和交通支部到泰州市特殊教育学校开展爱心捐赠活动，向学校食堂捐赠冰柜、无公害猪肉，向残疾学生赠送学习用品。12月16日，泰州学院支部在泰州实验学校泰东校区开展“足球运动进校园”公益活动，赠送足球，开设示范课。12月17日，市委会到兴化市昭阳街道开展“百团千村万企大走访大落实”活动，为特困群众送慰问金。年内，多个支部开展关爱孤残儿童爱心活动，高港区支部多次开展“送法进镇村、进企业”活动，城建支部开展“做小事、行大爱”活动30次，民革党员吴红德作为国际摄影组织代表与黄桥镇政府签约，助推国际摄影组织摄影基地落户黄桥。

【关爱抗战老兵】年内，民革市委先后到兴化、泰兴黄桥、姜堰等地，看望抗战老兵，送去慰问品和慰问金。2月27日，民革市委副主委丁南为“镜头中的老兵”摄影活动志愿者颁发奖章。7月28日，民革市委副主委丁南到兴化调研吊唁抗战老兵张涛并慰问其家属。

【对台工作】2016年11月11日，召开纪念孙中山诞辰150周年座谈会，市政协副主席、民革市委主委奚爱国出席会议并讲话。11月29日，民革党员王庆军在中国台湾举办“水墨宝岛”个人写生作品展。12月31日，民革市委举办首届“泰台书画艺术交流”系列活动，市政协副主席、民革市委主委奚爱国出席开幕式并致辞，民革党员纪峰、王庆军参加海峡两岸书画交流笔会，与中国台湾画家同场创作与交流。年内，省泰中支部和政法支部被评为民革全省祖统工作先进集体，丁南、孙文友被评为民革全省祖统工作先进个人，奚爱国被评为民革全国祖统工作先进个人。

2016年11月11日，民革市委召开纪念孙中山诞辰150周年座谈会

【党员选介】年内，民革党员高文章被姜堰区政府授予三等功，范之俐、奚爱国、杨奕时、丁南、卜新华、蔡晶等被泰州市政府授予“新泰州建设功臣”奖章；孙逸豪被评为泰州市首届“十佳最美人民教师”，常爱华被评为泰州市“十佳网络爱心达人”，谢志锋获泰州市科技辅导奖，孙裴被评为泰州市“最美法治人物”，周展被评为交通部“全国一卡通互联互通工作”先进个人。

（朱　芹）

中国民主同盟泰州市委员会

【概况】2016年，民盟泰州市委共发展新盟员20人。其中硕士研究生5人，副高级以上职称5人。全年采集社情民意信息69条，编发宣传稿件66条。编印《泰州盟讯》2期，编辑出版《泰州民盟年鉴2015》。全年采用和报送社情民意17条，盟员顾欣撰写《“营改增”后应当尽快改革地方税制》被全国政协采用。年内，民盟市委被民盟中央授予《群言》杂志“优秀发行奖”。泰州市第五届运动会期间，《泰州晚报》整版集中报道盟员封林森、周培顺作为泰州体育功勋人物先进事迹。盟员刘渝庆《含英咀华说诗美》在《泰州日报》发表，参与主编《新诗咏泰州》诗集由市政协学习文史委出版。

【参政议政】参加各级“两会”。在市政协四届五次全会上，民盟市委提交集体提案6件；民盟市委内市政协委员向大会提交个人提案7件。在人大全会上，民盟市委内人大代表向会议提交议案6件。副主委邵骅被市政协表彰为四届三次会议以来的优秀政协委员。市“两会”上，盟员戴金龙执笔的民盟市委集体提案《关于进一步优化产业布局引导招商引资的建议》被市政协列为主席督办重点提案，由常务副市长领办。盟员吴银书被民盟江苏省委表彰为2015年度参政议政先进个人。

【调研交流】全年民盟市委共完成调研报告24份，8份报市委统战部编入“调研材料汇编”。参加民盟省委主办的江苏生态文明建设研讨会等论坛活动，盟员潘小明撰写《日本垃圾分类处理的经验及其对我国的启示》被选为论坛发言。“三八”妇女节，市政协副主席、民盟市委主委董勤带领盟市委妇委会委员、海陵总支各支部负责人对海陵区残疾人事业发展情况专题调研。与市政协城乡建设委员会联合开展智慧城市建设调研，调研报告经市政协常委会讨论通过，形成市政协建议案报市委市政府。

【社会服务】年内，民盟市委艺术团到通姜社区举办廉政文化进社区暨2016新春文艺联欢活动。开展“农村教育烛光行动”，先后在淮安市淮阴区、宿迁市泗阳县，以及四川凉山彝族自治州举办支教活动。中医院支部举办“世界心脏日”“世界高血压日”“世界糖尿病日”疾病防治活动。医药高新区支部组织盟员到海陵区夕阳红养老院看望老人，调研养老院现状和存在困难。二中支部与校团委联合举办学校第二届读书节活动，活动期间收到读后感1084篇；组织全体在职盟员自觉签订拒绝有偿补课承诺书。“六一”国际儿童节，海陵总支、综合二支部开展“圆梦微心愿，我来帮实现”活动，走访泰州市残疾人康复培育中心、泰州市星宝贝孤独症儿童康复中心，并赠送礼物。姜堰支部盟员曹井军为姜堰四中22位家庭贫困的学生赠送棉被和学习用品。组织盟员为盐城阜宁县、射阳县遭遇龙卷风冰雹灾区捐款，通过盟内外渠道共捐款40800元。

【换届工作】2016年11月25~26日，中国民主同盟泰州市第五次代表大会召开，民盟江苏省委副主委窦希萍、中共泰州市委常委、纪委书记马士光出席开幕式并讲话，市领导戴胜利、范玲、陆晓声到会祝贺，市委统战部，市各民主党派、工商联、党外知识分子联谊会，市区统战部门的领导到会祝贺。民盟江苏省监督委员会委员叶晓晨全程参加会议。会议审议通过董勤代表四届委员会所作《加强自身建设切实履行职能 为建设“强富美高”新泰州而努力奋斗》工作报告；选举产生民盟泰州市第五届委员会，选举臧大存为主任委员，王晓洪、徐兴海、邵骅、戴金龙为副主任委员，任命戴金龙为秘书长；选举产生出席民盟江苏省第十二次代表大会代表。

（赵筛扣）

中国民主建国会泰州市委员会

【概况】2016年，民建市委发展新会员58人，平均年龄37.7岁，大学本科以上学历42人，其中，研究生4人，博士2人。1月，医药高新区支部正式成立。年内，形成《供给侧改革下我市积极稳妥处置“僵尸企业”的建议》《关于进一步完善老旧社区养老服务的建议》等调研报告8篇。市“两会”期间，民建市委向政协泰州市四届五次会议作题为《构建诚信社会 助推全面小康》大会发言，并提交《关于利用网络宣传营销实现泰州旅游弯道超越的思考》《关于推动我市养老地产发展的建议》《关于进一步加强我市城建规划建设的建议》《关于构建诚信社会助推“四个名城”建设的建议》集体提案4件。会内代表委员共向大会提交建议和提案25件。全年报送社情民意38篇，其中，省民建采用4篇，省统专报采用3篇，市政协采用6篇，《关于规范乡镇一级医院医用耗材使用的建议》获市领导批示。杨延慧、袁进、周正青获市“政协四届三次会议以来优秀政协委员”称号。

【全国人大常委会副委员长、民建中央主席陈昌智到泰州调研】2016年7月27~28日，全国人大常委会副委员长、民建中央主席陈昌智到泰州进行市级组织建设调研。陈昌智与民建市委领导班子成员和部分基层组织负责人座谈，参观会员企业——江苏贝特管件有限公司和姜堰区支部会员之家。省政协副主席、民建省委主委洪慧民，民建中央组织部部长李世杰等陪同调研。

陈昌智（左三）考察江苏贝特管件有限公司

【组织建设】2016年1月，民建市委组织部分基层支部负责人到扬州参加民建省委基层组织负责人培训班。5月，民建市委与民建延安市委缔结友好市级组织；综合一支部负责人赴京参加民建中央举办的基层组织主委培训班。各支部创新开展知识竞答、参观考察、惠民演出等活动；民建市委主要负责人分别到常州、扬州等地参加市政协组织的“建筑产业转型升级”调研活动。组织参加市政协民主评议市民政局工作。基层组织中，民建泰兴市基层委员会与民建武进区基层委员会等基层组织开展合作共建活动；综合一支部与天津市7个区的7个支部、综合二支部与新疆区委直属经济综合一支部、综合三支部与无锡滨湖区三支部、工商三支部与武汉黄冈支部分别开展友好共建活动。高港区支部与姜堰区支部、高港区支部联合综合二支部和医药高新区支部分别开展交流座谈和参观调研等活动。

【思想建设】民建市委组织学习习近平总书记在全国政协民建、工商联界委员联组会议上的重要讲话精神，中央电视台播报3名会员学习感想。3月、4月，民建市委组织有关会员参加在市社会主义学院和江西干部学院举办的泰州市第15期党外中青年干部培训班。5月，民建市委组织有关会员参加市委统战部组织的“同心讲坛”学习报告会；组织会内骨干会员赴延安参加革命传统教育培训班。11月，民建市委组织有关企业家会员参加民建省委在杭州举办的民建非公有制经济人士年轻一代企业家会员培训班。全年报送各类宣传稿件52篇，其中，被省级以上媒体采用20篇。编辑出版《泰州民建》杂志，及时更新民建市委网站内容。全年共形成《不忘初心，继续同心同向前行—学习习近平总书记“七一”重要讲话心得体会》《民建参与政党协商需要“五力”齐发切实加强协商能力建设》《新时期民建工作要有新常态》3篇理论研究成果，其中，《民建参与政党协商需要“五力”齐发切实加强协商能力建设》被民建中央选为优秀理论研究成果，并获评民建中央2016年度重点理论研究课题优秀成果二等奖。

【社会服务】实施“思源工程—生育关怀行动”，帮扶计生困难家庭孩子学习和生活。做好“泰州民建爱心助困资金”管理和服务工作。2月，民建市委机关工作人员分别走访慰问80岁以上老会员、老工商业者、生活有特殊困难老会员、老主委、已故老主委遗孀以及机关退休人员等。组织企业家会员参加省民建企业委员会组织的经济形势报告会和各类沙龙活动。组织人员参加“统一战线专家服务团”进乡镇、进企业、进社区活动。动员各支部和会员为盐城风灾灾区捐款献爱心，通过民建渠道捐赠总额7万多元。会员张爱群被表彰为民建全国社会服务先进个人。

【换届工作】2016年11月21~22日，中国民主建国会泰州市第五次代表大会在泰州召开。会议选举产生民建泰州市第五届委员会，通过出席省民建第九次代表大会代表

2016年11月21~22日，民建泰州市第五次代表大会召开

名单。在五届一次全委会上，选举产生新一届委员会领导班子。邢秀华当选为主任委员，薛晨光、卞赋章、杨延慧、殷红兰当选为副主任委员，殷红兰兼任秘书长。

（民　建）

中国农工民主党泰州市委员会

【概况】2016年，农工党市委向全国、省、市、区政协提交提案48件（省政协提案2件，市政协集体提案7件，个人提案24件，区政协个人提案15件）。全国人大代表罗进在参加全国人大会议期间向大会提交建议案2件，其中《关注学生视力问题的建议》受社会各界广泛关注。省政协委员、农工党市委主委黄立红向省政协提交个人提案2件。农工党市委会在市政协全会上作《关注精神卫生，维护社会和谐》大会发言，以此转化的集体提案《关于加强我市精神卫生工作的建议》被市政协确立为年度市长领办、主席督办重点提案。

全年，农工党市委共上报调研课题21项，其中有2项中标农工党省委重点课题、4项中标联合调研课题。医卫届党员获市自然科学优秀论文奖一、二、三等奖和市医学新技术引进奖三等奖、市医学新技术引进三等奖等。上报市委统战部调研课题8篇，向农工党江苏省委、市政协、市委统战部报送社情民意145篇次，《为居家养老提供家庭医生签约服务》获副市长陈明冠批示。市委会获市政协社情民意信息工作三等奖，杨芙蓉、孟军获农工党江苏省委2015年度社情民意信息工作先进个人表彰。黄立红、许晓群、孟军3人获市政协“2015年度社情民意信息工作先进个人”称号。

【组织建设】2016年，农工党市委共发展党员17名，其中“千人计划”1人、博士1人，硕士3人。推荐陈霞、陈国富、汪凤祖参加中共泰州市委统战部组织的党外干部培训班。

年内，农工党市委召开2015年迎新春总结表彰大会，表彰2015年度先进基层组织6个、参政议政先进集体2个、社会服务工作先进集体2个、先进个人44名。协助农工党江苏省委党史调研组收集党史资料，参加农工党江苏省委党务工作会议、江北片会、江南片会，并作交流发言。做好《泰州农工》改版和农工党市委网站更新工作，创新做好节庆活动，组织“三八”妇女节健康知识讲座，邀请专家为女党员讲授强腰护膝相关知识。

【换届工作】2016年11月23~24日，中国农工民主党泰州市第五次代表大会召开。会议选举产生农工党泰州市第五届委员会，黄立红任新一届主任委员。王涓、高军业、

汪正九、杨芙蓉当选副主任委员，杨芙蓉兼任秘书长。

【社会服务】2016年，农工党市委开展“农工党健康服务行”活动，专家服务团到江苏罡阳股份有限公司，为企业职工开展健康咨询。开展“中医同行”活动，联合市中医院总支长期定向帮扶高港区白马镇1名女风湿病患者。组织专家到海陵区兴业小区开展科普宣传、专家义诊和中医特色理疗服务，服务群众200多人。做好农工党中央定点帮扶蒋垛卫生院和农工党市委基层服务联系点罡杨卫生院、高港中医院服务工作，姜堰支部每周一次选派妇科专家到蒋垛坐诊，农工党市委组织人民医院、中医院、第四人民医院党员两月一次到罡杨开设专家门诊，中医院总支定向帮扶高港中医院，服务群众近千人。

【“中国环境与健康宣传周”系列活动】年内，农工党市委联合各基层组织开展系列活动。在城南街道锦绣社区开展第九届中国环境与健康宣传周——泰州农工党健康服务行活动；人民医院总支针对糖尿病相关知识作专题讲座和咨询等系列活动；高新区支部组织支部党员在凤凰街道社区卫生院举办大型义诊活动；中医院总支到幼儿园为小朋友筛查视力；第四人民医院支部协助罡杨卫生院为老年人免费体检；卫生监督所等相关支部举办“环境与健康”慢性病防治知识宣传义诊活动，组织开展“环境与健康知识进社区、进农村、进校园”活动。

（农工党）

九三学社泰州市委员会

【概况】2016年，九三学社市委在市政协四届五次全会上提交集体提案3件、个人提案18件，《关于加强城市管理的建议》被列为大会发言。参加九三学社省委举办的课题招投标活动，提交标书8篇，其中《江苏开发区创新与转型发展研究》《农村宅基地节约集约利用的研究》《构建社会诚信体系，推进诚信江苏建设》《探索建立检察机关提起公益诉讼制度》4篇被九三学社省委列为中标课题。完成《加快推进锡常泰城市一体化进程的建议》等调研报告4篇。全年共上报信息35篇，其中《律师担任人民监督员容易产生执业身份冲突和不平等竞争》被中央统战部《零讯》采用，获最高人民检察院检察长曹建明重要批示；《关于防范影响法治信仰的几点建议》等12篇被九三学社省委采用；《对于〈城市民族工作条例（征求意见稿）〉的修订意见》等10篇被市政协采用。邹云翔获社中央信息工作突出贡献奖。

【组织建设】全年九三学社市委共发展新成员24名，其中，硕士研究生7名，高级职称5名。举办新社员培训班一期，邀请教授潘林元作《光荣的九三》专题报告。召开基层工作研讨会一期，对基层领导班子进行培训。姜堰支社升格为姜堰区基层委员会。成立兴化、靖江直属小组。协助完成市、区两级政协委员推荐工作。

【换届工作】2016年11月29~30日，九三学社泰州市第五次代表大会召开，会议选举徐晓芳为新一届主任委员，选举产生出席九三学社江苏省委第八次代表大会代表。

【社务活动】2016年，九三学社市委联合兴化市残联、兴化西门子公司成立“九三学社专家工作站”，为听障人士开展“爱耳护耳”行动；与姜堰区卫计委联合开展调研，挂牌成立“九三学社专家工作站”；成立“九三学社泰州市文化艺术研究院”，举办首届社员书画作品展。年内，九三学社市委被社省委表彰为社会服务工作先进集体。

2016年7月8日，九三学社江苏省委专家工作站在姜堰区揭牌成立

（九三学社）

中国民主促进会江苏省委员会泰州市总支部委员会

【概况】至2016年末，民进泰州总支共有会员88人，比2015年减少2名。民进泰州总支和高港区小组主委包继林分别被民进省委表彰为民进全省参政议政“先进集体”和“先进个人”。

【参政议政】2016年6月，高港区小组主委包继林带领部分民进会员参加大泗、白马等地重点工程建设奠基活动，撰写《加强城区环境卫生常态化管理》提案和社情民意《要大力整治露天烧烤》，被高港区政协评为优秀提案。姜堰区支部主委黄勇带领部分民进会员就校园环境整治工作开展调研并形成相关意见建议；副主委钱进带领部分民进会员就姜堰酒驾情况开展调研并形成相关意见建议。

【社会活动】年内，普教支部制定《2016教师妈妈行动纲领》《关爱课程顶层设计》，全年定期开展送温暖送爱心活动。2016年3月，姜堰区会员刘秀风为全区小学数学教师开展课堂教学业务培训。7月，姜堰区会员王书月等人组织相关教师开展送教泗洪活动。海陵区主委葛士才带领民兴中学部分民进会员定期到贫困学生家庭送温暖、送爱心。

【会务动态】2016年5月22~27日，省人大代表、区人大常委、姜堰区支部副主委、罗塘中心小学校长高金凤和泰州学院副教授刁龙在南京参加省民进举办的全省骨干会员培训班。6月，高港区小组主委包继林代表民进泰州总支参加民进全省工作会议，获"民进全省参政议政工作先进个人"称号。海陵区小组主委主持的市专项课题《寄宿生心理健康教研》实验研究结题并获专家好评。7月，普教支部举办会员暑期培训班。姜堰区支部在姜堰区实小罗塘校区组织约200名小学教师代表开展"依托地方文化，构建乐学课堂"实践研究讨论会。9月，海陵区小组主委葛世才参加教育部组织的赴英国、法国考察、对外交流。10月，中国民进中央委员会副主席、"新教育实验"发起人朱永新教授到姜堰区考察指导教育工作，并与部分民进代表座谈。

（民　进）

中国致公党江苏省委员会泰州市总支部委员会

【概况】致公党泰州总支成立于2007年（小组），2008年正式成立支部，2013年8月支部换届，2016年9月成立致公党泰州总支，下辖三个支部。年内，有党员30名，主委李卫星，副主委周小慧、吴梓兴。

2016年4月，致公党江苏省委副主委吴晓蓓带领省委学习实践调研小组一行到泰州调研，并做辅导讲座；6~9月，致公党泰州总支配合省委"双发行动"，参加《最美致公人》文献编撰；做好"引凤工程"活动后续工作，向泰州医药高新区推荐引进留学欧洲博士蔡怀涵并成功落户药城越洋医药有限公司；7月，省政协副主席、致公党省委主委麻建国到泰调研农村电子商务产业发展情况；10月，致公党泰州总支委员朱剑锋等人参加省委组织的赴盐城联合开展"致福送诊"活动；12月，致公党泰州总支组织党员专题调研，了解泰州自来水水源和水质现状并听取专题讲座。

【中国致公党泰州市总支部委员会成立】2016年9月25日，中国致公党泰州市总支部委员会成立大会召开。省政协副秘书长、致公党江苏省委专职副主委吴晓蓓，市政协副主席、农工党市委主委黄立红出席会议。会议宣布致公党泰州总支主委、副主委名单暨各总支部委员分工情况，听取致公党泰州总支筹备工作报告。

【会员选介】2016年，李卫星、谭晓晖、叶林3位党员的事迹入选致公党省委编撰的《最美致公人》。李卫星、吴梓兴两位党员课题《探索"医养结合"的大社区养老模式》和《建议我省积极抢占大健康产业制高点》获省委批准立项。

（致公党）

泰州市工商业联合会

【概况】截至2016年末，全市有会员12452名，其中，企业会员9593名，个人会员2588名，团体会员271个。全市已建行业协会58家，异地商会18家，已建外埠泰州商会10家，市场商会3家，园区商会4家，并建立网络会员数据库和基层组织统计数据库。9月4日，镇江市泰州商会举行换届选举，江苏昌龙工贸有限公司董事长黄礼龙当选商会会长。9月8日，市工商联系统第一家正式成立的商会党支部——中共泰州市钢材贸易商会支部委员会揭牌成立，钢材商会副会长沈新山任书记。9月18日，无锡市泰州商会成立，江苏统一安装集团有限公司董事长徐雪宏当选为首届理事会会长。至年末，已在天津、西安、南京等省内外城市建立泰州商会10多家，北京、上海、石家庄等地泰州商会正在筹建中。年内，靖江市、泰兴市、海陵区工商联3家单位被全国工商联命名为"五好"县级示范单位，高港区工商联和姜堰区工商联申报全国"五好"工商联。推荐江苏金马运业有限公司、姜堰润泰化学股份有限公司2家企业当选为全省民营企业文化建设示范单位。与吉林省吉林市工商联等多家商会建立友好关系。

【泰州首届友好商会新春联谊会】2016年1月8日，泰州首届友好商会新春联谊会举行。全国工商联原副主席、中国民营经济研究会会长庄聪生，市政协副主席、市工商联主席姚社成出席。联谊会以"商界手挽手，共筑泰州梦"为主题，由泰州市浙江商会、泰州市安徽商会、泰州市福建闽南商会、泰州市江西商会、泰州市烹饪餐饮行业协会、泰州市红木家具协会和泰州市徐州商会7家商会联合主办。

【长三角地区城市民营经济和商会工作合作与交流机制第十四次会议在泰州召开】2016年8月16日，长三角地区城市民营经济和商会工作合作与交流机制第十四次会议在泰州举行。江苏省人大常委会副主任、工商联主席许仲梓，上海市工商联副主席金亮，浙江省工商联副巡视员黄强出席会议并讲话，泰州市委书记、市人大常委会主任蓝绍敏致欢迎词。泰州市政协副主席、工商联主席姚社成主持会议。泰州市政协副主席、统战部部长仲建生，统战部副部长、工商联党组书记戴庆柳等出席。长三角15个城市工商联负责人、部分商会会长和外埠泰州商会负责人、各市区工商联主席、党组书记及企业家代表200多人参加活动。与会人员参观中国医药城规划馆和扬子江药业集团。

2016年8月16日，长江地区城市民营经济和商会工作合作与交流机制第十四次会议在泰州召开

【工商联四届八次常委会】2016年12月13日，泰州市工商联召开四届八次常委会，市政协副主席、工商联主席姚社成，市委统战部副部长、工商联党组书记戴庆柳，工商联副主席卢均一，刘春堂，于勇和各市区工商联主席、党组书记及企业家常委等60多人出席会议。会议审议泰州市工商联（总商会）换届工作有关事项，通过《泰州市工商联（总商会）第五次会员代表大会代表的规模、结构、名额分配和产生办法》《泰州市工商联（总商会）第五届执行委员会委员的规模、名额分配和产生办法》《泰州市工商联（总商会）第五届执行委员会常委会成员的规模、名额分配和产生办法》《关于召开泰州市工商业联合会（总商会）第五次会员代表大会的决定》4个草案。

【《转型中的泰州民企》出版】年内，编印出版《转型中的泰州民企》，为民企转型提供借鉴。全书约24万字，由《光明日报》出版社公开发行，包括泰州市转型升级典型企业30多家、典型的转型事迹，涵盖全市各行各业。原全国工商联副主席、中国民营经济研究会会长庄聪生作序，江苏省人大常委会副主任、省工商联主席许仲梓题词。

【调研活动】2016年5月5日，江苏省人大常委会副主任、省工商联主席许仲梓率省工商联调研组到泰调研民营制造业发展情况。5日，召开座谈会，听取相关部门、部分重点企业和行业协会汇报。6日，调研组走访泰州华强照明有限公司和江苏泰隆减速机股份有限公司2家企业。市政协副主席、市工商联主席姚社成，市委统战部副部长、工商联党组书记戴庆柳，工商联党组成员、副主席刘春堂，秘书长朱于才等陪同调研。

11月1~2日，江苏省工商联党组副书记、副主席桂德祥一行到兴化市开展“三解三促”调研。调研组召开工商联、基层商会及民营企业家座谈会，考察江苏威鹰机械有限公司和泰州安井食品有限公司。兴化市委常委、统战部部长李蓓，兴化市政协副主席、工商联主席丁永明，泰州市工商联副主席卢均一等陪同。年内，开展专题调研，形成《泰州市商会党建工作的现状分析》《泰州市年轻一代非公经济人士思想政治状况调研报告》《2015年度泰州民营经济发展报告》等报告。

【会员服务】根据全国工商联信息直报点（原名“小微企业监测”）工作，在海陵区作为首批直报点基础上，推荐靖江市工商联作为直报点，增加20家企业作为样本企业进入监测名单。至年末，全市共有40家企业作为信息直报点。

建立非公组织检察服务中心。市检察院和7家基层院全部将原先的行贿犯罪档案查询窗口统一扩容为“非公组织检察服务中心”，为非公组织提供法律咨询、释法说理、行贿查询、制度完善、挽回损失等“一站式”服务。选择扬子江药业集团、兴化百穗行公司、靖江新世纪造船股份公司、姜堰正太建筑集团等全市重点非公企业作为打造非公领域职务犯罪预防工作“样板工程”示范点建设单位，签订加强示范点建设的共建协议，聘请预防联络员，建立常态联络工作机制。全市各非公预防服务中心累计协调办结涉及非公企业职务犯罪案件76件，帮助挽回经济损失640多万元。

【“百企帮百村”及挂钩扶贫活动】开展“百企帮百村”及挂钩扶贫活动。靖江市工商联与市委统战部开展“光彩事业·清洁家园”活动，15家规模企业一次性认捐6950万元，用于192个行政村“四位一体”综合管护工作；会员企业先后设立弘毅、欣欣、双鱼博爱等10多个助学救治基金会。亚星锚链股份有限公司捐资59万元救助贫困、清洁家园；恒义汽配制造有限公司捐助53万元用于修建路桥；海狮泵业制造有限公司捐助35万元扶助残疾人；双达泵阀集团有限公司捐助25万元救助灾害、救助贫困、救助病人、美化环境等；三马起重机械制造有限公司捐助旧电脑203台，帮助贫困地区学校建设。

（工商联）

泰州市总工会

【概况】2016年，市总工会注重职工帮扶服务、企业集体协商、工会新媒体应用、劳动保护等各项工作，获泰州市2016年度项目大突破项目招引先进单位二等奖、2015-2016年度法治泰州建设法治文化先进单位称号。年内，市总工会下发《关于开展基层工会"双公开双评议"活动的意见》，开展"结对共建、联手强家"活动，组织全国模范职工之家、省模范职工之家结对基层工会；会同高新区工会督促台资企业建会工作，指导申通快递公司成立工会，组建泰州市保健按摩行业工会联合会。至年末，全市建立独立基层工会11540个，涵盖单位31070家，工会会员总数124万多人。

加强职工队伍素质建设。开展"中国梦·劳动美·幸福路"主题教育活动。举办"弘扬长征精神，建功十三五"演讲比赛，参与职工20多万人。在全市各基层企事业单位开展"文明班组""文明职工"评选活动，选树命名泰州市"文明班组"100多个、泰州市"文明职工"100多人，张福亮等8人被评为江苏省"文明职工"。

开展"践行新理念 建设新泰州"劳动竞赛。开展以"五比五赛"为主要内容的重点工程劳动竞赛。引导职工立足"六小"(小革新、小改进、小建议、小节约、小核算、小经验)合理化建议，开展职工十大工种技能竞赛。表彰一批以职工名字命名的先进操作法和职工优秀科技创新成果。

帮扶服务职工群众。更名授牌"户外劳动者爱心驿站"，将市区50家窗口行业的环卫工人歇脚处全部更名为"户外劳动者爱心驿站"，将服务对象拓展到环卫工人、出租车司机、交通警察、快递员等所有户外劳动者。深化职工"鹊之桥"联谊服务项目，帮助50多对单身职工牵手。推进"公惠爱心母婴室"建设工作，全市新建"公惠爱心母婴室"20多家。2016年元旦春节期间，以"工会干部进万家、阳光快车送温暖"为主题，集中慰问近百名特困职工，组织特困家庭共享春节团圆饭；"两节"期间，全市各级工会组织共走访慰问困难职工1.3万多人，发放慰问金900多万元。核发市直第十八批"特困职工证"77份。开展困难职工学子"金秋助学"活动，全市各级工会组织慰问困难学子800多人。实施女职工关爱行动，组织困难女职工免费游园和体检、举办女性劳务专场，组织市直2000名企业女职工进行免费"两癌"检查。

职工文化体育活动。加强职工书屋建设，向企业赠书3000多册，推行职工"电子书屋"。5家单位获"省级职工书屋示范点"称号，4家单位获"全国职工书屋示范点"称号。开展职工读书系列活动，评选命名"2016年泰州市职工十佳读书明星"。开展以"展岗位魅力、秀职业风采"为主题的泰州首届"职业秀"大赛活动，涉及交警、教师、医生、餐饮、商场营业员、银行柜员、投递员、通信八大行业。承办泰州市第五届运动会职工部比赛，运动员及工作人员1428人，参与人数10万多人。

职工安全生产工作。深化"安康杯"竞赛活动，全市参赛企事业单位1322家，比2015年增长10.2%。开展"我身边的安全隐患"随手拍等群众性劳动保护活动，全市职工抓拍身边隐患58例，其中有5例安全隐患获省总工会肯定。推进工会劳动保护片区服务站建设，对新建的服务站进行互查。开展夏季"送清凉、送安全、送法律"慰问和"安全生产月"活动，全市成立慰问小组25个，深入各级重点工程建设项目、农民工相对集中的高温作业生产车间、露天作业场所。各级工会组织筹集慰问资金235万元，慰问118家企事业单位一线职工。

劳动法律服务。做好工会“七五”普法宣传工作。“五一劳动法律宣传服务月”期间，开展阳光法律援助志愿者服务活动96场，举办劳动法律知识大讲堂38场。深入310家企业开展劳动法律监督服务活动，指导746家企业开展劳动用工监督评估改进行动。举办4期“空中法庭”网络视频直播活动，近万名基层工会工作者、企业人力资源工作者在线观摩。

【劳模评选和“劳模创新工作室”创建】2016年，裕纶纺织侯献红、皇冠壁纸张伟、供电公司吴争3人获“全国五一劳动奖章”；姜堰地方税务局第五税务分局、江苏兴达钢帘线股份有限公司九厂四车间C组2个集体获“全国工人先锋号”称号；57名候选人当选省劳动模范和先进工作者；评选泰州市劳模149人。推进“劳模创新工作室”建设，考核验收一批市级劳模创新工作室，“何健忠劳模创新工作室”被评为省级示范性劳模创新工作室。

【首批“泰州工匠”评选】2016年7月，市总工会开展“泰州工匠”评选活动，推选2016年度“泰州工匠”10名和提名奖获得者10名。10名“泰州工匠”分别是：泰州口岸船舶有限公司焊接技能大师王海东、泰州供电公司输电运检工刘玺、江苏泰隆减速机股份有限公司技术专家凌建军、新世纪造船有限公司叉车状元沈锋、江苏省恒力制动器制造有限公司高级技师黄俊、江苏能建机电实业集团有限公司电气装置工程师王军、江苏希达空调厂高级技师范钦岐、江苏金秋建设工程有限公司瓷砖镶贴高级技师徐干仁、泰兴市第一建筑安装工程有限公司高级技师张祝纪、兴化市园林管理处绿化养护专家顾洋。10名提名奖获得者分别是：中石化华东油气分公司采油气工程服务中心陈海华、泰州供电公司卢仁军、靖江上骐集团有限公司吉振兴、泰州机电高等职业技术学校冯磊、泰州敬成精密模具有限公司李海峰、江苏振华泵业制造有限公司邱林、扬子江药业集团有限公司申峰军、泰州供电公司张钰、江苏飞船股份有限公司柳玉华、江苏振华泵业股份有限公司田建明。

【泰州市职工夜校（网校）】2016年10月27日，市总工会在工人文化宫举行“泰州市职工夜校（网校）”揭牌仪式，正式建立职工教育培训新模式。泰州市职工夜校（网校）联合省内高校，帮助职工实现提升学历，对符合条件受培职工颁发工会励志奖学金。根据职工意愿和市场需求，泰州市职工夜校（网校）举办制图软件操作、中式面点师、育婴师、汽车修理等技能培训班，采用集中授课和送教上门两种形式，利用工作日晚上和双休日白天时间，已辐射职工3000多人，其中失业人员273人。

【“阳光快车”集中行动】2016年，市总工会将往年的“服务周”拓展为“服务月”，邀请心理专家为外来务工人员、特岗职工进行心理疏导讲座；职工阳光放映队为企业外来务工人员和建筑工地工人放映电影；在职工培训学校举办下岗失业女职工、女农民工育婴师培训班等。开发“工会阳光快车”到园区、社区、广场、企业和职工家庭，开展“助困、助医、助学、助业、维权、服务”六大行动。“服务月”期间，各级工会组织共开发阳光快车230辆次，1861名职工志愿者参与活动，服务职工6.15万人次。

市总工会开展“阳光快车”系列活动

【企业集体协商“个十百千万”行动】2016年，市总工会推出企业集体协商“个十百千万”行动计划（“个”，即市总工会指导各市（区）开展一个行业协商观摩；“十”，即各市（区）以会代训开展行业协商2个，全市超十个；“百”，即全市各乡镇（街道）工资集体协商以会代训星级示范点1家、园区工资集体协商以会代训星级示范点2家，全市超百家；“千”，即工资协商指导员、谈判员千人培训；“万”，即百人以上建会企业工资协商全覆盖，全市开展工资集体协商企业达万家）。年内，市总工会分别指导高港区、泰兴市、姜堰区等地开展医疗器械行业、乐器行业、钨钼行业集体协商。与人社部门联系，随时掌握全市集体协商协议签订情况，保障协商规范性和法律约束力。加大集体协商指导员、谈判员培训力度，登记确认指导员355名、谈判员2596名。3月21~22日，省协调劳动关系三方委员会在泰州举行全省集体协商“春季要约”启动仪式。12月15日，市总工会参加全国总工会在厦门召开的全面深化集体协商工作座谈会，作为江苏省唯一代表单位作典型经验交流，现场推介“泰州经验”。

（总工会）

共青团泰州市委员会

【概况】2016年，团市委坚持“以青年为本、为青年服务”的理念，整体工作获全省共青团年度考评“优秀”等次，青年创业工作获团省委“创新创优成果奖”一等奖，获全省宣传思想文化工作先进集体、全省少先队活动展示团体金奖、全省首届中学中职“微团课大赛”一等奖，创成全国青年文明号2家、全国青少年维权岗2家、全国青年安全生产示范岗1家。

加强团的基层基础工作。年内，团市委推进“青年之家”建设，建成青少年综合服务平台27个，创成团中央示范性平台1家，省级示范平台12家，整合各类建设资金40多万元；搭建“专职+兼职+社工+志愿者+社会力量”五位一体平台运行力量，全市第一批已有36个平台与216个团组织、青年社会组织实现结对共建，全年提供青少年特色服务项目120个，服务青少年3.2万人次。举办各类培训班16场次，全市团干部培训率100%。开展“百团千联”主题活动，团市委机关举办“学讲话 话改革 谋发展——机关专题开放日”13次，全市2568名专兼职团干部直接到692家基层团组织报到，联系青年65700多人，走访群众1500多人次，在基层直接开展活动785次，撰写工作日志600多篇，开展各类线上线下活动10800多次。全年共发展团员17302名。

强化青少年思想引导。开展“我的中国梦”系列主题教育实践活动。针对少先队员，举办“红领巾相约中国梦”系列理想教育实践活动；针对适龄入团的少先队员，组织离队入团仪式、少先队员与共青团员面对面等活动，举办中学生离队入团暨十四岁青春仪式示范活动9场；针对中职校学生，分别举办“青春故事分享会”180多场，优秀毕业生校园巡回分享会10场，开展创新创意设计大赛，获团中央“青少年科技创新奖励基金”3万元。针对市属高校学生，举办12期“青马工程”培训班，选拔9人参加省青马班。推荐539人与全省“我们身边的好青年”海选活动，10人入围全省150人名单，7人入选“江苏好青年”百人榜。组建“奋斗的青春最美丽”分享团，在机关、企业、学校、社区举办“我的中国梦——青春大讲堂”系列分享活动63场，举办“青年道德讲堂”，20多万名青少年参加。

推动青少年文化发展。年内，团市委举办第三届“微影·我们”全国微电影大赛，1568部作品参赛，参与青年超8万人次，培育青年影视人才300多名，推出精品微电影60多部，先后赴中国台湾、美国、新西兰、印度等地交流展映，“微影·我们”成为中国电影家协会与地方政府深度合作举办的品牌赛事。开展“创青春·正当时”等文化活动。

团属新媒体平台建设。深化“青年之声”泰州站建设，建立青年成长服务、创业服务等八大专家联盟。泰州“青年之声”平台运行1年，线上招募专家11312人，收到青年问题29627个，累计回答29652个，回答率100.1%，获青年点赞30308次，实现浏览量达947.6万次。扩大“青春泰州”微信粉丝群体，“青春泰州”建成集官方网站、新浪微博、腾讯微博、微信公众号以及腾讯新闻App、企鹅平台、今日头条App入驻等网络平台于一体的新媒体矩阵，其中“青春泰州”官方微信粉丝数突破10万人次。年内，运用团属微博、微信开展重点网络宣传和舆论斗争28次，动员参与青年近3万人次，实现网络阅读量近23.5万次，转发超6200次，点赞超8300次。

推动青年就业创业。推行蜂鸟青创计划2.0，举办蜂鸟研习社、蜂鸟游学、蜂鸟青训营，举办第二届蜂鸟闪投大赛、“创生代”青年企业家座谈会、“创业英雄会”主题活动、青年创客嘉年华活动，承办泰州市创新创业大赛（创客组）决赛，市委书记蓝绍敏先后参加青年创新创业活动3次。徐小平、郎永淳等10位创业大咖到泰现场开讲，蜂鸟社群有青年创业者超10000名，蜂鸟导师团成员73人。全年建成蜂鸟平台60家，其中蜂鸟空间站11家，蜂鸟驿站9家，蜂鸟E号店40家，9家获省级众创空间认定，蜂鸟空间站·高教园区获全省苏青C空间大赛一等奖，集聚青创项目687个，发放青创贷款8600万元，超5万人次在全市1200多场创业活动中受益。举办政策宣讲会、创业座谈会、好青年分享会85场，覆盖返乡青年近万人。举办返乡青年就业专场招聘会14场，帮助5000多名返乡青年实现就业。

【青少年志愿工作】 年内，团市委注册成立泰州市青年志愿者协会，举办公益项目创投大赛，评选出获奖项目20个，提供扶持资金25万元，其中两个项目获第二届中国青年志愿服务项目大赛银奖。组织全市10万青年志愿者累计服务总时长超过50万小时，为第七届泰州国际医药博览会、文明城市复检在内的大型活动提供志愿服务超1000人次。

【青少年交流工作】 加强青联对外交流，承办省青联“千里共婵娟——两岸青年中秋联欢交流活动”，举办泰台蜂鸟青创体验营。线上线下相结合推进青少年民族团结和对口支援工作，接待拉萨青年代表团到泰州访问交流青年工作，全年落实共青团对口援疆援藏年度筹集资金20万元。

2016年9月11日晚，“千里共婵娟——两岸青年中秋联欢交流活动”在泰州凤城河景区举行

【维护青少年合法权益】开展希望工程"圆梦行动""暖冬行动""青仔助学行动"、爱心助残"阳光行动"、重点青少年群体"成长护航工程"、流动留守儿童关爱行动六大行动，提供价值760万元的帮扶服务，受惠青少年30万人次。开展"共青团与人大代表、政协委员面对面"活动，集中表达青少年权益诉求；形成自护教育常态化机制，其中"12355"公益活动连续第2年被《中国青年报》报道。

泰州市女企业家联合会成立暨创业创新促转型动员大会

【青少年活动中心】2016年，"青仔乐体验"为全市2000多名困难家庭孩子、留守儿童、外来务工人员子女提供免费职业体验机会；"青仔助学"全年提供公益名额200多个；"青仔欢乐营"到10多家社区和学校。"青仔公益暑托班"在海陵、高港、姜堰三区设立，26个暑托班共提供课程100多种，三区共2600节课时，惠及5.2万多人次。

（团市委）

泰州市妇女联合会

【概况】2016年，市妇联推进妇联工作创新发展、转型升级，促进妇女与经济社会协调发展。年内，市妇联获全国维护妇女儿童权益先进集体、市"六五"普法先进集体、市未成年人思想道德建设工作创新创优成果奖称号和全国"母亲邮包"公益活动优秀组织奖。

基层妇女组织建设。年内，市妇联完成推动女性进村（社区）"两委"各项指标任务。宣传身边"三最典型"（最优女性社会组织、最美女性草根组织领袖、最佳巾帼公益服务项目）。注册成立市女摄影家协会、市童心寻乐俱乐部、市旗袍协会3个女性社会组织。开展"与妇女儿童共发展 为四个名城添光彩"大学生村官微视频征集、征文演讲比赛和风采展示系列活动，活动被《新华日报》专题报道，被省妇联授予"我与妇女儿童共发展"征文比赛优秀组织奖，5篇征文稿件获省妇联表彰。

妇女创业就业。年内，市妇联举办女干部能力提升培训班、妇女儿童公益社工服务项目培训班、"好苏嫂"家庭服务技能培训班。召开泰州市女企业家联合会成立暨创新创业促转型动员大会，组织女企业家赴泰兴、常州学习考察，举办女经纪人创业创新能力提升培训班、农产品经纪人培训班。开展农村妇女"网上行"基础技能培训工作，全市6435名农村妇女获"现代女性网络技能初级证书"。"春风送岗""美丽人生"女性就业专场招聘会提供创业就业政策咨询、就业技能培训登记、择业介绍等服务，7000多名求职妇女获益。年内，发放妇女创业小贷6400多万元。推选刘秀兰、洪爱萍、蒋燕获"江苏省创业创新优秀女企业家"称号。

妇女儿童权益。全年，市妇联共接待上访604件。召开全市"和谐婚姻·幸福家庭"引导工作推进会，推进家庭幸福创新举措。开展律师志愿者与妇女儿童之家结对共建工作，提高社区妇女群众法律意识和法律素质。开展"反家暴"专题宣讲和妇儿维权法律知识有奖测试活动。召开市维权联席会议暨平安家庭创建活动领导小组联络员会议，下发考评办法。到南通女子监狱开展"法润泰州'情暖高墙 真爱回归'"主题帮教活动。

助孤助学。2016年，市妇联共资助春蕾班在内的困境儿童1614人，资助款126.73万元。争取中央专项彩票公益金公益项目，捐建60万元物资建设市"儿童快乐家园"6个。新办9个春蕾班，350名贫困学生将得到连续三年资助共计62万元。开展"母亲邮包"捐赠公益活动，对口援助西藏拉萨市曲水县和本市区贫困母亲群体13万元。开展"冬日暖阳系列——和你在一起欢喜过大年"活动、"六一"全市慰问活动，全年慰问孤贫儿童72名，发放慰问金7.2万元，慰问品价值2.3万元。开展"让爱住我家——爱在旅途"夏令营，组织32名留守困境儿童与爱心家庭结对同游。开展"儿童安全守护集中行动月"行动，举办公益讲座73场，培训家长和儿童8080人次，发放宣传资料3000册。

"两癌"救助。年内，市妇联完成申报省"两癌"救助专项资金工作，为10名贫困患病妇女争取到每人1万元的救助款。组织机关事业单位妇女参加"两癌"检查。

挂钩帮扶。帮扶兴化钓鱼镇汤顾村、海陵区书院社区和高港区赵王社区共17.8万元。其中,发展村级集体经济投入资金6万元,兴办实事项目投入资金6.5万元,帮扶低收入农户39户,投入5.3万元。

【"巾帼建功"活动】2016年,泰州市创成52个全国"巾帼文明岗"、111个省级"巾帼文明岗"星级岗。推荐申报省级巾帼现代农业科技示范基地、巾帼示范专业合作组织、巾帼农家乐、巾帼电商服务站、巾帼创业创新孵化基地24个,获扶持资金33万元。评选"十佳巾帼电商企业""十佳巾帼电商人物""十大农民女状元"。组织"建功十三五 巾帼作贡献"职场能手风采集中展示比赛。

【"互联网+"行动】年内,市妇联召开泰州市"发展现代高效农业 争当创业致富能手"现场推进会,建设"巾帼电子商务服务站"和"巾帼众创孵化基地"。举办泰州市"地税杯""互联网+"巾帼创业创新大赛,18个电商类、农业类、创意类项目获奖。其中,6个项目负责人获省电商创业女能手称号,1个项目负责人获省手工创业类十佳女能手称号。

【"最美家庭"创建】2016年,泰州市评选推荐2016年度泰州"最美家庭"30户。征集"好家风好家训"并择优汇编成书。开展寻找"最美家庭"暨"涵养好家风 引领好作风"主题演讲比赛、"美德善行 吉祥人家"之最美家庭寻访活动。评选"泰州好妈妈",线上报名608人,30人获选,近39万人次关注。赵玉芳家庭和石云根家庭获评全国"最美家庭",姚炜平家庭和赵明生家庭获评"全国五好文明家庭",姚炜平家庭得到习近平总书记接见。

【"科学家教进万家"公益巡讲】组建公益讲师团,全年组织"科学家教进万家"公益巡讲1256场,培训家长17万人。通过远程教育网络平台和优秀微信公众号提供家庭教育指导。引导广大家庭参与"我爱我家·同悦书香"亲子阅读活动,盛振宇等4户家庭获评"全国书香之家",万春耕等3户家庭获评省"书香家庭"。

【巾帼志愿服务】开展"'邻里守望 姐妹相助'志愿服务'情暖重阳'"活动,为老人免费提供健康咨询、健康讲座和义诊服务,为社区困境老人送节日慰问品。开展"三下乡"志愿服务活动,在姜堰区顾高镇开展健康义诊活动,赠送台式电脑、棉衣等物品价值2.2万元。

【创投公益服务项目】年内,泰州市15个妇女儿童公益社工服务项目获省立项,获省扶持资金69万元。开展"泰苏馨"妇女儿童家庭慈善公益项目创意大赛,其中,"晴天娃娃"服务行动、童心寻乐2个项目入选创投项目,获项目资金5万元。启动实施"泰苏馨"第三批妇女儿童家庭公益项目,4个项目获创投资金10万元,项目受益人数涉及单亲母亲、农村留守妇女、青少年等近8000人。

【让爱住我家 呵护成长"罐"爱项目】年内,市妇联与泰州广播电视台、泰州市体育局联合开展"让爱住我家——呵护成长'罐'爱项目",全市5万个爱心家庭认领"爱心储蓄罐"。开展"让爱住我家——我与爱心储蓄罐的故事"征文活动,对活动中的爱心故事、温暖照片征集、典型事例进行宣传。

"让爱住我家——'罐'爱成长呵护项目"启动仪式

【泰州市妇联四届三次执委(扩大)会议召开】2016年1月15日,泰州市妇联四届次三执委(扩大)会议召开。省、市妇联执委,各市(区)妇联主席、市直单位妇女组织负责人和部分女性社会组织负责人参加会议。市委常委、宣传部部长卢佩民致辞。市妇联主席黄海燕作题为《围绕中心 服务大局 以改革创新的精神推动妇女儿童事业健康发展》工作报告,会议审议通过替补王梅、王艳、朱尧3人,增补黄云平为市妇联执委、常委。

(徐 莹)

泰州市科学技术协会

【概况】2016年,市科协制定《泰州市全民科学素质行动计划纲要实施意见》,联合人社局等9个部门表彰"十二五"全民科学素质工作先进集体50个、先进个人100名。组织申报国家、省级科普惠农项目7个。遴选、表彰"泰州市优秀科技工作者"20人。举荐科技人才15人次,6人被推荐表彰为省"优秀科技工作者",1人获"省十大科技之星"称号。全年编发《科技工作者建议》25期,6篇建议获市领导批示。全年建立6个市级调查站点,指导4个国家和省级科技工作者调查站点按时完成信息报送工作。开展泰州市第十届自然科学优秀论文评选,收集论文676篇。安排40万元科普惠农项目奖补资金,表彰优秀项目

9个、科普惠农服务站9个、科技服务专家25名。年内，市科协被评为省科协系统先进集体、全国青少年科技创新基层赛事优秀组织单位。

推进智力集聚工程。2016年，市科协促成19个省级学会、3所高校科协在泰新建15个科技服务站、9个首席专家（工程师）项目，占全省九分之一，全年60多位专家教授到企业，开展技术指导23次，培训科技人员200多人次，引进技术18项，指导解决技术难题63项，节约研发经费1300多万元，产生直接经济效益6000多万元。联系中国能源学会、中国汽车工程学会，邀请专家到泰调研指导，筹建会地科技服务平台。

加大科技信息推送力度，设立"项目专员"和"科技联络员"。在重点乡镇和园区、企业召开10场次项目培训会，150多家企业200多人次参加培训。全年新增注册企业193家，培育案例28个。建立科技信息推送微信群，承办省和全国的科技信息推送工作现场会。开展群众性科技创新活动，"金桥工程"立项81项，"讲、比"竞赛立项92项。参与众创空间平台建设，引进创业团队（创客），开展科技类双创培训。

【青少年科学教育】年内，市科协组织第二届青少年科技创新市长奖评选。组织青少年参加"金钥匙"科技竞赛、信息学奥赛、科技模型竞赛等系列创新大赛，获全国二等奖1个、三等奖1个；省级一等奖14个、二等奖26个、三等奖34个；兴化中学教师朱石明被评为全国十佳优秀创新辅导老师，泰州机电高职被评为省十佳优秀创新学校，市科协获全国基层赛事优秀组织单位。命名市级科学教育综合示范学校8所、优秀科技辅导员16名、青少年科技创新标兵12名。

【海智基地建设】依托各类创业载体及人才招引平台，加强与海外科技社团的联系，推进人才引进和项目招引。全年市科协组织6场次国际科技视频连线活动，举办2期"科技咖啡馆活动"，接待5批次海外人才和团队到泰考察，引进海智项目20个，工业自动化可编程控制器项目落户泰州医药高新区，推进美国马里兰州大学高端医疗器械离岸孵化基地建设。

【科普传播】2016年，市科协组织科普周、科普日等主题活动。在泰州公务员培训网增设科普教育专题，全年浏览点击量3万人次。年内，开通"泰州e科普"微信公众号，设置《科学真相》《健康养生》《公共安全》《前沿科技》《实用技术》《青少年科技活动》等栏目，开展"科普知识竞赛"微平台推广活动。全年在泰州电视台科教频道播放《科普新说》102集、每集30分钟。泰州数字科技馆全年发布最新科技动态信息104条。自主开发的《科学达人》科普游戏吸引2万人参与。全市布点安装科普电子屏114块。完成市科技馆与省防震减灾科教馆布展设计。新建社区科普馆6处。

【基层组织建设】全市新建企业科协121家，新增园区（开发区）科协3家，园区（开发区）科协组建率91%。新增农技协173个，农技协总数636个。高校科协实现全覆盖。指导成立泰州市机器人学会、泰州市科普教育联盟、泰州市室内设计学会。按照要求督促所属学会完成年检工作。新成立和新换届的8家学会理事五分之三以上、常务理事三分之二以上为基层一线科技工作者，中青年科技工作者达三分之一。学会会员动态增长率6%，新增会员1200多人。开展社会组织党建情况调研，完成《关于创新泰州市自然科学学会党建工作的思考和对策》调研报告。年内，市环境科学学会等2家学会实现秘书长专职化、秘书处实体化，泰州机器人学会等4家学会成立监事会，市土木建筑学会等2个学会理事会建立党组织，培育市老科学技术工作者协会、中医学会等5家示范学会，共有5家学会承接政府职能转移项目9个。

【学术交流】年内，市科协组织开展泰州医药峰会、新药临床前药效及安全性评价研讨培训班、节能环保产业转型升级研讨会等10场次高水平学术活动，参加学术活动1600人次，形成学术成果5项，学术活动中举办展览项目30项，组织40个项目进行对接。

（林来宏）

泰州市哲学社会科学界联合会

【概况】市社科联内设办公室、学会部（科普部）2个部门，理事82人、常务理事25人，团体会员53个。2016年，泰州创成"中国吉祥文化之乡"，4月8日，中国文联副主席杨承志和泰州市委书记蓝绍敏为"中国吉祥文化之乡"揭

2016年4月8日，中国文联副主席杨承志（左）和泰州市委书记蓝绍敏（右）共同为"中国吉祥文化之乡"揭牌

牌。6月3日,“中国吉祥文化之乡”建设工作领导小组办公室、市社科联与中央文史馆馆员、东南大学东方文化研究所教授陶思炎团队签署协议,正式启动《泰州市“中国吉祥文化名城”建设规划》编制工作。

10月18~21日,在全国大中城市社科联第27次工作会议上,泰州市社科联、海陵区社科联、泰州市税务学会被表彰为“2016年度全国社科组织先进单位”。兴化市社科联主席罗有高、江苏省社科院泰州分院经济所朱菊萍、江苏省社科院泰州分院文化所陈述飞3人获“全国社科工作先进个人”称号。12月9日,在2011~2015年度泰州市全民科学素质工作会议上,发布《泰州市全民素质行动计划实施意见(2016~2020年)》,市社科联获评“2011~2015年度泰州市全民科学素质工作先进集体”,市社科联副主席窦立成获“2011~2015年度泰州市全民科学素质工作先进个人”称号。

【学术交流】2016年1月12日,“苏中发展研究院建设”座谈会在市社科联(院)召开。会议由苏中发展研究院院长陆建飞主持,苏中发展研究院副院长张锋参会并介绍苏中发展研究院建设情况。泰州市社科联主席倪郭明、副主席曹宝林和泰州市发改委副主任朱应才等出席座谈会并作交流发言。

1月13日,江苏省哲学社会科学界第六届学术大会苏中片区分会在泰州举行。会议以“长江经济带建设与苏中发展”为主题,苏中三市有关单位、高校、社会团体150多位专家学者参加会议。会议共收到论文125篇,评出优秀论文42篇。其中,一等奖6篇、二等奖12篇、三等奖24篇。

4月9日,泰州市召开“中国吉祥文化之乡”高层专家咨询会,中国社科院、中国民间文艺研究所、北京大学、复旦大学、中国传媒大学、华东师范大学等重点院校和研究机构的10多位专家教授参加会议。

【科普活动】2016年5~6月,市社科联、市博物馆举办“2016年泰州市文化遗产保护宣传月”活动。8月,市社科联举办食品安全进社区活动,食药监局相关部门人员进社区作“食品安全进社区,和谐家园大家创”主题讲座。9月,举办泰州建市20周年社科成果展。9月18日,市社科联与市梅兰芳艺术馆联合举办京剧艺术进校园活动,宿迁市宋长荣京剧团二级鼓师张长林为江苏农牧科技职业学院社团学生作关于京剧知识讲座。9月20日,第十三届社科普及宣传周开幕式举行,市委常委、宣传部部长常胜梅出席开幕式并讲话。本届社科普及宣传周的主题是“树立‘五大理念’,建设‘四个名城’”。宣传周期间,组织百场人文社科知识讲座、泰州建市20周年社科成果展、社科板报巡回展、红色经典影片展播、文化遗产宣传月等活动。12月,举办绿色出行公益广告进社区活动,在城西街道、城东街道、城中街道、城南街道、城北街道5个街道20个社区张贴绿色出行公益广告海报,倡导“绿色出行、低碳生活”理念。

【学术阵地建设】《大众社会科学》是由省社科院主管,省社科院泰州分院主办,市社科联、省社科院科学发展观研究基地协办的综合性社科类刊物。杂志以“服务中心工作、推动科学发展、倡导学术争鸣、促进社科普及”为宗旨,立足泰州实际,融实践性、知识性、学术性、地方性于一体,2016年出版6期,双月20日出版。《决策咨询》由市社科联、省社科院泰州分院主办,及时反映全市社科工作者最新完成的、对领导决策具有一定参考价值的重要研究成果,分别报送市领导、市有关部门和各市(区)党政主要领导,为党委政府决策提供科学依据和信息服务,2016年共编印10期。

【社科评奖】2016年11月,泰州市政府正式公布泰州市第十届哲学社会科学优秀成果奖,表彰78项哲学社会科学优秀成果,其中《象征行为与民族寓言——17年历史剧创作话语形态论》等8项作品获一等奖,《关于加强泰州市微信公众平台管理服务工作的调研报告》等26项作品获二等奖,《我国文化产品出口增长的二元边际分析》等44项作品获三等奖。

开展泰州市2015年度“社科应用研究精品工程”优秀成果评奖活动,共收到申报的应用研究成果116项,其中,《加快我市智慧城市建设的调查与思考》等5个项目获一等奖,《“泰州太美顺风顺水”城市品牌诠释与提升路径研究》等10个项目获二等奖,《市县级基础地理信息系统安全风险评估规范研究》等15个项目获三等奖。

(社科联)

泰州市文学艺术界联合会

【概况】2016年,全市文联系统获各类全国级获奖近50项,省级奖项80多项。全年全市共有300多篇作品在《人民日报》《文艺报》《小说选刊》《雨花》《钟山》等国家级、省级报刊发表年内。联合《文艺报》、省作协举办第四届全国“里下河文学流派”研讨会,编辑出版里下河文学流派诗歌丛书。编辑2016《里下河文学》年刊,推出全国著名专家学者学术研究文章40多篇。新设立“王家任书法工作室”“丁文剑电影工作室”“罗爱国火花工作室”“钱进创意设计工作室”4个名人工作室。市梅兰芳研究会、市文创协会选举产生新一届领导班子。靖江市、泰兴市文联召开文代会。在戴南镇召开乡镇文联建设工作现场观摩会。全市新成立乡镇文联11家。至

2016年，各乡镇文联累计成立乡镇文艺团体近100个，吸纳各地的文艺爱好者2000多名，开展广场惠民演出等多种活动近200场次。年内，市文联被表彰为全省“三下乡”活动先进单位，获2016年度全市宣传思想文化工作创新成果奖。

【文艺活动】市文联围绕地级泰州市建市20周年组织开展文艺创作活动。确定下发创作选题189个，全市共收到新创作群众文艺作品200多件。举行“与梦想同行”建市20周年征文活动，共收到征文800多篇，评选出一等奖4篇，二等奖6篇，三等奖8篇，优秀奖20篇。

举办地级泰州市建立20周年暨第三届“祥泰之州”美术书法展、摄影展共征集到书画作品200幅、摄影作品1200多幅，评选获奖及入展作品近200件。在江苏省文联艺术剧场举办“一脉相承”江苏淮剧名家陈德林流派艺术专场演唱会。

【市文联四届六次全委会召开】2016年2月27日，市文联四届五次全委会召开，市委常委、宣传部部长常胜梅，市委宣传部副部长程荣稳，市文联主席刘仁前，《泰州晚报》总编、市文联兼职副主席翟明，市文广新局副局长、市文联兼职副主席曹家为，市电视艺术家协会副主席兼秘书长、市文联兼职副主席丁新吾，市委宣传部文艺处处长杜宽军等出席会议。

【文艺队伍建设】搭建中青年艺术家展示平台。年内，市文联举办泰州花鸟画作品合肥展、李俊“篆开藤语”专题展、巴秋“故土·乡愁”中国画作品展、梅德君写生山水画展、贾广慧书画作品展、“我与昭苏有个约定”摄影图片展等。注重少儿艺术人才培养。选拔青少年人才参加第二届“未来之星”江苏省少儿才艺大赛，全市10名选手在省总决赛中获奖。承办首届全国少儿诗会走进泰州活动，多位著名朗诵家现场演绎10多首获奖儿童诗歌作品。举办各类文艺家培训班。邀请省文联主席章剑华到泰州作《传承与构建——文化建设的再认识再实践》专题讲座，市直相关单位、部门负责人、全市文艺系统代表100多人参加。举办第四期全市文艺家读书班，各市(区)文联、市各文艺家协会近60人参加。邀请《文艺报》副总编徐可，省文联党组书记、副主席刘旭东，省作协副主席祁智到泰州作专题讲座。邀请舞蹈家黄豆豆以“豆志飞舞”为主题做讲座。

【稻河古街区文艺品牌建设】2016年，泰州在稻河古街区的四巷陈宅(后三进)设立名人工作室、里下河文学研究中心、苏中诗歌创作基地和《雨花》读者俱乐部。市文联将5年来设立名人工作室和名家研究会的文艺家(包括陈德林、徐文藻、王洪祥、杨天民、宋保旺、滕江华、黄太生、陈富平、帅春燕、王家任、丁文剑、罗爱国、钱进13人)，进驻稻河古街区，正式挂牌设立个人工作室，为张海、李萍、赵震方、庞余亮、范观澜5位文艺名家集中进行宣传展示。挂牌成立里下河文学研究中心、江苏省作协诗歌委员会苏中诗歌创作基地、中国作家·《雨花》读者俱乐部，集中展示18位文艺名家风采。

稻河古街区文艺名人工作室揭牌仪式

(周卫彬)

泰州市归国华侨联合会

【概况】2016年，全市各级侨联共邀请接待海内外客商和友人157批472人次。市侨联撰写的《发挥侨胞作用助力经济发展的对策思考》被市政协大会采用，全市侨界政协委员、人大代表共向各级人大、政协“两会”提交提案25件，议案5件，社情民意25条，调研报告及大会发言3篇。

年内，市侨联组织侨商会开展参观考察、联谊座谈、项目交流等活动15次。市侨商会被江苏省侨商总会评为“2016年度江苏省侨商总会系统先进单位”，会长曾宪相、副会长董伟柱被评为先进个人。推荐新浦化学有限公司等4家企业获“第三届江苏省优秀侨资企业”称号。推荐江苏长泰药业有限公司董事长蒋志君、江苏亚盛医药开发有限公司总经理郭明获第六届中国侨界贡献奖(创新人才)，泰州巨纳新能源有限公司获第六届中国侨界贡献奖(创新企业)，蒋志君入选“中国侨联新侨创新创业联盟”理事。推荐江苏省泰兴高新区获“江苏省侨联新侨创新创业基地”称号。

2016年，泰州成立“泰州市侨联书画院”，由38位侨界书画专业人士、爱好者组成，华人艺术家曹俊当选院长。“单声珍藏文物馆”被中国侨联命名为“中国华侨国际文化交流基地”，已接待社会观众16万人次，其中海外华人华侨3000多人次。推动曹俊艺术馆(泰州)开馆。市侨联选送作品《泰州赞歌》《花开等你来》获“中国梦·泰州美”首届群众文化艺术节优秀作品奖，市侨联获组织奖。

曹俊艺术馆(泰州)正式开馆,泰州市委书记蓝绍敏(中)、中央电视台主持人朱军(右)和著名旅美艺术家曹俊(左)揭牌

【海外联谊】2016年,市侨联接待来自美国、加拿大、英国、澳大利亚、瑞典等海外侨社团负责人和侨胞;接待抗日名将陈中柱遗孀、澳大利亚侨胞王志芳一行。发挥泰州侨联网站、刊物和微信公共订阅号等宣传平台作用,至2016年末,市侨联网站共上传文稿图片5000多篇(幅),点击率近12万次;《泰州侨联》刊物累计出版50期,印发6万多份,分发范围遍及市海外侨社团、侨领、归侨侨眷、四套班子领导、各相关部门单位等。

【依法维侨护侨】宣传《江苏省保护和促进华侨投资条例》,开展广场咨询、上门走访、召开座谈会等活动,发放《条例》单行本500多份,《宣传〈条例〉服务侨商》项目被市级机关工委和效能办评为"走进你我他"服务月优秀项目。利用市侨联法律顾问委员会(简称侨联法顾委)平台,帮助侨商解决实际问题。全年全市各级侨联共接受来信来电146件次,接待来访92人次,协助解决涉侨纠纷和案件21件。

【社会服务】开展"侨界空巢老人关爱行动",省侨联领导到泰慰问空巢老人。春节、重阳等节日,市侨联看望侨界人士和困难户,组织"老归侨观看老电影"等集体活动。举办"关爱自己,做幸福女人"专题讲座,服务侨界女性同胞。2016年,全市各级侨联共走访慰问归侨侨眷250多户次,发放慰问金20多万元。

【"侨胞之家"建设】巩固"侨胞之家"实体建设。将分散在各处的市侨商会、侨联法顾委、书画院等侨界社团集中到实体阵地。建立网上"侨胞之家"。改版升级市侨联网站,增建"侨界大家庭""侨联文艺""侨联书画院"微信群和"为侨服务"QQ群等。2016年,"侨胞之家"组织开展侨界群众活动28次,累计接待海内外来访客人35批246人次,社会观众3万多人次。

【举办庆祝中国侨联成立60周年暨地级泰州市建市20周年艺演出】年内,泰州市举办"亲情中华 魅力泰州——庆祝中国侨联成立60周年暨地级泰州市建市20周年文艺演出",省侨联、市委及市有关涉侨单位领导,海外侨胞、归侨侨眷代表和关心支持侨联事业的各界朋友400多人出席。著名侨领、全英华侨华人中国统一促进会总会会长单声和夫人单桂秋林,阿联酋江苏商会暨同乡会会长王海林,美国华人医药科学家协会会长陈邦华等海外侨胞为演出发来祝福视频。加拿大华枫艺术家协会会长史兆宽创作歌曲《泰州赞歌》,由加拿大侨胞女高音歌唱家张慧现场演唱,表达海外侨胞对家乡无比的热爱和眷念。市侨联主创诗朗诵《侨联,我的家》。

(乔晶晶)

泰州市残疾人联合会

【概况】2016年,全市建成"残疾人之家"27家,新建残疾人"幸福家园"工程22个,对22个社区、220户家庭进行无障碍环境改造和帮扶,免费为22个社区居民提供眼部疾病筛查、防治,为220名残疾人适配辅助器具586件。10月,全国政协副主席王家瑞到泰州视察市残疾人维权中心、残疾儿童康复培育中心。年内,市残联开展残疾人基本服务状况和需求信息数据动态更新工作,完成全市在库残疾人调查及信息上报。靖江市残疾人工作委员会被国务院残工委授予"全国残疾人工作先进单位"、姜堰区残联许稳山被国务院残工委授予"全国残疾人工作先进个人"。靖江市179志愿者协会阳光助残服务基地和泰州市彩虹伞公益服务中心获全省青年志愿者助残"阳光行动"服务基地称号。

【残疾人文化体育】年内,泰州市承办并参加第九届全省残疾人艺术汇演(第二片区),获团体二等奖。举办全市残疾人书画爱好者培训班、爱心助残书画义卖捐赠等活动。张变、张魏、卢亮3名残疾人运动员参加里约残奥会,获2金1银和1个第5名。参加省级比赛,获省盲人按摩知识竞赛团体第1名、省残疾人职业技能部分项目比赛团体第2名。参加省教育康复技能比赛和省残疾人辅助器具技能比赛，获3个二等奖，3个三等奖。承办泰州市第五届运动会残疾人部乒乓球、飞镖、象棋、围棋等比赛，组队参加省第七届全民健身运动会残疾人部所有七个大项的比赛，获12金137铜以及两个团体第4名。参加全国残疾人羽毛球锦标赛和聋人游泳锦标赛，泰州市共获金牌5枚。

省残联副理事长肖敏（后排中）与参加里约残奥会的3名泰州籍获奖运动员合影留念

【残疾人事业宣传】2016年，市残联在泰州电视台开播《手语新闻》栏目，在《泰州日报》开设“泰州残联”专版，在泰州广播电台开设《残疾人之声》栏目。全市各类新闻媒体共刊登残疾人事业新闻300多篇。年内，选送优秀新闻作品参加全省2015年残疾人事业好新闻评选，获一、二、三等奖各1个。

【残疾人维权】2016年，各级残联共处理人民来信118件，接待残疾人来访523人次，信访办结率100%。开展“假、错、空”残疾人证清理，全市共清理“假、错、空”证3537份，其中死亡注销3496份。

【残疾人福利基金会】2016年，市残联向全市贫困残疾人捐赠太阳能热水器、彩电、洗衣机等共5500台，为市区1000名贫困残疾人赠送面值500元的医疗援助“爱心卡”，为市区342名低保家庭残疾人缴纳最低标准养老保险。

（残　联）

泰州市红十字会

【概况】2016年，市红十字会坚持“人道、博爱、奉献”的红十字精神，开展宣传与筹资，实施人道救助。年内，审查规范冠名红十字医疗机构12家，重新签订冠名协议。泰兴市、兴化市分别召开第四次和第三次会员代表大会，选举产生新领导班子。

红十字宣传。市红十字会在《泰州晚报》、泰州广播电台开设《红十字之窗》《红十字之声》等栏目，市红十字会网站共宣传报道工作信息257条，出版《红十字之窗》、播出《红十字之声》各12期。省红十字会网站用稿101篇，《中国红十字报》《江苏红十字》用稿40篇。结合“世界红十字日”和“世界献血者日”等纪念活动，开展国际人道法、国际红十字运动、“三救三献”和预防艾滋病等知识的宣传。参加泰州“铁人三项亚洲杯赛”和泰兴全国10千米城市联赛救护保障工作。志愿者石云根完成造血干细胞捐献，成为我国第一对成功捐献造血干细胞的夫妻。省红十字会会长何权现场看望并慰问石云根夫妇并颁发博爱奖牌和荣誉证书。省、市媒体对此次捐献活动进行重点宣传报道。

省红十字会会长何权看望石云根

筹资工作。加强公信力建设，定期通过网站、报纸将捐赠款物收支情况向社会公开。发挥报纸、网站、宣传栏等阵地作用，加大对爱心企业、爱心人士宣传力度。全年，市本级共募集救灾救助款物，折合人民币约785万元。

人道救助。开展助困、助医、助学、助残、助老、助孤六大红十字系列救助活动，初步形成以“红十字博爱送万家”为标志的人道救助品牌项目，开展“幸福拥报”“红十字为贫困孤寡老人送年夜饭”“暖冬系列行动”等活动，援助实施“凤城应急救援队”“港城水上应急救援队”“居家养老服务中心”“红十字三羊开泰”“红十字博爱超市”“红十字爱心奶助成长”“红十字妇女儿童博爱病房”等项目活动。落实中国红基会“小天使”和“天使阳光”项目救助。投入15万元用于姜堰区蒋垛镇界河村基础建设和经济建设。全年发放人道救助款物469万元，救助人数近万人。

灾害救援。2016年4月22日，靖江火灾事故发生，市红十字会启动应急预案，调拨10箱5000只纱布口罩，组织红十字会工作人员和部分红十字志愿者送到现场并参与群众的疏散、撤离、安置工作。6月23日，盐城特大龙卷风冰雹灾害发生，全市红十字会共筹集救灾款386.33万元。

救护培训。年内，市红十字会选派4人参加北京中国红十字会总会师资提高班，32人参加省红十字会举办的救护师资初训班、13人参加省红十字会举办的救护师资复训班。联合市总工会、市人社局和市级机关工委等部门举办全市应急救护技能竞赛，选派4名优胜者组成代表队，参加全省应急救护技能竞赛，获团体一等奖。年内，泰州市获批省红十字会援助应急救护培训基地4个。组织实施"公益性应急救护百万培训项目"，印发培训教材，配齐培训器材。开展应急救护知识进机关、进企业、进学校、进社区、进农村等活动。全年共完成救护员培训5239人，普及性培训80440人。

红十字志愿服务。市红十字会联合江苏农牧科技学院和泰州职业技术学院红十字会，分别开展"关爱留守儿童，共筑青春梦想"和"血脉相髓"志愿服务项目。在全市范围内开展星级志愿者认定工作，近100名志愿者分获1~3星志愿者称号。承办全省红十字志愿服务工作培训班，2016年4月26~28日，江苏省红十字会在泰州举办全省红十字志愿服务工作培训班，省红十字会志愿服务基地工作代表、13个省辖市红十字会分管领导及志愿者骨干共60多人参加培训。

【生命工程】2016年，市红十字会开展纪念"世界献血者日"活动，当日累计献血1.5万毫升。联合市直机关工委开展"7·1党员义工捐髓献血活动"。联合市妇产医院开展"捐髓献血"活动，当日无偿献血43人，采样3人。依托泰州职业技术学院和南京中医药大学翰林学院，组建2支红十字志愿服务队。协调媒体、网络对成功实现捐献的志愿者跟踪报道。全年造血干细胞采样入库924人份，实现造血干细胞捐献7人。遗体捐献共接受登记3名，器官捐献共接受登记4名；实现器官捐献1名。

【红十字青少年工作】年内，市红十字会联合泰州六所高校开展红十字暖冬助学行动，投入资金6万元，救助120名高校贫困大学生。"世界急救日"期间，对军训中的高校新生开展应急救护知识培训。12月1日"世界艾滋病日"，市红十字会在泰州六所高校中开展艾滋病青年同伴教育活动。在江苏农牧科技学院、泰州职业技术学院、南师大泰州学院、泰州学院开展国际人道法教育活动。

（红十字会）

"2016·红十字送清凉"活动

综　述

【概况】2016年，泰州市继续深入推进法治泰州建设，全面实施依法治市和“七五”普法五年规划。全年共举办“法治大讲堂”和“法润凤城”系列行动等活动1000多场次，形成“汤姐姐法治课堂”“小翁姐姐青少年维权热线”等法治宣传教育品牌。通过开展“两年行动计划”和“10个全覆盖行动”，持续推进社会治安综合治理建设。法治泰州建设和综治平安建设取得显著成绩，万人8类刑事案件发案率连续6年为全省最低，年度破案率居全省前列，连续7年保持命案破案率100%，社区服刑人员重新犯罪率为全省最低，矛盾纠纷调处率和调处成功率保持全省前列，进京非访量连续8年为全省最低。司法体制改革取得阶段性成果，获评全国“六五”普法先进市。泰兴市检察院“预防邮路”做法得到习近平总书记的肯定并在全国推广。年内，市检察院、公安局获市“十佳人民满意机关”称号，市中级法院、司法局获评市“作风建设先进单位”。

【司法体制改革】2016年，市中级法院、检察院及姜堰区法院、检察院围绕员额制、司法责任制、人员分类管理等试点内容，积极探索，稳步推进，司法体制改革取得初步成效。全市首批遴选入额法官349名，入额检察官213名。《人民法院报》报道市中级法院实质化办案做法。市检察院“预防邮路”做法在全国推广。市公安局积极探索“大部制”改革，机关部门数量减少8个，向基层分流民警49人，辅警50人。

【全市政法工作会议】2016年2月3日，全市政法工作会议召开。会议总结2015年全市政法工作，研究部署2016年工作任务。市委书记蓝绍敏出席会议并讲话。市委常委、政法委书记张爱平作工作报告。市人大常委会副主任陶幸蓉，副市长陈明冠，市政协副主席蔡德熙出席会议。

【“七五”普法规划】2016年9月14日，市委常委会会议召开。市委书记蓝绍敏主持会议。会议专题听取关于泰州市“六五”普法实施情况和全市“七五”普法规划起草情况的说明。会议审议通过《关于在全市公民中开展法治宣传教育的第七个五年规划》。

【领导考察】2016年3月25日，省委常委、政法委书记、公安厅厅长王立科到泰州考察公安工作。王立科实地考察市公安局110指挥中心和高新区公安分局，看望慰问干警，并听取市相关工作情况汇报。

（刘　沛）

公　安

【概况】2016年，全市公安机关以护航“三大主题工作”为主线，紧紧围绕“四项建设”和省厅“一体两翼”工作布局，扎实推进公安改革、维护国家安全和社会稳定、泰安行动、治安防控体系、智慧公安建设“五大任务”，较好完成各项公安保卫任务，有效维护社会大局稳定，市公安局连续6年获市“十佳人民满意机关”称号。

【维护社会稳定】2016年，全市公安机关加强矛盾排查化解，实现对各类不稳定因素的有效管控。圆满完成G20

峰会、全国春季农业生产会议、泰州国际旅游节开幕等100多起重大活动安全保卫工作。积极稳妥处置“e租宝”、网约车等涉众型矛盾，成功处置靖江“4.22”火灾等突发事件，全年没有发生有重大影响的政治事件、规模性群体性事件。

【社会治安防控】2016年，在全市因地制宜设置网格化巡区和查控点位，建立巡特警大队、派出所、社区等三级巡防体系。整合巡特警、交警、消防警、武警、巡防辅警等力量，在党政机关、车站、商场集市等重点部位组建处突机动队。全年全市共建成公安检查站2个、卡口（警务查报站）33个、临时堵控点73个、警务服务工作站2个，建成环市域、环县域、环城区的3道包围圈。深入推进“技防城”建设，在全市主要道路交叉路口、城镇桥梁等治安关键节点实现视频监控全覆盖，全市农村地区监控封村率达100%，公安自建社会面监控1.1万多个，联网率达100%。组织开展市区102个老旧小区技防改造。

【打击犯罪】2016年，持续组织开展“泰安·行动”，严打违法犯罪，对大要恶性案件，全力攻坚，不破不休。成功侦破兴化“3·4”杀人抛尸案、泰兴“6·30”持械入室抢劫绑架案、靖江“7·27”绑架儿童案等一批大要案件，年内14起命案全破，连续7年实现命案全破。深入开展打击网络贩枪专项行动，成功破获部交办“8·01”专案等涉枪案件16起。年内，组织开展打击“盗抢骗”专项行动，共破各类侵财案件3589起，比上年上升5.5%。对严重影响群众生命健康安全的食品、药品、环境污染案件，坚持见疑不放、一查到底，成功侦破姜堰“10·19”投放危险物质、“6·19”古马干河污染环境案、“7·22”生产销售假药案等一批重大案件。

【治安整治】年内，开展建设施工环境专项整治行动，排查钝化一批矛盾问题，有力保障一批城建重点项目的顺利推进。开展“百日行动”“断链行动”等专项行动，全力消除社会丑恶现象。全年共查办黄娼赌案达1100多起。破获特大网上开设赌场案，网上投注金额达1000多万元，为泰州市侦办的首起开设私彩博彩的特大网络赌博案件。

【公共安全监管】2016年，全市公安机关滚动排查全市消防风险隐患单位，提请政府关停问题企业18家，拘留4人。年内，全市共发生火灾2675起、死亡6人，比上年下降13%和50%，初步建成391个化工企业微型消防站。强化交通安全管理。对全市12个重点集镇和街道开展联合整治11次，87处测速点全部向社会公示。全年全市共发生一般以上道路交通事故数631起、死亡233人，比上年分别下降37.9%、27.9%，未发生1次死亡3人以上的较大交通事故。

【出入境管理】2016年，全市出入境管理部门共受理、审批出入境申请205455人次，比上年上升4.34%。其中出国91098人次、往来港澳103478人次、往来台湾10879人次，分别上升20.99%、下降9.49%、上升49.13%；临时入境境外人员18985人次，下降8.79%；境外人员签证（注）2405人次，下降30.79%。

（公安局）

检　　察

【概况】2016年，全市检察机关紧紧围绕“夯实发展基础、争当全省先进”目标，聚焦法律监督、司法责任制改革和队伍建设，凝心聚力，为推进三大主题工作、建设“四个名城”提供有力司法保障。年内，市检察院连续第6年获“十佳人民满意机关”称号。

【刑事检察】2016年，全市检察机关共依法批捕1275人，不批捕408人。年内，依法批捕“山东非法疫苗”案件3名犯罪嫌疑人、靖江“4·22”火灾事故案件5名犯罪嫌疑人。受理移送审查起诉案件3364件4808人，提起公诉2907件3812人。深入开展打击非法添加硫酸铝钾和硫酸铝铵（俗称“含铝泡打粉”）危害食品安全犯罪专项活动，审查起诉生产、销售“含铝包子”案件77件92人。高新区检察院针对一起利用江苏驾培系统漏洞为驾校学员违规刷学时并收取费用案件发出检察建议，推动泰州、盐城两地对驾培行业开展专项整治。

【预防和查办职务犯罪】2016年，继续加强职务犯罪预防工作，开展预防调查19件次，类案分析16件次，召开典型案件剖析会10场，发出预防检察建议19份。开通行贿犯罪档案网上查询，35个单位和36名个人被列入招投标“黑名单”。海陵区检察院在19个征收（搬迁）项目现场探索检察官驻场工作机制，进一步强化征收（搬迁）领域职务犯罪预防。高新区检察院针对重残低保金发放过程中的问题发出检察建议，有效防范每年40多万元国有资金的流失。“预防邮路”工作被最高检察院和中国邮政集

全市长江采砂领域职务犯罪案例剖析会

团联合发文在全国推广。全年共立案贪贿案件76件94人，其中处级干部4人、科级干部22人，挽回经济损失1000多万元；立案查办渎职侵权案件20件33人，立案人数比上年上升43.5%，其中重特大案件31人，科级干部11人。在长江非法采砂、扶贫、"新网工程"等领域开展专项行动，立案查处38件53人。市检察院反贪局被评为"江苏省检察机关十佳反贪局"。

【诉讼监督】年内，强化侦查活动监督，共监督立案16件，监督撤案12件，纠正漏捕10人，纠正漏犯23人，纠正侦查活动违法95件次。进一步强化刑事审判监督，书面纠正侦查活动57件，比上年上升29.55%；纠正漏犯23人，上升8.7%；书面纠正审判活动违法8件，抗诉11件。抗诉的何志军贩卖毒品案被评为全国检察机关优秀刑事抗诉案件。进一步强化民行检察工作，受理案件349件，增长76%；发出再审检察建议20件，审判程序违法监督案件21件，执行监督58件，督促履行职责100件，支持起诉2件。做好公益诉讼试点工作，以生态环境和资源保护领域为重点，提起公益诉讼11件。进一步强化执行检察工作，共书面监督纠正减刑、假释、暂予监外执行不当17件，立案侦查职务犯罪1件，书面纠正监管活动违法28件。

【司法改革】年内，在全市遴选出213名员额检察官，完成员额检察官、检察辅助人员、司法行政人员的分类管理，一线办案力量得到充实，队伍总体保持稳定。构建以员额检察官为核心的办案组织，按照"谁办案谁负责、谁决定谁负责"的要求，推行新的检察权运行机制。进一步细化各类人员职责清单，制定员额检察官考评细则，落实办案任务和责任。海陵、姜堰区检察院被省检察院列为基层院内设机构大部制改革试点单位。

【规范司法行为】2016年，进一步深化规范司法行为专项整治工作成果，建立案件自验、互核、巡查、飞检、会诊5项质量管控体系，办案质效进一步提升。加强检律互动，与市司法局、律师协会共同召开律师座谈会，出台《关于进一步加强律师权益保障的规定》。加强案件信息公开力度，发布法律文书2954份，重要案件信息135件，案件程序性信息6548件。两级检察院党组每月听取各条线规范司法情况专题汇报，切实增强各条线规范司法意识。

【信息化建设】2016年，积极实施"泰检e"智慧检务工程，打造智能化、自动化办案、办公模式。坚持建用结合，自主开发财物分析软件、初查评估软件、法警业务管理系统、检务督察远程监控系统等具有自主知识产权的软件，大大提升办案和监管质效。在两级检察院全面部署应用电子政务管理系统，全员学用，基本实现无纸化办公。

（检察院）

法　院

【概况】2016年，全市法院紧紧围绕市委工作部署，主动作为、认真履职，取得较好司法业绩。全年全市法院共受理各类案件100672件，首次突破10万件，审执结83004件，比上年分别上升12.6%和10.8%；其中市中级法院受理案件6780件，审执结5651件，分别上升5.51%和7.17%。

【刑事审判】2016年，全市法院共审结刑事案件3918件，判处罪犯5255人。依法惩处危害社会公共安全和群众生命财产安全的犯罪，审结杀人、强奸、涉黑恶势力犯罪案件38件，审结抢劫、抢夺、盗窃等多发性侵财犯罪案件48件，审结毒品犯罪案件271件。依法惩处破坏市场经济秩序犯罪，审结非法集资、金融诈骗等犯罪案件52件。精准审结无锡市委原常委许刚受贿、滥用职权案等职务犯罪案件52件，对59人判处刑罚，其中县处级以上干部5人。严惩涉民生领域的犯罪行为，依法审理"制售有毒有害食盐案""疫区牛肉案"等一批重点案件。利用"国际禁毒日"等时间节点，对严重犯罪被告人集中公开宣判，为平安泰州建设营造良好司法环境。

【民事商事审判】2016年，全市法院共审结各类民事案件53077件，比上年上升13.28%。发挥审判职能，妥善审理劳动就业、社会保险、教育医疗、婚姻家庭、人身损害等与群众生产生活密切相关的案件，民事案件调解率为38.5%。依法审结土地承包、转包、租赁、宅基地使用权纠纷案，促进农村土地经营权有序流转。妥善审结民间借贷纠纷案件1781件，涉案金额达40.03亿元。依法审结因市场波动、资金链断裂等引发的建设工程纠纷案件249件，促进全市建筑行业健康发展。开通涉军维权案件"绿色通道"，积极维护军人权益。

法院庭审

【行政审判】2016年，坚持诉权保护和依法监督并重，共审结行政诉讼案件1718件。强化环保案件审理，推进环境公益诉讼，完善环境司法与行政执法的衔接，全力保障全市生态文明建设。积极探索非诉行政案件裁执分离改革，出台《非诉行政案件执行程序规定》，增强生效行政行为执行力。依法审结国家赔偿案件14件。出台《行政机关败诉风险提示30条》，通过联席会议、司法建议、业务培训等方式，促进行政执法水平提升。高度重视行政机关负责人出庭应诉工作，注重行政纠纷的实质性化解，维护政府公信。

【服务“四个名城”建设】2016年，成立司法服务指导小组，建立6个专业合议庭，专门负责涉医药、港口、文化、环保、城建、项目等案件的审理，努力使优质高效司法成为泰州发展的名片。组织“服务医药产业司法行”活动，加大对医药行业重大项目、重点企业保障力度，推动医药名城加快建设。妥善处理沿江资源开发、临港产业项目中涉及的土地征收、建设工程等纠纷案件，保障和支持港口名城建设。加大对文化产业发展、著作权保护力度，积极开展司法调研，促进文化名城建设。健全多部门合作联动机制，加大环境资源司法保护力度。

【执行工作】2016年，继续推进阳光执行，全年全市法院共执结各类案件24333件。加强执行指挥中心建设，整合司法查控、司法网拍、信用惩戒等7大功能，执行信息化全省领先。强化公开执行措施，采取“凌晨行动”“集中执行”等方式，化解积案，服务民生。年内，成功执结常隆化工公司等6家企业环境污染侵权赔偿1.6亿元公益诉讼案。海陵区法院创新执行网络直播，被评为“全省法院执行创新单位”。

【司法惠民】及时实行立案登记制，坚决做到有案必立、有诉必理。加强诉讼服务中心标准化建设，优化网上诉讼服务平台、“12368”服务热线，建设手机短信平台，使当事人足不出户即可参与诉讼活动。建立诉讼与非诉讼相结合的多元化纠纷解决机制，努力将矛盾化解在基层，化解在萌芽状态。开辟涉弱势群体绿色通道，强化司法救助，为盲人、聋哑人、未成年人等刑事被告人依法指定援助律师，为伤残、孤寡、低保等经济困难当事人减缓免交诉讼费用。

【司法改革】2016年，全市法院较好完成司法改革试点工作任务。按照“定岗、定员、定责”原则，通过“高强度的思想工作、高门槛的入额条件、高规格的示范引导和高标准的配套保障”，积极稳妥地确定全市首批员额法官349名，占行政编制数的33.6%；其中市中级法院员额法官59名，占行政编制数的34.3%。规范审判权运行，强化法官独立办案。推进审判委员会制度改革，合理限缩讨论决定案件范围，全市法院97.89%的审结案件由独任法官或合议庭自行定案。完善院庭长办案机制，由院庭长带头审理影响重大、疑难复杂、适用法律具有指导性意义的案件。建立院庭长办案考评机制，全市法院院庭长审执结案件31237件。按照人员分类管理改革要求，大力推进书记员和法官助理管理制度改革，实施定岗定级考核和单独序列管理。推进审执分离体制改革，实行执行人员分类管理，加强执行警务化保障。目前全市法院一线法官与审判辅助人员比例为1:1.4。

【社会监督】2016年，市中级法院开设“郑兴联络站”，加强与人大代表、政协委员联络工作。精心办理代表委员建议提案，按期反馈率、满意率均为100%。积极开展“代表委员听庭评案”专项活动，大力推行代表委员参与监督执行、视察法庭、集中走访等举措，主动征求意见，及时改进工作。推进阳光审判，建立案件信息全流程发布制度，对51779篇依法可以公开的生效裁判文书全部上网接受监督，对11332件案件庭审进行网络直播，庭审直播数据全省第1，做法被《人民法院报》宣传推广。深化司法民主，落实陪审员“倍增计划”，全市新增人民陪审员574名，一审普通程序陪审率达89.9%。积极运用互联网、微博、微信等新媒体，发布社会关注热点信息785条。健全新闻发布制度，召开新闻发布会76次。在望海楼论坛开设“阳光法院”栏目，并被《人民法院报》宣传报道。

（郑　兴）

司法行政

【概况】2016年，全市司法行政系统认真履行法律援助、法律服务、法治宣传、人民调解、特殊人群管理等工作职责，各项工作任务均顺利完成。至年末，全市共有律师事务所83家、执业律师735人，公证机构7家、公证员37人，法律援助机构7家，基层法律服务所106家、执业人员439人，司法鉴定机构8家、司法鉴定人56名，各级各类调解组织2447个、调解员9950人。年内，市法律援助中心被司法部表彰为“第五届全国法律援助工作先进集体”。市司法局被省委宣传部、省法宣办、省司法厅联合表彰为“全省普法工作先进单位”，被省司法厅表彰为“全省司法考试工作先进集体”“全省司法行政系统安置帮教工作先进集体”，被市委、市政府表彰为“2016年度机关效能建设先进单位”。

【法律援助】2016年，全市共受理法律援助案件6762件，解答法律咨询8.3万人次，1起法律援助案件入选全省十大法律援助优秀案件。制定泰州市《关于完善法律援助制度的实施办法》，进一步放宽法律援助经济困难审查标准，扩大法律援助覆盖面。12月1日，全市集中启动"百日维薪"法律援助专项行动。3月10日，共接受群众咨询5812次，调解劳资矛盾764件，立案205件，涉及金额4338.25万元，为2149名农民工讨薪3965.17万元，成功化解群体性讨薪纠纷147起。

【法律服务】2016年，全市律师共办理诉讼和非诉讼案件29847起，比上年增长9%。全市基层法律服务工作者共办理诉讼和非诉讼业务6799件，增长8.5%。全年全市共办理公证25110件，在全省公证质量集中检查中，参检卷宗质量合格率100%，名列全省第1。国家司法考试泰州考区工作连续15年"安全无差错"。全市共办理司法鉴定案件3544起，连续10年有效投诉为零，鉴定结论法院采信率继续保持100%。承接人民监督员选任管理职能，选任36名市级人民监督员。

【法治宣传】2016年10月21日，市委、市政府召开深入推进法治泰州建设暨"七五"普法动员部署会，启动全市"七五"普法工作。市司法局联合市委组织部、宣传部等部门制定《关于加强领导干部法治教育的意见》，落实职能部门普法责任。9月，开展首个"青少年法治宣传教育月"系列活动，举办法治征文比赛，全市近5万名中小学生积极参与，并从中评选出105篇优秀征文，择优在《泰州晚报》进行刊载，后分发至全市中小学11475个班级。在市人民公园设立48平方米广告牌，全天滚动发布法治公益广告。

【矛盾纠纷调解】年内，乡镇(街道)调委会全部达到省规范化标准，各市(区)调处服务中心实现实体化运行，9大类行业性专业性调解组织全部建成。2016年，全市共调解矛盾纠纷12890件，有力维护社会稳定。推进医患纠纷调处体制机制创新试点工作，市本级与海陵区联合成立市区医患纠纷矛盾调处服务中心。

【社区矫正】2016年，全市共接收社区服刑人员2203名，解除矫正2458名，重新犯罪率低于省定指标。扎实开展社区矫正"严格执法、严格管理"集中整治和"三检查、三规范"专项整改活动，围绕G20峰会等重要时间节点，开展社区矫正专项排查活动，确保社区服刑人员安全可控。

【安置帮教】2016年，全市共接收刑满释放人员3735名，帮教率100%，回归刑释人员重新犯罪率低于省定指标。连续3年对服刑、戒毒人员未成年子女开展"托起明天希望"帮扶工作，取得良好社会效果。年内，泰州解除强制隔离戒毒人员后续照管工作指导站投入运行。

（司法局）

人大法律监督

【概况】2016年，市人大常委会积极探索对司法工作监督的新途径，强化人大司法监督实效，推动全市民主法制建设和司法体制改革进程。组织执法检查组对市区贯彻实施《中华人民共和国道路交通安全法》《江苏省道路交通安全条例》情况进行检查；市四届人大常委会第三十三次会议形成关于《中华人民共和国道路交通安全法》和《江苏省道路交通安全条例》贯彻实施情况的审议意见。调研全市"六五"普法决议贯彻实施情况，形成《泰州市人大常委会关于开展第七个五年法治宣传教育的决议（草案）》，在市四届人大常委会第三十四次会议上获得全票通过。聚焦员额制、司法责任制落实情况，专题调研司法体制改革工作，与市法院院长、检察院检察长以及一线法官、检察官进行"面对面"座谈。调研高港法院执行工作，宣传推广高港法院在解决执行线索查找、构建基层协助执行网络等方面的创新做法。坚持"有件必备、有备必审、有错必纠"的原则，加强规范性文件备案审查工作。启动2017年年度地方立法计划制定工作，

【规范性文件备案审查工作】2016年，市人大常委会加强对规范性文件备案审查工作的组织领导，专门召开全市人大规范性文件备案审查工作会议。全年向省人大报送市人大常委会决议、决定4件，审查市政府报送的规范性文件3件，接受市(区)人大常委会报送的决议1件。加强备案审查队伍建设，专题学习《江苏省各级人大常委会规范性文件备案审查条例》《规范性文件备案审查程序规定》等法规和文件，提升审查工作能力。

【地方立法】2015年，泰州市获得地方立法权。2016年7月，泰州市启动2017年年度地方立法计划制定工作，向社会公开征集地方立法建议，共收到各市(区)人大常委会推荐立法项目21个、市政府有关部门推荐立法项目18个、社会群众提出立法建议项目100多个。经过调研论证，起草完成立法计划草案，共安排立法项目2件、立法备选项目1件，分别为《泰州市市区烟花爆竹燃放管理条例》《泰州市绿化条例》和《泰州市历史文化名城保护条例》，同时将《泰州市凤城河风景区管理条例》等7个项目列为2017年年度立法调研项目。

【执法检查】2016年3月17~18日，市人大常委会副主任丁士宏率执法检查组检查兴化市、海陵区和部分市属企业的新《消费者权益保护法》贯彻实施情况。6月3日，市人大常委会副主任高纪明率执法检查组检查市区贯彻实施《中华人民共和国道路交通安全法》和《江苏省道路交

通安全条例》情况，实地检查市公交公司、京泰路、苏蔡路、冯塘路、梅兰路等，查看公交监控管理、公交停车场情况、通村公路建设及城郊结合部道路交通衔接情况。6月28日，省人大常委会执法检查组到泰州检查市《环境保护法》贯彻实施情况，实地检查泰兴车辆尾气检测站和蓝电环保设备公司，观看泰兴市环保执法专题汇报片，并听取有关工作情况汇报。

（人大办）

政　府　法　制

【概况】2016年，泰州市按照法治政府建设的总体要求，在扎实推进三大主题工作、加快“四个名城”建设的同时，大力转变政府职能，不断提升法治政府建设水平，不断强化总体规划和工作部署，拓宽对依法行政工作存在问题的解决思路。年内，市法制办制定《泰州市重大行政决策合法性审查规定》《泰州市重大行政决策事项管理办法》，为实质推进重大决策动态管理提供法律依据。

《泰州市城市治理办法(草案)》立法调研座谈会

【政府立法】年内，出台《泰州市水环境保护条例》《泰州市公共信用信息条例》《泰州市房屋安全管理条例》等泰州市成立以来首批地方性法规。出台《泰州市人民政府规章制定程序规定》，为全市今后开展政府规章制定工作确立工作规程。为突出抓好文件后评估和定期清理两个后续管理环节，制定《泰州市政府规范性文件后评估工作实施方案》，指导国土局、住建局、城管局等部门开展部门规范性文件后评估工作，发布《关于市政府文件清理工作实施方案的通知》和《关于开展部门规范性文件清理工作的通知》。

【执法监督】坚持行政执法人员法律知识培训与考试工作常态化，制定《泰州市行政执法人员资格管理办法》。全年全市7500多人参加公共法律知识培训和统一考试，参与率达95%以上。继续强化涉企行政执法监督，发布《关于对涉企行政执法检查登记备案情况督查的通报》。创新和扩大监督范围，印发《泰州市行政许可监督管理办法》，强化行政许可分段负责、统筹管理。印发《关于进一步规范行政处罚自由裁量权工作实施方案》，及时启动新一轮行政处罚自由裁量权依据梳理、基准厘定、要素细化、制度配套和汇编公布工作。

【行政复议】2016年，市政府参与行政诉讼案40件，参与省政府行政复议案25件，行政机关负责人出庭应诉率和复议听证率均为100%。市政府（含行政复议委员会）受理行政复议案件154件，其中撤销、确认违法5件，责令履行6件，调解终止14件。市政府印发《泰州市环境公益诉讼资金管理暂行办法》，积极为公益诉讼提供资金支持。市法制办积极处理行政复议善后事项，对复议决定后期的违法建筑拆除问题予以法律指导。全面推进市（区）行政复议规范化建设，并对复议规范化建设情况进行督查通报。

【法律顾问】年内，印发《市政府关于加强法律顾问制度建设的意见》，设立法律顾问团办公室，确定23名政府法律顾问团成员，其中专家学者3名，法制办业务人员和律师各10名，形成由一名法制办业务人员和一名律师共同协助一位市长的顾问工作模式。

（季　翁）

仲　裁

【概况】2016年，泰州仲裁委员会共受理仲裁案件202件，涉案标的额4.8亿元，比上年下降13.8%；审结案件188件（含往年未结案件），调解结案54件，调解率28.7%，下降3.3%。受理案件主要以房地产买卖、金融保险、建筑工程、运输合同纠纷等为主，其他案件涉及工商、贸易、物管等领域。年内，泰州仲裁委员会与泰州市工商业联合会、泰州市总商会合作，在《泰州商界》杂志开辟专栏宣传仲裁法律制度的特点和优势。通过强化培训、考核和监督管理，不断提高办案队伍的职业化、专业化水平。建立内部业务培训制度，由办案秘书轮流主持，交流办案经验，提升办案能力。

【制度建设】2016年，市法制办与泰州中级法院联合出台《关于建立诉讼与仲裁相衔接的矛盾纠纷解决工作机制指导意见》，该意见重点从统一审查尺度、明确仲裁司法审查的原则、建立司法调解与仲裁调解的良性互动等方面为仲裁与诉讼对接提出明确的操作指引。

（仲裁委）

地方军事

责任编辑 张 华

泰州军分区

【概况】2016年，泰州军分区加强部队思想政治建设，巩固充实部队发展基础，拓展深化军事准备，加快推进军民融合发展，提高综合保障能力。

加强思想政治建设。围绕改革进程，联动开展“两学一做”和改革强军主题教育活动，设置“强化改革精神、服从改革大局、担当强军使命”3个专题，组织开展“四查四看”“坚定改革强军意志、投身改革强军实践”“改革强军、忠诚使命”实践活动。

加强后备力量建设。发挥民兵“人员就地就近，熟悉地理环境，了解社情民情”优势，平战结合、突出重点、兼顾一般、整体推进，开展新一轮后备力量组织整顿，后备力量建设趋向科学、合理。

开展“双百双建”。继续加大对苏北革命老区和黄桥革命老区的帮建力度，开展扶贫帮困、助学兴教、支援新农村建设等经常性援建。继续援建连云港灌南县田楼镇三庄村、三口镇小北村贫困村。继续援助黄桥革命老区的贫困村—姜堰区顾高镇千佛村，援建兴化市沈北镇沈伦村，援建泰兴市根思小学和高港区大泗小学。

（叶海军）

【军分区党委四届五次全体（扩大）会议】2016年3月29日，泰州军分区召开党委四届五次全体（扩大）会议，学习习主席系列重要讲话精神，传达贯彻军区、省军区党委扩大会议精神，总结2015年军分区建设形势和军事斗争准备情况，研究部署年度工作任务，动员全体官兵和民兵预备役人员，为实现党在新形势下的强军目标而团结奋斗。市委书记、军分区党委第一书记蓝绍敏参加会议。

2016年3月29日，泰州军分区召开党委四届五次全体（扩大）会议

【市委常委议军会】2016年7月30日，市委常委议军会召开。市委书记蓝绍敏主持会议。会议听取军分区司令员李国强关于2015年以来军事工作情况汇报，明确2016年全市军事工作的主要任务，听取和审阅6个市（区）人武部党委第一书记述职报告，研究军事工作需要解决的有关问题。

【军分区党委四届六次全体(扩大)会议】2016年8月26日,召开军分区党委四届六次全体(扩大)会议,主要任务是深入学习贯彻习主席系列重要讲话精神,传达贯彻军区和省军区党委扩大会议精神,聚焦强军目标,紧贴使命任务,分析总结上半年军分区部队建设形势,研究部署下半年工作任务,推进改革任务落地,确保年度各项任务圆满完成。军分区党委常委、委员,机关各办公室负责人参加。

(陆　阳)

【征兵工作】2016年,全市完成男性适龄青年网上兵役登记93724人,网上应征报名58876人,其中18周岁男青年登记19684人,登记率96.8%。入伍新兵中,党员、团员占征集总数的69.6%;高中以上文化程度占征集总数的96.4%,其中大专以上文化程度占征集总数的61.4%。组织开展全市直招士官和女兵目测初检,与接兵部队协调,保证直招士官应征入伍。

(徐　进)

【安全管理】2016年,泰州军分区组织开展"学训整""安全问题整治月""暑期安全竞赛""安全教育整顿""百日安全活动"等。对全区申请驾驶私家车的干部和公车驾驶人员共计86人进行集中教育考核。邀请省公安厅高级教官到军分区开展安全防范知识专题讲座和训练。"摸底数、查隐患、找对策、促落实",组织开展专项保密清理检查。

【装备工作】2016年,泰州军分区开展装备管理检查和行业风气专项整治活动;开展武器装备清查,完成全区武器装备逐件逐号清查统计和上报;组织开展维修设备核对清点,对分散在各人武部原民兵武器装备仓库的枪械零配件进行逐件登记并集中保管。5月下旬,组织人武部兵器室武器弹药调运,完成人武部兵器室启用。

(朱平平)

【情报战备值班加强月活动】2016年12月20日~2017年1月20日,泰州军分区分"动员部署、教育学习、检讨反思、集中整治、检查验收"5个阶段,专项整治全区情报战备值班情况。年内,"凤城卫士"民兵情报信息报知软件建成。

【军事训练】2016年,泰州军分区组织全区副团职干部,对军事理论、识图用图、作战计算、战术标图、公文写作、体能等6个课目进行强化训练。组织全区60名干部分手枪对固定目标射击、自动步枪对固定目标射击、手榴弹投掷3个课目,进行"两实"训练考核。组织52名民兵"四会"教练员在红旗农场教导队集训比武。组织全区42名防化救援分队教学和训练骨干,对防化救援常识、专业防护器材使用、侦测班实施化学侦测时的行动等内容进行训练。

【开展靖江德桥仓储火灾事故救援执勤任务】2016年4月22日上午,靖江市德桥仓储有限公司2个储油罐起火,泰州军分区启动应急响应机制,司令员李国强、政治部主任王晓华率机关工作组赴一线援助救援,指导靖江市人武部动员民兵250人,出动240人参与救援保障和外围执勤警戒。4月23日1时54分,大火扑灭,救援执勤任务完成。

【军民联合抗洪抢险集训和演练】2016年5月15~21日,泰州军分区组织全区抗洪抢险分队骨干64人集训,训练抗洪抢险常识、抗洪抢险技术训练、专用装备操作使用,提升抗洪抢险分队应急救援能力。5月21日,泰州军分区联合市应急办、水利局组织军民联合抗洪抢险演练,使用"3G"视频转播、无线对讲通信等信息手段传递"训、演"信息,实现"指挥信息畅通化、战备规范秩序化、民兵训练实战化",提高泰州市民兵遂行非战争军事行动能力。

【险情处置】2016年7月4日上午,靖江市内河水位普遍暴涨,靖江市人武部动用民兵30人,对靖泰界河季市段河堤进行加固,共搬运沙袋400多袋,加固河堤30米。7月5日,泰兴市如泰运河滨江镇北侧港堤部分堤岸漫水,泰兴市人武部动用杨根思民兵应急连125人,加高加固漫水区域堤坝,共搬运沙袋2400多袋,加固河堤60米。同日,长江幸福闸出现管涌现象,高港区人武部组织永安洲镇、刁铺街道、口岸街道3个镇街应急分队100人进行抢险,共完成2处管涌封堵。组织应急分队赴化工开发区,加固加高堤岸130多米。

(韩　阳)

【参加全省保交护路演练】2016年5月下旬,泰州军分区结合全省防空兵实弹射击考核,组织保交护路演练,完善国防动员战时指挥体制,检验论证动员支前预案,锻炼各级国动委战时组织指挥和专业保障队伍遂行任务能力。

(徐　进)

【双拥工作】2016年,泰州市委、市政府服务国防建设,为驻泰部队办实事、解难题,保障部队战斗力的提高。泰州军分区协调驻泰部队参加地方抢险救灾、参建创建等任务,促进基础建设和重要领域深度融合,打造具有国防动员特色的"军字号"品牌。泰州军分区联合市委、市政府做好《关于完善拥军政策增强军人荣誉感的意见》细化落实和深度宣传,做好"两就"工作,组织召开军地双拥联席会议,协调解决家属就业、小孩就学等实际困难。

(叶海军)

武警泰州市支队

【概况】2016年,武警泰州市支队部队建设,呈整体向好发展态势。年内,4个中队被评为标兵(先进),3名官兵及家属分获总队"十佳"干部、"十佳"执勤标兵、"十佳"军嫂,200名官兵立功受嘉奖。全年提拔使用干部10人,选送技术学兵25人,发展党员45人,选晋士官105人。

加强思想建设。开展改革强军主题教育和干部"五个敬畏"教育,提升官兵"忠诚度""纯洁度"。贯彻"三条例两准则"。以辨析12个重大是非问题为重点开展思想清理,肃清郭徐流毒影响。运用"三互""四互四有"等载体,做好一人一事思想工作。丰富部队文化生活,参加武警部队文化影视专业技能比武、总队"强军杯"足球赛。

严格执勤战备。开展执勤教育整顿和执勤隐患"六查",推进应急小组前置、哨位阵地化、犬防建设和AB门升级改造。做好军事训练"八落实",加强训练场地建设,组织教练员、狙击手集训、勤训轮换和魔鬼周训练。做好常态练兵备战,修订完善各类预案,严格执行要素值班和前指全时备勤规定,加强战备训练演练,完成靖江危化品爆燃和盐城龙卷风特大自然灾害救援等任务。

依法从严治警。开展"学法规、用法规、守法规"活动,分层分类统一规范软硬件,提升部队正规化水平。继续推动安全工作"八个规范",组织百日安全竞赛、安全大检查、"三库"清理整治等,强化直属单位、公勤人员、单身干部和在外人员管控,做好枪弹管控、手机网络和涉密载体管理。支队连续第19年实现"三无"。

加强基层部队建设。统筹推进基层建设,坚持"三会一线",减少"五多四过",网络和实地相结合,常态检查干部在位、起床出操、跟班作业、查铺查哨、部队训练操课、生活秩序等。机关10名部门以上领导、13个机关股室与基层单位结对帮建,精准指导,提升部队按纲抓建和自建能力。

优化后勤保障方式。"后勤变前勤",修订应急保障预案,配齐"一组五队"人员,开展后勤专业兵"一专多能"(一个专业兵掌握多种技能)培训,优化物资储备,提高后勤实战化保障能力。规范后勤管理,严格经费预算、审核、报销,实施大宗物资集中采购,开展财务工作大清查"回头看"和"伙食精细管理年"活动,强化车辆、枪弹等使用管理。加强基础设施建设,推进教导队营房改造、基层车库建设等,改善部队执勤训练、工作生活等条件。

【武警泰州支队党委二届七次扩大会议】2016年3月11日,武警泰州支队召开党委二届七次扩大会议。总结2015年部队建设情况,部署2016年度工作任务。市委常委、政法委书记张爱平出席大会并讲话。支队党委书记徐恒功代表党委向大会作工作报告,党委副书记刘支援作主题讲话,纪委书记衡中正代表纪委向大会作工作报告。支队党委委员、机关股长和各基层单位主官参加会议。

【宣布命令大会】2016年6月13日,武警泰州支队召开宣布命令大会。总队参谋长韩荣照到会宣布命令并讲话。市委常委、政法委书记张爱平,副市长、市公安局局长杜荣良出席大会。支队政治委员徐恒功主持会议。韩荣照宣读武警部队命令和总队党委党内任职通知。根据命令,杜荣良兼任武警泰州支队第一政治委员、党委第一书记,戴勇任武警泰州支队支队长、党委副书记,张忠辉任总队司令部训练处处长。

【担负盐城特大灾害抢险救援任务】2016年6月23日14时30分,江苏省盐城市阜宁、射阳等地出现强雷电、短时强降雨、冰雹、雷雨大风等强对流天气,局地遭龙卷风袭击,发生重大人员伤亡灾害。武警泰州支队组织部队赴事发地域救人抢险,获当地党委、政府和人民群众高度赞扬。

(周高升)

武警泰州市消防支队

【概况】2016年,全市消防部队推进省公安厅"四项建设"(基础信息化、警务实战化、执法规范化、队伍正规化),履行消防职责,增强防火灭火和服务发展能力,各项工作呈良好发展态势。开展"五型"好班子争创活动,武警泰州市消防支队被市公安局评为"五型"好班子争创工作先进单位,4个基层党组织被总队表彰为"先进基层党组织";1人被部局表彰为"优秀共产党员",1人被总队表彰为"优秀共产党员"。

加强思想建设。开展"两学一做"学习教育和"凝聚改革共识,增强政治定力,强化职责使命"自主性专题教育活动,增强官兵"四个意识"。落实平战结合教育机制,坚持"周周小课堂"制度,推动警营文化人才培养。年内,2个单位立集体一等功,3个单位立集体三等功;6人立一等功,8人立二等功,61人立三等功,周洛阳获"江苏最美警察"提名奖。

加强消防执法。2016年,市政府出台《"十三五"消防事业发展规划》。武警泰州市消防支队全年督促整改火灾隐患3.4万处,整改销案重大火灾隐患单位14家,责令"三停"单位157家,火灾四项指数比2015年分别下降5.7%、50%、25%、74.3%。

提升队伍实战水平。党委议训、研训、抓训,组织全体官兵普训,聘请国内外专家到武警泰州市消防支队授课7次,开展基层指挥员和攻坚组集训4期,选取"一高一低一大一化工"等大型企业开展无预案联合演练8次,承办全国战例研讨现场会议；推进“863”熟悉演练，修订数字化预案480份，在总队数字化预案评比中获一等奖。加强多种形式消防队伍建设，全年新征召专职消防员93人。加强专业队伍建设，市政府年内同意组建重型化工灾害处置编队。

【消防后勤保障能力】2016年，武警泰州市消防支队投入1500多万元升级改造支队办公大楼、附属楼及特勤中队，开辟绿色通道推进海陵区江洲路消防站搬迁改造，兴化第二消防站、海陵工业园区消防站启动建设，完善省级灭火救援应急中心功能。打造战勤保障专业队伍，新购置车辆全部落实进口底盘统型标准，后勤服务保障工作在总队党委扩大会上作经验交流。

【灭火救援】2016年，武警泰州市消防支队成功处置“4·22”靖江德桥、“6·23”盐城阜宁、“11·25”泰兴三木等重大灾害事故。武警泰州市消防支队被总队评为2016年度执勤训练工作先进单位。

（武警消防支队）

江苏省军区教导大队

【概况】2016年，江苏省军区教导大队加强思想政治建设，推进教学办队工作，严格部队安全管理，全面建设呈现良好发展态势。

加强思想政治建设。开展“两学一做”学习教育和“改革强军”主题教育活动，开展形势政策、优良传统和热点敏感问题教育，做好经常性思想工作，增强官兵政治意识、大局意识和命令意识。年内，参加省军区司令部组织的“永远跟党走”文艺晚会和“纪念红军长征胜利80周年”主题演讲比赛，参加司令部直属队组织的“争先杯”篮球赛。

完成集训办队和演习保障任务。做好备课施教，提高授课质量，完成南京国防教育基地组织省军区首长机关练将练官集训和省军区师旅党委班子及机关考核，完成东部战区“运筹—2016”演习保障任务。

【双拥工作】2016年，江苏省军区教导大队参与地方政府组织的各项活动，推进双拥共建。3月、7月2次参加军地组织的植树造林活动；8月，参与义务献血活动；10~11月参加泰州市第五届运动会。全年共承办泰州市人民医院、泰州市中医院、泰州市交警支队等单位集训9期，训练533人次。

（蔡　晖）

预　备　役　团

【概况】2016年，驻泰州江苏预备役某团（简称预备役团）做好军队编制体制改革各项准备工作，被省军区评为“安全管理工作先进单位”，被师评为“军事训练先进单位”；8人次获省军区、师表彰通报；某营被师评为“先进基层建设单位”“军事训练先进营”，某连被师评为“安全管理先进单位”“军事训练优胜单位”。

加强思想政治建设。坚持常态学习，开展改革强军主题教育和“两学一做”学习教育，组织参观海军诞生地、祭扫烈士陵园重温入党誓词、邀请地方专家教授授课辅导，做好专题民主生活会、组织生活会相关工作。继续与泰州市少年宫联合组织“少年军旅夏令营”、“爱心圆梦”公益助学等活动，累计捐助贫困学生30多人次、10多万元。

加强战备工作，按照“平时服务、急时应急、战时应战”要求，强化战备意识，落实各项战备制度。集中组织作战值班资格认证考核，规范值班制度。参加上级组织的快速动员演练考核，检验应战能力。

坚持按纲施训，加强参谋业务和基本指挥技能训练，接受师对团首长机关干部考核，成绩优秀；落实“三实”训练和高炮分队专业训练，参加省军区实弹战术考核，成绩优秀。

【部队安全管理】2016年，预备役团加强部队战备、训练、生活正规化管理，集中开展为期1个月的“学法规、明职责、正秩序、严纪律”活动。开展“暑期百日安全竞赛”活动，运用电子显示屏设立倒计时，增强官兵紧迫感。开展车辆安全管理专项整治和驾驶员队伍作风整顿活动，严格车辆使用审批权限和手续。加强重点环节和重大节假日、重要敏感期、季节转换期等重点时段安全管理，开展定期自查与随机抽查，实现排查整治不间断、问题隐患全覆盖。

（预备役团）

人　民　防　空

【概况】2016年，市民防局推进民防转型升级、融合发展，民防事业保持快速、稳健、持续发展。加强法规制度建设，开展行政执法“去库存行动”，办理行政案件30多件，追缴人防易地建设费4200多万元。完成行政执法队伍建设试点，提高全系统依法行政水平。完成“人防项目绩效管理”课题研究，向国家人防办申报研究成果。开展《人民防空工程核生化监测中心设计规范》编制工作，填补国内人防工程核生化监测中心设计规范的空白。组织开展法治大讲堂，举办“迎新春”文艺汇演、“七一”党员集中活动、“纪念长征胜利80周年”歌咏会。9月18日，泰州市出台贯彻中央《决定》意见，并首次将人民防空工作纳入市政府对市（区）的效能考核。年内，《泰州市“十三五”民防发展专项规划》完成编制。

2016年，泰州市被表彰为“全省人民防空先进城市”，市民防局立泰州市双拥工作集体二等功，被表彰为“全国人民防空先进集体”“江苏省省文明单位”“泰州市应急管理先进单位”“泰州市六五普法先进单位”。

【人防应急准备】2016年，市民防局修订完善防空袭预案，组织军事斗争准备检验评估自查，规范建设“两室两库”。开展重要经济目标普查，组织修订重要经济目标防护方案。完成人防专业队整组，开展专业队骨干集训。9月16日，结合台风“莫兰蒂”来袭，组织民防应急通信志愿者队伍开展恶劣天气条件下应急通信训练。确定每周五下午为按纲施训固定训练日，邀请南京陆军指挥学院、南京政治学院等教员和市专业队组建单位、重要经济目标单位相关专家授课。加强实战化演练。3月21日，联合环保、安监部门组织开展石化企业应急救援演练；9月18日，结合警报试鸣在泰州实验学校组织大规模应急疏散演练，约3000名师生参加。

【人防信息化建设】2016年，市民防局完成市本级指挥信息系统升级改造，推进县（市、区）基本指挥所建设，靖江完成设备安装，兴化、姜堰完成竣工验收；靖江、兴化、姜堰中型机动指挥所通过初步验收；推进人防工作向镇街延伸，海陵区城东街道人防指挥所建成。加强“一网四系统”建设和培训，北斗、4G图传、多源情报系统均完成安装并投入运行，市本级与四个县（市、区）防非涉密专网开通。加强防空警报网络建设，多轮次巡查和维护保养各类警报器，市本级新增警报点2个。5月12日、9月18日2次开展全市防空警报试鸣，鸣响率100%。推动通信值勤和训练制度化、规范化、常态化，全年网络、语音、视频参测率、测通率均超98%，获得华为认证。年内，每周开展机动指挥所车场日，组织赴南通、宿迁、滁州等地拉练。

【人防工程建设与管理】2016年，市民防局推进结建人防工程建设，全年竣工面积达省年度任务的153%。开展易地建设费征收，全年征收2.86亿元，其中靖江市征收6681万元，创历史新高。完成人防工程普查，完成率99%，市民房局和靖江市人防办被表彰为“全省人防工程普查先进单位”。推进重点工程建设，市民防局做好稻河广场人防工程前期准备工作，泰兴市完成民安广场自建项目建设。加强工程质量监督，泰州市人防工程质量监督站挂牌成立，全年组织各类专项检查10多次。出台《人防工程建设从业单位监督管理和信用评价办法（试行）》，创新开展失信通报制度。加强人防工程维护管理，推行人防工程使用证发放制度。

协调开放小区人防工程。维修改造西域绿洲、怡景花园、府西人家等10个人防工程，向居民开放使用，提供停车位4000多个。2013~2016年，市民防局协调开放小区人防工程55个用于停车，释放停车位近10000个。

【人防宣传教育】2016年，市民防局结合“3·1”国际民防日、“5·12”防灾减灾日、“9·18”防空警报试鸣日组织开展系列宣教活动。深化社区民防，组织开展“为民铸防”文艺演出、“民防大课堂，安全你我他”民防知识竞赛等活动，免费摇号发放应急包，培训群众应急技能，提升居民自救互救能力；兴化市组织开展《民防知识知多少》有奖竞赛，推进“百场电影”进社区。开展中小学生民防知识教育，开展全市学校民防教育师资培训，开展专题教学活动；姜堰区组织指导励才实验学校开设“民防知识大讲堂”，2000多名学生接受教民房教育；海陵学校民防科普体验馆建成，接待参观1万多人次。

市民防局在实验学校组织“9·18”应急疏散演练

（陈　剑）

边　防　检　查

【概况】2016年，泰州边防检查站检查出入境（港）船舶2619艘次、出入境人员25023人次，比2015年分别增长12.8%、12.1%，查处口岸违法违规案件6起8人次。推行

“一提二跟三同步”工作法，实施“啄木鸟”执法工作模式，编写《边检勤务工作指引》，创新推出边检“九项服务”。年内，泰州边防检查站执勤业务一科被评为全省边检“十佳文明服务科队”，1人被评为“口岸先进个人”，13人被表彰为“新泰州建设功臣”，2人分别被泰州市评为“最美青年人物”“最美法治人物”。

加强思想政治建设。制定出台《严格党内生活十项规定》《党员先锋指数考评管理办法》，落实两学一做“十个一”措施(分层分类定制一个专题学习计划；创新一个“三型党课”模式；打造一个“六大载体”学习平台；设立一个“党员执勤先锋岗”；为党员过一次政治生日；开展一次“合格党员标准大讨论”；举办一次“讲党性、话忠诚、谈使命”主题演讲比赛；组织一次党员民主评议和集中查摆剖析；推进“一支一品”活动；集中推出一系列党建联创联建品牌)。探索健全1套制度、创新3项机制、深化6型党日，“136”党建工作新模式入选市级机关工委党建创新项目。

加强队伍建设。制订《机关单身干部管理“七条铁规”》，推行“三查四逐工作法”，强化“双轴督察”和“四型督察”，泰州边防检查站连续第10年安全无事故，被江苏边防总队表彰为督察工作先进单位，被部局授予“安全工作标兵单位”。年内，54人次受到各级各类表彰，梁星星获评部局“优秀士官人才奖”。

强化后勤保障。推进监护一中队、监护二中队和综合保障基地“三项基建工程”建设，启动站警史馆建设，自筹资金购置公寓房。全年安装电动充电桩6个。与农副业生产无缝对接，全站3个伙食点实施大宗副食集中配送。开展警地两用人才培训，10人获计算机四级职业资格证书。建立官兵关爱帮扶机制，全年为2人评残，申请公积金贷款80万元，1人享受江苏边防总队关爱基金，15人享受困难补助。

【拥政爱民】2016年，泰州边防检查站与泰州学院等4个单位支部同建、党员同育、党课同上、党日同过、人才同培、典型同推，推动警地联动。与泰州第二中学、省泰中附中、希朗幼儿园等共建单位定期开展警营开放日、文体联谊等活动，为学校师生开展军训和国防教育3000多人次；与共建单位中山社区签订“三年帮扶规划”，全年慰问困难人员63人次；连续第8年关爱省口岸中学新疆班学生；自编自导自演文艺节目4个，参加“八一”警地联欢会。年内，1个基层单位和1名个人获泰州市“民族团结奖”推荐提名。

(边检站)

机动指挥所应急演练

综 述

【概况】2016年，市人力资源和社会保障局围绕“促发展、惠民生”的目标，全面完成各项目标任务。全年全市城镇新增人员就业9.96万人，新增创业人员6.65万人，培训城乡劳动者17.85万人。至年末，全市企业职工基本养老、医疗、失业、工伤和生育保险参保人数分别达到84.9万人、121.68万人、65.3万人、82.4万人和59.19万人；城镇登记失业率1.87%，城乡居民养老保险参保209. 3万人，机关事业单位养老保险参保5.5万人。年内，全力做好城乡居民养老保险续缴费，提前7个月完成全年目标任务。全市企业退休职工月平均养老金达到2190元，城乡居民月平均养老金达到202元。职工医保、城镇居民住院合规费用报销比例分别达到81.91%和70%。

【人才建设】2016年，全市共引进高层次人才2165人，其中海外优秀人才475人、国外专家62人，新增国家“千人计划”专家2人、国务院特殊津贴专家4人、省突出贡献专家8人，新增专业技术人才3.2万人、高技能人才3万人。军转干部安置、公务员招录、事业单位人事管理等工作平稳有序进行。积极推进法官、检察官和公立医院薪酬制度改革，推进机关事业单位工作人员基本工资调整，进一步规范津贴补贴和事业单位绩效工资总额管理。

泰州市城乡居民养老保险知识竞赛

2016年泰州市就业工作相关情况统计表

表9 单位：人

项　目	全年新增就业人数	全年累计新就业人数	全年累计自然减员人数	全年失业人员实现再就业人数	全年就业困难人员实现就业人数
泰　州	99583	118919	19336	52798	6913
靖江市	18979	24100	5121	12064	2059
泰兴市	17911	21426	3515	13629	1623
兴化市	12673	15102	2499	6445	401
姜堰区	14668	17877	3209	8265	485
海陵区	15669	18071	2402	7608	1705
高港区	12850	13997	1147	3276	436
医药高新区	6833	8346	1513	1511	204

人　事·人　才

【概况】2016年，市人力资源和社会保障局坚持做好高层次人才引进、高技能人才培养工作。年内，成功举办"才富泰州"高层次人才创新创业大赛、2016年中国医药城高层次人才智力项目交流大会等高端人才活动，实现引才引智有机融合。新增省引智示范基地(单位)3个、省博士后创新实践基地10个。实施岗位技能提升计划，全年培训6万多人。实施"蓝领精英"培养工程，全年培训4000多人。执行事业单位绩效工资总量管理的各项政策规定，改进绩效工资总量核定方式，与单位人员结构、基础性绩效工资水平相挂钩。分类设置事业单位绩效工资控高线，合理调控不同单位、群体间的收入差距。

【人事工作创新】2016年，继续加大干部人事制度改革力度，激发创业活力。创新建立干部实绩档案机制，力争形成"一本人事档案管履历、记录成长历程，一本实绩档案管作为、反映贡献大小"的管理格局。不断创新方式方法，推进基层组织建设制度改革。围绕中央提出的"精准扶贫"要求，采取市县两级联动形式，从机关部门选派347名干部，到经济薄弱村居担任"第一书记"，推动后进薄弱村居整顿转化。

【人才工作】实施"人才优先发展战略"，助力人才工作转型升级。研究制定《泰州市2016~2020年人才发展意见》，提出以提升人才队伍新质态为目标、以"四个名城"人才队伍建设为重点，以实施重点人才工程计划为抓手，打造"四个人才高地"的战略定位。实施引才聚才工程，落实"人才强企"各项政策，制定出台《人才"购房券"使用补充规定》，提高"购房券"兑付率，发挥人才集聚效应；推进重大引才活动，举办"才富泰州"高层次人才创新创业大赛暨"千人计划"专家园区行，共吸引17个国家168名海内外高层次人才报名参赛，10名高层次创业人才签约落户，累计与园区企业开展产学研合作42项。推进青年人才项目化培养。面向"985"高校，选聘8名硕士以上优秀毕业生，并对原有"先基层、再机关"培养模式进行优化，推行"第一年市级机关锻炼、第二年乡镇(街道、园区)培养"；实施"百名新生代企业家培训工程"，通过开设"企业发展论坛"、开展高级职业经理人培训等措施，强化对新生代企业家的培养。针对大学生、高新技术人才、互联网创业青年等不同群体，打造"蜂鸟青创计划"，成立创业导师团，举办"闪投大赛"，搭建创业空间站。

2016年10月，"高港润泰·蜂鸟驿站"获评省级众创空间

【"才富泰州"系列高端人才活动】2016年9月27日，市人力资源和社会保障局举办"才富泰州"高层次人才创新创业大赛，吸引17个国家和地区共168名海内外高层次人才(团队)报名，有30个项目进入决赛，分别产生创新、创业类一等奖1名、二等奖2名、三等奖3名，并签约落户10个项目。举办2016年中国医药城高层次人才智力项目交流大会，480名海内外高层次人才参会，52个人才项

目、212名高层次人才达成合作或引进意向。

【"泰爱才"校园引才活动】2016年，市人力资源和社会保障局举办"泰爱才"校园引才活动，共组织2321家(次)重点企业赴南京、安徽、山东、重庆、西安等地举办各类校园引才活动75场次，现场收取各类毕业生简历21913份，达成初步就业意向5914人，其中博士49人、硕士412人。中国劳动保障报、中国江苏网、江苏新闻网、江苏人才网、泰州日报等媒体均对活动进行报道。

劳　动　就　业

【概况】2016年，市人力资源和社会保障局组织举行"携手2016"人力资源合作"中西部行"活动，举办中国泰州人力资源合作交流大会，高效运营泰州人力资源产业园。出台《关于推进供给侧结构性改革下岗失业人员分流安置和培训再就业的实施意见》，提前完成省下达分流职工就业再就业任务。实行专项就业扶贫行动计划，出台支持企业稳定就业岗位实施意见，全力促进特殊群体就业再就业。制定泰州市网络创业认定办法，建成泰州蜂巢创客空间。年内，市劳动就业管理中心被表彰为"全省农民工工作先进集体"，歌德电子商务生态园被表彰为"全国创业孵化示范基地"。

【"四个一策"个性化技能培训】2016年，市人力资源和社会保障局在省内首创终身职业技能培训制度，组织开展"四个一策"个性化技能培训，努力实现劳动者职业素质与岗位技能需求相适应。"四个一策"即"一企一策""一行一策""一园一策""一地一策"。推行"一企一策"。为林海集团、罡阳股份、梅兰化工、中盛光电等40多家企业开展60多个工种的定制式、个性化技能培训，全年共培训1.8万人。推行"一行一策"。组建不锈钢制造、小提琴制作、电子信息、医药制造等20个重点产业技能人才培训中心，全年共培训6万多人。推行"一园一策"。做到每个园区都有特色培训项目，全年向园区培养和输送技能人才2万多人，形成歌德电商生态园互联网培训、泰州智谷软件园创客培训等各具特色的培训品牌。推行"一地一策"。打造12个特色培训专业，如靖江万名厨师、兴化脱水蔬菜加工等，有力促进地方经济发展和居民增收。

【和谐劳动关系创建】强化企业工资宏观调控，及时发布劳动力市场价位、企业人工成本信息。全面完成劳动保障监察目标任务，主动监察用人单位数7331户，目标完成率156%；书面审查用人单位14957户，目标完成率119%；劳动关系矛盾纠纷调处成功率93%。

（人社局）

2016年9月27日，"才富泰州"高层次人才创新创业大赛举行

综 述

【概况】2016年，泰州市城市建设进度不断加快，周山河新城开发建设全面提速，泰职院新校区、省泰中新校区、凤凰小学交付使用，金融服务区、市人民医院新区医院等重点项目建设进度加快；稻河古街区建成开街，评书评话博物馆、盐税博物馆建成开馆，老旧小区、城中村、棚户区、后街背巷等老城改造有序实施。

【生态环境建设】国家生态市创建通过考核验收，水生态文明城市建设试点工作全面展开，市区“空转绿”新增绿地面积302万平方米。新型城镇化和城乡一体化稳步推进，城镇化率提高至62.8%。溱潼镇入选全国首批特色小镇。办好新一轮农村实事，农村饮水安全工程累计新增受益人口120万人，新改建农村道路1780千米、桥梁3340座，疏浚县乡村河道4900条。

【重大基础设施建设】东风路、永定路快速化改造有序推进。宁启铁路复线开通动车，盐泰锡常宜城际铁路、北沿江高铁前期工作取得实质性进展。泰镇高速泰州段建成通车，阜兴泰高速兴化至泰州段、京沪高速江广段扩容工程加快推进。泰州港跻身全国港口20强，核心港区5万吨级集装箱码头开港运营。马甸水利枢纽、川东港整治等重大水利工程加快实施，卤汀河、泰东河、引江河二期等项目顺利竣工。

【宁启铁路动车正式开通】2016年5月15日上午7点25分，D5504/1次动车从泰州火车站驶向南京火车站，自此泰州市进入动车时代。宁启铁路复线电气化工程（南京至南通段）全长约268.3千米，宁启铁路复线电气化工程主要是增建第二线，实施电气化工程以及部分路段提速改造。工程在泰州市境内全长42.37千米，全线设浦口北、殷庄、六合、仪征、扬州、扬州东、江都、泰州西、泰州、姜堰、南莫、海安县、如皋、白蒲及南通15个车站，其中扬州、江都、泰州、姜堰、海安县、如皋和南通7个车站办理客运业务。

宁启铁路动车开通

【引江河二期工程】泰州引江河第二期工程于2012年12月开工建设。2014年6月，高港枢纽二线船闸工程通过省水利厅组织水下阶段验收。2015年7月，高港枢纽二线船闸工程通过省水利厅组织的投入使用验收；12月，河道工程通过省水利厅组织的投入使用验收。2016年，河道工程通过省档案局、省水利厅、省环保厅组织的档案、水保、环保专项验收；12月，河道工程通过省水利厅组织的竣工技术预验收。泰州引江河第二期工程先后获“全国水利工程建设文明工地”“省工人先锋号”“省水利工程建设文明工地”“全省水利工程建设项目廉政文化示范点"等称号,并取得"地下防水工程后嵌铜片止水施工方法""一种地连墙侧面土压力盒埋设装置""高含水率疏浚泥堆场围堰空间排水防渗方法"等多项专利。

城 市 规 划

【概况】2016年,市规划局做好规划编制、审批、管理、监督等各项工作,为泰州经济社会发展做出积极努力。全年共落实招商引资有效项目信息8个,合同备案项目1个,签约备案项目1个,招商引资总额1.6亿元。

围绕城市建设重点,开展十三五近期建设规划、综合交通规划、海绵城市规划、地下空间开发利用规划等研究;围绕城市规划管理的难点,开展中心城区高度分区及控制、泰州大运量交通方式等研究,有效指导城市建设。全年完成周山河新城、老城核心区等5个控规和城市地下综合管廊等专项规划的编制任务。完成泰州市优化镇村布局规划,形成成果报省厅备案。组织编制溱潼、蒋垛小城市统筹规划,指导区域协调发展。

【规划管理】2016年,全年发放选址意见书173份,建设用地规划许可证257份,用地面积991.72万平方米,比上年增长37.21%;发放建设工程规划许可证405份,建筑面积783.32万平方米,增长8.51%。开展工程竣工规划核实项目200个,面积747.88万平方米。

【依法行政】2016年,出台《关于进一步加快姜堰区与中心城区融合发展的若干意见》。进一步完善市规委会、专家咨询会和局技审会规划决策机制,全年共召开规委会4次,专家咨询会7次,局技审会34次。重点研究华润万象城规划方案调整、青年路与济川路交叉口交通组织方案、南山寺周边城市设计等重大项目规划问题。

【规划服务】2016年,在继续创建"和谐规划"服务品牌的同时,全面开展"管理提升年""走近你我他"服务月活动。结合城乡规划管理工作实际,围绕贯彻供给侧结构性改革任务,开展"三走进"活动,即走进园区、走进企业、走进项目。走进园区,突出研究控规实施的具体问题,保障工业发展空间;着力帮助解决遗留问题,提升企业资产完整性,对符合条件的未批先建项目补办"两证"。走进企业,突出对两类企业的服务,对发展形势好、急需扩大产能的企业规划发展空间;对"僵尸"企业,促进其资产重组、转让,为优势产业腾出发展空间。走进项目,为新引进项目提供优质服务,帮助企业及时办理规划许可手续,推进项目早建成、早达产、早见效。

市规划局开展服务月活动

(规划局)

城市建设管理

【概况】2016年,继续加强房地产行业管理,打通房地产供需通道,培育房屋租赁市场,引导房地产市场提质升级。制定《泰州市房屋安全管理条例》。年内,招投标完成工程承发包交易1207项,交易总额90.51亿元,节省工程造价8.22亿元。发放施工许可证174份,办理竣工验收备案85份。完成67份规范性文件审查,组织重大行政处罚案件听证7次,处理行政复议25件,行政诉讼11件,查处各类投诉举报392件。市住建局被表彰为"依法行政和法治文化先进单位"。

【工程质量管理】全年组织综合监督巡查6次,监督抽测332次,发现处理违反国家强制性标准问题120起。建立健全安全管理责任制度,不断完善供水、供气等重点行业的应急预案,积极开展隐患排查和应急演练。加强建筑市场用工管理,解决拖欠农民工工资总额4800万元,追讨成功率95%以上。全省首创"互联网+"联合审图服务,全年完成房屋建筑工程施工图设计审查782项,审查总面积达1110.8万平方米。建成省泰中中心地震应急避难场所,打造周山河城市综合防灾避难中心,被列为江苏省城市建设典型案例。

【房屋征收】大力改进征收安置方式,推行货币化安置。坚持依法征收、阳光操作,房屋征收秩序得到根本性规范。全市共启动房屋征收项目86个,涉及1万多户,总面积约252万平方米。至年末,完成房屋征收面积220.5万平方米,共8234户。全年全市新建项目均按绿色标准设计和建造,共建成绿色建筑172.97万平方米。

(韩 峰)

市政公用事业

【概况】加快推动城市道路基础设施建设。年内，永定路1号和2号隧道全面贯通，真正实现城市平面交通向立体交通的跨越。农溱线接通、运河路接通、京泰路南延、梅兰路东延、吴陵路北延等一批城市道路建设正在加快推进。

超额完成省定保障性住房项目建设。完成30个老旧小区的“微整治”，累计增加停车位2800个，道路维修6000平方米，清掏下水管网450处。完成13个小区共3290户老小区管道燃气改造和2000多户居民二次供水改造接管。总长度达51千米的三水厂改扩建工程全面竣工，预计可年增20万吨供水能力。管道燃气达镇工程新增8个乡镇，乡镇管道燃气覆盖率达85%。积极为企业补办两证服务，全年共服务企业77家，鉴定厂房344幢共62.94万平方米。开展农村危房改造，完成4269户以船为家渔民上岸安居工程，实现农民安居、渔民定居。

【市政公用行业管理】加强市政公用设施安全运行监管。强化供水水质安全预警监控能力建设，完善安全预警体系，提升水质检测能力。2016年，市区新建74.68千米供水管网，改造供水管网15.38千米，完成二次供水改造7处，完成春晖路管网工程(新建部分)、周山河新城污水管网续建工程，完成凤城河污水管网全覆盖工程，启动春兰泵站至污水处理厂进水工程。市区污水管网新建约80千米，对第一(城南)污水处理厂收集范围的污水管网全面开展普查，完成污泥处置场相关前期工作。督促各区年内完成8条黑臭河道的整治。发放排水许可13个。组织对辖区内道路和地下管网进行巡查，并对全线68千米雨水管道进行梳通，改造低洼积水点31处。

强化燃气安全日常监管。修订完善各类应急预案，建立紧急情况下应急队伍、救援物资、救援装备等统一指挥、协调联动机制。年内，强化预案应急演练，组织应急演练8场次、参练600人次，排查整改隐患67个。定期组织燃气安全知识培训。开展燃气安全专项整治行动，对液化气瓶组站、液化石油气罐等进行安全隐患检查。严格燃气经营许可，定期开展燃气市场联合执法检查，规范燃气市场秩序。

【市区市政设施维修】为巩固文明城市创建成果，进一步加大市政设施管养力度，对青年路、济川路、梅兰路等24条市直养护道路进行日常维修。2016年，完成零星维修约2万平方米，其中人行道板1.26万平方米，沥青0.72万平方米。对负责管理的48座桥和3座涵洞进行维修加固，合计完成投资1500万元，切实保障市直范围内市政道路(桥梁)功能完善并安全运行。组织全市各级桥梁建设和养护主管部门落实江苏省桥梁信息管理系统桥梁信息档案录入工作，及时了解和监控各市(区)城市桥梁运行状况，进一步降低安全风险。

【重大城建项目建设】2016年，稻河古街区保护复兴工程建设全面完工，九州森美国际影视城和古井博物馆顺利建成，稻河景区创成国家3A级景区，入围国家4A级景区备选名单，并被评为江苏省十大新景区，全年接待游客近150万人次。科学发展观展示馆成功举办建市20周年成就展，万人看泰州活动盛况空前，泰州稻河曹俊艺术馆顺利开馆。省泰中新校区竣工交付。现代服务业集聚区20幢楼宇全面封顶，立面外装工程接近尾声。

【三水厂改扩建及配套管网泵站工程】年内，三水厂三期改扩建级配套管网泵站工程以及城东增压站内部主体、配电房建设均顺利完成。全年共完成供水管网铺设50.8千米，并完成竣工验收。

(韩　峰)

稻河古街区夜景

城　市　管　理

【概况】2016年，全市城管系统坚持“保姆城管、精细城管、效率城管”总基调，负重前行、攻坚克难，圆满完成年度各项目标任务。年内，泰州市被评为“长三角公共自行车推广典范城市”。市城管局获“江苏省文明单位”“全省城市环境综合整治先进集体"等称号。年内，制定实施《市区城市管理工作考核办法》《社区城管服务站指导意见》，出台《泰州市城市治理办法》《泰州市市区便民服务亭管理暂行办法》，细化优化管理职权。开展"保姆城管·幸福家园"行动，收集并解决社区环境问题465条

【城市环境整治】2016年，深入推进"931"整治，全市109个"九整治"项目、726个"三规范"项目和2881个拓展项目全部完成；海陵区济川东路、高港区雕花楼步行街、靖江市中洲路、泰兴市国庆中路、兴化市长安中路等5条路段创成省级示范路；高港区蔡滩社区、兴化市文峰社区创成省级示范社区。组织开展"建筑垃圾清理""视觉空间美化""停车秩序整治""违建快查快处"4个专项整治行动，实现城市管理顽疾的有效治理。实施"环卫深度保洁"，通过高压垂直冲洗、高压侧喷冲洗、湿扫轮番作业，对市区14条主要道路快车道、非机动车道、人行道全面冲洗、扫出本色，营造干净清爽的城市环境。

【城市功能完善】年内，在完成济川路立面改造的基础上，对东进路沿街立面进行改造出新。完成16座公厕新改建和2个中转站升级改造任务。生活垃圾焚烧发电厂日处理垃圾1300多吨、发电35万千瓦时，炉渣、飞灰配套处理技术行业领先，综合评定达到国家最高3A级标准。建成公共自行车服务系统一、二期工程，其中170个站点、4000辆自行车投入运行，最高使用频率一天18000多人次。

（城管局）

住 房 管 理

【概况】2016年，泰州市积极落实住房建设规划和年度计划，进一步完善市区房地产市场调控工作，房地产市场总体健康平稳发展。年内，市区累计完成房地产开发投资近125.45亿元，比上年下降3.5%；市区在建商品房施工面积为857.72万平方米，下降6.19%。

【房地产市场管理】全年共初审估价机构资质25家，完成估价师续期及变更注册153人次；完成中介机构备案91家；配合市住建局行政审批中心办理预售许可事项41件，批准预售面积112.79万平方米；完成合同网上备案22563套，面积274.80万平方米。

【房屋安全】2016年，市区共办理家装申报登记5957户，覆盖市区44家物业服务企业、72个物业管理小区；办理房屋安全鉴定122项，鉴定房屋数量347幢，鉴定面积63.81万平方米，发现严重安全隐患房屋46幢，发出隐患整改通知单34份，有效维护市区房屋的使用安全；全方位组织《泰州市房屋安全管理条例》宣传解读，维护全市房屋住用安全；将白蚁防治土壤药物检测制度纳入《泰州市房屋安全管理条例》，进一步规范白蚁防治行为，提高白蚁防治质量；发布白蚁蚁情监测情况通报，提升白蚁防治行业社会关注度；组织全市老楼危楼排查治理工作，排查出严重安全隐患房屋1712幢，面积123.01万平方米，其中已鉴定1493幢，面积112.34万平方米，已进行治理823幢，面积25.06万平方米。

小区房屋

（房管局）

周山河新城建设

【概况】2016年，周山河街区积极推动实施"景观带动型"建设战略，提升科学规划新城建设水平，城市功能不断增强，生态景观初露端倪，产业项目正在集聚。

按照市委、市政府做出的"内环抱老城、外环绕新城"重大决策部署，推动周山河和天德湖生态景观项目建设，一期工程年内竣工，二期工程基本完成。周山河新城路网等基础设施初步形成并不断完善，至年末，累计完成鼓楼路南延、海陵路南延、东风路南延、海军大道东延、周山河路、洪泽湖路等道路和2座跨周山河大桥建设，建成道路总长16千米，形成"四纵四横"的路网骨架。水电、煤气、通信等配套管网建设基本完成。推动学校、医院建设，加快社会事业的功能配套。以泰州大剧院、图书馆、展览馆、青少年活动中心、美术馆为主体的文化中心工程已建成并投入使用。体育公园完成稳评报告。全面启动教育"1+2+3+N"工程、卫生"4+1+N"工程等社会事业项目。加大土地开发力度，先后启动华润国际、绿地世纪城、周山汇水等房地产项目，累计总投资70亿元。加快

安置区建设，实施拆迁安居工程，累计征用土地510公顷，实施拆迁项目13个，回迁安置2300多户。

【周山河生态环境工程】该项目西至南官河、东至春兰路、北至周山河路、南至大纵湖路，总用地面积1333.33公顷，其中绿地面积约66.6公顷，河流长4600米，分二期实施。一期项目于2015年8月正式开工，2016年3月竣工并成功举办第八届中国泰州国际旅游节开幕式。二期项目已完成土方外运，桥梁、道路节点、绿化、建筑物等加紧建设。

【路网建设】2016年，周山河新城计划建设23条道路，其中洪泽湖路（泰高路—海陵路）、太湖路（东风路—春兰路）、惠山路等8条道路已建成通车，太湖路（海陵路—鼓楼路）、黄河路（泰高路—海陵路）等11条道路正在施工，东谢路、双河初中北侧支路等4条道路完成招投标。两条道路快速化改造进展顺利，其中永定路快速化改造（泰州大道至环城东路段）路基填筑完成70%的工程量，水稳基层、沥青摊铺、隧道结构正在施工；东风路南段快速化改造桥面附属结构施工，灰土完成85%的工程量，水稳基层、沥青摊铺、隧道附属设施正在施工。

【社会民生事业】2016年，总投资1.5亿元、由周山河街区管委会直接组织实施的凤凰小学正式开学；双河小学和双河初级中学正在建设，周山河小学和周山河初级中学正在办理规划、建设前期手续，省泰中新校区于9月正式投入使用。市人民医院新院加紧施工，市中心血站和急救中心正在进行桩基施工。启动4个安置区建设，总规划建筑面积120万平方米。至年末，凤凰曦城和锦绣双河城已竣工；凤凰三居苑A区、D区已竣工，B区正在进行配套施工；东谢安置区多层、高层已封顶。累计回迁安置2300多户，安置面积58万平方米，未发生一起抢建加盖及重大群体性事件。

（周山河街区）

凤城河风景区管理

【概况】2016年，凤城河风景区管委会共实施重点工程项目17个。引凤路西侧地块征收工作全面结束；西南城河风光带、中国评书评话博物馆建成开放，江苏盐税博物馆具备开馆条件；人民西路、南路及沿线慢行步道建成通车；南山律寺主体工程及文峰塔建成；凤城河桥梁文化提升工程、凤城河景观提升工程基本完工。凤城河沿河基本连片成形，环河建设任务基本完成。年内，泰州老街获评“江苏省诚信经营放心消费示范街区”和“泰州市旅游诚信购物街区”；凤城河景区获“泰州市诚信示范景区”称号；凤城河建设发展有限公司被评为“泰州市劳动保障诚信示范单位”“2015年度中国旅游产业投资百强企业”；凤城河管委会被评为“江苏省文明单位”。

凤城河夜景

【旅游市场开发】2016年，凤城河风景区管委会全面推行一体化划片定点营销政策，与九大主要游客目的地市场110多家旅行社签订合作协议，全年景区接待国内外游客近200万人次，旅游总收入达2680.33万元，比上年增长27.87%。

【“凤城河杯”中国夜钓城市友好对抗赛】2016年9月，“凤城河杯”中国夜钓城市友好对抗赛总决赛在三水湾举行。来自全国各地的60支代表队经过8个小时的角逐，最终由广西桂林队夺得冠军。本次夜钓城市友好对抗赛共有全国近20个省74个地级市的100多支队伍报名参赛，经过两轮预选赛，最终60支优胜队进入决赛。本次比赛为国家四类积分赛事，属于国家级比赛。每队2人参加，4场决赛统计各队2人积分总和，确定各队最终名次。作为凤城河风景区最具特色的品牌体育赛事，凤城河风景区已连续7年在三水湾举办夜钓比赛。

【中国评书评话博物馆开馆】2016年4月18日，位于泰州柳园景区的中国评书评话博物馆开馆。来自全国各地的

中国评书评话博物馆开馆，市委书记蓝绍敏致辞

知名曲艺家、曲艺理论家及各界人士共100多人出席开馆仪式。市委书记蓝绍敏，中国曲协主席姜昆分别致辞。曲艺表演艺术家田连元、连丽如、王丽堂、盛小云、柯军等共同为开馆剪彩。市领导张国梁、戴胜利、张余松、蔡德熙等出席开馆仪式。市委常委、宣传部长卢佩民主持开馆仪式。

（凤城河管委会）

火车站街区建设

【概况】2016年，火车站街区管委会围绕“基础设施建设先行，生态环境建设为重”的城建工作思路，不断优化街区功能布局，构建交通和环境优势。

年内，邀请上海复旦规划建筑设计研究院，实施京泰路沿线城市设计工作，并形成具体成果提交市政府研究。紧紧围绕工程建设计划，统筹组织，全面完成目标任务。持续推进街区生态建设，按照“绿满街区”的总体思路，先后实施站前路游园工程、运河路游园工程、五汊港河（站前路-龙栖路）绿化工程、金东路绿化工程；组织实施对征而未用土地的“占领式绿化”，全年占领式绿化面积达15.8公顷。实施基础设施提升工程，进一步疏通网格联结，提升通行效率，全面完成运河路—京泰路交叉口、森园路—京泰路交叉口改造工程。

【土地保障】完成双墩路、粤泰路、龙飞路、南昌路、沪泰路等5条支路的土地征用材料上报工作。全年完成土地流转46.73公顷，支付流转费用147.21万元。积极推进已征土地被征地农民社会保障工作，全年共完成493人的进保工作。扎实做好防违控违工作，加强巡查、记录和上报，并协调属地相关部门予以拆除清理。全年组织巡查93次，发现违章23起，拨打“12345”热线19次，上报市长信箱10次。整改违建违栽16起，有效遏制违法建设和违法栽种发展态势。

【招商引资】围绕“项目大突破”主题，结合街区实际，坚持不懈推进定点招商工作。加大招商工作组织力度，以新型服务业、商贸业、信息业为重点，搜集招商信息，强化载体和环境建设，增强街区的集聚力和吸引力。全年完成招商项目信息备案4个、签约项目备案2个。泰州海驰汽车销售服务有限公司建成开业；站前商业街二期于12月31日开盘。积极开展投资服务，主动为投资人协调矛盾、破解难题，营造良好的服务环境，重点帮助协调解决历时7年之久的华东农副产品批发市场用地补偿问题。

（火车站街区管委会）

泰州火车站

综 述

【概况】2016年，全市环保系统全力服务地方经济发展，坚持生态优先、绿色发展，以改善环境质量为核心，充分发挥环境保护对经济社会转型升级的推动作用，顺利完成各项年度目标任务。年内，市环保局获"十佳人民满意机关"称号。

【环境总体规划编制】泰州市作为环保部选定的首批城市环境总体规划试点城市之一，大力推进总体规划编制和各项专题研究工作。11月16日，市政府第四十二次常务会议审议通过《泰州市城市环境总体规划》，并于11月25日正式颁布实施。规划文本全面分析泰州市生态环境建设与社会经济发展的基础条件，剖析存在的主要生态环境问题，对全市未来社会经济发展情景和环境保护形势进行研判。通过确定城市环境功能定位，提出城市环境总体规划的总体目标，并从生态安全格局、环境质量、主要污染物排放、资源利用强度和效率、环境污染治理、公众评判等6个方面提出28项规划指标。同时，针对规划的主要任务提出重点实施的蓝天、碧水、生态保护、风险防范、能力建设等5类重点工程。

【排污权有偿使用和交易】在全省率先举行主要污染物排污权交易拍卖会，具有较高的创新价值和良好的示范效应。推进排污权质押贷款试点，增加质押贷款额度，积极为企业扩大融资渠道，鼓励企业做大做强。江苏明浩新能源有限公司等多家企业通过排污权质押组合贷款方式获贷款总额1亿多元。推进总量控制刷卡排污系统建设。全市14家国控企业以及泰兴开发区64家企业安装刷卡排污系统，约束企业排污行为，实现排污浓度和排污总量"双控制"。

2016年度泰州市主要污染物排污权交易拍卖会

【"两减六治三提升"专项行动动员大会】2016年12月30日，全市"两减六治三提升"专项行动动员大会召开。会议提出贯彻落实中央环境保护督察整改要求和省委、省政府自觉践行五大发展理念特别是绿色发展理念的重大战略部署，动员全市上下按照省里确定的目标任务，下定决心、明确任务、强化措施，大力实施"263"专项行动，坚定不移地走好绿色发展之路。

（包 俊 王 浩 陈莉娅）

环 境 管 理

【概况】2016年,不断加强环境准入管理。严格执行项目审批相关要求,提高环境准入要求。在新修订的《泰州市产业结构调整目录(2016年)》中,将29项环境保护限制和禁止类行业、项目纳入产业结构目录中。通榆河清水通道两侧100米划定为禁建区,钢铁行业列为限制发展行业,化工园区外一律不批新、改、扩建化工项目。强化规划引领。指导各类工业园区做好规划环评特别是重点区域产业规划环评。坚持项目落地符合规划环评要求,项目审批中做好支持先进的、制止落后的、限制排污量大的项目,积极引导优化产业布局、调整产品结构、实现转型升级。

(张 辉)

【大气污染防治】2016年,全市环境空气质量得到持续改善,全年优良率达68.3%,超额完成国家相关考核目标。深入开展大气污染治理,不断推进大气主要污染物减排。年内,完成大气污染防治重点工程93个、大气主要污染物减排工程24个,关停整治燃煤锅炉721台(座),淘汰黄标车13757辆、老旧车8200辆。以实施重大活动期间空气质量管控为契机,组织开展G20峰会、"国家公祭日"等空气质量保障活动,建立工作联动、定期通报工作机制,加大环境执法、停产限产力度,切实削减主要污染物排放,改善空气环境质量。制定并落实《泰州市保障G20峰会空气质量工作方案》,组织开展空气质量保障执法检查,共出动执法人员3622人次。

(赵 赞)

【危废管理】2016年,持续推进危险废物规范化管理工作。通过省级督查、市级抽查、地区间互查等多种手段,加大对企业规范化管理的检查覆盖率。全年共检查企业100多家,对不规范、存在问题的企业及时督促整改,对涉及违法的移送公安机关查处,摸清全市产废情况。严格跨市转移审批,全年共审批758件转移事项。组织制定《泰州市危险废物经营许可证审批办法》,承接省环保厅下放的危废经营许可证发放事项。聘请省级专家对全市250家企业开展危废规范化管理指标体系培训。

(何 锋)

【核与辐射管理】2016年,发放辐射安全许可证24家(含延续),办理放射源转让审批和预审批7家,办理辖区内放射源跨省及省辖市转移备案6家。对100多家市管涉源单位及射线装置单位进行监督检查,妥善收贮全市10枚废弃的放射源。

(孙宝宽)

【环保资金支持】为提高环保专项资金项目申报质量,增强环保资金使用的针对性和有效性,组织建立环保专项资金项目储备库,为各类环保专项资金管理做好良好基础。按照环保专项资金管理办法,完善环保专项资金项目申报流程,不断提升环保专项资金使用效益。2016年,安排省级环保引导市县切块资金1300万元,市级环保专项资金958万元。

(许文君 刘 涛)

环 境 监 察

【概况】2016年,组织制定《2016年度全市环境监察工作要点》和《2016年度环境监察工作计划》,明确目标责任。制定《泰州市环境执法大练兵实施方案》,坚持大练兵活动与日常执法监管相结合,与各项专项执法检查、专项整治工作相结合,依法查处各类环境违法行为。年内,通过各项措施的有效落实和推进,中央环保督察迎检、"双随机"监管、信访办理以及文明创建等工作均取得明显成效。顺利通过省(市)文明委复查,连续第15年获"江苏省文明单位"称号。秸秆"双禁"工作成效居全省前列。信访维稳工作成绩突出,被市综治委表彰为"社会治安综合治理先进集体"。

市环保局督察组检查施工现场

【现场监察】年内,修订完善《泰州市环境执法监管规程》等工作制度,进一步规范运行流程和工作标准。明确146家重点监控企业为市级"双随机"抽查的重点企业,并完成对45家重点排污单位和71家一般排污单位的"双随机"抽查工作。组织开展全市范围内化工园区的问题突出企业环保大检查、重点环境问题"回头看"等专题执法行动,严厉打击各类环境违法行为。全年全市立案查处企业违法行为585件，处罚金额4691万元，比上年分别增长90%和262%。

【环境信访处理】2016年，组织召开全市环境信访工作会议，部署年度信访工作重点任务。与各市(区)签定2016年度信访目标责任书。对“12369”环保热线系统进行升级维护，实现信访件直接分配到相关处室(单位)。坚持开展每周五局长大接访活动、“12345·政风行风热线”上线活动、市人民来访接待中心每周二接访活动，及时受理各类环境信访。全年全市共办理1676件环境信访，比上年下降2.4%。其中，办理省级以上越级访708件、书记信箱4件、市长信箱86件。

(李俊芳)

环 境 监 测

【概况】2016年，继续全面监测区域内空气、水、噪声、土壤、生物生态等环境要素，共获得环境质量监测数据50多万个，编制各类报告、报表3000多份。对全市95家国控、省控重点污染源，以及77家市控重点污染源实施监督性监测840厂次，比对污染源在线监测设备超过200台次。

开展大气颗粒物源解析、“南水北调”水环境质量、出入境水环境质量、重金属重点区域环境质量、土壤风险点位环境质量、城市河道水环境质量、农村环境质量、生物生态环境质量等10多项专项监测工作。

完善应急监测体系。参加泰州市“船舶原油泄漏”“分馏工段换热器法兰泄漏”等应急监测演练，完成2起突发性环境污染事故应急监测，提供应急监测数据1323个，报送应急监测快报10多期。

【监测质量管理】2016年，市环境监测中心站参加环境保护部标准样品研究所、中国环境监测总站、煤炭科学技术研究院有限公司检测中心等组织的能力验证18次共25个项目，通过率100%。41名专业技术人员参加14个科目98项次的持证上岗理论考试，合格率100%。15名专业技术人员参加471项次持证上岗基础技能和样品分析的操作考核，通过率100%。对全站200多台仪器进行检定，检定率100%，合格率100%。

【监测能力建设】2016年，市环境监测中心站投入300多万元提升环境监测能力，主要用于水质自动监测能力建设、大气环境监测预警预报能力建设、生物多样性地面观测能力建设等。建成监测数据管理系统、协同办公系统、舆情处理系统、移动数据查询APP、地理信息展示平台等内容。“二噁英实验室”持续稳定运行，完成省内外二噁英委托监测样品近千个，客户调查满意度100%。

(江启明)

环 境 质 量

【概况】2016年，全市环境质量状况保持稳定，水环境质量达到水质目标要求，环境空气质量显著改善，声环境质量和生态环境质量处于良好状态。

【水环境质量】全市5个城市集中式饮用水源地水质较好，全面达到水质目标。全市34条河流56个断面中，有51个断面达到水质目标要求，达标率为91.1%，达到或优于地表水Ⅲ类标准的断面有49个，占87.5%，处于Ⅳ～Ⅴ类的水质断面有7个，占12.5%。其中，6个国家级“水十条”考核断面达标率为100%，24个省级考核断面中有20个达到水质目标考核要求，达标率为83.3%。南水北调东线泰西考核断面水质基本达到Ⅲ类水质标准。

【环境空气质量】全市细颗粒物年均浓度为55微克/立方米，比上年下降9.8%。全市环境空气质量优良天数270天，优良率为73.8%，比上年上升2.6%，优秀天数增加59天，重污染天数减少10天。

【声环境质量】全市城市区域环境噪声平均等效声级为54.5分贝，处于“较好”等级。各市(区)平均等效声级在51.3～56.3分贝之间，泰兴市、姜堰区区域环境噪声处于“轻度污染”等级，其余市(区)区域环境噪声均处于“较好”等级。全市城市道路交通噪声平均等效声级为65.6分贝，处于“好”等级，各市(区)道路交通噪声平均等效声级在64.2～67.1分贝之间，均处于“好” 等级。

【生态环境质量】全市生态环境状况指数为68.34，生态环境状况均处于良好状态。各市(区)生态环境状况指数分布范围在60.17～70.4之间，生态环境状况均为良好，其中兴化市生态环境状况指数最高，海陵区生态环境状况指数最低。

(江启明)

环境宣传教育

【概况】2016年，市环保局举办纪念“6·5”环境日暨环境宣传教育周活动，举行泰州“环保绿色邮路”启动仪式，为2015年度绿色学校、绿色社区和绿色等级企业授牌。重点打造"环保一条街"项目工程。在柳园街区两侧设立环保宣传道旗。着力打造绿色消费环境,由上厢房餐饮(江苏)有限公司代表柳园街区17家商户共同发起《绿色消费倡议》,在店堂内张贴《泰州市市民生活方式绿色化准则》(景区篇),呼吁广大市民争做绿色消费的宣传者、实践者、推动者。向广大市民发放《泰州市市民生活方式绿色化行为准则》《泰州市市民生活方式绿色化指南》和环保布袋,实现无纸化宣传节能环保。开展一系列进学校、进社区环保宣传活动。组织编印"市民生活方式绿色化"和《生态之州 幸福之城》环保宣传册。在《泰州日报》组织专版宣传,在泰州广电《新周刊》栏目开辟"生态泰州"专栏。与市体育局、机关工委联合举办"世界无车日"绿色骑行公益活动。在全市推广旧衣物环保回收项目,帮助市民逐步养成垃圾分类的良好习惯。与泰州报业传媒集团、泰州电视台、新华报业网、中国江苏网、泰无聊等媒体加强合作,实现全方位媒体宣传。

世界无车日公益骑行活动

【生态保护宣传活动】2016年5月20日,泰州市在姜堰溱湖风景区举办"生物多样性主流化——可持续的人类生计"主题宣传活动,纪念第21个"国际生物多样性日"。该活动由省环保厅、市环保局和姜堰区政府联合主办,市环保志愿者代表、学生代表、先锋单车俱乐部车友代表、市区相关单位代表等参加现场活动。当地小学生代表和环保志愿者代表分别宣读"保护生物多样性"倡议书,举行保护生物多样性签名活动,并参观溱湖湿地科普馆、湿地体验园、中草药植物园。

6月5日,泰州市在凤城河柳园街区举行纪念"6·5"环境日暨"环境宣传教育周"启动仪式,表彰2015年度泰州市"绿色学校""绿色社区""绿色等级企业"并现场授牌,启动泰州"环保绿色邮路",柳园街区17家商户代表宣读《绿色消费倡议书》。启动仪式后,市环保局党员义工、环保志愿者现场开展宣传咨询服务活动,向市民群众发放《泰州市市民生活方式绿色化行为准则》《泰州市市民生活方式绿色化指南》、环保布袋和智能饮水设备。

【绿色创建】2016年,全市创成省级绿色学校(幼儿园)7所、市级绿色学校(幼儿园)12所;省级绿色社区2个,市级绿色社区18个。

2016年度泰州市"绿色学校(幼儿园)"名录

中学:靖江市第三中学
泰兴市宣堡初级中学
兴化市周庄初级中学
泰州市康和实验中学
小学:泰兴市南新小学
泰州市姜堰区城西实验学校
幼儿园:靖江市地中海幼儿园
兴化市昭阳湖幼儿园
泰州市大泗中心幼儿园
泰州市刁铺中心幼儿园
泰州医药高新区实验幼儿园
特殊教育学校:兴化市特殊教育学校

2016年度泰州市"绿色社区"名录

靖江市:振兴社区
齐心社区
城北社区
兴阜社区
泰兴市:南街社区
西街社区
兴化市:东北社区
海陵区:麒麟社区
高港区:田河社区
兴隆社区
建安社区
万庄社区
三旗营社区
姜堰区:马厂社区
高新区:唐家社区
鲍徐社区
三野社区
凤凰园社区

(王昌建)

环 保 产 业

【概况】2016年,全市从事节能环保生产经营服务具有一定规模的企业达219家,业务范围涵盖节能环保技术与产品开发、节能环保工程设计与施工、环境友好产品开发、能源管理与环境检测、节能环保技术咨询、设施运行服务、排污权交易和金融服务多个领域。全年全市节能环保产业增加值为360亿元，比上年增长19%。全年节能环保服务业增加值80亿元，占全市节能环保产业增加值22%。

【生态园区创建】2016年，继续加强督导各类经济开发区和工业园区开展生态工业园创建，加强环保基础设施建设，积极开展环境污染综合治理，扩展循环经济发展载体。年内，组织环保系统及相关园区管委会、企业代表500多人参加第三届江苏省环保新技术交流洽谈暨产品展示会。医药高新区创建国家生态示范区规划获省环保厅、商务厅、科技厅联合推荐。

（周俊鹏）

兴化徐马荒湿地风光

综 述

【概况】2016年,泰州市以全域为一个大景区,整体建设,发展旅游业。全年实现旅游总收入282.66亿元,比2015年增长15.5%。接待国内旅游者2282.32万人次,增长12.0%;实现国内旅游收入278.22亿元,增长15.2%。全年入境过夜旅游人数3.61万人次,增长13.1%,增幅居全省第四位;创汇3631.28万美元,增长11.6%,增幅居全省第二位。全年全市新增A级以上景区5家、星级乡村旅游点8家。至年末,全市共有国家A级以上旅游景区42家,其中AAAAA级景区1家、AAAA级景区8家、AAA级景区16家;有星级乡村旅游区58家,其中四星级乡村旅游区20家。

2016年,市旅游局出台《泰州市全域旅游发展工作意见》《泰州市全域旅游发展工作方案》。溱湖旅游度假区获评全国旅游系统先进集体。泰州市高港区口岸雕花楼景区管委会、泰州市金姜堰旅游发展有限公司、靖江市滨江花园酒店有限公司获评省旅游系统先进集体。

【春节黄金周】2016年春节黄金周期间,全市54家主要旅游景区(点)接待游客214.4万人次,门票收入476.05万元,比2015年春节黄金周分别增长31.4%、16.12%,其中凤城河风景区接待游客48.6万人次,门票收入63.5万元,分别增长56.77%、73.97%。列统的17家旅游饭店客房出租率77.83%,增加近2个百分点,正月初三全天客房平均出租率超90%,其中万达希尔顿酒店、兴化天宝花园酒店连续3天客房出租率100%。

【国庆黄金周】受台风外围影响,2016年国庆黄金周期间,列统的45家主要旅游景区(点)接待游客242万人次,比2015年国庆黄金周减少5.5%;景区门票收入1971万元,减少4.9%。市旅游局列统的19家主要旅游饭店接待1.8万人次,平均出租率78.74%,与2015年国庆黄金周基本持平。

【中国医药城入围首批国家旅游示范基地】2016年泰州市作为全国首批5家创建单位之一,创成国家康养旅游示范区。6月10日,中国(河北)康养旅游大会在石家庄召开。中国医药城代表泰州市与其他4家全国首批康养旅游示范基地成立中国康养旅游推广联合体,发布中国康养旅游发展(石家庄)共识。

国家AAAAA级景区——姜堰溱湖旅游景区

【兴化里下河国家湿地公园总体规划获批】2016年1月，《江苏兴化里下河国家湿地公园总体规划》获批。拟建设的里下河国家湿地公园位于兴化市西北部，江苏省保护湖泊洋汊荡圩区内，东至李中河，西至李西河，南至舜生河，北至吴家圩生产河，规划面积1304.80公顷。湿地公园规划为湿地保育区、恢复重建区、宣教展示区、合理利用区、管理服务区五大功能区，湿地保护率87.75%，拟建为中国淮河下游以沼泽湿地保护为特色的示范性国家湿地公园。

【兴化市入选首批"国家全域旅游示范区"创建名单】2016年2月1日，国家旅游局公布首批"国家全域旅游示范区"创建单位名单。兴化市入选，成为全省8个入选示范区之一。

【溱潼镇入选首批中国特色小镇名单】2016年10月13日，中国特色小(城)镇建设经验交流会在杭州召开。住建部公布第一批中国特色小镇名单，共认定特色小镇127个，泰州市姜堰区溱潼镇成为全省入选名单的7个特色小镇之一。

【国家旅游局局长李金早到泰州考察】2016年11月13日，国家旅游局局长李金早到泰州考察市旅游业发展情况。李金早听取泰州市旅游工作情况汇报，表示支持泰州市全域旅游建设、诚信旅游城市创建等工作。副省长张雷，省旅游局局长秦景安，市领导蓝绍敏、史立军、张余松、李伟、陈明冠及市政府秘书长沈明刚陪同考察。

2016年11月13日，国家旅游局局长李金早(中)考察泰州华侨城

【市政协委员视察乡村旅游工作】2016年7月28日，市政协组织部分委员视察市乡村旅游工作。委员们实地视察溱湖绿洲度假基地、江苏中药科技园、上膳源泰州农场、麒麟湾景区，听取市旅游局关于市乡村旅游发展情况的汇报，并开展座谈协商。副市长张余松，市政协副主席王东参加活动。

【第八届中国泰州水城水乡国际旅游节】参见P38

旅游资源开发与建设

【概况】2016年，市旅游局建立全市旅游投资项目库，实行重点项目动态管理。年内，3个项目入选国家优选旅游项目库，3个项目入选全省重点旅游项目库；1个项目获国家旅游发展基金330万元。全年累计上争国家、省各类旅游资金2875万元。全年共完成111个旅游项目入库，旅游项目实际投资额157亿元，增幅超过150%，居全省首位。新开工1亿元以上项目30个，总量和增幅均创历史新高。年内，稻河古街区、秋雪湖欢乐世界、江苏中药科技园、溱湖海洋世界等一批新景区建成开放，中国评书评话博物馆、江苏省盐税博物馆等项目完工。

【旅游公共服务体系建设】2016年，全市景区旅游品质实现提档升级。整治旅游厕所，推进旅游厕所三年行动计划落实，全年新建、改扩建旅游厕所64座，总投资2000万元。优化扩容停车场，全年新建旅游停车场10万平方米，总投资8000万元。优化旅游引导标识，投入26万元，在全省率先编制完成《市区旅游景区道路交通引导标识规划》。

【旅游品牌建设】2016年，泰州市被评为全国首批康养旅游示范基地、"长三角"最美骑行城市、2016同程旅游十大最具潜力旅游目的地，被推荐为全省首批创建国家中医药健康旅游示范区单位。泰州市钟楼巷获评"长三角"城市群"岁月余味"体验之旅示范点，口岸雕花楼景区由AAA级升级为AAAA级景区，3家旅游饭店入选"江苏精品休闲度假饭店"。"水城慢生活的康养时光"被评为江苏十大新线路，"泰享受"温泉度假三日游旅游产品入选江苏休闲度假产品营销20强。泰州智慧旅游指挥中心一期接入国家旅游局应急管理平台监控系统，被评为全省"互联网+"智慧旅游示范项目。泰州旅游微信公众号获腾讯网"2016年度旅游系统优秀运营奖"。市旅游局获第二届"乐购江苏"旅游商品创意大赛优秀组织奖，成为长三角高铁旅游联盟成员单位。

2016年泰州市国家级旅游景区分布情况一览表

表10

序　号	市(区)	名　　称	等　级	地　址
1	市　直	秋雪湖生态景区	AAAA	泰州市秋雪湖大道58号
2	市　直	天德湖景区	AAAA	泰州市海军东路1号
3	市　直	凤城河风景区	AAAA	泰州市海陵区东南园10号
4	市　直	高港引江河风景区	AAA	高港区杨湾引江河泰州高港枢纽
5	市　直	中国人民解放军海军诞生地纪念馆	AAA	高港区白马镇
6	市　直	泰州稻河景区	AAA	海陵区稻河古街区
7	市　直	泰山公园	AAA	泰州市海陵区五一路90号
8	市　直	光孝律寺	AAA	泰州市海陵区公园路20号
9	市　直	泰州市中医院泰和堂国医馆	AA	泰州市海陵区涵西街17号
10	市　直	泰州市烈士陵园	AA	泰州市海陵区迎春西路115号
11	海陵区	泰州麒麟湾景区	AAA	泰州市区北郊麒麟湾
12	海陵区	泰州范家花园	AA	泰州市海陵区五一路24-26号
13	高港区	高港口岸雕花楼景区	AAAA	高港区口岸街道金港南路五一桥南
14	姜堰区	姜堰溱湖旅游景区	AAAAA	姜堰区溱湖大道1号
15	姜堰区	姜堰溱潼古镇	AAAA	姜堰区溱潼镇人民路10号
16	姜堰区	姜堰古罗塘旅游文化景区	AAAA	姜堰区北大街
17	姜堰区	姜堰溱湖湿地农业生态园	AAA	姜堰区溱潼镇(溱湖国家湿地公园西侧)
18	姜堰区	姜堰法华寺	AA	姜堰区淤溪镇马庄
19	姜堰区	姜堰娄庄烟墨公园	AA	姜堰区娄庄镇娄庄村
20	姜堰区	姜堰古千佛寺	AA	姜堰区顾高镇千佛村
21	姜堰区	姜堰河横村	AA	姜堰区沈高镇河横村河横大道1号
22	姜堰区	姜堰人民公园	AA	姜堰区古田路1号
23	靖江市	靖江市牧城景区	AAA	靖江市工农路1号
24	靖江市	靖江市生祠镇岳王庙·刘国钧故居	AA	靖江市思岳路南首
25	靖江市	靖江市人民公园	AA	靖江市人民北路56号
26	泰兴市	泰兴市庆云禅寺	AAA	泰兴市宝塔湾庆云禅寺
27	泰兴市	泰兴市国家古银杏公园	AAA	泰兴市宣堡镇张河村
28	泰兴市	泰兴黄桥小南湖风景区	AAA	泰兴市黄桥镇祁巷村
29	泰兴市	泰兴市新四军黄桥战役纪念馆	AAA	泰兴市黄桥镇米巷10号
30	泰兴市	泰兴市中华红枫园	AAA	泰兴市G40沪陕高速205县道出口
31	泰兴市	泰兴森萱风景区	AA	泰兴市虹桥镇江城大道西首
32	泰兴市	泰兴市独支纪念馆	AA	泰兴市横垛镇醒农路26号
33	泰兴市	泰兴市人民公园	AA	泰兴市国庆东路6号
34	兴化市	兴化市郑板桥·范仲淹纪念馆	AAAA	兴化市昭阳镇牌楼北路2号
35	兴化市	兴化市李中水上森林景区	AAAA	兴化市李中镇舜川路东首
36	兴化市	兴化市乌巾荡湿地公园	AAA	兴化市英武北路
37	兴化市	兴化施耐庵文化园	AAA	兴化市新垛镇
38	兴化市	兴化市沙沟古镇	AAA	兴化市沙沟镇
39	兴化市	兴化市森林公园	AA	兴化市长安路北首
40	兴化市	兴化市张郭晨秀园	AA	兴化市张郭镇
41	兴化市	兴化市板桥竹石园	AA	兴化市英武大桥西南车路河沿岸
42	兴化市	兴化市郑板桥林园	AA	兴化市大垛镇管阮村

2016年泰州市星级乡村旅游点一览表

表11

序　号	市(区)	名　　称	星　级
1	市农业园区	秋雪湖农业生态观光园	四星
2	市农业园区	田园牧歌	四星
3	海陵区	麒麟湾生态园	四星
4	海陵区	石羊农庄	三星
5	海陵区	丰源农庄	二星
6	海陵区	龙特农业园	二星
7	高新区	毛家农庄	四星
8	高港区	鑫马生态园	四星
9	高港区	上膳源	四星
10	高港区	杏都葡萄园	三星
11	高港区	天德园农庄	三星
12	高港区	白马庙森林	二星
13	高港区	御庐园生态果园	二星
14	姜堰区	河横村	四星
15	姜堰区	溱湖绿洲	四星
16	姜堰区	溱湖湿地农业生态园	三星
17	姜堰区	苏腾农庄	三星
18	姜堰区	海伦生态观光园	三星
19	姜堰区	湖南村	三星
20	姜堰区	丰源生态园	三星
21	姜堰区	西陈村	二星
22	兴化市	千岛菜花景区	四星
23	兴化市	李中水上森林	四星
24	兴化市	泓膏生态园	四星
25	兴化市	桃花岛生态园	四星
26	兴化市	陆姜生态园	三星
27	兴化市	千岛果园	三星
28	兴化市	楚香阁山庄	三星

续表11

序　号	市(区)	名　　称	星　级
29	兴化市	万亩荷塘	三星
30	兴化市	千萃源休闲度假农庄	三星
31	兴化市	梓里农庄	三星
32	兴化市	想当年渔村	三星
33	兴化市	兴化董北现代农业示范园	二星
34	兴化市	颐鹤林生态园	二星
35	靖江市	西来农业科技植物园	四星
36	靖江市	埭上人家	四星
37	靖江市	锦秀山庄	四星
38	靖江市	孙家老宅	三星
39	靖江市	逸耘生态园	三星
40	靖江市	海鸿生态园	三星
41	靖江市	惠园生态园	二星
42	泰兴市	森萱农庄	四星
43	泰兴市	小南湖生态园	四星
44	泰兴市	印达生态园	四星
45	泰兴市	郭家寨生态园	四星
46	泰兴市	泰鑫绿园生态旅游庄园	四星
47	泰兴市	三泰生态农庄	三星
48	泰兴市	桑木农业生态园	三星
49	泰兴市	西桥生态园	三星
50	泰兴市	桃园九寨人家	三星
51	泰兴市	三阳湿地生态园	三星
52	泰兴市	贡殿生态园	三星
53	泰兴市	鑫沙生态农庄	三星
54	泰兴市	沙河湾	三星
55	泰兴市	永兴生态园	三星
56	泰兴市	三香果业生态园	三星
57	泰兴市	泰兴市果园场	二星
58	泰兴市	泰兴水产良种场	二星

2016年泰州市星级饭店分布情况一览表

表12

序号	所在城市	饭店名称	星级	地　址	邮政编码	电话总机
1	海陵区	泰州宾馆	五星	泰州市迎宾路88号	225300	86669898
2	海陵区	泰州市美丽华大酒店	四星	泰州市凤凰东路66号	225300	86396666
3	海陵区	江苏嘉銮国际大酒店	四星	泰州市鼓楼南路336号	225300	86399999
4	海陵区	江苏原野大酒店	三星	泰州市南通路30号	225300	82101888
5	海陵区	泰州会宾楼宾馆	三星	泰州市济川东路101号	225300	86807888
6	海陵区	泰州亚细亚大酒店	三星	泰州市海陵南路389号	225300	86398999
7	海陵区	泰州富士吉大酒店有限公司	三星	泰州市海陵区济川路98号	225300	82198000
8	海陵区	泰州丁山酒店	三星	泰州市江洲南路111号	225300	82100101
9	海陵区	泰州金汇宾馆	二星	泰州市扬州路338-1号	225500	86556666
10	高港区	泰州宝丰联商务会所有限公司	三星	泰州市高港区向阳路88号	225321	8698999
11	医药高新区	沃特龙大酒店	三星	泰州市医药高新区港城西路19号	225321	86988666
12	姜堰区	姜堰市新康假日酒店有限公司	二星	姜堰区沈高镇宁盐路88号	225500	88650000
13	靖江市	江苏靖江国际大酒店	四星	靖江市人民南路179号	214500	84806888
14	靖江市	江苏扬子江大酒店	四星	靖江市中州路8号	214500	84808000
15	靖江市	靖江南园樱花宾馆	三星	靖江市人民南路40号	214500	84832011
16	泰兴市	泰兴银光大酒店	四星	泰兴市国庆东路91号	225400	87778056
17	泰兴市	泰兴市泰通凯悦大酒店	三星	泰兴市车站路1号	225400	87726518
18	泰兴市	泰兴市君悦大酒店有限公司	三星	泰兴市大庆东路66号	225400	87659277
19	泰兴市	泰兴市桥缘宾馆	三星	泰兴市黄桥镇永丰桥南侧	225411	87121088
20	泰兴市	泰兴市黄桥宾馆	二星	泰兴市黄桥镇致富中路196号	225400	87112177
21	兴化市	兴化市天宝花园酒店投资有限责任公司	四星	兴化市兴化大道99号	225700	83159100
22	兴化市	兴化市喜来居大酒店	三星	兴化市五里东路10号	225700	83279999
23	兴化市	兴化市森南大酒店	三星	兴化市英武南路188号	225700	83298888
24	兴化市	兴化市凤凰大酒店	三星	兴化市丰收路181号	225700	83158666

【泰州凤城河建设发展有限公司跻身中国百强旅游投资企业】2016年5月15日，2016中国旅游产业投融资促进大会在山东省济南市举行。会议公布2015中国百强旅游投资企业名单，泰州凤城河建设发展有限公司排名第23位。中国百强旅游投资企业名单由全国旅游投资项目管理系统统计，经各省、自治区、直辖市旅游发展委员会、旅游局和新疆生产建设兵团旅游局审核，依据企业实际旅游投资额排序。

【泰州获2016同程旅游十大最具潜力旅游目的地】2016年11月17日，"红遍神州，一路同程——目的地旅游峰会暨2016同程旅游年度合作伙伴盛典"在苏州市举行。泰州获评"2016同程旅游十大最具潜力旅游目的地"。泰州华侨城云海温泉获评"2016同程旅游最受网民欢迎的温泉景区TOP10"，溱湖国家湿地公园获评"2016同程旅游最受网民欢迎的山水旅游景区TOP10"，泰州碧桂园凤凰酒店获评"2016同程旅游品质游之选——周边游酒店口碑赢家"。

多家。

拓展旅游客源市场。打造赏花、康养、美食等主题产品，全市各大景区接待上海、南京、山东、浙江、安徽等地千人大巴团100多个，青岛、烟台旅游专列、北京康养豪华旅游专列、台湾赏花旅游包机等大型旅游团队共3000多人到泰州参加各项旅游活动。首次与华南地区旅行社领军企业广州广之旅签署泰州旅游新产品开发、客源输送合作协议，广州广之旅在旗下门店设立泰州旅游形象店，全年输送游客超过2000人。与国旅总社继续开展合作，国旅总社、中旅、中青旅、凯撒旅游联合开发"享泰州养生境"系列康养旅游产品，年内2个豪华康养专列团600多人到泰州深度体验中医药特色旅游。12月17日，首航"世纪神话号"游轮抵达高港核心港区码头，180名游客体验泰州慢生活之旅。

完善旅游营销奖励办法。市旅游局联合财政部门出台2016年市区旅游营销奖励办法。开发完善手机端旅游团队奖励申报系统，实现旅游团队信息便捷化、实时化、精准化管理。

国家AAAA级景区——凤城河风景区

旅游营销

【概况】2016年，泰州市加强旅游市场推介。对接外联主要客源市场，组织江苏旅游新干线城市赴安徽合肥、安庆等主要客源地举办专场推介会；开拓广州、北京、河北、河南、浙江等中远程市场以及东南亚境外市场，全年旅游业同行到泰州考察踩线20多批次；融入畅游江苏产品体系，在澳大利亚、新西兰以及东南亚等主要境外市场开展宣传推介。搭建营销平台，引导景区、酒店、旅行社、旅游商品企业开拓市场；组织旅游企业参加上海国际旅交会、中国国际旅游商品博览会以及港澳台、北京、广州、南京、宁波、西安等地举办的各类旅游展会，累计发放各类宣传资料10万多份，接洽旅游电商、旅行社、新媒体等50

【"乘着动车去旅行"四城互动游在泰州启动】2016年5月14日，"乘着动车去旅行"——中国旅游日·南京、扬州、南通、泰州互动游启动仪式在泰州老街举办。中国（长三角）高铁旅游联盟走进泰州、2016泰州市民旅游交易会开幕。

【第八届泰州早茶节】2016年9月18日，"寻味泰州"品蟹美食旅游季暨第八届泰州早茶节开幕式在泰州老街举行。美食旅游季推出泰州早茶节、溱湖八鲜美食节、兴化品蟹赏菊旅游季、靖江汤包美食节、泰兴曲霞汤包美食节、口岸雕花楼中秋江鲜美食节、国医馆药膳养生大讲堂等活动20多项。

【第二届泰和堂国医养生旅游季】2016年10月29日，“泰州市泰和堂国医养生旅游线路发布暨健康养生产品展示会”在稻河古街区开幕。开幕式上，发布泰州市泰和堂国医养生旅游线路，“名医带你游”活动启动。

旅　游　管　理

【概况】2016年，泰州市出台《关于加强全市旅游行业诚信建设的意见》，在全国先试先行开展旅游行业诚信建设。制定“六规范两办法”和《诚信旅游准则》《旅游行业诚信公约》，评选出诚信旅游示范单位50家。市旅游局承担国家级课题《国家诚信旅游示范城市标准》的编制，至年末，课题成果通过省、市两级评审。

规范监管旅游市场秩序。加强旅游市场监管，检查门市备案登记、旅游质保金和旅游责任险。实施旅游监督卡和“神秘客”制度，全年发放监督提醒卡10张。开展明察暗访，发现各类问题10多起，对7家旅游企业发出书面整改通知。推出旅游红黑榜，开展市级游客满意度调查。全年督查接待处理投诉纠纷52起，帮助游客挽回经济损失近5万元。完善行业安全管理制度，开展文明行业创建、旅游安全宣讲和重点督查活动，在全市部署设置“导游专座”。

【泰州受委托编制《国家诚信旅游示范城市标准》】2016年2月5日，国家旅游局下发通知，委托泰州市旅游局编制全国诚信旅游示范城市标准。

【全省旅游监管工作会议在泰州召开】2016年4月27~28日，全省旅游监管工作会议在泰州召开。省旅游局副局长周旭出席会议并讲话。会议贯彻落实全国旅游工作和全国旅游监管工作研讨会议精神，交流行业监管工作经验，总结2015年及2016年1~4月全省旅游行业服务监管工作，部署2016年旅游行业监管重点工作。

【全市旅游行业诚信建设工作会议】2016年2月26日，市政府召开全市旅游行业诚信建设工作会议，出台《关于加强全市旅游行业诚信建设的意见》和评定规范8个，动员部署全市旅游行业诚信创建工作。市领导张余松、王东出席会议。市旅游委成员单位分管领导、各市区分管领导、全市旅游行业代表、全市旅游管理部门相关负责人共200多人参加会议。

【“平安景区”创建】2016年，全市各景区（点）开展“平安景区”创建。11月22日，凤城河风景区、泰山公园、光孝寺、溱湖旅游景区、雕花楼景区、引江河风景区、李中水上森林景区、郑板桥·范仲淹纪念馆、沙沟古镇、牧城景区、靖江市人民公园等11家单位被认定为2016年度泰州市“平安景区”。

（旅游局）

稻河古街区

信息化建设

责任编辑　耿　玮

综　述

【概况】2016年，泰州市国民经济和社会信息化进一步发展，全市信息化发展指数为85.91，信息产业和信息化建设取得新进步。网络与信息安全保障体系建设进一步完善。泰州市获"国家'宽带中国'示范城市"称号。应用信息技术改造传统产业水平不断提高，信息化和工业化深度融合（简称两化融合）步伐不断加快。年内，3个项目入选2016年智慧江苏建设重点示范工程，培育省"企企通"示范园区7个、试点企业51家；新增省两化融合示范区、试验区2个，农村信息化应用示范基地3个，19家企业成为江苏省两化融合管理体系贯标试点企业；建成国家级两化融合贯标试点企业2家，完成公共区域240个免费WiFi热点建设任务，积极推进市民卡建设和首批体验卡发放工作。

【干部教育"名家讲坛"】2016年5月6日，为推进全市供给侧结构性改革工作，进一步提升经济管理干部和企业负责人的管理能力，市委组织部、市经信委联合举办第四十一期泰州干部教育"名家讲坛"。清华大学经济管理学院副院长陈煜波教授作"大数据时代的商业创新和中国企业转型升级"专题报告。市委副书记、市长史立军出席讲坛。

名家讲坛

（靳新伟）

【网络信息安全】2016年，市信息安全办公室共处理45件各级党政机关网络与信息安全事件，确保春节、"两会"、国庆等重要时期的网络信息安全。网络与信息安全应急管理工作在全市考核获"优秀"等级。市经信委信息安全处处长宫建勇被表彰为全市应急管理工作先进个人。

（宫建勇）

信息化推进

【概况】2016年，继续推进全市新兴产业集群区建设。高港高新技术产业园区被认定为省级两化融合示范区，靖江经济开发区城南园区通过两化融合示范区（复核），泰兴市城东高新技术产业园区被认定为省两化融合试验区。6月，浪潮集团落户泰州。根据协议，浪潮集团将投资5亿元，在泰州建设拥有3000机架的世界领先级第五代标准云计算中心。省级农村信息化应用示范基地建设取得成效，农村信息化水平稳步提升。泰兴市张桥镇等11个镇、村被认定为2016年度"泰州市农村信息化应用示范基地"。姜堰区梁徐镇岭家村、兴化市林湖乡强胜村被确定为2016年度"江苏省农村信息化应用示范基地”。年内，在海陵区、高港区、姜堰区共举办5场农民用网志愿者活动，推进农业农村信息化知识的普及。持续健全完善网络与信息安全保障体系建设，组织开展全市重要工业控制系统信息安全调查。全面完成2016年度“平安通信”全年创建工作，并顺利通过市综治办考核。

（宫建勇）

【信息化应用】2016年，市经信委、中国两化融合服务联盟联合举办泰州市首期两化融合管理体系贯标培训班。年内，设立泰州市信息化和工业化融合发展专项引导资金，成为全省首家出台两化融合专项资金的地级市。编写并发布《泰州市企业两化融合发展报告(2015)》。组织21家企业申报2016年度省级工业和信息产业转型升级专项资金中的大中型企业互联网化提升项目，20家企业获专项资金2230万元；18家企业获2015年市工业经济转型升级信息化、智能化提升项目扶持资金，共计342万元。

（孔令虎）

2016年江苏省“两化融合创新示范工程示范企业”名录（2家）

江苏恒力制动器制造有限公司
江苏科兴电器有限公司

2016年江苏省“两化融合创新示范工程试点企业”名录（4家）

江苏振华泵业制造有限公司
江苏双乐化工颜料有限公司
泰兴汤臣压克力有限公司
新浦化学(泰兴)有限公司

2016年泰州市“两化融合示范企业”名录（32家）

泰州市梅兰春酒厂有限公司
泰州市瑞驰动力机械有限公司
泰州市罡杨橡塑有限公司
泰州宝锐石油设备制造有限公司
泰州市安腾轴皮厂（集团）
江苏神驰机电有限公司
江苏扬泰电子有限公司
泰州汇锦电子有限公司
江苏宇马铝业有限公司
江苏乐彩印刷材料有限公司
泰州市东方离合器有限公司
泰州市银杏织锦有限公司
泰州市榕兴医疗用品股份有限公司
润泰化学股份有限公司
泰州市溪龙包装有限公司
环球传动泰州有限公司
泰州金宝来纺织有限公司
泰州市旺鑫耐火材料有限公司
江苏硕世生物科技有限公司
江苏海阳锦纶新材料有限公司
江苏民生特种设备集团有限公司
江苏双轮泵业机械制造有限公司
江苏骏马压路机械有限公司
江苏南山冶金机械制造有限公司
欧洋富瑞江苏木业有限公司
靖江市东达新能源科技有限公司
江苏华兴特钢铸造有限公司
江苏常隆农化有限公司
江苏九天光电科技有限公司
江苏瑞德机械有限公司
江苏博生医用新材料股份有限公司
江苏瑞宇医疗用品有限公司

2016年泰州市“两化融合试点企业”名录（22家）

泰州市凯华柴油发电机组有限公司
江苏天罡精密铸造有限公司
江苏洁乐医用敷料有限公司
富彤化学有限公司
泰州市柯普尼通讯设备有限公司
江苏海龙电器有限公司
江苏万丰船用设备制造有限公司
泰州市第一铝材厂有限公司
江苏康泰环保股份有限公司
江苏华冶科技股份有限公司
江苏星晨高速电机有限公司
江苏开源环保技术工程有限公司
江苏苏中电信器材有限公司
江苏天龙车辆部件有限公司
江苏欧普特条码标签有限公司
江苏凯力克钴业股份有限公司
赢胜(江苏)节能有限公司
惠尔信机械(泰兴)有限公司
汉皇印象江苏生物科技股份有限公司
兴化东华齿轮有限公司

江苏星火特钢有限公司
江苏昊鹏机械有限公司

【无线电管理】2016年,市无线电管理办公室积极加强无线电管理工作力度,全力做好春运、"两会"、中国泰州国际旅游节、中国兴化千垛菜花旅游节等重要时期的无线电通信保障工作,确保重大活动期间的通信安全。圆满完成研究生入学考试、公务员考试、高考等各类考试保障,压制可疑无线电信号4个,打击利用无线电实施作弊的违法行为。年内,持续加大执法查处力度,发现并查处非法不明信号9个,及时排查解决6起设台单位干扰投诉,查出"黑广播"案件2起,破获"伪基站"案件1起,完成对5个常规频段及有关特殊频段占用度测试任务,累计实施固定监测10592小时,抽样检测各类专业无线电发射设备325部,检测合格298部。

无线电通信保障

(王 苹)

软 件 业

【概况】2016年,全市软件业完成业务收入70.91亿元,比上年增长16.6%;新增"双软评估"软件产品132个、软件企业5家。组织83家软件企业年审,辅导43家企业完成117个软件产品的现场检测。华聘科技、晨光数控、东华测试、春兰清洁能源等4家企业入选2016~2017年江苏省规划布局内重点软件企业。江苏普源视景仿真科技有限公司的PY飞行模拟软件V3.0和江苏晨光数据机床有限公司的CG数控电极双螺纹梳加工控制软件V2.0获第十四届江苏省优秀软件产品奖金慧奖。扬子江计算机公司获全省优秀软件著作权奖。

(高 茹)

【江苏东华测试技术股份有限公司】该公司作为国内振动测试行业唯一的上市公司,始终专注于结构力学性能测试传感器、采集仪器及配套数据管理分析诊断软件的研发、生产和销售,并提供应用解决方案和技术服务。2016年,公司实现销售收入12440万元,总产值42030万元,利税2195万元,取得5项软件著作权,完成"天宫二号"空间实验室整体结构强度测试及"神舟十一号"载人飞船的环境试验及振动响应测试的信号监测和分析,获全国首届军民融合创新大赛优胜奖,并被列入国防装备产品优先推荐目录。

(陈 立)

【江苏春兰清洁能源研究院有限公司】该公司为春兰(集团)公司全资子公司,是集研发、生产、销售于一体的专业生产高能动力电池及其管理系统的高科技企业。公司现已形成面向市场销售的系列锂离子电池、镍氢电池及其管理系统等产品,并实现在新能源汽车、矿用救生后备电源、电力电站储能、太阳光伏储能、高速机车、AGV车辆、军用电源等领域的应用和商业运营。2016年,公司主营业务收入41285.4万元,利润4003.57万元,并获中国产学研合作创新奖、泰州市质量管理奖和"泰州市发明专利十佳企业"称号。

(丁海陵)

通 信 服 务

·电信通信·

【概况】2016年,中国电信泰州分公司加快互联网化转型,不断优化运营质态,顺利完成全年工作目标。公司全力推进"光网城市"建设,推进"互联网+"与传统行业的融合,信息化应用建设速度不断提升。年内,公司获"江苏省文明单位""省质量管理小组活动优秀企业""中国电信集团模范职工之家"等称号,并获江苏电信"规模发展先锋奖"银奖。

【通信基础设施建设】2016年,实现光纤宽带在全市无条件受理,光纤宽带总体住户覆盖率大于99%,新装公众宽带FTTH占比达98%以上。泰州市继成为国家"三网融合"试点城市、国家智慧城市试点后,成功入选2016年度"宽带中国"示范城市。继续主动加快提速降费进程,在资费下调的基础上加速在网宽带用户向光纤网络的迁改。在网宽带用户的平均接入速率达到43M,比上年提升18.2M。天翼4G网络实现全市覆盖。天翼4G网络各项性能指标包括上下行速率、接入时延、通话质量等在全省同行业内位居前列。完成泰州市无线城市项目建设。全面承接泰州市"无线城市"免费WiFi建设任务。推进各市(区)无线城市建设。全面加速中国电信泰州云计算中心建设。年内,公司进一步加大投入推进云计算中心建设,大幅度增加IDC机房面积和可用机架数量,扩容城域网出口带宽至800G的同时,也为"智慧泰州"提供更加稳定、安全、可靠的云服务平台。

【"智慧泰州"建设】2016年,完成市政务数据中心全天不间断运行保障维护及各部门应用迁移的配合工作,协助46个部门88项政务应用入驻数据中心。发挥光网优势,协助整合社会各类视频监控资源。积极参与"智慧交通""智慧消防""数字城管"等信息化项目,配合市政府政务服务中心强化"12345"热线的管理和运营。持续聚焦教育、农业、社区服务等领域,不断提升"智慧城市"民生信息化应用水平。共建"智慧教育",承办江苏省教育云合作推进会,推进"教育云""三通两平台"在教育系统的应用。其中,姜堰区在全省率先完成中小学"云桌面"建设,被评为中国电信集团公司云标杆项目和全省教育云示范点。打造"智慧农业",在市农业开发区建设并推广"智能大棚"。搭建"虚拟养老"平台,与海陵区共建"安吉通"居家养老平台,共同实施"孝心365"老年人关爱项目,开启居家养老新模式。不断引领"互联网+"与传统制造业融合,为双登集团开发建设"智慧电池"管理平台,推出防盗电池、智慧电池及智慧能源服务,配合泰州安方电力、泰兴波瑞电器、高港建源水表等企业实施产品智能化改造。

(张　璐)

·移动通信·

【概况】2016年,中国移动泰州分公司顺利完成主要运营指标,全年实现运营收入19.9亿元,利润3.4亿元,投资总额达4.56亿,新增4G基站1520个。公司紧贴社会经济发展需求,加大基础投入,加强技术创新。建成泰州地区等级最高的云计算中心,建筑面积3000平方米,提供五星级机房基础设施和高带宽互联网接入。承建"泰州智慧旅游""智慧交通""慧眼守土"等多个政企信息化项目。年内,公司获"中国移动企业文化宣传工作先进单位""江苏省五一巾帼标兵岗""江苏省五一劳动奖状""江苏省级文明单位"等称号。

【加强网络建设】网络质效明显提升。全年完成宁启高铁铁路专网增补、语音质量专项提升、网格速率提升等多项专项活动。全市日均流量比上年增长145%,4G无线利用率居全省第3,城区无线下载速率居全省第5,语音通话满意度居全省第2。重点开展光纤入户改造,累计覆盖用户160多万户。宽带48小时内外竣工率分别为96.24%和97.81%。

【提供优质服务】不断提升服务质量和客户口碑。宽带服务品质全面提升。在全省率先推出宽带品质对外服务承诺。全年累计派发41张服务督办单,溯源解决46个典型投诉问题,系统优化94项流程,3项流程入围全省优秀流程案例库。《基于前后端协同的客户经理营销与服务支撑流程》获全省优秀流程案例评选三等奖。搭建线上掌上营业厅、微信等自助互动平台。在全市范围内建成新型家庭宽带社区服务站75个,实行"两天装机,一天维修,超时赔付"服务。

(夏海桥)

·联通通信·

【概况】2016年,泰州联通公司在51家营业厅设立智慧沃家体验区,全年累计实现主营业务收入3.44亿元,比上年增长1.2%,通信服务收入居全省第6。公司注重不断提升用户体验。通过"百万用户大提速"活动,提升老用户保有率,加快新用户发展。宽带覆盖用户数提升60%;年累计净增用户3342户。年内,公司获"2015~2016年度泰州市诚信单位""2016年度泰州市消费诚信单位""泰州市十佳诚信企业"等称号。

【推进网络覆盖】围绕目标用户,不断提升网络竞争力。公司全年基站投资3654万元,新建4G基站876个。至年末,4G基站总数已经超过1700个,4G流量覆盖率、4G用户流量驻留比均达85%,人口覆盖率达91%。网络覆盖区域内A类微网格用户保障速率达到4Mbps,满足用户720P视频需求;核心商圈、医院、校园等区域用户保障速率不低于8Mbps,满足用户1080P视频需求。传送网新建光缆472皮长千米,管道113.95沟千米,新立光交88个,安装设备30端;全年投资1182.63万元用于接入网宽带及数据升级。

【提升竞争能力】围绕"互联网+"和行业应用,与阿里巴巴集团合作推广专为国内企业建设的工作及商务沟通协同平台,让中小企业在降低日常办公通信费的基础上,更好的进行员工管理,提升企业信息化水平。年内,实施医院医疗云计算项目,搭建完成医疗云平台并实现WLAN无线查房等应用。实施卫生系统云平台,其中包含公共卫生突发事件应急指挥与决策系统、卫生局—乡镇卫生院和村镇卫生所双路由网络,以不断加强基层医疗卫生机构运营监管,提升精细化管理能力。

(程　俊)

综 述

【概况】2016年，全市水利建设继续加大投入，强化水利管理，深化水利改革，在保障防洪安全、水资源供给安全、水环境和水生态安全、服务民生等方面取得明显成效。全年全市水利建设完成总投资近20亿元，较好完成各项目标任务。

【水利设施建设】2016年，通扬运河整治四期完成年度建设目标，宣堡港许庄河控制工程、太平闸站拆建工程、前进河整治工程等已通过完工验收。年内新开工项目全部进场实施。引江河二期水系治理工程、药城新湖生态控制工程进程加快。围绕“双水绕城”的水生态景观布局，加快推进南官河、凤凰河景观提升项目。凤凰河景观提升工程一期土方、园路、河道栏杆及亮化项目基本完成。南官河景观提升工程一期项目建设进展顺利。加快推进闸涵泵站、衬砌渠道等田间配套工程建设，改善农田灌排条件和减灾能力，扩大旱涝保收农田面积。大力开展以沟通水系、拆坝建桥和配套建筑物改造为主要内容的活水工程，提高农村河道的引排和调蓄能力。年内，共完成5个小型农田水利工程项目建设，新建灌排泵站、圩口闸147座、配套建筑物474座、1个大型灌区、2个中型灌区；共疏浚农村河道68条173.8千米，完成土方271.5万立方米，护岸111千米。

凤凰河景观提升工程

【重点水利工程建设】2016年，长江扬中段天星洲汊道段河道综合治理工程完成年度投资2.8亿元。泰东河工程完成年度投资4700万元，拓浚干河22.1千米，新建圩堤37.06千米、扫土墙13.22千米、驳岸墙0.56千米、河道护坡26.87千米；新建或重建排涝站39座、圩口闸65座、农桥27座。里下河洼地治理川东港拓浚工程完成年度投资8900万元，青龙桥部分全部完成，河道工程完成工程量的85%。泰兴市马甸抽水站改造工程基本结束，累计完成投资2.38万元。

防 汛 防 旱

【概况】开展汛前汛后检查。2016年1月25日，市防汛指挥部要求各地集中力量对各类水利工程进行汛前安全检查。3月，市防汛指挥部安排技术人员对重点水利工程进行抽查，并召开会议，交流汛前水利工程检查、防汛准备工作、隐患处理进展情况，就防汛准备工作进行部署。4月13日，根据汛前检查结果，向各市（区）政府、管委会、防汛指挥部，通报险工患段并提出除险消险要求。5月6

日，市防汛指挥部组织专家分析沿江长江近岸水下地形测量结果，对河势变化进行会商，并督促各地采取措施维护长江河势稳定。

【消除险患及应急整治】年内，结合水下地形测量分析结果，积极筹措资金，对易坍河段及病险的通江工程进行除险消险，完成泰兴市天星洲整治工程、太平排涝站拆建工程和九圩港白蚁危害段的除草清杂、投药诱治工作。突击组织沿江易坍江段抛石护岸工程，共投入中央特大防汛经费500多万元实施靖江市长江旺桥港下游段、泰兴市长江四桥港段、医药高新区长江杨湾段、高港区长江同兴港上游段防护应急处理工程。里下河地区投入1000多万元改造200座圩口闸，维修100座排涝站。主城区连续第4年实施易积水地段的整治，投入资金800万元，整治低洼积水点32处，保证汛期发挥工程效益。

【防汛物资储备】2016年，建立防汛物资储备专用仓库，采取实物储备与商业代储相结合，共储备“三袋”（麻袋、草袋、编织袋）130万只、木材550立方米、块石5万吨、土工布4万平方米，其中市级储备编织袋35万只、木材160立方米、土工布1.6万平方米、块石2万吨。新增实物储备15.66万元，增储土工布6000平方米、增购木方100立方米。新增防汛抢排泵20台套，用于应急排水，配备挡水子堤、装配式围井、滤垫、膨胀袋等新型防汛物资。组织抢险队伍培训。4月，海陵区在九龙九岛环湖组织进行防汛抗洪抢险军地综合演练；5月，姜堰区在俞垛镇组织进行防汛抢险应急演练。

水政工作

【概况】2016年，完成《泰州市水环境保护条例》起草工作，为水环境治理工作提供强有力的法制保障。加强河道采砂、河湖管理等监督执法工作，河道采砂处于可控状态，水事纠纷调处和重大案件的查办力度不断加大。加强水上执法和管理。年内，重点督查蜈蚣湖湖内非法开发项目、卤汀河姜堰段非法占用等重点水事违法案件，依法开展市内骨干河道的防汛清障。组织汛前全市专项执法活动10次，发出清障通告800多份，清理渔网、鱼簖168张，清除阻水坝埂5处，拆除违法占用河道建筑物360平方米。

【水行政许可】2016年，继续优化办事流程，缩短办结时限，做到即办件当场办，承诺件提前办。将原有涉水许可事项法定时限20个工作日缩短至15个工作日。对行政权力进行全面的规范清理，形成110项水利系统行政权力清单。认真办理涉水项目行政许可，修订《泰州市水利局实施行政许可工作制度》，对办理流程进行进一步明确，全年办理行政许可39件。

【水利普法宣传】年内，将水利普法宣传与“世界水日”“中国水周”和“12·4”全国法制宣传日宣传活动相结合，精心制订宣传方案，开展法律宣传。面向全社会开展微信平台水利知识有奖竞答活动，得到社会各界积极响应，参加人数近万人。“中国水周”期间，在市广播电台、泰无聊网站、局政务网站进行专题宣传。在市莲花四号区广场开展水利普法宣传，设立咨询台，摆放20多块展牌。开展“水法宣传走进采砂船只指定停靠点”“水法宣传走进天星港叉港整治工程”“水法宣传走进企业”“水法宣传走进社区”等宣传活动。开展法制大讲堂活动，开展“把握新行政诉讼法精神，严格规范行政行为”为主题的法治讲座，提升全局人员的法治意识。

市水利局开展“世界水日”“中国水周”宣传活动

水资源管理

【概况】2016年，持续推进水生态文明试点各项工作，不断加强长江岸线保护，恢复和保护沿江滩地，限制生态红线范围内的所有开发项目，对永安洲永正水源地保护区内的6千米岸线进行永久性保护。投资13亿元建设凤栖湖水生态景区。加强河湖湿地保护，加快退渔还湖进程，实施大纵河综合整治工程，清理湖底淤泥，清理湖面漂浮物，拓宽行洪通道，平毁养殖圩埂，拆除围网设施。加强亲水工程建设，积极打造双水绕城水生态景观体系，形成“内环抱老城、外环绕新城”的双水绕城形态，建成市民游客可观可游的生态景观空间，形成彰显“水城泰州”特色的景观风光带。

【节水型社会建设】2016年，编制完成《泰州市节水型社会建设“十三五”规划》《泰兴市节水型社会建设“十三五规划”》《泰兴市节水型社会建设实施方案》《高港区节水型社会建设实施方案》，启动《海陵区节水型社会建设实施方案》编制。积极开展东联化工、吉泰毛纺织染厂等用水大户水平衡测试工作。全年共建成节水型单位2个，节水型企业6家，节水型学校14个，节水型社区6个，节水减排示范项目5个，完成水平衡测试31个。

【水功能区管理】年内，严化水功能区监管。关闭新通、卤汀河、泰东河沿线规模养殖场100多家，有效改善水环境。年内，新增管网150千米，元河、庆丰河等4条黑臭河道得到彻底整治；环保部门加强点源治理，开展专项整治，对长期影响水功能区水质的近100家企业实行关停。泰兴市累计关闭化工企业31家。靖江市将分散的电镀集中加工区统一入园，建成“靖江市电镀集中加工区”，由过去的100多个排污口变成一个排口达标排放。2016年，全市重点水功能区水质达标率62.8%。饮用水源地监测由省厅规定的每月2次加密为每月4次；入河排污口监测由省厅规定的每年2次加密至每年12次，并根据实际情况和入河排污口排放污水性质选择增加监测指标进行监测。

【水源地保护】2016年，加强长江永安洲永正水源地巡查监管，拆除与饮用水源保护无关的设施，同时对原渔船停泊点实行封闭工程，启动水质预警监测站建设。靖江市在明湖备用水源地建成水质自动监测站。泰兴市确定两泰官河作为备用水源地。引江河备用水源地按照省人大决定进行保护区划定，并上报省政府审批。兴化市大力推进饮用水源地存在问题整改，兴姜河水源地违章建筑已强制拆除，横泾河水源地污水管网基本覆盖到位。

【入河排污口管理】年内，结合中央环保督查要求，对全市境内入河排污口分3个阶段全部整治到位。根据摸排情况重新编制《泰州市区入河排污口整治规划》，进行综合整治。海陵区结合西北片水生态改造，将所有工业企业排污口全部接管封闭。陵光石化、梅兰化工等大型企业全部关闭通向新通扬运河的排污口。全市对入河排污口进行全面调查摸底。靖江市政府办下发《关于进一步加强入河排污口及饮用水源地监督管理工作的通知》。姜堰区对全区900多个入河排污口进行分类整治。

水利管理

【概况】2016年，水利工程建设管理水平得到不断提高。加强基本建设制度，规范管理程序，强化项目法人、施工企业和监理单位工程质量保证体系，从严落实工程质量责任制和责任追究制，坚决杜绝严重的工程质量事故。在全市范围内开展水利工程建设招投标问题专项治理行动，印发《泰州市水利工程建设招投标问题专项治理实施方案》，成立专项整治督查组，对水利工程建设项目招投标情况开展全面排查，对市本级政府投资水利工程项目的招投标情况做到全覆盖检查。年内，《泰州市城市防洪规划》《泰州市城市水系规划》形成征求意见稿。《泰州市水土保持规划》通过省水利厅审查。加快《泰州市水资源综合规划》《泰州市市区入河排污口整治规划》《泰州市“十三五”节水型社会建设规划》编制进程。

【水利工程管理】2016年，市水利局积极组织河湖划界确权工作，对纳入省管的65条骨干河道、湖泊全面实施河湖水利工程管理范围划定工作。全市基本完成实施方案的编制。坚持对长江岸线、市管河道每月1次及里下河湖泊湖荡每季度1次的巡查，及时填写巡查记录，发现问题及时报告和处理。坚持对市属工程、河道开展月度工程管理督查和互查互学活动，每次活动坚持全面检查管理现场，听取管理单位汇报，查阅管理单位档案，对发现的问题记录在案，并督促管理单位及时改正。对《泰州市卤汀河泰东河管理办法》及《泰州市卤汀河泰东河管理办法实施意见》两个文件精神进一步贯彻落实，重申市和沿线管理单位的职责，形成沿线执法管理机制。

【水利工程调度运行】2016年，根据《泰州中心城区水生态环境工程调度方案》及汛期利用长江径流大、潮位高的特点，利用口岸闸，自流引江，改善主城区河道水生态环境，维持约2.6米的景观水位。根据天气情况，及时调度水利工程，预降和城区水位，确保城区防汛安全。枯水季节，调度市引江河城区生态调水泵站常态化运行，动力提水，对主城区64平方千米独立水系区域进行生态补水。2016年，城区调水泵站累计开机112天，调水6521万立方米，并多次启用五汊河闸站、沈家河泵站、九里沟涵闸，增加主城区西北部水体的流动性，减轻区域黑臭河道状况，改善区域水环境。为改善通南地区水环境，全年共自流引水9.58亿立方米，动力引水1.75亿立方米，有效改善全市河道水生态环境。

【水利科技】年内，继续接入市气象局数据，为市政府智慧城市平台提供稳定接口。积极推进通南片水生态控制工程自动化调度控制，通过闸站的自动化联合调度，配合引江河高港枢纽及泰兴马甸枢纽，形成市通南地区的生态调水保水控制体系。“泰州市通南片水生态控制工程自动化调度及精细化管理成果”在市级机关创新创优成果评审中获得好评。

（祁海松　朱鸿宇）

引江河建设和管理

【概况】2016年，江苏省泰州引江河管理处紧紧围绕管理处现代化规划目标，坚持以创新促发展，不断推进工程精细化管理，进行一线船闸除险加固改造、一二线船闸联合运行，加强里下河湖泊管理与保护工作，顺利完成全年各项目标任务。年内，管理处获“江苏省文明单位”称号，实现现代化目标考核连续3年位居厅属管理处前列，展现良好发展态势。

泰州引江河二期工程高港枢纽二线船闸

【水利现代化建设】年内，编写完成《水利工程管理单位安全生产标准化指导手册》，并通过审核。水利科技创新取得新突破。“闸站水工建筑物变形监测及状态预警方法”“整合泵站工程管理的联动系统”2项科研成果获国家专利；8月，编制的江苏省地方标准《移动泵机组运行与维护规范》通过省水利厅审查。研发高港闸站工程三维可视化综合管理与决策系统；开展水利工程运行管理数据标准和流程研究；编著《泵站工程管理》《泰州引江河信息化系统研究与应用》，并正式出版发行。

【水利工程管理】年内，坚持重点抓好水利工程检查、维修养护、技术革新、设备改造等工作，保持水利工程与设备完好。严格对照水利部水利工程管理千分制考核标准，完善工程设施及环境面貌，进一步健全长效管理机制。修订规章制度，并加强管理。完成《高港闸站精细化管理指导手册》《防汛机动抢险精细化管理指导手册》《高港船闸精细化管理指导手册》《拉马河闸精细化管理指导手册》等编制工作，并不断提升工程规范化、精细化管理水平。全年安全无事故，共进行安全培训540人次，检查18次，整改隐患25个。

【防汛防旱】2016年，高港枢纽共抢潮引水212天，累计27.72亿立方米，保证里下河、沿海等地区生产生活和航运用水需要。高港泵站为通南地区开机送水6次共1.81亿立方米，有效改善泰州城区水环境。机动抢险队出动移动泵车为南通城区抢险排涝3万立方米；开启泵站机组2次共31天，累计运行5161台时，抽排里下河地区、通南地区涝水6.83亿立方米，圆满完成排涝任务。

【河湖管理】年内，继续加强湖泊管理力度。以联席会议为平台，完成《射阳湖退圩还湖专项规划指导意见》编制，并召开专题会议协调指导退圩还湖、涉湖光伏发电项目建设。落实射阳湖和兴化退圩还湖规划，推动各地开展退圩还湖和重大涉湖违法行为查处，重点针对涉湖违建光伏项目等进行巡查督办。全年共召开河湖督查会商20多次，查处10个违章点。继续加强河道行业管理，协调处理二期河道工程遗留问题，推进水事违法案件查处。定期巡查督促违建违章查处。参与泰州市“河长制”工作检查、考核，督查通榆河及沿线河道水面漂浮物打捞清理，完成监控系统试点建设。积极做好水政执法，建立健全二级水政网络队伍，重新修订所属各水政大队工作职能、水政巡查月报制度、水政巡查路线图等，巡查覆盖率达100%。创新联合执法机制，实现地方渔政站在管理处挂牌。年内，整合水政、渔政、公安三方力量，开展联合执法行动15次，清理违规渔具130多件，制止违章捕鱼行为23起，抓获非法电鱼人员2名。

【高港枢纽一线船闸加固工程】2016年1月，高港枢纽一线船闸加固工程可行性研究报告得到省水利厅批准。2月，江苏省泰州引江河管理处高港船闸加固工程建设处成立。该处严格按照基本建设程序，持续推进泰州引江河高港枢纽船闸加固工程建设。11月15日，加固工程正式开工。工程建设总工期为10个月，计划于2017年5月25日前完成水下工程，2017年8月31日前完成全部工程。

（万　静）

交通·邮政

交通综述

【概况】至2016年末，泰州市境内公路总里程9634.85千米，公路密度1.7千米/百平方千米。其中，高速公路283.88千米、一级公路897.94千米、二级公路1380.83千米、三级公路900.31千米、四级公路6164.66千米、等外公路7.24千米。全市拥有二级以上汽车客运站8个，其中一级站5个、二级站3个。全年累计完成公路客运量8766万人次，公路货运量2546万吨。

全市航道总里程2550.23千米，全年水路货运量16736万吨。其中，三级航道126.81千米、四级航道14.18千米、五级航道25.2千米、六级航道238.1千米、七级航道458.31千米、等外航道1687.63千米。通航船闸6座，套闸11座。全市沿江港口拥有生产性泊位161个，实现货物吞吐量1.7亿吨。其中，万吨级以上生产性泊位54个，泊位长度21489米，综合通过能力1.38亿吨，量能比达1.2∶1。

铁路航空方面，宁启铁路泰州段完成复线电气化改造，由宁启铁路和新长铁路构成的“一横一纵”铁路网总长100.4千米(宁启铁路42.4千米、新长铁路58千米)。泰州火车站全年发送旅客154.34万人次。扬州泰州机场年内正式更名为扬州泰州国际机场，累计运营国内外航线34条，全年完成旅客吞吐量143.7万人次。

【绿色交通建设】2016年，泰州市新增新能源公交车169辆，新能源道路运输客车累计达360辆，93%的出租车实施燃油改燃气，清洁能源车辆比例不断提升。落实货运节能减排措施，全市有厢式货车和专用货车14053辆，占货车总量的38%。继续推广节能环保运输设备和船舶拆解改造工作，鼓励LNG货车进入货运市场，全年完成船舶拆解改造230艘。落实港口岸电建设三年推进计划，沿江内河建设67套岸电设施，4个项目上报交通部申请靠港船舶使用岸电项目奖励资金。继续推广沥青路面再生技术，全市有12.21千米的养护大中修工程使用沥青面层现场冷再生技术，使用旧沥青混合料12800立方米；省道229路段7千米的养护大中修工程路面废旧料回收率达100%。全年获省交通运输节能减排专项补助资金740万元。

【法制交通建设】2016年，市交通运输局推进交通综合行政执法体制改革，开展交通综合执法改革调研学习，对全市交通运输执法队伍现状进行摸底统计。做好行政权力“三网建设”及“同权同名”工作，行政执法人员的准入、考核、评查机制更趋完善，执法人员三年轮训计划全面完成，市交通运输局被市委、市政府表彰为依法行政示范单位。修订完善依法决策制度，推行重大行政决策目录化管理、全过程记录和立卷归档制度，制作355省道建设工程高港段重大行政决策卷宗。进一步健全治超执法联动机制，开展整治公路货车违法超限超载专项行动，全年累计检查货运车辆6.6万辆，查处违法超限超载车辆2612辆，卸驳载货物近1万吨。

【泰镇高速泰州段建成通车】2016年12月28日，泰镇高速泰州段正式建成通车。该路段北起启扬高速淤溪枢纽，与兴泰高速公路相接，止于宁通高速宣堡枢纽，与泰州大桥北接线顺接，主线全长27.8千米，设置3个互通、2个枢纽和1个服务区，经过泰州农业开发区、姜堰区、海陵区、医药高新区和高港区的8个乡镇26个行政村。全线按双向四车道高速公路标准建设，路基设计宽度28米，设计时速120千米。泰镇高速泰州段是全市“两纵两横”高速路网主骨架的重要组成部分，是泰州城区交通的一条“大动脉”，建成通车后将大大提升泰州大桥作为过江通道的功能和作用，加快构筑泰州承南启北、内联外畅的大交通格局。

泰镇高速泰州段宣堡枢纽

【扬泰机场年旅客吞吐量首次突破百万人次】2016年9月9日，扬州泰州国际机场年旅客吞吐量首次突破百万人次，正式跻身全国“百万级”中型机场行列。扬州、泰州两市政府在机场航站楼举行新闻发布会，同时还举行机场与春秋航空公司的战略合作签约仪式。

交通运输生产

【公路和水路运输】2016年，泰州市运力经济增长态势保持平稳，累计完成公路客运量8766万人次、周转量54.30亿人千米，比2015年分别减少2.56%和0.71%；完成公路货运量2546万吨、周转量71.66亿吨千米，分别增长2.29%和4.12%。完成水路货运量1.52亿吨、周转量798.16亿吨千米，分别增长0.65%和6.27%。

【港口运输】2016年，泰州市沿江港口累计实现货物吞吐量1.7亿吨，比2015年增长1.19%。其中，外贸吞吐量1559.8万吨，增长4.57%；集装箱吞吐量25.32万标准箱，增长19.6%。内河港口累计实现货物吞吐量2380万吨。

【铁路运输】2016年，宁启铁路泰州段完成复线电气化改造，泰州火车站发送能力显著提升，全年发送旅客154.34万人次，比2015年增长26.2%；发送货物22.42万件。宁启铁路开通动车后，泰州到南京只要1小时20分钟，到扬州和南通分别只要30多分钟和50多分钟，真正实现宁杨通泰“同城化”。

【民航运输】2016年，扬州泰州机场升格为国际机场，年内新增大阪、济州等多个国际航点，累计开通国内外航线34条，其中国内航线24条、国际（地区）航线10条。全年安全保障各类飞行36202架次，其中保障运输飞行13010架次。年旅客吞吐量首次突破100万人次，达143.7万人次，比2015年增长65.2%，平均客座率83.25%，其中国际（地区）航线旅客吞吐量20.7万人次，在全省9座机场中居第三位。完成货邮吞吐量7714.9吨，增长25%。

2016年扬州泰州国际机场航班情况一览表

表13

航　线	航空公司	机　型	2016年航班	开通时间
扬州泰州国际机场—韩国济州国际机场	春秋航空公司	A320	每周二、四、六、七各一班	2016年7月1日
扬州泰州国际机场—泰国曼谷素万那普国际机场	春秋航空公司	A320	每周二、四、六、七各一班	2015年11月3日
扬州泰州国际机场—泰国普吉国际机场	春秋航空公司	A320	每周二、五、七各一班	2016年7月3日
扬州泰州国际机场—日本大阪关西国际机场	春秋航空公司	A320	每周二、四、五、七各一班	2016年3月27日

续表13

航　线	航空公司	机　型	2016年航班	开通时间
扬州泰州国际机场—台北桃园国际机场	台湾中华航空公司	B738	每周一、五各一班	2016年2月1日
扬州泰州国际机场—长春龙嘉国际机场	春秋航空公司	A320	每四、七各一班	2015年11月3日
扬州泰州国际机场—北京首都国际机场	中国国际航空公司	B738	每日一班	2012年5月8日
扬州泰州国际机场—深圳宝安国际机场	深圳航空公司	A320	每日两班	2012年6月15日
扬州泰州国际机场—西安咸阳国际机场	深圳航空公司	A320	每日一班	2012年7月27日
扬州泰州国际机场—广州白云国际机场	中国南方航空公司	A320	每日一班	2012年8月29日
扬州泰州国际机场—厦门高崎国际机场	深圳航空公司	A320	每日一班	2012年9月5日
扬州泰州国际机场—厦门高崎国际机场	春秋航空公司	A320	每日一班	2016年11月7日
扬州泰州国际机场—昆明长水国际机场	春秋航空公司	A320	每周二、四、六各一班	2016年12月27日
扬州泰州国际机场—三亚凤凰国际机场	海南航空公司	B738	每周一、三、五、七各一班	2012年11月14日
扬州泰州国际机场—哈尔滨太平国际机场	海南航空公司	B738	每周一、三、五、七各一班	2012年11月14日
扬州泰州国际机场—成都双流国际机场	四川航空公司	A320	每日一班	2012年11月18日
扬州泰州国际机场—沈阳桃仙国际机场	深圳航空公司	A320	每日一班	2012年6月15日
扬州泰州国际机场—贵阳龙洞堡国际机场	春秋航空公司	A320	每日一班	2016年12月25日
扬州泰州国际机场—天津滨海国际机场	春秋航空公司	A320	每周一、三、五、七各一班	2016年12月7日
扬州泰州国际机场—桂林两江国际机场	桂林航空公司	A319	每周四、七各一班	2016年6月28日
扬州泰州国际机场—郑州新郑国际机场	春秋航空公司	A320	每周二、四、五、七各一班	2016年3月27日
扬州泰州国际机场—大连周水子国际机场	深圳航空公司	A320	每日一班	2016年3月27日
扬州泰州国际机场—呼和浩特白塔国际机场	春秋航空公司	A320	每周二、六各一班	2016年11月29日
扬州泰州国际机场—琼海博鳌国际机场	桂林航空公司	A319	每周一、三、五、七各一班	2016年1月5日
扬州泰州国际机场—珠海金湾国际机场	春秋航空公司	A320	每周一、三、五、七各一班	2016年1月1日
扬州泰州国际机场—石家庄正定国际机场	春秋航空公司	A320	每周二、五、七各一班	2015年11月3日

交通基础设施建设

【概况】2016年,泰州市稳步推进高铁前期工作,高速公路网络更趋完善,干线公路建设再上台阶,农村公路提档升级工程加快实施,港航建设扎实推进。全年共完成交通固定资产投资81.9亿元,超额完成年度计划。

【高速公路建设】2016年,全市高速公路建设完成投资26亿元,占年度总投资的31.73%。泰镇高速泰州段建成通车;兴泰高速路基土方填筑、桥梁等工程全部完成,路面工程加快推进;京沪高速江广段先导段建成通车,其余路段超额完成年度计划。

【国省干线公路建设】2016年,全市国省干线公路建设完成投资24.1亿元,占年度总投资的29.39%;路网连接线完成投资9.1亿元,占年度总投资的11.1%。全市在建国省干线项目总数达16个,建成总里程126.2千米。省道334黄桥至如皋段、省道304和352、永定路快速化、省道229姜堰南段、省道351、省道231合陈至临城公路改扩建工程建成通车,省道229靖江段改扩建、环港大道、省道356沿江高等级公路改造等工程全面达到序时进度,328国道海姜段快速化改造等工程开工建设,姜高路姜堰段等工程前期工作加快推进。

【农村公路建设】2016年,泰州市加快实施农村公路提档升级工程,全年农村公路建设完成投资5亿元,占年度总投资的6.1%。建成农村公路390千米,改造农危桥258座,计划项目验收合格率达100%。泰兴市成功创建为全市首个、全省首批省级"四好农村路"示范县。

【港口航道建设】2016年,全市航道建设完成投资3.02亿元,占年度总投资的3.7%。通扬线三级航道整治工程完成用地勘界、土地计划申请及林地征占用手续办理等工作,姜堰段完成房屋拆迁3.5万平方米,海陵先导段完成10公顷林木砍伐及1000米护岸建设。泰州港完成投资12亿元,比2015年增长8%,占年度总投资的14.6%,新增万吨级以上泊位4个。

【铁路建设】2016年,泰州市"三横四纵"铁路网的基本构想通过专家评审。完成泰州地区铁路枢纽总图和泰州港疏港铁路规划研究。北沿江高铁、盐泰锡常宜城际铁路均被列入国家及省有关规划。其中,盐泰锡常宜城际铁路预可研报告已经形成初步文本,规划中的靖江站、泰兴站、泰州南站、兴化站将作为综合客运枢纽同步建设;北沿江高铁前期工作步伐加快,3月被列入省政府与国家铁路总公司共同形成的备忘录。投入600多万元,对泰州火车站实施综合改造。

【客运站建设】2016年,全市汽车客运站建设完成投资2.2亿元,占年度总投资的2.7%。泰州西客运站(二级)东西辅楼完成封顶,正在进行保温系统施工;高港汽车客运站(一级)正在进行配套设施建设和内部装修;泰兴黄桥汽车客运站(二级)完成工程招标,正在进行基建工程建设;3座客运站均超额完成年度建设目标。

【公交站场建设】2016年,全市公交站场枢纽布局进一步优化,全市新增公交线路19条,优化调整公交线路27条,新增新能源公交车152辆。全面实施公交一小时免费换乘政策,城市公共交通出行分担率达25.2%。新开辟营运线路10条,覆盖行政村44个,8.9万人受益,镇村公交开通率达74%。新增公交首末站3个,公交停车场、保养场各1个,建设农村公交站台200个、镇村公交停车场1个。

交通行业管理

【公路管理】2016年,全市完成安防工程建设60千米,干线公路优良率达97%。推进道路交通安全专项整治活动,排查整改各类安全隐患399处。完成新改建省级路网监测点29处;征收国省道公路车辆通行费1.24亿元,超额完成年度计划的12.63%;免费放行"绿色通道"车辆13.68万辆,减免通行费255.69万元。召开全市农村公路及公路货车非法改装和超限超载治理工作会议,明确各市(区)政府职责,扭转公路部门"单兵作战"的局面。推进"四好农村路"建设,全面构建农村公路"建、管、护、运"一体化运转模式。出台"四好农村路"建设实施方案,构建权责清晰的农村公路管理责任体系。试行公路养护机制改革,由公路站实施县道养护大中修监管,将国省干线养护经验运用到县道养护中,工程质量得到有效提升。泰兴市创建成"十三五"期间全省首批"四好农村路"示范县。开展"路域环境整治年"活动,全年共清除障碍物5231立方米,清除摊点2213个,清除"非标"悬挂物3083块。开展"治超"专项行动,市区超限超载势头得到有效遏制。在全省公路系统率先编发《安全监管权力清单》《安全监管责任清单》。加强国省干线重要路段、重点路桥路网监控,全年发布各类路网信息22139条。

【航道管理】2016年,全市完成航道养护投资4844万元,占年度计划的110%;完成专项工程3项、航道日常维护项目8项、船闸中修工程15项,所有工程均按期保质完成，优良率100%。定期对船闸设备进行检修、保养，全年辖区航标正常率100%。辖区干支线航道清障扫床3509千米，通航保证率达标。全年办理航道行政许可38件，组织航评6起，航道通航条件影响评价工作获全省交流评比一等奖；严格航道行政执法，先后查处取缔溱潼镇未批先建步行桥、通扬线违建码头等违法行为，强制拆除兴东线、古马干河等航道违章建筑近1000平方米。实施新版《江苏省航道赔（补）偿标准》，全年收取航道赔（补）偿费282万元。全年“两闸”共征收过闸费4189万元，占年度计划的140%，比2015年增长13.7%。

【海事管理】2016年，全市水运安全形势持续稳定。建成并启用水上交通监控指挥中心、水上交通安全信息发布平台、船舶动态监控与海事在线服务系统，安全监管格局进一步完善。组织开展系列专项检查活动，全年累计出动海巡艇1.3万艘次，检查各类船舶4万艘次，纠正船舶违章行为1.2万艘次，连续多年未发生上报死亡责任事故。“内河水上搜救应急设备库”项目完成前期建设，全年共救助船舶93艘，救助遇险人员60人，挽回直接经济损失714.8万元。“壹号趸船”沿江水上船检工作站投入运行。江北船厂建成“LNG动力系统三机联动”试验台架，绿色水运举措取得成效。全年完成船舶建造检验594艘、93.2万总吨，分别占全省总量的20%和31%；完成船舶营运检验9654艘、469万总吨，分别占全省总量的22%和23%；完成船用产品检验8483台（套）、图纸审批145套。加大对重大交通工程建设的服务保障，全年发布航行通告9份，实施水工作业维护58次。完成撤渡任务18道，办理船舶登记4956艘次，换发船员适任证书8663本，组织各类船员考培2468人次。

【运输管理】2016年，全市有中、高级营运客车803辆，占营运客车总量的51%，其中旅游高级车占89%，中长途客运高级车占76%。推进水路液货危险品运输企业的兼并重组，年末企业总数减少至16家。2家道路企业被列为“无车承运人”省级试点，“汇流E通”平台已培养目标客户8000多个、企业用户2000多个。全年服务窗口行政许可办件量5304件，实现“办件零差错、服务零投诉”。出台《全市网约车发展规划》《汽车检测与维护（I/M）制度实施方案》等文件，3家企业获省级交通运输节能减排专项资金补助。完成“十省百城”联网售票对接工作，“巴士管家”等手机APP应用得到社会广泛认可。推进客运站车辆联网报班系统试点工作，泰州南站被列为“联网自动报班客运站”，靖江车站、泰兴车站被列为“联网人工报班客运站”。“掌上公交”与省“畅行江苏”APP实现数据对接，公交、长运、出租业务系统实现数据对接，行业管理效率得到提升。

【民航工作】2016年，泰州市深化通用航空发展和通用机场布局规划研究加强化与高等院校、专业设计单位的合作，通用机场布局规划得到省交通厅认可，各相关通用机场项目均列入全省“十三五”期间通用机场发展规划。加强民航信息资源报送和维护管理工作，开展地方民航执法管理情况调研，参与组建全省机场联盟工作调研。加强对航线培育资金审查、审核，拨付年度航线培育资金1亿元，并参与机场跑道延长、飞行区等级提升、货站改扩建等工程的预可研、可研报告编制评审以及机场“十三五”期间及中长期发展规划的编制工作。

【交通安全监督】2016年，泰州市交通运输安全形势持续稳定。开展危险化学品道路运输、内河运输及港口危险化学品储存、装卸、过驳安全生产等专项整治，检查整改面100%。强制清退一批不符合规定要求生产运营的企业和车辆、船舶，全市有43家道路危险货物运输企业完成安全生产标准化达标考评。严把载运危险货物船舶申报关，加强危险品船舶动态监管，全年发现并整改各危险品运输企业安全隐患202处、各港口企业安全隐患127条，关闭取缔无证经营的小危化品码头8家。对328国道海姜段快速化改造工程及《泰州市网络预约出租汽车运营服务管理实施细则（暂行）》项目进行风险评估。全年信访形势总体平稳，共接处群众来访、人民来信、阳光信件近100起。对市局挂钩的兴化市下圩镇开展综治共建工作，制订《水上交通突发事件处置》《危险化学用品突发事件处置》等各项应急预案、子预案24篇。开展各类应急救援演练26场，交通安全应急救援能力和水平得到提升。

泰兴七圩汽渡举行综合应急演习

【廉政建设】2016年，市交通运输局制订《廉政风险防控手册》，设立专职纪检监察干部，推动廉政监督网络下延。创新实施廉政示范点4个，推行交通重点工程项目廉洁管理标准化建设，对重点交通工程实行纪检监察派驻制。创新实施农村公路纪检监察巡查制，推广使用材料询价、工程项目负责人勤政廉政当面报告、标后监管等制度。严肃查处公路、河道“三乱”问题，完善投诉举报机制。落实执法人员“五项禁令”,对基层单位、服务窗口开展明察暗访。对副科级以上干部、企业领导班子成员以及交通重点工程项目办建立“一人一档”的个人廉洁档案,对涉及轻微违纪苗头的人员进行谈话谈心共63人次。对泰州南站“黑车”泛滥履职不力的驻站负责人责令书面检讨。开展“在岗不作为,履职不担当”等监督执纪问责专项行动,全年共累计上报纪检信息29条,完成市纪委交办件6件,立案5件,诫勉谈话4次,给予党政纪处分2人;市委巡察移交的29条问题线索全部办结,累计清退违规发放的各项奖金津贴补贴约70万元。

【文明创建】2016年,市交通运输局先后举办党风廉政建设专题学习报告会、“法治大讲堂”、交通“十三五”规划辅导讲座等学习教育活动。做好品质泰州建设大会、农村公路工作会议等重要会议以及宁启铁路动车开通、职工文化节、泰镇高速泰州段通车等重大活动的宣传报道,电教片《交通铁人林伯荣》被市委组织部指定为全市“党员固定学习日”学习内容。全年在《泰州日报》、泰州广播电台等主流媒体上刊发稿件、信息近300条;编印《泰州交通》24期、33万字;发布交通官方微博信息1845条,“泰州交通”连续两年获评全市“十大最具活力微博”。举办第三届交通职工文化节、书画摄影展、演讲比赛、好声音歌手大赛、职工运动会等活动。首次创作《泰州交通之歌》,并举办交通人自编自导自演、面向全市群众的大型文艺演出,获泰州首届群众文化艺术节优秀组织奖。推进“道德讲堂”建设,全年共举办“道德讲堂”7期。深化创建活动,市局获“全国交通运输行业文明单位”称号,全系统有13家单位获评为省级以上综合性精神文明建设先进集体。

(徐　方)

邮　政

【概况】2016年,泰州邮政业务规模和业务收入持续增长,经营质效稳步提升,全年全区实现邮政业务总收入6.65亿元,比2015年增长9.05%;实现利润5055万元;全员劳动生产率达20.28万元/人。先进典型持续涌现,俞泽昕当选为泰州市第五届党代会代表,何健忠获评“全国交通运输文化建设核心价值观践行者”,泰州市、县两级邮政企业再次全部创成2013~2015年度“江苏省文明单位”。

【邮政业务发展】2016年,泰州全区累计实现代理金融业务收入4.73亿元,比2015年增长16.43%,计划完成率和同比增幅均居全省第一位。包裹快递业务健康发展,组建快递专业团队,实施专业化经营,加强对重点市场的开发。报刊业务实现收入4174万元,专业KPI得分保持全省前列;在2017年度报刊大收订劳动竞赛中,泰州全区率先完成流转额指标,受到省分公司贺电表彰,并在全国报刊发行推进会上作经验介绍。函件业务实现收入3005万元,成功开发星威园地产路演、泰州建市20周年、品蟹节宣传、“世界环境日”宣传、少儿书信大赛、“水生态泰州”、第二季关爱留守儿童活动等一体化项目,《中华戏曲之旦角》邮资明信片全国首发仪式在泰州举行。集邮业务实现收入2307.77万元,成功开发泰州市第五届运动会邮折、田家炳中学年会纪念册、中国评书评话博物馆邮折以及《祥泰之州》《去古镇呼吸》等一批总公司合作和市县定向开发项目。增值业务实现收入2765万元、增长12.83%,短信业务持续规模发展,车务代办业务稳步发展,商旅业务实现转型发展。分销业务实现收入999.6万元、增长9.5%,“好礼邮”系列主题营销活动全面完成,“福至新春”营销活动获省渠道贡献奖第一名,“粽情端午”营销活动获省结构优化第二名。

【邮政对外合作】2016年4月,泰州“税邮合作”启动,市国税局和泰州邮政分公司正式确定战略合作伙伴关系;全区建立4个便民办税服务点,全年代征税额70多万元。9月9日,市政府与省邮政分公司签订战略合作协议,双方在普惠金融服务、便民服务、电商服务、物流配送、“邮文化”五大发展平台进行深度合作;同日,“泰州邮乐农品”一市四县地方馆盛大开馆,汇集全区16大品牌、100多款地方产品。年内,成功开发泰州建市20周年邮资封业务,成为泰州邮政史上业务规模最大的邮务类营销项目。

2016年9月9日,泰州市政府与江苏省邮政分公司签订战略合作协议

【邮政核心能力建设】2016年,泰州全区重点工程有序推进。转运中心主体工程完工,配套工程进入市场招标阶段;指挥中心完成消防水池建设以及原建筑物平移,主体工程达到“正负零”,地下室主体完工。邮运网改造方面,全面取消县公司封发功能,将县级网运处理节点功能上

收至市公司，运行效率得到大幅提升。投递网不断优化升级，年内全区新增17辆汽车、71辆电动三轮车、68台PDA；“双11”活动期间，全区投递“两包”日均达15167件，峰值达22778件，同比增幅达257%；严格落实投递作业现场封闭管理，全区21个城市投递部全部安装视频监控设备。农村电商提质显效，全区建成电商运营中心4家、网点体验区160家、“邮乐购”加盟店2096家，全区160家乡镇电商服务站全部挂牌运营；建成一支由24名渠道经理、170名区域经理组成的渠道运营团队，组织“福至新春”订货会5场，累计实现订货额600万元。

【企业精细化管理】完善招投标工作流程，全年招标65项、采购58项，涉及资金1695.8万元，节约280.9万元。强化审计职能，完成跨年度收支专项审计和电商资金专项审计，完成领导干部离任经济责任审计项目2个，审计网点改造工程项目37笔、送审金额1070.73万元、审减金额114.47万元、审减率10.69%。从严监督监察，全年纪检监察人员参与监督各类招投标、采购等工作144次，其中采购类项目360.94万元、节约资金91.37万元，其他招投标项目1113.37万元、节约资金189.51万元。开展纪委书记约谈22人次，其中提醒谈话10人次、诫勉谈话1人次、任前廉政谈话11人次。

【市政府与邮政江苏省分公司签订战略合作协议】2016年9月9日，市政府与中国邮政江苏省分公司签订共建邮政公共服务平台战略合作协议，共同打造富有邮政特色的公共服务平台，具体包括普惠金融服务平台、便民服务平台、电商服务平台、物流配送平台和“邮文化”平台。市委书记蓝绍敏与省分公司总经理王曙东出席仪式并致辞，副市长杨杰与省分公司副总经理许定才签订协议。签约仪式结束后，蓝绍敏和王曙东共同为“邮乐农品”泰州地方馆开馆并启动“农产品返城-龙香芋”项目。泰州邮政将按照“龙香芋”项目的实际销量，每盒提取1元作为精准扶贫基金，用于扶助农村贫困户、关爱留守老人儿童等。

（邮政公司）

扬州泰州国际机场

综 述

【概况】2016年，全市建筑业实现平稳较快发展，各项指标稳步增长。全年全市建筑业企业完成营业额3260亿元，排名全省第5，比上年增长8.1%，增幅位居全省第3。建筑业对社会贡献度进一步加大，全行业利税总额达219.8亿元，比上年增长1.7%，其中地方入库税收37.86亿元，增长4.8%。全市从事建筑业的农民工人均年纯收入11582元，比上年增收312元。年内，姜堰区被中国建筑业协会表彰为“中国建筑之乡”。

【企业转型升级】年内，江苏大江等建筑企业适时转变经营模式，积极进入EPC（工程总承包）和PPP（政府与社会资本合作）领域。江苏大江以24.4亿元中标深圳龙岗区保障性住房EPC项目。江苏民生以20亿元中标贵州六盘水“四在农家·美丽乡村”PPP项目。江苏华昊以6.4亿元中标安徽宁国安材、党校迁扩建及配套路网PPP项目。

【建筑人才培养】2016年，全市拥有一、二级建造师12978人，比上年增加1427人；新增中、高级职称1472人，比上年增长12%。创新建筑行业人才联合培养机制。市建筑科技教育中心与泰州职业技术学院联合办学，招收250多名建筑类大专、本科生；江苏国裕与北京泛华集团联合成立泛华国裕商学院，着力培养高级管理人才；中城建十三局与中国人民解放军理工大学成功签订“校企人才战略合作协议”，联合培养高技能应用型人才。

【企业荣誉】年内，泰兴一建承建的成都华侨城四期工程获“国家优质工程奖”。江苏瑞兴承建的医药高新区综合检测大楼装饰工程、江苏双建承建的海陵区城中社区宣传文化教育中心内装工程获“中国建筑工程装饰奖”。中兴建设承建的华润二十四城三期工程、泰兴一建承建的锦绣花园四期工程、江苏屹峰承建的兴化农村商业银行办公大楼获“全国建筑业绿色施工示范工程”称号。中兴建设承建的华润二十四城三期工程、正太集团承建的泰州市人民医院新区医院大楼、江苏屹峰承建的兴化农村商业银行办公大楼、江苏泰建承建的医药高新区医疗器械园二期工程等6个项目获评“国家AAA级安全文明标准化工地”。正太集团、中兴建设被评为“中国建筑业竞争力200强企业”。正太集团、中兴建设、泰兴一建、江苏一建、锦宸集团、江苏广宇、庆泰钢构、中泰桥梁、中建钢构、神龙海洋、江苏河海入选“江苏建筑业百强企业”。

2016年度泰州市建筑业“十强企业”名录

正太集团有限公司
中兴建设有限公司
江苏广宇建设集团有限公司
泰兴市第一建筑安装工程有限公司
锦宸集团有限公司
中城建第十三工程局有限公司
江苏华昊建设集团有限公司
博尔建设集团有限公司
正威科技集团有限公司
鸿佳集团有限公司

2016年度泰州市建筑业“明星企业”名录

江苏万邦建设集团有限公司
江苏省第一建筑安装股份有限公司

江苏苏兴建设工程有限公司
江苏大江建设工程有限公司
江苏金禾建设工程有限公司
江苏溱潼建设集团有限公司
江苏三泰建设工程有限公司
江苏大都建设工程有限公司
江苏中程建筑有限公司
江苏永泰建造工程有限公司

2016年度泰州市建筑业“十佳专业企业”名录

江苏神龙海洋工程集团有限公司
河海科技工程有限公司
泰州市宏泰市政工程有限公司
江苏民生建设有限公司
江苏金堰交通工程有限公司
江苏双建建设有限公司
江苏瑞兴建筑装饰设计工程有限公司
江苏中装建设有限公司
中建钢构江苏有限公司
江苏方正安装工程有限公司

2016年度泰州市建筑业“优秀企业家”名录

倪道仁 中兴建设有限公司
范宏甫 正太集团有限公司
蔡永进 江苏广宇建设集团有限公司
周荣生 泰兴市第一建筑安装工程有限公司
李焕军 锦宸集团有限公司
张桂清 江苏神龙海洋工程集团有限公司
郑红卫 江苏华昊建设集团有限公司
陈桂平 正威科技集团有限公司
周 晖 江苏泰建建设集团有限公司
石建新 江苏金禾建设工程有限公司
陆正华 中城建第十三工程局有限公司
奚友方 江苏永泰建造工程有限公司

建 筑 管 理

【概况】年内，出台《关于促进和扶持建筑业发展的实施办法》，从优化建筑产业结构、实行“优质优价”政策等5个方面提出具体措施，促进全市建筑业健康发展。优化资质结构，提升企业核心竞争力。泰兴一建、锦宸集团进入建筑施工总承包特级资质企业行列，全市特级资质企业增加到6家。全市新增一级资质11项，其中总承包一级资质1项，专业承包一级资质10项；新增二级资质36项，其中总承包二级资质5项，专业承包二级资质31项。全年全市建筑业总产值超亿元企业达388家，其中超10亿元企业66家，全市6家特级资质企业共完成建筑业总产值857亿元，占全市建筑业总产值的26.3%。全市前30强建筑企业共完成建筑业总产值1629亿元，比上年增长10%，占全市建筑业总产值的50%。

工程质量管理。坚持质量兴业原则，强化企业建立质量技术标准体系，推动行业以质兴业、转型升级。加强重点工程项目创优，组织专家对申报创优质工程的项目进行全过程监管和技术指导。年内，组织全市重点骨干企业项目经理、技术质量负责人观摩江苏华建七处施工的泰州市金融服务中心兴业国际大厦项目，学习借鉴该项目在技术创新和质量创优方面的经验和做法。全年共组织专家分24次对申报的优质结构工程进行现场检查和指导。

建筑市场管理。年内，修订《泰州市建筑业企业信用考核实施细则》，将企业综合信用评价分运用到国有资产投资的建设工程项目招投标中。强化泰州建筑市场准入机制，在全省率先利用信用平台建立企业电子“信用档案”，加强对企业不良行为的实时监控，实现建筑市场和现场的“两场联动”。

建筑安全管理。2016年，全市在建安全监管项目556多项，建筑面积约2030万平方米。其中市直管工程项目96项，建筑面积约502万平方米；泰兴市报监项目112项，建筑面积约411万平方米；姜堰区报监项目151项，建筑面积约375.4万平方米；海陵区报监项目29项，建筑面积约162万平方米；高港区报监项目37项，建筑面积约166万平方米；靖江市报监项目30项，建筑面积约74万平方米；兴化市报监项目58项，建筑面积约149万平方米；医药高新区报监项目58项，建筑面积约302万平方米。层层落实安全生产目标责任，制定下发《2017年全市建筑业安全生产工作意见》，并与各市(区)建筑行政主管部门签订安全生产目标责任书。年内，针对新规范、新技术应用，多次组织安全监管人员和建筑施工企业安全员

市建工局举办建筑施工特种作业人员安全教育培训班

参加业务学习，并邀请专家开展安全专题讲座。进一步强化事故单位负责人培训，增强企业和个人安全生产责任主体的意识。积极开展"安全咨询日"活动，以"安全生产月"为契机，加大安全生产宣传教育力度，强化安全生产意识。

【建筑工程信息化监管】开展安全生产动态化管理，全面使用"建设工程现场管理人员LBS定位考勤系统"，对施工项目管理人员、安全管理人员的在岗履职情况进行实时考核，每月对受监项目进行定位考核，考核结果与"三合一"招标系统的信用分直接挂钩，并及时通报，实行系统信息平台化管理。加强起重机械管理，依托"江苏省建筑起重机械安全监督管理系统"对市区范围内的建筑起重机械设备实行"全寿命期"信息化管理，从设备的产权登记备案，到每一次安装、使用、检测，直至设备报废注销，全部进行网上备案，确保建筑起重机械设备在其寿命期内全过程监控。全年共办理建筑施工起重设备产权备案119项，共办理320台建筑施工起重设备使用登记证，其中塔式起重机253台，施工升降机67台。

【建筑施工安全专项治理】积极开展春节后复工专项整治，下发《关于做好春节后工程复工前安全检查的通知》，进行以春节复工和农民工教育培训为重点的专项整治检查，市区抽查在建工程51项，签发隐患整改通知书42份，停工整改通知书3份，挂牌督办工程1项，重大隐患整改率达100%。开展以超过一定规模的危险性较大分部分项工程整治重点的安全专项整治，抽查建筑工地85个，重点检查深基坑分部工程17个，签发停工整改通知书5份、隐患整改通知书67份，抽查记录28份，超过一定规模危险性较大工程安全专项方案专家论证率达100%。开展建筑起重设备专项整治，组织建筑起重机械安全专项整治，抽查市区在建工程项目的建筑起重机械设备，涵盖在市区备案的各建筑起重机械设备安拆企业，其中抽查塔式起重机216台次、施工升降机100台次。开展冬季消防专项整治行动，共抽查项目29项，查出施工动火现场、职工宿舍等隐患点127处，督促整改122处。

【扬尘治理】年内，加强对开工项目现场围挡设施、场地硬化、冲洗设施等现场勘察，对全市监管项目进行专项督查426次，下发整改通知单311份，停工通知单46份，要求施工企业定时限、定措施、定资金进行整改，并对整改情况进行复查。在优秀管理城市验收阶段，要求建筑工地在围挡公益广告宣传、道路冲洗、裸土覆盖等方面，严格按照创建标准执行到位，确保创建活动中建筑工地不失分、争满分。开征建筑工地扬尘排污费，全年对竣工的6个项目征收扬尘排污费40多万元。

市建工局召开建筑施工扬尘管控会议

【标准化工地创建】年内，召开建筑安全标准化现场及"平安工地"创建推进会。督促施工企业在各环节、各岗位建立严格的安全生产责任制，依法规范施工企业市场行为，使安全生产各项法律法规和强制性标准真正落到实处，10月，在西客站搬迁工地举办"泰州市建筑安全生产标准化现场暨'平安工地'创建推进会"。全市60多家施工企业和监理单位共150多人参加会议。全年共创建泰州市建筑施工标准化文明示范工地97项，省级建筑施工标准化文明示范工地73项。

建筑施工

【概况】2016年，全市建筑企业加大市场开拓力度，建筑市场范围扩大到全国31个省、市、自治区和17个海外市场。市外建筑业总产值达2147亿元，比上年增长9.7%，占全市建筑业总产值的65.9%。外出施工人数达64.4万人，增长7.2%。鼓励企业走出去发展，帮助企业解决走出去存在的困难，重点加强长江经济带、京津冀都市圈、"一带一路"等重点建设区域的市场拓展，定期走访重点建筑市场，加强与企业所在地政府部门的联系，为企业开拓外埠市场创造更为宽松的环境。正太集团、中城建十三局、中建钢构、锦宸集团等企业抢抓国家战略实施的重大机遇，积极赴境外开展工程承包和劳务输出，拓展"一带一路"沿线国家基础建设市场，参与国家对外援助工程建设。

【建筑科技】2016年，大力推进建筑产业现代化进程，编制完成《泰州市建筑产业现代化发展规划》。泰兴市颁布实施《建筑产业现代化发展规划(2016-2025年)》。锦宸集团投资建造的建筑产业现代化基地均已开工。靖江市城南园区龙馨园项目成为全市第一个采用预制装配式施工的项目，装配率达31%。支持各建筑企业针对施工技术难题开展技术攻关和施工学术研究。全年全市建筑企业获"国家优质工程奖"1项、"中国建筑工程装饰奖"3

项、省级优质工程奖47项；创成"国家AAA级安全文明标准化工地"6个、省级标准化工地51个；获国家发明专利20项、实用新型专利36项，获国家级QC成果奖6项、省级QC成果奖38项，省级新技术应用示范工程4项。年内，中兴建设获"全国工程建设质量管理小组活动优秀企业"称号。

2016年度泰州市获国家级优质工程情况一览表

表14

工程名称	施工单位	获奖类型
泰州市公安局业务技术用房	江苏邗建集团有限公司	鲁班奖
华侨城纯水岸四期(75#、76#、77#、78#楼及地下室)工程	泰兴市第一建筑安装工程有限公司	国家级优质工程奖
中国医药城教育教学区邻里中心	江苏省建安建设集团有限公司	国家级优质工程奖

2016年度泰州市获省级优质工程情况一览表

表15

工程名称	施工单位	获奖类型
泰州市海陵区城中社区宣传文化教育中心内装工程	江苏省双建建设有限公司	中国建筑工程装饰奖
综合检测大楼装饰工程	江苏瑞兴建筑装饰设计工程有限公司	中国建筑工程装饰奖
江苏姜堰农村合作银行金融大厦室内装修工程	南京金陵建筑装饰有限责任公司	中国建筑工程装饰奖
泉峰新能源工业园项目一期生产厂房一	正太集团	江苏省"扬子杯"优质工程奖
淮师文华苑土建及安装二标段	中兴建设有限公司	江苏省"扬子杯"优质工程奖
丰县中学专业学校新校区A区建设工程A4#楼	中兴建设有限公司	江苏省"扬子杯"优质工程奖
江苏姜堰农村合作银行金融大厦	中兴建设有限公司	江苏省"扬子杯"优质工程奖
泰州民俗文化展示中心	正太集团	江苏省"扬子杯"优质工程奖
泰州新区高级中学教学楼、科技楼	江苏邗建集团有限公司	江苏省"扬子杯"优质工程奖
泰州新区高级中学教学楼、科技楼	江苏瑞兴建筑装饰设计工程有限公司	江苏省"扬子杯"优质工程奖(参建)
靖江市体育中心(一期)项目	江苏广宇建设集团有限公司	江苏省"扬子杯"优质工程奖
靖江市残疾人社会服务中心	江苏骏龙建设有限公司	江苏省"扬子杯"优质工程奖
黄河大酒店(新大楼)	鸿佳集团有限公司	江苏省"扬子杯"优质工程奖
泰兴民安广场地下人防	江苏民生建设有限公司	江苏省"扬子杯"优质工程奖

续表15

工 程 名 称	施 工 单 位	获 奖 类 型
中建锦绣珑湾48#楼	中建八局第三建设有限公司	江苏省"扬子杯"优质工程奖
泰兴市文江北路道路工程一、二标段	江苏民生建设有限公司 江苏鹏图建设工程有限公司	江苏省"扬子杯"优质工程奖
牧城湿地公园改造工程	靖江市绿化工程有限公司	江苏省"扬子杯"优质工程奖
泰州市药城大道(口泰路-泰州大道)景观提升工程	苏州园林发展股份有限公司	江苏省"扬子杯"优质工程奖
泰兴市庆云禅寺大雄宝殿工程	常熟古建园林建设集团有限公司	江苏省"扬子杯"优质工程奖
软件园办公综合楼、培训楼内装饰工程	江苏中装建设有限公司	江苏省"扬子杯"优质工程奖
数据产业园综合楼(二期)安装工程	江苏扬建集团有限公司	江苏省"扬子杯"优质工程奖
苏北成品油管道工程配套设施-泰州溱湖油库	南京金陵石化建筑安装工程有限公司	江苏省"扬子杯"优质工程奖
凯旋国际广场消防工程	中安建设安装集团有限公司	江苏省"扬子杯"优质工程奖
昭苏县泰州高级中学建设项目	中兴建设有限公司	江苏省"扬子杯"优质工程奖
江苏姜堰农村合作银行金融大厦	正威科技集团有限公司	江苏省"扬子杯"优质工程奖
泰州民俗文化展示中心	正太集团姜堰机电安装工程有限公司	江苏省"扬子杯"优质工程奖(参建)
南国中心一期	正太集团有限公司	湖北省"楚天杯"优质工程奖
名流公馆NK4地块401#楼、402#楼、403#楼	正太集团有限公司	湖北省"楚天杯"优质工程奖
楚天都市佳园29号楼	江苏万邦建设集团有限公司	湖北省"楚天杯"优质工程奖
辽宁中医药大学附属医院病房楼工程	正太集团有限公司	辽宁省"世纪杯"优质工程奖
沈阳军区司令部砂山住宅楼工程(小区工程)	正太集团有限公司	辽宁省"世纪杯"优质工程奖
上海苏河湾1街坊项目T2楼	中兴建设有限公司	上海"白玉兰"奖
枫丹天城一期1-10#楼	泰兴市第一建筑安装工程有限公司	天津"海河杯"优质工程奖
黄南州人民医院住宅楼	中兴建设有限公司	青海"江河源杯"优质工程奖

2016年度泰州市建筑工程“梅兰杯”优质工程奖获奖情况一览表

表16

工 程 名 称	施 工 单 位	项 目 经 理
靖江市体育中心—体育馆	江苏广宇建设集团有限公司	肖汉余
靖江市体育中心—游泳馆	江苏广宇建设集团有限公司	肖汉余
靖江市体育中心—平台	江苏广宇建设集团有限公司	肖汉余
靖江市体育中心—配套用房	江苏广宇建设集团有限公司	肖汉余
靖江市残疾人社会服务中心	江苏骏龙建设有限公司	高建彬
靖江市儿童福利院(光荣院)	靖江永润建设有限责任公司	包　鑫
天伦商务楼	江苏神禹建设有限公司	苏海燕
怀德学院二期一标段E3宿舍楼	江苏越江建设工程有限公司	高鹏程
怀德学院二期一标段E4宿舍楼	江苏越江建设工程有限公司	高鹏程
怀德学院二期一标段E5宿舍楼	江苏越江建设工程有限公司	高鹏程
靖江市职业教育中心礼堂	江苏越江建设工程有限公司	高鹏程
怀德学院二期二标段	靖江市祥盛建设工程有限公司	夏兴荣
怀德学院二期三标段D-5焊接中心	靖江市银河建筑安装工程有限公司	范燕波
靖江市碧桂园一期二标段8#楼	四川省第十五建筑有限公司	龙世明
中天城市景园D标G17#楼	浙江展诚建设集团股份有限公司	王　烨
新世纪壹号花园7#楼	南京海外建筑工程有限公司	陈志宾
靖江市碧桂园一期二标段9#楼	四川省第十五建筑有限公司	龙世明
泰兴市民安广场地下室人防工程	江苏民生建设有限公司	曹晓军 尹海林
泰兴市人力资源市场和公共就业服务中心业务用房工程	江苏民生建设有限公司	吴志峰
虹桥新城邻里中心	江苏金龙建设有限公司	陈　龙
泰兴市委党校综合教学楼	中兴建设有限公司	陆　梅
济川药业集团开发区新厂区前处理车间及库房建筑工程	中兴建设有限公司	陆　梅
泰兴市鑫泰大厦	源丰建设有限公司	张云龙
泰兴市农机监理所	泰兴市远宏环保建筑安装有限公司	肖金凤
泰兴市庆云禅寺大雄宝殿	常熟古建园林建设集团有限公司	宋卫忠
国裕华府一期工程小高层2#楼	江苏省国裕建设有限公司	李东华
国裕华府一期工程小高层5#楼	江苏省国裕建设有限公司	李东华
兴化国际商城一号地块8#楼	江苏富安建设有限公司	李元虎
盛世御园2#楼	江苏富安建设有限公司	高　鹏
盛世御园3#楼	江苏富安建设有限公司	高　鹏
红星美凯龙家居馆群、建材馆群工程一标段	兴化市东兴建设工程有限责任公司	袁正安
兴化市西子御园28#、K3地下室工程	江苏盛禾建设有限公司	祁吉平

续表16-1

工 程 名 称	施 工 单 位	项 目 经 理
兴化市西子御园29#楼工程	江苏盛禾建设有限公司	祁吉平
天宝领秀城6#地块-8#楼	南通鑫金建设集团有限公司	陈 杰
天宝领秀城6#地块-10#楼	南通鑫金建设集团有限公司	陈 杰
天宝领秀城6#地块-11#楼	南通鑫金建设集团有限公司	陈 杰
天宝领秀城6#地块-13#楼	南通鑫金建设集团有限公司	陈 杰
天宝领秀城6#地块1#附楼1、2	南通鑫金建设集团有限公司	陈 杰
东方明珠五期13#楼	江苏苏兴建设工程有限公司	周 美
中堡镇湖滨小城11#楼	江苏苏兴建设工程有限公司	邵玉才
江苏姜堰农村合作银行金融大厦	中兴建设有限公司	生智勇
农行泰州姜堰档案中心	正威科技集团有限公司	黄 震
中医院制药车间GMP车间	江苏恒佳建设有限公司	黄桂龙
姜堰区环境监察应急综合楼	江苏恒佳建设有限公司	黄桂龙
黄河大酒店	鸿佳集团有限公司	陈益章
丽江花园1#楼	江苏大发建设工程有限公司	章诗军
丽江花园2#楼	江苏大发建设工程有限公司	章诗军
丽江花园3#楼	江苏大发建设工程有限公司	章诗军
丽江花园4#楼	江苏大发建设工程有限公司	章诗军
丽江花园5#楼	江苏大发建设工程有限公司	章诗军
丽江花园7#楼	江苏大发建设工程有限公司	章诗军
凤凰园三期二标	江苏正裕建筑安装工程有限公司	刘 栋
嘉和丽苑4期10号	江苏沪武建设集团有限公司	孙立斌
嘉和丽苑4期11号	江苏沪武建设集团有限公司	孙立斌
嘉和丽苑4期14号	江苏沪武建设集团有限公司	孙立斌
嘉和丽苑4期15号	江苏沪武建设集团有限公司	孙立斌
名人书苑9#楼	江苏鑫环球建设工程有限公司	钱月红
名人书苑15#楼	江苏鑫环球建设工程有限公司	钱月红
名人书苑20#楼	江苏创新建设有限公司	杨凤林
名人书苑21#楼	江苏创新建设有限公司	杨凤林
正太栖岭花园(1-9号楼)及人防工程	正太集团有限公司	孙 林
润泽园1#楼	江苏圣达建设工程有限公司	张 明
润泽园2#楼	江苏圣达建设工程有限公司	张 明
润泽园3#楼	江苏圣达建设工程有限公司	张 明
扬帆中小企业园二标4#	江苏金城建设有限公司	孟进军
扬帆中小企业园二标8#	江苏金城建设有限公司	孟进军

续表16-2

工 程 名 称	施 工 单 位	项 目 经 理
扬帆中小企业园二标12#	江苏金城建设有限公司	孟进军
欧亚国际花园三期S5工程	江苏大兴建筑工程有限公司	张 凯
欧亚国际花园三期S4工程	江苏大兴建筑工程有限公司	张 凯
泰州市实验小学附属幼儿园	江苏恒益建设工程有限公司	朱为双
泰州碧桂园林湖郡综合楼(244#)楼	广东腾越建筑工程有限公司	杨永健
泰州市杨桥小学二期综合楼工程	泰州市恒业建筑安装工程有限公司	郑泽林
金通牡丹园8#楼	泰州市华林建筑工程有限公司	陈 凯
江苏一开电气2#和3#厂房	泰州市华林建筑工程有限公司	曹兆群
花园半岛A24号楼	泰州市中天建筑安装工程有限公司	肖爱存
高港区基督教堂及附属用房工程	江苏金云建设工程有限公司	唐庆华
高港区滨江新城新城名邸一期工程1#楼	江苏大江建设工程有限公司	朱光才
高港区滨江新城新城名邸一期工程2#楼	江苏大江建设工程有限公司	朱光才
高港区滨江新城新城名邸一期工程3#楼	江苏大江建设工程有限公司	朱光才
高港区滨江新城新城名邸一期工程4#楼	江苏大江建设工程有限公司	朱光才
高港区滨江新城新城名邸一期工程5#楼	江苏大江建设工程有限公司	朱光才
高港区滨江新城新城名邸一期工程6#楼	江苏大江建设工程有限公司	朱光才
高港区滨江新城新城名邸一期工程7#楼	江苏大江建设工程有限公司	朱光才
高港区滨江新城新城名邸一期工程8#楼	江苏大江建设工程有限公司	朱光才
高港区滨江新城新城名邸一期工程9#楼	江苏大江建设工程有限公司	朱光才
高港区滨江新城新城名邸一期工程11#楼	江苏大江建设工程有限公司	朱光才
高港区滨江新城新城名邸一期工程12#楼	江苏大江建设工程有限公司	朱光才
高港区滨江新城新城名邸一期工程14#楼	江苏大江建设工程有限公司	朱光才
高港区滨江新城新城名邸一期工程15#楼	江苏大江建设工程有限公司	朱光才
高港区滨江新城新城名邸一期工程16#楼	江苏大江建设工程有限公司	朱光才
锦绣珑湾48#楼	中建八局第三建设工程有限公司	刘亚新
天逸华府3#、9#楼	南通华新建工集团有限公司	张君明
白马海诞花园4#楼工程	江苏三泰建设工程有限公司	唐咸朋
泰州学院新校区(中心共享区)学生公寓1、2、3#楼	江苏苏兴建设工程有限公司	缪 健
南师大泰州学院图书馆	江苏广宇建设集团有限公司	刘 均
数据产业园综合楼(二期)	江苏扬建集团有限公司	周 迅
泰州中国医药城医疗器械园一期工程	南通四建集团有限公司	吴洪兵
泰州民俗文化展示中心	正太集团有限公司	范祥甫
泰州新区高级中学	江苏邗建集团有限公司	吴根林
泰州市海阳实业总公司综合楼	江苏邗建集团有限公司	朱 超

续表16-3

工程名称	施工单位	项目经理
青年南路旧城改造安置区(B区)11#楼	泰州市腾飞建筑安装工程有限公司	谢柯明
泰州市交通建设工程公司办公楼及附属	江苏邗建集团有限公司	王　进
上海大花园三期63#楼	江苏苏兴建设工程有限公司	陈国喜
上海大花园三期68#楼及人防地下室工程	江苏苏兴建设工程有限公司	陈国喜
华润国际社区D-3地块10#楼	南通华荣建设集团有限公司	黄树培
华泽天下一期6、7、14、15、18、19#楼	江苏省建筑工程集团有限公司	朱　宏
华泽天下二期5、9、12、17#楼	江苏省建筑工程集团有限公司	朱　宏
泰和园经济适用房二期一标段1#、2#楼工程	江苏金云建设工程有限公司	李　俊
污水处理扩建工程	江苏神龙海洋工程有限公司	张海洋
京沪高速泰兴北互通至新334省道连接线工程	江苏民生建设有限公司	梁学剑
泰兴市文江北路(开发路-阳江路)工程	江苏民生建设有限公司	杨　伟
泰兴市文江南路(澄江路-同德路)工程	江苏民生建设有限公司	严　峰
泰兴市济川路南延道路及桥梁工程(澄江路-同德路)	泰兴市新兴建筑工程有限公司	陈桥东
泰兴市龙河中路工程(江平路-拱及路)	泰兴市天安建筑安装工程有限公司	杨永广
泰兴市城北片区污水收集系统工程二标段	江苏鹏图建设工程有限公司	俞　美
泰兴市城北片区污水收集系统工程一标段	江苏鹏图建设工程有限公司	殷　洪
泰兴市文江北路道路工程二标段(滨江路-开发路)	江苏鹏图建设工程有限公司	殷　洪
泰兴市文江大桥与羽惠河桥桥梁工程	雨发建设集团有限公司	孙月来
人民公园改造二期	江苏鑫环球建设工程有限公司	卢国荣
城东游园	江苏金城建设有限公司	赵文辉
泰州市药城大道(口泰路-泰州大道)景观提升工程	苏州园林发展股份有限公司	朱英多
中医药植物科普园工程	苏州园林发展股份有限公司	朱小娟
软件园办公综合楼、培训楼空调工程	江苏金环球建设有限公司	戴红霞
溱湖油库	南京金陵石化建筑安装工程有限公司	盖　华
姜堰区文武大酒店装修工程	江苏凤城建设工程有限公司	刘晓亮
软件园办公综合楼、培训楼内装饰工程	江苏中装建设有限公司	张正华
泰州赛宝办公楼及综合办公楼装饰装修工程	江苏华扬艺松建设工程有限公司	陈敬之
中天社区用房	江苏华扬艺松建设工程有限公司	王文会
沪江特种设备有限公司厂房二期幕墙工程	江苏海田建设工程有限公司	李小斌
高港区基督教堂内装饰工程	江苏锦池装饰设计工程有限公司	何荣伟
数据产业园综合楼(二期)幕墙工程	江苏华发装饰有限公司	韩呈林
数据产业园综合楼(二期)内装饰工程	江苏华发装饰有限公司	颜吉利
泰州实验中学风雨操场幕墙工程	江苏锦池装饰设计工程有限公司	严星琴
泰州市行政服务中心扩建内外装饰工程	德才装饰股份有限公司	任恒斌

2016年泰州市省级标准化示范工地一览表

表17

项 目 名 称	专业类别	建筑面积(平方米)或造价(万元)	施 工 单 位	项目经理
泰州市综保区标准厂房、综合用房等工程	房屋建筑	约100000平方米	中国江苏国际经济技术合作集团有限公司	梅雪涛
泰兴市欧景花都1#-5#楼及幼儿园工程	房屋建筑	82080平方米	江苏省苏中建设集团股份有限公司	王德兵
祥泰未来城市花园7号地块47、48、49#	房屋建筑	35929平方米	浙江祥生建设工程有限公司	马奎明
东风路南段快速化改造工程第一标段	市政	62907万元	南通路桥工程有限公司	单光明
华盛香樟湾二标段南区	房屋建筑	61000平方米	江苏三泰建设工程有限公司	陈宏伟
中国医药城五期标准厂房三标段	房屋建筑	147678.8平方米	江苏大都建设工程有限公司	丁 进
凤凰和泰TX2013-04幅地块土建及水电安装	房屋建筑	209776平方米	江苏省建筑工程集团有限公司	陈天寿
华盛香樟湾排屋区域A1-A2楼、A5-A7楼、A12-A14楼、A19-A21楼、A26-A28楼	房屋建筑	4000万元	泰州市振发建设工程有限公司	王春丽
凤凰和泰TX2013-05幅地块3、4、5#楼土建及水电安装	房屋建筑	37722平方米	龙成建设工程有限公司	唐景林
景范康城7、8、9、10#楼	房屋建筑	39744.54平方米	南通清华建设工程有限公司	韩吉华
永定路西段快速化改造工程一标段	市政	14080万元	江苏润扬交通工程集团有限公司	孙素进
中共泰州市委党校迁建项目	房屋建筑	39248平方米	江苏邗建集团有限公司	陈 彪
泰州市双河小学	房屋建筑	26300平方米	江苏省建安建设集团有限公司	王顺宝
7-13#厂房、配套用房、门卫	房屋建筑	4756.25万元	天合建设集团有限公司	蔡向东
泰兴市中南世纪城15、18#	房屋建筑	85000平方米	江苏广宇建设集团有限公司	赵 谧
泰兴市中南世纪城11、19#	房屋建筑	31500平方米	江苏广宇建设集团有限公司	赵 谧
泰莱新城北区C区34-38#楼工程	房屋建筑	46681.14平方米	浙江泰莱建设有限公司	贺舟斌
锦宸国际花园二期	房屋建筑	38012平方米	锦宸集团有限公司	王 进
威尼斯圣皇宫	房屋建筑	202993平方米	江苏省苏中建设集团股份有限公司	葛 宏
靖江玉兰花园1-5#、39#、地下车库南区	房屋建筑	68996平方米	江苏万象建工集团有限公司	游海涛
靖江市第二人民医院改扩建一期	房屋建筑	25277.25平方米	锦汇建设集团有限公司	谢国兴
锦绣花园	房屋建筑	82869.81平方米	浙江恒业建设工程有限公司	钱 刚
泰州市纪委业务用房	房屋建筑	1318万元	泰州市腾飞建筑安装工程有限公司	罗 强
省泰中新校区二期内装饰工程	装饰	4268.47万元	江苏鸿升装饰工程有限公司	刘 毅
盛世华庭1#楼	房屋建筑	11785平方米	江苏福安建设有限公司	徐春会
泰州师专泰兴附属实验小学东润校区建设项目	房屋建筑	14020平方米	源丰建设有限公司	杨鱼庆

续表17-1

项 目 名 称	专 业 类 别	建筑面积(平方米) 或造价(万元)	施 工 单 位	项 目 经 理
滨湖国际A1、A4、A5、A7#楼	房屋建筑	49734平方米	江苏大隆鑫建筑工程有限公司	杨 晶
中国医药城工业邻里中心	房屋建筑	210511平方米	泰州市伟业建筑安装工程有限公司	朱玉芹
中国医药城商务中心	房屋建筑	81212平方米	南通四建集团有限公司	赵玉明
高新区野徐卫生院迁建工程	房屋建筑	22700平方米	常州第一建筑集团有限公司	庄 彤
寺巷卫生院迁建工程	房屋建筑	26859平方米	江苏扬建建设集团有限公司	薛 峰
泰州世纪公园一标段	房屋建筑	110000平方米	泰州市嘉欣建筑安装工程有限公司	万志鹏
蓝岳首府二期(5#、7#、8#、9#、10#)	房屋建筑	53846平方米	南通市达欣工程股份有限公司	徐海东
祥和名都1-4#楼、地下室及附属	房屋建筑	33112平方米	正威科技集团有限公司	刘志宏
泰州世纪公园二标段	房屋建筑	128000平方米	江苏沪武建设集团有限公司	尤玉林
嘉和丽苑五期29~32#楼及地下室3	房屋建筑	58645平方米	江苏沪武建设集团有限公司	张桂定
蓝岳相府二期12#、16-18#及地下室	房屋建筑	84309平方米	江苏省苏中建设集团股份有限公司	苏浩森
天然居三期	房屋建筑	61000平方米	江苏双楼建设集团有限公司	唐爱春
翰林华府17#楼工程	房屋建筑	14302平方米	南通八建集团有限公司	钱跃东
翰林华府18#、19#楼工程	房屋建筑	26236平方米	南通八建集团有限公司	钱跃东
兴化市政务服务中心新建工程	房屋建筑	15232平方米	江苏沪武建设集团有限公司	乔 犇
兴化市文昌路南保障房三期地下室工程	房屋建筑	23932平方米	泰州市博大建设工程有限公司	王秀玲
江苏省口岸中学食堂、体艺中心新建工程	房屋建筑	14319平方米	泰州时代建设工程有限公司	曹继兰
天逸华府23#、25#、31#、32#楼及地库四期工期	房屋建筑	34209平方米	南通华新建工集团有限公司	张君明
泰州市孔桥实验学校	房屋建筑	23617平方米	江苏邗建集团有限公司	杨 琏
泰州市汽车客运西站工程	房屋建筑	48972平方米	江苏金禾建设工程有限公司	石冬生
永安花苑一期二标段	房屋建筑	103900平方米	广厦建设集团有限责任公司	范旭光
江苏大同盟制药有限公司二期工程	房屋建筑	48275平方米	江苏明灿建设工程有限公司	韩春凤
周山汇水花园2.1期	房屋建筑	103032平方米	正太集团有限公司	朱秋华
药城教育学区邻里中心东侧主楼瑞贝庭酒店、健身中心及超市室内装饰装修工程	装饰装修	30000平方米	江苏瑞兴建筑装饰设计工程有限公司	任 燕
西环家私城地块(靖江商贸城一期工程)	房屋建筑	27384平方米	江苏广宇建设集团有限公司	毛 渊
工人文化宫地块改造工程	房屋建筑	14175平方米	江苏广宇建设集团有限公司	黄剑清

续表 17-2

项 目 名 称	专 业 类 别	建筑面积(平方米) 或造价(万元)	施 工 单 位	项 目 经 理
泰州市拘留所、收容所、强制隔离戒毒所室内装饰装修工程	装饰装修	1616万元平方米	江苏恒龙装饰工程有限公司	卞正柱
东风路南段快速化改造工程第四标段	市政工程	57189万元	江苏金领建设发展有限公司	程润军
东谢棚户区改造安置区工程	房屋建筑	64548平方米	南通卓强建设集团有限公司	查永中
泰州市现代服务业集聚区一期工程(科技人才广场)1#、2#、3#、11#、12#、15#、16#楼幕墙工程;普丰商务楼幕墙工程	装饰装修	18653万元	苏州金螳螂幕墙有限公司	许小军
昌龙大厦幕墙工程、中兴九号项目幕墙工程、泰州市现代服务业集聚区一期工程(科技人才广场)7#、8#、17#、18#楼幕墙工程	装饰装修	10466万元	江苏广源幕墙工程有限公司	王明强
永定路西段快速化改造工程二标段	市政工程	24029.89万元	北京市政建设集团有限责任公司	谢伟东
吴江农商行泰州管理总部营业大楼幕墙工程	装饰装修	3483万元	苏州苏明装饰股份有限公司	柯宏志
金域大厦	房屋建筑	34500平方米	江苏大都建设工程有限公司	陈达泉
中国建设银行泰州分行营业办公楼外装饰(幕墙工程)	装饰装修	2156万元	无锡恒尚装饰工程有限公司	徐雄伟
中共泰州市委党校迁建项目装修、幕墙工程	装饰装修	5243万元	江苏鸿升装饰工程有限公司	徐 进
济川南路保障性住房建设项目的7#、8#楼	房屋建筑	30129平方米	江苏省国裕建设有限公司	周凤顺
泰兴昌建广场一期2#楼	房屋建筑	9858平方米	江苏省苏中建设集团股份有限公司	李小峰
江苏省泰兴中学移址新建项目教工宿舍楼、学生宿舍楼、食堂工程	房屋建筑	27382平方米	泰兴市新兴建筑工程有限公司	赵志荣
泰兴昌建广场1#、3#、5#楼	房屋建筑	76845平方米	江苏省苏中建设集团股份有限公司	李小峰
中天清华园3号区	房屋建筑	67116平方米	江苏宏程建设工程有限公司	查立兴
佳源新天地(16、16-1、16-2、16-3、16-5、人防地下室)工程	房屋建筑	167701平方米	南通四建集团有限公司	徐 周
新世界广场6#地块1#、3#、6#、7#、9#楼工程	房屋建筑	58899平方米	江苏省金陵建工集团有限公司	唐士兵
江苏泰兴农村商业银行新营业办公大楼项目幕墙、室内装修	装饰装修	2778万元	深圳市文业装饰设计工程股份有限公司	郑 良
银杏路棚户区改造安置房建设项目的3#、4#楼、地下室及物管用房公厕工程	房屋建筑	31331平方米	江苏福宇园林建设有限公司	徐圣华
泰兴祥泰未来城市花园2#地块(11#-16#楼、地下车库、配电房)	房屋建筑	131368平方米	浙江祥生建设工程有限公司	楼俞儿
银杏路棚户区改造安置房建设项目的1#、2#楼及地下室	房屋建筑	29563平方米	源丰建设有限公司	樊 晨

(刁晓晴　张志琴)

综　述

【概况】2016年,全市农业系统积极适应新常态,紧紧围绕加快推进农业现代化目标,积极推动改革创新,较好完成全年各项工作目标任务。全年全市实现农业总产值415.96亿元,比上年增长9.6%,实现农业增加值248.99亿元,增长9.53%,农民人均可支配收入17861元,增长8.8%。全市粮食总产量313万吨,实现种植业产值228.85亿元;完成造林面积2562.5公顷,实现林业产值3.6亿元;生猪饲养量451.32万头,家禽饲养量4974.03万只,实现畜牧业产值78.94亿元;水产品总产量39.64万吨,实现渔业产值83.3亿元。

保持现代农业良好发展态势。2016年,建设粮食绿色高产高效创建示范片105个,比上年增加10个,全市粮食单产水平居全省第1。兴化市被列为"全国粮食绿色高产高效创建和增产模式攻关整体推进县",并入选"全国粮食生产功能区划定试点县"。姜堰区被列为"全省水稻集中育供秧试点县"。标准化规模化健康养殖加快推进。全市生猪大中型规模比重达73%,创成农业部标准化示范场3家、省级畜牧生态健康养殖示范场20家。新创建农业部水产健康养殖示范场5家,新建池塘工业化生态养殖系统示范基地4个。新认定市级园区11家,推进城北现代农业走廊建设,实施重点工程和重点项目34个,总投资4.3亿元。

加强农业综合开发项目管理。年内,新建高标准农田面积1.53万公顷,全市高标准农田比重提升至63.38%。新增大中型高效农机具5412台,机械化种植、烘干环节实现突破,水稻机插率、秸秆还田率超过85%和65%。推进集中育秧,水稻机插比例超过85%,其中机插率超90%的"整体推进镇"达52个。全市112家农机合作社入选省级"示范社",89个家庭农场入选"合理配置农机具家庭农场"。积极开展农业招商引资。2016年,实际利用"三资"140.5亿元,新建规模项目183个,实际投资额78.8亿元,农产品出口额达3.28亿美元。

【全国春季农业生产暨森林草原防火工作会议】全国春季农业生产暨森林草原防火工作会议在泰州召开。中共中央政治局常委、国务院总理李克强作出重要批示。批示指出,毫不放松抓好农业农村工作特别是当前的春季农业生产,对于经济社会发展全局至关重要。各地区、各部门要牢固树立新的发展理念,按照党中央、国务院决策部署,通过深化改革,着力转变农业发展方式,加强现代农业建设,引导农民以市场为导向优化种养结构,加快发展多种形式农业适度规模经营,积极推进一二三产业融合发展,不断提高农业的综合效益和竞争力,多渠道增加农民收入。要抓住农时,扎实开展春耕备耕,强化政策扶持,统筹做好森林草原防火、脱贫攻坚、农田水利建设和防汛抗旱等各项工作,确保实现"十三五"农业农村发展良好开局。中共中央政治局委员、国务院副总理汪洋出席会议并讲话。汪洋强调,要认真贯彻李克强总理重要批示精神,周密部署,精心组织,扎实抓好春季农业生产各项工作,不断开创农业农村发展新局面。省委副书记、省长石泰峰代表省政府作交流发言。国家有关部委、各省(区、市)政府分管领导和农业、林业部门负责人出席会议。会议期间,汪洋和与会代表实地考察泰州市农业春管备耕现场、现代畜牧科技园、万亩永久性蔬菜基地和姜堰区桥头镇家庭农场服务联盟。省委书记罗志军,省委常委、副省长徐鸣,市领导蓝绍敏、何榕、卢佩民、杨杰、王建、陈明冠等陪同考察。

全国春季农业生产暨森林草原防火工作会议

【农业信息化】年内，全力实施"互联网+"现代农业行动。市农委主导开发建成泰州智慧农业服务管理平台，并覆盖全市各乡镇，有效转变为农服务方式和模式，提升为农服务效率和服务水平。市农委网站全年更新工作信息2000多条，发布实用技术200多条，推介新品种114个，发布市场供求信息95条。扩大惠农短信受众面，全市"12316"惠农短信服务平台用户增加至4.18万户。发挥"泰州农业"官方微信方便快捷的特点，全年发布图文信息190条，关注人数达8000多人。

【农民培训工程】2016年，全市共举办农业职业技能培训、农产品电子商务培训、新型职业农民培育等各类培训班279期，培训农民3.7万人。全市农业广播电视学校2013级涉农中职学历教育毕业1094人，全年各市(区)农业广播电视学校招收农艺工等8个专业共848人。10月，省统计局等五部门联合下发《关于发布2015年江苏省农业基本现代化进程监测报告的通知》，其中泰州市2015年新型职业农民培育程度为38.1%，比上年提高7.58%，位居全省第4。

【农产品质量安全】全年组织制定省级农业地方标准2项、泰州市农业地方标准16项。种植业认证三品产量占比达50%，渔业三品产地面积占比达90%。全年完成市级以上农产品质量安全监测2875批次，合格率为99.62%。开展蔬菜、葡萄、草莓、瘦肉精、生鲜乳、畜禽抗菌药物、鱼虾、河蟹、农资打假等9项专项整治。开展农产品质量安全信用体系建设。年内，评定12家市级农产品质量安全红名单企业、50家市级农产品质量安全诚信企业。姜堰区、高港区分别创成国家级、省级农产品质量安全县。

【农业执法】2016年，加强农资市场监管，组织开展农药监管执法年、果蔬农药残留、兽用抗菌药物、生鲜乳添加违禁物质、水产品添加使用违禁物质等专项整治行动，严厉查处假冒伪劣种子、农药、肥料、兽药等违法行为。全年累计出动执法人员16700多人次，检查农资经营门店8320个次，立案查处各类违法案件73起，切实维护农民的合法利益，保障农业生产和农产品质量安全。

【兴化市入选"全国粮食生产功能区划定试点县"】2016年6月，兴化市入选"全国粮食生产功能区划定试点县"，是江苏省唯一入选的试点县市。《兴化市粮食生产功能区划定的实施方案》报农业部审定并获批准。根据《兴化市粮食生产功能区划定的实施方案》，从2017年开始启动建设，将用3年时间逐步建成百万亩"田成方、路相通、渠相连、旱能灌、涝能排、有烘干、能储藏"的高标准粮食生产功能区，巩固、提升兴化粮食综合生产能力，实现"藏粮于地、藏粮于技"。

【姜堰区创成全国首批"国家农产品质量安全县(市)"】姜堰区自2015年被列入首批国家农产品质量安全县创建试点单位以来，按照创建活动方案要求，积极开展创建工作，经省级农业行政主管部门考评，确认达到《国家农产品质量安全县考核办法》要求。2016年12月8日，农业部下发《关于命名第一批国家农产品质量安全县(市)的通知》，对全国首批103家"国家农产品质量安全县(市)"正式命名并授牌，姜堰区成功创成"国家农产品质量安全县(市)"。

【全国动物防疫职业技能竞赛】2016年10月21日，第二届全国动物防疫职业技能竞赛在泰州举行。靖江市农委选手瞿国辉获全国动物技能大赛一等奖，并被授予"全国技术能手"称号。农业部副部长于康震、中华全国总工会书记处书记赵世洪等出席大赛并为首届全国动物防疫技能大赛冠军、靖江市农委选手侯斌颁发"全国五一劳动奖章"证书。

现代高效农业

【概况】2016年，泰州市继续优化农业产业结构，加快"生产导向型"向"消费导向型"转变，推进现代高效农业发展。全市新建107个规模设施农业项目，新增智能农业项目48个，新建池塘工业化生态养殖系统示范基地4个，新发展稻田综合养殖面积500公顷，开创"一水双用、一田双收”。新创建农业部水产健康养殖示范场5家。标准化规模化健康养殖加快推进，全市生猪大中型规模比重达73%，创成农业部标准化示范场3家、省级畜牧生态健康养殖示范场20家。建设粮食绿色高产高效创建示范片105个，比上年增加10个。加大优质稻米品种推广力度，全市以南粳9108、5055为代表的优质稻米新品种占水稻面积52%。兴化市被列为“全国粮食绿色高产高效创建和增产模式攻关整体推进县”，并入选“全国粮食生产功能区划定试点县”。姜堰区被列为“全省水稻集中育供秧试点县”。

【现代农业园区建设】2016年，全市新认定市级园区11家，规模以上园区总数达到104家，其中省级农业(渔业)园区8家、市级园区67家。市级及以上园区总面积6.07万公顷，其中高标准农田面积4.87万公顷，拥有省级以上名牌农产品或著名商标106个，实现农业产值124亿元，示范推广新品种884个、新技术469项，辐射带动农户70万户。

【现代渔业建设】2016年，继续加快提升渔业设施化、集约化、标准化和信息化水平，全年新增高效渔业面积0.27万公顷、渔业物联网应用示范基地6个；加快池塘工业化生态养殖系统的推广应用，新建池塘工业化生态养殖系统示范基地4个；继续推进现代渔业产业园、精品园、示范场、示范村建设，新创建农业部水产健康养殖示范场5家，泰兴市姚王镇、兴化市中堡镇、高港区永安洲镇等一批现代渔业示范基地建设加快推进。

种　植　业

【概况】2016年，种植业现价总产值228.8亿元，比上年增长9.3%，占农林牧渔总产值的55%。农作物总播种面积57.52万公顷。其中，粮食面积43.51万公顷，总产量313万吨，比上年减少4.9 %；油菜面积3.64万公顷，比上年减少7.1 %，总产量9.31万吨，比上年降低8.7 %；蔬菜(含瓜果)播种面积8.8万公顷，总产量310.4万吨，比上年增长1.37%。在夏熟和秋熟作物生产、收获的关键时期，持续连续阴雨天气对全市粮食生产造成极大影响，通过围绕“转方式、调结构、促增长”目标，大力推广优质品种、小麦机条(均)播技术、水稻机插高产技术等，加强关键技术和防灾减灾措施的落实，克服稻麦生长前期和后期不利天气影响。

【种植业补贴】2016年是农业“三项补贴”改革起始年，即将原良种补贴、粮食直补和农资综合补贴合并为农业支持保护补贴。全市农业支持保护补贴(耕地地力保护)实施总面积约19.76万公顷，补贴金额累计3.56亿元。靖江、泰兴、兴化补贴面积分别是2.03、4.39、8.7万公顷，补贴金额分别是7895.8万元、14964.43万元、35567.77万元。市直农业支持保护补贴实施总面积5.03万公顷，补贴金额累计9060.82万元，海陵区、高港区、姜堰区、农业开发区和医药高新区补贴面积分别是0.54万公顷、0.85万公顷、3.41万公顷、0.06万公顷、0.18万公顷，补贴资金分别为971.71万元、1481.99万元、6168.71万元、110.52万元、327.89万元。

【高产示范创建】2016年，全市共创建粮食绿色高产高效示范片105个，比上年增加10个。兴化市钓鱼镇和姜堰区沈高镇两个水稻钵苗机插百亩示范方单产均超过900千克。兴化市被列为“全国绿色高产高效创建和增产模式攻关整体推进县”，姜堰区被列为“全省水稻集中育供秧试点县”。

【水稻生产】2016年，全市水稻生产面积达20.29万公顷，公顷产9157.5千克，总产186.8万吨，比上年分别减少0.23万公顷、13.8千克、6.3万吨。产量结构表现为“一增三减”，其中每公顷穗数增，每穗粒数、结实率和千粒重均减。不同稻作方式单产差异较为明显，手工移栽稻9859.7千克/公顷 > 机插稻9735千克/公顷 > 抛栽稻9074千克/公顷 > 直播稻9375千克/公顷。品种结构进一步优化，全市以南粳9108、武运粳24号、淮稻5号等为主的迟熟中粳品种14.53万公顷，占全市水稻面积的70%以上，同时优质水稻面积进一步扩大，南粳9108、南粳5055种植面积约10.67万公顷，超水稻种植面积的50%。

收割作业

【夏粮生产】2016年，全市夏粮面积达20.29万公顷，比上年增加0.08万公顷，总产113.99万吨，减少9.18万吨。其中小麦19.28万公顷，总产108.78万吨。小麦产量结构表现为“一增两减”，平均公顷有效穗534万，每穗33.3粒，千粒重36.8克，分别增穗0.2万、减粒0.6粒、减千粒重1.8克。主推品种突出，弱筋小麦8.65万公顷，以宁麦13、扬麦13为主;中筋小麦种植面积10.6万公顷,以宁麦14、扬麦16和扬麦20为主。宁麦13种植面积6.9万公顷,并连续4年成为全市种植面积最大的小麦品种。

【油菜生产】2016年,全市油菜种植面积达3.44万公顷,比上年减少0.26万公顷,减少7.1%,但单产连续4年突破170千克,总产9.31万吨,减少0.89万吨,减少8.7%。产量结构表现为"两增两减",其中每公顷株数和每角粒数增,每株角数和千粒重减。油菜籽平均售价3.93元/千克,增长0.23元。加大优质高产主体品种推介力度,形成沣油737、秦优系列为主、德核杂8号和宁杂1818为辅的品种应用格局,示范推广机械直播、一穴双株移栽等轻简栽培技术。

【蔬菜生产】2016年,全市蔬菜播种面积达8.72万公顷,总产量310.4万吨,比上年增加4.2万吨。8个万亩永久性蔬菜基地建设稳步推进,全市8个"菜篮子"工程蔬菜基地已完成规划面积的91.4%。全年全市共16家公司(合作社)入选2016年省园艺作物标准园建设单位,其中7家为蔬菜标准园。江苏上膳源生态农业发展有限公司承担的2015年部级园艺作物标准化创建项目成功通过验收,该项目实施期间,将建成26.67公顷有机蔬菜生产基地,建设403个标准钢架温室大棚。项目实施单位按照中国和欧盟有机标准进行生产,并创建"上膳源"品牌,产品实现统一产销。

林　业

【概况】2016年,全市完成成片造林面积0.27万公顷。新建、完善农田林网1.85万公顷,植树444.9万株,完成森林抚育面积0.39万公顷(其中抚育试点面积1.17万公顷)。建成省级绿化示范村63个(其中森林生态示范村11个),新增自然湿地保护面积4371.49公顷,自然湿地保护率达到46%,圆满完成省、市下达的年度目标任务。3月,国务院春季农业生产暨森林草原防火会议在泰州召开,与会代表参观市造林绿化现场。

【有害生物防控】2016年,全市林业有害生物发生面积0.17万公顷,发生率2.01%。虫害发生面积0.14万公顷,全年危害程度较轻,未发现成灾发生。4月27日,姜堰区在溱湖国家湿地公园监测到美国白蛾一代成虫;7月29日,监测到美国白蛾二代幼虫,认定美国白蛾疫情入侵姜堰区。

【生态公益林建设和管理】年内,不断加强生态公益林建设与管理,严格实行公益林管护工作定目标、定责任、定奖惩的"三定"制度,全市省级重点生态公益林的建设管理工作取得实效,省级重点生态公益林达到0.95万公顷。

【林业依法行政】2016年,继续加大林业行政案件查处力度,有效保护森林资源,维护林业生产秩序。全年全市共立案查处林业行政案件26起、结案26起,查处率100%。其中盗伐林木9起,滥伐林木8起,毁坏林木苗木2起,非法猎捕、出售、运输野生动物及其产品7起,没收野生动物49553只,罚款6.1万元,补种树木1713株,行政处罚21人。

【湿地与野生动植物保护】2016年,全市湿地总面积为10.33万公顷,其中自然湿地面积为5.61万公顷,人工湿地面积为4.72万公顷,全市自然湿地保护率达46%。积极开展野生动植物保护管理工作,对仙色八鸫、猫头鹰、斑鸠、夜鹭、刺猬、眼镜蛇、麻雀、黑斑蛙等国家、省重点保护野生动物实施救护。

【义务植树】2016年,全市开展义务植树广场宣传活动74场次,组织现场义务植树活动134场次,参与人员18660人次,栽植各类树木135660株,营建各类纪念林24个。

畜　牧　业

【概况】2016年,全市畜禽生产稳步发展。畜牧业完成现价总产值78.94亿元,比上年增长12.29 %,占农业总产值的18.98%。全市生猪饲养量451.32万头,比上年减少1.9%;家禽饲养量4974.03万羽,比上年增长2.5%;肉羊饲养量42.2万只,与上年持平;奶牛栏存1.1万头,下降16%;肉蛋奶产量分别达到26.65万吨、12.44万吨和4.2万吨,比上年分别下降1%、上升3.5%和下降6.6%。

河横村村庄生态林间套养

【畜牧生产】2016年，全市畜牧规模养殖结构持续优化，全市生猪、家禽、奶牛、肉羊规模养殖比重分别为92%、98%、100%、61%，其中年出栏500头以上的生猪大中型规模比重为72%，比上年提高3%；年出栏100头以上的肉羊大中型规模比重为56%，比上年提高6%。

【示范创建】2016年，以农业部畜禽养殖标准化示范创建、江苏省畜牧生态健康养殖示范创建、畜牧业绿色发展示范县创建"三项创建"为核心，推进全市畜牧业绿色发展，推动标准化规模养殖，促进提档升级。通过宣传发动、指导服务和督查推进，全面完成农业部畜禽养殖标准化和江苏省畜牧生态健康养殖示范创建任务。同时，启动畜牧业绿色发展示范县创建工作，进一步提升现代畜牧业发展水平。全年全市新增农业部畜禽养殖标准化示范场3家、江苏省生态健康养殖示范场20家。

【动物防疫】2016年，继续组织实施春、夏、秋季"三大"防疫行动，严格落实免疫、消毒、监测、监管等各项防控措施，及时开展技术培训指导，实施动物疫病风险评估。开展重大动物疫病防控延伸绩效管理考核、泰州市疫病防治中长期规划市级中期调研评估、启动重点疫病净化工作。及时完善应急预案，开展应急管理培训，提升全市应急处置工作能力。全年全市各地共使用各类疫苗24730.35万毫升（头、羽份），其中强制免疫疫苗7492.14万毫升（头、羽份），免疫畜禽17855.11万头（羽）次，监测各类样品9.9406万份次，各类重大动物疫病的应免密度均达到100%、免疫抗体合格率均在88%以上，实现全年重大动物疫病"力争不发生、确保不流行"的工作目标。

【动物卫生监督】2016年，全面加强动物防疫条件审查工作，积极推进现场在线检疫电子出证，规范跨省调运畜禽电子出证及调入畜禽监管工作，严格实施生猪屠宰检疫申报制度，屠宰检疫申报率和受理率均达100%。着力强化电子出证、检疫申报、检疫信息登记单的填报规范。全年全市共有效电子出证29.5万份，上传检疫、监督痕迹化管理信息10多万条。组织开展活畜禽调运动物检疫监管专项整治活动、牛羊禽屠宰监管专项整治行动、种用乳用动物跨省调运专项整治行动，深入开展动物防疫及畜产品质量安全专项整治行动。扎实推进《饲料质量安全管理规范》实施、兽药产品二维码追溯、兽用处方药分类管理等工作。全面强化兽药饲料市场专项整治，推进兽用抗菌药专项检查行动。加快推进无害化处理体系建设，全市建成39个收集点，另有1个处理中心和20个收集点正在建设中。

渔　业

【概况】2016年，全市继续加大渔业结构调整，大力推进渔业供给侧结构性改革。全市水产养殖面积7.33万公顷（含稻田养殖），实现水产品产量39.6万吨，比上年增长0.8%；渔业产值83.3亿元、渔业增加值41.6亿元，增长9.05%；大力发展蟹池套养青虾、小龙虾、南美白对虾，套养比例77%，增长8%；加快探索"一水双用、一田双收"稳粮增收新途径，全市稻田综合种养面积626.67公顷；加大新品种引进推广力度，新发展"杭鳢1号"、宽体金线蛭、"南太湖2号"罗氏沼虾等新品种；河蟹产业影响力不断扩大。年内，兴化市成功举办2016年中国河蟹产业峰会暨中国河蟹互联网产业联盟成立大会。

【渔政执法】2016年，制定年度、春季、夏季《打击非法捕捞专项整治方案》和冬季《打击电鱼等非法捕捞交叉检查行动方案》，不间断地开展打击非法电鱼等违法捕捞行动。全年全市查获渔业违法违规案件总数230起，其中，立案查处电鱼70起、无证捕捞5起、违反作业场所捕捞2起、违反长江禁渔期规定9起，没收电鱼船8艘、非法捕捞渔具207件、罚款20.05万元。

【安全生产】年内，全面开展渔业安全生产大检查。7月26日，泰州市渔政支队联合靖江海事处、靖江市渔政大队、靖江市新港城医院在靖江三峰港务内港池举行2016年渔业安全生产应急救援演练。年内，针对汛期高港枢纽周边少数村民擅自在枢纽水闸上下游利用木桶、泡沫筏、流刺网等渔具进行非法捕捞，市渔政支队与泰州引江河高港枢纽管理处联合执法，清理违规网具800多米，暂扣违规小船7艘，保证汛期枢纽工程高效安全运行。

【长江禁渔工作】2016年，全年组织开展长江禁渔执法检查行动14次，出动执法车45辆次，执法船艇57艘次，参加执法人员320人次，查获违禁渔船9艘，取缔迷魂阵等非法网具5300多米。年内，渔政部门加强"两法衔接"，首次向公安机关移送沿江市区16起长江禁渔期违法电鱼案，共有31人受到刑事责任追究。

【长江增殖放流活动】年内，为巩固长江禁渔成果，维护长江水域生态，全市开展6次增殖放流。4月21日，江苏省海洋与渔业局、泰州市政府在泰州长江大桥共同举办以"增殖水生生物资源，建设水域生态文明"为主题的2016年长江水生生物增殖放流暨泰州市第八届放鱼节。省海洋与渔业局局长汤建鸣，泰州市委副书记、市长史立军参加活动。2016年，完成放流资金300多万，放流鱼苗

1500多万尾，放流主要品种为鲫鱼、河豚、胭脂鱼、细鳞斜颌鲴、赤眼鳟、蟹苗等。

长江增殖放流活动

农业机械化

【概况】2016年，泰州市农业机械化按照"机具提质、作业增效"的要求，装备水平显著提升，作业水平不断提高。全年全市使用省级以上农机购置补贴资金9340万元，新增补贴机具5407台，其中粮食烘干机1152台、高速插秧机604台、拖拉机567台、联合收割机651台、高效植保机251台。机收率、秸秆还田率稳定在97%和70%，机插秧率超过85%，农机社会化服务水平超过70%。泰兴市、姜堰区成为省级粮食生产全程机械化示范县。

【秸秆还田机械化】2016年，按照"巩固夏季秸秆还田水平，大力提升秋季还田率"要求，按时完成秸秆综合利用实施方案编报，同步统筹机具安排、作业面积落实、第三方核查方案确定，全年实现秸秆机械化还田面积25.73万公顷，还田率达70%以上。实现财政资金补贴全覆盖，使用省级补贴资金6000万元，市、县两级配套资金3700万元。

【农机信息化】2016年，兴化市、姜堰区等地进行农机信息化作业试验示范，实现对拖拉机作业质量、面积和路线的实时监控。全年全市新增激光平地机5台、水产养殖环境监控设备83套，一批先进适用的农机装备应用到现代农业生产中。"平安农机通""农机直通车"等信息平台应用面得到扩大。

【农机化培训】2016年，泰州市首家"江苏省农机人才培训基地"在江苏农牧职业技术学院揭牌成立，并举办泰州技能状元大赛农机修理工职业（工种）决赛、职业技能获证奖补培训班、新型职业农民培育工程农机合作社带头人培训班等，培训各类农机人员超过600人次，充分发挥培训基地的平台作用。全年全市累计开展机插秧、秸秆还田技术等各类培训班167场次，培训农机手1.6万人次，其中607人通过职业技能鉴定。举办基层农机人员培训班1期，培训县、乡农机技术骨干98名。

【农机服务体系建设】积极探索农机服务体系建设，培植农机大户和专业合作社，推进农业适度规模经营。年内，全市新增农机合作社53个，总数达到1219个。

【农机安全监理】2016年，全市农机安全生产和农机监理工作保持良好态势。全年注册登记拖拉机607台，联合收割机717台，年检拖拉机7364台，检验联合收割机2206台，均超额完成全年目标任务。发生道路外农机事故1起，未发生重特大农机道路交通事故。

【农机综合保险】2016年，全市共有8776台各类机具参加农机综合保险。其中，交强险3267台、大中拖1526台、收割机1155台、小方拖2218台、手扶拖拉机891台。总保费449.74万元。

【"打非治违"专项行动】2016年，全市共开展执法行动122次，出动498人次，查处打击各类违法行为752起，排查农机安全事故隐患481起。

【免费实地检验试点工作】2016年，根据省农机监理所《关于开展农业机械免费实地检验试点工作的通知》要求，全市组织开展农业机械免费实地检验试点工作。以无挂车拖拉机和联合收割机作为重点，在全市开展免费实地检验工作。全年共新增免费实地检验无挂车拖拉机2863台。

农业综合开发

【概况】2016年，全市立项建设农业综合开发土地治理项目0.86万公顷，总投资18532.5万元，财政投资18450万元，自筹资金82.5万元。其中，建设国家农业综合开发高标准农田项目0.67万公顷，总投资15082.5万元，财政投资15000万元；建设国家农业综合开发生态综合治理项目0.03万公顷，总投资750万元，均为财政投资；建设省级沿江高沙土项目0.16万公顷，总投资2700万元，均为财政投资。

【扶持项目】2016年，全市立项扶持产业化发展项目8个，项目总投资1280.04万元，财政投资747万元，自筹资金533.04万元。其中，扶持产业化补助项目3个，项目总投资933.04万元，财政投资400万元；扶持产业化贷款贴息项目5个，项目财政贴息额347万元。

【农业开发招商引资】2016年，全市农业招商引资和外向型农业创新高。全年全市农业招商引资实际利用三资140.5亿元，比上年增加30.48%。新建内资规模项目183个，比上年增加18.06%。年内，全市共完成1.5亿元以上重大项目22个，实际利用外资1960万美元；全市农产品出口额3.28亿美元，增幅为32.4%，比全省平均增幅高出25.8个百分点，增幅排名全省第2。兴化市农产品出口额超1亿美元，在全省所有县(市)中排名第3。

（农　委）

江苏省现代农业综合开发示范区

【概况】2016年，江苏省现代农业综合开发示范区继续大力发展现代农业，加强示范引领功能，顺利完成各项年度工作任务。年内，建设优质良种繁育推广基地1.12万公顷。在获批“国家农业科技园区”后，一批高科技优质项目相继落户园区。全年实现公共财政收入8727万元，超过年度目标9%；上争项目资金6632万元，比上年增长9.76%；实现农业产业化经营销售收入15.2亿元。

【园区项目招引】2016年，园区招引多个高科技优质项目，其中包括无锡数字鹰(泰州)有限公司投资建设的植保无人机研发、制造和培训基地项目，可形成千架无人机生产能力和病虫害植保飞防能力；还有与以色列BF公司以及安徽朗坤集团共同合资组建总投资达2770万美元的“AWL农业科技(泰州)有限公司”，可形成国际先进水平的农业物联网技术研发能力和拥有自主知识产权的植物本体传感器、水肥一体化装备制造能力。年内，园区有16个农产品精深加工、农资仓储、都市农业等优质项目开工建设或达标投产。

【企业转型升级】2016年，红旗种业有限公司在东南亚繁育推广杂交稻良种。全年出口种子2354吨，居全省第1，并成为全省首家种子出口示范基地，国家商检局授牌“国家出口种子质量安全示范区”。园区内通惠公司与德国西门子公司联合攻克粮食散料物流卸船技术国际性难题，有多项技术处于世界领先水平，成为长江内河港口唯一的散料物流装备供应商。年内，秋雪湖生态景区获评“国家4A级景区”，景区建设步伐不断加快，旅游文化活动精彩纷呈。

市农业开发区生态佳园

【多种平台建设】年内，“泰州市农业开发区农业投资基金”成立，成为全国现代农业示范区第1支产业基金。园区“泰农集团”注册资本达7.27亿元，资产总额近20亿元，旗下拥有全资子公司6个、控股公司1个、参股公司5个，同时集团为多个项目和工程建设融资3.7亿元，并投资参股江苏种业发展基金、泰州兴农担保公司各1000万元。

（农业开发区）

农　村

【概况】2016年，泰州市坚持以促进农民持续增收为工作核心，全面落实党的各项农村政策，不断加大社会主义新农村建设力度，农村经济发展活力不断增强。全年农民人均可支配收入达17861元，比上年增长8.8%，比城镇居民收入增幅高出0.8个百分点，比全省农民收入平均增幅高出0.5个百分点。

积极培育新型农业经营主体。全市各类新型农业经营主体达2.38万家，其中专业大户1.23万家、认定管理的家庭农场5371家、工商登记农民合作社5978家。30家家庭农场获批“2016年省级示范家庭农场”。积极开展合作社规范化建设整体推进镇试点，累计创建国家级示范社47家，省级示范社146家，市级示范社640家。

加快发展农业适度规模经营。出台《农村承包土地整体流转乡镇考核办法》，按照“依法、自愿、有偿”原则，引导农村土地通过多种方式向专业大户、家庭农场、农民合作社等经营主体流转。年内，18个乡镇申报土地整体流转，全市土地流转面积累计达15.13万公顷，占农户承包面积的66%以上；各类经营主体规模经营总面积达16.4万公顷，占全市家庭承包面积的72%。

【全市农村工作会议】2016年2月24日，全市农村工作暨扶贫开发工作会议召开。会议回顾总结“十二五”时期

"三农"工作情况，分析当前农业农村发展面临的新形势、新问题，部署2016年以及今后一个时期全市农业农村和扶贫开发工作。市长史立军主持会议，副市长陈明冠作工作报告，市委书记蓝绍敏作讲话。会议表彰2015年度农业农村工作目标先进市(区)、全面小康建设"十强村"、扶贫开发工作先进集体和先进个人。

【农村金融改革】积极履行全市农村改革领导小组办公室职能，积极出台扶持政策，增强农民带资进城实力，调动农民进城积极性。

不断加大农村金融保险制度创新力度。会同有关部门出台意见，探索合作社财政项目资金拨改投、拨改股试点。定期举办家庭农场主培训班及"政银农"授信签约活动。政策性农业保险面不断提升，主要种植业保持"应保尽保"。2016年，农业保险实现总保费收入3.2亿元，其中，高效农业保险实现保费收入2亿元。保险理赔总金额2.47亿元，有效降低农户因灾造成的损失。

全面开展承包土地确权登记颁证工作。加大政策宣传、业务指导和督查推进力度，规范操作流程，严格执行政策，加强数据库和信息平台建设，完善确权登记颁证考评办法。至年末，顺利完成省定目标任务。

完善农村产权流转交易服务体系。加强工作督查和业务指导，市(区)级农村产权交易市场实现全覆盖。2016年，全市乡镇建成产权交易服务中心90个、村级服务点1485个；全市农村产权交易市场共成交4476笔，成交金额12.81亿元。年内，村级集体经营性资产"股权到人、固化到户"改革启动，首批14个村列入改革试点，已全面完成村集体经济组织成员资格界定。

【新农村建设】2016年，泰州市在全省率先启动实施"强富美高"新农村示范创建活动。泰州市委农村工作领导小组下发《泰州市推进强富美高新农村建设实施方案(试行)》，领导小组办公室组织开展"强富美高"示范村、十佳示范村的创建申报工作。全年创成"强富美高"示范村60个、十佳示范村10个。启动实施新一轮农村实事工程。出台新一轮农村实事工程实施方案，共涉及9类28项。农村民生得到持续改善，教育、医疗、卫生、生活保障、养老等社会化水平得到进一步提高。

【农村基层管理】加强农村财务管理，对全市村级财务进行专项整治，经过"动员部署、自查自纠、重点督查、整改落实、建章立制"等环节，农村财务信访量大幅下降。进一步规范农村财务操作流程，统一非生产性开支标准，规范用工和工程项目建设，全面推行村级资金非现金结算和村务卡使用。积极开展农村集体"三资"管理示范县创建。充分发挥"三资"监管平台的作用，深入推进农村"三资三化"管理工作。举办全市乡(镇)农村财务管理人员培训班，切实提高农村财务人员业务素质。加强农民负担管理，坚持农民负担一票否决、预决算及监督卡发放制度，使全市农民负担保持在较低水平，促进农村社会稳定。继续实施农村一事一议筹资筹劳及财政奖补，透明操作，规范运作，全市642个村建成1004个奖补项目，总投入1.76亿元，受益农业人口达152.49万人。积极开展农村信访调处工作，健全信访工作网络和调处机制，分类调处化解农村矛盾纠纷。2016年，全市农经系统共受理农经信访件2300多件，办理省农委转办信访件2件，市政府交办复核信访件7件，结案率均达100%。

(农工办)

【农村土地承包经营权确权登记】2016年，农村土地承包经营权确权登记推进顺利，并率先在全省建成三级联动的确权登记颁证信息化软件平台。全市应开展确权工作的1335个村已基本完成确权工作。

(政府办)

综 述

【概况】2016年,泰州市工业经济和开放创新战线积极贯彻市委市政府决策部署,全面落实稳增长、调结构、促转型各项举措,工业经济平稳增长,为全市经济持续健康发展提供有力支撑。

工业经济实现平稳增长。全年全市规模以上工业增加值2766.85亿元,比上年增长10.0%,总量列全省第7位,增幅列全省第2位;主营业务收入12139.45亿元,增长13.0%,总量列全省第7位,增幅列全省第2位;利润总额938.67亿元,增长11.2%,总量列全省第6位,增幅列全省第6位;工业用电量176.20亿千瓦小时,增长2.1%,总量列全省第8位,增幅列全省第9位;工业投资1957.87亿元,增长19.8%,总量列全省第6位,增幅列全省第1位;工业开票销售4545.14亿元,增长7.7%。

重点产业强力支撑。生物医药及高性能医疗器械产业、节能与新能源产业产值均突破千亿元。生物医药及高性能医疗器械产业实现主营业务收入1122.75亿元,比上年增长15.9%,高于全市增幅2.9个百分点。新增获GMP认证企业11家,新增临床批件82个,其中一类新药13个。全年全市造船完工量为98艘719.4万载重吨,增长7.6%,分别占全省、全国、全球总量的48.2%、20.4%、7.24%。造船完工量已超越上海,位列全国地区造船量首位。节能与新能源产业一批重大项目进展顺利,乐叶光伏2GW高效单晶组件项目全部投产,中全新能源纳米多孔硅锂电池负极材料等项目在有序推进。装备制造产业实现主营业务收入6540.27亿元,增长13.1%。其中汽配、新能源装备板块增长较快。化工产业实现主营业务收入1810.21亿元,增长13.4%,占全市14.9%;电子信息产业实现主营业务收入1611.99亿元,增长18.2%,高于全市工业增幅5.2个百分点。食品加工产业实现产值886.56亿元,增长8.0%,占全市7.1%。销售过亿元企业1698家,其中过10亿元202家,过50亿元34家,过百亿元4家。利税过亿元企业280家。50强工业企业完成产值3247.5亿元,增长10.1%。

工业投资增势强劲。工业投资保持高位增长。2016年,全市完成工业投资1957.87亿元,比上年增长19.8%,高于全省平均增幅11.9个百分点。完成工业技改投资1411.05亿元,占工业投资比重72.1%。工业投资占固定资产投资比重达61.9%。全市实施亿元以上重点工业投资项目710个,完成投资702.39亿元,增长38.31%,高于全市工业投资增幅18.54个百分点。高新技术产业完成投资688.54亿元,增长45.89%,高于全市工业投资增幅26.0个百分点。三大战略性主导产业完成投资249.36亿元。企业智能化改造200个项目,完成投资79.1亿元,占工业技改投资的5.6%。

产业转型升级效果显著。产业结构不断优化,高新技术产业实现产值5310.75亿元,比上年增长14.4%。三大主导产业产值突破3000亿元。特色产业集群支撑有力,全市省级特色产业集群9家,全年实现营业收入4623.7亿元,增长10.49%,集聚规模以上工业企业近1800家。产业创新能力增强,由扬子江药业集团、泰州医药产业园区管委会牵头组建的江苏省生物医药创新中心被列为省制造业创新中心培育对象。11家企业被认定为省技术中心,80个项目被列入江苏省重点技术创新项目计划,21个车间获评示范智能车间。创成省科技小巨人企业4家、省服务型制造示范和培育企业2家、省级工业设计中心2家、省智慧物流企业1家。节能降耗推进有力。实施节能技改项目126个，总投资20.29亿元。审查261个固定资产投资项目用能情况，对105家重点用能单位进行节能监察审计，举办4期节能（清洁生产）技术推广会。

供给侧结构性改革成效明显。加强落实去产能、处置“僵尸企业”。年内，化解粗钢生产能力100万吨，占全省当年钢铁行业化解过剩产能任务的25.64%。全年共已处置停产、半停产企业34家。承担落后产能淘汰任务的23家企业相关生产设备都已关停，并均验收完毕。全市在用工物流、用能用地、融资、税负、制度性交易等5个方面，已累计为实体经济降低成本55.1亿元。组织107家企业参加省电力直接交易试点，直接交易电量达23.7亿千瓦时，全年为工业企业降低用电成本9100多万元。

（靳新伟）

2016年泰州市工业经济工作目标考核先进市（区）

一等奖：泰兴市　高港区
二等奖：姜堰区　医药高新区
目标完成奖：兴化市　海陵区

2016年泰州市科技创新工作目标考核先进市（区）

一等奖：泰兴市　兴化市
二等奖：海陵区　高港区

2016年泰州市开放型经济工作目标考核先进市（区）

一等奖：泰兴市　高港区
二等奖：兴化市　医药高新区

2016年泰州市“工业十强企业”名录

扬子江药业集团有限公司
中海油气（泰州）石化有限公司
国电泰州发电有限公司
可胜科技（泰州）有限公司
新浦化学（泰兴）有限公司
江苏新时代造船有限公司
济川药业集团有限公司
江苏兴达钢帘线股份有限公司
江苏扬子鑫福造船有限公司
靖江市新程汽车零部件有限公司

2016年泰州市“外经贸十强企业”名录

江苏新时代造船有限公司
泰州乐金电子冷机有限公司
益海（泰州）粮油工业有限公司
新浦化学（泰兴）有限公司
江苏兴达钢帘线股份有限公司
阿斯利康药业（中国）有限公司
泰州市华丽塑料有限公司
正太集团有限公司
江苏河海科技工程集团有限公司
中船澄西新荣船舶有限公司

2016年泰州市“十佳高新技术企业”名录

扬子江药业集团有限公司
济川药业集团有限公司
江苏罡阳转向系统有限公司
江苏申源特钢有限公司
江苏苏中药业集团股份有限公司
江苏南瑞泰事达电气有限公司
江苏亚星锚链股份有限公司
泰州市创新电子有限公司
江苏微特利电机股份有限公司
江苏富天江电子有限公司

2016年泰州市“发明专利十强企业”名录

江苏兴达钢帘线股份有限公司
泰州市智谷软件园有限公司
江苏德威兰医疗器械有限公司
江苏春兰清洁能源研究院有限公司
江苏林海动力机械集团有限公司
江苏航天动力机电有限公司
五行科技股份有限公司
江苏威鹰机械有限公司
兴化市利源农业装备制造有限公司
江苏博万丰交通科技有限公司

（靳新伟）

【产业转型升级】 年内，编制完成《泰州市工业经济转型升级“十三五”专项规划》，同时完成《泰州市国民经济和信息化建设“十三五”规划》等12个专项规划编制。2016年，全市高新技术产业产值突破5000亿元，成为长江经济带大健康产业集聚发展试点，创成国家中医药综合改革试验区、康养旅游示范基地，获批国家级金融支持产业转型升级改革创新试验区，建成国家创新型试点城市和知识产权示范城市。聚焦聚力三大战略性主导产业，生物医药产销规模居全省前列，造船完工量占全国比重达16%，节能与新能源产业规模超过1100亿元。全年三大主导产业实现产值3131.2亿元，突破3000亿元，实现利润266.5亿元，比上年增长13.3%。

（李庆涛）

【淘汰落后产能】2016年，全市完成省钢铁行业化解过剩产能任务1项，化解粗钢产能100万吨；完成省淘汰低端、低效产能任务6项，淘汰印染1100万米、纺织2000万米、铸造6万吨、电镀3万吨、玻璃制品3.9万吨等低端低效产能。全年完成17项市级淘汰落后（低端、低效）产能任务。组织开展钢铁行业清理整顿、淘汰钢铁行业落后产能设备、取缔“地条钢”等工作。

（陈　俊）

【培养骨干企业】2016年，全市净增规模以上工业企业157家，新增主营业务收入10亿元以上企业29家、利税过1亿元企业31家。省经信委新认定市2家企业为省管理创新示范企业、7家企业为省管理创新优秀企业，另有22家企业被认定为市管理创新先进企业，新认定35家企业为第三批市工业转型升级示范企业。

（殷　蕾）

【企业座谈会】2016年，进一步健全“网上预约、现场办公、会后督办”机制，组织好每一期企业家座谈会。至年末，全年累计召开企业座谈会35期，286家企业参加，办结企业反映的各类问题325件。市经信委、市委办督查室、市“三服务”办等部门形成一整套完善的企业座谈会反映问题的转交、办理、回复机制，对座谈会上企业反映的问题，建立交办、主办、督办机制，实行办理过程全程跟踪督查。企业座谈会做法被《工信部信息专报》《新华日报》《江苏新时空》《泰州日报》《泰州新闻》等媒体报道。

（王晓蓉）

第35期企业座谈会召开

【重大项目建设】2016年，全市新开工亿元以上项目461个，比上年多出204个，其中5亿元以上项目44个，10亿元以上项目22个。全市竣工亿元以上项目203个，比上年多出103个，其中5亿元以上项目15个，10亿元以上项目10个。重大项目建设进展顺利、投入加快。全市实施亿元以上重点工业投资项目710个，比上年多出313个，计划总投资1998.56亿元，当年完成投资702.39亿元，增长38.31%，高于全市工业投资增幅18.54个百分点。全市共有17家企业获国家、省级技术改造类专项资金补助4839万元，8家企业的智能车间获“江苏省示范智能车间”称号，11家企业的智能车间获“泰州市示范智能车间”称号。市区共12个项目获市级财政扶持资金747.55万元。企业智能化改造投资步伐加快，全市200个项目列入市企业智能化改造升级项目计划，实际完成投资79.1亿元。

（王杏春）

【节能降耗】2016年，在省政府对市级政府2015年度节能工作考核评价中，泰州市达到最高的“超额完成”等级，并获省政府通报表扬。在船舶、纺织、化工等行业重点推进实施绿色改造工程，共组织实施相关项目126个，项目竣工后，年可节能18万吨标煤。深入推进企业节能、降耗、减污、增效工作，41家企业完成自愿性清洁生产审核，共实施中高费项目102个，总投资1.31亿元，年可节能8621吨标煤、节水2万吨，减少污水烟尘等排放7.81万吨，项目实施后，年可增加效益4032万元。共举办变压器能效提升、多极磁燃料节能技术、乏汽热能回收技术等4期推广会。对5家重点耗能企业开展绿色诊断，对105家单位开展节能执法检查；对11家企业开展重大工业企业节能监察；对40家公共机构用能情况进行明察暗访。全年完成23家重点耗能企业能源审计，开展51家企业节能监测，共监测主要用能设备144台（套），审计出节能潜力项目45个，总投资2.48亿元。

（王益璇）

【技术创新】2016年，全市新认定省级企业技术中心11家，市级企业技术中心56家。全市已认定各级企业技术中心共511家，其中，国家认定企业技术中心7家、省认定企业技术中心108家、市认定企业技术中心396家。

（卢震华）

【“三服务”活动】开展以“三降三促”为主题的“三服务”活动，即降生产成本，促企业大发展；降投资成本，促项目大突破；降营商成本，促投资者大集聚。为企业办实事项目55件，其中24件被评为2016年度优秀项目。制定《关于推动全市降成本增效益的工作方案》，并从降低用工、用能、融资、税费和制度性交易成本等5个方面，编印宣传手册1000册，全面解读国家、省、市各项降本减负政策，并通过微信公众号向市区所有规模以上企业宣传。2016年，全市累计降低实体经济企业成本55.17亿元。

（许正祥）

【工业“50强”企业运行情况】2016年，全市工业“50强”企业完成产值3247.50亿元，比上年增长10.1%。“50强”企业中有16家企业增幅超过全市平均水平，国电泰州电厂等6家企业增幅超过30%。11家企业产值下降，5家企业降幅超过20%，其中振华油脂下降30.3%、新扬子造船下降41.2%、浩普投资下降22.0%。2016年，工业“50强”企业累计完成用电量60.15亿千瓦小时，增长2.03%。“50强”企业中累计用电增长的有23家，其中中海油气增长535.74%、申源特钢增长73.57%；累计用电量下降的企业有27家，降幅超30%的有4家，其中春兰集团下降71.82%，曙光集团下降30.76%、兆胜集团下降39.7%。

（李庆涛）

重点企业选介

【扬子江药业集团】2016年，集团完成产值592.5亿元，比上年增长10.1%；实现销售收入590.7亿元，增长17.9%；实现利润34.3亿元，增长16.6%，各项指标均创历史新高。年内，集团获全国医药行业QC成果一等奖，并获“全国工业企业质量标杆”“中国医药研发产品线最佳工业企业”“江苏省优秀企业”等称号。扬子江品牌价值与品牌强度双双名列2016年中国品牌价值评价榜生物医药板块第1名；“扬子江”商标被认定为“中国驰名商标”。

【中海油气（泰州）石化有限公司】公司拥有一套年产150万吨重交沥青-环保燃料油联合生产装置，公用工程、污水处理、产品储存罐区、销售发货系统等配套设施齐备，主要生产和销售燃料油，180号普通道路沥青，50号、70号、90号等重交沥青。2016年，公司完成产值179.1亿元，比上年增长8.6%；实现销售收入178.4亿元，增长13.1%；实现利润7.5亿元，增长18%。

【国电泰州发电有限公司】公司成立于2004年1月，是中国国电集团公司在江苏省新建的重点工程，是江苏电网北电南送的枢纽电站。2016年，公司完成产值68.6亿元，比上年增长61.7%；实现销售收入65.7亿元，增长47%；实现利润13.7亿元，增长8.2%。

新兴产业

【概况】2016年，全市聚焦聚力三大战略性主导产业，实现利润266.49亿元，比上年增长13.3%，高于全市平均水平2.1个百分点。其中生物医药产销规模全省领先，造船完工量占全国比重达20.4%，节能与新能源产业规模超过1100亿元。

（李庆涛）

·高端装备制造业·

【概况】2016年，全市高端装备制造业平稳发展，完成产值2152.65万元，比上年增长25.4%。获批高新技术企业145家。新认定江苏省首台套重大装备及关键部件21个，获批全国智能制造综合运用标准化与新模式应用项目1个，江苏省首台（套）重大装备及关键部件示范项目6个。泰兴城区工业园和姜堰区高新技术装备产业园2个园区获批省高端装备产业特色基地。

（王　陶）

【泰星减速机股份有限公司】公司创建于1984年，占地面积30万平方米，固定资产3.8亿元，员工2000多人。拥有国内领先的减速机加工核心技术及技术应用整合能力，具有先进可靠的生产技术条件和技术装备。公司现已形成16大系列，上万种规格品种，年产20万台减速机的设计生产能力。2016年，公司实现产值10.41亿元、销售10.44亿元、利润8850万元，比上年分别增长2.39%、5.88%和3.12%。

【卓然（靖江）设备制造有限公司】公司是由上海卓然工程技术有限公司全资控股的独资公司，创建于2006年。公司是以工业炉及大型装备模块化整体制造为主导，同时提供工程咨询、工程管理服务及相关设备的技术开发、设计、制造和安装的专业公司。公司注册资本5000万元，现有员工233人。2016年，公司总资产63306.93万元，销售收入31567.2万元，上缴税金1504.68万元，净利润978.38万元。

【江苏微特利电机制造有限公司】公司创建于2000年，资产总额2.89亿元，拥有专业化的电机生产线和先进的检测设备，生产的汽车驱动用感应电机、永磁同步电机、伺服电机、NEMA、IEC标准高效系列电机产品广泛应用于新能源电动汽车、机器人装备及高精度机床设备等行业。2016年，公司实现开票销售3.02亿元。

【壹千零壹号泰州自动化科技有限公司】公司是国内领先的综合云制造平台的构建者，拥有目前国内规模最大的工业级3D打印混成车间、自主研发的工业级超大型3D打印机群、完整的工业4.0信息化管理系统和完整的3D打印核心技术链条。公司首席科学家为国家"千人计划"特聘专家夏志杰博士。公司核心装备F500、F510、K1000型打印机均为自主研发。

·医药和医疗器械产业·

【概况】2016年，全市规模以上医药和医疗器械企业全年实现主营业务收入1122.75亿元，比上年增长15.9%；实现利税148.84亿元，增长15.5%，利润85.84亿元，增长19.9%。其中，药品及化学药品原料药制造企业实现主营业务收入823.19亿元、利润57.44亿元；医疗器械生产企业实现主营业务收入86.91亿元、利润8.28亿元；卫生材料及医药用品制造企业实现主营业务收入65.28亿元、利润4.41亿元。2016年，扬子江药业集团有限公司实现总产值592亿元，销售590亿元，利税71.3亿元，分别增长18%、17.9%和18.6%，各项经济指标均创历史新高；济川药业、苏中药业主营业务收入分别达到76.9亿元和36.6亿元。"扬子江"商标被认定为"中国驰名商标"。江苏苏中药业集团与中国人民解放军总医院等7家单位共同完成的"IgA肾病中西医结合证治规律与诊疗关键技术的创研及应用"项目获2016年度国家科技进步奖一等奖。济川药业集团公司获"2016年江苏省最具竞争力优秀品牌企业"称号。

（潘 安）

【江苏苏中药业集团股份有限公司】公司创建于1972年，2016年在职员工1200人。企业拥有通过国家GMP认证的大输液、小针剂、片剂、胶囊剂、颗粒剂、口服液、糖浆剂等7条生产流水线，销售180多个品种，综合指标位列全国医药企业百强。2016年，公司全年实现开票销售14.1亿元，比上年下降5.9%；销售收入36.6亿元，增长5.5%；现价产值37.4亿元，增长6.2%。实现利税5.4亿元，其中利润2.94亿元，分别增长3.5%和3.1%。

【济川药业集团有限公司】公司创建于1994年5月3日，注册资本3亿元，是一家集中西医药、中药日化、中药保健产业，专业从事产品研发、生产制造、商业流通为一体的国家级高新技术企业集团，是国家火炬计划骨干企业、全国制药工业50强企业。公司员工6000多人，总资产50亿元。2016年，公司获"江苏省最具竞争力优秀品牌企业""江苏省医药行业十佳优秀品牌企业"称号，公司实现产值76.9亿元，比上年增长28.2%；销售74.23亿元，增长23.7%；利润10.9亿元，增长44.4%。

·电子信息产业·

【概况】2016年，全市电子信息产业完成现价产值1678.43亿元，比上年增长16.86%，实现销售收入1611.99亿元，增长18.19%，实现销售利润134.93亿元，增长9.7%；产值、销售、利润分别占全市列统工业的比重为13.35%、13.22%、14.4%，产值、销售占比分别比上年增加0.49、0.67个百分点。10个大类行业中，集成电路制造、电池制造、通信和计算机制造分别以40.53%、29.56%、28.39%的增速分别排第1、第2、第3位。实施亿元以上重点项目41个，全年完成投资67.81亿元，增长97.35%。纬创资通（泰州）有限公司全年完成销售85.13亿元，比上年增长137.17%。泰通（泰州）工业有限公司全年完成销售181.51亿元，增长6.17%。

（孔令虎）

【泰州市博泰电子有限公司】公司成立于2005年，是一家专业从事微波高频电路板研发、设计、加工于一体的高新技术企业。2016年，企业注册资金1200万元，总资产16107万元，实现销售29335万元，利税6120万元。公司与西安交通大学合作的"低PIM高性能微波高频复合陶瓷基板的关键材料和工艺技术研究"项目入选江苏省重点研发计划，获批建立"江苏省北斗导航系统移动终端用高频电路板工程实验室"，获武器装备科研生产单位三级保密资格证书、GJB9001B国军标质量管理体系证书。

·新能源产业·

【概况】2016年，全市新能源产业65家列统企业实现产值769.29亿元、销售740.94亿元、利润59.47亿元，分别比上年增长8.1%、14.02%、19.33%，总量分别占全市规模以上工业的6.12%、6.08%、6.35%。产业基础好，形成太阳能光伏电池与组件制造、动力电池制造、核电装备制造、智能电网器件制造4个细分行业，产品涵盖光伏电池及组件、电站系统集成、高低压成套电气设备、车用动力镍氢电池及电源系统总成、超级电容器、新材料电池、新能源汽车及零配件等。春兰能源、智航新能源被列入工信部《汽车动力蓄电池行业规范条件》企业目录。双登集团成为亚洲地区通信电源、储能电池最大生产商，在锂电池后备电源领域拥有30%的国内市场份额。全市新能源在建亿元以上项目41个，总投资236亿元。

（王有为）

【中盛光电集团】集团主营业务包括制造光伏电池片、光伏组件及系统集成产品，是光伏组件制造企业全球17强。集团承担光伏电站解决方案业务，主要在全球从事光伏电站的项目开发、投融资服务、总承包建设和电站运营维护、资产管理等。集团连续多年名列彭博社全球光伏企业排名第一梯队。2016年，集团实现产值276.8亿元、销售268.9亿元、利润16.3亿元，总量分别占全市太阳能光伏板块列统企业的90.6%、91.1%、87.2%。

【双登集团股份有限公司】公司成立于1990年，是国家重点高新技术企业、中国电子信息百强企业、中国民营企业500强，并有国家认定的企业技术中心、江苏省化学储能重点实验室等。公司是亚洲地区通信电源、储能电池最大生产商，在锂电池后备电源领域拥有30%的国内市场份额。2016年，公司实现产值37.65亿元，销售37.25亿元，利润3.65亿元，其中销售和利润分别增长19.89%、46.14%。集团产品主要有铅酸蓄电池、锂离子电池及充电装置、电子设备、电源系统集成产品、电子电源设备、UPS、蓄电池空调仓、高频开关电源、通信机房基站节能产品，高容量密封免维护铅酸蓄电池等。

（王益璇）

传统优势产业

【概况】2016年，泰州市大力实施传统产业改造提升计划，推进千企升级百企示范工程，累计新增销售10亿元以上企业113家、利税过亿元企业144家，境内外上市和新三板挂牌企业分别达10家、26家，并获批创建全国质量强市示范城市，扬子江药业集团获中国质量奖提名奖。

（李庆涛）

·船舶制造业·

【概况】2016年，全市造船完工量为98艘719.4万载重吨，比上年增长7.6%。造船完工量分别占全省、全国、全球的48.2%、20.4%、7.24%。2016年，全市重点船舶企业转型升级加快，船型结构明显改变。油船、箱船交般量明显增多，散货船相对减少，全市共交船98艘，其中油船、箱船等39艘，散货船59艘，两者比例已由25:75调整到40:60。扬子江船业交付万标箱船4艘，并引入生产管理系统软件（YSS），常态化的对生产全过程进行实录。口岸船舶的数字化全程协同统计与生产集成管理平台、三福船舶的船体建造集成管控系统研发等项目被列入省大中型互联网提升项目。

（王　陶）

【泰州口岸船舶有限公司】公司是国内十强民营造船企业，有口岸和永安两个造船生产厂区，固定资产30亿元，年造船能力超过200万载重吨。产品主要有20万吨级以下各类集装箱船、散货船、多用途船、客滚船、油船、化学品船等，是首批进入工信部《船舶行业规范条件》“白名单”的企业，通过工信部及江苏省经信委一级Ⅰ类钢质一般船舶生产企业条件评价。2016年，公司完工交船17艘99.56万载重吨，承接新船14艘，手持订单46艘196.35万载重吨。全年合作开发新船型产品6项，自主研究开发新技术、新工艺、新工装共26项，申报国家专利共8项。自主开发相关应用软件5项，3项申报获得国家软件著作权登记证书。公司建造的20.8万吨散货船被认定为江苏省高新技术产品。

【泰州三福船舶工程有限公司】公司通过中国船级社ISO9001质量管理体系、ISO14001环境管理体系、GB/T28001职业健康安全管理体系认证、一级Ⅰ类钢质一般船舶生产企业生产条件评价认定。2016年，公司实现造船完工量20艘70.5万载重吨，产值销售37.73亿元，手持订单43艘131.22万载重吨，产品覆盖油轮、集装箱船和多用途船。企业院士工作站被评定为江苏唯一的“2016年全国示范院士工作站”。2016年，公司共计申报专利18件，其中实用新型10件，发明8件，初步形成以船舶产品为核心的专利布局。

【江苏亚星锚链股份有限公司】公司创建于1981年，专业化从事船用锚链和海洋系泊链的生产，各种规格锚链、系泊链及其附件为世界各地的船舶和海洋工程设施配套，是世界上最大的锚链和系泊链供应商。产品出口到世界50多个国家和地区。2016年，公司共获国内有效专利74项，其中发明专利9项、实用新型专利65项。

·化学工业·

【概况】2016年，全市259家规模以上化工企业完成工业总产值1826.25亿元，比上年增长12.2%；实现主营业务收入1810.21亿元，增长13.4%；利税169.01亿元，增长13.8%；利润135.78亿元，增长14.1%。其中营业收入超10亿元的有41家，50亿元以上的企业有6家，超百亿企业有1家。

（毛书林）

【江苏中丹集团股份有限公司】公司主要从事精细化工、染料、医药、农药的研发、生产和销售，建有完善的ISO9001、ISO14001、GMP质量管理体系。靛蓝、氨基苯醚、乙氧基喹三个主导产品国际市场占有率均居世界第1，并与多家世界500强制药企业形成合作关系，是中国医药城医药原料药生产基地。2016年，公司实现产值30.9亿元，比上年增长5.8%；销售31.6亿元，增长8.9%；利润2.1亿元，增长21%。

【新浦化学（泰兴）有限公司】公司成立于1995年，是新加坡新浦化学私营有限公司的全资子公司，现已成为具有一定经济规模和自我发展特色的综合性化工企业。公司注册资本29900万美元，总投资71052万美元，是泰州市最大的外商独资企业，主要生产和销售离子膜烧碱、液氯、苯胺、氯乙烯、苯乙烯等化工产品及其衍生物。公司是江苏省最大的烧碱、氯乙烯生产企业，泰兴经济开发区内唯一氯碱生产企业。2016年，公司实现产值61.9亿元，比上年增长6.7%；销售62.1亿元，增长9%；利润7.4亿元，增长50.7%。

·食品加工业·

【概况】2016年，全市食品加工行业完成工业总产值886.56亿元，比上年增长8.0%，其中新产品产值2.67亿元，下降74.33%，销售862.69亿元，增长7.8%，利税108.62亿元，增长9.5%，其中利润64.97亿元，增长20.1%，完成出口交货值49.54亿元，增长11.5%。

（潘 安）

食品加工机械

【泰兴市振华油脂有限公司】公司成立于2009年，由上海鑫慧投资有限公司投资，总投资额为5.8亿元，以大豆加工为主营业务，其主要产品为食用大豆油（半精炼、全精炼、包装油）、饲料用大豆粕。2016年，公司实现产值37.8亿元，比上年下降30.3%；销售38.3亿元，下降32.2%；利润2亿元，增长69.9%。

【益海（泰州）粮油工业有限公司】公司是由丰益中国新投资私人有限公司独资建设的粮油加工企业，成立于2006年，总投资2.49亿美元，注册资本8900万美元，主要从事大豆、菜籽等农产品的生产加工、仓储及销售，是中国食用油市场畅销品牌“金龙鱼”系列食用油的主要生产基地之一。2016年，公司投资8000万元建设膨化车间、中转发运、罐区等项目。

（李俊平）

·纺织服装业·

【概况】2016年，全市纺织服装业完成工业总产值682.74亿元，比上年增长17.6%，实现销售657.70亿元，增长17.0%，利税71.38亿元，增长11.5%，其中利润39.84亿元，增长9.4%，完成出口交货值110.4亿元，增长13.0%。

（潘 安）

【江苏海阳化纤有限公司】公司创建于1970年，是专业从事锦纶浸胶帘子布、锦纶切片、锦纶丝、线等多个锦纶系列产品生产经营的化纤企业。2016年，公司总资产19.86亿元，实现销售收入35.12亿元，生产实物总量161814.91吨，有员工1880人。

【江苏裕纶纺织集团有限公司】公司注册资本5000万元，总资产7亿多元，主要产品为纯棉、纯化纤、混纺、竹节四大系列60多个品种的纱线，以及各种细支高密织物、高档混纺交织布等坯布，现已形成高档精梳漂白纱、涤棉纱、竹节纱、锦棉纱、点子纱及弹力府绸、贡缎、锦棉布等产品特色。2016年，公司年销售收入8亿元，利税5000万元，连续第16年被授予“全国棉纺织行业竞争力百强企业”称号。

【江苏泰达纺织有限公司】公司现建有4个纺纱生产基地共20万纱锭、2万线锭，另有托管企业2家6万纱锭，年产各类纯棉、混纺精梳、半精梳、普梳针织、机织筒纱4万吨，3个棉花生产基地年产棉花3万吨，3个棉花加工厂年加工能力2.5万吨。2016年，公司实现开票销售17.7亿元，比上年增长7.9%；销售收入32.1亿元，增长7.6%；现价产值34.7亿元，增长4.7%；实现利税2.8亿元，其中利润1.8亿元，分别下降17.9%和23.9%。

·建材业·

【概况】2016年，全市建材行业113家规模以上企业实现主营业务收入201.36亿元，比上年增长12.1%；利税21.51亿元，增长7.3%；利润12.51亿元，增长5.4%。泰州杨湾海螺水泥有限责任公司主营业务收入突破30亿元。泰州市维华混凝土有限公司全年共生产混凝土43万立方米，实现工业总产值1.27亿元，利税598万元。

（毛书林）

【散装水泥发展情况】2016年，全市完成散装水泥供应量1528万吨，完成全年计划的170%，散装率达96%；预拌混凝土完成1047万立方米，完成全年计划的139%；预拌砂浆完成27万吨，完成全年计划的137%。全市现有水泥生产企业8家，预拌混凝土生产企业70家，预拌砂浆生产企业10家。

（张如松）

【泰州市维华混凝土有限公司】公司成立于2004年，注册资金2000万元，总资产约1.5亿元，主营商品混凝土。2016年，公司共生产混凝土43万立方米，实现工业总产值1.27亿元，利税598万元。

中小企业

【概况】2016年，全市中小企业主动适应经济发展新常态，全面推进“大众创业、万众创新”，坚持转型升级、创新驱动，破解难题、创新机制，持续保持健康平稳发展态势。全市2783家规模以上中小工业企业实现产值9307.1亿元，比上年增长15.9%；销售收入9048.7亿元，增长15.8%；利润650.1亿元，增长13.3%，分别高于全市规模以上工业3.4、2.81和2.1个百分点。至年末，全市私营个体企业共34.5万户，比上年增长12%，注册资本4966.29亿元，增长26.2%。

（叶成伟）

【服务企业发展】2016年，认定泰州市第2批科技小巨人培育企业49家，累计争创省专精特新产品17个，省级科技小巨人企业12家。组织10家企业参加省中小企业专精特新发展咨询诊断活动。成功推进7家企业在江苏股权交易中心挂牌交易。开展“互联网+小微企业”行动、“小微企业商务智能软件包免费送”活动，继续认定一批四星、三星级数字企业。强化推动、着力培育。明确培育工作目标和主要工作措施。建立企业培育库，入库企业337家。开展2期小微企业主培训。全年净增规模企业157家。加强协调、破解制约。做好市中小企业转贷资金平台，至年末，全市转贷资金规模合计5.34亿元，累计为473家中小企业转贷1010笔，共计115.06亿元。组织开展银企微对接、融资服务进园区等银企对接活动6期。完善融资担保平台。至年末，全市22家担保公司注册资本31.51亿元，新增担保户数445户，担保业务76.76亿元。整合资源、搭建平台。完善中小企业服务体系，江苏省特种安全防护产品质量监督检验中心、江苏大学靖江泵阀研究院被认定为省三星级中小企业公共服务平台。

（叶成伟）

【特色产业集群】2016年，全市共有百亿级以上产业集群9家，分别是泰州医药产业集群、泰州汽车零部件产业集群、靖江船舶产业集群、靖江市汽车零部件产业集群、泰兴减速机产业集群、泰兴市化工产业集群、姜堰油气装备产业集群、兴化戴南不锈钢产业集群、兴化脱水蔬菜加工产业集群，共实现营业收入4623.71亿元。集聚企业4890多家，其中规模以上工业企业近1628家。年内，纳入市经信委统计的28家工业园区（工业集中区）实现营业收入5702.22亿元，比上年增长12.11%；实现利税总额686.11亿元，增长15.98%。泰州市高港区粮油食品产业集群、泰兴市精细化工产业集群、兴化市食品加工产业集群被认定为省特色产业集群。

（鞠建淮）

电力工业

·泰州供电公司·

【概况】2016年，泰州市全社会用电量239.55亿千瓦小时，比上年增长5.3%；公司完成售电量213.4亿千瓦小时，增长4.4%；最高用电负荷399.5万千瓦，创历史新高；地区固定资产投资14.65亿元，投产110千伏及以上线路125千米、变电容量21万千伏安；线损率4.4%；营业收入131亿元，资产总额98.9亿元；全市供电所87个，110千伏及以上变电站140座，变压器261台，主变容量2517.85万千伏安，输电线路长度4592.83千米(含电缆)；110千伏以下变电站28座。至年末，公司拥有营业户数248万户。在册全民员工1833人、农电工3083人。

【电力安全生产】年内，市供电公司积极落实关于强化本质安全的30项措施要求，安全记录6587天，获“全国安康杯竞赛优胜企业”称号。完成53座变电站、109条线路综合检修，220千伏及以上线路保持“零外破”，公用配电线路故障率比上年下降26%，用户故障引起电网跳闸下降32%。积极应对台风、暴雨等恶劣天气，应急抢修体系高效运转。圆满完成特高压直流满送、中高考等31项重要保电任务，全年未发生信息安全及失泄密事件。

【电网规划建设】特高压保障有力，交流扩建、调相机工程顺利得到核准。年内，公司获“江苏省五一劳动奖状”称号。15台租赁主变全部投产，3项基建工程获省公司“流动红旗”。完成20个小城镇(中心村)电网升级改造、543条配电线路自动化改造，配网关键指标达到一流标准，1项配网工程获评“国网百佳工程”。农网报修量比上年下降32%。

泰州特高压变电站安装

【经营与管理】梳理诊断各类规章制度，“理规章、学规章、守规章”活动取得成效。法治企业建设成果获全省推广。省内率先试点资金授权体系应用。完成输配电价成本监审迎检工作。建立“一所一档”数据库，实现全部87个供电所审计督察全覆盖。顺利通过省公司资金安全、项目储备库等专项审计。清仓利库成效明显，盘活价值1.35亿元各类积压物资。积极拓展新业务，市场占有率稳步提升。严格外包年度综合评价，全年清退不合格队伍28支。

【科技创新】2016年，成功承办江苏省主动配电网论坛，全面展示公司创新成果。全国首创电工入网“四证合一”培训模式，获省级管理创新成果奖3项、省公司科技进步奖4项、授权专利89项。1项QC成果获全国优胜奖，2项成果获全国一等奖。主动对接、跟踪、协调居配工程建设问题，居配工程新老政策平稳推进。“电e宝”推广率、应用率全省第1，率先实现水费自助缴纳。开展计量专项整治，变电站电量平衡合格率由26%提升至97%。完成2.8万户“三表合一”接入和源网荷终端安装任务，建成11座汽车充电站、132个充电桩。建成5个农电综合管控中心，稳妥整合3个供电所。

（颜广明　蒋继平）

·国电泰州发电有限公司·

【概况】2016年，国电泰州发电有限公司全年完成发电量227.12亿千瓦小时，实现利润总额13.75亿元。入厂标煤单价完成593.61元/吨(含税)，比对标单位低42.65元/吨。平均上网电价328.5元/兆瓦小时(含税)，比上年下降26.45元/兆瓦小时。实现营业收入66.3亿元，增加20.75亿元；资产负债率57.99%，下降10.52个百分点；经济增加值(EVA)完成9.41亿元，增加0.95亿元。国税开票销售69.99亿元，增加9.81亿元；上缴税费6.76亿元，增加1.79亿元。扎实做好安全环保各项工作，全年未发生重大设备、人身轻伤及以上事故，实现连续安全生产3143天。全面落实各级人员安全生产责任制，强化高危领域和重点环节风险管控，加强“三外”(外包人员、外包队伍、外包工程)管理，持续推进现场安全文明生产标准化工作。二期工程建成即实现超低排放，2号机组被环保部和国家能源局确定为“超低排放示范机组”，并获江苏省火电企业能效水平对标1000MW等级“标杆机组”和全国可靠性“金牌机组”称号。全年争取外部替代电量19.53亿千瓦小时，增加边际利润2500万元。争取到环保、“以热定电”和二次再热奖励电量6.4亿千瓦小时，增加利润4480万元。在直供电交易中签订交易电量40.75亿千瓦小时，获直供电奖励基数电量4.25亿千瓦小时，增加利润2975万元。优化内部电量结构，全年节约燃料成本1500多万元。严格规范销售固弃物。全年销售固弃物130万吨，实现销售利润4200多万元，比上年增加23.5%。严格执行进口煤和内贸煤网上阳光比价采购，全年阳光采购煤炭484.46万吨，采购价格平均下降72.94元/吨。积极开展二期环保、节能节水、安全设备专项纳税筹划，全年抵免所得税1.17亿元。充分利用国家环保政策，有效降低环保成本，全年累计获各类环保专项资金500多万元。

【国电二期扩建工程】增强二次再热机组的驾驭能力。开展系统优化工作，深入研究二次再热与一次再热机组的差异，制订并落实差异点的方案和措施，对锅炉燃烧方式、汽轮机启动方式、一次调频、再热汽温和热力系统等进行调整优化和技术攻关，进一步提升机组的经济性和安全可靠性，确保发电效率最高、能耗指标最优。2016年，两台机组共发电132.45亿千瓦小时，供电煤耗完成272.06克/千瓦小时，实现利润9.69亿元。3号机组投产后实现无故障运行400天，连续运行达316天，创国内同类型机组连续运行新纪录。坚持以创优和达标投产为重点，将双提升工作贯穿于基建全过程，先后高标准完成环保、消防、水土保持、档案验收、工程结算等专项验收，扎实做好二期工程收尾工作。

（张倩倩）

国电泰州发电有限公司

综　述

【概况】2016年，泰州市完成进出口总额103.81亿美元，比2015年增长1.5%，其中，出口66.74亿美元，增长4.7%，进口37.07亿美元，减少3.8%。一般贸易出口40.07亿美元，比上年增长0.1%，加工贸易出口26.33亿美元，增长14.6%；一般贸易进口26.04亿美元，减少3.8%，加工贸易进口7.97亿美元，增长0.5%。外商投资企业出口36.35亿美元，增长2.2%，民营企业出口28.62亿美元，增长10.0%；外商投资企业进口26.72亿美元，增长5.6%；民营企业进口9.62亿美元，减少23.7%。

全年新批项目107个，协议利用外资及港澳台资25.16亿美元，比2015年增长100.6%；实际到账外资及港澳台资13.44亿美元，增长26.2%。新增总投资超3000万美元项目57个，实际到账外资及港澳台资超1000万美元项目43个。

全年新批境外投资企业38家，中方协议投资额5.76亿美元，比2015年增长276%；投资超500万美元项目(含增资项目)16个，其中超1000万美元项目9个。实现外经营业额7.5亿美元，减少0.8%。新签劳务人员合同工资总额1700万美元，劳务人员实际收入总额1.19亿美元，新派出国劳务人员1167人次。

2016年，市贸促会共办理一般原产地证13766份，优惠原产地证2902份，国际商事证明书1203份，领事馆认证608份，ATA单证册24份。至年末有会员企业1137家。

2016年，泰州口岸和靖江口岸完成进出境货运量2236.13万吨，比2015年增长28%，其中，进口1883.04万吨，增长30.7%，出口353.09万吨，增长15.2%；进出境集装箱量8.5万标箱，增长7.7%，其中，进口1.2万标箱，增长10.9%，出口7.3万标箱，增长7.2%。监管进出境船舶3797艘次，增长10.9%；监管进出境船员72409人次，增长9.4%。泰州口岸实现货物吞吐量1.69亿吨。

2016年泰州市外经贸“十强企业”名录

江苏新时代造船有限公司
泰州乐金电子冷机有限公司
益海(泰州)粮油工业有限公司
新浦化学(泰兴)有限公司
江苏兴达钢帘线股份有限公司
阿斯利康药业(中国)有限公司
泰州市华丽塑料有限公司
正太集团有限公司
江苏河海科技工程集团有限公司
中船澄西新荣船舶有限公司

对外及港澳台贸易

【概况】2016年,泰州市完成进出口总额103.81亿美元，比2015年增长1.5%，其中，出口66.74亿美元，增长4.7%，高于全省平均增幅4.7个百分点；进口37.07亿美元，减少3.8%，低于全省平均增幅。一季度，全市进出口在机电、农产品出口拉动下低位震荡，完成进出口总额比2015年一季度减少8.6%，其中，完成进口10亿美元，减少23.5%，跌幅较最低月份收窄3.4个百分点；完成出口14.9亿美元，增长1.5%，高于全省平均增幅6.4个百分点。

各市区对外及港澳台贸易发展不均衡。泰兴市、海陵区、高港区、姜堰区实现进出口增长,泰兴市受化工行业拉动和国际油价影响,完成进出口25.8亿美元,增长5.8%;海陵区受光伏集中出口和国际经济萎靡影响,完成进出口13亿美元,增长2.9%;高港受船舶拉动,完成进出口14.6亿美元,增长19.9%,增幅全市最大;姜堰区受石油配套和塑料地板行业拉动和国际油价影响,完成进出口9.5亿美元,增长12.2%。靖江市、兴化市、高新区进出口下降,靖江市受粮油、木材进口带动,完成进出口27.2亿美元,减少9.1%;兴化市受国际行情价格影响,完成进出口5.2亿美元,减少3.1%;高新区受IT行业订单减少影响,完成进出口8.5亿美元,减少9.1%。

【进出口企业】2016年,全市有进出口实绩企业1631家,比2015年增加158家,其中,进出口超1亿美元企业17家,减少3家;5000万~1亿美元企业16家,增加4家;1000万~5000万美元企业112家,增加4家。进出口前30强骨干企业共完成进出口63.8亿美元,占全市进出口总额的61.4%,增长3.2%,高于全市平均增幅1.7个百分点,对全市外贸拉动作用明显。

【进出口商品】2016年,全市大类出口商品中,机电产品受船舶出口影响,完成出口34.9亿美元,比2015年增长10.1%,其中船舶出口14.8亿美元,增长39.7%,拉动机电产品出口增长15个百分点,拉动全市出口增长7个百分点,拉动全市外贸出口35个百分点;农产品受益海粮油7063万美元出口、脱水蔬菜出口回升等影响,完成出口3.3亿美元,增长32.2%;塑料产品受塑料地板出口影响,完成出口4.6亿美元,增长9.3%;化工产品受国际油价回暖影响,完成出口9.8亿美元,增长0.6%。除船舶外机电产品受部分品牌企业影响巨幅减少,其中江苏亚星锚链有限公司完成出口0.8亿美元,减少42.8%;纺织服装受东南亚抢夺市场份额影响,完成出口6.8亿美元,减少8.9%;高新技术产品受IT行业订单减少影响,完成出口3.3亿美元,减少10.8%。

受油价反弹刺激企业进口囤货和医药化工新项目快速增长影响,全市大类进口商品中化工完成进口12.1亿美元,比2015年增长20.6%;高新技术产品完成进口3.9亿美元,增长72.7%。其余大类进口商品均大幅减少,其中,粮油受骨干企业龙威停产影响,完成进口7.8亿美元,减少22.4%;机电设备受船舶企业转向国内采购和新项目设备进口减少影响,完成进口4.6亿美元,减少4.5%;木材受房地产市场不景气需求减少影响,完成进口4.4亿美元,减少7.3%。

【出口市场】2016年,全市对大洋洲、欧洲、北美洲出口增长,其中,对大洋洲出口8.6亿美元,比2015年增长138.8%;对欧洲出口12.8亿美元,增长11.5%,其中对欧盟出口9亿美元,增长19.8%;对北美洲出口13.9亿美元,增长6.5%。对非洲、拉丁美洲、亚洲出口减少,其中,对非洲出口1.1亿美元,减少41.1%;对拉丁美洲出口5.6亿美元,减少37.5%;对亚洲出口24.8亿美元,减少0.4%,其中对东盟出口8.2亿美元,增长7.3%。受"一带一路"倡议推动影响,全市对"一带一路"沿线国家完成出口16.8亿美元,增长1.4%。

2015年、2016年泰州市十大主要出口国家和地区出口情况比较表

表18　　单位:亿美元

2015年				2016年			
序号	主要出口国家和地区	出口额	占全市比重(%)	序号	主要出口国家和地区	出口额	占全市比重(%)
1	美国	12	18.8	1	美国	13	19.5
2	韩国	3.7	5.8	2	日本	3.5	5.2
3	日本	3.4	5.3	3	韩国	3.4	5.1
4	印度	2.4	3.8	4	德国	2.5	3.7
5	巴拿马	1.8	2.8	5	巴拿马	2.5	3.7
6	中国香港	1.8	2.8	6	印度	2.2	3.3
7	印度尼西亚	1.7	2.7	7	印度尼西亚	1.9	2.8
8	马耳他	1.6	2.5	8	泰国	1.8	2.7
9	澳大利亚	1.6	2.5	9	新加坡	1.6	2.3
10	泰国	1.5	2.4	10	澳大利亚	1.5	2.2

2016年泰州市外贸工作目标完成情况表

表19 单位：万美元

市(区)	进出口				出口		进口	
	年计划	进出口额	比2015年增长(%)	占年计划(%)	出口额	比2015年增长(%)	进口额	比2015年增长(%)
靖江	301000	271803	-9.1	90.3	193561	7.1	78242	-33.8
泰兴	245000	257528	5.8	105.1	123280	-1.7	134247	13.8
兴化	55000	52350	-3.1	95.2	48960	-0.5	3389	-29.9
海陵	132000	129941	2.9	98.4	107292	2.6	22650	4.6
高港	125000	145643	19.9	116.5	67859	49.2	77785	2.4
姜堰	87000	95497	12.2	109.8	82645	9.2	12852	35.8
医药高新区	105000	85346	-9.1	81.3	43832	-22.7	41513	11.5
全市	1050000	1038108	1.5	98.9	667429	4.7	370679	-3.8

【进口贸易】 2016年，加工贸易出口受船舶企业拉动，比2015年增长14.6%；一般贸易进口减少3.8%，进出口总额减少1.4%；其他贸易受IT行业影响，出口、进口分别减少61.5%、13.0%，进出口总额减少21.6%。

全市有进口实绩企业638家，增加107家；进口超1千万美元企业47家，增加9家；超1亿美元企业9家，增加1家。益海（泰州）粮油工业有限公司、江苏万林现代物流股份有限公司和新浦化学（泰兴）有限公司居全市进口实绩企业前3位，分别完成进口5.6亿美元、4.4亿美元和3.5亿美元。化工、粮油和机电设备居全市进口商品前3位，分别完成进口12.1亿美元，7.8亿美元和4.6亿美元。泰兴市完成进口13.4亿美元，居全市首位，增长13.8%；姜堰区完成进口12.8亿美元，增长35.8%，增幅居全市市区首位。

利用外资及港澳台资

【概况】 2016年，全市新批项目107个，协议利用外资及港澳台资25.16亿美元，比2015年增长100.55%；实际到账外资及港澳台资13.44亿美元，增长26.18%，完成年度目标的64.13%，总量、增幅分别居全省第8位、第3位。新增总投资超3000万美元项目57个，增加31个，协议利用外资及港澳台资19.89亿美元，增长120%。实际到账外资及港澳台资超1000万美元项目43个，增长95%，实际到账外资及港澳台资11.33亿美元，占全市实际到账外资及港澳台资总额的84.3%。

【投资产业结构】 2016年，全市制造业实际到账外资及港澳台资8.76亿美元，比2015年增长22.05%；服务业实际到账外资及港澳台资4.30亿美元，增长60%，占全市实际到账外资及港澳台资总额的31.98%，增加6.91个百分点。服务业中，分销服务业实际到账外资及港澳台资2.02亿美元，占服务业实际到账外资及港澳台资总额的47.07%；房地产业实际到账外资金额7294万美元，占服务业实际到账外资及港澳台资总额的16.96%，增长112.46%；物流及仓储业实际到账外资3632万美元，占服务业实际到账外资及港澳台资总额的8.45%，增长12.45%。

【投资来源】 2016年，中国香港、英属维尔京群岛和新加坡对泰州市实际投资金额居前3位，实际投入外资及港澳台资总额10.88亿美元，占全市实际到账外资及港澳台资总额的80.9%。其中，中国香港实际投入外资及港澳台资7.12亿美元，比2015年增长90%，占全市实际到账外资及港澳台资总额的52.95%；英属维尔京群岛实际投入外资及港澳台资2.48亿美元，增长17.3%；新加坡实际投入外资及港澳台资金额1.28亿美元，增长140%。

【增资项目】 2016年，全市增资项目61个，新增协议利用外资及港澳台资7.21亿美元，占全市协议利用外资及港澳台资总额的28.64%，其中单次增资总投资超3000万美元项目13个，新增协议利用外资及港澳台资3.98亿美元，占增资项目协议利用外资及港澳台资总额的55.2%。增资项目共实际到账外资及港澳台资6.16亿美元，占全市实际到账外资及港澳台资总额的45.83%。

2016年泰州市利用外资工作目标完成情况表

表20 单位:万美元

市(区)	实际到账注册外资					协议注册外资(万美元)				新增总投资3000万美元以上项目数(个)
	年计划	本期累计	比2015年增长(%)	占年计划(%)	占全市比重(%)	新批项目数(个)	本期累计	比2015年增长(%)	占全市比重(%)	
靖江	34000	2290	-91.06	6.74	1.70	3	2900	-85.76	1.15	1
泰兴	34000	35269	8.74	103.73	26.23	26	73299	100.90	29.13	18
兴化	18000	18324	274.95	101.80	13.63	3	17271	143.22	6.86	2
海陵	18000	10470	99.31	58.17	7.79	27	43966	398.25	17.47	13
高港	20000	26651	54.32	133.26	19.82	17	49368	76.21	19.62	10
姜堰	18000	13702	37.35	76.12	10.19	12	18437	65.04	7.33	4
医药高新区	34000	27720	149.91	81.53	20.62	18	45138	243.23	17.94	8
合计	176000	134448	26.18	76.39	100.00	107	251645	100.55	100.00	57

对外投资与经济合作

【概况】2016年,全市对外投资保持快速增长。全年新批境外投资企业38家,与2015年持平;中方协议投资额5.76亿美元,增长276%,协议投资额增幅居全省第二位。投资超500万美元项目(含增资项目)16个,其中超1000万美元项目9个。江苏兴达钢帘线股份有限公司设立的兴达钢帘线(泰国)有限公司总投资8955万美元,是2016年全市最大的境外投资项目;泰州市新时代房地产开发有限公司在马来西亚设立第二个开发项目。

对外承包工程项目。全年全市实现外经营业额7.5亿美元,比2015年减少0.8%,总量居全省第四位。在"一带一路"沿线国家开展对外承包工程项目呈增长趋势,印度尼西亚、马来西亚为主要国家。江苏河海科技工程集团有限公司在印度尼西亚工程合同总价超10亿美元。

【对外劳务合作】2016年,泰州市对外劳务合作呈负增长态势。泰州市工资水平不断提高,出国务工收入与在境内工作收入无显著差距,出国劳务人员从以劳动密集型的建筑工、缝纫工为主,向技术工、特种工转型。全市新签劳务人员合同工资总额1700万美元,比2015年增长10.2%;劳务人员实际收入总额1.19亿美元;新派出国劳务人员1167人次。

2016年泰州市外经工作目标完成情况表

表21 单位:万美元

单位名称	新批境外投资项目数(个)	外经营业额			新签外经合同额
		累计	比2015年增长(%)	占年计划(%)	累计
医药高新区	3	200	21.95	100.00	0
海陵	7	19551	0.12	100.26	9389
高港	5	5200	3.61	101.96	5403
泰兴	11	30500	1.00	101.67	45180
靖江	6	10033	0.26	100.33	10400
姜堰	6	17437	0.48	100.79	13430
兴化	3	3962	3.10	101.59	2880
合计	41	86883	0.78	101.03	86682

国际贸易促进

【概况】2016年，市贸促会共办理一般原产地证13766份，与2015年基本持平；优惠原产地证2902份，增长386%；国际商事证明书1203份，与2015年基本持平；领事馆认证608份，增长9.35%；ATA单证册24份。至年末，市贸促会可自主签发印度、孟加拉、韩国、斯里兰卡、老挝、秘鲁、瑞士、冰岛、新加坡、新西兰、哥斯达黎加、中国台湾、中韩自贸区、中澳自贸区14个国家和地区的优惠原产地证书，全年免费办理原产地证47784份，减免企业费用176.8万元。全年新注册会员单位83家，至年末，有会员企业1137家。

【国际经贸交流】2016年，韩国贸易投资公社南京代表处首席代表具本景、韩国大田市政府南京代表处首席代表徐大元到泰州考察大健康产业发展情况；大韩民国陆军学士将校中国地区会会长诸葛硕、上海韩国留学生学院院长权帝亨到泰州医药高新区考察医药产业园建设发展情况及投资环境与重点项目，洽谈中国医药城与韩国医药企业合作事宜，达成进一步合作意向。市贸促会秘书长万小明参加江苏经贸法律交流代表团赴俄罗斯、哈萨克斯坦和乌兹别克斯坦三国进行调研。

【国际展览工作】2016年，市贸促会推荐数十家企业参加境外展。推荐恒锦服装、靖江平东参加巴黎服装展，推荐金吉泰参加美国拉斯维加斯和法国服装展，推荐大润机械参加杜塞尔多夫管线材展，推荐美光照明参加香港照明展和俄罗斯照明展，推荐雪梅制冷参加朝鲜平壤国际商品展，推荐奥莱克冷链参加巴西食品展和哈萨克斯坦食品展，推荐扬子江参加肯尼亚医疗展。

（王　华）

口　岸　管　理

【概况】推进口岸不断开放。开发利用沿江岸线，推进新建码头对外开放。11月25日，泰州港高港港区高港作业区通用泊位(4、5、6号泊位改扩建)通过省级正式验收。至年末，全市沿江岸线全线开放，有开放码头32座56个泊位。

推进"三互"大通关建设。全市重点推进"三个一"、"单一窗口"、区域通关一体化等，至年末，"三互"(口岸管理相关部门信息互换、监管互认、执法互助)大通关建设进度与全省基本一致。

推进指定口岸建设。6月，泰州永安港务二期码头申报进境粮食指定口岸通过江苏国检局初步验收并试运行。2月，省政府关于泰州药品进口口岸申报的请示件上报国务院。

海事部门保障大型船舶安全进港

2016年泰州市口岸通行情况统计表

表22

项目 \ 分类		泰州港口岸		靖江港口岸		合　计	
		完成量	比2015年增长	完成量	比2015年增长	完成量	比2015年增长
进出口货运量(万吨)		1175.16	21.3%	1060.97	36.3%	2236.13	28%
其中	进口(万吨)	970.44	24.2%	912.6	38.4%	1883.04	30.7%
	出口(万吨)	204.72	9.2%	148.37	24.7%	353.09	15.2%
进出口集装箱吞吐量(标箱)		85105	7.7%	-	-	85105	7.7%

续表22

项目		泰州港口岸 完成量	泰州港口岸 比2015年增长	靖江港口岸 完成量	靖江港口岸 比2015年增长	合计 完成量	合计 比2015年增长
其中	进口(标箱)	12100	10.9%	–	–	12100	10.9%
	出口(标箱)	73005	7.2%	–	–	73005	7.2%
监管进出境船舶数(艘次)		2090	8.5%	1707	14%	3797	10.9%
监管进出境船员数(人次)		38328	8.7%	34081	10.2%	72409	9.4%

·出入境检验检疫·

【概况】2016年,泰州检验检疫局完成出入境货物检验检疫2.48万批,比2015年增长3.8%,完成出入境货物检验检疫金额50.4亿美元,下降11.8%。检疫出入境船舶2762艘次,增长14.8%。检疫出入境集装箱38003标箱,下降7.0%。查验出入境人员5.25万人次,增长13.6%,实施出入境人员健康体检8953人次,下降6.6%。完成规费(法检)收入2260.78万元,增长4.5%。

深化改革创新。推进区域审单试点,探索建立基于集中审单系统、无纸化系统的区域审单操作模式,全面实施报检无纸化和通关单无纸化。创新实验室发展,市场化运作沥青检测国家重点实验室,公益性定位、市场化运作农畜品实验室,搭建进出口粮油产品检验检测服务平台。

坚持依法行政。聘请法律顾问,建立"德法同行"普法志愿服务队。开展危化品专项整治行动,对辖区内13家企业进行全方位排查整治,发现整改安全隐患,完善应急预案,实施不定期、不定船、不定人的随机抽查机制。提升应急处置综合实力,与泰州市疾病预防控制中心建立口岸联防联控合作机制,联合靖江海关、边防、卫计委等单位进行寨卡病毒病疫情等公共突发事件处置演练活动。

服务地方经济发展。服务泰州港区作业通用泊位4、5、6号泊位的改扩建工作。签订《泰州检验检疫局-盐城局关于进境粮食检验检疫协作备忘录》,改变多年来长江流域港口进口粮食只能从外省口岸减载入境的情况。服务企业发展,强化涉企收费管理,全年减免法定计收费约2000万元;支持企业用好原产地优惠政策,与泰州贸促会签署原产地工作合作备忘录;联合泰州海关开展"百企座谈、千企走访、万企征询"活动,解决企业发展难题;开展"同线同标同质""质量月"等活动,指导江苏艾兰得营养品有限公司、春之谷生物科技(江苏)有限公司通过美国食品药品管理局检查,帝斯曼江山制药(江苏)有限公司获第五批出入境检验检疫信用管理AA级企业。

2016年,泰州检验检疫局打造泰州检验检疫特色文化品牌,创建书画创作室、阅览室等配套文化活动场所,举办"书香国检、好书共读"等文化活动,发展"高玲爱心志愿服务队"。年内,泰州检验检疫局被省文明委授予"江苏省文明单位"称号,连续第7年获评"泰州市十佳服务地方发展单位";泰州检验检疫局依法行政展示厅被省委宣传部、省级机关工委和省司法厅联合评选为全省第二批"省级机关法治文化建设示范点"。泰州检验检疫局高玲获"泰州市劳动模范"称号。

【口岸外来杂草监测实验站建设】2016年,口岸外来杂草监测实验站共监测发现全国新记录种16种,全省新记录种8种,检疫性杂草15种,制作227种、1256份杂草实物标本和数字化标本,并通过省检验检疫局数字动植检平台实现互联共享。年内,拍摄《一粒杂草种子的故事》《一场没有硝烟的战斗——建杂草监测基地 守国门生物安全》宣传片。

【发现进口植物油脂重大短重】2016年1月14日,泰州检验检疫局在对一船来自印度尼西亚的进口棕榈仁油(提单数为6000吨)进行岸罐计重时,发现其短重83.28吨,短重率13.9‰,短重金额7.08亿美元。在确认船舱干舱验视无误、管线无残油以及封签完好后,泰州检验检疫局出具重量证书。该案例入选国家检验检疫总局索赔成功案例通报。

【泰州口岸首次出口乙酸乙烯酯】2016年1月20日,经泰州检验检疫局检验合格,泰州口岸首次出口一批工业用乙酸乙烯酯,重量1050吨,金额81.9万美元。

【泰州口岸首次进口环氧氯丙烷】2016年3月6日，经泰州检验检疫局检验合格，泰州口岸首次进口一批原产自日本的危险化学品环氧氯丙烷，重量1000.27吨，金额95万美元。

【进口大豆省内首次自大丰港减载入境】2016年4月11日，载有泰兴市振华油脂有限公司进口的一船巴西大豆的外轮"QUEEN"，经盐城大丰港减载后，靠泊于泰州过船码头。这是泰州企业首次自省内港口减载进口粮食，是长江沿线港口首次自省内码头实现外轮减载，多年来长江流域港口进口粮食只能从外省口岸减载入境的情况得到改变。

【泰州口岸首次出口环己酮】2016年4月18日，经泰州检验检疫局检验合格，泰州口岸首次出口一批环己酮，重量1050吨，金额99.75万美元。

【签发首份跨境电子商务通关单】2016年7月25日，泰州检验检疫局首次签发2份跨境电子商务通关单，分别为出口美国和英国的毛绒玩具。泰州检验检疫局"零售出口"跨境电子商务检验检疫监管及签证流程完成。

【全国首次截获2种有害生物】2016年，泰州检验检疫局在入境船舶、粮食、集装箱和木包装等检疫中，首次截获大豆粘虫、角扁谷盗等2种有害生物。泰州口岸首次截获大豆茎褐腐病菌、谷斑皮蠹、小咪小蠹、巴西豆象等4种有害生物，同时截获小麦印度腥黑穗病菌、活体咖啡果小蠹、四纹豆象等一系列重要检疫性有害生物，有效防范外来生物入侵，省检验检疫局为此发布警示通报2次。

【创成全省首家杂交稻种出口示范基地】2016年11月28日，江苏红旗种业杂交水稻种子(泰州)出口示范基地通过省农业委员会、省检验检疫局和省海洋与渔业局的联合考核，成为全省首家杂交水稻种子出口示范基地。

【全国首次截获11种有害生物】2016年(具体时间)，靖江检验检疫局(规范称谓)在进口木材、粮食、动物皮张及入境船舶中，全国口岸首次截获大腹诡长小蠹、澳洲安晒天牛、西非材小蠹、紫端绿天牛、钻木加莱叩甲、加蓬虎天牛、西非窄吉丁、灭字花角长角象、多利长绿天牛、黑角蝇、大蒜黑头病菌等11种有害生物，其中，西非材小蠹、西非窄吉丁为检疫性有害生物。省检验检疫局(规范称谓)为此发布疫情警示通报5次。

(郭　丹)

·海　关·

【概况】2016年，泰州海关征收税款33.16亿元，其中，征收关税4.75亿元，进口环节代征税28.41亿元；审结报关单4.55万份；审批减免税设备货值1694万美元，减免税款1249万元；监管进出口货物1175.16万吨，集装箱8.5万标箱，监管货物总值50.13亿美元；监管跨境电商出口邮件11462件，9062千克，货值11.29万美元；备案加工贸易合同804份，合同备案金额6.84亿美元；新增注册企业378家；稽查企业19家。

【内设机构功能化改革】2016年，泰州海关开展内设机构功能化改革。改革后，新设泰州海关人事政工科，监管一科、监管二科和备案科分别更名为监管科、查验科和备案审批科。至年末，泰州海关设有缉私分局1个，正处级，下设副处级泰兴办事处；内设8个科室和1个机关服务中心，均为正科级。

【海关缉私】2016年，泰州海关强化"大要案"打击力度，加强情报经营，继续开展"绿篱""绿风""春雷"等专项打击走私活动。全年立案侦办走私犯罪案件6起，案值1.63亿元，涉税4490万元，其中1起案件被海关总署列为一级挂牌督办案件；立案调查行政案件58起，案值3638.9万元，涉税190万元。

【口岸通关改革】2016年，泰州海关参与全国通关一体化改革试点，继续推进区域通关一体化和通关无纸化改革。全年跨关区一体化占比13.75%，通关作业全程无纸化率98.47%。推进关检合作"三个一"(一次申报、一次查验、一次放行)，共享口岸查验设施，全年实行"一次查验"102票。加强"单一窗口"的应用，辖区10家船舶代理企业通过系统申报数据1862条。申请保留乐金、爱森等公司汇总征税资格，年节约企业资金2000余万元；推动船舶手册有效期放宽至商业合同期限；针对辖区食用油企业进口黄大豆在舟山减载，费用高、周转困难，实施辖区进口企业减载转移工程，年内辖区企业在大丰港减载黄大豆12.1万吨，节约费用约1800万元；开展特许权使用费"主动披露"政策宣传，共收到企业主动披露报告20多份，减免企业滞纳金200多万元。年内，实施加工贸易一体化改革。

【海关监管】2016年，泰州海关推动辖区口岸开放工作，做好监管场所开放前验收辅导，年内辖区2家监管场所通过验收；开展查验没有问题企业免吊装费试点，全年免除费用约20万元；全面推广油气液体化工品监控系统，加强对液态化工品、油脂监管场所的管理；建立与地方政府信息共享和安全协作机制，加强危化品场所安全管理；降低口岸通关查验率，开展“双随机”，全年随机布控率93.76%，随机派单率100%；加强执法质量管控分析，全年业务执法指标综合评分居关区第3位。

【服务地方经济发展】2016年，泰州海关推动中海油泰州项目推进，支持泰州国际集装箱码头搬迁建设。推动综保区转型升级，年内出口加工区升级综合保税区获海关总署批复，并完成场地号切换；综合保税区B区建设启动；复制推广自贸区改革政策14项。支持中国医药城建设，加强药品加工贸易政策辅导，阿斯利康等企业年内开始从事药品加工贸易业务。推动跨境电商平台建设，与苏州海关签订跨境监管备忘录，打通跨境电商“一般出口”业务邮路。

2016年3月8日，泰州海关与苏州海关签订跨境电商合作备忘录

【打击固体废物进境】2016年，泰州海关提升固体废物监管水平，维护泰州口岸生态安全。与环保、海事、港务等部门开展执法互助，开展系列打击固体废物走私专项行动，查获口岸进口固体废物情事6起，固体废物总量53731.07吨；侦办废粉末涂料、冶炼废渣、废塑料等案件5起；退运固体废物7877.5吨，无害化处置固体废物5838吨。

（海　关）

·海　事·

【概况】2016年，泰州海事局加强水上安全监管，辖区水上交通安全形势保持稳定。辖区全年进出港船舶21.09万艘次，船舶载货量1.53亿吨；海巡艇巡航里程32.53万海里；组织水上搜救行动155次，救助遇险船舶242艘次、遇险人员1306人次，水上人命救助成功率99.36%。

辖区水上交通安全形势保持稳定。开展“大干五十天、全力保安全”“雷霆行动”“安全生产月”“平安交通”“平安船舶”等专项行动，协调开展水上过驳区及沿江非法码头整治活动。联合航道、通信、长航公安多次开展水上综合执法，加强VTS监控和海巡艇巡查，强化客汽渡船、砂石运输船等重点船舶和黄砂过驳区、待闸区、危险品作业现场等重点区域的安全监管。做好应急反应和险情上报，完成“4·22”靖江德桥仓储火灾事故现场水域警戒维护和事后危险货物水运转移保障。完成极端天气、法定节假日和特殊时期辖区安全保障工作。

【服务地方经济发展】服务港口开发。2016年，泰州海事局组织召开国际航行船舶进出口岸监管联席会议，协调口岸查验单位共同帮助解决企业码头开放、出口船舶交船以及远程监控系统维保等困难。推动新开放泊位4个，服务中航重工、扬子鑫福等企业11艘次、20.8万吨超大型散货船和万箱船出江试航后返厂交船。开展代理诚信评定，完善船舶代理诚信管理体系，评定辖区诚信代理机构。

服务航运企业。开辟船舶登记快速通道，推行船舶登记网上电子政务，对重点船舶、试航船舶分别开展重点服务、提前服务，对抵押船舶开展延时服务，帮助企业抵押融资。全年累计登记在册海船近400艘，总运力超175万载重吨。

2016年，泰州海事局组织开展基层执法标准研究，率先建成“职责法定、程序合法、过程可溯、履职全面”的基层海事规范执法示范点。年内，泰州海事局获江苏海事局事故调查业务技能竞赛团体第一名、江苏省船舶交通管理技能竞赛团体二等奖，VTS中心获评“2015~2016年度江苏省水上搜救先进集体”，靖江海事处获“省级青年文明号”称号。

（杨俊杰）

产业园区·沿江开发

责任编辑　叶　彤

综　述

【概况】2016年，泰州市共有国家级和省级开发区9家(含筹建2家)，其中国家级经济技术开发区1家、国家级高新区1家、省级开发区7家。全市开发区内设有综合保税区1个、南北共建园区3个。5月，泰兴高新区筹建获省政府批准；8月，黄桥经济开发区筹建获省政府批准。

2016年，全市开发区积极应对经济发展新常态，加快转型升级，强化创新驱动，深化综合改革，扩大对外开放，各项经济指标保持良好的发展势头。全年实现工业产品销售收入9512亿元，比2015年增长17.4%；规模以上工业增加值1976亿元，增长21.5%；一般公共预算收入189亿元，增长11.9%；实际到账外资额12.09亿美元，增长37.6%；进出口总额89.96亿美元，增长7.1%，其中出口54.84亿美元、增长56.8%。

沿江地区全年实现地区生产总值3352.93亿元，占全市比重81.7%，同比增长(现价)12.2%；规模以上工业增加值2418.75亿元，占全市比重87.4%，同比增长(现价)11.9%；固定资产投资2744.46亿元，占全市比重86.7%，比2015年增长17%；一般公共预算收入290.54亿元，占全市比重88.7%，增长3.3%；新批协议注册外资23.44亿美元，实际到账注册外资11.61亿美元，出口额61.85亿美元，分别占全市比重93.1%、86.4%、92.7%，分别增长98%、14.2%、5.1%。

【投资环境】2016年，泰州市优化投资环境，继续推进简政放权，出台并向社会公布行政事业性收费、行政权力、行政审批等目录清单，推行行政审批容缺受理、并联审批，率先实施工商登记负面清单制度，企业注册登记实行“三证合一”，全市开发区投资发展环境明显提升，产业项目承载能力不断提升。年内，海陵工业园区、兴化开发区获批省级生态工业园区；泰州港经济开发区通过省级知识产权试点园区验收，并成为江苏省知识产权示范园区和国家级知识产权试点园区；兴化开发区食品质量检测中心建成交付，港口物流区完成安评、环评、防洪和岸线评审，一期工程港口岸线通过交通运输部审批。全年全市开发区完成全社会固定资产投资1703亿元，比2015年增长12.7%；完成基础设施投入232亿元。至年末，全市开发区已开发面积253平方千米，工业项目用地167平方千米。

【招商引资】2016年，全市开发区共新签项目3209个。泰州医药高新技术产业园围绕生物医药、电子信息、石化新材料等主导产业，新签亿元以上内资项目和1000万美元以上外资项目共201个，禾柏生物、迈博太科二期、千禧光、可利科技、巨腾电子、浪潮集团等一批5亿元以上项目先后落户。泰兴开发区全年实施亿元以上重大产业项目80个，总投资526亿元，其中1亿美元或10亿元以上项目25个，单个项目平均投资规模达6.5亿元。兴化开发区完成招商引资额39.3亿元，实际利用外资2632万美元，招引3000万元以上项目45个(亿元以上项目26个)，新开工项目41个(亿元以上项目21个)，竣工项目32个(亿元以上项目10个)。泰州港经济开发区全年新招引亿元以上项目159个，新开工亿元以上项目108个。海陵工业园区签约项目23个，其中制造业项目14个、服务业项目6个。

【产业发展】2016年，全市开发区按照“调高调轻调优调强”思路，构建具有泰州特色的现代产业体系，产业发展健康有序。医药高新区以建设“产城一体”的医药名城为目标，加快生物医药产业发展，全力打造疫苗、诊断试剂及高端医疗器械、生物制药、化学药新型制剂、保健品、中药现代化等产业基地。靖江开发区向以高端制造业为主导的国家级开发区转型，泰兴开发区向循环经济园区转型，姜堰开发区向智能电网产业园区转型，兴化开发区向食品加工产业园区转型，海陵工业园区向以文化创意、新能源产业为重点的园区转型，高港高新区向以通用动力、装饰新材料为重点的园区转型。年内，兴化开发区电子商务产业园被省商务厅批准为省级电子商务示范园区，电子商务产业园众创空间被省科技厅批准为省级众创空间。

【科技创新】2016年12月，泰州港经济开发区获批国家级知识产权试点园区和省级知识产权示范园区，成为全市第三家国家级知识产权试点园区。全市省级以上开发区内有高新技术创业服务中心（孵化器）12家，中心（孵化器）内共有900多家企业，其中高新技术企业291家，著名品牌企业17家。

【对外贸易】2016年，全市开发区有出口品牌企业16家，外贸发展实现平稳较快增长。全市国家级、省级开发区完成进出口总额90亿美元，比2015年增长7.21%，占全市进出口总额的86 %；出口额55亿美元，占全市出口总额的82%。靖江开发区完成出口额19亿美元，成为全市出口额最高的开发区。

【社会文化事业】2016年，靖江开发区新港城商业广场一期项目8.67公顷土地挂牌上市，路网以及绿化、亮化、雨污水管网、公园等各项市政配套项目基本建成，机器人焊接中心正式建成并投入使用。泰兴开发区加大民生事业投入统筹力度，累计发放各类涉农资金2500多万元，对20多个涉农补贴项目资金实施“一折通”打卡发放，惠及25266户居民；累计投入5200万元用于农田水利、农村道路基础设施等各项农业支出，投入近1.2亿元办理失地农民养老保险，投入211万元用于民办教师和退职幼师工资发放、教学设施配套完善等；全年新增创业人员709人，天星村建成市创业孵化基地。兴化开发区加强村庄环境长效管理，提升村庄环境和水环境管理水平，开发区水环境整治通过全省水美园区创建验收，文化站建成投入使用，临城街道通过省级卫生乡镇验收。姜堰开发区实施社会民生工程，开展社会救助，落实优抚政策，西查村创成省AAA级居家养老服务站。海陵工业园区获“中国产学研合作创新示范基地”“2016中国产业园区营商环境百佳”“江苏省科普示范街道”等称号。泰州港经济开发区铺设污水管网3千米、供热管网3.4千米、燃气管网4千米，基础设施基本实现“九通一平”。

【发展态势】2016年，泰州市组织开展国家级、省级开发区及特色园区的发展规划修编工作，推进重点园区提档升级。泰兴开发区、高港高新区争创国家级经济开发区，兴化开发区争创国家级食品工业园区。加快标准厂房建设，加大闲置土地清理力度，促进开发园区集约化发展。鼓励发展“飞地经济”，推动实现良性竞争、合作共赢。优化开发园区管理体制，激发园区活力，加快转型升级。

【南北共建园区】2016年，泰州市有3家南北共建园区，分别为锡山经济技术开发区兴化工业园、江阴高新技术产业开发区黄桥工业园、昆山高新技术产业开发区姜堰工业园。加快建立南北共建园区管理体制机制，成立园区投融资平台，招商引资工作初显成效。锡山经济技术开发区兴化工业园首期规划建设面积8平方千米，先期启动1.2平方千米，主要发展高端食品、农副产品精深加工、机械制造、电子电气、新能源和高科技等产业。江阴高新技术产业开发区黄桥工业园重点发展以精密制造、节能空冷、汽车零部件等为主的现代装备制造业和以新型建筑墙体材料、纳米材料、隐形材料、光电材料等为主的新材料产业。昆山高新技术产业开发区姜堰工业园定位于承接昆山高新区产业转移项目及孵化高新技术企业，主要发展新能源（智能电网）产业及先进装备制造产业。

国家级园区

·泰州医药高新技术产业园区·

【概况】至2016年末，泰州医药高新技术产业园区累计开发面积16平方千米，有700多家国内外医药企业落户园区，其中世界知名跨国医药企业8家；集聚国内外高校和科研机构60多家，1000多项医药创新成果成功落地申报；2800多名海内外高层次人才正式加盟，其中国家“千人计划”人才43人。

【项目建设】2016年，园区签约落户亿元以上重大项目93个。生物药方面，投资10亿元的迈博太科二期、投资4亿元的天地人和、中慧元通等一批重大项目签约落户；医疗器械方面，投资15亿元的禾柏生物、投资1亿美元的千禧光、投资10亿元的硕世生物等一批项目落户建设；化妆品方面，一期投资5.76亿元的法国高德美、投资6亿元的京润珍珠等一批项目落户建设，园区化妆品产业链不断丰富。雀巢、中外制药、同盟制剂、勃林格殷格翰动物疫苗、长泰医药等一批重大项目加快建设。年末园区独立用地产业化项目36个，总投资128亿元。推进国家新型工业化示范基地和国家战略性新兴产业集聚发展试点，促进落户企业全面投产达效、做大做强，园区持续创新和跨越发展的内生动力不断增强。

年内，大同盟制药、康淮生物、江苏美通、百草堂药业等11家药品生产企业通过GMP认证，园区通过GMP认证的企业总数达17家；新增医疗器械生产企业57家，新增医疗器械注册证140张，医疗器械注册证总数达599张。有30家药品生产企业取得生产许可证，各类医疗器械产品品种达980个，80多家医疗器械企业正式运行投产，已取得“食品生产许可证”（含保健食品）企业8家、“化妆品生产许可证”企业3家，雀巢、高德美、石药中诺等一批保健食品及化妆品项目正在建设中。

【重大项目集中签约和开工】2016年2月25日，中国医药城举行首批亿元以上项目集中签约仪式，10个项目集中签约。3月18日，医药高新区举行重点产业项目集中开工仪式，集中开工项目53个，总投资86.5亿元。7月1日，16个重点产业化项目签约中国医药城，总投资40亿元，其中亿元项目9个。8月11日，泰州市扩大有效投资重大项目集中开工活动在中国医药城高德美项目开工现场举行，医药高新区参加集中开工的重大项目有24个，项目总投资251.1亿元。9月29日，在泰州金秋投资说明会暨全市项目集中签约大会上，医药高新区成功签约47个亿元以上项目，总投资159.8亿元。10月29日，泰州市大健康产业项目集中签约仪式暨中国医药城政策发布会举行，82个项目签约落户，总投资375亿元。

【园区功能配套建设】2016年，园区按照“产城一体、产城共荣”思路，不断健全完善配套体系，加快建设健康产业特色鲜明的现代化新城区。全年园区内有360多万平方米的工程先后竣工，160万平方米的工程在建。产业载体不断完善，高端医疗器械区二期、会展交易区二期建成投入使用，高端医疗器械区三期、标准厂房区六期加快建设。城市内涵不断丰富，国际外国语学校校区加快建设，康健医疗区建设即将全面启动，体育文创中心开工建设。

【产学研建设】2016年，园区内共有各类研发机构60多家，进区企业与国内外90多家高校、院所建立产学研合作关系。硕世生物等4家园区企业获批2016年度第一批省级工程中心和工程实验室，获批数量为历年最高。园区与南京医科大学签约共建研究生院，中科院大连化物所-中国医药城生物医药创新研究院、四川大学成都安评中心共建的中国医药城药物安全评价中心加快建设，复旦大学泰州健康科学研究院与鹏远基因公司签署精准医疗战略合作协议。生物医药创新中心进入“江苏省制造业创新中心培育名单”，生物医药创新研究院正式启动。

2016年6月27日，中科院大连化物所江苏（泰州）生物医药创新研究院共建签约仪式举行

【人才建设】2016年，园区先后组建成立中国国际医药人才市场、“千人计划”新药研究院、外籍院士工作站等人才载体。至年末，园区有2800多名高层次人才正式加盟，其中国家“千人计划”人才43人。加强与国内外知名人力资源服务公司合作，建立“百万医药产业人才信息库”。举办“才富泰州”暨第三届中国医药城高层次人才创新创业大赛，30个人才项目获奖。

【公共服务】2016年，园区进一步深化部省共建中国医药城长效机制和常态机制，召开2016年度省部共建中国医药城联席会议，每季度召开一次省部共建中国医药城联络员会议，从政策层面为企业集聚高端资源。健全项目会办协调机制，完善建设项目“2+X”模式、招商引资项目“5+X”模式，加快推进产业化、城市化进程。企业服务中心强化经济运行分析工作，推动企业服务向专业化、标准化、制度化发展；推进企业个性化服务，让企业按照规范流程按图索骥服务项目。拓宽与园区企业和企业家的沟通渠道，中国医药城企业家俱乐部定期分门别类召开企业家座谈会，掌握企业信息需求。

（医药园区）

【重要活动和重大事件】2016年1月18日，位于泰州数据产业园区的江苏大道电子商务股份有限公司正式在上海股交中心E板挂牌，股份代码为100592，成为2016年国内第一家登陆资本市场的印刷电商挂牌企业。

2月25日，中国医药城举行新春首批亿元以上项目集中签约仪式，10个项目集中签约。

3月3日，国家发改委正式批复江苏、山东、浙江等27个省市建设基因检测技术应用示范中心。泰州达安达瑞医学检验有限公司出生缺陷基因筛查及诊断示范中心项目作为江苏省基因检测技术应用示范中心7个子项目之一成功获批。

3月3日，第十二批国家“千人计划”创新长期类人选名单公布，中国医药城江苏信立康医疗科技有限公司董事长董瑞平、江苏西迪尔生物科技有限公司总裁施炜星两位专家成功入选，申报入选专家数占全省的十分之一，位列省内开发区、园区第一。

3月14日，无锡市妇幼保健院、南京军区总医院生殖中心、中国医药城亿康基因科技有限公司三方联合在无锡宣布，全球首个接受无创胚胎染色体筛查(NICS)的试管婴儿3月5日在无锡妇幼保健院生殖中心诞生，健康情况良好。

3月18日，日本最大的制药企业——武田制药中国第一个自有自营的仓储物流中心，在中国医药城投入使用。

3月18日，医药高新区举行重点产业项目集中开工仪式。集中开工的项目53个，总投资86.5亿元。

3月21日，省经信委公布2016年度江苏省首台(套)重大装备及关键部件认定名单，高新区江苏腾世机电有限公司产品TS-320高速贴片机被认定为江苏省首台(套)重大装备及关键部件。

3月26日，江苏省医药产业暨中国医药城2016年春季大型人才交流会在中国医药城会展中心举办，163家国内外知名企业参会纳贤，约1.5万人进场求职，近5000人现场达成就业意向。

3月，江苏美时医疗技术有限公司自主研发出高端医疗设备——7T超高场成像磁体，并获高清动物图像，成为世界上第二家能研发生产该产品的厂家。

4月8日，中国医药城教育教学区邻里中心开业，这是医药高新区首个开业的邻里中心，可服务周边8万名居民。

4月9日，出席2016泰台经贸交流合作峰会的60多位台商考察中国医药城。

4月16日，在2016年度日内瓦国际发明展上，江苏美时医疗技术有限公司自主研发的全球首台儿科磁共振成像系统获得医疗界大奖——日内瓦州奖。

5月17日，由中国医药城承办的DemoHealth2016创新医疗创业大赛生物药和精准医疗专场在北京举行，吸引生新药及精准医疗等百余个项目，22个项目参加路演，“手术机器人”项目荣获大赛一等奖。

5月18日，泰州数据产业园携手大仓日航酒店管理公司打造的泰州日航酒店开业，也是进驻医药高新区的第一家国际品牌酒店。

6月上旬，中生方政生物技术股份有限公司通过全国中小企业股份转让系统审核，取得挂牌同意函，股票代码为837093。

6月21日，两岸(泰州)健康产业交流合作座谈会在中国医药城举行，两岸(泰州)健康产业交流合作基地正式授牌。

6月23日，中海油一体化项目顺利通过中国海洋石油总公司工程建设部组织的机械完工检查。一体化项目生产装置第一大套机组——制氢装置往复压缩机180-K101A成功启动。标志着一体化项目由建设期正式进入装置联动试车阶段。

7月1日，中国医药城16个重点产业化项目签约中国医药城，总投资额达到40亿元，其中亿元项目9个。

7月3日，复旦大学泰州健康科学研究院与鹍远基因公司签署精准医疗战略合作协议。

7月19日，江苏勃林格殷格翰生物制品有限公司建成开放。

7月25日，省发改委下发通知，批复2016年度第一批省级工程中心和工程实验室62家。医药高新区硕世生物、华亘泰来、新源电工、南瑞泰事达4家企业分别成功获批“江苏省病原微生物核酸检测工程中心”“江苏省同位素标记技术医学诊断应用工程中心”“江苏省超特高压电气绝缘材料工程中心”“江苏省高低压成套设备工程实验室”，获批数量为历年最高。

8月2日，省委书记李强到泰州调研，强调泰州坚持聚焦发展生物医药产业，打响了中国医药城这一特色品牌，形成自身特色优势。

8月11日，泰州市扩大有效投资重大项目集中开工活动在中国医药城高德美项目开工现场举行。医药高新区参加集中开工的重大项目有24个，项目总投资251.1亿元。

9月3日，江苏岷海制药有限公司全面投产，这是中国医药城首家投产的中成药企业。

9月初，江苏大同盟制药有限公司喜获GMP证书。该公司是国家食品药品监管总局注射剂GMP认证权限下放到江苏省食品药品监管局后，江苏省首家取得注射剂GMP证书的企业。

9月12日，由中国医药城、Demohealth创新医疗和优投空间联合主办的“2016中国医药城招商会暨Demohealth创新医疗创业大赛”在上海举行。

9月13日，江苏默乐生物科技股份有限公司通过全国中小企业股份转让系统审核，取得挂牌同意函，股票代码为839185，该公司是医药高新区第四家在“新三板”挂牌企业。

9月14日，省商务厅公布2016年外贸新业态省级试点名单，泰州综保区跨境电商产业园区成功获批江苏省跨境电子商务产业试点，成为泰州地区唯一获批的园区。

9月18日，航宇电器被省经信委认定为2016年江苏省两化融合网络信息安全试点企业，这是医药高新区首家江苏省两化融合网络安全试点企业。

9月19日，海峡两岸及香港17家知名媒体派出23名记者赴中国医药城，联合采访“紫峰奖”入围企业桑缇亚(中国)生物技术有限公司。

9月23日，中国医疗器械有限公司及所属的国药集团江苏医疗器械有限公司分别与市政府、中国医药城签约，双方将在医疗器械领域开展全面战略合作。

9月25日，江苏命码生物科技有限公司发布全球首个胰腺癌早期诊断试剂盒。

9月26日，省经信委发布《关于培育省制造业创新中心的通知》，明确在泰州等七个地级市培育十二个省级制造业创新中心。由医药园区牵头申报的生物医药创新中心，进入“江苏省制造业创新中心培育名单”，成为江苏省重点培育的12个制造业创新中心之一。

9月27日，泰州医药城国科化物生物医药科技有限公司（研究院运营公司）取得工商营业执照，标志着中科院大化所——中国医药城生物医药创新研究院正式启动。

9月28日，江苏省科技厅公布第三批省级众创空间名单，泰州经济开发区智汇谷众创空间被纳入省级科技企业孵化器管理服务体系，成功跨入省级众创空间行列。

9月29日，2016泰州金秋投资说明会暨全市项目集中签约大会上，医药高新区成功签约47个亿元以上项目，总投资达159.8亿元。

10月初，2016年部省共建泰州中国医药城联席会第三次联络员会议在北京召开。

10月18日，中海油气（泰州）一体化项目20万吨/年环烷基润滑油装置正式投产并成功产出合格产品，标志着中海油气（泰州）一体化项目取得突破性进展。

10月中旬，泰州迈博泰科药业获得省食品药品监管局签发的《药品生产许可证》，填补泰州医药产业在国内外最热门领域“单克隆抗体药物”生产方面的空白。

10月27日，泰州举办“才富泰州”暨第三届中国医药城高层次人才创新创业大赛项目落户签约仪式。

10月28日，第七届中国（泰州）国际医药博览会在中国医药城会展交易中心开幕。十一届全国人大常委会副委员长桑国卫出席开幕式，并作题为《中国创新药研发的政策环境》主旨演讲。科技部副部长徐南平，副省长张敬华，泰州市委书记、市人大常委会主任蓝绍敏分别致辞。

10月29日，泰州市大健康产业项目集中签约仪式暨中国医药城政策发布会举行。82个项目签约落户泰州，总投资达375亿元。

10月31日，泰州迈博太科药业有限公司的治疗用新生物制品二类新药“CMAB806”获得国家药品食品监督管理局签发的“药物临床试验批件”，成为国内首张托珠单抗生物类似药临床批件。

11月7日，“协同创新服务示范基地”签约揭牌仪式在中国医药城举行。

11月22日，江苏五洲医药开发有限公司首席科学家、国家“千人计划”专家、省“双创人才”李月明教授当选美国科学促进会院士。

12月1日，中国医药城发展研讨会暨抗体及高端医疗器械投融资高峰论坛在北京举行，300多名业内专家和企业家参加。

12月13日，泰州润元机电科技发展有限公司和泰州综合保税区跨境电子商务产业园获得国家级外贸新业态项目资金500万元。

12月22日，由江苏亚盛医药开发有限公司自主设计开发的、具有全球知识产权的、作用于新靶点Bcl-2家族蛋白的抗肿瘤药物APG-1252获得美国食品药品监督管理局（FDA）审评，批准开展临床试验。同日，亚盛医药宣布，APG-1252的中国新药临床申请已获得国家食药监总局正式受理。

12月24日，中国医药城六期标准厂房、体育文创中心、医药器械区三期项目集中开工。

（医药高新区）

·泰州综合保税区·

【概况】 2016年4月11日，海关总署复函同意泰州综合保税区封关运作，总规划面积1.76平方千米，年末已封关验收面积1.08平方千米。全年全区实现工业总产值104.8亿元，进出区货值17亿美元，区内物流企业实现主营业务收入4819万元。保税展示交易中心全年实现销售430万元，跨境电商业务实现零售出口退税。

【园区建设】 强化基础设施建设，区内污水管网、水、电、气等设施进一步完善，配套水平不断提升。保税仓库二期和标准厂房二期工程顺利完工并投入使用，保税展示交易中心按序时进度完成封顶，标准厂房三期、保税仓库三期、商务中心、监管仓库和主卡口相继开工建设，保税区三期围网工程基本完成，巡逻通道、监控等相关配套设施具备建设条件。

【招商引资】 加强招商人才队伍建设，完善招商工作体制机制，年内先后在上海、广州等地举办招商活动4次，跟踪洽谈重点项目信息36条，其中亿元以上项目信息11条，落户项目13个。年内引进总投资1亿元的半导体设备检测维修项目实现当年签约、当年开工，并填补保税区维修业务的空白。

泰州综合保税区公共服务中心

【跨境电商】发展跨境电商业务，拓展园区发展空间，先后建成2700平方米的区外跨境电商监管中心和6500平方米的区内跨境电商监管中心。搭建跨境电商公共服务平台，配备光检机及同屏比对系统、视频监控系统。跨境电商零售出口和直购进口业务正常开展，成功实现零售出口退税。年内，保税区向省商务厅申请跨境电商产业园试点，并于9月14日获批，成为泰州地区唯一的跨境电商试点园区。

（综合保税区）

·靖江经济技术开发区·

【概况】2016年，靖江经济技术开发区拥有52.3千米的长江岸线，可建万吨级以上泊位100多个，规划控制面积168平方千米，实际建成面积42平方千米，形成开发区本部、城南园区、城北园区、新桥园区等功能板块。全年园区实现地区生产总值601.3亿元，比2015年增长6.99%；一般预算收入24.23亿元；进出口总额26.2亿元，与2015年持平；工业开票545.57亿元，增长2.5%。

【招商引资】2016年，园区组织开展境内外投资促进活动，至年末，累计新签约项目103个、总投资250.4亿元，其中包括华晟重金属的固废综合处理工程项目、北京天然天能环境的靖江环境生态科技园项目等亿元以上项目80个，江苏通月空调的创新冷冻空调系统项目、江苏富天江外资变频高效空调压缩机生产项目等外资项目3个。采取驻点招商、以企招商、代理招商、领导带队叩门招商等方式，先后多次赴京、津、沪、深等地开展项目招引活动，全年累计拜访客商729批次，接待客商305批次，参加境内外招商活动32次，其中开发区本部区域签约中铁建二期项目、大健康产业项目等10亿元以上项目4个，在手洽谈华为云计算项目、安通物流冷链物流项目等一批优质项目，逐步打造"一区多园"的发展格局。城北园区中小企业园四期中良能源、安本科技等15家企业入驻，标准化厂房建设吸引美国和塞尔、吉祥空调、三阳食品等20多家企业入驻。

【重大项目建设与服务】2016年，园区认定新项目开工数53个，认定项目竣工数20个。其中，开发区本部区域众达炭材的焦炉煤气制LNG节能减排技术改造项目等7个项目竣工投产；城南园区恒义汽配新能源汽车、翔宇汽车零部件、科尼公司Q葫芦生产线等项目竣工投产，三鹏传动、华冠电子、中机国达等13个在建项目主体完工；城北园区于7月组织永固汽配、众恒弹簧、宏润航空设备、华宇电力等15个项目集中开工；新桥园区正信节能、格兰石化等项目竣工投产，中谷海运现代物流基地项目建设有序推进。

【科技创新】2016年，园区高新技术企业完成产值377.87亿元，新增企业与科研院校共建的产学研联合体12家，新认定高新技术企业15家，新增民营科技企业35家；新增省级高新技术产品82项，实施省级以上科技计划6项，上争资金2420万元。全区现有国家新标准高新技术企业67家，授权专利1301项，万人有效发明专利拥有量达21.5件。

【园区功能配套建设】2016年，园区拆迁安置工作有序推进，全年共完成签约2872户，拆房1804户，安置1808套。其中新港城拆房1854户，安置1405套；城南园区拆房319户，安置275套；城北园区拆房375户，安置70套；江阴园区办事处拆房324户，安置54套。统筹推进民生工程，全年共维护道路148千米，实施绿化211万平方米，安装路灯10891盏。提升新港污水处理厂运行质态，平均日处理水量7000吨；在德桥仓储事件中协助处理废水10万吨；完成污水处理厂入河排污口设置验收、污泥危险废物鉴别等工作。开展安全维稳工作，自全面实施权益保障卡发放工作以来，累计发卡25件，其中涉及拆迁安置8件、失地保障5件、安置房质量1件、环境影响1件、格菱动力等企业信访案件5件。

【园区发展大事】2016年1月12日，南阳船舶制造有限公司新造"德和"轮下水，该船起重能力约5000吨，是江苏省制造的最大起重铺管船。2月3日，在泰州市召开的综合绩效管理暨项目大突破奖励大会上，园区获二等奖。5月29日，上海核工程研究设计院与江苏海狮泵业制造有限公司联合成立核电泵联合研发和试验中心、核电厂水下检修技术联合研发和试验中心。7月6日，总投资35亿元的靖江中铁建桥梁科技产业园正式进行桩基施工。7月30日，恒基(中国)投资有限公司与江苏艾兰德营养品有限公司健康产业合作项目落户园区。11月17日，《人民日报》刊登评论文章，点赞园区20千米长江岸线"永久不开发"的发展之路。

（靖江政府办）

省级园区

·江苏泰州海陵工业园区·

【概况】2016年，江苏泰州海陵工业园区完成一般公共财政预算收入5.68亿元，工业一般纳税人开票销售130.7亿元，协议利用外资1.65亿美元，实际利用外资5120万美元，完成亿元以上新开工项目15个。新增高新技术企业

8家,引进高层次人才29名,成功申报省"科技副总"1人、市"双创计划"人才7名。年内,园区获"中国产学研合作创新示范基地""2016中国产业园区营商环境百佳""江苏省科普示范街道"等称号。

【项目建设】2016年,园区完成签约项目23个,其中制造业项目14个、总投资78.5亿元;服务业项目6个、总投资18.6亿元。招引内资10亿元,新开工亿元以上产业项目11个。围绕"提高中心城市首位度"开展招商工作,共招引文化创意、电子商务、服务外包类项目20多个。文创大厦于6月底部分投入运营。成功举办2016增材制造产业创新峰会,国家级3D打印公共服务平台、中国电子商务协会"泰州互联网+创业创新中心"等项目正式入驻园区。

(海陵区政府办)

·江苏泰州港经济开发区·

【概况】江苏泰州港经济开发区前身为2003年1月成立的高港科技创业园;2006年4月升格为省级经济开发区,定名为江苏泰州高港高新技术产业园区(简称高港高新区);2014年5月,高港高新区行政管辖范围6696公顷,规划面积(发展方向区)4751公顷,并代管泰州港核心港区、高港区临港经济园,构建"一区三园"格局;2016年10月,经省政府同意,更名为江苏泰州港经济开发区。

2016年,园区实现地区生产总值381.17亿元、工业总产值2129亿元、财政总收入63.76亿元、一般公共预算收入38.74亿元,完成高新技术企业工业产值1030亿元,实际使用外资和港澳台资2.67亿美元,进出口总额14亿美元。年内,园区获批为国家级知识产权试点园区、江苏省知识产权示范园区、江苏省版权示范园区、江苏省粮油特色产业集群、江苏省创业孵化示范基地。

(李雪云)

【江苏泰州高港高新技术产业园区】2016年,江苏泰州高港高新技术产业园区实现地区生产总值93.4亿元、列统工业产值325亿元、工业企业一般纳税人开票销售95亿元,比2015年分别增长5.7%、9.81%、16%,公共财政预算收入5.99亿元、增长26.2%。产业结构持续优化,新型装饰材料、通用动力、汽车零部件等特色产业工业产值占全部工业产值的64.2%。高新技术产业实现产值200.8亿元,增长22.48%。战略性新兴产业、高新技术产业产值占规模以上工业比重分别达18.6%和61.77%。年内,园区被国家知识产权局获批为国家知识产权试点园区,高新技术创业服务中心获评2016年度江苏省创业孵化示范基地;泰州市产品质量监督检验所与园区合作共建的江苏省墙纸产品质量监督检验中心通过验收,成为国内首家墙纸检测中心;区内企业江苏龙冉装饰材料有限公司获批江苏省版权示范单位。

全年园区新招引亿元以上项目69个、总投资188亿元,新开工亿元以上项目41个、总投资133亿元,竣工项目23个、总投资40亿元。实际利用外资和港澳台资首次突破1亿美元,达1.03亿美元。新增高新技术企业8家,累计达24家;授权发明专利99件,万人发明专利拥有量16.57件;8家孵化基地正式挂牌。

加快基础设施建设,完成永平路、科创路、兴国路北延等道路改造工程,主要干道全部实现"黑色化"。铺设污水管网3千米、供热管网3.4千米、燃气管网4千米。明发五星级酒店、三星嘉苑二期、新城花园二期等工程实现主体完工,投资30亿元的明发商业综合体开工建设。拆迁安置稳步推进,实施将军机械、爵尚壁纸、创业大道北侧门面房等项目动迁,动迁面积达10万平方米,共安置168户。

(耿　丹)

【泰州港核心港区】2016年,泰州港核心港区实现地区生产总值95.55亿元、工业总产值666.9亿元,比2015年分别增长11.7%、26.3%。公共财政预算收入6.51亿元,增长2.77%。有规模以上服务业企业45家,实现服务业增加值28.54亿元,增长18.23%。协议利用外资和港澳台资1.28亿美元,实际到账1.07亿美元。高新技术产业实现产值163.98亿元,增长18.02%;完成高新技术产业项目立项76个,获批省高新技术产品33个;正大饲料等6家企业被认定为省高新技术企业,胤鸿机械等8家企业被评为省级民营科技企业。新增注册商标50件,获批省名牌产品1个、市名牌产品4个,完成专利申报949件,其中发明专利365件。园区获泰州市2016年度绩效管理先进市级专业园区一等奖。

全年园区新签约亿元以上项目42个,新开工亿元以上项目25个。汇福粮油、益海粮油维生素E、龙凤堂二期等项目竣工投产,丸庄酱油、东君控股、龙凤堂物流等项目开工建设。

加快基础设施建设,马永路、创园路南北延、明珠大道东延竣工,锦江路南延(疏港北路)快车道及东侧慢车道的道路施工以及道路两侧供水、供电等市政管网全部完成。永安洲实验学校竣工并交付使用,永安花苑一期高层回购安置房即将完成内外墙粉刷。边防检查站建设施工完成,进行分项验收。海军文化主题公园展示中心竣工。

(李　誉)

【临港经济园】2016年,临港经济园实现地区生产总值106.79亿元,比2015年增长10.7%;完成工业投资33.96亿元,增长35.48%;完成一般公共预算收入3.81亿元,增长7.4%。高新技术产业实现产值197.96亿元,增长44.8%。工业企业一般纳税人开票销售突破80亿元,达86.61亿元,增长16.1%。实际利用外资和港澳台资突破1亿美元。

全年园区新签约亿元以上产业项目41个,其中1亿美元或10亿元以上重大项目2个。新开工亿元以上项目33个,其中1亿美元或10亿元以上重大项目2个。欧瑞格传动、汇锦电子、天华索具等15个亿元以上项目竣工投产。

加快特色产业发展,围绕电子信息、高端装备、现代物流三大主导产业,加快引进上下游产业配套,形成规模集聚效应。规划建设总投资30亿元的临港电子产业园,将打造产业关联度高、功能配套完善、特色鲜明的"园中园"。依托欧瑞格汽车等高端装备龙头企业,发挥吉林大学汽车动力传动研究院和国家级汽车零部件检测中心技术支撑,培育汽车零部件产业基地。以圆通、中通、国通、安能等现代物流企业为基础,打造苏中快递产业园临港园区。推进物流业与电商产业融合发展,打造区域性电子商务及物流产业基地。

基础配套设施不断完善,新增团结河、文圣河、小田河中沟等道路及河道绿化36万平方米,绿化覆盖率达44%。水岸景城二期交付使用,小区幼儿园、邻里中心主体工程建成,安置区污水管线及提升泵站项目通过竣工验收。

(戚冬娟)

·江苏省姜堰经济开发区·

【概况】 2016年,江苏省姜堰经济开发区实现工业纳税销售224.53亿元,比2015年增长11.85%;完成公共财政预算收入8.09亿元;列统工业产值479.8亿元、利税44.2亿元,分别增长11.7%、5.8%;完成工业投资108.73亿元,增长31.1%。

【项目建设】 2016年,园区新签约亿元以上项目23个,实际利用外资8000万美元。经泰州市认定新开工亿元以上项目28个,其中10亿元以上项目3个;竣工验收项目11个;在建亿元以上项目31个。总投资30亿元的大唐热电联产项目首台机组投入运行,总投资20亿元的中来股份太阳能电池项目从签约到正式投产仅用7个月时间。瑞银物流公共型保税仓库项目年初获南京海关总署批准设立,年底已竣工。

【基础设施建设】 2016年,园区开工基础设施建设项目26个,完工验收项目24个。完成纬八路(许陆河—广州路)、区间道路网格化、科技大道北延、四支河滨河路等道路工程建设5.14千米,陈庄路改造、上海路改造、科技大道北延、南京路南延、立新路等道路工程开工建设。新建路灯200多盏,道路维修4500平方米。完成公寓楼安置房建设13.8万平方米和544户自建区外网配套工程,其中陈庄三期后增六幢、马厂七期D区杭州路东侧完成竣工验收。幼儿园一期工程和配套建设完工交付,幼儿园二期工程开工建设。赛宝厂房改造项目以及设备安装调试按序推进。

【民生事业】 2016年,园区组织开展安全生产"三个百日行动",共检查企业和单位592家,发放《安全生产友情提醒》288份。组织危险化学品专项整治,对辖区内21家企业进行专项排查,共查出"蓝表企业"6家,年内全部整改到位。丰富群众文化生活,新建前马村、三舍村、许陆小区3家"百姓大舞台";创建军铺村"五星级"农家书屋,投入资金15万元,购买书籍约5000册;牵头组织22场公共文化"百家行"活动,完成文化惠民演出31场,送电影下村204场。加强社会治安防控,全年区内无恶性刑事案件发生,来信来访办结率达91%,矛盾纠纷调处成功率达96.87%,无"民转刑"命案,无进京非访、赴省集访和影响恶劣的群体性事件发生。实施社会民生工程,开展社会救助,落实优抚政策,西查村创成省AAA级居家养老服务站。

(姜堰政府办)

·江苏省兴化经济开发区·

【概况】 2016年,江苏省兴化经济开发区实现地区生产总值45.2亿元,一般公共预算收入1.19亿元,比2015年分别增长6.5%、3.9%。预算内财政收入44696万元、公共财政预算收入25231万元。年末园区有工业企业440家,其中销售收入超亿元的企业38家。完成进出口总额7698万美元。加大招商引资力度,先后在宁波、厦门、上海、广州等地举办投资环境说明会,全年招商引资额21.9亿元,其中实际利用外资1764万美元;招引投资3000万元以上项目28个,其中亿元以上项目17个。园区被省文明委表彰为省级文明单位,食品加工产业被省经信委认定为江苏省特色产业集群,省级生态工业园区创建和区域环境影响跟踪评价通过审核获批。在泰州市乡镇年度目标综合考核中,园区获综合一等奖和招商引资一等奖。

【经济发展】 2016年,园区实现工业产品销售收入312.19亿元,比2015年增长20.64%;工业入库税金1.6亿元。50家列统企业实现销售收入166.21亿元、利税19.8亿元。实现农业总产值2.05亿元,粮食和水产品总产量分别达16645吨和2828吨。稻麦良种实现全覆盖,农机化综合水平达94%。新增高效农业120公顷,设施农业25公顷,累计分别达1025公顷、206公顷。全年实现国有资产经营收入497.38万元。兴化经济发展有限公司与国信证券公司、海通证券公司成功合作，分别债券融资到账5亿元、8亿元。

【项目建设】2016年，悦兴药业二期、双发机械二期、味滋美食品等一批园区重点项目加快建设；渭水河米业、安井食品二期、东华齿轮二期等10个亿元以上重点项目开工建设；新蕾麦芽二期、荣鑫橱柜、悦兴药业一期等6个亿元项目建成投产。全年上争用地指标44公顷。完成南北共建园区的考核评价，上争省补资金1500万元。

【科技创新】2016年，园区高新技术产业实现产值49.5亿元，新培育兴化市"百家科技型企业"19家、国家高新技术企业5家、省级高新技术产品10个、省级民营科技企业3家，新增产学研合作项目5个、省级著名商标2个、注册商标48件、省级名牌产品1个、泰州市级工程中心1家、省企业研究生工作站2个，新办产学研联合体5家。申报专利311件，其中发明专利65件（已获授权8件）。26家科技型企业年内申请"科技创新券"502万元。

【园区功能配套建设】2016年，纬六路"白改黑"工程按期完成。按照"补带、造景、绿岸"的要求，对园区滨河绿化、道路绿化进行提档升级。完成总长2.4千米的园区污水管网二期工程建设，基本实现园区建成区污水主管网全覆盖。园区食品质量检测中心建成交付，港口物流区完成安评、环评、防洪和岸线评审，一期工程港口岸线通过交通运输部审批，电子商务产业园被省商务厅批准为省级电子商务示范园区，电子商务产业园众创空间被省科技厅批准为省级众创空间。

【民生社会事业】2016年，园区围绕农业增效、农民增收、农村环境改善，加快发展民生社会事业。推进教育、卫生、文化事业发展，加强村庄环境长效管理，提升村庄环境和水环境管理水平，水环境整治通过全省"水美园区"创建验收，文化站建成投入使用。加大农村道路、农桥、停车场、公厕以及水利设施的建设投入，新建开明村闸站1座、团结圩必存圩口闸1座，改建排涝站2座、电启闭圩口闸10座，实施疏浚生产河河道13条、完成土方5.3万立方米、工长8000米，加修赵何段、陈元段圩堤800米、完成土方8000立方米。加强社会治安综合治理，园区社会保持和谐稳定。

·江苏省泰兴经济开发区·

【概况】2016年，江苏省泰兴经济开发区实现地区生产总值189.1亿元，比2015年增长10.8%；工业国税开票销售收入660亿元，增长9.2%；产业投资212.8亿元，增长27%。实现服务业增加值32.9亿元、税收5.5亿元，分别增长37%、41%；建筑业施工总产值29.2亿元，增长15%。全年实际利用外资7985万美元、自营进出口总额18亿美元。新增规模以上企业10家、高新技术企业6家。5家企业上市工作有序推进，济川药业集团税收收入突破9亿元，泰州市首家外商投资企业跨国公司地区总部——爱森中国区总部顺利获批。园区致力招商选资，重大项目开发建设取得新突破，蝉联泰州市省级以上经济开发区绩效管理考核一等奖、泰兴市项目大突破一等奖。在全国502家化工园区排名前移至第七位，创成国家循环化改造重点支持园区、全国产业集群区域品牌建设精细化工产业试点园区。

2016年9月27日，中国化工园区EHS发展论坛在泰兴经济开发区举行

【招商引资】2016年，园区成功举办"中国化工园区EHS发展论坛""中国涂料工业百强企业走进泰兴经济开发区"等活动，项目开发建设势头强劲。全年新签约项目27个，总投资280.9亿元。实施亿元以上重大产业项目80个，总投资526亿元，其中1亿美元或10亿元以上项目25个，单个项目平均投资规模达6.5亿元。80个项目中，新开工项目29个、结转在建项目17个、在批项目23个、新竣工项目15个。总投资10.2亿元的长园华盛锂电池新型电解质材料项目实现当年签约、当年开工、当年竣工，并与三聚环保苯乙烯项目同时被评为泰州市十佳重大工业投资项目。

【安全生产与环境保护】2016年，园区封区管理正式启动，应急救援指挥平台完成主体建设。开展重点化工企业安全环保专项行动、危险化学品安全专项整治，65家重点化工企业、24家危化品罐区企业完成安全检查。推行第三方督查治理工作机制，企业自身治污能力和安全管理水平得到提升。172家企业使用安全隐患排查治理系统，累计排查事故隐患4000多处，整改率达98.8%。关停拆除6家小化工企业及4家小船厂。园区网格化环境监管体系不断健全，63家企业完成"刷卡排污"项目建设；

污水处理达到国家一级A标准尾水排放。新增道路绿化6.2万平方米，沿江绿色生态走廊雏形初显。

【园区功能配套建设】2016年，园区预征土地213公顷，盘活闲置土地51公顷。五大类58项重点基础设施工程建设有序推进，福泰大桥及连接线工程、文化路西延、东一路等路桥竣工通车。完成动迁安置房851户1193套。全区蒸汽管网实现互联互通。完善沿江岸线规划体系，港口码头公共化建设进程加快，滨江通用码头、阿尔贝尔化工码头等工程加快建设。

（吕晓文）

·泰州经济开发区·

【概况】泰州经济开发区于1996年经省政府批准成为省级经济开发区，2009年成为国家级医药高新区下属功能性园区之一，重点发展电子信息产业、高端装备制造业和现代服务业等产业。2016年，全区实现规模以上工业产值376.04亿元，比2015年增长25.91%；规模以上工业增加值101.4亿元，增长22.6%。完成固定资产投资103.54亿元，增长57.02%。完成公共财政预算收入11.31亿元，实际利用外资1.13亿美元，实现进出口总额3.45亿美元。

【项目建设】2016年，园区共签约亿元以上产业项目57个，新开工亿元以上产业项目30个，竣工亿元以上产业项目14个。年内，台湾可成集团、巨腾国际集团分别新投资3亿美元和1.5亿美元实施可利科技和巨腾电子项目；可利科技项目完成土地征用43.5公顷；巨腾电子项目实现当年签约、当年开工、当年投产。区内企业可胜科技（泰州）有限公司实现产值56.1亿元，纬创资通（泰州）有限公司实现产值85.13亿元，纬立资讯配件（泰州）有限公司实现产值11.65亿元。

2016年4月20日，巨腾电子项目落户泰州经济开发区

【企业服务】2016年，园区注重提升服务专业化水平，重点做好企业土地、融资、用工等方面服务。发挥人力资源产业园作用，累计引进专业人力资源中介机构17家，全年累计为可胜、纬创、纬立等园区重点企业组织用工2万多人。

【园区功能配套建设】2016年，园区加快基础设施、配套载体和公共服务平台建设，济川路西延、周山河路、吴州南路、鲍九路、新华路等道路工程顺利实施，第二城南污水处理厂二期工程通过验收、三期工程稳步实施。保税仓库二期、标准厂房二期投入使用，保税展示交易中心主体竣工，商务中心建设按序时推进，保税仓库三期、标准厂房三期开工建设。中小企业创新创业产业园二期投入使用。组建总规模10亿元的鑫泰中信产业发展基金，吸引社会资本服务企业发展。

【服务业发展】2016年，泰州国际汽车城实现销售85亿元，汽车销量占全市总量的67%。整合线上、线下销售模式，启动梦CAR特色小镇建设，拓展平行进口车、特种车辆、汽车后市场等重点领域，网上汽车城、电子商务公共服务平台等配套建设顺利推进。启动智汇谷众创空间建设，已集聚产业创新创业项目78个，注册企业55家，正式入驻企业38家，累计注册资本4.65亿元，成功获批省级众创空间。

（马腾云）

市级特色园区

·泰州数据产业园区·

【概况】泰州数据产业园区是泰州市集聚和发展互联网经济和大健康数据产业的专业园区，园区占地面积14公顷，建成区面积28万平方米，在建37万平方米。2016年，园区以建设“华东地区知名特色产业园区”为目标，按照“特色化、差异化”的发展思路，加大项目招引和载体建设力度，加快集聚产业，主要经济指标快速增长。全年实现业务收入25亿元，比2015年增长20%；规模以上服务业收入7.35亿元，增长69%；完成固定资产投资4.5亿元，增长12%。累计签约注册项目151个，注册资本17.7亿元。年内园区获批“江苏省电子商务示范基地”。

【载体建设】2016年，园区四期、五期、六期工程有序推进，完成市政高压干线迁移项目，“三通一平”正式进场施工。打造产业服务集群，“浪潮双创中心”“泰州政务云”云服务平台两个项目启动建设。争创健康医疗国家级试点城市取得实质性进展，国家卫计委原则同意将泰州市纳入健康医疗大数据中心及产业园区建设国家级试点城市备选范畴，并通过国家专家组实地考察调研。大学生创业示范园“创客苗圃”项目通过验收。

【人才招引】2016年，园区组织近50家区内企业参加各类大型人才招聘活动30次，提供就业岗位1500多个，新增高校毕业生200多名。至年末，园区共引进国家“千人计划”专家1名，申报市“双创人才”计划9名，上争“双创资金””等扶持资金500多万元，为符合条件的入园企业人才申领“购房券”25张、160万元。成功申报国家级“引智计划”1个、省级“引智计划”3个。与重点高校建立合作关系，通过冠名班、课程置换、顶岗实习以及校园招聘等方式，为重点企业输送人才400多名。

【企业发展】2016年，泰盈科技新增300个服务台席，在职员工超过1000人，实现业务收入3600万元，比2015年增长240%。联迪信息与美国合作的电动单车共享系统项目已在美国推广运营。大道电子商务新签合同10.4亿元，实现业务收入2.12亿元，增长83%，企业成功在E板挂牌上市，获国家绿色印刷特别贡献奖，成为江苏文化产业电商平台前30强企业。新发电子商务实现销售收入4亿元。鼎酷通讯实现销售收入3300多万元。

【科技创新】2016年，园区新增软件著作权32件、软件产品34个、“双软”认定企业2家、民营科技型企业1家，新建产学研合作项目4个，7家企业获“科技创新券”共55万元。组织13家企业成功申报各类资金补助共530万元。

（数据园区）

·泰州滨江工业园区·

【概况】2016年，泰州滨江工业园区实现规模以上工业产值279.89亿元，比2015年增长22.94%，其中特色产业规模以上工业产值235.5亿元，增长23.17%；实现利税35.7亿元，利润11.6亿元；规模以上工业增加值62.4亿元；公共财政预算收入6.64亿元；固定资产投资77.29亿元。

【项目建设】2016年，园区签约亿元以上项目25个、总投资90亿元，其中投资10亿元以上内资项目2个、高新技术型项目13个。招引投资1.5亿美元的外资项目1个；协议利用外资10015.2万美元，实际利用外资5065.2万美元；注册内资9.6亿元，新增注册企业35家，增资企业2家。新开工亿元以上产业项目15个，其中10亿元以上项目2个。竣工项目9个。

【企业服务】2016年，园区帮助区内企业申报各类专项资金40多项，资金补助1500万元。出台科技创新激励政策，新增高新技术企业1家、省民营科技型企业2家、市级企业技术中心2家，专利申请50件。推进“人才强企”，中海油气、海慈药业等区内企业的68名高层次人才和高校毕业生申领“购房券”271万元；1人入选省“333工程”第三层次培养对象，1人入选市“双创计划”创业类人才，新增市级技能大师工作室1个。

【园区功能配套建设】2016年，工业邻里中心一期工程竣工，创业中心、文体广场完成设计招投标工作，新标准厂房建设项目前期准备工作基本完成，1.8万平方米“人才社区”建设全面启动。中海油污水管网改造全面竣工，5家企业及原料药平台实现污水排放“一企一管”，公共管廊项目一期进入招投标程序；润江路杆线全部下地，润河路、海阳锦纶及3条杆线下地全面推进；赵泰支港路、引江河路改造全面竣工。全年办结被征地农民基本生活保障41个生产组5792人；完成腾龙御园二期1120套回迁安置房建设。完成永长圩、太平闸站等8个水利工程建设任务；拆除违建1600平方米，关停砂石场2家。

【生态工程】2016年，泰镇路西侧腾龙桥至送水河大桥段、润江路通港西路至通扬路段、长江大道东段绿化全面竣工。通扬路段、引江河路及湿地公园全面施工。送水河、长生港生态建设工程招投标工作有序推进。推进生态修复工作，依法关闭取缔3家沿江无证码头。

【安全生产和环境保护】2016年，园区建立安全生产、环保专题党政联席会议机制，全年开展安全生产约谈活动2次、约谈企业7家，开展环保约谈活动10次、约谈企业20多家；共检查企业99家次，排查隐患问题974条；配合高港区环保部门累计开展执法检查17次，检查重点污染源企业14家，对5家企业进行违法行为处罚。建成园区环境监测监控预警系统。

沿 江 开 发

【概况】2016年，泰州市拥有长江岸线96.3千米，已开发利用岸线59.39千米；可开发未利用岸线30.24千米，其中生产岸线10.08千米（一级岸线3.37千米、二级岸线4.7千米、三级岸线2.01千米）；生活和生态保护岸线20.11千米；口岸零碎岸线6.67千米。全年沿江地区实现地区生产总值3352.93亿元，占全市比重81.7%；实现规模以上工业增加值2418.75亿元，占全市比重87.4%。

【岸线资源管理】2016年，全市沿江地区加强岸线资源整合。医药高新区将老集装箱码头改造为油品码头，为中海油一体化及东联化工等重点项目服务；高港区整合闲置的梅兰通用和太平洋钢管岸线资源并实施规划改造，与永安三期项目连片布置；泰兴市将泰兴开发区划为北片、中片、南片3个区域，新落户项目的液体化工品水路运输集中由相关码头承载，打造沿江绿色化工产业基地；靖江市利用政府融资平台，回收利用率较低的扬子江二期、新华、新天地、苏农等岸线资源，通过招商引资盘活存量，服务中铁建等优质项目落户。开展“未批先建”专项整治，对沿江地区8个存在违规违法现象的港口建设项目进行专项整治，安宁港内港池、国信电厂、华元金属、六助港港池等项目均补办岸线许可，伟业拆船正在履行岸线报批手续，国信电厂岸线相关项目通过竣工验收。开展沿江非法码头专项整治，高港港区3家非法码头已全部完成装卸吊机设备的拆除，靖江港区1家非法码头正在完善手续，另外1家已进入强制拆除阶段。对已拆除装卸设施的码头，编制生态修复方案，进行生态修复。加强利用岸线项目管理，对使用长江岸线项目进行联合审查，确保使用岸线符合规划和产业发展政策要求，年内完成对大明物流下四圩港码头、夹港作业区公用码头等3个项目使用长江岸线的审查，共审查使用岸线1271米。

【基础设施建设】2016年，宁启铁路复线开通动车，盐泰锡常宜城际铁路、北沿江高铁前期工作取得实质性进展；泰镇高速泰州段建成通车，阜兴泰高速兴化至泰州段、京沪高速江广段扩容工程加快推进。泰州港跻身全国港口20强，核心港区5万吨级集装箱码头开港运营。马甸水利枢纽、川东港整治等重大水利工程加快实施，卤汀河、泰东河、引江河二期等项目顺利竣工。适应12.5米深水航道工程以及沿江船舶大型化趋势，新建成4个5万吨级以上泊位。通过加固改造、减载靠泊能力论证等手段，在不新增岸线的基础上，有效提升杨湾通用、盈利港务、龙威粮油等一批沿江码头的靠泊能力，7万吨级减载船舶可直达各港区。至2016年末，全市沿江地区已建成万吨级以上生产性泊位54个，综合通过能力1.38亿吨。全年沿江港口完成货物吞吐量1.7亿吨，与2015年基本持平；集装箱吞吐量25.3万标准箱，增长20%，增幅居全省第1位。高港、泰兴港区货物吞吐量增幅均超过20%，靖江港区货物吞吐量近1亿吨。

【重大产业项目招引与实施】2016年，全市沿江地区累计新开工亿元以上项目1286个，其中10亿元以上项目97个、50亿元以上项目4个，总投资102亿元的中海油气一体化项目竣工投产，国电泰州电厂二期建成投运。完成产业投资8860亿元，工业技改投资超过4000亿元。严格项目准入和绩效考评，工业用地投资强度是2011年的2.5倍，高耗能行业投资增速明显放缓。组织各类招商活动，累计实际使用外资61.3亿美元，落户世界500强企业18家。外贸增长稳定，累计净增外贸实绩企业402家，2016年实现进出口总额102亿美元。

【沿江联动开发】2016年，江阴—靖江工业园区实现规模以上工业生产总值120.79亿元，地区生产总值83.62亿元。一般公共预算收入6.45亿元，比2015年增长12.8%；固定资产投资15.11亿元，增长3.8%，其中工业投入8.33亿元、增长6.1%，服务业投入6.78亿元，增长1.1%。限额以上企业零售额4.18亿元，增长0.4%。货物吞吐量1575.6万吨，增长22.3%，其中内贸吞吐量1491.2万吨，增长20.3%；外贸吞吐量84.4万吨，增长75.5%。加大招商引资力度，全年江阴—靖江工业园区累计引进“三个一批”项目（在建一批、拟建一批、重点意向一批）55个，总投资253.69亿元。其中，在建项目8个、总投资35.26亿元，拟建项目9个、总投资28.56亿元，意向项目38个、总投资189.87亿元。全年新批工商注册企业80个，到账注册外资1.05亿美元。

年内，江阴—靖江工业园区造船、重钢结构和冶金装备等主导产业快速发展。新扬子造船全年造船订单额44亿美元，手持订单量居全国第1位、全球第4位；中建钢构完成科技攻关项目28项，获国家专利17项、省部级以上质量控制（QC）成果13项、各类科技荣誉11项；大明重工参与国家固定式压力容器技术标准修订，获起重机械安装维修许可A级资质，业务涵盖船舶制造配套、液压容器、航空航天等领域，并进军风电法兰行业；中铁康远加快推动“科技强企”战略，提高自主研发能力，新研制的385千米高速铁路高强高导承力索、接触线达国际领先水平。年内园区获批成为苏中合作共建园区，被评为“长三角”最强中国制造产业集聚区。

【沿江生态建设和保护】2016年，泰州市加强沿江地区生态建设，实施国家水生态文明城市建设试点十大示范工程，完成西北片区生态修复。加大“空转绿”工程建设力度，新增绿地面积200万平方米。高港区建成省级春江生态湿地公园，林木覆盖率和城市绿化覆盖率分别达30.2%、42%。泰兴市实施17项水污染减排工程、4项大气污染减排工程，关停小化工企业15家；加快实施“天地一体化”监测系统建设，泰兴开发区内有65家企业实行“刷卡排污”。靖江市设置近20千米生态岸线，留足生态涵养空间；城市绿化覆盖率达42.3%，新增成片林2400公顷，林木覆盖率26.9%；强化污染治理，新建4座镇级污水处理厂，铺设污水管网378千米，削减排污口618个。

（刘　迁）

综 述

【概况】2016年，泰州市社会消费品零售总额1118.34亿元，比上年增长11.7%。从城乡市场看，城镇市场零售额1035.78亿元，增长11.6%，其中城区市场零售额768.61亿元，增长11.6%；乡村市场零售额82.56亿元，增长12.8%。从行业看，批发和零售业零售额964.94亿元，增长11.7%，占全市社会消费品零售总额的86.3%；住宿和餐饮业零售额153.40亿元，增长11.1%，占全市社会消费品零售总额的13.7%。

商贸流通对经济发展贡献度提高，全市批发零售贸易和住宿餐饮业增加值397.70亿元，占全市服务业增加值的20.6%，占全市地区生产总值的9.7%。全市商贸流通业国税收入38.50亿元，增长29.37%，占服务业国税收入的52.87%；地税收入42.63亿元，增长12.04%，占服务业地税收入的31.82%。

（王 华）

商 品 流 通

【概况】2016年，全市商贸流通企业规模不断扩大，功能不断完善，大型商品交易市场得到长足发展。全市限额以上企业中，销售额超过1亿元的批发零售企业231家，比上年增加17家，其中零售企业96家，增加10家；销售额超过1亿元的商品交易市场24个，增加1家，其中批发市场14家，增长1家；营业额超过1000万元的餐饮企业32家，增加7家；列入商务部监测系统的全市85家重点商贸流通企业共实现销售总额227亿元，增长2.6%。

【市场监测与应急体系建设】2016年，市重点流通企业、重要生活必需品市场、重要生产资料市场、酒类流通领域、市场应急管理等监测系统继续完善，监测样本企业200多家，基本覆盖全市生产生活各方面。继续生猪等生活必需品的储备与应急机制，共与市区4家生猪养殖企业签订日常生活应急储备协议，在主城区日常储备活体生猪8000头；主城区实施肉类、菜类等日常应急储备，市（区）大型超市、百货商场、生猪养殖合作社等多家骨干企业成为主城区重要生活必需品市场应急保供基地。

【典当业】2016年，全市新增典当企业1家，至年末，共有典当企业25家（不含泰兴），分支机构3家，总注册资本6.19亿元。17家典当企业、3家分支机构参加2015年度年审，12家典当企业、3家分支机构年审为合格A类，5家典当企业年审为合格B类。全年实现典当总额3.11亿元，年末典当余额2.41亿元。

【拍卖业】2016年，全市新增拍卖企业1家，至年末，共有拍卖企业24家，19家拍卖企业参加2015年度年审。全年拍卖110场，成交1.66亿元，佣金总额381.37万元，上缴营业税6.7万元。

（王 华）

供 销 合 作

【概况】2016年，全市供销合作社(简称供销社)系统加快供销合作社综合改革，经济实力增强，服务水平提升。全年全系统实现销售总额655.4亿元,消费品零售额198.7亿元，农资销售额19.7亿元，实现农副产品收购额163.1亿元，实现利润总额1.87亿元。市总社被评为省综合业绩考核优胜单位。

发展社有企业。2016年，市和市(区)两级供销社社有企业产业链向上、下延伸。泰州福齐天生物科技公司从农资销售服务向农资生产加工延伸发展，复合肥年产能达10万吨；江苏泰供海诞现代农业公司建成农副产品配送中心3个，终端直供(直销)门店31个，服务覆盖居住小区100多个；兴化市供销社成立“泰州讯联联技电子商务有限公司”，搭建“智慧城乡·供销通”平台。至年末，市和市(区)两级供销社共有企业101家，其中全资企业23家，资产总额11亿元，经营范围涉及一、二、三产业多个行业。

【供销社综合改革】2016年12月，市委常委会、市政府常务会议审议通过《中共泰州市委泰州市人民政府关于深化供销合作社综合改革的实施意见》。2016年，市委、市政府加大供销社综合改革推动力度，将其纳入对各市(区)党委、政府农业农村工作年度考核，每季度组织督查各市(区)供销社综合改革推进情况。兴化市供销社综合改革试点成效明显，兴化市社蝉联年度综合业绩考核全省第一、全国十强，兴化市在全国供销合作社综合改革试点推进会暨基层组织建设工作会上作基层组织建设经验专题介绍。

【基层社建设】2016年，全市供销社系统加强基层社建设，创建“三体两强”基层社，改造薄弱基层社，探索建立“农综社”(以农民为主体的综合性合作社)。靖江市供销社、泰兴市供销社、兴化市供销社探索基层社建设新模式，兴化市临城农民合作社联合社获省供销社主任诸纪录批示肯定。至年末，全市供销社系统建成“三体两强”基层社4家，完成薄弱基层社“六有”改造2家，建成“农综社”1家。

【农业社会化服务】2016年，全市供销社系统内以农资公司、植保专业合作社等为主体的农业社会化服务组织体系初步形成，开展土地托管全程和菜单式专业化服务，提供化肥、农药、种子等农资商品经营配送服务，负责从耕作、播种、肥水管理、病虫害防治、机收机插到烘晒、仓储期间的全部管理。泰兴惠农农资公司为9个种田大户653.33公顷土地提供从播种到收割全过程服务；兴化市戴南常发农机服务专业合作社有农机300多台套、粮食烘干机25组，年作业能力6666.67公顷次，合作社代耕代种面积533.33公顷。全年全系统实现土地托管面积超过4000公顷，土地流转面积3333.33公顷，统防统治、配方施肥、农机服务面积近1.2万公顷。拓展为农服务社功能，建设农业社会化服务综合平台，全年提升农村综合服务社52家。

【农村电子商务】至2016年末，全市供销社系统建成电子商务公司19家，电商平台15家，淘宝、京东商城80多家，淘宝C店(个人店铺、集市店铺)200多家，实现电商销售额30多亿元。实施村级基层网点信息化改造，建立具有代购、代销、代售功能的电商综合服务站，全年建办电商服务站和完成网点信息化改造217个。开展电商人才培训，全年培训6000多人次，兴化城东曹玉根等成为电商创业典型，泰兴元竹成庄村等成为电子商务示范村。

【全省供销合作社基层社建设培训班在泰州举办】2016年，7月5~6日，全省供销合作社基层社建设培训班在泰州举办。省供销社主任诸纪录作开班动员，市委常委、常务副市长、市委宣传部部长卢佩民致辞。省供销社领导薛立志、徐筱棣、郭乃红出席开班仪式。全省各地基层社负责人260多人参加培训。培训期间，参培人员实地参观市供销合作社系统为农服务现场。

省供销社主任诸纪录(中)考察泰州供销社工作

【2015~2016中国合作经济年度成就奖颁奖典礼在兴化举行】2016年11月25日，由中华合作时报社、中国人民大学中国合作社研究院主办的2015~2016中国合作经济年度成就奖颁奖典礼暨合作金融创新发展论坛在兴化举行。全国供销总社党组成员、理事会副主任邹天敬，中华合作时报社社长、总编辑查迎新，中国供销集团中合联投资有限公司党委书记徐如奎出席颁奖典礼并分别致辞。兴化市社主任张久银获“年度十大改革人物”称号，兴化

市农村百发农村小额贷款有限公司、兴化市中堡镇农民合作社联合社获“十佳普惠金融创业之星”称号。

（朱余昌 钱 进）

粮 油 营 销

【概况】2016年，泰州市国有粮食购销企业共收购夏粮122.8万吨，收购秋粮40.9万吨，其中托市收购粳稻24.4万吨。全年全市国有粮食购销企业实现粮食购销总量675.5万吨。

加强粮食流通监督检查，全年全市开展各项检查97批次，检查涉粮者2059家次。市粮食局被表彰为“全省粮食流通监督检查工作优秀单位”“全省粮食行业安全生产先进单位”。泰兴市粮食局、泰州市粮食局海陵分局通过全国粮食流通监督检查示范单位省级复核。

【应对仓容紧缺等不利因素】2016年，全市粮食系统应对仓容严重紧缺和连续降雨等不利因素，满足农民卖粮需求。全市国有粮食购销企业上半年备足仓容62万吨，下半年筹措仓容44.9万吨，解决仓容严重紧缺问题。组织国有粮食企业与广东、福建、山东等地工业、饲料用粮企业签订销售合同，市场化敞开收购受灾小麦，联系市外贸易和加工企业到泰州设点收购，共收购商品粮小麦74.1万吨，有效减少农民受灾损失。

【为农服务工程】2016年，全市签订粮食订单5.1万公顷，超过粮食规模种植面积的30%。泰州国家粮食储备库设立为农服务专项资金，全年向订单种植户发放惠农资金90万元。泰州订单粮食工作被《农民日报》10月12日头版头条宣传推介。全年全市新建粮食烘干服务中心20家，新添置烘干设备199台套，新增日烘干能力5604吨，市财政补助494.71万元；2014~2016年累计建成烘干服务中心60家，新增日烘干能力1.4万吨，超额完成市政府确定的9000吨建设目标。

【仓储设施建设】2016年，泰州市发布《“十三五”粮食仓储物流设施专项规划》，实施百万吨仓容建设计划。姜堰区兴泰粮库等4家国有粮食企业新建仓容6.6万吨，总投入5013万元，其中财政补助1675万元。在全省首推简易罩棚仓建设，全年全市投资2500多万元，新建罩棚仓20.67万吨，泰州简易罩棚仓建设获省粮食局肯定并在全省推广，国家粮食局到兴化实地考察并出台罩棚仓储粮补助政策。

【放心粮油工程】至2016年末，全市累计创建放心粮油店（柜）162家，其中市级放心粮油示范店（柜）22家，实现乡镇街道全覆盖。升级改造符合条件的粮店，海陵区升级改造放心粮店9家；姜堰区成立粮油配送中心，新建农村放心粮油直营店6家，姜堰区获“江苏省放心粮油供应网络建设示范县”称号。

（粮食局）

食 盐 专 营

【概况】2016年，泰州市盐务管理局（苏盐连锁有限公司泰州分公司）强化盐业市场监管，加大盐政执法力度，规范区域行业用盐，确保食盐市场供应和全市人民吃上放心加碘食盐。全年实现营业收入1.37亿元，完成年计划的91.1%；实现利润782万元，完成年计划的120%。销售小包装食盐19808吨，完成年计划的95.7%。销售非盐商品3394万元，完成年计划的111%，实现非盐经营性利润157万元，完成年计划的105%。货款回笼率99.5%。实现人均销售收入110万元/人，人均利润6.25万元/人，人均小包装160吨/人，吨盐自有配送成本68.2元。推进苏盐生活家建设，发展白金会员1226个，完成计划指标的114.6%；金鹰门店按时开业运营，日均销售收入3000多元。推广使用外勤365，日常考勤率、客户拜访覆盖率、人均微博日报数等指标居全省前列。

【食盐经营渠道建设】2016年，苏盐连锁有限公司泰州分公司（简称苏盐泰州分公司）强化KA（全国连锁超市）和BC（地方连锁超市）管理，KA类商超有8个以上品种，BC类商超基本有6个以上品种。扩大经营范围，苏盐泰州分公司代理中储粮食用油、中储粮镇江油脂大包装食用油、中粮福临门大米，县级分公司代理太太乐鸡精、汪恕有滴醋等。开展品牌宣传季活动，发布车身广告2辆、站台广告9个、小区广告25个、电台广告每天1个时段、开展电影进社区幻灯宣传10场，在社区、农贸市场开展惠民宣传95场。开展“百店百万”活动，拓展销售终端517户，直销金额603万元。

【盐业市场监管】2016年，市盐务管理局加大盐政执法力度，强化食盐安全管理，保证食盐市场稳定。开展“食盐安全访万家”活动，走访居民2.1万多户。联合市卫计委、公安、食药监、工商等部门打击涉盐违法犯罪行为，组织开展“打击制贩假盐”“放心餐饮安全用盐”“校园食盐安全检查”等联合行动90多次，检查零售网点、用盐企业、宾馆饭店、院校食堂、卤菜加工、饮食摊点等16563家。共查处盐业违法案件855起，比2015年增长6%；查没各类违法盐产品50.62吨，罚款5.73万元。年内，市政府成立食盐安全管理工作领导小组。

（盐务局）

烟 草 专 卖

【概况】2016年，泰州市烟草系统共销售卷烟16.91万箱，比2015年下降4.28%；实现含税销售额59.69亿元，下降1.95%；单箱销售3.53万元，增长2.43%；实现利税16.88亿元，增长4.64%。至年末，全市有基层客服网点20个，稽查中（大）队21个，卷烟零售户28096户，全市烟草系统有员工893人。

市烟草专卖局、省烟草公司泰州市公司全年开展执法案卷评查4次，评查案卷100份，开展执法满意度调查2次；健全安全风险防控体系，开展安全检查13次，全市烟草系统连续第九年安全无事故；开展标准化管理，汇总作业指导书156份，检查点505个，实现标准体系文件对主要工作职能全覆盖；开展烟草专卖法律法规宣传，在“3·15”“6·29”和“12·5”法制宣传日开展法律法规进社区活动，向社区居民宣传烟草专卖法律法规以及举报投诉渠道，进行集中咨询，为居民提供真假烟鉴别服务。

【烟草专卖执法】2016年，市烟草专卖局、省烟草公司泰州市公司上报国标网络案件2起，查办涉烟违法案件1534起，其中假私烟案件34起，查获各类违法卷烟2237.59件，查获50万元以上案件数量居全省第五位，市场净化率超过97%。规范许可证审批，全年新办许可证513份，注销1692份，退出1179户，许可证退出比率4.2%。

（俞海峰）

成品油管理

【概况】2016年，市商务局严格执行《成品油市场管理办法》《江苏省成品油市场管理办法实施细则》，加强全市成品油市场管理，保障成品油市场供应，规范流通秩序，全市成品油市场健康有序发展。全年全市共销售成品油75.42万吨，其中：汽油46.75万吨，柴油28.67万吨。2016年，国有企业中石化集团和中石油集团所属的加油站（点）经营状况和设施普遍好于社会加油站（点），主干道上的加油站（点）经营状况和设施好于中心村的加油站（点）。全年全市新建加油站6座、水上加油点1座。全市辖区内（不含泰兴）在运营的成品油批发企业5家，仓储企业1家、成品油零售经营企业257家，257家零售企业从地区分：靖江市有51座，兴化市87座，姜堰区60座，海陵区31座，高港区22座，高新区6座。从权属分：中石化110座，中石油24座，中海油4座，社会其他类型的加油站共119座。从类型分：加油站198座（其中：城区型加油站有56座，乡镇型加油站有64座，公路型加油站有78座）；农村加油点18座；水上加油点41座。

【中石化销售泰州分公司】中国石化销售有限公司江苏泰州石油分公司（简称中石化销售泰州分公司）下辖泰兴、姜堰、兴化、靖江4个县级分公司以及海陵、高港2个片区，经营范围涉及成品油、天然气、润滑油和非油品销售。2016年，公司实现成品油销售量近70万吨，非油品业务销售额近3亿元。至年末，公司有加油站近150座、管输溱湖中心油库1座，承担泰州区域成品油市场主要保供责任。年内，被市商务局、市消费者协会评为“2016年度泰州市诚实守信示范企业”和“诚信单位”。

【中石油泰州销售分公司】2016年，中石油泰州销售分公司运营加油站33座，实现销售总量19.49万吨，预算完成率91%；账面利润5117万元。其中纯枪销售10.73万吨，计划完成率91%，比上年减少2.3万吨，降幅17%。直批8.77万吨，计划完成率91%，比上年减少0.67万吨。实现非油收入2872.34万元，计划完成率104%，比上年增加655.56万元，增幅30%；非油利润180万元，比上年减少42.63万元，降幅19%；非油利润率6%。发卡10256张，卡销比25%，沉淀资金2065万元，计划完成率103%。年内，开发加油站2座，其中，惠丰加油站完成立项，泰过加油站完成报建。

【中海油销售泰州有限公司】2016年，中海油销售华东公司明确中海油销售泰州有限公司承担中海油在泰州、扬州地区成品油营销网络的开发、建设和管理的职能，规划通过新建、租赁、收购、特许经营等多种形式至2020年累计开发建设和运营加油站不少于30座、油库1座，成为在泰州、扬州地区乃至江苏省有影响力的成品油销售公司，中国海油炼化销售系统内有较强创新能力的重要子公司。至年末，中海油销售泰州有限公司资产总额1.4亿元，有员工111人，控制加油站7座，投运5座，在建2座。全年实现成品油机发总量2.44万吨，其中，汽油机发总量1.41万吨，柴油1.03万吨；实现销售收入1.39亿元，利润559万元。年内，新建加油站1座（靖江市万盛加油站）；在建加油站2座，其中，双新加油站投运，周山河加油站完成机械完工验收，初步具备投运条件；滨江油库完成单机试车和水联运，具备试运营条件，通过总公司和炼化公司组织的试运营前HSE检查。

（王 华）

发展规划和计划管理

【概况】2016年，泰州市实现地区生产总值4101.78亿元，比2015年增长9.5%。其中，第一产业实现增加值240亿元，增长1.4%；第二产业实现增加值1933.89亿元，增长8.8%；第三产业实现增加值1927.89亿元，增长11.4%。完成一般公共预算收入327.6亿元，增长1.7%。完成固定资产投资3164.12亿元，增长17.4%；实现社会消费品零售总额1118.34亿元，增长11.7%；完成进出口总额103.81亿美元，增长1.5%，其中，出口额66.74亿美元，增长4.7%，进口额37.07亿美元，下降3.8%。新批协议注册外资25.16亿美元，增长100.6%；实际到账注册外资13.44亿美元，增长26.2%。城镇居民人均可支配收入36828元，增长8.0%；农村居民人均可支配收入17861元，增长8.8%。新增城镇就业9.96万人，城镇失业人员再就业5.28万人，新增创业6.65万人，带动就业18.59万人。至年末城镇登记失业率1.87%。单位地区生产总值能耗、主要污染物排放量削减完成年度目标任务。

（孙桂周）

【规划管理】2016年3月18日，《泰州市国民经济和社会发展第十三个五年规划纲要》发布实施。年内，全市40个“十三五”专项规划编制与实施有序推进。

（刘　云）

【固定资产投资】2016年，全市完成投资3164.12亿元，比2015年增长17.4%。其中，第一产业完成投资6.84亿元，增长10.5%；第二产业完成投资1962.54亿元，增长19.6%；第三产业完成投资1194.74亿元，增长17.9%。固定资产投资中，工业投资占全部投资的比重达61.9%。工业投资中，高新技术产业完成投资688.54亿元，增长45.8%，占工业投资的35.2%，增加6.3个百分点；高耗能产业完成投资314.44亿元，下降17.92%，占工业投资的16.06%，减少7.38个百分点。全年新开工项目4121个，增加313个，完成投资2172.09亿元，增长11.44%，占全市固定资产投资的68.65%，减少4.93个百分点。

（沈方君）

【高标准农田建设】2016年，泰州市被国家发改委确定为整合涉农资金投资高标准农田建设首批全国试点之一。年内，泰州市整合涉农资金投资高标准农田建设项目，获批项目计划总投资28亿元，累计上争国家专项建设基金5亿元，中央预算内财政扶持资金1.2亿元，建设规模0.67万公顷。姜堰区试点项目开工建设，累计完成工程投资1.18亿元；兴化市试点项目前期准备工作有序推进。

（杨正辉）

【交通能源】2016年，泰州市完善交通网络，泰镇高速泰州段建成通车，京沪高速江广段、阜兴泰高速工程推进顺利；省道334黄桥至如皋段、省道304兴化段、市区永定路快速化、省道229姜堰南段等工程建成通车；建成农村公路390千米，改造农危桥258座；沿江港口建设完成投资12亿元，新增万吨级以上泊位4个；通扬线三级航道整治工程开工建设。国电泰州电厂二期工程4#机组并网发电，二期工程全部建成；泰州1000千伏交流特高压变电站竣工投运。

（陈大林）

【现代服务业】2016年,全市服务业实现增加值1927.89亿元,比2015年增长11.4%,增加0.2个百分点,增幅分别高于全市地区生产总值增幅、第二产业增幅1.9个百分点和2.6个百分点,居全省第二位,前移3位。服务业增加值占全市地区生产总值的47%,提高2个百分点;高于工业占比6个百分点,低于第二产业占比0.1个百分点;服务业对经济增长的贡献率53.7%,分别高于第二产业、工业8.3个百分点和11.9个百分点。完成服务业投资1194.74亿元,增长14%,高于全省平均水平6.9个百分点,居全省第五位,前移8位。实现社会消费品零售总额1118.34亿元,增长11.7%,其中限额以上社会消费品零售总额446.9亿元,增长14.3%。

(朱　颜)

【高新技术产业】2016年,全市实现高新技术产业产值5310.75亿元,比上年增长14.4%,增幅高于规模以上工业产值增幅1.5个百分点。其中,智能装备、新材料、新医药产业分别实现现价产值1904.11亿元、1532.15亿元、858.63亿元;高新技术产业产值占全市规模以上工业产值的42.2%,增加0.5个百分点。完成高新技术产业投资688.54亿元,增长45.8%,增幅高于工业投资增幅26个百分点。其中,智能装备、新医药、电子及通讯设备制造产业分别完成投资291.96亿元、144.07亿元、71.09亿元。高新技术产业投资占全市工业投资的35.2%,增加6.3个百分点。

推进产业化项目建设。继续推进泰州新型疫苗及特异性诊断试剂产业区域集聚发展试点。推进重大新兴产业项目建设。全年共实施在建新兴产业项目352个,计划总投资1014.3亿元,年度计划投资413.2亿元,年度累计完成投资429.6亿元,完成年度计划的104%。2016年,扬子江药业集团有限公司蓝芩口服液标准化建设等4个新兴产业重大工程包中药标准化项目获国家发改委复函,获中央预算内投资2000万元。扬子江药业集团、双登集团被评为"江苏省战略性新兴产业百强创新示范企业";医药高新区医药产业园被评为"江苏省生物医药产业区域集聚发展试点";泰州市众创空间企业孵化器有限公司被评为"江苏省大众创业万众创新示范基地"。

加强创新平台建设。组织开展认定市级工程中心和工程实验室,新认定江苏默乐生物科技有限公司建设的泰州市基因诊断工程中心等12家单位为泰州市工程中心。引导企业创建省级工程中心和工程实验室,泰州新源电工器材有限公司等7家单位承担建设的工程中心和泰州市博泰电子有限公司等2家单位承担建设的工程实验室获省工程中心、省工程实验室认定。

(陈　凯)

【资源环境】2016年,市发改委完成市本级23个固定资产投资项目节能评审,其中,节能备案项目18个,节能审查项目8个,综合能耗6.72万吨标准煤,通过节能审查核减标煤3120吨。泰州市石油化工、电力、钢铁行业共28家重点企业形成2013~2015年温室气体排放报告,完成碳核查。"十二五"期间,单位地区生产总值二氧化碳累计下降29.03%,超额完成下降19%的目标任务,累计进度目标完成率152.9%,6个资环类项目获批国家专项补助资金。年内,《泰州市循环经济与绿色低碳发展"十三五"规划》编制完成;泰兴经济开发区获批国家级园区循环化改造示范试点园区;戴南科技园区、泰州市华丽塑料有限公司通过省级"城市矿产"示范基地(企业)考核验收。

(高　翔)

【社会事业】2016年,全市城镇居民人均可支配收入36828元,农村居民人均可支配收入17861元,比上年分别增长8%、8.8%;城镇居民、农村居民人均生活消费支出分别为22480元、13250元,分别增长7%、11.9%。新增城镇就业9.96万人,新增创业6.65万人,年末城镇登记失业率1.87%,泰州市获评"全国创业先进城市"。建立全民参保登记动态管理机制,社会保险主要险种覆盖率稳定在97%以上,城、乡低保标准分别提高至人均每月590元、470元。实施精准扶贫,全市人均年收入5000元以下的建档立卡低收入人口全部实现脱贫。终身教育体系发展指数居全省前列,泰州学院获批,全域建成国家义务教育发展基本均衡市(区)。推进医药卫生体制改革,公立医院全部取消药品加成,县域三级医院实现全覆盖,国家卫生城市实现市(区)全覆盖。创新推出文化惠民券,出版发行《泰州市志》,举办梅兰芳艺术节、建市20周年成就展等活动,泰州市获评"中国吉祥文化之乡"。各市(区)均建成省级公共体育服务体系示范区。每千名老年人拥有养老床位37.5张。建成"全国残疾人之家"。公共自行车系统建成投用,市区公交出行分担率25.2%,镇村公交覆盖率74%。创成全国"六五"普法先进市。加强领导干部接访下访和社会稳定风险评估,实施信访权益保障卡制度,预防和化解社会矛盾。完善应急管理体系和食品药品安全监管体制,安全生产形势总体稳定。

(马长刚)

【财政金融】2016年,全市完成一般公共预算收入327.6亿元,比上年增长1.7%。完成一般公共预算支出450.88亿元,增长4.9%。至年末,全市金融机构人民币各项存款余额5275.62亿元;金融机构人民币贷款余额3656.79亿元。

核发企业债券。2016年,全市通过国家发改委核准企业债券3支共37.6亿元,其中,靖江市城投基础设施发展有限公司城投债15亿元,姜堰城市投资建设有限公司城投债12.6亿元,泰兴市中泰养老产业投资有限公司养老项目收益债10亿元;发行企业债券4支共45.6亿元,其中,靖江市城投基础设施发展有限公司15亿元,兴化市经济开发区8亿元,泰州鑫泰集团10亿元,姜堰城市投资建设有限公司12.6亿元。至年末,全市累计核准企业债券30支共311.8亿元,累计发行企业债券28支共299.6亿元,累计偿还债券本金53.25亿元,企业债券余额246.35亿元。

搭建融资平台。2016年,市发改委开通网上投融资平台,对全市备案创投企业进行备案年检初审,5家创投企业通过省发改委年检,完成《2015年度泰州市创业投资年检及发展报告》。据不完全统计,至年末,全市共有创业投资企业(基金)38家,注册资本超过16亿元,达备案条件的16家;备案创业投资企业投资项目38个,累计对外投资5.34亿元,主要投资于泰州市初创期的新能源、新医药产业、信息服务平台及为泰州市科技型企业提供投资与资产管理、技术推广服务。

(沈　泉)

统　计

【概况】2016年,全市统计部门"求全、求真、求新、求精",发挥统计职能。健全领导联系基层统计工作机制,建立完善月述季评(处室月度考核、领导班子季度述评)考核机制。打造"阳光统计",建立实施纪检组给局党组按季"体检"制度。加强统计宣传,在《泰州日报》开设"统计专版"12期,在泰州电视台《新闻夜班车》栏目连续播出"统计人统计事"7期。2016年,市统计局获泰州市"十佳人民满意机关"称号。

加强教育培训。强化干部教育管理,完成统计干部综合能力提升班2期,与市委组织部联合举办全市乡镇统计工作培训班,举办全市新增列统工业企业、新增限上批零住餐企业统计培训班、农村三卡统计培训班等。组织开展统计从业资格考试报名工作,确认报名1421人,受理办证1279人。全市14人通过全省高级统计师评审,78人实际报名参加统计专业技术资格考试。

【统计调查】2016年,市统计局完成常规统计调查及各项新增调查任务,发布《2015年国民经济和社会发展统计公报》《泰州市2015年1%人口抽样调查主要数据公报》。在中国医药城组织开展新医药及相关产业全口径统计试点。

【"三新"统计】2016年,泰州市探索"三新"(新产业、新业态、新商业模式)统计,下发《关于加快推进"三新"统计工作的实施意见》,制定《泰州市"三新"专项统计报表制度》,组织开展专题调研和督查指导,准确及时报送"三新"统计数据。

【第三次全国农业普查】组织实施第三次全国农业普查(简称三农普),在全省率先组建全市三农普工作机构,完成综合试点、普查指导员和普查员选聘、普查区和普查小区划分、业务培训和清查摸底等。开展三农普宣传,举行市长在线专题访谈,在《泰州日报》开辟三农普专版,举办以"农业普查,福到农家"为主题的统计开放日活动、入户登记启动仪式等。加强普查质量管控,组织阶段性工作督查、检查和调研指导。

2016年9月9日,泰州市召开第三次全国农业普查工作会议

【统计监测】2016年,市统计局加强"八项工程"(转型升级工程、科技创新工程、农业现代化工程、文化建设工程、民生幸福工程、社会管理创新工程、生态文明建设工程、党建工作创新工程),全面小康建设、民生幸福"六大体系"(终身教育、就业服务、社会保障、基本医疗卫生、住房保障、社会养老服务)监测和重大国情国力调查,建立"八项工程"统计监测责任分工、目标考核体系和县级统计监测指标体系。开展战略性新兴产业、"50强"企业、转型升级等市委、市政府重大决策的统计监测预警,完成绩效管理民意调查。

【统计服务】2016年,市统计局编印统计数据资料,发布《统计公报》,编印《经济社会概览》,公开出版《统计年鉴》。每月编印《统计月报》上下册。创新统计服务,制定2016年市(区)、开发区争先进位考核办法,按季进行测算;每月在《泰州日报》通报《各市(区)主要经济指标完成情况》《省级以上经济开发区主要经济指标完成情况》;在市第五次党代会上发布党代会专刊《对标赶超争先进位—关于"三赶超三领先"的分析》;联合国家统计局泰州调查队、市政府新闻办公室每季召开经济形势新闻发布会;在《泰州日报》开辟"数说二十年"专栏;继续完善"数据泰州"发布平台。年内,工业企业统计供给侧服务被表彰为“走进你我他服务月活动、为企业办实事优秀项目”。

【统计数据质量评估和控制】2016年，市统计局强化统计数据质量监管，坚持核算、工业、投资、贸易等专业数据集中会审、公开评估制度，首次将统计数据质量纳入市(区)统计工作综合考评；市统计局探索经信委、发改委、商务局、住建局、建工局等部门参与“四上”(规模以上工业企业、资质等级建筑业企业、限额以上批零住餐企业、规模以上服务业企业)单位联网直报数据管理。加强名录库建设，核实“三无”单位和“名存实亡”企业，做好“多证合一、一照一码”改革背景下名录库管理改革；建立“准三上”单位库，开展“四上”单位审批，全年全市规模以上工业企业、规模以上服务业企业、限额以上批发零售住宿餐饮企业分别新增236家、138家和181家，增幅分别居全省第5位、第3位和第2位。年内，高港区局依托政府电子政务系统“村镇通”工程，将名录库维护节点向村居延伸；姜堰区局开展基本单位名录库网格化管理试点。

【统计信息分析】2016年，市统计局撰写统计分析97篇、统计专报36篇、课题研究报告42篇。每季组织开展经济形势系列分析，编印《经济运行报告》。组织对市局、各市(区)局、各乡镇(街道、园区)统计站撰写的统计分析进行评选，编印《泰州市2015年优秀统计分析报告汇编》。

【统计调研与课题】2016年，市统计局立项统计课题37项，同意结项课题31项，评出优秀课题6项、良好课题10项、合格课题15项。参与市政府《实施差别化产业发展策略》课题研究，参与市社科联《泰州转型升级指数》研究。

【统计信息化建设】2016年，市统计局继续完善“数据泰州”数据发布平台，建立《<数据泰州>加载管理办法》；建立《泰州市部门统计绩效考核管理平台》，实现部门统计工作绩效考核、统计管理、数据共享、统计服务“四位一体”，对部门统计工作实行百分制量化考核。

【统计规范化建设】2016年，全市统计部门加强基层基础建设。兴化市局获评全省县级统计局规范化建设示范单位；海陵区城中街道、高港区许庄街道、姜堰区罗塘街道、兴化市周庄镇、靖江市季市镇、泰兴市滨江镇统计站被评为全省乡镇(街道、园区)统计规范化建设“百佳”统计站；靖江广源农电有限公司等全市502家企业被评为全省联网直报单位统计规范化建设指导验收合格单位。

【统计法制建设】2016年，市统计局开展统计法制宣传，在全省统计系统率先出台《统计执法检查“双随机”制度(试行)》，与市委组织部联合举办“全市统计综合管理能力提升班”，与市委政法委联合举办“泰州市第三期法治大讲堂”。开展诚信统计“红榜”评选，全市首批67家联网直报单位被评为“红榜”单位。高港区、泰兴市、兴化市、海陵区、靖江市等地举办规格高、人数多的统计专题培训班。

(统计局)

·国家统计局泰州调查队·

【概况】2016年，国家统计局泰州调查队(简称泰州调查队)强化管理，保证数据质量。继续放大“民情快线”服务品牌效应，编印《三服务调研简报》《泰州调查-价格速递》等；优化包点包片工作机制，提高直接调查覆盖面，直接调查样本点1043个；编辑出版《启航新泰州，筑梦幸福城——从调查数据看泰州建市20周年民生变迁》。实施依法行政“八项制度”，开展统计执法检查，推行全员执法和交叉执法，对14家企业发出《统计行政执法结论书》，对2家企业发出“责令改正通知书”，并对其中1家企业做出警告、通报批评的行政处罚。

加强调查文化建设。继续开展调查文化“139”工程建设，全年明确和分解活动36项，其中，新开展无领导小组讨论、自由辩论等形式的季度性“经济社会热点讨论”，开展信息化知识竞赛和统计法知识竞赛等特色活动。

2016年，泰州调查队各项调查业务工作在国家统计局江苏调查总队专业年度考核评比中共获优秀等级11个，优良率居全省调查队系统首位；获省文明单位、省统计调查系统风采大赛团体第一名、泰州市五四红旗团支部等；入围全国青年文明号候选对象，为全市唯一一家入围单位。

【调查服务】2016年，泰州调查队利用《泰州调查——价格速递》《泰州调查——统计开放日特刊》等资料及微信微博等，定期提供数据解读、统计咨询等方面的“定制式”信息回馈服务；编印面向企业的《三服务调研简报》10期。继续放大“民情快线”服务品牌效应，全年开展文明城市长效管理测评、党风廉政建设民意调查等专项调研45项；开展“集中调研月”活动，形成调研成果10多篇。立足专业数据，撰写社会经济信息分析，全年报送社会经济类信息分析516篇。

【统计宣传】2016年，泰州调查队以“微博+微信”为核心，打造“微宣传”平台。新建“智慧泰调”无线服务器，定期推送国家调查工作、调查业务、调查资料等。编印《泰州调查报告》，改版《泰州调查—数据资料》手册，增加图文和可视化图表比重。组织参与拍摄农普工作微电影，制作“统计法十三个不得”宣传动漫片，开展统计法知识竞赛、“送法进社区”、第七届“中国统计开放日”咨询服务等活动。定期参加市政府新闻发布会，发布主要调查数据。

【统计调查信息化】2016年，泰州调查队搭建专业管理调查云平台，推进移动互联网、云计算、大数据等与统计调查工作相结合。统一自建调查文化系统的数据标准，将各类系统集成到云平台进行一体化管理。完善计算机辅助电话调查系统（CATI）和移动面访系统（CAPI），构建“互联网+”专项调查。

【调查业务】2016年，泰州调查队利用业务管理云平台，实现业务管理全流程信息化；全员参与农普，利用无人机、手持调查终端（PDA）等新技术开展实地调查；做好映射表、数据补录、共享关联和数据衔接，完成流通消费价格调查基期转换。完善特色业务管理模式，住户调查搭建3个管理“微平台”，小微企业调查完善三步“工作法”，采购经理调查充实细化“一站式”服务体系。组织开展联合督查，检查数据质量。

【统计科研】2016年，泰州调查队与省总队和各学术机构加强科研合作，举办统计课题研究培训会。全年完成课题研究论文32篇，其中，总队立项课题2篇，市统计学会立项课题4篇，泰州调查队内部立项课题26篇；获江苏省县处级以上领导干部专题读书调研活动优秀成果三等奖1篇，江苏省哲学社会科学界第十届学术大会优秀论文三等奖1篇，江苏省第十四届统计优秀成果奖评选课题类一等奖1篇。

（泰州调查队）

审　计

【概况】2016年，全市审计机关完成审计项目367个，其中，组织实施审计项目254个，参与实施审计项目113个。查出主要问题金额1933.51亿元，其中，违规金额61.51亿元，损失浪费金额532万元，管理不规范金额1867.58亿元；损益（收支）不实金额99.78亿元；审计处理处罚金额104亿元，其中，应上缴财政22.12亿元，应减少财政拨款或补贴7.12亿元，应归还原渠道资金20.88亿元，应调账处理金额53.08亿元；审计发现非金额计量问题652个；审计促进整改落实有关问题金额13.76亿元，其中，增收节支11.89亿元，已调账处理金额9058万元；审计促进拨付资金到位33万元；审计后挽回（避免）损失8.86亿元。移送司法机关、纪检监察机关和有关部门处理事项27件，涉及6人，金额4.61亿元。出具审计报告和专项审计调查报告350篇，被批示、采用7篇；提交审计信息401篇，被批示、采用14篇；提出审计建议886条，被采纳611条；推动完善规章制度96项；向社会公告审计结果53篇。市审计局获评2013—2015年度江苏省文明单位、泰州市“十佳人民满意机关”、“六五”普法先进集体和社会综合治税工作先进单位。

市审计局召开政策措施落实情况跟踪审计项目工作布置会

【政策措施情况跟踪审计】2016年，市审计局跟踪审计中央和省、市降低实体经济企业成本、盘活财政存量资金、“放管服”等政策措施落实情况，率先制定供给侧结构性改革审计清单，列出工作任务11项、审计项目27个，细化时间表、路线图以及各项任务的关键节点，完善追责机制。

【财政审计】2016年，市审计局加强财政预算执行审计，重点审计全口径预算编制执行、民生资金使用、存量资金盘活、地方政府性债务控制等，推进公共资金审计监督全覆盖。开展部门预算执行审计，重点审计市本级部门8个，核查部门20个。开展市（区）政府财政决算审计，重点审计“营改增”、减轻和公平企业税负、地方政府性债务“去杠杆”等政策执行情况。

【经济责任审计】2016年，市审计局推行“1+1+”模式（被审计单位应提供“1张资料清单+1套表格参考模板+个性化指标”），加强审计结果交叉运用，联合市委组织部、编办出台《泰州市党政领导干部“三责告知”实施办法》，前移监督关口，构建“任前有告知、任中有检查、任期有联审”领导干部履职监督管理体系。全年全市完成对94名领导干部经济责任审计，查出违规金额1.31亿元。

【农业与资源环保审计】2016年，市审计局开展大气污染防治专项审计调查、全市2012年至2015年6月土地出让收支审计等，重点审计环境保护、资源利用等方面情况。开展自然资源资产离任审计试点，探索建立自然资源资产管理保护考核评价体系。加强与国土局、水利局、环保局等部门协作,提高审计效率。

【固定资产投资审计】2016年,市审计局重点关注建设程序、规范施工、标后监管等领域,重点项目实行审计专人驻点、实时监督。结合日常远程联网审计与阶段性现场进驻审计,完成援疆资金和项目跟踪审计。全年全市审计核减固定资产投资额23.17亿元。

【民生审计】2016年,市审计局组织开展盐城龙卷风冰雹救灾款物跟踪审计,开展主城区机构养老服务设施建设与运行情况审计调查,开展全市彩票公益金管理使用情况审计调查,实施淮安市本级医保基金和医疗救助基金审计、保障性安居工程跟踪审计。

(刘　昂)

物　价　管　理

【概况】2016年,泰州市制定《2016年价格调控目标责任制实施意见》,分解落实重要商品在生产、供应、储备等环节的调控责任;强化定期督查与量化考核,组织开展专项督查2次。全市居民消费价格指数比上年增长2.1%,实现将居民消费价格指数控制在3%左右的调控目标。完善市区价格调节基金使用管理实施细则,规范基金管理、使用流程,启动"双联动一挂钩"价格补贴机制7次,累计发放价格临时补贴587.98万元,惠及困难群众7.94万人次。

【价格改革】2016年,泰州市推进公立医院医药价格综合改革,规范惠民药店管理,全年累计使用购药资助金108.54万元。

推进水价、气价改革。在全省率先推行水气热大用户价格直接交易政策,每年可降低企业费用2000万元。实施差别化污水处理费政策,调整市区非居民用水污水处理费,开征乡镇转供水污水处理费。调整市区非居民用天然气价格,制定天然气短途管输试行价格,帮助化解昆仑燃气与华电医药城新能源公司管道天然气代输价格矛盾。

推进服务价格改革。梳理各类客运票价,完善交通运价管理。在全省率先制定规范旅游价格行为的意见,开展景区门票价格专项整治,建立旅游价格长效监管机制。清理商业银行服务项目及价格,建立季度巡查制度,规范金融服务收费行为。制定《泰州市市区养老服务收费管理实施细则》。在全省率先调整泰州市机动车安检收费标准。落实市区停车服务收费政策。

【收费管理】2016年,市物价局组织开展涉企收费专项清理,取消、免征、暂停和降低收费标准的一级项目24个、二级项目12个,每年可减轻企业负担5800万元。完善收费清单制度,编制《泰州市区政府性基金行政事业性收费项目清单》《泰州市区涉企行政事业性收费清单》《泰州市区经营性服务收费项目清单》。实施收费巡访,对城管局、国土局、水利局、食药监局等部门2015年度行政事业性收费政策执行情况进行收费巡访。规范中介服务收费行为,清理涉企行政审批前置中介服务收费,建立目录清单制度和动态调整机制,实现清单之外无收费。组织开展涉企收费专项督查,专项检查对市区涉企收费政策落实情况。

【价费监督检查】2016年,市物价局加强市场价格监管,组织涉农涉企收费、电信、商品房等价格专项检查,协助省物价局开展反垄断价格调查,全市累计查处价格违法案件39件,实施经济制裁575.27万元。推进价格诚信建设,开展省级价格诚信单位、价格诚信区域创建,老街等3家街区创成全省价格诚信区。强化价格投诉举报应急处置,在全省率先制定价格投诉举报应急处置预案,"12358"价格举报电话实现国家、省、市、县四级联网,全年累计受理各类投诉咨询2314件,办结率、回复率100%。

【市场价格监测】2016年,市物价局组织开展住房、农副产品、夏粮秋粮等专题调查以及重大节日市场监测调查。健全价格异动快速反应机制,强化市场价格监测预警预报,全市共设省、市价格监测点255个,监测品种8845个,全年撰写价格监测分析260篇,其中被省政府采用10篇、市政府采用12篇。拓展价格监测领域,在全省率先建立药品价格监测预警机制。建立价格形势月度综述、季度研判、年度分析制度,召开月度新闻通气会,通报价格运行态势。

【价格公共服务】2016年,市物价局推进平价商店建设提档升级,组织开展"平价商店规范年"活动,完善平价商店准入、退出、检查巡查、考核、扶持等管理制度体系;推进平价商店提档升级改造,实现店面设施标准化、日常管理制度化、数据采集信息化;加强平价商店监管,建立平价商店增补机制。强化民生价格公示,新增"泰州价格"微信公众号等公示平台,全年累计发布价格行情5000多期。加强成本监审、农本调查,服务市政府公办养老、城市供水等重点工程,全市累计成本监审9.85亿元,核减1.88亿元,核减率19.12%。深化涉案、涉纪、涉税价格认定服务。开展价格争议调解服务,全市累计完成价格认定项目2975个,标的总额99.59亿元,调解处理价格争议186件。

(黄　华)

工商行政管理

【概况】2016年，全市工商系统深化商事制度改革，加强执法监管，优化市场环境。在全省率先推行市（区）市场监管局OA系统“四网融合”，省局在靖江市召开现场会，并向全省推广。出台《执法监督办法》，共受理行政复议申请85件，指导各市（区）市场监管局处理复杂案件12次，无一起诉讼败诉。市工商局财务处被授予市级“内审先进集体”和国家级“巾帼示范岗”称号。实施基层商标战略。新增“扬子江”“蓝电”“贝贝卡西”3件中国驰名商标，新增省著名商标33件，新增“兴化龙香芋”地理标志1件。泰州市2015年商标品牌发展指数居全省第7位，提高4位。

【商事制度改革】2016年，泰州市颁发全省首张个体工商户“两证合一”执照，提前3个月完成国务院改革任务。靖江市、兴化市等地建立“证照联办”机制，在全省率先实现营业执照、食品经营许可证“一窗受理、一表填报、一次发放”。全面启动“五证合一、一照一码”改革，办证效率由15天缩短至3天。试行企业简易注销，减少企业退出成本，累计办理简易注销登记1100余件。市工商局登记窗口被国家工商总局表彰为全国商事制度改革中有突出贡献的窗口。

2016年9月2日，全省个体工商户“二证合一”改革在泰州启动

【市场监管】2016年，市工商局起草《泰州市市场监管信息管理办法》，推动市级市场监管信息平台上线，市级35个审批及行业主管部门通过平台实现监管信息共享。总结推广姜堰局“双随机”抽查经验，出台全市公示信息“双随机”抽查实施意见，在全省率先探索含工商局、质监局、食药监局职能的“三合一”“双随机”综合监管。

【民营经济发展】2016年，全市新增私营企业1.44万家、注册资金776.5亿元，比上年分别增长18%、33.5%，新增个体工商户3.4万户，增长31.8%。2名个体工商户获“全国先进个体工商户”称号。全年全市共办理股权出质融资96亿元，受理动产抵押登记519件，融资金额83亿元；指导11家企业申报国家级“守重”企业，新增国家一级广告资质企业1家。相关做法在全省工商行政管理工作会议上作经验介绍。市工商局在高港区、靖江市、姜堰区召开民企金融服务、品牌与信用、商事制度改革等专题座谈会；举办泰州市第三届民营经济发展促进大会，邀请国内知名专家、创业导师为全市700多名企业家辅导，与中国银行签订30亿元创业帮扶信贷基金项目，推介“百家院校走基层”科技对接项目2万多项。

【工商行政执法监管】2016年，全市工商系统开展“双打”专项执法检查，帮助本地知名品牌开展异地维权，共立案查处商标侵权和假冒伪劣案件358件，罚没入库621万元。开展公用企业集中整治行动，查处多个领域的商业贿赂等不正当竞争行为。开展互联网金融广告、不良广告专项整治，强化大众传播媒介广告监测，广告违法率0.7%。成立网络交易监管专家顾问团，“工商网监”电子标识申领率、挂标率居全省前列。全年全市工商、市场监管部门共查处各类工商案件1092件，案件总值2387万元，罚没入库2223万元，移送司法机关案件12件，其中一起商品质量案件罚没入库69万元。市工商局全程指导海陵区市场监管局查处“茅台醇”案件，涉案金额2亿元。年内，在全省率先指导直销企业共同签署《泰州市直销行业自律公约》。

（曹　为）

国土资源管理

【概况】2016年，全市土地总面积5787.36平方千米，其中，农用地37.13万公顷，建设用地11.71万公顷，未利用地9.04万公顷。至年末，全市土地开发强度20.23%，1亿元地区生产总值建设用地占用规模为28.89公顷，比上年减少7.6%；建设用地地均地区生产总值产出增长8.2%；建设用地地均固定资产投资增长15.8%；建设用地地均公共财政预算收入每公顷27.6万元，增长2.3%。全年获省以上批准农转用1622.93公顷，上争用地计划占下达计划的115.2%；土地供应总量2942.73公顷，增长30.2%。全年出让土地1429.67公顷，土地出让收益182亿元，其中出让经营性用地499.07公顷，土地出让收益146.8亿元，占土地出让总收益的80.6%。全年新增土地抵押融资356亿元。

调整完善市县乡三级土地利用总体规划，争取省政府核减市耕地保有量1.33万公顷和基本农田2.27万公顷保护任务，精准优化全市"十三五"期间新增建设用地规划空间布局1.21万公顷，上争获批规划空间增量居全省第三位。各市（区）盘活利用闲置和低效用地623.93公顷，增长44.8%。严格实施供地计划、经营性土地出让门槛价等调控措施，商品住宅供地占比12.2%，减少21.5个百分点。

2016年，市国土资源局被表彰为泰州市"十佳服务地方发展单位"，2项工作分别获市"2016年度改革创新奖"、市"2016年度改革创新提名奖"，被授予"江苏省文明单位""全省测绘地理信息系统标兵单位""江苏省国土资源系统推进依法行政先进单位""泰州市'六五'普法先进单位"等称号。

【耕地与基本农田保护】2016年，全市耕地保有量31.66万公顷，基本农田27.19万公顷，在全省率先完成城市周边永久基本农田划定。至年末，全市累计建成高标准基本农田13.47万公顷，全省唯一获国家批准的"姜堰区实施10万亩和兴化市实施50万亩的高标准农田建设项目"顺利实施。高港区推行基本农田分片包干和占用"零报告"制度，辖区内无一例占用基本农田的违法用地案件发生。

【土地综合整治】2016年，市国土资源局建立健全耕地占补平衡激励机制，全市完成实施占补平衡项目374个，新增耕地956.53公顷。其中，兴化市新增耕地455.67公顷，占全市总量的近50%；靖江市复垦江心洲滩涂，新增耕地81公顷；海陵区实施同一乡镇范围内村庄建设用地布局调整试点。

【征地补偿安置】2016年，泰州市所辖各市（区）政府均制定省政府93号令实施办法，各地被征地农民社保统筹资金全部足额划转至市（区）财政社会保障专户。全市共征收农村集体土地1305.47公顷，落实13583名被征地农民的征地补偿安置费用11.29亿元。年内，实施关于土地征收"九不准"，健全完善征地补偿安置工作程序，启用统一规范的"征地补偿安置费用测算表"。

【地政地籍管理】2016年，市国土资源局深化行政审批制度改革，将25个行政审批服务事项委托前移至各分局，7个审批服务事项直通基层"四全"服务窗口，有序承接省国土资源厅委托、下放的审批事项12个。推进不动产统一登记"泰州模式"提档升级，修改完善《泰州市不动产登记工作指南》《泰州市不动产登记便民服务指南》和各类业务文书，市区不动产登记系统按时接入国家管理基础平台。全年全市办理不动产权证书12万多本，不动产登记证明5万多本，办理不动产抵押登记融资920多亿元。推进农村房地统一调查登记试点。

【土地执法监察】2016年，市国土资源局强化土地执法综合监管，推进2015年度卫片执法检查，加大日常监察巡查频次和密度，集中攻坚信访积案，全市新发生违法用地面积比上年减少12%，信访量减少30%。全市共立案查处各类违法用地案件98件，面积119.25公顷，决定罚款976.17万元，没收建（构）筑物52.88万平方米，拆除建（构）筑物51.3万平方米。市国土资源局执法综合监管工作被省国土资源厅确立为第一批"依法行政示范点"；靖江市在全省唯一实现创建"土地执法模范市"九连冠，靖江市土地执法监察大队获"全国国土资源执法监察工作先进集体"称号。

【矿产资源管理】2016年，全市年检采矿企业85家，其中，部、省发证企业3家，市发证企业70家，年检率和抽查率均100%。全年开采黏土资源313.5万吨、地热12.22万吨、二氧化碳气38.16万吨，实现矿产资源业总产值2.94亿元，采矿从业人数4601人（不含季节临时用人），人均矿产资源工业产值6.4万元。完成黏土资源上市审核47宗，办理采矿权延续登记45宗。全市共出让废弃黏土170万立方米，获采矿权价款351万元。

【地质环境管理】2016年，泰州市建立国家级地面沉降基岩监测站（点）1座。全市共有地下水监测点19口，其中，国考点位1口，省考点位6口。市国土资源局组织完成全市地质灾害隐患点排查，上报地灾隐患点10处，推进靖江孤山滑坡崩塌特大型地质灾害隐患点治理；提供地质勘查、岩土工勘、地质灾害等方面的基础地质资料服务，出具地灾评估报告汇交证明134份，岩土工程勘察报告373份。

（国土局）

质量技术监督

【概况】2016年，泰州市推进质量强市，建设品质泰州，打造长江经济带检验检测新高地。市质监局做好标准、计

2016年10月27日，泰州市召开"争创全国质量强市示范城市"工作座谈会

量、认证认可、检验检测等质量基础工作，加强质量安全，提高产品质量、工程质量、服务质量、环境质量水平，市民质量满意度居全省前列。12月20日，泰州获批创建“全国质量强市示范城市”。市质监局连续第二年被市台企协会评为“服务台商最优单位”。

【质量平台建设】2016年，泰州市打造长江经济带检验检测新高地，策应国家长江经济带战略实施。国家特防产品质检中心获批筹建，2个国家质检中心和6个省质检中心均建设在产业链上、集聚区内。“泰检易”检验检测公共服务平台建成，帮助企业在全国范围内精确匹配检测需求，累计收集110多家单位近1万条检测能力信息，服务20多家检测机构、130多家企业，共节约检测费用近100万元。

【实现国际标准制修订零的突破】2016年，泰州市实现国际标准制修订零的突破，主导参与制修订《防晒霜用纳米二氧化钛》《造船—舷梯》《镁锂合金板材》等国际标准7项，占全省国际标准制修订总数的14%。泰州企业实现从标准“追随者”到标准“领导者”的转变。

【质量品牌建设】2016年3月，扬子江药业集团获第二届中国质量奖提名奖，为泰州市首获中国质量奖提名奖，获中国品牌价值评价排行榜生物医药类企业品牌强度、品牌价值2项第一，获国际QC质量控制金奖5项。至年末，全市有2家企业获江苏省质量奖，10家企业获市长质量奖，207个产品获江苏名牌。

【质监项目行】2016年，全市质监系统组织开展“质监项目行”行动。“质监项目行”7个小分队走进中海油气、汇福粮油等208个项目现场，为1亿元以上投资项目破解难题344个。

【质监民生行】2016年，全市质监系统组织开展“质监民生行”行动。“质监民生行”14个小组走进社区校园、田间地头，实施服务项目42项，开展民生服务126次，服务群众1万多人次。

【电梯应急救援平台建成运行】2016年，市质监局为市区每台电梯张贴安全警示牌，该警示牌具有精准定位、夜光显示、信息查询等功能，获国家专利2项。电梯应急处置服务平台建成运行，“119+96333”报警、二级响应、三方联动，提高救援效率，救援人员到达电梯困人现场平均用时10分钟，比法定时间减少60%以上。

【制定发布全国首个“品质城市”评价指标体系】2016年11月3日，泰州市发布全国首个“品质城市”评价指标体系。该指标体系由市质量技术监督局联合国家统计局泰州调查队制定，包含经济发展品质、社会文化品质、生态环境品质、公共服务品质、居民生活品质等5个一级指标及多个二级、三级指标，旨在评估城市的发展质量和效益，挖掘城市发展中的亮点、特色和优势，发现不足、短板和缺陷。

【合作共建国内首家本科检验检测学院】2016年9月26日，市质监局和南京理工大学泰州科技学院签订“共建检验检测学院”战略合作协议，合作建设国内首家本科检验检测学院。至年末，市质监局与检验检测学院共建实验室11个，全市质监系统内12名专家型人才被聘为学院兼职教授。

【中国—东盟医药行业合作委员会落户泰州】2016年，市质监局促成中国-东盟商务理事会与泰州市人民政府合作成立中国-东盟医药行业合作委员会，并将秘书处永久落户中国泰州医药城，打开中国医药城通往东盟地区的渠道，巩固其在大健康产业中的重要地位。

（丁　薇）

食品药品监督管理

【概况】2016年，全市食品药品监管系统完善监管体系，强化风险管控，保障人民群众饮食用药安全，全年全市未发生重大食品药品安全事故和系统性、区域性风险。坚持依法行政，全年公布行政许可、行政处罚、行政强制等权力清单419项，办理各类行政审批事项995项。年内，制定出台《泰州市食品小作坊登记管理办法》《泰州市食品摊贩备案管理工作指导意见》《泰州市食品安全考核评价办法》《泰州市食品安全工作责任制和责任追究办法》，在全省率先制定出台《关于对医疗器械产品委托贮存、配送实施监管有关事宜的通知》《关于实施医疗器械质量管理规范有关事宜的通知》。

加强食品药品风险管控和应急处置。制定出台《泰州市食品安全抽样检验工作制度（试行）》《泰州市食品快检室标准》，规范食品安全抽检监测和食品快检室建设；制定出台《泰州市药品和医疗器械安全突发事件应急预案》《泰州市食药监局食品药品安全突发事件防范应对规程》，组织开展Ⅳ级食品安全事故应急演练。在全省年度考核中，市食品安全工作获优秀等次第三名，药品监管工作获优秀等次第一名。

加大案件查办力度。搭建“行刑衔接”平台，在全省率先成立市、县两级食药警务室，泰州市公安机关驻食品药品监督管理系统警务室举行集中揭牌仪式。搭建“监检协作”平台，每年拨专款100万元，单独列出600批执法抽检专项计划，用于全市食品药品行刑衔接案件的产品专项抽检。搭建“政企联盟”平台，市食品药品监管局、公安局联合举办泰州市食品药品打假政企联盟合作框架协议签约仪式暨首届食品药品打假政企联盟论坛，与18家食品药品企业共同签署《泰州市食品药品打假政企联盟合作框架协议》。搭建“数据共享”平台，市食药监局、公安食药环支队与阿里巴巴等公司建立打假合作关系，实现网商数据信息共享。2016年，全市组织开展农村食品安全“扫雷”、制售假劣酒类产品、含铝泡打粉、疫苗非法购销、非法制售使用注射用透明质酸钠、保健食品非法添加等整治行动10多项。办理食品药品行政处罚案件850件，其中立案查处764件，移送公安机关刑事立案146件，列入国家总局挂牌督办案件3件、省局挂牌督办案件11件，取缔各类生产经营窝点35个，涉案货值6亿多元，其中，“3·9假贴膏系列假药案”入选国家食药监总局优秀典型案例。

服务医药产业发展。至年末，全市共有30家企业通过GMP（药品生产质量管理规范）认证，获GMP证书73张，涉及153个剂型46个原料药；40家药品批发企业、30家药品零售连锁企业、1256家药品零售药店通过新修订GSP（药品经营质量管理规范）认证；新增医疗器械生产企业54家、产品289个；13家保化品企业换领生产许可证，458个产品完成国产非特化妆品网上备案审核。扬子江药业集团在2016年中国品牌价值评价信息发布会上，居中国生物医药类品牌强度、品牌价值首位，成为中国制药领域第一品牌；济川药业集团与南京中医药大学等单位合作完成的科研项目“代表性经典方剂类方衍化关系与功效物质研究技术体系创建及其应用”在中华中医药学会2016年科技成果和优秀人才表彰大会上获科学技术奖一等奖；苏中药业与中国人民解放军总医院联合完成的“IgA肾病中西医结合证治规律与诊疗关键技术的创研及应用”在2016年度国家科学技术奖励大会上获国家科技进步奖一等奖。

【食品安全监管】2016年，市食药监局指导推进靖江市、泰兴市、海陵区和高港区参与省级食品安全示范城市创建，靖江市通过全省首批第一阶段考核评价。组织开展各类抽检，全年完成食用农产品和食品安全监督抽检、风险监测25583批次，“食品千人抽检率”，居全省前列。加强食品生产企业“三分监管”（将28类食品类别按风险程度分为高风险、中风险、低风险三类；将企业按照质量保障能力的高低分为A、B、C级；根据企业生产的食品的风险类别和保障能力确定监管等次，分为五等，将乳制品、肉制品、特殊膳食食品等作为高风险食品进行重点监管），全年开展日常监督检查1120家次，覆盖率100%；完善食品生产安全责任公示栏制度，推进电子追溯系统建设，新建食品生产企业电子追溯系统55家。

强化食用农产品监管，组织开展食用农产品示范市场创建，推进市场快检室建设，全市12家批发市场、46家零售市场全部建成快检室并投入运行；严格网络食品经营监管，在全省率先建立并推行“一备案，两公示”制度（将自行设立网站或者所在网络食品交易第三方平台的网址、IP地址书面告知原颁发许可证或者备案凭证的食品药品监督管理部门）；在其网站首页或者经营活动的主页面醒目位置，公示营业执照和许可件（或者备案凭证）两个证件。

完善餐饮服务食品安全量化分级管理机制，全市持证餐饮单位量化分级管理率100%，A级单位比例20.4%，高于全省平均水平10个百分点；强化学校食堂食品安全监管，组织开展重点巡查，学校食堂A级比例74.2%，高于全省平均水平28个百分点；继续推进明厨亮灶建设，新建“透明厨房”433家，学校食堂视频化管理率97.7%；规范“网络订餐”经营，在全省率先实施“网络订餐”单位备案公示管理。年内，靖江市在全国首创开展大型餐饮“一对一”公益帮扶学校食堂活动，自主开发农村家宴信息管理系统，推行“五书一表”规范化管理。

【药械安全监管】2016年，市食药监局推进新修订GMP实施，加强药品注册管理，全年完成14家生产企业17次GMP认证现场检查、12家生产企业29个品规注册核查。组织开展药品批发企业集中整治，对全市超过50%的药品零售连锁总部和超过20%的药店进行飞行检查。全年新通过GSP认证药品批发企业1家、零售企业52家。强化基本药物生产、配送企业监管，加强特殊药品管理，完成全市在产的112个基药品种年度质量风险评估，现场检查24家涉及特药的企业。

推进医疗器械生产质量管理规范实施，完成19家第一类、46家第二类、17家第三类生产企业新版规范现场核查，第三类生产企业管理规范实施率100%，在全省率先启动第三类医疗器械经营企业年度自查。

加强对医疗机构规范用药、用械的监管，全年上报药物滥用监测报告319份，药品不良反应（ADR）监测报告6637份，医疗器械不良事件（MDR）监测报告4163份。

【保化品安全监管】2016年，市食药监局加强保健食品化妆品生产经营企业监督检查，保化品生产、批发企业检查覆盖率100%，保健食品零售企业检查覆盖率85.3%，化妆品零售及使用单位检查覆盖率69.9%。建立化妆品不良反应监测体系，明确监测哨点13家，全年上报化妆品不良反应有效报告35份，市人民医院入选全省首批化妆品不良反应监测评价基地。

【“你我”系列活动】2016年，市食药监局开展“你我”（你关注我宣讲、你查询我引导、你点名我抽检、你投诉我核查、你举报我奖励、你安全我安心)系列活动,推进社会共治。"你关注我宣讲"活动累计在泰州电视台、《泰州日报》、泰无聊微信发布《食事药闻》112期,新建社区"食品药品科普宣传站"130多个,举办"食品安全宣传周""安全用药月"等宣传活动4次。"你查询我引导"活动,强化"互联网+"建设,完善"泰州市食品药品数字化监管平台",开发手机APP终端,实施基层执法人员监督检查数据同步上传,实现食品药品经营企业诚信评分评级面向社会公开查询。"你点名我抽检"活动,"点名"方式包括网站、微信、信函、问卷等,每月遴选20个产品进行抽检,全年对群众"点名"的小龙虾、月饼、豆芽、馒头、大米、食用油等30多种200多批产品进行抽检,检验结果及时向社会公开。"你投诉我核查"活动,全年受理办理各类投诉举报1000件,办结率、满意率均100%。"你举报我奖励"活动,市政府印发《泰州食品药品投诉举报奖励办法》,对举报人可给予100元至30万元奖励。"你安全我安心"活动,实施18项"双随机"抽查事项清单。

2016年6月13日,泰州市启动"食品安全宣传周"活动

安全生产监督管理

【概况】2016年,全市共统计各类安全生产事故503起,比上年增长7.48%,死亡265人,减少7.02%,未发生重特大事故,安全生产形势总体平稳向好。

强化属地管理和行业监管责任。严格执行《泰州市安全生产"党政同责、一岗双责"暂行规定》。督促7个市(区)和28个市级重点部门制定出台"党政同责、一岗双责"相关规定,并延伸至95个乡镇(街道)、1794个行政村。市安委办牵头起草《市政府有关部门和单位安全生产工作职责规定》,建立健全安委会成员单位议事规则、重点成员单位联络员会议等制度,在危化品、交通运输、消防、烟花爆竹、职业卫生等重点领域建立联席会议制度,健全完善综合监管与行业监管相结合的工作机制。强化目标管理,修订完善监管保证金、一票否决等制度,实施行政正职年度履职报告制度,严格季度通报,不定期督查重点部门,专题约谈事故阶段性多发的市(区)政府和市级部门主要负责人。

强化企业安全生产主体责任。开展"落实企业安全生产主体责任专项行动",推行企业"三项清单"(企业安全生产主体责任清单、主要负责人安全责任清单、隐患排查清单)和"三项制度"(企业主要负责人述职质询点评制度、企业配备安全总监制度、警示约谈制度)。创新开展重点危化品企业主要负责人述职质询点评,市政府连续第二年组织100家重点危化品企业进行集中警示教育,3家企业负责人公开述职并接受现场质询点评,各市(区)及乡镇(街道)全面推行重点危化品企业主要负责人述职质询点评。在危化品、冶金、造拆船、建筑施工、交通运输等重点行业660家企业实行配备安全总监制度,其中,危化品和化工生产企业175家,工贸企业417家,造拆船企业16家,建筑施工企业46家,交通运输企业6家。实施安全失信"黑名单"制度,加强对失信企业的约束惩戒。

【危险化学品安全准入】严格危化品安全准入条件,坚持"四个不再审批"(不再审批新的化工园区,不再审批区外化工项目,不再审批氰化物类、液氯和光气类剧毒危险品项目,不再审批投资额低于3亿元的项目),明确"两重点一重大"项目必须由甲级资质中介机构进行安全条件评价和竣工验收评价,推动危化品企业入园进区、危化品行业转型升级。

【危险化学品安全监管】2016年,市安监局吸取靖江德桥仓储"4·22"事故教训,开展安全生产大检查,加强危化品安全监管。强化沿江安防,开展化工集中区及沿江危化品储罐区安全"体检",要求各化工集中区和相关企业自主聘请甲级中介机构进行区域安全评价及合规性安全评价,聘请甲级设计单位对竣工投运满5年的储罐区开展设计复核,查找与最新标准规范之间的差距并整改到位,35家企业全部完成"体检"。实施动火等特殊作业提级管理,要求危化品、化工企业实施特殊作业提级管理,落实依规检测检验、救援应急装备、监护人员等;依托市化学品安全管理协会,建立动火作业服务平台,为企业免费提供"第三方"技术服务,至年末,完成动火作业风险辨识完整性确认37家。加大关闭小化工力度,依法关闭取缔51家生产工艺落后、安全条件低下、长期停产的小化工企业。明确港口部门为港区危化品专业仓储企业的行业主管部门,负责对有关企业实施安全监管。

【乡镇(街道)安全规范化建设】2016年,全市乡镇(街道)安全生产责任体系"五覆盖"率100%,95个乡镇(街道)均建立独立的安监机构，落实“1+2+N”(1名公务员，2名事业人员，根据实际情况配备的其他安全监管人员)专职安监人员配备，建立至少15项基本制度和8项基础台账，定制修订《安全监督检查指导手册》，其中，65家通过省级验收，40家被评为市级规范化管理优秀单位。4月25日，省政府在兴化市召开全省基层安监能力建设现场会，推广泰州市相关经验做法。

【基层网格化管理】2016年，市安监局分级与属地管理相结合，构建基层安全监管体系。以市(区)为一级网格单元、乡镇(街道、园区)为二级网格单元、行政村(社区)为三级网格单元，设置划分网格。严格网格员上岗培训，制发工作手册，建立健全定期巡查、信息报送、隐患抄告、考核奖惩等工作机制。至年末，全市88家乡镇建立网格2059个，培训公示上岗网格员2466人。

【企业安全标准化建设】2016年，市安监局开展目标考核、分类指导、监督检查、许可证审查、工伤保险费率浮动等，推动企业安全生产标准化创建、持续运行和提档升级。全市危化品、交通运输、建筑施工、烟花爆竹、冶金机械等行业企业标准化创建率100%，规模以上工业企业均完成三级以上标准化创建，305家危化品、化工生产企业和397家带仓储的经营企业全部通过三级及以上标准化验收，128家危化品生产企业全部开展二级标准化创建，89家涉及“两重点一重大”(重点监管的危险化工艺、重点监管的危险化学品和重大危险源)的危化、化工企业通过二级标准化验收，中海油气(泰州)石化有限公司成为全省首家危化品一级标准化企业。至年末，全市有二级及以上标准化企业131家，申请二级评审企业20家，小微企业达标2109家。在重点工贸企业的6类风险较大作业场所(涉及熔融金属、煤气、大量使用危化品、粉尘涉爆、涉氨制冷、有限空间作业)，开展安全管理规范化创建。至年末，386家企业通过验收，高港区被国家安监总局确定为“2016年工贸行业企业安全生产标准化样板地区”。编印《职业健康监察执法手册》《用人单位职业卫生工作指导手册》，摸清四类企业底数，建立“一企一表”信息档案。年内，泰州市职业病防治工作通过国家安监总局评估，姜堰区被确定为“全国尘毒治理示范县”。

【企业安全控制自动化建设】至2016年末，全市87家涉及“两重点一重大”的生产、储存装置以及储存剧毒易燃易爆危化品的高危储罐，完成关键工艺参数的自动化控制改造；72家企业完成中间储罐自动化控制改造；144家企业未经正规设计的在役化工装置在全省率先完成设计诊断和复核；15家涉及毒性气体、液化气体、剧毒液体的一、二级重大危险源企业中，10家配备独立的SIS(安全仪表系统)；94家重点生产企业开展装置、工艺、生产全过程HAZOP(危险与可操作性分析)。推动“机械化换人、自动化减人”，89家企业按要求设置具有显示人员分布情况等功能的门禁系统，538处甲、乙类场所的现场作业人数全部按要求控制在10人以内。

【安全监管信息化建设】2016年，市安监局打造“互联网+安全生产”模式，建立覆盖全部规模以上企业、连接各市(区)及市有关部门的隐患排查信息系统，在姜堰区、靖江市等地开发危化品监管系统。加强“智慧安监”平台建设，应用信息化技术强化乡镇规范化创建和网格化监管成效，选择基础条件好、示范效应强的地区，同步建设涵盖镇、村、企业的“安全生产网格化智慧监管信息平台”，为网格员配备安装APP的移动检查终端，网格员第一时间接受文件通知、实时查询企业情况及检查要点、随时采集并上传信息。至年末，35个试点乡镇搭建智慧监管信息平台，配备移动检查终端500多台。推动企业生产全过程规范化安全管理，会同中国大唐集团开发化工企业安全管理系统，完成基础单元开发和人员培训，在30多家企业开展试点。

【安全检查】2016年，泰州市完善制度化检查、全覆盖大检查、专项检查、特殊时段检查、突击夜查等机制，加大安全检查力度。组织危化品安全大检查、夏季百日安全大检查、危化品专项整治普查等活动，开展领导带队查、企业自查、驻点督查、联合执法、专家检查等。组织开展安全生产大检查深化隐患大整治专项行动，市领导分别带队在企业、工地、商场开展安全检查，各市(区)政府、市安委会各成员单位分别开展检查督查。至年末，全市共组织督查组2371个，参加检查人员8794人次，检查企事业单位和场所7869家，排查隐患12108处，整改到位11233处，整改到位率92.77%。

【安全专项整治】2016年，市安监局组织开展危化品安全专项整治，检查企业6174家，排查隐患4104处，列入红表企业(市挂牌督办并关闭)36家、黄表企业(市(区)挂牌督办)84家；与中国化学品安全协会合作，逐家检查诊断重点危化品企业28家，排查隐患1534处。加强烟花爆竹产品流向登记管理，实施批发公司运输车辆4G监控；开展零售网点“两关闭”(关闭存在“下店上宅”“前店后宅”等与居民居住场所设置在同一建筑物内形式的零售点，关闭与人员密集场所和重点建筑物安全距离不足、集中连片经营、在超市内销售、未按规定专店销售的零售点)情况“回头看”，关停零售网点770家，保留1696家。加强金属冶炼企业专项排查治理，组织各地对冶金企业逐一排查隐患，开展市级专项督查，1061家金属冶炼企业建立“一企一档”，全市建立“一市一册”；突击夜查企业11家；责成中频炉炉坑积水的3家企业停产。加强粉尘涉爆专项治理，排查各类涉爆粉尘企业175家，市级层面重点督查企业12家次，责令限期整改隐患22项，整改率100%。加强有限空间作业专项治理，组织造纸、酱腌菜企业有限空间专项检查"回头看"，对工贸企业附属污水处理系统开展有限空间条件确认。

【打非治违】2016年，泰州市强化市(区)政府"打非"主体责任和企业"治违"主体责任，重点在危化品、粉尘防爆、建筑施工、烟花爆竹、交通运输等方面，集中"打非治违"(打击非法、违法生产，治理违规、违章作业)。全年全市出动执法检查人员6245人次，责令改正、限期整改、停止违法行为8243起；曝光重大隐患15个，惩治典型违法行为36起，通报"黑名单"企业10家，处罚未批先建的危化品企业6家。

【安全风险评估管控和隐患排查治理】2016年，市安监局构建双重预防性工作机制，实现"把安全风险管控挺在隐患前面，把隐患排查治理挺在事故前面"。企业自查和政府购买服务相结合，开展企业安全风险评估，自2014年至2016年末，累计评估企业394家。提前介入指导新上马、新建设的项目，严格准入关口，防止"先天性"隐患。常态化开展隐患排查治理，督促企业加强安全生产过程管理和隐患自查自报自纠，全市12699家企业登录使用隐患排查信息系统。严格执行重大隐患申报评估、分级挂牌、"一患一档"、验收销号等制度，约谈对重大隐患整改进程缓慢、措施不得力的企业主要负责人。跟踪督办国务院安委会巡查组、国务院安委办督查组、省安委办督查组发现的问题和隐患，对按期完成整改且效果显著的市级挂牌涉及公共安全的重大隐患项目给予专项资金补助，自2014年至2016年末，累计补助578万元。推广部分企业班组能力建设和"红丝带行动""挂牌作战""积分超市"等经验做法，实施举报奖励制度，引导一线职工查隐患改隐患。

【安全生产宣传教育】2016年，市安监局推动全社会安全意识提高，组织开展"十佳最美安监人"评选、"职业病防治宣传周""安全生产月"、安全"六进"、志愿服务、宣传咨询等活动，印发并回收"安全生产知识有奖问答"答题卡近1万份；定期召开新闻发布会，通报安全生产重点工作和重大活动，公布最新政策文件；实现"平安消防信息联播网"在主城区人员密集场所重点单位全覆盖；开办报纸专版、电台电视专栏，举办文艺调演、知识竞赛，播放公益广告，开办公众微信号。推进企业安全意识和人员素质提高，组织重点监管企业负责人近300人参加法律法规考试，向企业主要负责人赠送"两高"司法解释宣传册、《江苏省安全生产条例》读本和挂图，开展安全示范企业、"青年安全示范岗"创建、向企业负责人致公开信、危化品从业人员"培训比武"、事故单位专题培训等活动，加强"三项岗位"人员和其他从业人员培训。加强安监队伍建设，选调优秀高校毕业生进入安监系统，实施"青蓝工程"，开展安监人员"练兵竞赛""执法比武"、乡镇"一把手"安全培训等活动，与上海交通大学联合举办安监干部综合能力素质提升研修班，邀请国家安监总局原党组成员、总工程师黄毅等专家授课。

【安全生产监管执法】2016年，泰州市政府出台《关于进一步加强安全生产监管执法工作的实施意见》。健全安全监管网络，各市(区)安全生产监察大队共下设中队24个。加大经费保障，市、市(区)两级安全生产专项资金分别不低于1000万元、500万元。加强执法队伍规范化建设，泰州市安全生产监察支队和兴化市、姜堰区安全生产监察大队通过省验收。严格执行年度监管执法计划，加强事前处罚，全市安监部门全年事前处罚217次，比上年增长103%。加强安全生产行政执法与刑事司法衔接，建立健全案件通报、移送、跟踪机制。实施事故查处提级挂牌督办制度，发生危化品火灾、爆炸、泄漏中毒事故的，由市级挂牌督办；发生危化品亡人事故的，市级赴现场督导并提级调查。

【应急管理】2016年，泰州市健全应急救援机制，出台《泰州市较大及以上生产安全事故应急预案》，修订完善危化品、烟花爆竹、环境、旅游等市级应急救援预案，督促高危行业企业按规定建立预案。在各化工集中区组建专门消防站和应急救援队伍；依托市区大型企业和相关主管部门组建专业救援队伍，至年末，有危化品应急救援队伍3支，建筑施工救援队伍1支，特种设备救援队伍1支。加强危险品事故车辆停放、过驳基地、水上搜救中心等应急平台建设。加强综合型、专业型、实战型应急演练，开展危化品、渔业、船舶、供水供气、校园防火等应急演练。严格24小时专人值班、领导带班和事故信息报告等制度。

(张　丹)

财 政

【概况】2016年，泰州市完成一般公共预算收入327.6亿元，比2015年增长1.7%，增幅居全省第六位；其中税收收入263.73亿元，增长0.6%，占一般公共预算收入的80.5%，居全省第五位。完成一般公共预算支出450.88亿元，增长4.9%。

支持经济发展。研究制定"1+25"政策体系，引导支持经济转型发展。落实"工业10条""开放10条""金融10条""人才10条"等转型升级政策，做好"创新券""创业券""住房券"兑现等政策落地。推进设立支持离岸孵化基金等政策体系，推动"大众创业、万众创新"。用好科创贷、苏微贷、小微创业贷等发展基金，优化财政金融服务政策环境，助推中小微企业化圈解难。推行"营改增"试点，清理涉企收费，试点企业整体税负实现只减不增。

坚持依法征管。坚持依法治税，完善收入征管联动协作机制和社会综合治税机制，提高科学征收水平。强化财政"沉睡"资金盘活统筹、国库"间隙"资金规范管理，深化国库集中电子化支付、公务卡使用、财政预决算信息公开等相关改革。加强财经纪律执行情况监督，组织开展乡镇（街道、园区）财务大检查，委托第三方中介机构对2015年度涉企奖补经费实施绩效评价。强化支出执行督查通报，加快财政支出进度，保障市委、市政府重大战略实施和民生项目建设。

2016年泰州市地方财政收支主要项目一览表

表23　　单位：万元

财政收入	不含靖江园区		含靖江园区		财政支出	实绩	比2015年增长(%)
	实绩	比2015年增长(%)	实绩	比2015年增长(%)			
增值税	853802	86	880684	84.4	一般公共服务支出	531,596	11.6
营业税	587417	-42	589843	-42	公共安全支出	293,258	15.1
企业所得税（40%部分）	249302	-	268995	1.7	教育支出	755,921	9.6
个人所得税（40%部分）	121460	27.5	122284	27.2	社会保障和就业支出	428,313	15.0
契税	147073	-19.3	148154	-19.1	医疗卫生与计划生育支出	396,526	-
城市维护建设税	176239	0.6	179997	-0.2	城乡社区支出	514,657	-10.1
其他税收收入	440920	11.7	447380	11.4	农林水支出	567,356	0.9
非税收入	635565	6.5	638703	6.2	资源勘探信息等支出	232,152	-9.4
政府性基金收入	1757146	-46.7	1757146	-46.7	政府性基金支出	2,097,288	-40.8

【财政民生保障】2016年，全市民生类财政支出占公共财政支出的77%。市财政初步建立从学前教育到高等教育的经费保障机制，实施普惠性政策资助，促进教育公共服务均等化。落实中央、省各项社会保险财政补助提标要求，保障群众合法权益。按年增长10%的要求足额安排就业专项资金，支持就业创业。城乡低保达到规定标准，初步建立自然增长机制。建立医疗救助专项资金，扩大医疗救助政策覆盖面，医疗救助实现同步结算。创新政府购买养老服务方式，推进医疗卫生和养老服务融合发展。推进机关事业单位养老保险制度改革，建立职业年金制度，同步调整机关事业单位工作人员基本工资。

【财政改革】规范政府性债务管理，推进政府债务化解，出台《市政府关于加强政府债务管理创新政府融资机制和路径的意见》。全年全市共争取置换债券资金214.4亿元、新增债券资金33.6亿元，存量政府债务置换率71%，年可节约债务利息支出超过10亿元。强化政府平台管控，出台规范政府融资平台管理的相关意见，推进建立"借、用、还"相统一的融资机制和债务举借、担保审批等制度。市级融资平台债务结构优化，融资成本降低。拓宽政府投融资渠道，加强政府与社会资本合作模式(PPP)推广运用，探索组建460亿元的城市建设基金。盘活财政存量资金，与金融机构合作，推进建立财政支持实体经济"资金改基金"模式。

【营改增试点实现税制平稳转换】2016年5月1日，天德湖宾馆开出全市生活服务业第一张营改增增值税发票，市营改增试点实现税制平稳转换。据测算，该次全面实施营改增试点，全市全年预计将为试点纳税人减税约23亿元。

【泰州市产业投资基金设立】2016年8月26日，泰州市产业投资基金签约仪式举行。市政府党组成员孙耀灿出席基金签约仪式。基金首期规模50亿元，由市政府、中国银行泰州分行、江苏银行泰州分行共同发起设立，主要以股权投资方式投向对泰州经济发展具有基础性、战略性和引领作用的企业与项目。

2016年8月26日，泰州市设立产业投资基金

【市级政府公物仓首次公开拍卖罚没资产】2016年11月3日，市国有资产管理中心首次组织对入库市级政府公物仓的罚没资产进行公开拍卖。此次公开拍卖的罚没资产为市质监局在查处一起伪造质量证明文件案件中依法没收的一批无缝钢管，约300吨，评估净值为每吨800元。34家生产性废旧金属回收企业参与现场竞拍，成交价格为每吨1650元，溢价率106.2%。

（周守东　高新华）

国　家　税　务

【概况】2016年，泰州市完成国税收入263.09亿元，比2015年增加40.85亿元，增长18.38%，国税收入总量和增幅分别居全省第7位和第5位。全市税收弹性系数6.4%。

2016年，泰州市区入库国税收入151.18亿元，比2015年增加24.78亿元，增长19.6%；靖江市、泰兴市、兴化市共入库111.9亿元，增加16.07亿元，增长16.77%。其中，泰兴市总量最高，为50.61亿元，市本级增幅最高，为51.57%。

2016年泰州市国税收入分地区完成情况表

表24　　单位：亿元

地区	收入额	2015年同期	比2015年增长(%)
全市合计	263.09	222.24	18.38
市区小计	151.19	126.41	19.6
市　直	26.66	17.59	51.57
海陵区	32.18	28.97	11.07
高港区	31.96	28.2	13.32
高新区	34.42	27.46	25.36
农业园区	0.62	0.44	41.97
姜堰区	25.35	23.76	6.71
县市小计	111.9	95.83	16.77
靖江市	34.7	32.08	8.17
泰兴市	50.61	39.92	26.79
兴化市	26.59	23.83	11.56

2016年，全市共入库增值税收入192.13亿元，比2015年增加43.78亿元，增长29.51%；入库消费税16.35亿元，增加1.49亿元，下降8.33%；入库企业所得税43.52亿元，增加1.15亿元，下降2.58%；入库车辆购置税11.09亿元，增加0.3亿元，下降2.61%。

2016年泰州市国税收入分税种完成情况表

表25　　单位:亿元

税种	收入额	2015年同期	比2015年增长(%)
税收收入合计	263.09	222.24	18.38
国内增值税	192.13	148.35	29.51
其中:改征增值税	37.18	12.16	205.83
国内消费税	16.35	17.84	-8.33
企业所得税	43.52	44.67	-2.58
车辆购置税	11.09	11.39	-2.61

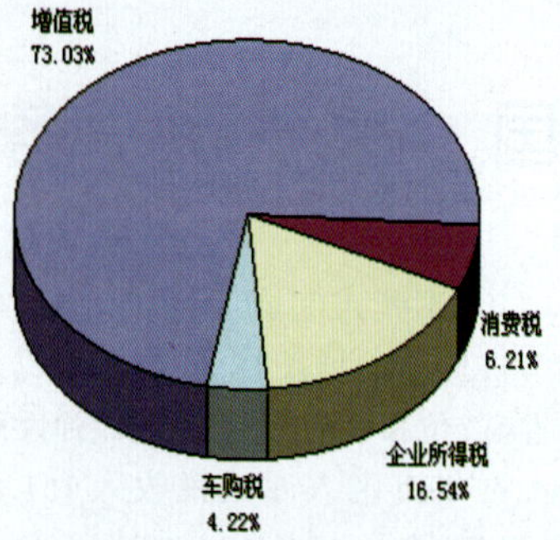

图1　2016年泰州市国税收入税种构成情况图

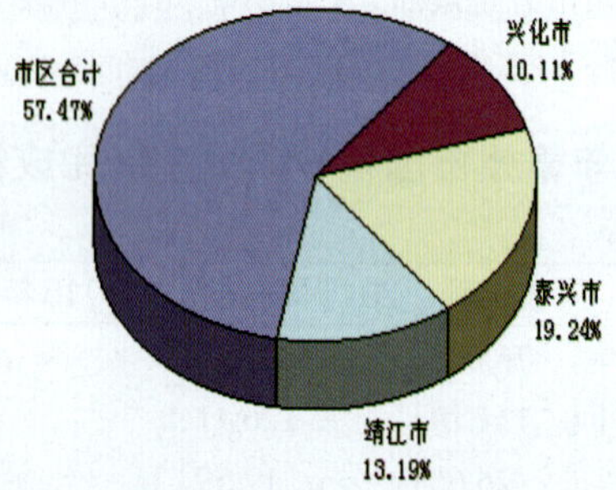

图2　2016年泰州市国税收入地区构成情况图

2016年,全市第二产业实现国税收入180.46亿元,比2015年增加20.78亿元,增长13.01%。第三产业实现国税收入72.98亿元,增加21.85亿元,增长42.74%。第三产业国税收入占比为27.74%,比上年增加4.73个百分点。

2016年,全市净入库税收超千万元的重点税源企业257户,比2015年增加83户,增长47.70%。累计入库国直接收入147.44亿元,增加31.49亿元,增长27.16%,占全市国税直接收入总量的59.01%。其中,超1亿元企业26户,累计入库直接收入93.40亿元,增加12.81亿元,增长15.91%。

2016年,市国税局深化税收管理改革。市国税局被省国税局命名为税收管理改革综合示范点(设区市),靖江市国税局、泰兴市国税局、兴化市国税局和姜堰区国税局被命名为全省税收管理改革县级综合示范点。继续推进"数字人事","数字人事"系统实现全覆盖。开展教育培训,全年共组织各类岗位培训和知识更新培训35期,培训4600多人次。加强国税文化建设,筹建江苏盐税博物馆,组织开展"十个一"廉政主题活动。

2016年,市国税局被表彰为"全国文明单位"。全市国税系统连续第11年获全市"十佳服务地方发展单位",16家单位获省级文明单位称号,7家单位获全市文明行业及标兵称号,35家单位获全市文明单位及标兵称号。全市国税系统3人分别被表彰为"全国税务系统先进个人""全国法制教育先进个人"和"市劳动模范",10人被省局表彰为"优秀共产党员""优秀党务工作者"。

【税收征管】推进税收管理信息系统工程,金税三期系统于2016年10月1日在全市上线,各系统运行平稳。推广发票网络申领系统,超过90%的业务可在网上办理。至年末,全市电子税务局用户9.6万户,单位纳税人(不含个体户)覆盖率超过97%。继续执行小规模纳税人按季申报政策,全年全市简并征期5.4万户,减少纳税人申报43.2万次。加强征管基础建设,定期开展全市本年新增欠税分析通报。做好"营改增",3.47万户营改增纳税人平稳过渡,"四大行业"整体减税额达10亿元,带动上下游行业增加抵扣27亿元,减税面超过99%。

分类开展税务征管。开展货物劳务税征管,落实货劳税政策,全市全年审批货劳税优惠共4.6亿元。开展车辆购置税征管,2016年度应征税车辆11.42万辆,车辆购置税入库12.23亿元。开展企业所得税征管,全市38765户企业参加汇算清缴,汇缴面100%,企业实际应纳所得税额41亿元,增长9.22%。加强出口退税管理,实施全国退税规范(1.1版),强化出口退税风险管理,向省国税局推送高风险企业94家,其中市直五分局应对8家,成效51.31万元。开展国际税收征管,全年全市组织非居民企业税收入库2.55亿元,增长47.57%,年内向印尼发出的1份专项情报为泰州地区第1份涉及"走出去"企业的专项情报。加强大企业税收管理,确认市国税部门征管的大企业355家,其中,总局千户集团企业241家、省局列名大企业15家、市局列名大企业99家。

【税收优惠】落实增值税优惠。落实残疾人就业增值税优惠政策,退还272家福利企业3.48亿元。落实资源综合利用增值税优惠政策,退还77家企业8508.89万元。落实软件企业税收优惠政策,办理超税负返还高新技术企业33家、2628.64万元。落实结构性减税政策,全年固定资产进项税额抵扣18.62亿元。落实小微企业增值税优惠政策,免征小规模纳税人63658户、2.03亿元。办理1.6升及以下排量乘用车车辆购置税减半优惠22922辆,免征车辆购置税1.15亿元;为符合免税条件的23810台车辆办理免税,免征车辆购置税1.51亿元。

落实企业所得税优惠。落实各类所得税优惠政策,全年汇缴共兑现鼓励科技创新类企业所得税优惠221家次,比上年增加43家次,增长24.16%;减免所得税额3.52亿元,增长39.68%。其中享受高新技术企业税收优惠70家,增长32.08%,减免税额3.49亿元,增长44.19%;146家企业申报享受研发费用加计扣除,增长28.07%,加计扣除金额5.28亿元,增长33.17%。落实小微优惠政策,全市小微企业所得税税收优惠享受户数16067户,减免税额1.26亿元,增长152.83%,优惠面100%。

落实出口退税优惠。2016年,全市出口货物申报额73.8亿美元,审核免抵退税56.77亿元,比上年增加4.41亿元,增长8.41%。加大对船舶行业的扶持力度,全年共办理"先退税"7.15亿元。

【依法治税】2016年,市国税局通过"江苏政务服务网"确认本级实施的行政许可事项5项。组织清理规范性文件2次,市国税局全文废止或失效文件307件,部分条款废止或失效文件11件,全文有效28件。受理行政复议案件2起,应对行政诉讼案件4起。加强执法督察和责任追究,全年执法督察责任追究92人次。市国税系统稽查局查结各类税务案件133户次,报送市、县两级重大案件审委会审理的案件24件,审理率18.05%。

【纳税服务】2016年,市国税局开展税法宣传208次,宣传辅导54100人次,其中举办纳税人学堂开展营改增政策业务培训和纳税申报培训91场次,培训人员26160人次,编印发放营改增宣传资料10类5.6万份。落实《全国税务机关纳税服务规范(2.3版)》,规范业务办理流程和服务标准,形成规范统一的纳税服务流程232个。整合服务资源,形成线上线下立体式服务体系。推广电子税务局,实现系统功能423项。至年末,电子税务局成为非接触式办税的主要载体。拓展社会化办税合作方式,开展联合代征、税邮合作、税银合作。优化纳税咨询服务,全年接听纳税人来电25732条,人工接听量18012条,接通率约70%。推进纳税信用建设,4257家企业被评为A级纳税信用等级;推进税银合作,向1470家守信小微企业优先发放贷款3.16亿元。

开展便民办税春风行动。实行"外管证"线上管理,"外经证"网上办理率近100%。扩大自助办税终端布点,设置自助办税设备28台。拓展自助办税功能,创新开发"发票领用信息自助处理终端"。推广电子发票,电信、运输等5个行业58家企业上线电子发票,全年开具发票20.11万份。

【国地税合作】落实《国家税务局、地方税务局合作工作规范(2.0版)》。推进联合办税,泰州国地税共建办税服务厅5个、共同进驻政务服务中心7个、设置国地税业务通办窗口85个。推进联合执法,联合对9家千户集团成员单位、11家市级列名大企业和34家"走出去"企业开展专项管理服务;联合对6755户纳税人按照统一标准进行处罚;联合对2万定期定额户纳税人开展定额核定。推进联合稽查,成立"泰州市国地税联合稽查虚拟分局",联合开展税务稽查10户次。推进信息聚合,全年共享信息1.2亿条,累计识别风险点270多个,总成效7487万元,形成联合分析报告4篇。

【税务稽查】2016年,全市国税系统共受理涉税检举案件93件,查处85件,查结79件。开展专项稽查,专项整治涉农行业区域。与公安、地税等部门配合,开展打击发票违法犯罪专项行动,全年发票专项整治查结102户。加强案件协查,全年发出委托协查发票12142份,受托协查发票3964份。实施税收"黑名单"制度,全年录入案件5件,符合新标准公布案件4件,已公布案件符合标准撤出3件,移交纳服部门评定为D级纳税信用等级的5件。

【税源结构】2016年,全市国税纳税50强企业继续对国税收入发挥支撑作用,共入库国税直接收入108.24亿元,比上年增长15.5%,占全市同口径国税收入的43.3%。进榜企业门槛提高,"50强"企业入围门槛3998万元,户均缴纳税款2.16亿元,其中纳税超过1亿元企业达22家,增加3家。"50强"企业中,9家企业入围全省国税纳税百强榜,入围家数居全省第3位,扬子江药业集团有限公司蝉联全市国税纳税榜首,并居全省国税纳税百强榜第21位。重点税源企业抗风险能力增强,整体呈现稳步发展的良好态势,2015年全市国税纳税"50强"企业有80%入围2016年全市国税纳税50强排行榜。

产业结构协调。第二产业举足轻重,"50强"企业中,第二产业企业31家,家数占比62%,缴纳税款87.58亿元,纳税占比80.9%。第三产业发展加快,"50强"企业中,第三产业企业19家,比上年增加2家,缴纳税款20.66亿元,纳税占比近20%,金融企业入榜数目明显增加。

区域特色明显。"50强"企业中,市区上榜企业26家,增加9家,家数占比约50%,缴纳税款77.85亿元,纳税占比71.9%,主要集中在医药制造、石油加工和电力生产供应业。靖江市上榜企业8家,缴纳税款7.57亿元,主要集中在船舶制造和汽车制造业;泰兴市上榜企业10家,缴纳税款17.01亿元,主要集中在化学原料和化学制品制造业;兴化市上榜企业6家,缴纳税款6.03亿元,主要集中在金属制品业。

内资占据主导地位。"50强"企业中,内资企业36家,缴纳税款85.40亿元,增长10.5%,纳税占比78.9%。外商投资企业(含港澳台企业)14家,缴纳税款22.85亿元,增长39.1%，纳税占比21.1%，可胜科技（泰州）有限公司居上榜外资企业（含港澳台企业）首位。

2016年泰州国税纳税50强企业名录

扬子江药业（集团）
中海油气（泰州）石化有限公司
江苏省烟草公司泰州市公司
可胜科技（泰州）有限公司
国电泰州发电有限公司
济川药业集团有限公司
中海沥青（泰州）有限责任公司
泰州石油化工有限责任公司
新浦化学（泰兴）有限公司
国网江苏省电力公司泰州供电公司
江苏扬子鑫福造船有限公司
双登集团股份有限公司
江苏兴达钢帘线股份有限公司
江苏新时代造船有限公司
靖江市新程汽车零部件有限公司
圣奥化学科技有限公司
江苏泰州农村商业银行股份有限公司
华达汽车科技股份有限公司
国网江苏省电力公司兴化市供电公司
江苏苏中药业集团股份有限公司
国网江苏省电力公司泰兴市供电公司
江苏泰兴农村商业银行股份有限公司
江苏兴化农村商业银行股份有限公司
江苏济源医药有限公司
江苏靖江农村商业银行股份有限公司
泰兴市扬子鑫福船舶配件加工有限公司
江苏长江商业银行股份有限公司
江苏兴达特种金属复合线有限公司
国网江苏省电力公司靖江市供电公司
泰州乐金电子冷机有限公司
泰州口岸船舶有限公司
泰州市烟草公司泰兴分公司
江苏新世纪造船有限公司
泰州市烟草公司兴化分公司
中国建设银行股份有限公司泰州分行
国网江苏省电力公司泰州市姜堰区供电公司
泰兴锦云染料有限公司
江苏银行股份有限公司泰州分行
爱森（中国）絮凝剂有限公司
江苏金马运业有限公司
中国农业银行股份有限公司泰州分行
泰州艾格服饰有限公司
泰州市华达贸易有限公司
江苏双乐颜料股份有限公司
华润雪花啤酒（泰州）有限公司
泰州金鹰商贸有限公司
泰州市烟草公司姜堰分公司
中国工商银行股份有限公司泰州分行
华润雪花啤酒（中国）有限公司江苏销售分公司
益海（泰州）粮油工业有限公司

（齐　海　许耀明）

地　方　税　务

【概况】2016年，泰州市地税系统共组织入库各项收入336.38亿元，比上年同口径（不含营业税，下同）增长5.8%。其中，入库税收收入200.11亿元，同口径增长7.0%，税收收入中一般公共财政预算收入157.01亿元，同口径增长4.2%；入库其他收入136.27亿元，增长4.7%，其他收入中社保费收入119.45亿元，增长5.8%。

深化国地税合作。打造“深度融合的示范区、适度整合的实验田、高度聚合的样板间”，各县（区）局实现“一个大厅办税、一套班子管理、一个窗口受理、一个岗位通办、一个标准服务”，落实规范国地税相互委托代征和共同委托代征工作机制，统一国地税行政处罚裁量权适用规则，联合开展纳税信用评价，创新国地税联合稽查模式，成立全省首家国地税联合稽查办案中心。

服务地方经济发展。开展“纳税服务十大行动”和“简政放权、便利办税”行动计划，落实税费优惠政策，为实体经济减税降费近6亿元；“银税合作”项目累计向小微企业发放贷款1.3亿元。加强调查研究，形成调研成果《资源税改革实施首月“红包”效应初显政策完全落地尚存“三难”》《完善环境保护税制建设与征管的建议》《僵尸企业处置建议》等。招商引资工作获2016年度项目大突破项目招引先进单位一等奖。2016年，泰州地税局获泰州市“十佳服务地方发展单位”称号。

加强绩效管理，在全市地税系统开展“五优同创”劳动竞赛。泰兴地税局被省地税局推荐为国家税务总局“一市一县推绩效”候选标杆单位。推进分类分级岗位技能达标升级工程活动，18人在省地税局“岗位大练兵、业务大比武”中被表彰为“115工程岗位能手”。加强“阳光”

文化建设，全年全市地税系统获省级以上集体及个人荣誉40个。

【征管改革】2016年，泰州地税局落实国地税征管体制改革方案，围绕18个重点改革项目和44项具体改革措施逐一落实职能。开展"互联网+税务"创新，4个项目被列为全省重点创新创意项目，1个项目在国家税务总局评选中获第3名。推进"营改增"，解决管户数据资料交接、代征点防伪税控装置和新版软件安装、二手房交易和私房出租税款代征、定期定额调整等难题，实现税制转换平稳过渡。推进"金三"上线试点，分市、县两级为双轨运行制定方案，保障"金三"单轨顺利上线。年内，泰州地税局作为全省试点单位，多项经验做法被省地税局推介推广。

【依法治税】2016年，泰州地税局组织6起重大税务案件"公辩式"审理，1个基层单位被省地税局评为"法治税务示范基地"。制订《全面推进依法治税工作的实施意见》《"一轴四轮"税收法治化建设工作任务分解表》，落实省地税局《税收政策确定性管理办法》。与泰州国税局联合制订《推行公职律师制度实施方案》，有序推进公职律师制度。开展执法督察，建立"六项联动"工作机制，组织编写的执法督察案例被省地税局作为优秀案例上报国家税务总局。

泰州国税地税联合办税，开启便民办税新模式

2016年泰州市分地区分税种地方税收入库情况表

表26 单位:元

项目	总计	市区合计	市级	海陵区级	高港区级	医药高新区级	农业开发区级	姜堰	县市合计	兴化	靖江	泰兴
税收合计	20010741123.34	11080653126.00	967590640.69	2534373979.52	2749227808.34	2630149496.95	60052725.14	2139258475.36	8930087997.34	2298374174.11	3383025940.36	3248687882.87
1.增值税	191031569.98	163900081.61	177807.96	14198215.16	12663993.86	129203616.88	656571.43	6999876.32	27131488.37	10455921.83	9602278.81	7073287.73
2.营业税	7025652807.42	3829481531.07	344539823.69	843920045.00	1098758034.64	661906803.36	24627232.50	855729591.88	3196171276.35	608165963.47	1583569929.32	1004435383.56
其中:中央级	7909418.11	3360677.81	−7486663.04	4164367.52	−3719492.61	9278269.69	262510.98	861685.27	4548740.30	−6803789.66	3474689.92	7877840.05
省级	699318181.26	405202685.99	293774408.58	17315870.83	14155656.67	7378043.44	697592.24	71881114.25	294115495.27	69914456.30	128192013.43	96009025.55
地方	6318425208.05	3420918167.27	58252078.15	822439806.66	1088321870.58	645250490.24	23667129.28	782986792.37	2897507040.78	545055296.84	1451903225.98	900548517.97
3.企业所得税	2075270896.97	1039245962.87	23532234.44	267567551.15	294597936.42	185553518.76	6297155.68	261697566.42	1036024934.10	220613206.01	286978407.27	528433320.82
其中:中央(60%)	1245162538.18	623547577.72	14119340.66	160540530.69	176758761.85	111332111.26	3778293.41	157018539.85	621614960.46	132367923.61	172187044.36	317059992.49
省级(40%)	0.00	0.00	0.00	0.00	0.00	0.00	0.00	0.00	0.00	0.00	0.00	0.00
地方(40%)	830108358.79	415698385.15	9412893.78	107027020.46	117839174.57	74221407.50	2518862.27	104679026.57	414409973.64	88245282.40	114791362.91	211373328.33
4.个人所得税	3036482198.49	2030028604.40	252585947.02	366784994.83	769373769.91	356579066.79	4016370.12	280688455.73	1006453594.09	206029094.41	398216985.50	402207514.18
其中:中央(60%)	1821889319.09	1218017162.64	151551568.21	220070996.90	461624261.95	213947440.07	2409822.07	168413073.44	603872156.45	123617456.65	238930191.30	241324508.51
地方(40%)	1214592879.40	812011441.76	101034378.81	146713997.93	307749507.96	142631626.72	1606548.05	112275382.29	402581437.64	82411637.76	159286794.20	160883005.67
5.资源税	49462382.00	8982236.77	0.00	0.00	5430.00	0.00	0.00	8976806.77	40480145.23	39001825.84	0.00	1478319.39
6.城市维护建设税	1802365913.93	1060339516.60	153611046.74	228677632.24	264794323.98	220630291.22	6412944.35	186213278.07	742026397.33	150920538.04	280530113.92	310575745.37
7.房产税	757029810.92	432863035.00	39989478.10	121963497.89	52696166.68	137553134.59	3839791.25	76820966.49	324166775.92	83771160.48	124689140.32	115706475.12
8.印花税	327186490.40	169032989.20	21641859.84	36546223.39	28919452.10	47136014.22	1448284.28	33341155.37	158153501.20	29692287.61	68249395.20	60211818.39
9.城镇土地使用税	872091124.57	486095409.38	10973429.88	102689461.26	95053850.95	144120838.71	4595498.97	128662329.61	385995715.19	102661580.83	131538059.63	151796074.73
10.土地增值税	1814272159.89	770965665.20	933270.41	247448723.49	86329350.58	309663566.86	914950.69	125675803.17	1043306494.69	541202546.51	166443846.95	335660101.23
11.车船税	206800276.79	142922725.65	118503289.35	192302.11	63916.77	713820.65	2896.80	23446499.97	63877551.14	18248504.45	27703093.15	17925953.54
12.耕地占用税	382356819.10	186716508.00	0.00	29385080.00	520.00	127452498.00	4463520.00	25414890.00	195640311.10	72321128.90	62033400.20	61285782.00
13.契税	1470738672.88	760078860.25	1102453.26	275000253.00	45971062.45	309636326.91	2777509.07	125591255.56	710659812.63	215290415.73	243471290.09	251898106.81

（地税局）

金 融 管 理

·中国人民银行泰州市中心支行·

【概况】2016年年末，泰州市本外币各项存款余额5406.35亿元；本外币各项贷款余额3720.85亿元。全市社会融资存量年末余额6110亿元，全年增量744亿元，比2015年增长20%。其中，各项贷款余额3721亿元，增长12.3%。

【金融改革】2016年，泰州市推动重点领域先行先试，获批全国首个金融支持产业转型升级改革创新试验区，人民银行联合13个部委11月印发泰州市金改方案。实施农村承包土地经营权抵押贷款业务增量扩面，出台农村土地经营权抵押贷款试点实施方案，全年累放2.35亿元，居全省第3位；推进姜堰区试点，打造“纯农地经营权抵押贷款”模式，全年累放1.24亿元；在兴化市探索开展第三方评估，试点“水面承包经营权抵押贷款”，全年累放1.08亿元。创新高标准农田建设“债、贷、投”相结合模式。市人行会同环保部门设立排污权质押融资企业名录，放大排污权质押率，完善风险处置机制，扩大排污权质押融资。以“一网四库”为核心，率先搭建中小企业征信融资服务一体化服务平台。

【金融稳定】2016年，市人行强化金融稳定风险防控，开展信贷风险分类预警管理，建立差别化的企业信贷风险预警管理和响应机制，对首批113户“审慎类”“退出类”企业实施主监测行制度，出清僵尸企业市场。开展风险排查和评估，重点排查和评估法人金融机构和交叉性金融业务。深化存款保险，建立投保机构主联络员制度，探索编制存款保险现场核查手册。推动金融生态创建提档升级，在全省金融生态环境综合评估排名中，泰州市整体进入第一方阵。

【金融服务】2016年，市人行加强基础设施建设，优化支付服务环境。制定农村金融综合服务站管理办法，建立动态信息库和定期报备机制。组织开展“优秀主办银行”“十佳精品站点”推荐评选，扩大精品服务站社会影响力和示范效应。推进金融信息化建设跃，创新将金融机构编码信息应用于“我的泰州”政府公共服务平台，探索推进金融机构编码与民生领域应用深度融合。推广应用金融IC卡，“泰州银医通”项目在全市6家医院应用实施。加强国库管理，建立泰州国库指数，完成全面推开营改增试点改革及“金税三期”工程的推广上线，完成“江苏省国库收入凭证电子档案和纳税信息统计分析系统”支出监测子模块的开发应用，推进试点地区上线。强化人民币

泰州金融服务区效果图

流通管理，推进硬币自循环试点，形成兴化水乡模式、姜堰集中模式、泰州市区财政支持模式等特色模式。推进信用体系建设，在兴化试点“阳光征信惠农工程”，采集3万多户、200多万条信用信息；在姜堰区试点“农村新型经营主体信用评价”系统，实行评级报告的电子审批流程。

【外汇管理】2016年，市人行创新外汇管理方式，增强外汇管理有效性。建立结售汇统计周报制度、大额购付汇监测和异常购付汇约谈方案，控制外汇流出状况。全年全市结售汇顺差29.07亿美元，比上年增长120.76%。在全省率先建立银行自律管理工作机制。推进跨国公司外汇集中运营管理，盘活试点企业指标，3家跨国公司归集管理境外外汇资金3.8亿美元。推进宏观审慎外债管理，10家中资企业登记外债12笔、1.89亿美元，争取普通中资企业短期外债指标4000万美元。实施经常项目外汇业务标准化监测，建立外汇资金流出前50名重点企业监测库，市县协同、交叉核查，监测覆盖货物贸易全部大额购付汇高风险业务。

（张高贵）

银　行　业

·银行业监管·

【概况】2016年，泰州银监分局引导银行业促改革、防风险、强服务、惠民生，为全市经济转型升级、融合发展提供金融支撑。至年末，全市银行业本外币各项存款余额5406.35亿元，比年初增加857.35亿元，增量创历史新高，增长18.8%，增幅居全省第5位，高于全省平均增幅6个百分点；全市银行业本外币各项贷款余额3720.85亿元，比年初增加406.7亿元，增长12.3%。泰州银监分局被评为“全国金融系统五一劳动奖状单位”“银监会系统文明单位”。

【金融改革】2016年，泰州银监分局促成光大银行筹建泰州分行，指导平安银行泰州分行、苏州银行泰州分行、常熟农商行泰州分行、海安农商行兴化支行筹建并挂牌开业，全市金融机构数量居苏中苏北地区前列。推动市区银行机构到县域增设网点，全年增设传统支行5家。指导法人银行稳步扩张，长江商业银行南通分行正式开业。引导法人机构发行二级资本债。长江商业银行、姜堰区、泰州市、兴化农商行合计23亿元二级资本债发行。按季开展农商行重点监管工作督查，推动监管指标全面达标。

【金融风险防控】2016年，泰州银监分局强化信用风险监管。出台《泰州市银行业债权人委员会工作制度》，对23户重点困难企业组建紧密型债委会。印发《关于加强银行业不良贷款监测分析工作的通知》。至年末，全市银行业不良贷款余额64.96亿元，比年初减少11.28亿元；不良贷款率1.75%，比年初减少0.55个百分点。强化操作风险监管，对8家机构开展现场检查，对2家银行机构进行行政处罚，取消1名高管任职资格。开展农村中小金融机构案防清雷行动暨借冒名贷款专项治理，查隐患、明禁令、防案件。全市各金融机构共问责159人、处罚147人。

【小微企业金融服务】2016年，泰州银监分局督促商业银行单列信贷计划。开展“阳光信贷+”工程，推进农村“两权”抵押试点，涉农贷款增幅高于各项贷款增幅1.28个百分点，“泰州惠农担保助力农村电商”被《人民日报》报道。出台《银行业支持科技创新的指导意见》，推广“银税互动”等新服务模式。出台《泰州市银行业降低实体经济企业成本工作实施细则》，监测新发放贷款加权利率，全市新发放贷款加权平均利率为5.65%，比上年减少1.21个百分点。开展民营企业融资难融资贵专项检查，责令清退不合理收费246笔、504.15万元，“泰州市银行业多举措为民营企业减免第三方服务收费”被《经济日报》报道。

【银行业消费者权益保护】2016年，泰州银监分局推进风险产品销售“双录一区”建设，对23家网点开展专项督查。开展“金融知识进万家”宣传服务月活动，组建市银行业消费纠纷人民调解委员会。全年处理消保信访341件，未发生行政复议、行政诉讼等事项。泰州银监分局被江苏银监局评为先进单位。

（杨　峰）

·中国农业发展银行泰州市分行·

【概况】2016年，农发行泰州市分行年末贷款余额142亿元，比年初增加38亿元，增长37%，净增额居全市银行业第2位，增幅居全省第4位；年末账面利润2.2亿元，比上年增加0.77亿元，增长54%；全年实现非利息收入940万元，比上年增加257万元；全年办理国际结算5009万美元。

【资产业务】2016年，农发行泰州市分行履行政策性银行职能，开展政策性金融服务。全年累计投放各项贷款83亿元，比上年增加18亿元，增长28%，累放额居全省第5位。发展粮棉油主体业务，夏秋两季累放托市和储备贷款24亿元、市场化收购贷款6亿元，年末购销储贷款余额64亿元，比年初增加8亿元，累放额和年末余额均居全省第3位。推进城乡发展一体化和地方重点项目建设，全年支持棚改、整体城镇化、农村路网、水利等项目19个，投放中长期贷款51亿元，比上年增加33亿元；重点建设基金支持项目3个，其中投贷联动项目1个，投放贷款3亿元。至年末，中长期项目贷款余额76亿元，比年初增加30亿元，增长65%。“泰州模式”被农发行总行在全系统推广。创新支持江苏农牧学院水禽基因库建设，发放系统内首笔高校贷款。

【负债业务】2016年，农发行泰州市分行存款稳定增长。至年末，企事业单位存款余额48.37亿元，比年初增加20.29亿元，增长72.29%，全年企事业单位日均存款余额43亿元，比上年增加21亿元，增长104.76%。

（吴亦斌）

·中国工商银行股份有限公司泰州分行·

【概况】2016年，工行泰州分行年末本外币各项存款余额397.78亿元，本外币各项贷款余额254.09亿元。打造“经济本源、审慎稳健、诚信合规、客户优选、专家治贷、责任落实”信贷文化，调整信贷结构，推进资产质量管理和信贷基础管理。年末不良贷款率2.35%，余额和不良率分别比年初减少0.37亿元和0.2个百分点。

【资产业务】2016年，工行泰州分行优化信贷结构和质量增加优质法人贷款、个人住房贷款，移位退出潜在风险客户等低信用等级客户。全年累计投放项目贷款比年初增加9.5个百分点；累计投放个人住房贷款比上年增加4.39亿元，增量四行占比由年初的负增长增加至年末的8.56%。围绕省行优质制造业企业名录、工行泰州分行筛选的A类客户进行营销，法人流贷比年初增加3.23亿元。年内，“小微创业贷”、票据贴现等业务有序发展。

【负债业务】2016年，工行泰州分行拓展客户，推进日均存款增长，人民币存款日均余额比上年增加18.98亿元。重点发展私人银行、代发工资业务，全年总代发金额增加12.4亿元，居全省第3位。全年日均储蓄存款增加4.6亿元，年末个人客户金融资产余额比年初增加9.9亿元。发展对公存款业务，利用工商企业通、大额资金平台加大新开户力度，紧盯上市公司募集资金和地方政府发债资金，对公存款日均余额增加14.98亿元。拓展外汇新注册资本金客户，“1+N”（1个客户，N个产品）国际业务客户年末外币存款比年初增加0.51亿美元。

【中间业务】2016年，工行泰州分行开发服务项目，普及网上银行业务，完善中间业务流程，提高交易安全性和便捷性。扩大电子银行产品在泰州客户中的覆盖面，提高企业电子银行产品在公司高端客户中的渗透率。推动中间业务电子化进程，加强网络运行安全，提高业务运行效率。推广互联网金融业务融e行、融e联、e支付产品，加强金融基础设施建设，提高中间业务服务的信息化水平。

【渠道建设】2016年，工行泰州分行优化网点布局，完成泰州分行2017年渠道规划，统筹规划渠道建设成本，适度压降网点规模；做好营业网点、自助银行续租，参加老网点重新选址摸排调查。推广网点智能化服务模式，新建智能化服务网点，推进网点智能化改造，网点智能化覆盖率超过90%，将个人非现金业务向智能服务渠道逐步迁移。

（工　行）

·中国农业银行股份有限公司泰州分行·

【概况】2016年，农行泰州分行年末本外币各项存款余额658.53亿元，比年初增加61.65亿元；本外币各项贷款余额334.27亿元，比年初增加2.43亿元。组织开展首季党建专项竞赛，评选出优胜党支部、优秀党支部书记、党员营销能手以及党员服务之星各12个(名)；开展“岗位建功 争做标兵”活动，共设立“党员示范岗”129个、“党员责任区”115个。宣传坚守柜台40年、诠释“工匠精神”的唐来顺；选树上报8名“农行好人”，其中5名好人事迹入选省分行月度好人榜；泰兴支行王晓宁被评为“泰州银行业十大好人”。举办泰州农行首届职工文化艺术节服装秀、文艺会演活动，拍摄微电影《不忘初心 圆梦银杏》，制作《“两学一做”拍手歌》并获省分行微课竞赛一等奖。2016年，农行泰州分行及泰兴、姜堰、高港支行被评为“江苏省文明单位”。

【负债业务】2016年，农行泰州分行探索以资产配置为重点的贵宾客户服务新模式，编发《投资理财暨资产配置重点产品简介》，提高客户经理营销能力；开展账户扩户提质，开展对公账户开户有礼、激活有礼、升档有礼、积分有礼“四重礼”兑换活动，吸引优质客户到农行泰州分行办理结算业务。交叉营销企业网银、企业电话银行、E商收款通等产品，提升对公存款贡献度；加强“票据池+”“现金管理+”等结现类产品营销，降低客户交易成本。至年末，全行人民币对公存款余额213.11亿元，比年初增加22.09亿元；储蓄存款余额423.36亿元，比年初净增35.01亿元；外币存款余额3.18亿美元，比年初增加4823万美元。

【信贷投放】2016年，农行泰州分行推进信贷有效投放，拓展棚户区改造、水利设施、高速公路、供水供电等基础设施建设项目。强化一手房按揭贷款投放，围绕优质楼盘和合作商，建立动态名录分层营销责任制；发展小微信贷业务，重点推广苏微贷、金科通、苏科通等产品，完成小微企业"三个不低于"目标。至年末,全行人民币各项贷款余额331.45亿元,比年初增加15.2亿元。

【"三农"金融服务】2016年,农行泰州分行重点开展现代农业金融服务,在春耕备耕、夏收夏种、秋播秋种等农令时节,开展三农产品"进镇入村"宣传,针对性宣传和营销。至年末全行农户贷款余额3亿元,比年初增加1.01亿元,比上年增加3011万元,其中"金农贷"存量客户503户、余额1.32亿元,分别比年初增加349户、金额0.77亿元,增量居全省系统前列;农机购置贷款存量户数119户、金额1459万元,存量居全省系统首位。创新三农服务产品,与苏中农业公司开展产业链担保合作,全年累计向118户农户及新型农业生产经营主体发放农资贷款1062万元,解决农户融资难、融资贵问题。

【渠道建设】2016年,农行泰州分行继续推动网点业态及服务转型,完成网点导入96家,其中4家网点被省分行评选为"最美网点"。开展劳动组合优化,释放柜面人员98人。推进网点对公业务转型,开展营业网点对公业务"比学赶超"竞赛,对8家网点进行对公标准化导入。加强卡分期业务,发展主体业务汽车分期业务,拓展现金分期、账单分期、消费分期等新型分期业务,网点全部开展外呼业务。发展企业电商业务,组织开展"e商管家"及缴费通专项竞赛。拓展收单商户,全年新增有效商户折算数比年初增加326户。

(许　华)

·中国银行股份有限公司泰州分行·

【概况】2016年,中行泰州分行本外币各项存款日均余额347.6亿元,比年初增加31.37亿元。本外币各项贷款日均余额284.47亿元,比年初增加15.74亿元。不良余额3.94亿元,比年初减少5.29亿元;不良率1.36%,比年初减少1.92%;不良资产余额和不良率继续实现双降,首次进入优秀值范围。实现净利润1.52亿元,比上年增加4.46亿元,增长151.86%;实现拨备前利润7.28亿元,增加1.98亿元,增长37.49%,增幅、贡献率提升、完成率继续居全省首位。

建设发展平台。编制实施分行公司部、个金部双周营销计划,加强与涉外企业联动,举办泰州市第三期、第四期外汇沙龙。探索大数据项下精准营销,推动公司市场竞争力盲区座谈。

突破重点难点。中小企业不良压降金额和户数均居全省首位,不良率由全省第十一位提高至第六位,中小企业实现"三个不低于"达标。低产网点压降全省领先,低产网点数量比年初减少3家,为省辖提前完成全年实际压降目标的三家二级分行之一。

发展公司业务。实施海内外并购项目4个,总金额10亿元,居全省首位;非标项目累计获批24.5亿,投放10.2亿;营销姜堰农商行成为全省第一家获批CIPS间参行。累计实现国际结算业务量48.3亿美元;海关市场份额达46.55%,为全市金融机构第一。

发展个金业务。个金条线省辖排名居12家分行第三位,继续居7家二类行首位;代发薪业务增长24.98%,增幅居全省首位;"E拍贷流程优化项目"在2016年度泰州市市级机关部门(单位)绩效管理"创新创优"目标考评中获"驻泰金融机构及公共服务企业组"第三名。

(中　行)

·中国建设银行股份有限公司泰州分行·

【概况】2016年,建行泰州分行一般性存款余额531.28亿元,新增62.77亿元;各项贷款余额419.28亿元,新增30.92亿元;实现利润12.37亿元;实现中间业务收入5.75亿元;至年末,不良贷款余额4.28亿元,不良贷款率1.02%。建行泰州分行被表彰为"2013－2015年度江苏省文明单位""泰州市十佳服务地方发展单位",获全市银行业目标综合考核一等奖;领导班子团队被建行江苏省分行表彰为"2016年度考核优秀领导班子"。

【资产业务】2016年,建行泰州分行专项考核实体经济贷款投放,开展"实体经济贷款投放百日赛"。发展应收账款融资业务,全年融资额突破50亿元,居全市商业银行首位。发展小企业业务,被市银监部门评为"2016年度小微企业服务先进单位"。通过政府转贷基金化解小企业还贷问题,累计使用政府转贷资金3.35亿元,涉及企业26家。开展近两年新发放贷款"回头看",强化潜在风险客户名单制管理,不良贷款实现大幅双降。年内,实现东方重工打包出表。

【金融惠民】2016年,建行泰州分行为企业办理"租融保"业务,降低融资成本。推广"建信通",为实体企业提供境外工程融资业务。加强金融社保卡、国库集中支付电子

2016年7月28日,建行泰州支行与市财政局、城投公司签订《泰州市城市建设发展基金合作协议》

化、拆迁、统一公共资源交易平台等服务，利用“工商E线通”开展工商登记线下代办和驻点服务。支持市民“安居工程”。加强金融生态圈建设，实施项目19个，上线项目16个，重点打造社保特色生态圈、安居住房金融生态圈，实现退休及5项待遇的发放，覆盖4万人次，为市区某社区项目率先实现电子商户开立、客户绑定及交费。发展电子银行业务，拓展“龙支付”商户，上线“党费”“学费”等移动支付应用场景。

【创新转型】2016年，建行泰州分行成立投行、金融市场业务2个团队。与市城投公司达成合作城建基金项目，分别签约泰州城市建设发展基金、高港城市建设发展基金。办理全省首笔、全市第一单PPP投贷联动业务，为辖内民营企业首发短期融资债券项目，办理首笔票据池质票融资业务、首笔税易贷业务、首单智能跨行收款业务，开展“小微快贷”试点。与海外银行合作办理系统内首笔国际双保理业务；拓展期权+海外代付组合业务，实现期权业务零突破；全年实现跨境人民币业务量81.93亿元，居全市银行业首位，建行泰州分行被市人行表彰为“跨境人民币业务增量扩面优胜单位”。调整网点布局规划，实施“一点一策”，推动“机器换人”。

（胡桃军　刘　艺）

·交通银行股份有限公司泰州分行·

【概况】2016年，交行泰州分行年末本外币各项贷款余额202.66亿元，比年初增加30.82亿元；年末人民币各项存款余额192.01亿元，比年初增加28.16亿元，增长17.18%。交通银行泰州分行连续第2年获泰州市2016年度“十佳服务地方发展单位”称号，16家营业网点中，有泰州市第一家“中国银行业文明规范服务百佳示范单位”、1家全国“千佳”示范单位、2家全国“五星级”网点、1家省级“百佳”示范单位、6家市级文明规范服务示范单位；姜堰支行再次创成“中国银行业文明规范服务千佳示范单位”。

2016年，交行泰州分行在人行泰州支行2015年度金融消费权益保护工作评估中，被评为五家“A类”行之一，在泰州银监分局2015年度银行业消费者权益保护工作情况考核中，被评为“优秀单位”。

【资产业务】2016年，交行泰州分行年末本外币各项贷款余额202.66亿元，比年初增加30.82亿元；其中，年末实质性贷款余额196.87亿元，增加32.88亿元，居交行全省省辖行首位。

支持地方经济发展，支持制造业实体经济、优质住宅项目、教育行业和民生行业发展，支持重点平台园区管理建设，实现土储、服务业等主题内项目投放47.36亿元，实质性贷款比年初增加32亿元。

投行业务收入完成值居全省省辖行首位，基本实现投行业务产品地区全覆盖、信贷合作市级平台全覆盖。交行泰州分行年末表外资产余额142.58亿元，比年初增加49.18亿元，增长52.7%，大幅高于表内资产增幅。

服务中小企业发展，实现“三个不低于”。拓宽批量获客渠道，成功申报“新三板”项目制、上报交产集团上游客群项目制、益海粮油供应链项目制等优质项目。至年末，“新三板”项目制和药城园区项目制达标。

【负债业务】2016年，交行泰州分行资产、创新双轮驱动，扩大负债规模。人民币各项存款日均余额183.31亿元，比年初增加24.93亿元，增长15.74%。年末人民币各项存款余额192.01亿元，比年初增加28.16亿元，增长17.18%。

（交　行）

·江苏泰州农村商业银行股份有限公司·

【概况】2016年，江苏泰州农村商业银行股份有限公司（简称泰州农商行）年末各项存款余额228.62亿元，比年初增加37.76亿元，增长19.78%；各项贷款余额156.28亿元，比年初增加11.7亿元，增长8.09%；不良贷款占比2.46%；实现各项收入13.42亿元；实现账面利润总额2.3亿元；有网点35家，从业人员567人。泰州农商行获“泰州市人民币流通满意工程先进集体”、“三个文化”建设示范单位等称号，8家网点被评为“江苏银行业普惠金融文明规范服务五星级营业网点”。

【信贷投放】2016年，泰州农商行加大对工业实体经济、现代农业、新能源和医药类新兴产业支持力度，全年新增贷款主要集中在水利、环境和公共设施管理业、居民服务业和批发零售、新能源等行业。

【金融业务创新】2016年，泰州农商行创新服务方式，加大信贷投放力度。创新信贷产品，推广“精英贷”“诚信通”等信贷产品。创新营销模式，开展“进市场”“进机关”“进园区”“进企业”走访营销活动，实现营销对象名单制、目标化。创新还贷方式，继续推进“转续贷”和“接信融资通”服务。实施独立审批人及大额贷款上收制度，前移服务环节。

（农商行）

·江苏长江商业银行股份有限公司·

【概况】2016年，江苏长江商业银行股份有限公司（简称长江商业银行）总资产209.77亿元，比年初增长22.33%；存款余额166.25亿元，比上年增长18.55%；实现税后净利润1.96亿元，增长22.18%；有分支机构12家，延伸至扬州、宿迁、盐城、南通等地。探索三农金融服务，分支行拓展所在地农村金融服务，全年发放涉农贷款3700多户，年末贷款余额44.46亿元。长江商业银行获评“江苏省文明单位”；在金融时报社联合中国社会科学院金融研究所推出的全国性金融行业年度评选活动中，获评“年度最具竞争力中小银行”；被中国中小商业企业协会评为“全国支持中小企业发展十佳商业银行”；小微金融产品“小微票融乐”被省银行业协会授予“服务惠农惠小·服务小微十佳特色金融产品”称号。

【小微企业金融服务】2016年，长江商业银行巩固小微业务的战略核心地位，差异化、特色化服务小微企业，开展小微企业金融服务专项竞赛，推广年审制贷款，上线小微金融电子地图。至年末，小微企业贷款增长23.52%；小微企业贷款总户数12096户，增加2384户；小微企业申贷获得率87.23%，比上年高出5.77个百分点。

【互联网金融服务】2016年，长江商业银行分别与微众银行、奇虎360合作，联合发放贷款，全年累计发放贷款51万余笔，金额近31亿元，笔均贷款约5000元，线上资产10.52亿元。年内，开发上线互联网核心业务系统、网贷平台、大数据平台、线上零售评分模型、电商资金托管平台等项目。

【负债业务】2016年，长江商业银行发行面向个人的大额存单，年末全行储蓄存款余额84.17亿元，比年初增加15.98亿元，增长23.44%。年内，在银行间债券市场公开发行二级资本债券4亿元。

【渠道建设】推进离行式自助银行建设，在自助银行中投放VTM，全年新建离行式自助银行21家，延伸至城乡结合部和建制乡镇。开发完善长江卡公共事业代缴费业务、个性化制卡、银联ATM跨行存款、二代网银、微信银行等，完成支付宝、微信支付和长江pos+投产上线。

（苏长轩）

保　险　业

·综　述·

【概况】2016年，全市实现保险业务保费收入123.3亿元，比上年增长24.4%，其中，财产险业务保费收入32.87亿元，增长10.6%；人寿险业务保费收入90.43亿元，增长30.3%。全年赔款和给付51.38亿元，增长37.9%，其中，财产险赔付19.97亿元，增长19.7%；人寿险赔付31.41亿元，增长52.7%。至年末，全市有财产险主体25家，均为分公司或中心支公司；主体中外资机构1家。寿险主体34家，均为分公司或中心支公司34家；主体中外资机构7家。保险专业中介机构13家，兼业代理机构500多家，保险销售从业人员2.44万人。

【保险行业管理】2016年，市保险行业协会加强保险行业自律，制订车险自律方案，组织各产险公司签署《泰州市车险合规经营倡议书》。对辖内人身险公司银保销售录音录像工作开展专项检查和督导。对部分中介机构地址变更、许可证延期进行现场审核，对中介机构落实涉保电信诈骗风险防范工作进行抽查和督导。推进商车险改革，现场验收全市产险公司商业车险改革准备情况，实施周工作例会制度。加强警保合作，与公安经侦部门联合打击保险诈骗，建立与公安交警部门合作反保险欺诈工作机制，打击车险领域欺诈犯罪行为。

【保险纠纷调处】2016年4月，市保险行业协会与海陵法院、第三方专业调解机构签署《泰州市海陵区涉保险纠纷诉调对接合作协议》。全年共受理保险纠纷案件401件，参与调解352件，调解成功252件，调撤率71.59%，成功调解总金额2284万元。其中，保险纠纷诉调对接工作室受理保险纠纷案件398件，参与调解案件349件，调解成功结案212件，撤诉38件，未调解成功99件，调撤率71.63%；纠纷调处中心受理保险纠纷案件3件，调解成功2件，调解率66.67%。保险纠纷诉调对接工作室调解成功结案250件案件中，调解赔偿总金额2252万元，减损总金额635万元，案均赔款10.62万元，案均节约赔款3万元，总体减损率21.99%。

【保险业消费者权益保护】2016年，市保险行业协会做好社会公众对保险行业的投诉和咨询，每月安排专人检查各公司总经理信访接待日执行情况。全年共收到各类信访投诉162件，比上年减少23件，下降12%。其中，上门投诉19件，电话投诉86件，“12345”政风行风热线52件，书信投诉2件，市长信箱投诉1件，市信访局转办1件，省保险行业协会转办1件。

【保险宣传】2016年，市保险行业协会组织全市保险行业与泰州日报、泰州晚报、电台等新闻媒体合作，开展保险法律法规、保险知识、消费者权益保护、反保险欺诈等专题宣传。在“3·15”国际消费者权益日、“7·8”全国保险公众宣传日集中开展保险宣传教育活动，联合市公安局、市广电台、保险公司举办“文明交通社区行”系列活动，在社区播放保险行业形象宣传片，开展文艺演出、交通事故快赔情景剧、保险知识有奖答题等。

（保　协）

·中国人民财产保险股份有限公司泰州市分公司·

【概况】2016年，中国人民财产保险股份有限公司泰州市分公司（简称财保泰州分公司）实现保费收入突破13亿元，达13.59亿元，比上年增加1.52亿元元，增长12.55%，省公司保费计划完成率104.37%。至年末，财保泰州分公司市场份额41.33%，增加0.63个百分点。

【保险服务民生】2016年，财保泰州分公司扩展民生服务功能，大病保险项目总数由2014年的1个增加至4个；中标兴化市城镇职工大病保险、泰兴市计划生育特殊困难家庭对象住院护理保险等项目；拓展各类责任、信用保险，发展小微企业出口信用保险、环境污染责任险等业务。增强支农、惠农功能，开发育肥猪货运险、农耕乐保险、“农业保险贷”等新型保险产品，推进农村网点建设，至年末，有中心乡镇农业保险营业部23个、“三农保险服务站”99个、“三农保险服务点”1605个，覆盖率100%，聘用专兼职协保员1788人。

【服务能力】2016年，财保泰州分公司制订《泰州市分公司保险服务评价实施方案》，完善客户投诉管理机制。提升基层服务标准化建设能力，完善服务品质考核机制，实施职场视频监控、现场检查、外部神秘人检查反馈。

【内控管理】2016年，财保泰州分公司推进有效益发展，提高盈利能力。加强承保管控，增强风险识别能力；合理配置资源，提高费用投放精准程度；定期检查业务，提升业务质量；强化理赔管控，减少利益漏损；实施联席会议制度，提升风险管理水平。

（朱跃清）

·中国人寿保险股份有限公司泰州市分公司·

【概况】2016年，中国人寿保险股份有限公司泰州市分公司（简称寿保泰州分公司）实现保费收入突破30亿元，达32.86亿元，比2015年增长18%。完善民生保障，履行社会责任，创新保险产品，开展特定人群民生保险项目，全年全辖累计各类扶贫、捐赠36万余元。

开办困境儿童保险。创新困境儿童保障制度，继续与民政局、慈善总会合作，为全市6万困境儿童开办“牵手·困境儿童”福彩慈善保险项目。

完善为老保障服务。与市民政局合作，开办“安康关爱行动—老年人保险”，至年末，“意外有保险、健康有管家、敬老有关爱”运作模式形成。

强化计生家庭风险保障。与市计生协合作，开展计划生育系列保险，开展计生家庭生育关怀行动，建立保险保障和长效关爱机制。

承办大病保险业务。全年承保泰州市市直职工和城乡居民大病保险项目、海陵区职工和城乡居民大病保险项目、泰兴城乡居民大病保险项目和姜堰职工和城乡居民大病保险等4个地区大病保险项目。

【自然灾害保险】2016年，寿保泰州分公司在泰兴、靖江等地开展自然灾害保险，为全市户籍居民提供自然灾害人身意外伤害保险；参与自然灾害救助，协助建立应对重大自然灾害风险机制。

【扶贫项目保险】2016年，寿保泰州分公司创新扶贫模式，发展保障适度、保费低廉、保单通俗的普惠保险业务，“政府支持、农民受益、市场运作、广泛覆盖”的贫困保险体系形成。

（寿　保）

证　券　期　货

【概况】2016年，全市实现证券交易总额7946.99亿元，比2015年减少27.8%；基金交易额155.53亿元，减少11.2%；债券交易额3.91亿元，减少67.9%。实现期货交易总额605.76亿元，减少30.2%。全市全年新增营业部3家，合并营业部1家，至年末有营业部26家。全年全市营业部实现证券交易总额为6699亿元，减少38.04%；投资者开户总数41.49万户，增长16.21%；完成营业总收入3.14亿元，减少53.39%；实现净利润16656万元，减少55%。

【服务地方经济发展】2016年，全市各营业部协调联动总部资源，服务地方经济发展。全年为地方平台和企业融资25.73亿元，其中东吴泰州分公司发行鑫泰集团资产管理计划，募集资金4.98亿元；帮助2家企业挂牌“新三板”，在手辅导企业5家。海通泰州营业部帮助兴化发行8亿元企业债；广发泰州营业部帮助发行企业债5亿元；华泰泰兴营业部股权质押业务规模6.4亿元，国泰君安泰州营业部股权质押业务规模1.35亿元。

【证券期货行业管理】2016年，泰州证券期货协会创新开展会员活动，维护全市资本市场稳定。严控风险，组织会员单位开展防范和处置非法集资集中宣传，开展互联网金融风险专项风险整治。开展全市证券期货行业创优争先活动，评出十佳服务之星、优秀投顾、营销明星、突出贡献者、优秀分支机构负责人、新锐营业部、进取营业部和先进营业部。

（证券期货协会）

综 述

【概况】 至2016年末，全市共有各级各类学校666所，其中幼儿园307所，小学149所，初中149所，特殊教育学校5所，普通高中37所、中等职业学校12所、高等教育学校7所；在校生总数592112人，其中幼儿园114496人、小学219965人、初中109403人、特校1029人、普通高中61427人、中等专业学校26591人、高等学校全日制59201人；教职工总数52690人，其中幼儿园10647人、小学11282人、中学24712人、特校166人、中等专业学校1920人、高等学校3963人。学前教育三年毛入园率99%，义务教育巩固率100%，高中阶段学校毛入学率99.8%，高等教育毛入学率60.65%；小学、初中、普高、职业学校专任教师学历达标率分别为100%、99.69%、100%和96.92%，高校副教授以上职称教师比例39.66%。现有“省人民教育家培养对象”10人，中小学在职正高级教师51人，在职省特级教师128人，市级名校长26人、名教师94人。

推进教育现代化建设。泰州市2015年度省教育现代化建设监测得分86.83分，比2014年度提高5.55分，超额完成市政府确定的82分工作目标。省民生幸福“六大体系”建设监测指标显示，泰州市终身教育体系发展指数全省第四、满意度指数全省第二。

推进教育国际化。2016年，泰州市承办第十二届江苏中小学国际交流与协作会，与国(境)外学校建立友好关系学校新增8所，结对比例提高4个百分点。推进中外合作办学，加大国际通用职业资格证书引进力度，实施中德诺浩汽车项目、中德机电一体化师项目。全年出境交流学生300人次，境外学生到泰州修学旅行400人次。具备聘请外籍文教专家资质的教育机构增至50所，共聘请外籍专家或教师146名。全年通过各类途径外派干部、教师150名。11月9日，第十二届江苏中小学校长国际交流与协作会在泰州召开。

优化教育督导。调整督导专家组成结构，扩大参与人员界别，邀请第三方人员参与，集中反馈考核结果。建成教育工作年度目标考核信息平台。泰兴市、靖江市、姜堰区被确认为省中小学责任督学挂牌督导创新县(市、区)。开展专项督导，将素质教育“5+2”工程和“行政班+走班”教学管理模式改革等重点工作项目纳入中小学素质教育督导考核指标。

2016年12月22日，全市普通高中“行政班+走班”教学管理改革现场推进会召开

提高教育依法治理能力。加强学校章程和制度体系建设，开展第三批依法治校示范校创建活动，年内建成市级依法治校示范校50所，市级以上示范校建成比例99.7%。征集评选全市中小学、幼儿园家长委员会工作优秀案例33篇，并编印成册。健全行政权力网上公开透明

运行机制，主动公开各类政府信息762条。启动“七五”普法教育。

【“泰微课”应用】2016年，全市教育信息化投入1.8亿元，新创市数字化校园28所。扩大“泰微课”资源总量，累计建成微视频8.5万多条、微测试题30多万条、泰微导学5000多例。举行“江苏泰微课网络课程”首发式，发布纸质教材49册。确定“泰微课”试点学校62所。“泰微课自主学习平台V3.0”正式上线，通过中央电教馆鉴定。“泰微课”全国用户超60万，向新疆昭苏、贵州遵义无偿开放。相关经验得到中央电教馆高度评价，并在全省教育信息化工作会议上交流。“泰微课”获市委、市政府2016年度“改革创新奖”。

【学校安全管理】2016年泰州市开展省平安校园建设示范市(区)创建工作，泰兴市被评为“江苏省平安校园建设示范县(市、区)”。推进安全教育国家实验区工作，各项监测数据位列全国地级市实验区首位，泰州市被评为安全教育实验区“全国示范单位”，3个市(区)、7所学校分别被评为“全国示范县”“全国示范校”，获奖总数及占比全国第一。泰州市学校安全工作经验在全国安全教育与安全管理学术年会上作专题推介。部署城区学校周边道路交通治堵保畅综合整治工作。市教育局被省安委办表彰为“2016年全省安全生产月活动优秀单位”，为全省教育系统唯一受表彰单位。

【“泰州教育大阅读”工程】全年编印8本专题材料，开展“大阅读特色创建校”展示活动18次，评选“筑梦未来”泰州教育大阅读示范校42所，表彰市级“百佳校园阅读之星”“百佳校园阅读导师”“十佳书香家庭”。市教育局被评为2015年度“江苏省全民阅读促进工作先进集体”和“泰州市全民阅读促进工作先进集体”。“泰州教育大阅读”工程获市委、市政府“改革创新提名奖”。推进语言文字工作，举办第19届推普周活动、中华经典诵读大赛以

2016年12月9日，泰州市教育局开展“筑梦未来“泰州教育大阅读示范创建校展示活动

及乡村教师诵写讲展示活动，完成县域国家通用语言文字普及情况试点监测工作。全年培训、测试各类人员7000多人次，实现零举报、零差错。

【教育经费保障】完善城乡义务教育经费保障机制，提高农村学校和小规模学校经费保障水平。设立市直高中学校专项补助经费。扶贫助学实现从小学到大学、从特殊教育到职业教育全覆盖，免除高中阶段建档立卡低收入农户家庭子女学杂费，贫困家庭大学生助学贷款做到“应贷尽贷”，全市无一名学生因贫辍学，学生资助绩效评价考核排名全省第一。全年共发放各级各类资助资金6219万元，受惠学生超9万人次，发放生源地助学贷款1254万元，受惠学生1587人。

【招生考试】2016年，市教育局调整义务教育阶段学校招生入学政策，外来务工人员和进城购房农民子女无需户籍可享同城待遇。执行国家高中阶段教育招生政策，调整体育艺术特长生、国际班招生以及指标生录取方式。全年组织考试30多项，零差错。完成新增中职学测、成人学士学位英语两个项目考试，书法证书考试报考人数保持全省前列。

【教育宣传】市教育局策划专题宣传采访活动，《中国教育报》《人民教育》等多家国家级、省级媒体报道泰州市教育改革发展成果。组织媒体通气会、新闻发布会10多次。泰州教育门户网站改版升级，所有市(区)教育部门、高校以及半数中小学幼儿园开通官方微博、微信，“泰州教育发布”关注人数近15万，被评为“2015年度江苏省教育系统新媒体宣传综合力十强”。5篇教育新闻获“2015年江苏教育新闻奖”，获奖数量及层次居地级市教育局之首。市教育局连续第五年获省教育宣传先进单位。

高等教育

·泰州高等教育园区·

【概况】截至2016年末，泰州有本科院校5所：泰州学院、南京理工大学泰州科技学院、南京师范大学泰州学院、南京中医药大学翰林学院及常州大学怀德学院；专科院校2所：泰州职业技术学院及江苏农牧科技职业学院。

泰州高等教育园区(简称高教园区)隶属于泰州医药高新技术产业开发区，主要职能是负责泰州本科院校的规划、建设和管理。园区北起迎春路、南至凤凰东路、东到新328国道、西临东风路，总规划用地面积4.2平方千

米,自北向南分别是南京师范大学泰州学院、南京理工大学泰州科技学院、泰州学院以及江苏农牧科技职业学院。2016年,高教园区创成省“三星级”档案室,成为泰州医药高新区园区中首家省“三星级”档案室。高教园区团支部获评“泰州市五四红旗团支部”。

2016年,高教园区中心共享区(泰州学院新校区)学生宿舍二期项目1月竣工,牧院生活区二期高层教师公寓工程竣工,中国医药城商务中心项目主体封顶,全年未发生一起重大安全生产事故。2016年,春晖花苑限价商品房回迁安置基本完成,宫涵社区纪庙片区拆迁全部签约。园区下属高教后勤公司提供后勤物业、食堂、消防、保安、维修等服务,建成集聚现代服务业平台。2016年,全年营业额3130万元,比2015年增长16.39%。

【双创工作】2016年,高教园区创立创新创业园。入驻企业和签约项目40家,累计注册资本1亿多元,集聚创业人群超120人,开展培训、路演和沙龙活动14次。举办第二届蜂鸟闪投大赛,蜂鸟空间站获全省苏青C空间大赛一等奖,同时申报省级众创空间。

(高教园区)

·泰州学院·

【概况】泰州学院是经教育部批准成立的一所普通本科高等学校。学校总占地面积51.47公顷,全日制在校学生6580人。设有人文学院、数理学院、计算机科学与技术学院、教育科学学院、外国语学院、经济与管理学院、船舶与机电工程学院、音乐学院、美术学院、医药与化学化工学院、体育系11个院系,单独设置马克思主义学院。共有本、专科专业54个,分布在文学、理学、教育学、管理学、工学、艺术学、法学等学科门类。学校建有省级重点建设学科3个,省高校品牌专业建设工程项目1个,省级重点实验室1个,省级实验教学与实践教育中心1个。2016年9月12日,泰州学院召开一届三次党代会。党委书记李久生作《聚精会神抓评建,提速增效促发展,为建设合格本科高校而努力奋斗》工作报告,纪委书记潘林珍作《切实履行监督职责,为学校事业健康发展提供坚强保证》工作报告。

2016年,泰州学院引进博士20人,博士副教授3人,博士教授4人;7人考取国内博士、1人考取国外博士,3人获江苏省骨干教师出国留学资助,1人获批江苏省政府留学奖学金。获批国务院特殊津贴1人、省有突出贡献中青年专家1人、省“六大人才高峰”培养对象1人、2016年青蓝工程培养对象带头人1人、骨干教师5人、省“333”工程第三层次培养对象6人。完成首次高级职称自主评聘工作,共向教育厅报送正高职称2人,副高职称17人,另有1人报送卫生厅、1人报送文化厅。在第二届全国高等院校工程应用技术教师大赛、省公共艺术课程微课大赛等比赛中,10多名教师获国家级、省级比赛奖项。

2016年,泰州学院出台《泰州学院党员发展全程纪实办法》,全年发展党员190名,转正17人。强化党员管理,全校200多名党员加入了党员义工志愿服务平台。开展党内评优评先工作,2人被评为江苏省高校优秀共产党员、优秀党务工作者,2人被评为泰州市教育系统优秀共产党员和优秀党务工作者;获评泰州市市级党员先锋岗1个,1项最佳党日活动获省教工委表彰。

举办党组织书记培训班,全年2名校领导参加省管干部进修班,8名校领导参加省委党校“两学一做”专题轮训班。选送2名党政负责人参加高校党政负责人培训班,4人参加省高校教工支部和学工支部培训班,2人参加江苏省科技镇长团。调整4名中层干部岗位,完成7名科级干部的考察、正式任命工作。

【“泰州学院服务泰州行动”】年内,泰州学院编制发布《泰州学院服务泰州行动计划》,拟定服务项目100项,明确服务对象,责任落实到各相关单位。召开服务地方媒体见面会,邀请《新华日报》《扬子晚报》、江苏卫视等省内十多家媒体,宣传服务泰州行动计划的组织、措施与成效。全年共实施服务项目35个。

【学科专业建设】年内,泰州学院增设本科专业10个,在校本科生数4865人,初步形成多学科协调发展专业体系。数学学科以良好的成绩通过江苏省教育厅“十二五”江苏省重点建设学科评估、验收。中国语言文学、数学、管理科学与工程被立项为“十三五”江苏省重点建设学科。《文学史学》获2016年度江苏省高校重点教材建设项目立项;“手性医药化学品生物制造实验室”被立项为江苏省高校重点建设实验室,“生物催化与转化”等2个研究中心获批泰州市工程技术研究中心;六大学科平台建设有关实验室建成8个,在建2个。

【教学改革与质量工程】2016年,泰州学院1项教改案例入选江苏省教育改革创新典型案例;开展课堂教学质量评价、开展“学在泰院”主题教育系列活动;与全市25所中小学、幼儿园签约教学实践基地,完成1575名学生教育实习工作;“大学生心理健康音乐疗法”等3个项目获批国家级大学生创新创业训练计划项目(创新训练项目类),33项大学生创新创业训练计划项目获省教育厅立项。在“蓝桥杯”比赛、全国大学生数学建模大赛、全国大学生英语竞赛、省师范生基本功大赛、省“创青春”创业大赛、省大学生职业规划大赛等国家级和省级比赛中48人次获各类个人奖项。

【科学研究】修订出台《泰州学院科研奖励条例(试行)》

《泰州学院科研经费使用与管理办法》《泰州学院学科平台建设与管理办法(试行)》等科研制度。全年立项市厅级以上各类课题41项,其中,国家级项目2项、省级项目21项。市厅级以上获奖成果及高级别论文数增加,获省第十四届哲社优秀成果奖二等奖、三等奖各1项,省教育科学优秀成果奖二等奖、三等奖各1项,泰州市各级奖项31项,申报专利3项。在国内权威期刊发表论文5篇,SCI、EI、CPCI、CSSCI等收录论文30多篇;资助出版学术著作7部。

【学生管理】年内,泰州学院出台《泰州学院学生管理手册》《泰州学院辅导员工作手册》,规范管理工作要求和流程;规范资困助学,资助绩效工作获省级优秀等级。4人获评省"三好"学生,5人获评省优秀学生干部,4个班集体获评省先进班集体;7人获国家奖学金、211人获国家励志奖学金、1327人获国家助学金;214名三好学生、104名优秀学生干部和15个班集体获院级表彰;2608人获院级各类奖学金;198人被评为2016届优秀毕业生。

【招生就业】2016年学院录取本、专科学生2126人,录取率96.64%;新生实际报到本、专科学生共2093人,报到率98.45%。2016届毕业生共1721人,就业率97.79%。

【校园文化与社会实践】年内,泰州学院举办第四届大学生科技文化艺术节,推出"阳光赛场""阳光秀场"等四大板块、33项主题活动。在江苏省"创青春"创业计划大赛中,3支团队均获三等奖。组织实施"三下乡"社会实践,全校约4100名师生以不同形式参与社会实践。泰州学院获评省优秀团队1支,先进工作者1名,先进个人2名,优秀社会实践调研报告1篇。在省文明办、团省委举行的"江苏省道德发展状况"专项调查活动中,泰州学院道德发展状况调查队被评为优秀团队,1人被评为优秀指导老师,5人被评为优秀志愿者。

2016年5月4日,泰州学院第四届大学生科技文化艺术节开幕

【继续教育】年内,泰州学院开展"泰爱海防"系列活动,被泰州市教育局列为"泰州教育20年十大品牌"提名奖,学院获市政府"双拥工作先进单位"嘉奖。举办省市合作项目"乡村幼儿教师'双基'培训",为市国税系统提供干部培训9期,承接泰州市商务局跨境商务100人次的培训等。遴选南通市通州湾技工学校作为学院首个函授教育校外教学站,函授教育招生比2015年增长19.64%,开放教育上升0.08%。

【合作办学】泰州学院与阿斯特拉罕国立音乐学院签署教育合作协议,与澳大利亚联邦大学、爱尔兰垂利理工学院、美国查塔姆大学、美国杰克逊州立大学达成"学分互认""双学位"等合作意向,并签署合作协议。年内,泰州学院师生到境外交流学习14批次,参加国际化办学相关培训3次。学前教育专业中加合作办学项目通过加方第四次教学评估。

(仲 宁 贾荣圣)

·南京理工大学泰州科技学院·

【概况】南京理工大学泰州科技学院(简称南理工泰州学院)是2004年经教育部批准、江苏省第一所由高校与地方政府合作举办的全日制普通本科高校。南理工泰州学院建有8大校内实验中心、"政校行企"合作共建11个国家、省、市级重点实验室;纸型藏书80多万册,电子图书110多万种,电子期刊1.9万多种。学院设立智能制造学院、移动互联网学院、环境与制药工程学院、城市建设与设计学院、商学院、外国语学院6个二级学院和1个基础科学部,开设涉及工、经、管、文、艺五大学科门类的24个本科专业和57个特色专业方向,有在校生9700多人。

2016年,学院6名教师考取博士,17名教师晋升为副教授;1人被确定江苏省"333"人才工程培养对象,1人被确定为省"青蓝工程"中青年学术带头人培养对象,1人被确定为省"青蓝工程"青年骨干教师培养对象。在泰州首届高校青年教师讲课竞赛中,获一等奖2项、二等奖1项。

2016年,南理工泰州学院首批入选教育部学校规划建设发展中心"教育之弦"卓越创新联盟;作为发起人之一,成为中国教育智库联盟执委会委员,是全国独立学院唯一一家;入选应用技术大学(学院)联盟、应用型课程建设联盟。江苏高校首家白丝带服务站、泰州"百姓人讲堂"落户学院。学院获"综合实力独立学院"称号,并获江苏省独立学院唯一的"江苏省文明单位(校园)"称号、"江苏省大学生心理健康教育工作先进集体"。根据2016中国校友会网独立学院排行榜、2016武书连独立学院排行榜中均居江苏独立学院第4位。

【入选教育部产教融合创新项目试点院校】2016年,南理工泰州学院与曙光信息产业股份有限公司(中科曙光)合作共建的大数据学院、大数据应用创新中心入选教育部数据中国“百校工程”产教融合创新项目,是入围的41所项目试点院校中全国唯一一所独立学院试点院校;与世界智能制造领先企业ABB、北京华晟经世信息技术有限公司、国产机器人领先企业埃斯顿公司合作共建的“机器人学院+智能制造技术平台”项目,入选教育部“互联网+中国制造2025”产教融合促进计划试点院校,是入围的17所院校中两所独立学院试点院校之一。至2016年末,学院共成立检验检测学院、大数据学院、机器人学院、电源设计学院、3D打印学院等五大行业学院。

【国内首家本科院校检验检测学院落户泰州】2016年9月26日,南理工泰州学院与泰州市质量技术监督局签署《共建检验检测学院战略合作框架协议》。协同泰州地区各类国家级、省市级检验检测中心和重点实验室,打造技术联盟,在持久性有机污染物分析、精细化学品分析等多个领域形成国内领先的技术优势,培育2~3家国内知名检测企业,提高泰州检验检测行业在全省检验检测市场的占有率。

2016年9月26日,南理工泰州学院与市质监局签署战略合作框架协议

【首次承办全国性培训】2016年7月18~22日,由环保部主办的“第62期建设项目竣工环保验收监测技术培训班”在南京理工大学泰州科技学院举办,来自17个省、直辖市、自治区170家环境检测机构的480多名学员参加培训。这是环保部首次将该类培训交由地方高校承办,也是南理工泰州学院首次承办全国性培训。

【人才培养】2016年,南理工泰州学院学生参加各级各类科技创新赛事获省部级以上奖项226项(其中国际级奖项2项,国家级奖项42项),获奖总量创办学以来最高。学生代表队首次参加2016中国工程机器人大赛暨国际公开赛,是该届赛事全国唯一夺得单项冠军的独立学院代表队;首次参加2016中国服务机器人大赛,取得该赛事“医疗服务机器人规定动作赛”全国独立学院排名第一;在江苏省第十三届高等学校非理科专业高等数学竞赛中居全省同类院校“金牌”榜首。南理工泰州学院是江苏省独立学院唯一一家两度蝉联省“大学生创新创业优秀成果交流展示会”优秀组织奖的院校。与泰州市人人力资源和社会保障局合作,率先在省内独立学院层面成立大学生创业园。学院创新创业项目在泰州市“创业英雄会”上受省市领导一致好评,4个项目入驻高教园区创新创业园,成为入驻项目最多、项目科技水准最高的高校。

【招生就业】2016年,南理工泰州学院在13个省份的录取分数线进一步提升,其中9个超当地省控线35分以上,在江苏省内理科投档线高出省控线40分,文科投档线高出省控线30分,普招录取2225人,“专转本”录取791人。2016年,学院组织大中小型毕业生就业招聘会21场,500多家用人单位参加。2016届毕业生初次就业率86.80%,年终就业率98.31%。

【科研与社会服务】2016年,南理工泰州学院与市科技局合作,参与共建泰州节能与新能源产业研究院;学院“装备智能化技术研究中心”获批泰州市工程技术研究中心;学院首个市级科技公共服务平台——环境检测中心的二期新申报项目获批CMA证书,成为环境检测领域华东地区能力最强的实验室之一。全年获省市科研立项43项,首次获批江苏省科技厅立项资助项目——2016年江苏省基础研究计划(自然科学基金)面上项目,全省独立学院共3家获同类项目立项。产学研合作项目获泰州市科技进步二等奖1项。教师全程参与市经信委组织的地方企业生产设备智能化升级诊断、改造工程。年内,学院获批南京理工大学学历继续教育校外教学点,先后与市环保局、市统计局、市社保局等联合举办校企合作、技能培训班;全年承接泰州市各部委局办、各企业等职业技能培训、社会化考试项目10多项、近5000人次。

(南理工泰州学院)

·南京师范大学泰州学院·

【概况】南京师范大学泰州学院(简称南师大泰州学院)是2004年6月经教育部批准、由南京师范大学和泰州高教投资发展有限公司共同组建的一所普通高校本科层次独立学院。学院位于泰州市高教园区,占地面积69公顷,有二级学院(部)13个,有经教育部备案本科专业44个,面向除港澳台以外全国31个省、市、自治区招生,学院颁发国民教育序列全日制普通高校毕业证书,2012年学院获学士学位授予权。2016年3月,学院召开第一次管委会会议,审议和通过了学院“十三五”事业发展规划。独立设置科技与研究生教育处、资产与实验室管理处，出台《南京师范大学泰州学院院务会议议事规定》《南京师范大学泰州学院科研项目管理办法（试行）》等26项制度。4月，正式取得相关专业技术职务任职资格评议权，19人取得副高专业技术职务。遴选符合条件的青年教师申报南京师范大学硕士生导师资格。6人次入选江苏省"333高层次人才培养工程"和"青蓝工程"；4人次获"泰州市劳动模范""泰州市师德模范"称号、"新泰州建设功臣"奖章，2人获第三届全国微课程大赛二等奖、第五届江苏省高校辅导员职业能力大赛三等奖等。

年内，南师大泰州学院完成图书馆行政办公用房内部装修改造、南区景观道路及周边配套基础设施建设，改造部分学生公寓和招待所，确保全部新生入住。加强后勤安保工作和食堂监督与管理；加强校园治安综合治理，开展学生在校内禁止骑行电动车、摩托车的专项整治活动，整顿校内商业网点，定期开展各类防盗、防诈骗、防人身伤害、网络安全、禁毒等宣传教育活动。加强信息化建设，确保师生及时高效享用网络资源；整合全院计算机实验室，优化配置机房资源；制订智慧校园建设方案，构建师生学习、工作、生活一体化环境。

【教育教学】2016年，南师大泰州学院修订新一轮应用型人才培养方案，加强第二批教学成果建设，经中期检查评审，通过5个品牌特色专业、10部精品教材、18门精品课程。与京东公司合作成立"JD·AS校园孵化中心"，与泰州移动公司共建价值1600万元移动通讯组网实验室，新增实习基地4个。与美国弗吉尼亚卫斯理学院签订带薪实习合作项目，数十名学生赴美带薪学习、实习或赴英国、中国台湾交流学习。获全国大学生数学建模竞赛二等奖，中国大学生计算机设计大赛二等奖以及江苏省师范生教学基本功大赛一、二、三等奖，江苏省大学生化学化工实验竞赛一等奖，全国软件和信息技术专业人才大赛省赛一等奖等国家、省市级奖项；英语专业四级、八级考试一次性通过率高于全国同类院校。

【科学研究】学院教师连续第四年获国家级科研课题立项资助，获市（厅）级及以上科研立项28项，其他纵向科研立项36项，横向课题13项；科研成果获市（厅）级以上奖项44项，其中一等奖2项，二等奖12项。在最新的全国民办高校和独立学院科研竞争力报告中，学院居全国独立学院第6位、江苏省第1位。

【服务地方】南师大泰州学院与泰州市人大联合建立泰州市地方立法研究院，是全省首家由地市人大与大学院校合作共建的地方立法研究机构，也是全国立法工作新亮点；研究院成立后即组织专家对《泰州市水环境条例》《泰州市房屋安全条例》等3部地方性法规进行修改论证。与泰州市农业委员会签订合作协议，加快泰州市农业转型升级和国家现代农业示范区建设。与泰州市工商行政管理局合作开展泰州市商标品牌发展测评体系研究，为市商标品牌发展工作提供理论和实践支持。主持泰州市科技局项目"农作物秸秆高温堆肥生产有机肥"并结项，采用自主分离的高温降解菌发酵农作物秸秆，有效解决困扰泰州市周边多年焚烧秸秆和随意堆弃的问题。

学院体育场所设施面向泰州市民开放，师生承担全市部分中小学体育中考、体质健康考务及研究工作；泰州市歌舞剧院暨学院歌舞剧院文化惠民演出走进沈高镇、渔行水村社区，举行泰州建市20周年系列活动之首届群众文化艺术节暨新学期第一课专场文艺晚会，与泰兴市歌舞剧院共同开展高雅艺术进校园活动，师生参加中央电视台书画频道走进泰州开幕式文艺演出、泰州市第五届运动会开幕式表演。

承办省市合作项目泰州地区义务教育学校音体美兼职教师培训、全省高校师范类音乐教育骨干教师培训；举办泰州市知识产权工程师培训、App Inventor（应用程序发明家）中小学师资培训等。开展以"完善城市公共标识，促进对外文化宣传"为主题的"净脸"行动，对全市不恰当公共英语标识提出整改建议；每周六组织师生在钟楼社区开展"英语角"志愿教学；为地方园林部门提供技术服务，多次为市花博园十月国庆大型花卉展插花艺术、花卉地毯等布展；定期开展各项普法宣教和法律援助活动，进一步增强市民的法治观念，年内，南师大泰州学院获泰州市"六五"普法先进集体称号。

（李　照）

南师大泰州学院与京东公司合作成立"JD·AS"校园孵化中心

·南京中医药大学翰林学院·

【概况】南京中医药大学翰林学院（简称翰林学院）是经教育部批准设立的独立学院，于2010年9月移址泰州市国家医药高新技术产业开发区办学，为首家进驻中国医药城的全日制本科院校。2016年，翰林学院设有中医学、中药学、药学、制药工程、药物制剂、中药资源与开发、护理学、公共事业管理、国际经济与贸易、市场营销、信息管理和信息系统、应用心理学等16个本科专业。

实施"专业拓展优化工程"，按照面向产业，拓展药学类二级专业（方向）；面向基层，调整医学类专业；立足医药。推行与行业发展及人才需求紧密契合的专业建设"动态调整"模式。新增全科医学专业，首次招生50人，生物制药专业首年招生60人，扩招护理学专业，停招医学心理学专业。通过国际贸易专业抽检工作，组织完成药事管理专业本科新专业评估相关工作。

【教学实习】加强实践教学体系建设，累计完成实训2000多学时。实现企业药品生产全过程的模拟训练和车间化管理，实训教学与行业、生产实践全面接轨。启动"互联网+课程"建设，全年新增网络"实验微课"28节，初步实现实验微课体系化。落实"以学生为中心"教学改革理念，试点6门专业核心课程的形成性评价考核方式，开展7门院内公开示范课程。在2016年江苏省普通高校优秀毕业论文评选中获二等奖1项，三等奖3项，被抽检论文合格率100%。在"外研社杯"全国大学生英语辩论赛、POCIB全国大学生外贸从业能力大赛、全国应用型本科会计技能竞赛、全国大学生沙盘模拟经营大赛、江苏省高等数学竞赛、高校剑圣气功比赛中，获国家级奖项10项，省级奖项79项。在2016年武书连全国独立学院排名中（共322所），学院本科毕业生质量排名全国第13，医药类独立学院（25所）排名第2。推进药学类专业"3+1"、医学类专业"3+1+1"人才培养模式改革，举办新生源实践课程班，药品检验技术培训工作，开展企业现场教学，医学临床教学、护理病例查房等实践教学形式，提高实践教学水平；推行"学历证书+职业技能证书"模式，238名学生参加培训并获各类技能鉴定证书。推行"以赛促学"模式，医学系举办临床护理知识与技能大赛，药学系中药和药学类专业知识与技能大赛，经管系举办营销技能大赛等，初步形成"一系一品"特色学科竞赛体系。

【师资队伍建设】至2016年末，翰林学院自有教职工总数175人，其中自有专任教师109人，承担课程65.8%。中级以上职称比例50.5%，比2015年提升15.7个百分点，实施"学历提升计划"，19名教师申请攻读高一级学位，硕士以上占比92.6%，博士（含在读博士）10人。聘任行业高级别专家兼职学衔30人。通过高级专业技术职务学科评议权。实施"起航计划""扬帆计划""双师计划"，开展"十佳教师"评选活动。全年组织教职工参加各级各类培训、学术交流180多人次，培训经费比2015年增长30%。全年共有22名教师进医院、进企业实训，53名教师获行业内资格证书。继续举办"临床师资培训班"，来自10个教学点的130多名医护人员参加培训，组织附属医院30名医护人员参加"教师资格"培训，提高教学医院带教水平。推行"以赛促教"模式，全年获奖103人次。青年教师全年发表SCI论文7篇，获批各级各类科研项目34项，其中，国家自然科学基金（青年）项目1项，实现学院国家自然科学基金零突破；国家级专利1项，部省级科研项目4项，厅局级科研项目9项，泰州市科技进步一等奖1项。全年获国家级学科竞赛奖项4项、省级学科竞赛奖项5项。全年参编国家级规划教材7本。在2016年武书连全国独立学院排名中（共322所），学院教师创新能力居全国第35位。

【学生管理】建立学生党员发展质量体系和系学生工作测评评估指标体系。完成大学生心理健康教育四级网络体系和二级心理辅导站建设。实施"优良学风建设工程"，落实"三早一晚"制度、学风督察制度、学业预警制度。制定《关于加强学习型辅导员队伍建设的实施意见》，举办辅导员、班主任培训班，建设学习型组织，提升辅导员工作水平。学院团委获"2015年度江苏共青团工作先进单位""2016年度江苏省共青团十佳理论学习型团组织"等称号，中药学1402团支部获"全国活力团支部"。继续举办大学生校园文化节、科技文化节、心理健康月、康健泰州行、青年月月谈等品牌文化活动。年内，获江苏省社会实践优秀团队、江苏省公益项目三等奖、泰州市第四届创业富民大赛三等奖、优秀组织奖，全国文明交通创新大赛泰州区优秀奖等团体奖，获"创青春"江苏省大学生创业大赛银奖。

翰林学院在"创青春"江苏省大学生创业大赛中获银奖

【招生就业】2016年,学院文理分数线综合排名在江苏独立学院中位列第五。2016级新生整体报到率93.77%,外省生源报到率85.2%。加大扶持和指导力度,创建大学生创业园,创业培训班培训学员600多名,举办校园招聘会两场,提供各类就业岗位近6000个。2016年就业率93.08%。

（翰林学院）

·常州大学怀德学院·

【概况】2016年,常州大学怀德学院(简称怀德学院)二期建设工程图书馆、阶梯教室、实训楼、大学生活动中心等建筑封顶,新建工程力学、公差配合、水分析与环境监测等18个实验室。设有机械与化学工程系、建筑与环境工程系、信息工程系、经济管理系、外语系、艺术系6个系及基础课部、体育部2个部。为服务地方经济社会发展,结合区域产业结构情况,学院申请设置焊接技术与工艺、电子商务2个新专业,并开始招生。

【招生办学】怀德学院普通本科招生计划从2015年的2100人增至2300人,省内文科录取分数线为304分,理科265分,专转本招生人数200人。根据学生报到情况,全年总招生数2341人,全日制在校生7489人。2016届学生毕业率超93%,学士学位授予率91%以上,就业率92%以上,考研录取率4%。

【师资队伍】2016年,怀德学院有专任教师人数334人,其中正高级职称人数28人,副高级职称人数103人,研究生人数占专任教师总数81.13%。实施岗前培训、师徒结对,重视对青年教师教学规程、教学技能培养。重视辅导员能力建设,开展系列培训、业务竞赛、技能创新等活动。2名教师获2016年泰州市高校青年教师教学技艺比赛二等奖,2名教师在常州大学青年教师技艺大赛获奖。

【学生培养】注重学生科技创新、创业及实践应用能力,组织学生参加各类竞赛和社会实践。年内,怀德学院启动骥江创客街区建设,组织学生申报创业项目。先后与靖江互感器股份公司等16家企业建立产学研合作、实践教学基地。与江苏华穗粮食集团合办"华穗班",进行订单式人才培养。学院获市科技创新券150万元;有常州大学怀德学院2015年产学研合作项目、江苏省高等学校自然科学研究重大项目学院科学研究等纵横向科研项目8个,获经费58万元;信息系、建环系、机化系等与合作企业先后联合开展技术攻关研究5项。年内,怀德学院获实用新型专利授权16项(其中学生4项),24项发明专利进入实审阶段;先后获"创青春"速度中国杯江苏省大学生创业大赛金奖,"靖江杯"全国大学生演讲大赛团体和

2016年10月17日,怀德学院与江苏华穗粮食有限公司举行"华穗班"签约仪式

个人一等奖,第一届全国人力资源管理知识技能竞赛三等奖、全国大学生英语竞赛C类二等奖、全国大学生计算机设计比赛二等奖以及全国艺术类奖项,并获江苏省力学创新创意竞赛特等奖和一等奖。

（怀德学院）

·江苏农牧科技职业学院·

【概况】江苏农牧科技职业学院(简称江苏农牧学院)是以培养农牧科技类技术技能型人才为主的高等院校,隶属于江苏省农委,是一所省属公办高校。学院占地面积303.33公顷,校舍建筑面积57万平方米,形成"一主两翼"(凤凰路校区为主体、江苏现代畜牧科技园和江苏中药科技园为两翼)办学格局。设有动物科技学院、动物医学院、动物药学院、食品科技学院、宠物科技学院、园林科技系、水产科技系、农商管理系、农业物联网系、农业工程系10个二级院系和基础部、思政部2个部,设置专业42个,其中国家级重点专业6个、省级品牌专业3个、省级特色专业3个、省重点专业群建设点4个。获省部级以上教育教学成果60多项,其中国家级教学成果一等奖1项、二等奖1项,省教学成果特等奖1项、一等奖2项、二等奖4项,国家级精品课程2门,省级精品课程6门,国家级宠物类专业教学资源库1个。2016年,江苏农牧学院有在校生近1.5万人,图书馆藏书103万册。学院有教职工1015人,其中,副高以上职称教师202人,正教授54人(二级教授4人、三级教授9人),具有博士、硕士学位教师396人。专业课教师中,"双师型"教师占92%,享受国务院特殊津贴1人、新中国60年畜牧兽医科技杰出贡献人物1人、全国农业职教名师7人,江苏省科技创新团队2个、江苏省优秀教学团队1个、江苏省教学名师1人、江苏省有突出贡献的中青年专家2人。

全年评选表彰服务型基层党组织示范点2个,先进基

层党组织5个,优秀共产党员20个,优秀党务工作者10个;发展党员221名,其中学生党员216名,教职工党员5名。选拔中层副职干部9名,另有11人中层干部轮岗交流。

在中国科学评价研究中心、武汉大学中国教育质量评价中心于2017年初联合发布的"中国高职高专院校竞争力排行榜"中,江苏农牧学院在全国1346所高职院校中位列第35位,位列全国农业高职院校第2位,江苏第4位。2016年12月,江苏人才发展战略研究院、江苏省人才创新创业促进会联合发布2016年江苏人才竞争力报告。高职院校人才竞争力30强榜单上,学院居第3位。

【汪洋到学院视察】2016年3月20日,中共中央政治局委员、国务院副总理汪洋在农业部部长韩长赋、江苏省委书记罗志军等领导陪同下,到江苏农牧学院畜牧科技园视察指导。汪洋听取关于江苏农牧学院和畜牧科技园基本情况汇报,视察国家级水禽基因库,对学院紧扣农牧产业链办学和科技服务"三农"工作给予肯定。

2016年3月20日,中共中央政治局委员、国务院副总理汪洋(右二)视察江苏农牧学院畜牧科技园

【学生工作】2016年,江苏农牧学院国内报到各类全日制留学生4427人,外国留学生报到133人;毕业生初次就业率99.02%。年内,江苏农牧学院获2015年度江苏省青少年校园足球比赛等省级体育赛事团体一等奖9项;在省理工科大学生人文社会科学知识竞赛中被授予"优秀学校奖"称号;在江苏省第八届农业职业院校田径运动会获总分第一、男子团体第一、女子团体第二。获"创青春"大学生创业大赛银奖、泰州市第二届高校微视频大赛最佳影片奖、2016年度泰州市创意毕业照大赛最佳主题奖、泰州市师生双语书写大赛一等奖等。

【师资队伍建设】年内,江苏农牧学院制定《学院教师素质提升行动计划(2017~2019)》,完善师资培养体系,全年共派出57人参加省培,组织158人参加国内短期培训,选派59人赴境外研修访学。新评选青蓝工程培养对象7名、省第五期"333工程"培养对象5名,遴选"凤凰专家"培养对象1名,"凤凰学者"培养对象3名、"专业领军人物"培养对象1名、"专业建设骨干"培养对象6名、"教学管理骨干"培养对象6名;新增江苏省有突出贡献的中青年专家1名,新增江苏省优秀科技工作者1名。

【教学资源建设】江苏农牧学院全年主编"十三五"农业部规划教材30多部;获"十三五"省高校重点建设教材2部;《动物微生物》获省级英文精品课程立项,省级英文精品课程3门;建成国内首个宠物教学资源库。遴选立项校级重点教材10部;发表教科研论文60篇;完成2016年度人才培养状态数据的采集及分析、学院2016高等职业教育质量年度报告;开展2016年度教学质量优秀奖评选;获"2015年度全省教科研系统先进集体"称号。

【产学研基地建设】2016年1月,江苏农牧学院田园牧歌景区正式挂牌"国家AAAA级旅游景区",全年共接待游客5.43万人次,营业收入411万元,被评为江苏省研学旅游基地、江苏休闲农业与乡村旅游精品线路、泰州市诚信旅游示范单位。10月,中药科技园开园,举办江苏中药产业产教融合高层论坛,全年800多人到园区参观,接待游客2000多人次。11月,市政府下发《关于确定泰州市首批培育建设的特色小镇名单的通知》,以江苏农牧学院"江苏中药科技园"为核心区的"高港区大泗中药养生小镇"入选旅游风情小镇。

【学生创业就业】年内,江苏农牧学院开设"职业素养与创业精神""大学生KAB(Know About Business)创业基础"等公共选修课,加大创新创业教育指导力度。麦可思报告创业率6%。获省级2016年大学生创新创业训练计划项目36项,获全国职业院校技能大赛、第二届中国"互联网+"大学生创新创业大赛等多项比赛国家级一等奖1项、二等奖1项,省级一等奖9项、二等奖8项,江苏农牧学院获2016年度全国高职院校创新创业工作示范校50强。教育部2016年8月公布首批50所"2016年度全国创新创业典型经验高校"名单,学院既是全国入选的6所高职高专之一,也是江苏省唯一入选的高职院校。

【科研和社会服务】年内,江苏农牧学院申报省部级、市级奖项16项，获奖项目10项，其中获省科技进步奖二等奖1项、省农业推广奖一等奖1项、全国农牧渔业丰收奖一等奖1项。申请发明专利32项，申报国家、省市各类科研项目32项，横向合作项目50多项,全年实现项目到账经费3934万元。全年共培训各类人员1.2万多人次，发放各类专业书籍8000多册、技术宣传材料约1.5万多份。实施“挂县强农富民工程”，学院居“2015年高等职业院校院校服务贡献50强”第1位。

【国际交流合作】2016年，江苏农牧学院在校外国留学生208人，学历留学生规模位列江苏第一；学生出国（境）学习实践59人，教师出国（境）学习考察61人次；全年接待外宾24批，总人数320多人；召开国际农牧业职教联盟筹备会议，来自全球8个国家的18所高校代表共商联盟筹备事宜。学院被省教育厅评为“留学江苏培育学校”，被省外国留学生教育管理研究会评为“2016年度留学生工作先进单位”，成为省外国留学生教育管理研究会常务理事单位，获“江苏省来华留学生教育先进集体”称号。

（张红红　朱国奉）

·泰州职业技术学院·

【概况】泰州职业技术学院（简称泰职院）成立于1998年3月，是地级泰州市人民政府举办的第一所普通高校，也是全省第一所以“职业技术学院”冠名的高职院校，为江苏省示范性高职院校建设单位。2016年，泰职院获江苏省文明校园、江苏省普法工作先进单位、江苏省法治文化建设示范点、江苏省高校资助绩效评估优秀等级等称号。

泰职院现设有机电技术学院、医学技术学院、经济与管理学院、信息技术学院、药学院、建筑工程学院、艺术学院7个分院及基础科学部和思想政治理论教学部2个部。2016年招生专业35个，新增招生专业3个。学院有专业教师380名，专任教师中有教授、副教授196人、博士硕士212人，双师素质教师288人。各类全日制在校生8585人，成教学历教育8000人，年社会培训1.2万人次以上。学院建有国家级重点专业2个，省级特色专业5个，省级重点建设专业群3个，院级重点建设专业群4个。学院有国家级实训基地2个，省级实训基地3个，省级产教深度融合实训平台2个，院级实训基地33个，省、市级工程技术研发中心7个。

【新校区建设】年内，泰职院2016年9月，新校区一期工程竣工并投入使用，一期工程占地面积53.87公顷（包括图书馆、体育馆等共享区，校园占地总面积70.73公顷），建筑面积27.5万平方米，总投资17.5亿元。新校区分为校前区、教学区、生态区、学生生活区、体育运动区和专业技术服务区六大功能版块，集教学、科研、社会服务为一体。

泰职院新校区南门

【内涵建设】年内，泰职院新增“校企双主体学院（企业学院）”4家。申报江苏省高等职业教育产教深度融合实训平台，智能制造产教融合实训平台、企业信息化与通信工程实训平台2个平台获批。推进现代学徒制试点专业改革，护理专业与市人民医院继续合作，开设“天使学徒班”；移动通信技术专业与企业合作开设“和勤现代学徒班”；建筑工程技术专业创建基于“1+3+N”合作模式的现代学徒制。学院成为“2016教育部—中兴通讯创新互联网+教育生态”试点院校。与中兴通讯公司签订合作协议，以ICT行业创新基地建设为依托，实施校企合作人才培养和地区产业特色的科研与技术开发。申报教育部工业机器人应用人才培养基地（中心）。完成“十三五”江苏省高等学校精品教材申报、“十二五”江苏省高等学校重点专业群校内验收评审工作。出台《关于制（修）订2016级专业人才培养方案的指导意见》。开展“1+6”专业项目化系列教材开发，完成课程标准编制136门、课程项目化教学设计37门、课程的项目化教材编写37门，新增省级重点建设教材1部。参加各类技能大赛，获国家级奖项32项，省部级奖项53项，其中一等奖12项。开展第三届院级信息化教学和微课大赛，参加省级信息化教学和微课大赛，获二等奖1项，三等奖6项。护理专业学生在江苏省人民医院护理部主办的实习护生技能操作比赛中，获团体第一名。学院组团参加江苏省首届力学创新创意竞赛，获创新制作一等奖。制订《专业诊断与改进工作实施方案》。构建校内、第三方联合听评课机制，创新质量监控平台建设。建成并开放学生公寓自主阅览室。完成图书采购工作，现采图书7批次，网络零采图书100多次，加工编目图书4万多册。

【招生就业创业】2016年，泰职院普专生开学报到数2938人，报到率92.86%，比2015年提高2.1%。全年举办大型招聘会、专场宣讲会340多场，提供就业岗位近2万个。搭建91job智慧就业一站式服务平台，全年吸引900个用人单位上网注册，毕业生激活率99%，推送就业信息10000条，全年帮扶困难学生212名，申请求职创业补贴

30多万元。2016年毕业生就业率和协议就业率分别为98.89%和83.08%。制订《关于进一步加强大学生创新创业教育工作的实施方案》,开展创新创业教育纳入人才培养方案试点工作。申报2016年江苏省高等学校大学生创新创业训练计划项目18项。获全国"发明杯"大学生创新创业大赛一等奖1项、三等奖3项;"创青春"江苏省大学生创业大赛银奖1项。

【学生管理】全年奖助3000多人次,金额1300多万元。开展"一月一主题"教育活动,推进"培优""学优""做同学榜样""三帮"等特色活动,获国家级奖励270人次,获校内奖励1412人次。南京大学泰州校友会、河海大学泰州校友会分别与泰职院开展"结对培优"捐助活动,并向结对优秀学生发放助学金。推进学生社团建设,学生社团121个,参与社团学生8900多人次,举办第十八届校园科技文化艺术节暨第五届学生社团巡礼节。年内,泰职院被授予"泰州市优秀志愿服务组织""江苏省春运青年志愿服务先进集体"称号。"铁路小甜橙"项目获江苏省春运青年志愿服务优秀项目,"博爱青春"项目获江苏省十佳优秀项目奖。

【师资队伍建设】2016年,泰职院共引进各类高层次人才7人,其中博士3人、副教授1人;新增"省青蓝工程优秀青年骨干教师"3人,省"333"第三层次培养人选1人,泰州市突贡专家1人。推进"三年全员分类分层培训计划",选派10人到国内高校、企业担任访问学者和访问工程师,40多人参加各类国培省培项目;遴选8名教师到中国台湾相关高校担任访问学者;组织建工、护理专业团队和学生管理团队共46人赴境外进行专题研修。修订完善《专业教师进企业锻炼管理办法》,开展百名名师和百名企业专家建库工作。初步拟定10家大师工作室。开展首轮岗位设置与聘用工作。完成职务聘任工作,10人晋升高级专业技术职务,其中正教授4人;10人晋升中级专业技术职务。

【科研成教工作】2016年,泰职院完成泰州"十三五"产业发展专项规划5项及泰州医药高新区工业和开放型经济"十三五"发展规划编制工作。"泰州市骨组织工程技术研究中心"获批为泰州市工程技术研究中心。获省、市(厅)级科研立项23项,到账经费117万元。开展各类技术服务106项,横向科技服务到账经费470多万元。教师在省级及以上期刊上发表各类论文314篇,其中中文核心期刊42篇,SCI、EI等收录6篇;出版各类著作(教材)30多部,专利授权18项;获省市科技进步奖2项。3项科研成果获泰州市第十届哲学社会科学优秀成果奖;59篇科研论文获泰州市第十届自然科学优秀论文奖。开展大学科技园筹建工作,将大学科技园建成科技创新平台、产学研合作示范基地,以及科技成果转化,创业孵化和创新人才培养的综合型科技创新平台。成人学历教育招生2996人,其中,"面向艰苦行业和校企合作推荐考核择优入学改革"项目成人高等专科学历教育971人。服务地方区域经济,全年各类培训1.6万多人次,其中对外培训5923人次,培训收入362.3万元。打造"千名蓝领精英培育工程"、退役士兵培训、养老护理员等中高端培训品牌,基本实现"一分院一品牌"。

(张　晨　冯红雨)

基　础　教　育

【概况】2016年,在全省率先出台《关于促进学前教育优质普惠发展的决议》。新建、改扩建幼儿园55所,全市普惠性幼儿园占比77%。新创建省优质园31所、市优质园29所,省优园比例77%,占比全省第一。6个市(区)生均公用经费标准400元/生·年,5个市(区)普惠性民办园生均公用经费执行公办园标准。招录公办教师172名,占当年新招聘教师总数25%,连续第3年招录比例超20%。召开学前教育课程游戏化建设现场推进会,建成幼儿园课程游戏化项目省级3个、市级7个,建成市级课程游戏化建设基地22个。

义务教育"全面改薄"超序时完成年度目标任务。深化教育集团、学区管理、城乡结对等"名校+"模式,实现校际、城乡、区域融合发展。完成《义务教育学校管理标准(试行)》国家实验区工作,为全国实施《义务教育学校管理标准》提供"泰州样本"。新创义务教育现代化学校36所,现代化学校建成比例88%。义务教育全域均衡经验在全省教育工作会议上作经验交流。

开展全市高中教育"接长短板"工作调研。召开全市普通高中"行政班+走班"教学管理改革现场推进会,开展分层教学、走班选课试点。新增省级课程基地3个、省中小学课程建设项目9个、省基础教育前瞻性教学改革实验项目3个。全市高考高分层人数继续位列全省第一方阵。新增四星级高中1所,优质高中比例提高。

【市直教育】指导市直学校制订"十三五"发展规划。泰州实验学校、凤凰小学师生完成分流,凤凰小学、省泰州中学完成搬迁,二中新校区改造工作有序推进,泰州学院附属第一初中、第一小学主体封顶,市特校开设培智班。启动新一轮市直学校中青年教师教学基本功考核,建立教研员蹲点市直学校制度,完善市直学校优秀教育人才教科研奖励机制。

【素质教育"5+2"工程】开展区域集中展示、理论研讨、专项汇报考评等活动，创新发布3批33个学校微创新优秀实践案例，建成素质教育微创新视频80条，确定市直学校素质教育建设项目31个，表彰素质教育"5+2"工程先进学校44所，形成区域推进素质教育的"泰州样式"。将素质教育"5+2"工程实施情况列入市（区）政府教育工作考核和市直学校年度绩效考核。推进"翻转课堂"试点，加强自主课堂建设和自主学习行动。以集体备课等为重点规范校本教研活动，建立名师走教管理平台，强化考试大数据分析。年内，获省教育科学研究成果奖一等奖1项、二等奖4项，获省第四届教育科学优秀成果奖一等奖1项、二等奖2项，获奖人数和获奖层次位居全省前列。完成《美丽泰州》和《普通中小学校长工作手册》编写任务。

2016年12月23日，市教育局举行2016年市（区）素质教育"5+2"工程集中汇报会

【文体活动】落实阳光体育运动，推进体育艺术"2＋1"项目建设和体育艺术进中考，全年共举办校园足球等13个类别体育赛事，在省级各项体育赛事中获金牌28.5块、银牌27块，小学男子、女子足球队均获省青少年足球锦标赛冠军。开展全国中小学生艺术素质测评实验区工作，组织中小学艺术素质测评，举办全市中小学生个人艺术单项比赛，组织开展学校体育艺术"一校一品一特色"创建活动，评选首批体育艺术品牌项目16个、特色项目47个。实施学生体质健康监测，学生体质合格率85%以上。新创中小学心理健康教育特色学校省级5所、市级15所，创成省级健康促进金、银奖学校32所。

特 殊 教 育

【概况】建立残疾儿童少年学籍数据系统，保障残疾儿童少年义务教育全覆盖、零拒绝。市特校开设培智班，完善市区培智教育保障体系。全市共有在普通义务教育学校随班就读残疾儿童836人，在特殊教育学校就读学生583人，实现残疾儿童接受义务教育"全覆盖"。

【全国政协视察团到泰州市特殊教育学校视察】2016年10月20日，全国政协副主席王家瑞率全国政协视察团到泰州市特殊教育学校视察。王家瑞视察校园无障碍设施、学校报告厅、室内体育馆、开放式感统训练区、现代化操场及各功能教室，观摩听障孩子数学课以及美术、手工、书法等特色课，了解泰州特殊学校办学规模、特色发展和特教设备配置使用情况。省政协副主席范燕青，市政协主席王守法，副市长王学锋，市政协秘书长田军，市教育局副局长封留才陪同视察。

2016年10月20日，全国政协视察团到泰州市特殊教育学校视察

职业教育与社会教育

【概况】2016年，泰州市下发《关于大力推进泰州市职业学校创新创业教育工作的指导意见》《泰州市中等职业学校学生创业园管理办法（试行）》等文件，推进创新、创业工作。全省职业学校创新创业教学工作现场会在机电高职举行。联合浙江大学在杭州组织泰州市职业学校创新创业教育培训班。承办第七届江苏省职业教育创新大赛，泰州市共获特等奖1个、一等奖8个、二等奖17个、三等奖30个，泰州市教育局获优秀组织奖。组织优秀创新作品参加国家级创新大赛获特等奖1个，一等奖1个，三等奖3个；组织参加第九届国际发明展，获宝钢奖1个，金奖2个，铜奖5个；启动创客教育，泰州机电高职校"盛谷三维科技有限公司"注册运行，并在老街设立门店，在淘宝和乐创商城开设网店，中标工业产品设计项目13款。年内，出台《泰州市普通高中教育与中等职业教育融合贯通实施方案》，试行学籍互转，学分互认，师资互派，资源共享，实现中等职业学校课程和普通高中课程融通。打通中高职本科的升学通道，实施职业教育贯通分段培养。中职与本科衔接3+4招生171人，3+3招生231人；成

立对口单招联合体，开通对口单招管理系统，统一全市对口单招教学进度，录取本科院校213人。

【基础能力建设】指导靖江中专创建成国家改革发展示范校，上争资金1000万元；组织相关中专校专业群申报，指导泰兴中专数控专业创建成江苏省职业教育现代化中职专业群；指导相关学校申报省级实训基地，9个实训基地接受验收，上争资金2700万元；指导泰州机电高职校、兴化中专校、高港中专校3所学校创建省高水平示范性职业学校，上争资金1500万元。2016年，新增专业12个，机电高职新开机器人、无人机、移动互联网等专业。

【教科研工作】申报获批省级名师工作室挂牌2个，1个列入省级培育。发挥省级“名师工作室”引领作用，加强专业带头人和骨干教师培养培训，完善创新专业教学团队运行机制，形成教育教学、技术攻关和科研协同创新机制。与省教科院合作举办第一批卓越人才班活动正常进行，建立集体备课、听课、评课制度和教师全员参加抽课赛课制度，出台《泰州市中等职业学校教学工作诊断与改进实施方案》，组织对全市职业学校实施教学计划执行情况的全面检查。组织各职业学校申报省级课题，获江苏省第三期职业教育教学改革课题18个课题立项，其中重点课题8个。

【人才培养模式】在坚持2.5+0.5、4.5+0.5的新学制的基础上，鼓励学校弹性掌握基础课程和实习时间的分配，探索建立“见习—回炉—实训实习—顶岗—送教培训”培养模式，提高人才培养质量；指导机电高职等3所学校继续与泰州餐饮协会、天德湖宾馆合作举办宾馆服务专业进行试点，学生与宾馆签订就业协议，由学校负责公共基础课教学、宾馆负责专业课教学，学生半工半读，统一住宿，集中管理，晚自修安排关键能力培训课程等。机电高职与江苏数字鹰科技发展有限公司合作的电气自动化现代学徒制试点项目获省教育厅批准。

【中外合作办学】实施中德诺浩汽车项目、中德机电一体化师(IHK/AHK)项目。靖江中等专业学校与中德诺浩教育投资有限公司合作，联合培养高技能汽车人才，与德国国际焊接研究院合作，引入德国及欧洲焊接人员培训体系，由德国焊接技术与培训研究所直接认证并签发国际焊工资格和国际焊接质检人员资格证，招生100多人。

【社区教育】丰富泰州市民学习网站栏目和内容，所有市(区)都加入江苏学习在线联盟，全市86%的乡镇(街道)社区教育中心建有网站，通过购买、自主开发乡土教材，利用已有泰微课、泰州师说等微视频，逐步实现在线学习，基本形成覆盖全市、面向全体社会成员终身学习网络。年内，创建省高水平农科教示范基地1个，省级社区教育示范区1个，省级标准化社区教育中心14个，教育现代化检测指标提升。全市乡镇社区教育中心开展各类培训9.7万人次。其中农村妇女“网上行”基础技能培训获证人数2845人，居全省第一。

师资队伍建设

【概况】2016年，全市共认定3036人具备相应教师资格、其中幼儿园教师资格754人、小学教师资格983人、初中教师资格589人、高中教师资格694人、中等职业学校教师资格16人。全市公开招聘新教师640人，其中公办幼儿教师136人，比例21.25%；音体美教师118人，占义务教育阶段新招聘总数27.13%。

加强师德师风建设。评选表彰“泰州教育20年十大功勋人物”、第六批师德模范、优秀教育工作者等。开展各类征文评选活动，强化教师职业理想和职业道德教育。实行师德建设问责机制，加大对有偿补课、教育乱收费专项督查治理力度。将师德师风建设列入市(区)综合考核、教师绩效考核的指标体系，全市师德师风建设整体水平获提升。

2016年9月9日，市委书记蓝绍敏为“泰州教育20年十大功勋人物”颁奖

【教师培训】以“面向全员、瞄准高端、提升薄弱、项目推进、整体优化”为内核的卓越教师培训体系，获教育部教师工作司领导批示肯定、省教育厅专题推介、《人民教育》专题报道。开展第三期“泰州师说”网络课程资源建设并组织全员培训，4.2万名专任教师完成9门课程的在线学习任务。完成第二期卓越教师培养工程，正式启动第三期卓培工程。组织特级教师后备人才混合式研修培训。全市名师工作室发展指数和活跃度位列全国地级市第一。实施乡村教师“领雁工程”和“助力工程”，组织乡村骨干教师培育站及专题培训活动，继续实施义务教育学

校音体美专职及兼职教师培训。

【专业素养】参加“一师一优课”活动获部级优课132个、省级优课259个。年内，21人被评为省特级教师，通过率全省第二；11人被评为正高级教师；13人入选第五期省“333”工程第三层次。

【教师管理】出台乡村教师支持计划实施办法，构建教师支教送教走教常态化模式，推动校长教师交流轮岗，强化乡村教师交流保障措施，义务教育教师合理流动比例超20%。颁发首批乡村学校从教30年教师荣誉证书。采取差别化教师补充机制，80%的新招聘教师充实到农村学校，探索实施新招聘教师“先在优质学校跟岗学习、再回农村学校任教”的培养模式。

（杨建忠）

泰州图书馆

科技综述

【概况】2016年，全市高新技术产业产值占规模以上工业比重42.2%；研发经费支出占地区生产总值比重为2.47%；新增高新技术企业233家、高新技术产品644项；获批省级以上各类科技项目258项，财政资金1.57亿元；实现专利申请31925件，发明专利申请10494件，专利授权量12561件，发明专利授权962件，万人发明专利拥有量8.57件。

2016年泰州市科技创新工作目标考核先进市（区）

一等奖　泰兴市、兴化市
二等奖　海陵区、高港区

2016年度泰州市“十佳高新技术企业”名录

扬子江药业集团有限公司
济川药业集团有限公司
江苏罡阳转向系统有限公司
江苏申源特钢有限公司
江苏苏中药业集团股份有限公司
江苏南瑞泰事达电气有限公司
江苏亚星锚链股份有限公司
泰州市创新电子有限公司
江苏微特利电机股份有限公司
江苏富天江电子有限公司

2016年度泰州市发明专利“十强企业”名录

江苏兴达钢帘线股份有限公司
泰州市智谷软件园有限公司
江苏德威兰医疗器械有限公司
江苏春兰清洁能源研究院有限公司
江苏林海动力机械集团有限公司
江苏航天动力机电有限公司
五行科技股份有限公司
江苏威鹰机械有限公司
兴化市利源农业装备制造有限公司
江苏博万丰交通科技有限公司

科技创新和管理

【概况】2016年，实施“3+N”体系科技创新券升级版，将创新券与网上技术交易洽谈平台、大型仪器设备共享、众创空间、创新创业大赛等相结合。全年全市共发放创新券2.02亿元，撬动企业投入近20亿元。实施“研发机构扩面升级三年行动计划”，全市大中型工业企业和规模以上高新技术企业研发机构建有率93%，列全省第1位，有效建有率81%，列全省第7位，新增省级企业重点实验室2家（全省仅7家）、省级工程技术研究中心10家。实施“十百千”工程（“十家科技型领军企业、百家创新型企业、千家高新技术企业”培育计划），2016年，新认定高企233家，全市高新技术企业556家。

【离岸孵化工作】召开全市推进创新创业离岸孵化工作

会议，出台《泰州市推进离岸孵化 促进创新创业行动计划》，鼓励在高校资源和科研院所集中的城市和地区，建立离岸孵化网络，拓展市外创新服务，创新孵化延伸到源头，把创新成果集聚到泰州。2016年10月21日，全市推进创新创业离岸孵化工作会议召开，创新创业离岸孵化工作启动，至年末已建立离岸孵化基地33家，洽谈孵育项目31个，落户项目6个。

【“众创空间”建设】年内，市科技局建立大众创新创业联席会议制度，构建大众创新创业服务平台。建立“创投+孵化+服务众创空间发展模式。搭建“泰汇创”—泰州创客大联盟”网站，实现创客空间线上和线下相结合、孵化与投资、创新和产业相结合。2016年，华航智慧光电创新工场、润泰蜂鸟众创空间等10家众创空间备案为省级众创空间，全市有省级众创空间18家。

2016年8月5日，市领导蓝绍敏（右一）、卢佩民（左一）出席“泰汇创”——泰州创客联盟网站启动仪式

【农村科技创新】出台《泰州市科技局关于加快推进农村科技服务超市体系建设的实施意见》。2016年，新建农村科技服务超市分店1家、便利店12家。全市推广农业新技术、新成果487项，开展培训384场、43964人次，服务农民224326人次。兴化市被省科技厅认定为江苏省首批农村科技服务超市示范县、兴化特种水产产业分店被省科技厅认定为江苏省首批农村科技服务超市示范店，是省内农村科技服务超市建设标杆。年内启动“星创天地”，高港果蔬星创天地、兴化特种水产星创天地、泰兴银杏果蔬星创天地3家被科技部列入首批备案名单。

科技项目和成果

【概况】2016年，全市有4家企业参与完成的3个项目获国家科技奖，其中国家科技进步奖一等奖2项，国家技术发明二等奖1项（泰州市2家单位参与），国家科技进步奖二等奖1项。有11家企业参与完成的项目获省科学技术奖，其中省科技进步奖一等奖2项，省科技进步奖二等奖2项，省科技进步奖三等奖7项。市科技进步奖89个，其中一等奖7个，二等奖22个，三等奖60个。

全市获批省级以上科技项目258项，上争资金1.57亿元，其中：省重大成果转化10项，获批资金9200万元；省科技创新团队1项，资金扶持300万元；省科技支撑计划项目24项，获批资金2380万元；省创业孵育计划3项，资金410万元；省战略性新兴产业发展专项资金项目1项，资金1000万元。

2016年新增高新技术企业一览表

（泰州市部分）

表27

序　号	企业名称
1	泰兴市振兴电子有限公司
2	靖江先锋半导体科技有限公司
3	江苏松林汽车零部件有限公司
4	江苏中科金龙化工有限公司
5	江苏富强特钢有限公司
6	江苏苏东化工机械有限公司
7	中崇信诺生物科技泰州有限公司
8	江苏凯圣新材料科技有限公司
9	江苏兆胜空调有限公司
10	江苏金秋竹集团有限公司

续表27-1

序　号	企业名称
11	江苏富天江电子电器有限公司
12	泰州新源电工器材有限公司
13	江苏张弛轮毂制造有限公司
14	泰州浙华机械精锻有限公司
15	华达汽车科技股份有限公司
16	泰州三福船舶工程有限公司
17	江苏丰源船舶工程有限公司
18	泰州永盛彩印包装有限公司
19	泰兴市迅达通讯器材有限公司
20	江苏亚龙数码科技有限公司
21	泰州正大饲料有限公司
22	江苏浩瀚蓝宝石科技有限公司
23	江苏永涛实业有限公司
24	江苏中丹制药有限公司
25	江苏天罡精密铸造有限公司
26	江苏天脉化工有限公司
27	江苏中杰澳新材料有限公司
28	江苏远通波纹管有限公司
29	江苏恒力制动器制造有限公司
30	江苏银锡高温线缆有限公司
31	惠尔信机械(泰兴)有限公司
32	泰州市宝瑞石油设备制造有限公司
33	江苏强达新材料科技有限公司
34	江苏民生特种设备集团有限公司
35	江苏江电电力设备有限公司
36	江苏赛洋机电科技有限公司
37	江苏欣盛空调有限公司
38	江苏新方圆电气设备制造有限公司
39	江苏海装金属成型科技有限公司
40	泰兴市臻庆化工有限公司
41	江苏达骏生物科技有限公司
42	泰州宏达绳网有限公司

续表27-2

序 号	企业名称
43	江苏善之源健康科技有限公司
44	江苏京生管业有限公司
45	江苏耐尔冶电集团有限公司
46	江苏春兰清洁能源研究院有限公司
47	江苏泰特尔新材料科技有限公司
48	泰兴市凤灵提琴制造有限公司
49	泰州市安腾轴皮厂（集团）
50	靖江市春意空调制冷设备有限公司
51	泰兴协联众达化学有限公司
52	江苏兴龙金属制品股份有限公司
53	江苏新广生物科技有限公司
54	泰州市创新电子有限公司
55	泰州华东数控机床有限公司
56	江苏瑞宇医疗用品有限公司
57	泰州茂翔电子器材有限公司
58	江苏赛德力制药机械制造有限公司
59	泰兴瑞泰化工有限公司
60	江苏华源防爆电机有限公司
61	江苏舜驰钨钼制品有限公司
62	兴化市东昌合金钢有限公司
63	江苏昊鹏机械有限公司
64	江苏金泰堡机械制造有限公司
65	江苏硕世生物科技有限公司
66	江苏云净环保设备有限公司
67	江苏河海给排水成套设备有限公司
68	兴化华东齿轮有限公司
69	兴化市通舟船舶设备有限公司
70	江苏强盛汽配制造有限公司
71	泰州龙冉装饰材料有限公司
72	江苏嘉禾燃气设备有限公司
73	江苏泰斯特电子设备制造有限公司
74	江苏金也汽车配件有限公司

续表27-3

序　号	企业名称
75	江苏开源环保技术工程有限公司
76	中船永志泰兴电子科技有限公司
77	江苏华东正大空调设备有限公司
78	江苏中昊船用阀门制造有限公司
79	泰兴市东盛电子器材厂
80	双登集团股份有限公司
81	江苏扬子鑫福造船有限公司
82	泰州市金海运船用设备有限责任公司
83	江苏明星减震器有限公司
84	江苏南山冶金机械制造有限公司
85	泰州市玉林动力机械有限公司
86	江苏省北科生物科技有限公司
87	靖江新舟合金材料有限公司
88	泰州市春达动物药业饲料有限公司
89	江苏达力叉车有限公司
90	江苏德创制管有限公司
91	泰州市江滨压延厂
92	江苏智航新能源有限公司
93	靖江市恒丰铆钉制造有限公司
94	江苏晨光波纹管有限公司
95	江苏泽宇环境工程有限公司
96	江苏省国盛稀土有限公司
97	中生方政生物技术股份有限公司
98	泰州腾翔信息科技有限公司
99	江苏海川电气制造股份有限公司
100	泰州市金鹰精密铸造有限公司
101	江苏曙光石油钻采设备有限公司
102	泰州建源仪表有限公司
103	江苏东奇标准件有限公司
104	江苏永昊高强度螺栓有限公司
105	江苏恒新门业有限公司
106	江苏兴洋船舶设备制造有限公司

续表27-4

序　号	企业名称
107	江苏迪沃生物制品有限公司
108	江苏华彤新能源科技有限公司
109	兴化市富邦机械有限公司
110	兴化市江润建材机械有限公司
111	江苏默乐生物科技股份有限公司
112	江苏景泰石油化工装备有限公司
113	江苏鸿诚金属制品股份有限公司
114	江苏康柏斯机械科技有限公司
115	江苏博立生物制品有限公司
116	泰州市旺灵绝缘材料厂
117	泰州市众擎金属制品有限公司
118	江苏子辰教育设备有限公司
119	兴化市银河仪器仪表有限公司
120	泰州友润电子科技股份有限公司
121	江苏星鑫分离设备制造有限公司
122	江苏德华泵业有限公司
123	江苏精彩风机制造有限公司
124	欧技工业设备(江苏)有限公司
125	江苏凯元科技有限公司
126	泰州市华诚钨钼制品有限公司
127	江苏新泰泵阀制造有限公司
128	江苏华冶科技股份有限公司
129	江苏安泰生物技术有限公司
130	江苏耀宇新型管业有限公司
131	江苏恒力达机械有限公司
132	泰州市金鼎电子有限公司
133	江苏澳伦特印刷器材有限公司
134	江苏红旗种业股份有限公司
135	泰州市大华机电设备有限公司
136	泰州市晨虹数控设备制造有限公司
137	江苏乐彩印刷材料有限公司

续表27-5

序　号	企业名称
138	泰兴市双羊皮革橡塑机械厂
139	江苏中盛医学诊断试剂有限公司
140	靖江市佳佳工程机械制造有限公司
141	华和通信科技江苏有限公司
142	江苏创璟温室设备有限公司
143	江苏锐盾警用装备制造有限公司
144	江苏靖江叉车有限公司
145	靖江市宁泰科技有限公司
146	江苏荣联科技发展股份有限公司
147	江苏海达船用阀业有限公司
148	兴化市联富食品有限公司
149	泰州市华丰科技设备有限公司
150	泰州枫叶冶金设备有限公司
151	江苏贝特管件有限公司
152	江苏双轮泵业机械制造有限公司
153	江苏新迅达不锈钢制品有限公司
154	泰州市胤鸿机械设备有限公司
155	江苏省麒麟铸业有限公司
156	泰州市强达不锈钢丝绳有限公司
157	兴化市祥和制药机械有限公司
158	江苏金鼎汽车锁制造有限公司
159	泰州进鑫机械有限公司
160	江苏星辰星汽车附件有限公司
161	江苏新蕾麦芽有限公司
162	兴化市春达铜业有限公司
163	兴化市兴东铸钢有限公司
164	江苏福坤玻璃有限公司
165	江苏华昊新能源科技股份有限公司
166	江苏荣泰门业有限公司
167	江苏华科塑业有限公司
168	江苏九洲环保技术有限公司

续表27-6

序　号	企业名称
169	江苏润钰新材料科技有限公司
170	江苏祥云塑料科技有限公司
171	捷运环保材料(江苏)有限公司
172	泰州市科研精细化工有限公司
173	兴化市正福塑业有限公司
174	江苏佳佩环保机械设备有限公司
175	江苏扬子净化工程有限公司
176	江苏源泉泵业有限公司
177	泰兴市福昌环保科技有限公司
178	泰州明锋资源再生科技有限公司
179	亚太泵阀有限公司
180	江苏天鹅乐器有限公司
181	泰兴市凤灵吉他制造有限公司
182	江苏鼎新环保科技有限公司
183	江苏丰东环保科技股份有限公司
184	江苏吉祥空调设备有限公司
185	江苏进源压力容器有限公司
186	江苏迈能高科技有限公司
187	江苏民生重工有限公司
188	江苏雪梅制冷设备有限公司
189	江苏兆胜科技股份有限公司
190	江苏晟楠电子科技股份有限公司
191	泰州格灵电器制造有限公司
192	江苏精海变压器有限公司
193	江苏泰航电器有限公司
194	江苏中鹏电器有限公司
195	江苏兴缘高温线缆有限公司
196	江苏京川水设备有限公司
197	泰州市柯普尼通讯设备有限公司
198	江苏双峰粉末冶金制品有限公司
199	泰州市凌峰机电设备有限公司
200	江苏曙光华阳钻具有限公司

续表27-7

序　号	企业名称
201	江苏创为数控机床有限公司
202	江苏力盛船舶设备制造有限公司
203	泰州市沪江特种设备有限公司
204	环球传动泰州有限公司
205	江苏广通管业制造有限公司
206	泰州市宏祥动力机械有限公司
207	泰州市瑞驰动力机械有限公司
208	江苏微特利电机制造有限公司
209	江苏兴亚船用阀门有限公司
210	泰州浩邦科技发展有限公司
211	泰州市安捷利汽车配件有限公司
212	泰州欣康基因数码科技有限公司
213	江苏泰康生物医药有限公司
214	江苏凯特莉包装科技有限公司
215	江苏万华拓谷新材料科技有限公司
216	江苏锡华铸造有限公司
217	泰州双羊精密无缝钢管有限公司
218	泰州康乾机械制造有限公司
219	泰州市贝斯特钼制品有限公司
220	泰州市旺鑫耐火材料有限公司
221	江苏东方砂轮有限公司
222	泰州雅美雨和新材料有限公司
223	泰州市姜堰区鑫汇来纺织机械有限公司
224	兴化市汤氏纺机制造有限公司
225	江苏新风环保科技有限公司
226	江苏安方电力科技有限公司
227	泰兴市康复护理设备有限公司
228	江苏腾发建筑机械有限公司
229	泰州市扬帆车件有限公司
230	丰益春之谷生物科技(江苏)有限公司
231	江苏世隆电机有限公司
232	江苏盛阳消防门业有限公司
233	江苏春龙亚麻纺织有限公司

2016年江苏省科技成果转化专项资金项目一览表

（泰州市部分）

表28

序号	项目名称	承担单位	省拨经费（万元）			
			合计	拨款	后补助	贴息
1	机器人用高强耐蚀高氮奥氏体不锈钢焊丝研发及产业化	江苏金桥焊材科技股份有限公司	1000	800	0	200
2	大容量三元锂离子电池动力电源系统研发及产业化	江苏春兰清洁能源研究院有限公司	1000	800	0	200
3	治疗非小细胞肺癌（NSCLC）小分子靶向抗癌药物盐酸厄洛替尼的研发及产业化	扬子江药业集团有限公司	800	200	600	0
4	基于全面质量控制的清宣止咳颗粒二次开发关键技术研发及产业化	江苏苏中药业集团股份有限公司	1000	800	0	200
5	超高场磁共振7T超导磁体的研发及产业化	江苏美时医疗技术有限公司	800	200	600	0
6	高效短流程冷凝式工业加热装置研发及产业化	托普工业（江苏）有限公司	1000	800	0	200
7	极端高温工况高可靠性熔盐泵的研发及产业化	江苏飞跃机泵集团有限公司	1000	800	0	200
8	面向空心涡轮叶片制造的精密陶瓷型芯的研发及产业化	兴化市兴东铸钢有限公司	800	600	0	200
9	基于红外干法杀青的脱水蔬菜节能生产成套技术装备研发及产业化	江苏李工果蔬机械有限公司	1000	800	0	200
10	碳纤维立体间隔织物成套装备的研发及产业化	江苏友诚数控科技有限公司	800	600	0	200

2016年江苏省重点研发计划项目表一览表

（泰州市部分）

省重点研发计划（现代农业）项目

表29　　　　单位：万元

序号	项目名称	承担单位	获批总额	主管部门
1	大豆基面制品生物调质剂生产关键技术研究	江苏新广生物科技有限公司	50	泰兴市科知局
2	功能性全麦面粉生产关键技术研究与产品开发	江苏宇寰面粉有限公司	50	
3	高效智能循环式谷物干燥机关键技术研发	江苏谷泰粮食机械科技有限公司	100	靖江市科知局
4	大麦副产物麦叶的增值利用关键技术研究及新产品开发	江苏顶能食品有限公司	50	兴化市科知局
5	桃、草莓等非商品果综合利用关键技术及产品开发研究	兴化市联富食品有限公司	100	
6	稻麦秸秆资源化高值化循环利用技术集成创新与示范	兴化市新土源基质肥料有限公司	150	

2016年泰州市获国家、省级科学技术奖项目一览表

表30

获奖等级	项目名称	完成单位	地 区
国家技术发明二等奖	多工位精锻净成形关键技术与装备	江苏太平洋精锻科技股份有限公司(参与)	姜 堰
国家技术发明二等奖	多工位精锻净成形关键技术与装备	江苏飞船股份有限公司(参与)	姜 堰
国家科技进步奖一等奖	IgA肾病中西医结合证治规律与诊疗关键技术的创研及应用	江苏苏中药业集团股份有限公司(参与)	姜 堰
国家科技进步奖二等奖	国际化导向的中药整体质量标准体系创建与利用	扬子江药业集团有限公司(参与)	高 港
省科技进步一等奖	全工况高性能泵关键技术研究及工程应用	江苏振华泵业股份有限公司(参与)	姜 堰
省科技进步一等奖	中药资源产业化过程循环利用模式与适宜技术体系创建及其推广应用	江苏苏中药业集团股份有限公司(参与)	姜 堰
省科技进步二等奖	水禽主要疫病快速诊断与防控技术的研究和应用	江苏农牧科技职业学院	高新区
省科技进步二等奖	果蔬休闲食品组合干燥技术创新与应用	兴化市联富食品有限公司(参与)	兴 化
省科技进步三等奖	二维材料-贵金属复合体系的光学性质检测与调控	泰州巨纳新能源有限公司(参与)	高新区
省科技进步三等奖	大型抗结焦乙烯裂解炉	卓然(靖江)设备制造有限公司	靖 江
省科技进步三等奖	新型电解槽与氯化钴电积新技术研究及其产业化	江苏凯力克钴业股份有限公司	泰 兴
省科技进步三等奖	韧性铁-铬-铝铁素体电热合金	江苏星火特钢有限公司	兴 化
省科技进步三等奖	绿色轮胎用超高强度钢帘线关键技术研发及产业化	江苏兴达钢帘线股份有限公司	兴 化
省科技进步三等奖	新能源汽车用高能锂离子电池动力电源系统关键技术研究与应用	江苏春兰清洁能源研究院有限公司	海 陵
省科技进步三等奖	超低温氟橡胶的关键技术研发及产业化	江苏梅兰化工有限公司	海 陵

2016年度泰州市科技进步奖获奖项目表

表31

一等奖7项

序号	项目名称	项目完成人	完成单位
1	低温烧结水口锆芯研发与应用	高桂航、宋振亚、钱晓飞、缪建兵、高桂显、周九喜	泰州市旺鑫耐火材料有限公司
2	高效耐强腐蚀抗氢钢热交换装置	张文彬、刘兴亚、高华金、冯翼飞、陆卫明、卢宏文、钱春	江苏民生特种设备集团有限公司
3	全数控智能型剑杆织机生产技术	王勇、周新强、杨毅、杨中青、汪亚俊、朱乐章、吕建友	江苏友诚数控科技有限公司
4	中药六类新药柴芩清宁胶囊	宋敏、曾海松、邵秋红、赵倩、吴晓美、吴革林、游慧	扬子江药业集团
5	猪繁殖与呼吸综合征(猪蓝耳病)防治药物的开发与应用	蒋春茂、陈晓兰、武彩红、贾纪萍、管远红、金礼琴、刘锋、石继国、周栎	江苏农牧科技职业学院、扬中牧乐药业有限公司、江苏中牧倍康药业有限公司
6	食管鳞癌分子分型及其临床意义的系列研究	黄俊星、于鸿、韩高华、郭卿、姚娟、吴正东、戴圣斌、钱荣誉、李红志	泰州市人民医院
7	脑损伤急性期的集束化治疗	叶纪录、陈小枫、濮雪华、揭红英、薛寒、陈黎	泰州市人民医院

二等奖22项

序号	项目名称	项目完成人	完成单位
1	高品质钒氮合金绿色节能制造关键技术研究及产业化	黄启会、蒋荣奎、胡力、黄东、戴罗兄、王玉、张晓菊	江苏渝鑫科技股份有限公司
2	节能型球磨机用端衬板	顾开明、吕学鹏、马乃恒、王丽萍、顾鹏、顾红军、何雪兰	江苏双星特钢有限公司
3	警用防弹盾牌	倪峻峰、黄院章、倪晓峰、肖海波、施君、陆金南	无畏警用装备有限公司
4	第四代核反应堆压力容器用镍基焊丝	刘庄明、陆善平、计建康、张平则、魏东博、陈小虎、朱龙平	江苏兴海特钢有限公司
5	高品质蓝宝石智能化长晶成套系统	吴成荣、郭余庆、蒋长峰、张凤、马海霞、郭维、郭宏鹤	江苏浩瀚蓝宝石科技有限公司
6	基于粒子群-多物理场优化高效电机轻量化与热控制关键技术及应用	李锦洲、李伟力、曹君慈、汪家俊、李栋、宫建军、马祥宏	江苏微特利电机制造有限公司
7	核电和其他特殊行业5000kW以上大功率立式齿轮箱机组	孔霞、蔡云龙、张介禄、张绍明、徐哲	江苏泰隆减速机股份有限公司

续表31-1

序号	项目名称	项目完成人	完成单位
8	带履带隧道救生舱	谢翠斌、赵和平、邵鹏程、杨光、谢荥、项忠庆、周鹏程	泰兴市华诚机电制造有限公司
9	大飞机用轻型材料耐环境抗干扰机电组件的稳健优化设计及制造关键技术	钱华国、许桢英、谢方伟、邹荣、陈立宇、殷萍萍、王匀	泰州市航宇电器有限公司
10	无菌聚合真皮支架材料创面覆盖物研发及产业化	朱宁文、郭悦明、陈飞、申淼、朱云、贾正、陈玲	江苏华亿细胞组织工程有限公司
11	双晶型抗肿瘤药枸橼酸他莫昔芬的开发	王庆辉、牛明玉、张沛、马立金、乔健、胡丽娜、齐洪侠	扬子江药业集团江苏海慈生物药业有限公司
12	泰州优质芋头品种改良及轻简高效栽培技术创新与应用	焦庆清、张培通、谢吉先、殷剑美、王全友、吴薇、孙剑霞	江苏省农业科学院泰州农科所；江苏省农业科学院经济作物研究所；泰兴市农业科学研究所；靖江市农业科学技术推广中心，泰兴市经济作物栽培技术指导站；兴化市作物栽培技术指导站
13	鸡传染性法氏囊病防控新技术研究与应用	朱善元、王永娟、王安平、吴双、戴建华、陆辉、秦　枫	江苏农牧科技职业学院
14	低颅压综合征影像征象和定量诊断指标的临床应用价值的研究	田为中、张继、陈锦华、夏建国、丁洪彬、刘颖、陈小云	泰州市人民医院
15	泰州市手足口病肠道病毒病原谱及其分子进化研究	查杰、马智龙、杨海玉、董洪燕	泰州市疾病预防控制中心
16	系统性炎症指标在人结直肠癌预后中的临床意义	林茂松、高明军、张东丽、孔旭辉、周小丽、赵燕、孔宏芳	泰州市人民医院
17	心房颤动诊断及发病机制中基因检测的应用价值研究	朱莉、阮中宝、任寅、李建民、吴祝兰、陈各才、倪晓苏	泰州市人民医院
18	保留盆腔自主神经的宫颈癌根治术的临床研究	冯兰兰、张建平、奚滕滕、孙友红、夏爱华	泰州市第二人民医院
19	微种植体颌骨植入区CBCT测量分析	李文艳、唐兵、段义峰、贾春梅、冯莉、陈晓峰、唐瑾	泰州市口腔医院
20	中药结合脊柱内窥镜技术治疗下腰段腰椎间盘突出症	鲍自立、孙宣、倪建平、周国柱、郭佳、刘焱、顾军	靖江市中医院
21	牛膝活血汤预防深静脉血栓	袁泳、王铠、沈绍勇、袁荣清、吴敏	泰州市中医院
22	一般拓扑学相关理论的研究及应用	沈荣鑫、葛洵、曹春芳、潘小明、马春亚、张学茂、刘来山	泰州学院

续表31-2　　三等奖60项

序号	项目名称	项目完成人	完成单位
1	第四代核电蒸发器用镍基合金支撑板	华大凤、邵兴明、王树平、刘威、王少华	江苏新华合金电器有限公司
2	耐高温炉内辊	马中亮、于兴仁、蒋斌、马忠建、朱学勤	江苏南山冶金机械制造有限公司
3	聚四氟乙烯永久性建筑膜材关键技术研发及应用	李维伟、朱其达、陈南梁、蒋金华、徐卫兵	江苏维凯科技股份有限公司
4	法兰式球笼温冷联合锻造一次成型技术的研发及产业化	顾成义、薛克敏、沈华宾、梅荣银、谢国兵	江苏海宇机械有限公司
5	新能源车辆胎压突变的EPS主动控制和失稳轨迹决策的研发及产业化	宋海兵、李志鹏、郭艳玲、谢军、王春宏	江苏罡阳转向系统有限公司
6	潜孔锤凿岩钻孔机用一体式双向输出动力头	张吉林、丁锁平、吴声震、钱亚宾、殷凡	江苏泰来减速机有限公司
7	轻便智能型大排量防洪抢险泵研发及产业化	张成华、蒋文军、周琴、徐云、曹国春	亚太泵阀有限公司
8	汽车结构件高强度钢冲压模具回弹精确补偿与工艺稳健性研究	葛江宏、陈斌、朱剑云、唐伟、王玉兴	华达汽车科技股份有限公司
9	绿色环保型10000TEU集装箱船研发	穆友江、管华东、闵松、陈金炉、许金波	江苏扬子鑫福造船有限公司
10	等内径直流三维球型补偿器的研发与应用	洪亮、苏春、曹广金、钱苏荣、洪　磊	江苏贝特管件有限公司
11	高速大功率永磁电动机	钱伟、刘广峰、仇枫懿、陈虎威、王学青	江苏航天动力机电有限公司
12	YQJ-GW型核泵用高温低噪声舰用电机研发与应用	俞志君、张新、曹正海、王浩亮、张学军	江苏远东电机制造有限公司
13	汽车侧窗玻璃印刷天线放大器系统	蒋小平、宋健、殷伟、施蓉、王月梅	泰州苏中天线集团有限公司
14	车联网下汽车无钥匙进入系统	戴红、肖劲伟、李卫兵、涂豫、周胜斌	皓月汽车安全系统技术股份有限公司
15	低互调微波高频LTCC电路基板	倪新军、贺永宁、李健凤、刘兆、倪文波	泰州市博泰电子有限公司
16	甜菊甙及高纯度莱鲍迪甙A的提取新工艺研发和产业化应用	周伯雅、于青海、张竹山、赵维民、丁爱波	兴化格林生物制品有限公司
17	高效节能型污泥深度处理设备	花成巍、王飞、黄华、贾少伟、陈健	江苏康泰环保股份有限公司
18	2B-4A自走式多功能育秧机	陈勇、孙景、戴飞、田铭义、张瑞宏	江苏永涛实业有限公司　扬州大学
19	智能化水田耕整机	曹冬林、周金俊、王晓晔、王荣、缪冬平	泰州樱田农机制造有限公司
20	泰州市农产品质量安全网格化监管工作平台的研制与推广应用	徐冬寅、严利、赵婷婷、成维莉、程涛	江苏农牧科技职业学院、泰州昊龙信息科技有限公司
21	鹿茸菇等珍稀食用菌现代工厂化生产技术集成创新	贲伟东、杨仁智、赵明文、张源、师亮	江苏菇本堂生物科技股份有限公司

续表31-3

序号	项目名称	项目完成人	完成单位
22	低压无针注射器的研发及产业化	孙溢、周斌、王希良	江苏丞宇米特医疗科技有限公司
23	不同鹅品种遗传多样性研究及杂交利用	王健、段修军、董飚、孙国波、张玲	江苏农牧科技职业学院、江苏现代畜牧科技园、江苏丰达水禽育种场
24	蛋鸭标准化笼养新技术示范与推广	夏新山、包祥嘉、李新宇、孙军华、孙谦	泰州市畜牧兽医技术指导中心
25	耐迟播、高抗梭条花叶病小麦新品种宁麦19的选育与推广	查联群、王德成、刘晓雷、周轩正、常书琴	江苏红旗种业股份有限公司
26	宽体金线蛭池塘网箱高效养殖技术研究	熊良伟、陶桂庆、王建国、王帅兵、乔小燕	江苏农牧科技职业学院　靖江市明星水蛭科技有限公司
27	发酵鸭加工关键技术及产业化	李志方、施帅、徐海祥、王正云、陈高	江苏农牧科技职业学院
28	人感染高致病性重症禽流感患者护理研究	孙兰珍、王素珍、沙鸭云、李晓琴、顾菲菲	泰州市人民医院
29	雷公藤红素抗胃癌的作用及机制研究	沙敏、叶军、栾正云、丁蔚、汪佳	泰州市人民医院
30	减毒沙门氏菌运载Neu3重构质粒对前列腺癌的治疗作用	李晓洁、李扬、周瑞芳、马文樵、陈宜刚	泰州职业技术学院
31	RAD50、IL33和IL1RL1基因与汉族人群过敏性哮喘发病相关性研究	陈杰斌、金英姬、张亚明、胡浩忠、戴爱所	泰州市人民医院
32	Trop-2在非小细胞肺癌中的表达及临床意义	高小燕、江爱桂、卢慧宇、张立新、张德耕	泰州市人民医院
33	ATG16L1和IL23R的基因多态性与汉族人群克罗恩病的相关性研究	张洁、伏亦伟、杨斌、周鹏、刘翠霞	泰州市人民医院
34	经内镜隧道式粘膜下剥离术治疗大面积食管早癌及癌前病变	周正斌、戴晓荣、成宏伟、黄震、闫坤锋	泰兴市人民医院
35	苦参碱联合高三尖杉酯碱抗急性髓细胞白血病的实验及临床研究	韩乔燕、孙淼、叶金松、吴玲玉、陈浩月	靖江市人民医院
36	多西紫杉醇节拍化疗治疗晚期非小细胞肺癌的临床研究	李为春、陈珏、崔林、李丽、丛俊华	泰州市第二人民医院
37	尿毒症继发性甲状旁腺功能亢进的综合治疗	章旭、曹娟、赵彩霞、李海涛、王涛	泰兴市人民医院
38	恶性脑胶质瘤术后三维适形放疗联合三苯氧胺治疗的临床研究	周绍兵、刘阳晨、尹小祥、高飞、孙红娟	泰兴市人民医院
39	电子止吐仪联合盐酸帕洛诺司琼预防高致吐化疗药物所致胃肠道反应的研究	刘君、肖扬、郭建雄、马益慧、蔡丽华	泰兴市人民医院
40	同步放化疗联合厄洛替尼治疗食管癌的疗效观察	叶宏勋	泰兴市人民医院

续表31-4

序号	项目名称	项目完成人	完成单位
41	IL-6及BNP与心力衰竭及其左心室舒张末期内径的关系	邓新桃、郑金国、何永辉、陆菊如、沈春华	兴化市人民医院
42	急重症脑卒中患者相关性肺炎的危险因素及外周血单核细胞计数对其预测价值	沈骏、周仁华、徐建红、姜宇、曲海英	泰州市第四人民医院
43	星状神经节阻滞治疗经前期综合征的研究	王宏伟、田斌斌、顾春亮、胡百奇、曹兵	泰兴市第三人民医院
44	癌痛患者多模式综合镇痛的临床研究	余　健、王　荣、毛冬兰、李安宝、印红梅	泰兴市人民医院
45	脑室型探头在进展型双额叶脑挫裂伤中的应用	张闻闻、徐勤义、胡旭、董吉荣、徐亦农	泰州市第四人民医院
46	腹腔镜脾切除联合贲门周围血管离端术治疗肝硬化门脉高压症	朱志贤、唐俊、蒋国庆、张焱辉、李靖锋	靖江市中医院、苏北人民医院
47	腹腔镜下腹主动脉旁淋巴结切除在子宫内膜癌诊治中的临床研究	杨纪实、周留林、王君、印慧琴、邵莉萍	泰兴市人民医院
48	MUC4、MUC5AC、MUC16和NF-kb/p65在卵巢癌组织中的表达及意义	徐信兰、孔祥、孙鸿展、钱华、卜新华	泰州市人民医院
49	NOX2和NOX4在人创伤性颅脑损伤后的表达及临床意义	李震、齐心、陈鹏、车彦军、陶春牡	靖江市人民医院
50	颅脑外伤患者的免疫改变及早期高压氧联合依达拉奉的免疫干预和疗效	封林森、马建华、季海明、刘艺春、段晓春	泰兴市人民医院
51	穿刺排气法在TEP治疗隐匿疝中的应用	曹赣、刘庆宏、葛永祥、王勇、田野	泰州市人民医院
52	人前列腺癌细胞系PC-3再表达雄激素受体(AR)的肿瘤生物学特性研究及其意义	刘欣、姚宝庚、朱欧奇、袁玲、陆志平	靖江市人民医院
53	改良摆型矫治器远移上颌磨牙的疗效分析	陈敏、丁存善、周红祥、缪玉辉、周向秀	泰州市第四人民医院
54	面部多发性骨折手术进路冠状切口的应用研究	倪文庆、卜寿山、戈伟、姜菲菲、谷芳	泰州市中医院
55	谢兆丰散积消脂颗粒治疗非酒精性脂肪肝临床研究	黄晨昕、钱祥夕、俞芹、申春玲、凌静	泰州市姜堰中医院
56	射干麻黄汤中药配方颗粒治疗轻度哮喘的疗效观察	蒋云峰、颜晓明、申晶莺、王池、董杨	泰州市中西医结合医院
57	黄芪桂枝五物汤手足浴联合钙镁合剂防治奥沙利铂神经毒性的临床研究	王强、钱建业、张熔熔、于志琴、钱详夕	泰州市姜堰中医院
58	非线性动力学理论在能源经济系统中的应用	王明刚、尚旭东、许华、王春梅、潘学哉	南京师范大学泰州学院
59	泰州市建筑节能与绿色建筑适宜技术设计指南	孙建华、周荣来、吴志敏、丁伟扬、陈浩	泰州市住房和城乡建设局
60	泰兴市城乡居民主要慢性病患病现况及危险因素研究	常军、周余春、刘红建、徐爱国、范敏	泰兴市疾病预防控制中心

科技合作和服务

【概况】2016年，泰州市开展武汉、广州、伊犁、西安“院校行活动”，组织企业“科技淘宝团”，走访武汉理工大学、华中科技大学、华南理工大学、西安交通大学、西北工业大学和中科院西安光机所等院所，达成意向性合作近百项。通过网上洽谈会共征集最新科技成果487项，完成技术对接278次，达成意向43次。全年签订产学研合作协议400项，新建产学研联合体135家，新增校企联盟159个。泰州市与中科院大连化学物理研究所正式签订协议，合作共建“中科院大连化物所江苏（泰州）生物医药创新研究院”。

2016年6月27日，中科院大连化物所江苏（泰州）生物医药创新研究院落户中国医药城

推进“互联网+”战略，“泰科易”网上技术交易平台共收录科技成果31586条，入驻高校院所236家、专家教授4878人，促成落地项目178项，合同签约金额超1亿元，成为全国首家地市级“亿元”网上技术交易平台。至2016年末，平台成交技术项目已投产69项，技术成果转化率40%，已投产项目技术合同总额5568.8万元，形成专利226个，带动投资6.08亿元。

【科技金融】2016年，泰州市科技局创新科技和金融结合的体制机制，推进科技信贷和创业投资，促进技术、资本、人才等创新创业要素向科技企业、科技园区、新兴产业集聚，为全市科技创新创业提供支撑。至年末，市本级发放“苏科贷”贷款129笔，投放贷款3.563亿元，全部面向年销售5000万元以下的小微科技企业。

知识产权发展和保护

【概况】2016年，全市实施知识产权战略和企业知识产权管理国标贯彻工作，9家企业获批省贯标绩效评价优秀企业，4家企业获批省级知识产权战略推进计划项目。高港区获批2016年度江苏知识产权强省区域建设示范市（区）。高港高新技术开发区获批国家知识产权试点园区和江苏省知识产权示范园区。全年专利授权量12561件，其中发明专利授权量962件，比2015年增长47.87%，增幅位列全省第2位；万人发明专利拥有8.57件，位次比2015年前移1位，列省辖市第7位。

年内，泰州知识产权服务业联盟成立，开展知识产权服务机构分级评价，建立健全信用管理制度，规范服务机构经营行为。设立海陵区公共专利“超市”。开展“知识产权进学校、进企业”活动，为60多家高校、企业提供专利咨询服务。制订《泰州市2016年度知识产权执法维权“护航”专项行动方案》，联合相关部门对商贸流通企业开展专利执法检查，查处专利案件160多件。组织“12330”志愿者队伍开展“12330”广场宣传咨询活动，解答市民咨询百余人次，发放宣传手册500多份；组织各市（区）、高等院校参与《中国知识产权报》“4·26”特刊知识产权知识竞赛。举办2016年度泰州市知识产权维权援助12330志愿者骨干培训班、“法制大讲堂——知识产权管理与保护专场”讲座，全市重点企业、“正版正货”承担单位、知识产权管理机构共100人参训。

（科技局）

防震减灾

【概况】2016年，全市地震系统加强监测、震害防御、应急救援三大体系建设，提升防震减灾各项水平。3月1日，召开2016年度全省防震减灾工作联席（扩大）会议，副市长、市防震减灾工作联席会议主任孔德平主持会议，地震局局长李留根代表防震减灾联席会议办公室作工作报告。年内，印发《全市防震减灾宣传工作意见》，开展防震减灾法律、法规知识和抗震避险常识进校园、进社区、进乡村活动，37个社区开展防震减灾常态宣传，发放宣传资料4万多份，组织大型宣传活动36次。年内，年度地震趋势研究报告列全省第三，被江苏省地震局表彰为“2016年度全省市县防震减灾工作优秀单位”，靖江市地震局、姜堰区地震局在全市防震减灾综合考核评比中评被为先进单位。

【地震监测】落实《泰州市2016年度震情监视和短临跟踪工作方案》，加强春节、两会、五一、国庆和两会等重要节日、重点时段震情跟踪。全年共监测到全球7级以上地震14个、全国5级以上地震25个、省及邻区2.0级以上地震81个。编发《震情通报》12期，《灾情通报》1起，发布震情信息162条，编写的《泰州市2017年度地震趋势研究报告》获全省地震趋势研究报告第3名。

【地震防御】加强建设工程抗震设防要求监督，市政务服务中心地震窗口对2项建设工程抗震设防要求行政审批。培训全市施工图审查中心结构专业审查人员和主要建筑设计单位结构专业负责人60多人，创成省级地震安全示范社区6个。

【地震救援】2016年，指导全市各级图书馆、文化馆、博物馆等20家单位完成地震应急预案修编，录入泰州市地震应急预案管理系统备案管理。开展全市地震应急预案体系建设情况调查，联合泰州职业技术学院组建市首支大学生地震应急志愿者队伍，指导全市中小学校开展地震应急演练100多场，指导全市社区开展应急培训演练12场次。

【活动断层探测与地震危险性评价项目实施】推进泰州市活动断层探测与地震危险性评价项目实施，在北京召开泰州市活动断层探测与地震危险性评价项目专题验收会议，“专题8-工作区1:25万地震构造图与目标区1:5万主要断裂分布图编制”和“专题9-目标区主要断裂最新活动年代鉴定”通过专家组验收。

（地震局）

气　　象

【概况】2016年，泰州市气象局制作发布重要天气报告21期，天气公报38期，专题服务7项162期。年内，编制权力事项指南，面向社会公开。协调防雷技术服务机构进驻图审窗口，审图工作时间压缩至7个工作日。对重点建设项目所涉气象资料和气象行政审批事项实施个性化“包办”服务。清理审批中介服务事项。在全省率先停止收取防雷竣工验收检测服务费。清理完成市、区两级气象部门行政许可所涉中介服务，涉企中介服务费用全部取消。在全省率先基本完成防雷减灾体制改革。

【气象现代化】印发《泰州市气象事业发展“十三五”专项规划》实施精细化气象监测预测工程、“四个名城”建设气象保障工程、智慧气象服务工程、气象科技创新工程、探测环境保护与文明台站建设工程五大工程。开展气象现代化监测评价，2015年泰州气象现代化监测综合评分列全省第4位。完成激光雷达、微波辐射计、反应性气体等项目建设。开展风廓线雷达频率测试，确定固定频率。新建自动气象站2套、小气候观测站1套。启用靖江牧城公园国家一般气象观测站新址。完成泰兴新观测场选址工作。构建城乡一体气象灾害防御体系。推广应用为农服务综合信息发布平台到水利、农业等7个部门和全市27个涉农乡镇。

【气象服务】市气象局连续第9年配合兴化市与江苏省气象台专家连线会商汛期天气趋势。提供雨情水情信息，为里下河防汛、沿江防汛、城市防洪和旱涝天气转换水利调度提供决策参考。做好全国春季农业生产会议、医药博览会等重大活动气象保障服务。加强与环境监测中心站的空气质量预报会商，联合向公众发布空气质量预报。完成电视天气预报节目改版和“泰州气象”微信改版。@泰州气象微博粉丝数16万人次，比2015年增加5万人次。开展深水航道气象服务，为长江南京以下12.5米深水航道施工提供高影响天气气象服务。开展泰州旅游节专题气象服务，联合旅游局发布重要旅游活动旅游舒适度指数。结合能见度监测仪和公路视频监控发布能见度追踪，开展春运专题服务，市气象台获春运先进集体。农事关键期联合会商，第一时间发布针对性服务信息直通村间田头。深化农业保险气象合作服务机制，将农保对象列入公共气象服务范畴，开展气象防灾预警和防灾技术指导。规范因气象灾害引起的灾害定损理赔工作。

（气象局）

综　述

【概况】2016年，泰州市创新政府购买文化服务模式，制定出台文化惠民券实施办法（试行），推出泰州市文化惠民服务网络平台，加强文化惠民演出团队资质审查，共确定文化惠民券演出团队89支。举办市文化惠民券创新应用及示范工程演出团队宣传推介暨点单签约活动，江苏省演艺集团、泰州市淮剧团等16家演艺团队现场进行宣传推介和展演，活动现场共点单签约80多场，其中省市级专业院团点单40多场。2016年，泰州获评全国首家“中国吉祥文化之乡”。全市县、乡、村建成各类文化馆（站、室）超过2000家，基本实现城乡公共文化服务阵地全覆盖。发放1000万元“文化惠民券”，完成演出1670多场，惠及群众100多万人次。2016年全市文化建设发展指数名列全省第一。

建市20周年系列活动。策划建市20周年系列活动方案。与国家美术馆沟通协调，举办进京书法美术展。策划举办“中国梦·泰州美”泰州市首届群众文化艺术节，2016年2月启动，历时近8个月，共举办专场文艺演出35场，优秀文艺节目展演展示2场以及市民广场舞大赛、小戏小品大赛、戏曲票友大赛、“祥泰之州”美术书法摄影展等活动。

加强文艺精品创作生产。完成市第七届“五个一工程”奖评选，本届共评选出组织工作奖5名、荣誉奖8名、“入选作品奖”28名。开展各类文化活动，常态化开展“百姓大舞台”广场文艺演出，举办各类精品书画展览。做好全省群众文化“百千万”工程评选活动申报推荐工作，“百姓大舞台”广场文艺演出等3个文化活动品牌，文化馆群星艺术团等8家群文团队，须泉琴等20名文艺骨干入选首批群众文化“百千万”工程。完成“百名专家学者千场文艺欣赏讲座”泰州地区全部60场讲座任务。做好首届群众文化艺术节中的群众文艺大创作活动，共收到各类参评作品1108件，其中来自全国各地群众文艺爱好者投稿的参赛作品615件，各市区、各部门舞台作品493件。群艺节共选出优秀组织奖10个，组织奖21个，优秀节目奖30个，优秀作品奖30个

举办品牌文化活动。做好第三届“微影·我们”全国微电影大赛系列活动组织协调工作，举办第三届“微影·我们”全国微电影大赛颁奖典礼、新媒体电影创投嘉年华、新媒体电影产业发展论坛、电影《启功》展映暨见面会等活动，在业内产生较大影响。举办“郑板桥杯”全国诗词大赛颁奖典礼，北京市、江苏省及泰州市有关领导、部分获奖作品作者出席，大赛浓墨重彩圆满收官。与中央电视台书画频道联合举办“书画频道进万家——走进泰州”活动，完成开幕式广场演出、央视书画频道写生创作基地揭牌仪式、书画艺术节走进学校等相关活动。做好2016中国泰州梅兰芳艺术节相关工作，会同相关部门精心组织举办全国优秀经典剧目展、泰州市第四届文化产

《赶鸭子下架》剧照

业产品展示会等活动。举办第三届江苏文艺节泰州市广场演出；组织泰州市淮剧团的现代轻喜淮剧《赶鸭子下架》赴南京参加原创精品剧目会演，靖江市锡剧团的大型廉政锡剧《呼唤》赴南京参加新创剧目参演。配合泰州市文联举办第四届全国里下河文学流派研讨会。

推进媒体融合发展，构建报纸、广播、电视、微博、微信、APP手机客户端等一体的舆论宣传新格局。深化“走转改”“新春走基层”活动，开展援藏集中采访、浙江特色小镇集中采访活动，组织好省“好记者讲好故事”到泰州巡回演讲活动，3名记者入选“江苏好记者讲好故事”成员库。年内，开展学习贯彻习近平总书记系列重要讲话精神、“两学一做”学习教育工作、“十三五”开局、三大主题工作、“四个名城”建设、全民创业、第八届中国泰州水城水乡国际旅游节、2016中国泰州梅兰芳艺术节、第七届中国(泰州)国际医药博览会、全国微电影大赛、铁人三项亚洲杯赛、2016年泰州市创新创业大赛等宣传报道。创新“建市二十年万人看泰州”活动报道，推出“万人看泰州”活动App，做好全国“两会”、市“两会”、市第五次党代会、市委全会、市委工作会议、全国春季农业生产暨森林草原防火工作会议宣传。泰州报业传媒集团组建新媒体中心，微信公众号“微泰州”粉丝突破60万，居江苏全省政务微信榜单首位、全国纸媒公众号10强。泰州广电传媒集团(台)全媒体演播厅落成启用。“无线泰州”手机客户端升级为“我的泰州”，被市政府纳入“智慧城市”体系。新媒体宣传推陈出新，“微泰州”以H5形式全景式介绍医博会，“泰州微视听”推出“康泰之州 医博盛会”VR全景。

（宣传部）

文 学 艺 术

【概况】实施文化精品创作工程，推出一批带有鲜明泰州烙印的文艺精品。大型现代淮剧《赶鸭子下架》在各类评比中取得优异成绩，先后被评为文化部戏曲剧本孵化计划一类作品、江苏省舞台艺术精品工程重点资助剧目。申报2016年度江苏艺术基金资助项目，推荐《花开等你来》泰州风情组歌等18个作品参加申报。加强文艺人才创作培训，举办全市文艺创作培训暨兴化“千垛菜花”创作采风活动，邀请剧作家沙黑、省广电台导演徐铮进行授课培训，全市近50名文艺创作骨干参加培训。承办2016年江苏省戏曲现代戏年会，推进泰州戏曲创作研究能力。开展“泰州太美 顺风顺水”全国著名词曲作家采风活动，解华、冯世全、葛逊等知名词曲作家应邀到泰州传经送宝。围绕“中国梦”、建市20周年、“三大主题”工作、美德善行典型人物等主题，开展群众文艺大创作活动，共收到各类投稿作品614件，举办专场文艺演出20多场，优秀文艺节目展演展示2场。

【文艺创作】由泰州市委宣传部、泰州市文联参与摄制的、淮剧陈派创始人陈德林领衔主演的首部淮剧电影《腊月雷》拍摄完成，并在上海成功举办首映式。刘仁前、周新天入选省委宣传部重大题材创作“雨花忠魂”纪实文学系列丛书项目。温潘亚获第二届江苏省紫金文艺评论奖，黄跃华获《小说选刊》双年奖，庞羽获第四届“紫金·人民文学之星”短篇小说奖，王夔荣获《飞天》十年文学奖，周卫彬、严勇入选省作协“壹丛书”项目。全年出版“银杏风”文丛、“荷叶池”文丛、海陵文学丛书等文学作品集近40部。300多篇作品在《人民日报》《文艺报》《小说选刊》《雨花》《钟山》等国家级、省级报刊发表。纪松获评第四届“兰亭七子”，3人入选全国第四届草书作品展，5人入选林散之奖。郑剑君、梅德君获江苏省首届艺术基金资助，张俊奎作品入选江苏省第九届油画展。在第22届江苏省摄影展中，获3金、1银、3铜、13个优秀奖，其中金奖占全省获奖数一半。小品《较劲》获第七届全国小戏小品曲艺大展银奖。少儿舞蹈《看会船》获江苏省第七届少儿大赛创作铜奖、优秀演出奖。全市文学、美术、书法、摄影、音乐、舞蹈、戏剧等多个艺术门类作品在全国、全省获奖，在全国获奖近50项，在江苏省获奖80多项。组织省美协调研创作指导会、“江苏省第22届艺术摄影展”送稿交流观摩等活动。启动“泰州市美术精品创作工程”，邀请省内外专家到泰州指导。深入泰州里下河腹地溪西村，慰问美术写生创作团队，调研写生创作实际情况。

【文艺品牌】打造“里下河文学流派”文艺品牌。与《文艺报》、省作协、泰州学院联合举办第四届全国里下河文学流派研讨会，来自全国各地的近50名青年专家学者以“里下河：城乡表达的现实与未来”为主题，探讨里下河文学流派未来发展方向。编辑出版《里下河文学流派作家丛书》(诗歌卷)一套6册，入选诗人100多位。在《文艺报》开设“里下河文学研究”专栏，约请全国著名专家学者撰写里下河文学流派研究、评论文章。编辑2016《里下河文学》年刊，推出全国著名专家学者学术研究文章40多篇。里下河文学流派成为在全国文学界已具有一定影响力文艺品牌。

打造稻河古街区文艺品牌。2016年，在稻河古街区的四巷陈宅(后三进)设立名人工作室、里下河文学研究中心、苏中诗歌创作基地和《雨花》读者俱乐部。安排5年来设立名人工作室和名家研究会的13位文艺家(陈德林、徐文藻、王洪祥、杨天民、宋保旺、滕江华、黄太生、陈富平、帅春燕、王家任、丁文剑、罗爱国、钱进)进驻稻河古街区，正式挂牌设立个人工作室，为张海、李萍、赵震方、庞余亮、范观澜5位文艺名家集中宣传展示。挂牌成立里下河文学研究中心、江苏省作协诗歌委员会苏中诗歌创作基地、中国作家·《雨花》读者俱乐部，集中展示18位文艺名家风采，成为极具泰州特色的文艺新窗口。

【文艺惠民】推动泰州文艺家"走进"系列活动。开展文艺家走进雕花楼、走进上膳源、走进梅兰春，开展文艺家采风创作暨文艺惠民活动，来自全市美术、书法、文学、摄影等多个艺术门类80多位文艺家及100多名泰州文艺志愿者服务团成员参加活动。举办书画创作笔会20多场次，现场捐赠书画作品200多件，赠送图书上千册。

【里下河文学流派长篇小说创作资助项目启动】2016年，启动"里下河文学流派"长篇小说资助项目申报工作，共收到市内外申报作品26部。经过省、市专家评选，庞余亮《泥孩》、沙黑《四月南风》、李明官《衣胞地》等10部作品入选。

【2016中国泰州梅兰芳艺术节】2016年9月29日，2016中国泰州梅兰芳艺术节在泰州大剧院开幕。中国泰州梅兰芳艺术节自2008年创办以来，已连续举办八届，本届梅艺节为期1个月，创新性更强、参与度更广、影响力更大，由开幕式暨"梅韵千秋"京剧名家演唱会、2016泰州金秋投资说明会、泰州市第四届文化产业产品展示会、"祥泰之州"泰州建市20周年书画展、全国优秀经典剧目展演、"中国梦·泰州美"首届群众文化艺术节等6项活动组成，开幕式邀请尚长荣、胡文阁、陈少云、巴特尔等京剧名家和梅派传人现场演绎梅派经典唱段以及追忆讴歌梅兰芳先生、梅葆玖先生的新创节目。

群　众　文　化

【概况】2016年，泰州市拓展公共文化服务项目，整合图书借阅、文艺演出、电影放映、教育培训等公共文化服务资源，超额完成建成372家省级基层综合文化服务中心年度任务。创新实施"一体、两翼、七配套"建设模式、星级管理模式、文化流动服务点、公共文化服务"百村行"、"百家行"等举措。打造阅读特色载体，"泰州掌上图书馆"手机移动阅读App投入使用，24小时自助图书馆、实体书店、阅读书吧建成并正式对外开放。实施农家书屋提升工程，推行以市、县级图书馆为龙头的"总分馆制"建设，全市推行农家书屋与县级图书馆通借通还，基本实现城市主城区图书馆通借通还"一卡通"。开展"书香泰州"全民阅读活动，举办"2016胡瑗读书节"，全市居民综合阅读率87.5%。结合各类民俗、节庆，组织惠民文化活动，"百团千场""百姓大舞台"等活动逐步形成品牌。创新实施"文化惠民券"工程，全市点单演出1800多场，使用文化惠民券总额近1700万元，惠及群众160多万人次。首次到北京举办书画展，"祥泰之州——地级泰州市建立20周年书画作品展"在中国美术馆举办。

【图书馆】泰州市图书馆新馆建筑面积1.5万多平方米，设计藏书量100万册，阅览座位近1000个，覆盖网络节点500多个。拥有馆藏图书69万多册，其中古籍5万多册，善本3000多册，新版地方文献约2500册。至2016年，有持证读者5.7万人，全年接待读者60多万人次，流通书刊126万册次，单日最大接待读者量超2000人次，网站站点访问量10万人次，数字资源查询人次3万人次。图书馆实现全年全天开放，每周开放75个小时；先后建成分馆28家，馆外流通册次2.1万册；在市内安装三处"云借阅"24小时自助数字图书馆。2016年，推进互联网+行动，引进电子书刊借阅系统，包涵500种电子期刊和2万种电子图书，读者可以在图书馆、机关分馆、市民服务中心、稻河24小时自助图书馆通过互联网利用手机、平板电脑借阅电子书刊，可以通过泰州图书馆网站、微信平台、短信平台办理图书、期刊的续借手续。稻河24小时自助图书馆建成对外开放，是市区首家24小时自助图书馆，配置自动门禁、自助办证、自助借书还书、云借阅（电子图书期刊借阅）、自动防盗报警系统以及集成化实时监控和节能系统，读者可以在无人管理的情况下，自助完成图书借阅的所有手续。解决通借通还的技术难题，利用"互联网+"技术将两级书库进行共享，各类图书数据进行整合，实现泰州图书馆与海陵图书馆两馆的少儿部图书通借通还。

2016年5月30日，泰州市区首家24小时自助图书馆——泰州市图书馆稻河分馆在稻河古街区举行揭牌仪式

【文化馆】泰州市文化馆组建于1997年，原名为泰州市群众艺术馆，2002年更名为泰州市文化馆。2013年12月26日，文化馆新馆对外试开放。新馆位于市文化中心西南侧、市图书馆西侧，东西长75米，南北宽36米。项目建设总投资2亿元，建筑面积13912平方米。新馆共分上下六层，地下一层，地上五层，内有泰州市非物质文化遗产馆、剧场、群众美术书法摄影展览厅、文艺讲座报告厅、群

众文艺团队活动室、非遗传承人工作室、各类文艺教育培训教室、电子阅览室、录音室等,用于群众文化活动面积占整个使用面积90%以上。文化馆开展形式多样的文化惠民活动,打造群众文化活动品牌。"百姓大舞台"、各类文艺赛事、公益性免费文艺培训、老年大学等品牌文化活动,推动基层群众文化活动发展。

【美术馆(书画院)】美术馆(书画院)建筑面积5000平方米,其中3个展厅面积共1000多平方米,是集书画收藏、展览、研究、培训、笔会交流等为一体的现代化美术馆,2016年,举办"建市20周年'泰州太美'全国书法名家作品邀请展""江苏省书法院精品巡展·泰州站"等书法展览20多场,接待书画爱好者观摩近10万人次。首次在北京举办"祥泰之州——地级泰州市建立20周年书画作品展"。

文化遗产保护

【概况】执行《泰州历史文化名城保护规划》,坚持保护与传承、修缮与复兴统一。推进第一次全国可移动文物普查工作,开展信息采集和平台数据登录、审核等工作,全市共登录19871件/套,藏品报送率100%。开展"文化遗产日"和"5·18"国际博物馆日等系列宣传活动。开展全市文物和文保单位安全检查,确保文物安全。推进文物建筑保护修缮。组织实施省级文保单位蒋科进士宅第修缮工程,完成笔颖楼、宫氏住宅文物修缮方案编制工作。做好海陵区征收搬迁地块文物保护工作。加大非遗保护传承力度。实施非遗保护"记忆工程",推进国家级非遗保护项目"泰州(扬派)盆景剪扎技艺"等数字抢救保护工作,摄录视频1200分钟,拍摄照片1000多张,形成近20万字的文字档案资料,泰州盆景研发中心入选首批省级非遗生产性保护示范基地。组织开展泰州市非物质文化代表性传承人申报评审,新增市级非遗代表性传承人18人。全市已发现并列入保护的不可移动文物近800处,其中各级文物保护单位328处,含全国重点文物保护单位7处,江苏省文物保护单位29处,市(县)级文物保护单位292处。现有各类博物馆30多家,其中登记备案的博物馆有19家,含国有博物馆16家,非国有博物馆3家;全市馆藏文物近4万件,其中国家一级文物18件(套)、二级文物176件(套)、三级文物1094件(套)。非物质文化遗产保护项目248个,其中国家级7项,省级33项,市级74项,县(区)级134项;非物质文化遗产代表性传承人212个,其中国家级2人,省级12人,市级81人,县(区)级117人;建成省级非遗生产性保护示范基地2个、传承示范基地1个、文化生态保护区1个,市级非遗生产性保护示范基地10个,各类非遗展示馆(厅)和传习所(传承基地)13个。

【博物馆】泰州博物馆位于市文化中心东侧、市图书馆北侧,2013年1月建成并对外开放。建筑面积2.2万平方米,主体建筑四层,地下一层,共设五个展厅,分别为《汉唐古郡、祥泰之州——泰州历史文化陈列》《大明衣冠——泰州明墓出土服饰陈列》两个基本陈列厅和三个临时展厅,是一座具有文物收藏、宣传教育和科学研究等功能的综合性博物馆。馆内拥有各类藏品近万件,其中国家一、二、三级珍贵文物1000多件。馆藏文物中以明清书画、明代服饰和六朝青瓷最具特色。馆藏明清书画精品多、尺幅大、保存好。馆藏明代服饰均出土自泰州地区明代墓葬,数量多、品质优、保存好,反映了明代中晚期丝织品的工艺水平。馆藏历代陶瓷品类繁多,制作精良,尤其是六朝青瓷。雄性麋鹿化石、清宫档案、漕运档案等是国内罕见历史文物。2016年,市博物馆先后举办"博物馆流动展进校园、进社区""走近博物馆,感受历史文化"等各类实物、图片展览以及培训、体验等活动60多场。

【海纪馆】海军诞生地旧址占地1500平方米左右,建筑面积近800平方米,现存有清式二层小楼一座及平房数间,2006年被列入第六批全国重点文物保护单位。海军诞生地纪念馆开馆以来,累计接待国内外来宾300多万人次,先后被评为全国爱国主义教育示范基地、国家国防教育示范基地、全国科普教育基地、国家航海科普教育基地、全国红色旅游经典景区、国家AAA级旅游景区,获得江苏省国防教育基地先进单位、江苏省爱国主义教育先进集体、江苏省巾帼标兵岗、泰州市双拥模范集体、泰州市青年文明号等称号。

2016年,海军诞生地纪念馆以人民海军诞生日、"七一"建党节、"八一"建军节等重要时点以及元旦、春节等传统节日为契机,开展"党旗在心中飘扬""我爱蓝天,我爱海洋""聆听红色故事,传承革命精神"等宣传教育活动30多次,邀请专家学者为机关干部、院校学生、基层人员主讲"中国周边国防形势报告"等专题讲座。与海军指挥

海军诞生地纪念馆

学院、河海大学国防教育学院等高等院校联合建成爱国主义德育基地，成为开展学生军训、毕业宣誓等活动的重要场地。

文化市场、新闻出版

【概况】2016年，全市受理行政审批事项520件，完成率100%；受理群众及各单位来电来访767人次，答复率100%；检查各类文化经营场所3027家，出动执法人员10047人次，立案调查各类案件180件，查处办结率100%；罚款857100元，停业整顿2家，取缔无证无照经营场所8家。开展“4·26”版权宣传周活动，提高全民版权意识。加强版权管理和服务，建成版权工作站6家，设立版权登记一级办理点1家，二级办理点5家。2016年全市登记版权作品4265件，其中5件作品被评为江苏省优秀版权作品。引导和推动企业自主创新，泰州龙冉装饰材料有限公司创成“江苏省版权示范单位”，高港高新技术产业园区创成“江苏省版权示范园区”，泰州古华木业有限公司获第六届中国国际版权博览会“金慧奖——最佳企业奖”，是全省唯一获此奖项的企业。

【文化市场整治】强化报刊和记者站管理，严厉打击“四假”和“新闻敲诈”活动。依法开展“扫黄打非”行动。以网络视频、网络直播、网络文学、网络游戏为重点，推进“净网”专项行动，集中整治利用云盘传播淫秽色情信息行为。组织实施收缴政治性和淫秽、色情、恐怖类非法出版物专项行动，查处违规销售盗版教辅资料的行为，查缴非法出版物9000多册，取缔流动书摊50多个（次）。加强日常监管，严格查办案件，立案查处“扫黄打非”案件近百件，查办省挂牌督办大案要案2件、省转办案件2件，重大案件备案12件，破获10起利用互联网传播淫秽色情信息案件。市文化行政综合执法支队和市公安网安支队连续两年被评为全省“扫黄打非”先进集体。

文　化　产　业

【概况】2016年，市文广新居加大对文化产业的引导扶持力度，组织推进文化产业“1133”工程，会同市委宣传部、市财政局修订完善《泰州市市区文化产业发展专项资金管理办法》，组织6个项目申报中央财政文化产业发展专项资金重大项目，20个项目申报省级现代服务业（文化）发展专项资金，16个项目申报省新闻出版广播影视产业发展资金。推动文化企业开展交流与合作，组织文化企业参加各级各类文化产业展示展销活动，举办第四届全市文化产业产品展示会。全市文化产业载体建设初具规模，全市现有国家级文化产业示范基地1个，国家文化出口重点企业5家，省级文化产业示范园区2个，省级文化产业示范基地4个，江苏省重点文化科技企业3个，市级文化产业园区2个，市级文化产业示范基地4个。全市共有文化企业近6000家，其中规模以上法人单位近300家。

【乐器产业】乐器产业全国领先，泰兴市黄桥镇是国家提琴产业的重要基地，镇区内提琴、吉他及配套企业200多家，江苏凤灵乐器集团小提琴产量占世界总产量的1/3，是中国乐器协会提琴分会长单位、江苏省乐器协会会长单位。靖江市是国内重要的竖笛、口琴、口风琴生产基地，江苏奇美竖笛占国内市场70%的份额。江苏凤灵乐器集团、江苏奇美乐器有限公司还参与小提琴、吉他、竖笛、口风琴等乐器国家标准的制定。

【壁纸产业】高港高新技术产业园区现有以壁纸为主的文化企业48家，其中壁纸生产企业17家，已建和在建各类壁纸生产线50条，年产壁纸2400万卷，占全国产量的30%以上，形成包括壁纸生产设备、原纸、制版、打样、胶粘剂等较为完整的壁纸产业链，在第十七届中国国际建筑装饰及材料博览会上，被授予“中国壁纸产业基地”称号，龙冉、德泰、皇冠3家企业进入全国墙纸行业十大品牌，典雅、中盛等企业获中国墙纸影响力品牌样本单位称号。

高港壁纸生产基地

（文广新局　文　联）

广播电视

【概况】2016年,全市广播平均每日播音时间54.44小时,全年自制广播节目17839小时;电视平均每周播出时间390.08小时,全年自制电视节目5794.42小时。泰州广播电视传媒集团(台)(简称市广电集团(台))“打好外宣组合拳 传播泰州好声音”外宣成果获2016年度全市“改革创新提名奖”、2016年度全市宣传思想文化工作创新成果提名奖。市广电集团(台)被省文明委表彰为“2013-2015年度江苏省文明单位”,被市委、市政府表彰为“2016年度泰州市机关效能建设先进单位”。年内,广电集团(台)围绕全国和省市“两会”、省市党代会、旅游节、医博会等重要会议、重大活动,“两学一做”学习教育、“百团千村万企大走访大落实”等重点工作,开展全媒体宣传报道。分别推出“喜迎全委会”“走基层·看项目”“亮点再呈现”“重大竣工项目巡展”等专栏;围绕重大活动节点,推出《五年新跨越》《聚焦医博会》《梅艺芬芳》《我这二十年》《泰州工匠》等专栏;围绕文明城市创建,推出《晒家训 树家风》《美德善行》等专栏。组织“泰州太美”大型航拍新闻行动。全年共开设新闻性专栏、专题50多个,播发报道3000多篇。制作专题片、微视频50多部;完成“12345·政风行风热线”上线81场。全年在央视用片85条(其中《新闻联播》8条),在省台用片突破1000条,获“江苏电视新闻繁荣奖”;在央广用稿30条,获“优秀供稿奖”。摄制进京书画展专题片,与省电视台合作生产4集外宣片《祥瑞福地·中国泰州》,推出不同时长版本城市形象片《泰州太美·顺风顺水》。与央视中文国际频道合作推出《城市1对1》“中国泰州与丹麦哥本哈根”专场,通过两座“水城”的历史、人文、经济、旅游及社会发展对比,展示泰州建市20年来新变化、新发展。邀请《走遍中国》摄制组到泰州报道创业创新故事,采制《鸵鸟背上的财富》等3档各30分钟节目,首次在央视播出泰州系列外宣专题。在2015年度省级政府奖评比中,有4件作品获一等奖,7件作品获二等奖,获奖率60.5%。电视社教中心殷立被省电视艺术家协会授予“第八届江苏省德艺双馨电视艺术工作者”称号。

【媒体融合】全媒体演播厅建成并投入使用。启用新台标,包装新频道形象和新闻栏目。建成全媒体内容汇聚分发平台。高清播出系统通过验收、进入试播阶段。广播新总控机房完成调试、搬迁。全媒体新闻中心初步建成“一次采集、多种生成、多终端发布”的新闻生产传播格局。在融媒体新闻行动中,记者向电视提供视频报道,向广播提供连线、口述报道,向新媒体提供图文报道成为常态。“无线泰州”App升级为“我的泰州”App,被市政府作为“智慧城市”和网上政务手机端入口,完善“资讯发布”“便民服务”“互动娱乐”“视频直播”四大功能,总用户数38.7万。全年组织各类线上线下推广活动100多个、手机网络直播30多场,制作专题39个。创新呈现方式,医博会期间推出“康泰之州 医博盛会”VR全景,省市党代会期间推出H5动漫系列宣传。“泰州微视听”微信公众号阅读量过万的单条微信大幅增长,粉丝数近19万人次。公共信息联播网布点273个,实现各市(区)全覆盖。

2016年11月7日,全媒体演播厅落成启用仪式在市广电集团(台)演播厅举行

【品牌建设】广播探索“节目+粉丝群+活动+市场开发”“四位一体”运作模式。电视一套精办《泰州新闻》《新闻夜班车》《小范帮你忙》《看泰州》等新闻栏目。二套打造《健康新一天》《家装新概念》《本周最优惠》等6档生活服务类节目,形成《天天好生活》经济节目带;《直播生活》开辟脱口秀、方言配音板块;开办《理论故事会》《律师说法》栏目;《泰州骄傲》全年完成18位人物的访谈摄制。三套《欢乐七色光》全年吸引近万名少年儿童参与节目录制。牵头成立市电视艺术家协会,2016年5月28日,泰州市电视艺术家协会成立大会暨第一次会员代表大会在泰州广电台举行,会议选举产生第一届理事会。打造广电特色服务,参与全市一系列重要会议、重大活动的组织、服务工作,全年直播、录播各类会议、活动60多场次。完成全国春季农业生产暨森林草原防火工作会议、全省长江经济带发展工作会议、市第五次党代会和市委全会、市委工作会议的广播移动解说、电视直播、专题片制作等任务。与省总台联合开展省市政风热线联动直播和“‘两聚一高’在江苏”系列访谈泰州站录制,策划实施弘扬建市创业精神大会“二十年,我们再出发”演出,承办“微影·我们”全国微电影大赛颁奖晚会,落实第八届中国泰州水城水乡国际旅游节开幕式花船制作巡游、演出组织、“四屏”同步直播,组织梅兰芳艺术节6个剧团13场次系列演出。

【广电文化产业】举办“家电惠民节”“电影社区行”“点赞

泰州”、广场舞大赛、“好剧我推荐”和“剧委会”等活动。借助铁人三项亚洲杯赛、市五运会、梅兰芳艺术节等活动，搭建招商平台，实施全媒体营销。第二季《欢乐向前冲》近2000人报名参与，录制节目100期。广播全年举办活动200多场，其中广播艺术团开展惠民演出67场。投资合作拍摄《浪花淘尽》《学生兵》《花园饭店》《拯救者》《生死连2》5部电视剧；投资入股江苏城市联合影视文化股份有限公司。集团（台）全年收入1.69亿元，其中经营创收13311.38万元。

2016年11月8日，投入3000多万元、历时1年多建成的全媒体演播厅正式启用。演播厅建筑面积800平方米，其中演播区净面积400平方米。全方位360度可作景区，引入全媒体外来信号，配备5迅道全高清摄像机，轨道机器人和箱式镜头，双系统切换。使用VIZ虚拟技术，能植入微信等新媒体内容，能制作三维虚拟背景节目。具有全高清、全方位、全媒体特点。全媒体演播厅整体及多个子系统在全省处于领先地位，该项目获2016年度全市宣传思想文化工作创新成果奖。

年内，泰州广电台启动台标设计完善工作。2016年11月8日，泰州广电台新台标正式启用。新台标由原来“泰”的变形体衍变而来，将三角形调整为圆状，整体观感更为开阔明晰。其中三条水系代表泰州是长江、淮河和大海三水交汇之城，一颗星寓意泰州是长江三角洲一颗耀眼的明星。

【《泰州广播电视新周刊》发行第1000期】《泰州广播电视新周刊》原名《泰州广播电视报》，于1996年底经国家新闻出版局批准正式创刊，国内统一刊号：CN32-0082，全年出版52期，每周五出版。从4开8版开始，1997年改为4开16版、1999年改为4开20版、2004年改为4开24版、2006年扩为4开28版、2007年扩为4开32版、2015年改为4开28版装订版；从黑白套红印刷发展为彩色印刷；内容从单纯的节目预告、剧情介绍发展为集影视娱乐、民生服务、文化生活为一体。报纸发行覆盖泰州全市。2016年3月18日，第1000期《泰州广播电视新周刊》发行。

（吉晓峰　朱李云）

报　业　传　媒

【概况】泰州报业传媒集团（简称泰州报业集团）有《泰州日报》《泰州晚报》、泰州新闻网以及“微泰州”“泰州发布”等公众平台，与人民文学出版社联合主办《中华文学选刊》、与泰州市文联联合主办《稻河》。报业经济发展主要由报业发展公司承担，下设广告、发行两个分公司，另外控股泰州日报社印务有限公司，与凤凰出版社共同出资组建泰州凤凰文化发展有限公司。2016年，泰州报业集团有固定资产1.175亿元，在职职工398人，其中行政、事业119人，本科以上学历248人，高级职称20人，中级职称72人。《泰州日报》每日对开8版（双休日为4版），每周48版；《泰州晚报》周一至周五每日四开24版，每周152版。2016年，集团实现经营总收入1.31亿元。

《泰州日报》围绕建市20周年、“十三五”规划开局、市县乡党委换届以及三大主题工作等重大事件和重点工作开展新闻宣传。《泰州晚报》注重互动性、服务性和可读性，用百姓的视角、群众的语言去宣传市委、市政府的中心工作，用群众身边人、身边事去阐释社会主义核心价值观等重大主题。挖掘民生新闻、社区新闻和本土文化，突出地方特色。新媒体在网民中有效传播市委市政府中心工作。“微泰州”粉丝量超60万人次，综合影响力位列全省媒体公众号前茅、全国纸媒公众号“第一方阵”。在此基础上，错位创办“又是微泰州”“微泰州政务”等公众号，放大“微泰州”品牌效应。

（刘夏林　王长中）

【《泰州日报》】2016年，《泰州日报》在原有重点栏目的基础上，策划开辟《奋进十三五 实现新开局》《决胜全面小康 攻坚首战之年》《三大主题工作·我的故事》《泰州招商故事》《企业家创新创业报告》《市区22个重大城建项目巡礼》《不断提高转型和创新含金量》《“两聚一高”泰州行动》《百团千村万企大走访大落实》等重要栏目，推出《治堵保畅在行动》等系列报道以及市区“1234”城建项目布局、泰州市十三五规划纲要等系列解读文章，结集印发《全民创业故事》。

建市20周年。开设《建市20周年系列活动》《奋斗的人生更精彩》《数说20年》《图说20年》《我说20年》《新起点、新征程》等专题栏目。2016年8月12日，推出《建市20周年特刊》9月“万人看泰州”宣传推出14个“随手拍”影像专版，回顾建市20年来历程和成就。

泰州市第五次党代会。开设专题栏目，跟踪会议日程，运用消息、综述、专版、评论、图片、图表、新媒体等形式，按照会前、会中、会后三个阶段进行。会前报道包括开辟《以优异成绩喜迎党代会》专栏、开辟《新起点 新征程》栏目和《回眸五年成就 聚焦三大主题——喜迎市第五次党代会召开》专版三个部分。会中报道围绕会议程序性报道、党代会报告解读、代表热议话题聚焦等；会后报道围绕宣传好贯彻好党代会精神，推出《学习贯彻市第五次党代会精神》系列评论，办好《新起点、新征程》专栏。

“两学一做”学习教育。开设《“两学一做”在泰州》和《争当时代先锋，争做合格党员》专栏；开辟《图解“两学一做”》专版，图文并茂宣传“两学一做”学习教育活动进展情况。

培育和践行社会主义核心价值观。《最美人物》栏目通过挖掘发生在群众身边的平凡人、平凡事，宣传美德善行典型；《晒家训 树家风 传美德——美德善行 吉祥人家》栏目用独特的人物细节描写，解析好家风好家训背后的故事，培育积极、文明、向上的现代新型家风；《"五进五树"特别报道》栏目，记者进机关、进学校、进企业、进社区（村镇）、进家庭深入采访。

（王长中）

【《泰州晚报》】2016年1月8日起，晚报开展"这一年，我在泰州"活动，运用图文将读者内心感想通过报纸或者微信展示出来，与读者共同辞旧迎新。1月21日起，策划并启动《泰州晚报》"时光邮局"新年读者互动活动，读者将自己的新年心愿通过信函方式寄给晚报封存，新年过后，晚报摘取部分"心愿"与晚报读者分享。启动2016"温暖敲门"行动，1月26日起，"温暖敲门"行动面向社会征集线索，海陵区城东、城西、城南、城北、城中5个街道关注民生，推出暖心举措，帮助特殊群体对抗严寒。3月18日，启动《寄往天堂的思念》征文活动，得到广大读者响应，并刊发其中部分作品。4月14~16日，举行"泰州太美·发现别样泰州"全国融媒体泰州行活动，来自全国的20家主流媒体到泰州，实地采访，感受泰州之美。6月8日起，启动泰州建市20周年系列活动之一——"我和泰州同生日"活动。12月2日起，开设《泰州家风故事》栏目。

（高裕明）

【新媒体】"微泰州"是泰州报业传媒集团的核心微信公众号。2016年，全年广告收入突破500万元。9月，"微泰州"获由中国报刊经营大会等四机构联合颁发的2015-2016中国报刊经营价值排行榜"全国报刊新媒体三十强"。2016年，"微泰州"改变文风、抓重点入手，把政务新闻写得贴近百姓，达到宣传报道效果，获得老百姓关注和阅读量。有《定了！今年这14个街区将进行棚户改造，征收搬迁近9000户，看看你家在不在其中》《刚刚，泰州"新春第一会"面向全市直播，企业家都拿到了一把"尚方宝剑"》《定了！未来5年，泰州将干成这些大事》等叫好又叫座的政务新闻报道。2016年，"微泰州"最高位列全国媒体公众号第2名，仅次于《人民日报》微信公众号。国内最权威的第三方新媒体价值评估机构——新榜推出微信公众号2016年度回顾：2016年，在该榜单监测的全国33万多个公众号中，"微泰州"传播力超99.8%运营者，全年阅读量超10万的文章篇数105篇，最高新榜指数931.4。"新榜指数"公布2016年度500强，"微泰州"排310名（全国33万多公众号参与排名）；"清博指数"公布2016年度千豪榜，"微泰州"排406名（全国64万多公众号参与排名）。

泰州新闻网。2016年，泰州新闻网先后推出《市第五次党代会》《建市20周年》《红军长征胜利80周年》等网络专题。依托网络平台创新社会主义核心价值观传播，和市相关部门联合举办"家庭文明礼仪之星"评选等选树活动，是传播社会正能量、展示新成就的重要网络平台。

（姜景旸）

泰州博物馆

综 述

【概况】2016年，全市有医疗卫生机构1963家，医疗业务用房187.86万平方米；核定总床位数23237张。每千常住人口拥有医疗机构床位数5.02张，执业（助理）医生数2.43名，注册护士数2.19名。医疗机构固定资产和净资产达153.3亿元。获中央预算内投资2440万元，基层医疗卫生机构基础设施建设项目省级补助685万元，基层医疗卫生机构设备省级补助1400万元。将公立医院长期债务纳入财政化解目标，分年度补助市人民医院和中医院建设资金2.8亿元，预算安排基本药物制度补助资金2000万元。加快市人民医院周山河新区医院、市中医院新院、市中心血站和急救中心等重点项目建设。与原泰州市妇幼保健院解除公办民营合同，整合市人民医院妇产科、儿科设备技术和人才队伍等资源，启动新市妇幼保健院的组建工作。加快泰州市第五人民医院项目建设，形成初步方案。

泰州市人民医院新院

【泰州市医学会第三届第二次理事（扩大）会议】2016年6月20日，泰州市医学会第三届第二次理事（扩大）会议在泰州市卫计委召开，泰州市医学会会长徐洪涛、副会长黄立红、周卫兵、朱莉、王彬（兼秘书长）出席会议。60名理事及各专科分会主任委员参加大会。大会审议并通过周卫兵代表第三届理事会所作《合作创新 务实进取 努力开创学会工作新局面》工作报告，副会长兼秘书长王彬通报2015年医学会财务审计报告。会议审议关于重新组建临床检验分会、新建结核病学组、骨质疏松与骨矿盐疾病学组的决定。

医疗卫生体制改革

【概况】召开深化医改工作推进会，签订《2016年深化医药卫生体制改革工作目标责任书》，对各市区医改进展情况进行专题督查。研究制定价格改革、分级诊疗等政策文件，深化医改的制度框架、政策体系基本形成。完善公立医疗服务单位制定医药价格综合改革方案，同步调整县级公立医院部分医疗服务价格。全市7家城市公立医院医疗总收入中非医保收入比2015年下降6.4%，药占比、检查检验占比均下降。启动公立医院管理体制改革，成立公立医院管理委员会，完善绩效考核方案，推进公立医院法人治理结构试点工作。召开乡村医生暨家庭医生签约服务推进会，海陵区京泰路社区卫生服务中心等5家单位入选省家庭医生服务模式创新建设单位。姜堰区、靖江市以村卫生室为单位实现乡村医生签约服务全覆盖，全市乡镇卫生院签约服务覆盖率63%，签约率20%，重点人群签约率47%。实施基层医疗卫生机构标准化建设工程和市区基层机构建设提升工程，10家乡镇卫生院、3家社区卫生服务中心进行基础设施建设。创成全国“建设群众满意的乡镇卫生院”15家、省示范乡镇卫生院4家、省示范村卫生室24家。开展公立医院人员编制管理改革试点，推进人事分配制度改革，建立科学的绩效考核分配方案。重新核准、审批委直属单位及主要负责人绩效工资总量、绩效工资分配方案。

【基本药物制度】健全药品供应保障机制。全市成立市药品(耗材)集中采购工作领导小组，建立评审专家库，组织开展市管医用耗材集中采购。实行基本药物制度联动监管机制，全市所有政府办医疗机构的药品均实行“零差率”销售；所有基层医疗卫生机构全部实施国家基本药物制度，提高政府办二级以上医疗机构基本药物使用比例，逐步实现全面配备并优先使用基本药物，促进与基层医疗机构用药衔接。

【分级诊疗和医联体】在泰兴市、高港区开展分级诊疗试点，试点地区基层诊疗人次占诊疗总数的65%以上。市人民医院与高港区政府签订战略合作协议。以县级医院为龙头实现县乡村医疗服务体系一体化进程加快，全市构建7个医联体，覆盖医疗机构86个，医联体建设在市辖区内覆盖率100%。

医疗卫生服务

【概况】2016年，泰州市推进医疗责任保险制度，全市参加医疗责任保险的医疗机构477家，参加医疗风险互助金的医疗机构65家；参加医疗意外险的医疗机构131家。下发《2016年民营医院办医指南》，引导民营资本进入医疗健康产业。全市审批医疗机构78家，其中民营机构66家。完善临床检验等质控中心体系建设，临床检验质量控制全覆盖。加强医务人员医疗核心制度教育与培训、住院运行病历质量监控和临床路径管理工作，全市24家公立医院23个专业实施临床路径。完善血液核酸检测工作，推进无偿献血“五支队伍”建设，共招募采集无偿献血者38284人次，采集全血57858单位。对全市二级医院进行血液管理工作的专项督导检查。制订卫生计生系统年度信用工作计划，开展企业信用查询试点。加强市级转化医学基地建设，以泰州市人民医院为基地建立市级医学转化中心，向基层推广适宜卫生技术，完成省级优秀继续教育项目送教下乡，培训基层卫生技术人员。完成357名住院医师阶段合格资格认定工作，组织333人参加省规培理论考试，组织305人参加临床实践技能操作考试。获省医学新技术引进奖5项，其中一等奖1项，二等奖4项。省卫计委科研课题2项，省卫计委指导性科研课题1项。组织申报市医学新技术引进奖47项，泰州市适宜技术推广应用申报40项，通过25项。

【举办全市卫生计生人力资源和家庭医生服务资源管理系统应用工作部署培训班】2016年8月5日，市卫生计生委举办全市卫生计生人力资源和家庭医生服务资源管理系统应用工作部署培训班，对两个系统应用工作进行业务培训。培训班解读省卫生计委《关于做好全省卫生计生人力资源和家庭医生服务资源管理系统应用工作的通知》，发放卫生计生人力资源和家庭医生服务资源管理系统管理账号、密码，观看2个系统视频操作演示。

【泰州智慧健康微信平台】2016年2月18日，市卫计委召开泰州智慧健康微信平台建设推进预约诊疗服务工作会议，部署泰州市泰州智慧健康微信平台建设和推进预约诊疗服务工作。市卫计委副主任翟德祥到会讲话。各市(区)卫生计生委分管预约诊疗平台的副主任、职能部门负责人，二、三级公立医院分管预约诊疗平台副院长、职能部门负责人等70多人参加会议。2016年2月底前，完成泰州智慧健康微信平台搭建，全市有17家二、三级公立医院加入实现医院移动端预约挂号功能。泰州市人民医院北院、南院，泰州市中医院，泰兴市人民医院，靖江市人民医院等医院重点科室专家，均可以实现微信预约挂号，可预约2周内号源，凭预约号去医院现场挂号看病。6月起，这两家医院部分专家号在微信平台上进行预约，结算缴费等流程也可通过微信平台完成。6月底前，在市人民医院(南院、北院)和市中医院率先进行预约挂号试点。12月底前，全市所有三级医院的门诊挂号、结算缴费、检验检查结果查询、报告打印等服务功能均能在微信平台上完成。

2016年2月18日，市卫计委召开泰州智慧健康微信平台建设推进预约诊疗服务工作会议

该微信平台提供24小时网络预约服务，医疗机构设定的预约挂号周期按照7天计，并不得少于7天，从次日上午门诊开诊时间开始预约，截止时间不得早于预约门诊开诊前一天的下午3点，预约挂号周期需延长的原则上为1周。预约挂号实行实名制预约，患者预约时须提供真实姓名、有效身份证件号(限身份证、市民卡)、联系方式等真实信息。患者就诊当天取号时出示有效身份证件信息必须与预约挂号时登记的一致。代预约的需使用就诊患者的身份证件。16周岁以下(不含16周岁)青少年、儿童患者预约的需使用监护人的身份证件并在挂号时出示。就诊当天，患者根据手机短信提示，在医疗机构规定的取号时间前，前往医疗机构门诊预约挂号窗口取号，超过规定的取号时间15分钟以上，原则上预约自动作废；市区以外就诊患者，如因交通等原因延误的，医疗机构可视情安排当日就诊。实行“预约优先”，即对预约的患者包括社区和对口支援协作关系医院预约转诊的患者优先安排就诊。部分号源开放预约的医疗机构，应当确定开放预约号源的就诊顺序；全部号源开放预约的医疗机构，原则上患者预约的顺序即为就诊顺序。已成功预约的订单不可更改，如更改需重新预约。如无法按时就诊，患者需要在预约的门诊开诊前通过网络、电话等途径取消预约，否则视为违约。成功预约的患者在未办理预约退订的情况下，未按约定时间至相应的医疗机构取号就诊，自动视为违约。3个月内累计违约3次将被列入违约名单，此后3个月内，无法享受预约挂号服务。为遏制“炒号”现象，微信平台对患者网络预约采取限制预约规则。同一身份证件在同一地区(市、县)当天预约的医疗机构数原则上不能超过2个；同一身份证件在同一医疗机构当天预约次数原则上不能超过3次；同一身份证件在同一医疗机构同一科室当天的预约次数不能超过1次；同一身份证件在同一医疗机构当月预约次数原则上不能超过6次。

妇 幼 保 健

【概况】 2016年，全市开展妇幼健康优质服务示范工程创建活动，靖江市、泰兴市分获国家级和省级表彰，实现省级妇幼健康优质服务示范市全覆盖。健全妇幼健康服务体系，市县两级公立妇幼保健院建设列入“十三五”规划并启动建设。深化妇幼保健、计划生育资源整合，市、县、乡、村妇幼保健计划生育技术服务机构及人员整合到位率100%。建成省级新生儿危急重症救治中心和市级孕产妇危急重症救治中心。率先开展宫颈癌HPV+TCT联合筛查，为市区3万名适龄妇女提供服务。

【“泰州市区妇幼健康综合管理平台”正式运行】 2016年2月23日，泰州市妇幼保健所与北京龙腾信扬信息技术有限公司举行“泰州市区妇幼健康综合管理平台”签约仪式。“泰州市区妇幼健康综合管理平台”通过一个多月前期准备和培训，于4月1日在海陵区、高港区、高新区及泰州市直医疗卫生单位正式运行。该信息平台的使用能实现妇幼卫生系统信息网络化管理、规范基层工作、完善妇幼卫生工作考核机制，提高各级妇幼保健机构的效率和管理水平，为泰州老百姓提供安全、高效的妇幼健康服务。

2016年2月23日，泰州市妇幼保健所与北京龙腾信扬信息技术有限公司举行“泰州市区妇幼健康综合管理平台”签约仪式

【省妇幼保健协会产科质量控制分会2016年学术年会暨产科高峰论坛在泰州召开】 2016年7月29日，江苏省妇幼保健协会产科质量控制分会2016年学术年会暨江苏省产科高峰论坛在泰州召开。会议特邀省内外专家进行专题讲座，旨在新形势下更好开展和推进产科工作，提高产科服务质量，降低孕产妇和新生儿死亡率，保障母胎健康。大会由江苏省妇幼保健协会产科质量控制分会、江苏省妇幼保健院主办，泰州市妇女儿童医院承办，泰州市卫计委副调研员徐志明出席会议。

中医药事业

【概况】 年内，制订实施《泰州市基层中医馆建设实施方案》，出台《泰州市基层中医馆建设与考核细则》，建成基层中医馆110家，在全市以乡镇为单位实现中医馆全覆盖。在全国首创建立泰州市中医药健康服务行业协会，建立中医医疗联合体、中医药服务志愿者联合会等社会组织。推动中医药养老，鼓励中医医院建立健全老年病科。推进国家中医药健康旅游示范区建设，申报国家与省中医药健康旅游示范基地与项目40多项。扬子江药业50亿元龙凤堂中成药生产基地一期工程、泰州市中医院11亿元的新院、兴化平望湖景区万亩荷塘、江苏中药科技园等工程项目投入使用。泰和堂二期四馆一站工程、兴化市中医院新院与养老康复区、溱湖湿地健康养生区等项目在建。泰州市中西医结合医院通过三级医院市级初验与省级调研。靖江市中西医结合医院建成二级乙等中西医结合医院。姜堰与靖江中医院通过大型中医院巡查。新建成7家省级中医重点专科,新增加省中医重点专科建设单位2家。新确认国优人才2名、国家老先中医学术传承人才6名,省优中医人才13名。引进学科带头人5名、博士生7名。申报省级中医药领军人才2人,国家名中医2人。高港区刁铺街道社区卫生服务中心在国医馆成立国医大师基层学术传承承工作室。开展大型中医药文化科普巡讲107场。泰和堂国医馆通过省中医药文化宣传教育基地验收。拟订并实施《国家社会办中医试点实施方案》,在靖江市与海陵区率先启动社会办中医试点,增设一级中医医院、中西医结合医院与国医馆5家,新设中医门诊部与诊所11家。

【国家医药综合改革试验区】2016年1月,经国家中医药管理局同意,泰州市全面启动国家中医药综合改革试验区建设,省委书记李强作专题批示。4月21日,国家中医药管理局在北京召开新遴选的6家国家中医药综合改革试验区座谈会,副市长王学锋、市卫生计生委主任徐洪涛出席座谈会。会上,泰州市作为江苏省唯一一家地级市试验区汇报交流试验区建设的基础、内容、措施,提出建立中医药社会组织监管体系,为“药、医、养、游”一体化大健康产业,集聚示范区建设做贡献的目标。

【姜堰中医院“陈氏针灸”“许氏正骨疗法”入列省非遗项目】2016年1月14日,江苏省人民政府公布第四批省级非物质文化遗产代表性项目名录。26个传统医药类非遗项目中,姜堰中医院“陈氏针灸”和“许氏正骨疗法”两大传统医药技术名列其中。近年来,姜堰中医院注重弘扬中医药文化,成立许氏骨伤陈列室、国药精品馆、院史馆并参与吴尚先纪念馆建设。“陈氏针灸”和“许氏正骨疗法”作为泰州地区特色品牌,随着时间的推移,在继承前辈精华的基础上,不断推陈出新、创新发展,其独特的医技手法、鲜明的地域特征和深厚的文化内涵使其具有较高的医学价值、文化价值和科学价值,在姜堰、泰州、南通、盐城及其周边地区影响较大。

【名中医选介】徐方镇:男,主任中医师,首届泰州市名中医,医学硕士。1975年随省名中医、祖父徐汉江习医,1992年南京中医药大学研究生毕业。临床运用徐氏传统中医膏方治疗亚健康及各种慢性疾病独具特色,擅长中西医结合治疗心脑血管疾病、脾胃病及疑难病。

全亚萍:女,主任中医师,泰州市中医院脑病科主任,全国优秀中医临床人才,南京中医药大学教授、硕士生导师,江苏省"六大人才",泰州市名中医,泰州市有突出贡献的中青年专家,师从国医大师周仲瑛、朱良春等,擅长诊治和预防头痛、眩晕、失眠、抑郁、焦虑、麻木、神经痛、脑血管病、帕金森病、癫痫、多发性硬化、痴呆、周围神经病变等神经科疑难病及亚健康状态的中医调理。

王立基:男,主任中医师,泰州市名中医。从事脾胃病专业30余年,擅长于以中医中药为主治疗慢性结肠炎、溃疡性结肠炎、结肠易激综合症、慢性泄泻、便秘等症。

陈顺中:男,主任中医师,老年病科副主任,泰州市名中医,南京中医药大学教授。第三批全国优秀中医临床人才及江苏省“333”人才培养对象。擅长应用中西医双轨常规诊治脑病科常见病多发病,对各类疑难病有独到的认识,侧重中医药防治中风、中风先兆、脑梗死、脑出血、偏头痛、眩晕、颤证、癫痫等,注重辨证与辨病相结合及辨证个性化的特点,运用中西医结合对脑血管中风危重病、疑难病进行诊治及康复。

陈园桃:主任中医师、教授、硕士生导师、泰州市名中医、泰州市中医药学会会长。对内科疑难杂症治疗具有丰富经验,擅长中西医结合治疗头痛、癫痫病。

袁成业:泰州市中医院副院长,主任中医师,教授,泰州市名中医,硕士生导师,泰州市有突出贡献的中青年专家。主编、主审出版过五部中医专著,参与主持多项国家、省、市级课题。擅长中西医结合治疗内科常见病、多发病及急危重、疑难病。

孙金章:主任中医师,省名中医,江苏省老中医药专家学术经验传承工作指导老师,善治角膜病、视神经病及眼底血管病等疑难眼科疾病,擅长中医金针拨内障术治疗白内障患者。

王　靖:男,主任中医师,江苏省名中医,南京中医药大学教授,硕士生导师。泰州市中医院学会副理事长,江苏省中医药学会理事,中华中医药学会方药量效研究会常务理事。擅长用中西医结合治疗心脑血管疾病如高血压、冠心病、病毒性心肌炎、心肌病、慢性心功能不全等,药物内服法和外治法兼施,主创院内特色制剂“养心活络膏”“建中资生膏”“滋肾还少膏”等膏方调治内科疾病等。

爱 国 卫 生

【概况】2016年,开展健康细胞工程建设,建成一批健康单位、健康村(社区)和健康主题公园等健康促进场所,姜堰区通过省级健康促进示范区考核。靖江、泰兴、兴化三市启动国家卫生城市复审迎检工作,泰兴市虹桥镇通过国家卫生镇考核评估,泰兴市珊瑚镇、兴化市临城镇、沈伦镇通过省级卫生镇考核。全年新增农村无害化卫生户厕1.4万座,城乡生活饮用水水质卫生监测覆盖率100%。

【世界无烟日系列宣传活动】2016年5月31日，是第29个“世界无烟日”，宣传主题“拒绝烟草危害”。市卫计委组织市疾控中心、海陵区防保办等单位在人民公园北广场举办了“世界无烟日”宣传咨询活动。活动现场，宣传人员为群众介绍烟草的危害、戒烟的方法及益处，讲解二手烟的危害，倡导公众做文明人、拒绝烟草，不在公共场合吸烟。向群众发放控烟手册、健康素养手册、夏季传染病防治手册、酒驾防控折页等宣传材料500多份，制作“图形警示上烟包”“拒绝烟草危害”“戒烟偏方”等知识展板6块在现场展出。联合吉的堡教育集团开展“关注无烟环境，关爱儿童健康”骑行活动。市电视台、《泰州日报》《泰州晚报》现场采访和报道。

【“清洁家园、除害防病”爱卫月宣传活动】2016年4月是全国第28个爱国卫生月和省第20个健康教育宣传月，泰州市开展以“清洁家园，除害防病”为主题的广场宣传咨询活动。4月7日，泰州市卫计委组织市疾控中心、人民医院、第四人民医院、“12320”卫生热线、海陵区防保办的专家在人民公园北门广场开展义诊咨询活动。活动现场医务人员免费为群众测量血压、血糖，并向市民发放春夏季防蚊灭蚊知识、高血压、糖尿病防治知识和健康生活方式宣传资料1500多份，发放定量盐勺、健康体重盘表、膳食平衡宝塔冰箱贴等健康生活方式工具。市疾控中心制作病媒生物防制宣传知识要点、防蚊灭蚊宣传知识要点、糖尿病分级诊疗介绍、双向转诊标准以及糖尿病治疗知识等10块宣传展板现场展出。

疾病预防

【概况】2016年，泰州市巩固血吸虫病防制成果，兴化、靖江、泰兴三市通过省消除血吸虫病达标考核；提高艾滋病筛查、干预和治疗质量，全市HIV抗体检测50.28万人次，累计治疗感染者及病人571例，结核病防治服务体系运行质态良好，全市新发现并规范治管肺结核患者1533例，结核病人系统管理率97.6%，全市通过省消除疟疾考核验收及有效控制肠道线虫病考核验收。预防接种门诊147个，数字化接种门诊建成率59.2%，疾病预防控制项目任务完成率100%。严重精神障碍报告患病率4.13‰。完善食品安全风险监测工作体系，监测范围覆盖所辖三市三区及医药高新区，辖区人口覆盖率100%。

【举办新发传染病预防与控制技术培训班】2016年12月2~3日，市疾控中心举办新发传染病的预防与控制技术培训班。培训班邀请3名省级专家和2名市级专家集中授课，内容包括新发传染病形势和应对策略、新发传染病相关媒介研究进展、病毒性腹泻疫情及诺如病毒感染暴发调查和预防控制技术指南、新型布尼亚病毒感染以及立克次体所致疾病的防控等。来自于全市医疗卫生机构的105名专业技术人员参加培训。

【泰州市专家完成曲水县包虫病流调任务】2016年8月18日~9月14日，市疾控中心的主任医师何义林、市中医院B超室主任医师王宁和市人民医院B超室主治医师高文祥3名援藏专家完成包虫病现场流调任务，包括在曲水县4个乡B超筛查不低于800人、采集犬粪80份、问卷调查230名村民户和学生包虫病防治知识和行为。发现包虫病病例6例，疑似7例，肝脏、盆腔和肾上腺肿瘤各1例，胆囊结石等10多例，义务为周边群众筛查近100人。

【泰州“12320”卫生热线新话务大厅启用】2015年，疾控中心投入约10万元对原“12320”卫生热线话务大厅进行升级改造，2016年1月正式投入使用。新启用的泰州市“12320”卫生热线办公面积80平方米，包括话务大厅，学习培训室，休息更衣室。话务大厅四面墙体采用吸音板材进行全包装潢，配备60寸的LED显示屏，共设置坐席8个，另预留空坐席4个，以满足不断增长的话务需求。

卫生监督

【概况】全年培训从业人员3200多人次，完成率145.5%。2份执法案卷入选全国卫生计生监督执法优秀案卷，4个微课获省一等奖。推行公共场所卫生第三方检测模式，召开现场会全省推广。参与国家卫生监督中心依法规范微整形市场和公共场所消毒操作技术指南现场验证两项试点工作，一项地方标准《医疗机构物体表面洁净度卫生检测规范》获省质监局立项。成立市卫生监督所医药高新区分所，形成市区合作监管新模式。开发研制成功移动版卫生监督信息系统，通过省级验收。

【泰州市卫生行政执法文书获评全国优秀典型案例】年内，国家卫生计生委综合监督局组织开展“2015年度卫生计生监督执法案例评查”活动，全国各地报送卫生执法案例304份，遴选出优秀典型案例84份。江苏省共有6份案例获国家优秀典型案例。泰州市制作选送的“某医院未履行预防接种前告知义务案”“顾某某非医师行医案”2份案卷获“全国优秀典型案例”，是江苏省地级市中报送案例唯一2份获“全国优秀典型案例”奖的单位。泰州市连续第八年获评江苏省卫生执法文书评比一等奖，连续第二年获评国家全国优秀典型案例。

（卫计委）

综　述

【概况】2016年，泰州市体育工作围绕打造“康泰之州、运动之城”，完善体育公共服务职能，构建惠及全民公共体育服务体系。全市有市级单项体育协会38个，民办非企业社团22个。举办2016年全国公开水域游泳比赛、全市第十二届“全民健身节”“全民健身日”等系列全民健身赛事活动。开展泰州市第五届运动会会徽、会歌征集活动，共收到30个省、市118件作品。承办2017年国家体育总局社体中心赛事推介招标会。2016年泰州铁人三项亚洲杯赛宣传工作被省体育局评为全省体育宣传最佳案例，是唯一单项大赛获奖单位，泰州信息作为典型案例在省体育宣传培训会上讲解。年内，泰州市体育局获评“江苏省文明单位”“泰州社会治安综合治理先进单位”“泰州市廉政文化建设示范点”“泰州市级部门预算编制工作先进单位”“泰州市‘六五’普法先进集体”；7人获新泰州建设功臣奖章，1人获新泰州建设功臣提名奖。

群　众　体　育

【概况】2016年，全市体育设施建设投资4000多万元，开展“十百万工程”，首座“全人群体育公园”建成免费开放，10个乡镇（街道）建成多功能公共运动场，新建或更换100个社区（自然村）体育设施，提供健康评估测试并建立健康档案1.2万多人。率先在全省试点发放100万元“体育惠民券”，推进大、中小7所学校体育场地设施免费开放。引入“互联网+体育元素”，对投入使用的体育器材进行二维码身份识别、网络报修维护保养和科学健身指导。

健全体育组织，推进社会组织向基层延伸。健全市、区（县）、乡（镇、社区）、村（居）四级群众体育组织网络，率先在全省体育社团成立泰州市社团联合党委，泰州健美协会等7家协会成立党支部。

丰富群众健身赛事。年内，增设应急救援、越野行走等实用项目和网球、乒乓球、门球等面向草根市民“谁是球王”系列赛事；购买项目由2015年17项增至21项，38家社团单位参与9个赛事活动项目竞标，购买资金从2015年50万增加到145万元。全年政府购买公共体育服务项目吸引企事业单位超过80家。

【市第五届运动会】2016年10月31日，泰州市第五届运动会（四年一届）在市体育中心开幕，新华网、泰州市电视台等媒体平台现场直播。市委书记蓝绍敏出席并宣布运动会开幕。市委副书记、市长史立军致开幕词。省体育局副巡视员陈柏致辞。运动会设青少年部、高校部、职工

泰州市第五届运动会开幕式

部、农民部、老年部、残疾人部、民族宗教部、驻泰州部队部、政法干警部9部以及群众体育板块,共65个项目,直接参与人数超1.6万人。

学 校 体 育

【概况】2016年,泰州市学校体育工作取得新进展。各运动队参赛成绩大幅提高,全年共获金牌26枚、银牌29枚、铜牌20枚。其中,柔道队获6金6银3铜;散打队获2银;摔跤队获1银4铜;赛艇队获3金4银3铜;跆拳道队获2金1铜;击剑队获1金6银;女子足球乙组获冠军、跳水队获3金3银;乒乓球获2金2银1铜;田径获5金5银5铜;射击获1金3铜。

夯实体育人才培养基础。在全市教练员中开展"四会五能"培训活动,与外地训练单位建立合作关系,在项目发展、教练员学习、运动员交流等方面开展校际合作,提高教练员综合素质。

【"校体共建"合作学校校长座谈会】2016年2月25日,召开市区"校体共建"合作学校校长座谈会。市体育局局长陈学东出席会议并讲话,副调研员秦国梁主持座谈会。市体校就"校体共建"发展道路、实施"321"计划、培养在校青少年体育兴趣等方面进行交流。

竞 技 体 育

【概况】2016年,竞技体育综合实力提升。全年有8人次参加各级各类国际比赛,共获冠军8项次,亚军2项次,季军2项次;32人次参加各级各类全国比赛,共获金牌19枚,银牌10枚,铜牌13枚。年内,举办第六届"黄龙士·双登杯"世界女子围棋团体赛、中国乒乓球俱乐部超级联赛、泰州"铁人三项"亚洲杯、中国·泰州凤城河公开水域游泳邀请赛、"国际萨马兰奇杯"全国百城市自行车总决赛等重大赛事活动。出台《关于联办市优秀运动队的实施办法》,推进业余训练队县办、市队校办和市队社会办等竞技体育办队新模式,并组建朱敏击剑俱乐部、高萍足球俱乐部等,建立开放多元联合办队模式。

【第六届"黄龙士·双登杯"世界女子围棋团体赛】2016年中国·姜堰第六届"黄龙士·双登杯"世界女子围棋团体赛在溱湖度假村举行,比赛由中国棋院、泰州市姜堰区人民政府主办,泰州市姜堰区体育局、中国姜堰黄龙士研究会承办。对抗赛分两个阶段,第一阶段为4月6~13日,第二阶段为6月3~11日。决战局於之莹战胜韩国队崔精,中国队第4度获冠军。

【中国乒乓球俱乐部超级联赛】2016年10月16~21日,2016中国乒乓球俱乐部超级联赛(泰州赛区)在泰州市举行。联赛由中国乒乓球协会与中央电视台联合主办,每年举行一届,比赛项目为男子团体、女子团体。2016年中国乒乓球俱乐部超级联赛(泰州赛区),泰州作为八一女子乒乓球俱乐部主场,承办第一阶段八一队全部9场主场赛事。

【泰州"铁人三项"亚洲杯】2016年5月7~8日,泰州"铁人三项"亚洲杯在姜堰区溱湖风景区举行,该赛事是2016年在中国举办的唯一一站铁人三项亚洲杯赛事,也是泰州首次承办亚洲杯赛。2016泰州"铁人三项"亚洲杯赛的比赛性质为铁人三项亚洲杯、全国铁人三项冠军杯赛和全国业余铁人三项积分赛。2016年"泰铁"首次在业余组特别针对普通运动人群增设"迷铁"项目(完赛里程为全程铁人赛的四分之一,即游泳250米,自行车骑行10千米,跑步2.5千米),参赛名额仅限于泰州本土选手。

2016年5月7~8日,泰州"铁人三项"亚洲杯在姜堰区溱湖风景区举行

【泰州凤城河公开水域游泳邀请赛】2016年8月28日,中国·泰州凤城河公开水域游泳邀请赛在凤城河举行,比赛升格为全国公开水域游泳系列赛(泰州凤城河站),全国1000多名选手参加。泰州泳协获团体组第一名;泰州籍选手叶千鹏和杭州籍选手王萍分别获男子和女子竞赛组冠军。

【"国际萨马兰奇杯"全国百城市自行车总决赛】2016年12月3~4日,第21届"国际奥委会主席杯"全国百城市自行车赛总决赛在泰州市九龙镇江苏新能源产业园和天德湖公园举行。来自全国70个城市的102支车队近千名骑手参加。泰州喜德盛爱单车俱乐部陈彬获男子公路本地组冠军;银贝斯-兰帕达车队胡志超和上海极速单车李改堂分获男子公路甲、乙组大组赛冠军;泰州喜德盛爱单车俱乐部余光伟获男子山地本地组冠军；凯路仕烈风封宽杰和浙江飞龙体育车队金招伟分获男子山地甲、乙组冠军；泰州市自行车运动协会金小娇获女子公路组冠军；朝阳轮胎车队廖彬彬获女子山地组冠军；泰州喜德盛爱单车俱乐部沈慧获女子山地本地组、公路本地组金牌.

体 育 产 业

【概况】2016年,全市3个项目通过省级专家组现场考察,共获省级专项资金270万元。市级产业引导资金200万元先后扶持18个体育产业项目。全市共有3个丙类场馆、1个丁类大型场馆免费、低收费开放,获国家补助60万元、省级补助140万元。体育中心新建室外游泳池及配套设施向市民开放,2个月期间,共接待泳客8000多人,各项经营收入约12万元。

【彩票销售创历史新高】2016年,全市体育彩票实现销售8.33亿元,创体彩中心成立以来历史新高,全省排第9位,比2015年上升1位;增幅7.28 %,全省排第6位;市场整体份额56.09%。靖江市获评"2016年度体育彩票工作先进单位",泰州市获评"2016年度体育彩票销售进步奖""2016年度体育彩票安全运行奖"。

【市体育公园PPP项目】体育公园采用PPP项目模式,2016年被省财政厅确定为全省推广试点项目,项目实施机构为市体育局,市财政局牵头负责项目的PPP采购工作。9月,通过竞争性磋商公开招标确定上海济邦咨询公司为项目咨询机构;10月上旬进行第一轮市场测试; 10月中下旬组织省内四市成熟体育场馆考察学习,形成调研报告; 11月进行第二轮市场测试。至2016年末,完成PPP项目物有所值评价报告、财政承受能力论证报告、财务测算模型搭建和实施方案等编制工作。

2016年省体育产业发展专项资金资助名单

表32 单位:万元

序号	类别	项目名称	项目单位	属地	资助金额
1	体育健身	皇仕堡健身连锁品牌提升与招展一建立皇仕堡乐天玛特店健身会所	江苏皇仕堡健身管理有限公司	海陵	70
2	体育赛事活动	2016年泰州市铁人三项亚洲杯赛	泰州市体育服务有限公司	泰州市	100
3	体育旅游	溱湖铁人三项运动场地一期工程	泰州市姜堰溱湖风景区开发建设有限公司	姜堰	100

2016年度市体育产业发展引导资金项目补助经费额度分配一览表

表33 单位:万元

序号	项目名称	申报单位	资助额	属地
1	姜堰教育少年宫体育活动场馆扩建项目	泰州姜堰新华书店有限责任公司	20	姜堰
2	高港区全民健身中心游泳馆运行管理	泰州市高港区大江体育产业发展有限公司	20	高港
3	利用数据园三期闲置设施建设日航酒店健身中心	泰州通泰投资有限公司	20	高新
4	抗菌抗皱抗紫外线运动帽记忆面料的研究与产品开发	泰州捷锋帽业有限公司	15	姜堰
5	残疾人系列体育用品的研发创新及推广	江苏省强槐体育用品有限公司	15	高港
6	新建皇仕堡茂业游泳馆	江苏皇仕堡健身管理有限公司	15	海陵
7	武龙太极全国推广申请吉尼斯世界纪录	泰州市武龙太极健身服务有限公司	15	高新
8	利用酒店闲置场地建设健身俱乐部项目	泰州市金鹏健身会所	10	海陵
9	恒地厂房改造-打造综合体育场馆	泰州市海陵区恒地足球俱乐部	10	海陵

续表33

序号	项目名称	申报单位	资助额	属地
10	阳光体育器材研发及生产投资项目	江苏奥华体育健身器材有限公司	10	高港
11	溱湖绿洲户外露营及马术俱乐部建设项目	泰州市溱湖绿洲旅游投资有限公司	10	姜堰
12	泰州市必胜运动会所	泰州必胜体育发展有限公司	10	海陵
13	别克联赛及"百佳争霸赛"项目	泰州市华侨城云海湿地体育公园	5	姜堰
14	用闲置厂房改建恒温游泳池项目	泰州市星光休闲健身有限公司	5	姜堰
15	上膳源泰州农场体验中心体育设施建设	江苏上膳源生态农业发展有限公司	5	高港
16	江苏省泰州市中国医药城真人CS馆项目	泰州东方中国医药城控股集团有限公司	5	高新
17	改造室内篮球场	泰州市海陵区点点滴滴健身会所有限公司	5	海陵
18	利用闲置厂房改建健身会所项目	泰州市金銮健身休闲有限公司	5	高新

2016年泰州籍运动员参加全国及以上赛事成绩一览表

表34

运动员	性别	赛事	大项	小项	名次	属地
陈　钰	女	2016年全国青年拳击锦标赛	拳击		5	靖江市
薛　珂	女	2016年全国竞走大奖赛(1)暨奥运会选拔赛	竞走	10公里竞走	9	靖江市
薛　柯	女	2016年全国竞走大奖赛(2)	竞走	10公里竞走团体	1	靖江市
黄　妍	女	全国田径室内锦标赛(南京2)	田径	400米	2	泰兴市
黄　妍	女	全国田径室内锦标赛(西安3)	田径	400米	2	泰兴市
丁晓雪	女	全国田径室内锦标赛(南京1)	田径	400米		泰兴市
丁晓雪	女	全国田径室内锦标赛(南京2)	田径	400米		泰兴市
黄　妍	女	全国田径大奖赛(浙江绍兴)	田径	400米		泰兴市
黄　妍	女	全国田径大奖赛(浙江绍兴)	田径	400米栏	1	泰兴市
丁晓雪	女	全国田径大奖赛(浙江绍兴)	田径	400米栏	7	泰兴市
黄　妍	女	全国田径大奖赛(江苏淮安)	田径	400米栏	1	泰兴市
黄　妍	女	全国田径大奖赛(江苏淮安)	田径	4*400米	1	泰兴市
黄　妍	女	全国田径大奖赛(河南郑州)	田径	400米栏	1	泰兴市
丁晓雪	女	全国田径大奖赛(河南郑州)	田径	400米栏		泰兴市
黄　妍	女	全国田径大奖赛(山西)	田径	400米栏	2	泰兴市
黄　妍	女子	全国田径大奖赛(山西)	田径	400米		泰兴市
黄　妍	女	全国田径冠军赛(重庆)	田径	400米栏	1	泰兴市

续表34-1

运动员	性别	赛事	大项	小项	名次	属地
黄　妍	女	全国田径冠军赛(重庆)	田径	4*400米	5	泰兴市
丁晓雪	女	全国短跑跨栏跳跃项群赛(南京)	田径	400米栏	4	泰兴市
黄　妍	女	全国短跑跨栏跳跃项群赛(南京)	田径	400米	1	泰兴市
丁晓雪	女	全国短跑跨栏跳跃项群赛(大连)	田径	400米栏	4	泰兴市
丁晓雪	女	全国青年田径锦标赛	田径	400米栏	6	泰兴市
黄　妍	女	全国大学生田径锦标赛(福建)	田径	400米栏	1	泰兴市
黄　妍	女	全国大学生田径锦标赛(福建)	田径	400米	4	泰兴市
黄　妍	女	中日韩对抗赛(韩国)	田径	400米栏	2	泰兴市
黄　妍	女	中日韩对抗赛(韩国)	田径	4*400米	1	泰兴市
黄　妍	女	全国田径锦标赛(天津)	田径			泰兴市
丁晓雪	女	全国田径锦标赛(天津)	田径			泰兴市
徐佳琦	女	全国田径室内锦标赛(南京1)	田径	铅球	7	靖江市
徐佳琦	女	全国田径室内锦标赛(南京2)	田径	铅球	4	靖江市
徐佳琦	女	全国田径大奖赛(浙江绍兴)	田径	铅球	6	靖江市
徐佳琦	女	全国田径大奖赛(江苏淮安)	田径	铅球	5	靖江市
徐佳琦	女	全国田径大奖赛(河南郑州)	田径	铅球	3	靖江市
徐佳琦	女	全国田径大奖赛(山西)	田径	铅球	4	靖江市
王禹涵	男	全国少年田径锦标赛(山东济南)	田径	铁饼	2	靖江市
徐佳琦	女	全国大学生田径锦标赛(福建)	田径	铅球	4	靖江市
张新明	男	全国青年举重锦标赛	举重	抓举	2	海陵区
张新明	男	全国青年举重锦标赛	举重	挺举	3	海陵区
张新明	男	全国青年举重锦标赛	举重	总成绩	3	海陵区
王宇星	男	全国青年举重锦标赛	举重	抓举	5	海陵区
王宇星	男	全国青年举重锦标赛	举重	挺举	4	海陵区
王宇星	男	全国青年举重锦标赛	举重	总成绩	4	海陵区
韩嘉辉	男	全国少年柔道锦标赛	柔道		1	靖江
严彤彤	女	全国少年柔道锦标赛	柔道		1	靖江
孙俊妍	女	全国少年柔道锦标赛	柔道		1	靖江
苟俊龙	男	全国少年柔道锦标赛	柔道		3	兴化

续表34-2

运动员	性别	赛事	大项	小项	名次	属地
周灿婷	女	全国少年柔道锦标赛	柔道		3	兴化
李茂鉴	男	全国男子柔道锦标赛	柔道		2	兴化
钱佳睿	女	国际剑联女子佩剑世界杯赛	击剑		3	姜堰
钱佳睿	女	全国击剑冠军赛总决赛	击剑		3	姜堰区
钱佳睿	女	全国击剑冠军赛总决赛	击剑		3	姜堰区
殷海云	女	全国击剑冠军赛总决赛	击剑		3	泰兴市
张　骞	男	全国击剑冠军赛总决赛	击剑		3	泰兴市
张　骞	男	全国击剑冠军赛总决赛	击剑		1	泰兴市
颜逸飞	男	全国击剑冠军赛总决赛	击剑		3	海陵区
张　骞	男	全国击剑冠军赛佛山站	击剑		1	泰兴市
张　骞	男	全国击剑冠军赛总决赛	击剑		5	泰兴市
张　骞	男	中国击剑俱乐部联赛第二站	击剑		2	泰兴市
张　骞	男	中国击剑俱乐部联赛第二站	击剑		1	泰兴市
张　骞	男	全国击剑冠军赛云南站	击剑		8	泰兴市
张　骞	男	全国击剑冠军赛云南站	击剑		7	泰兴市
颜逸飞	男	全国击剑俱乐部联赛第二战	击剑		3	海陵区
颜逸飞	男	全国击剑俱乐部联赛第三站	击剑		3	海陵区
殷逸慧	女	全国击剑俱乐部联赛青岛站	击剑		1	泰兴市
殷逸慧	女	全国击剑俱乐部联赛天津站	击剑		2	泰兴市
殷逸慧	女	全国击剑少年赛	击剑		1	泰兴市
殷逸慧	女	全国击剑少年赛	击剑		2	泰兴市
殷逸慧	女	全国击剑青年总决赛	击剑		4	泰兴市
殷海云	女	全国击剑冠军赛佛山站	击剑		1	泰兴市
胡鑫子	男	全国击剑冠军赛总决赛	击剑		8	泰兴市
魏　伟	男	全国击剑青年总决赛	击剑		7	姜堰区

（体育局）

为民办实事

【政府改善民生实事】2016年，泰州市政府改善民生实事涉及就业保障、文化教育、医疗惠民、体育健身、社会福利、旧城改造、城市绿化、小区整治、环境卫生、公共设施等领域，10大类33项改善民生实事进展顺利。新增就业50020人、创业26714人，培训城乡劳动者64776人；城乡居民医保财政补助最低标准提高至每人每年425元；建成标准化社区居家养老服务中心34家、老年人日间照料中心3家，老年人活动中心完成规划选址。建成公办幼儿园4所、义务教育薄弱学校校舍面积2.15万平方米、运动场2.6万平方米；完成文化惠民券发放，安排各类惠民演出1674场。基本公共卫生服务补助标准提高至人均不低于50元；建成泰州“智慧健康”微信平台，实现二三级公立医院在微信平台上预约挂号；建成市人民医院远程医疗会诊中心，医联体内的医院全部实现远程联网。建成开放高港区体育公园二期工程、凤城河健身步道7000米、多功能公共运动场10处，完成体育惠民券发放，为10262名市民免费进行体质测试。祥和老年康乐中心二期工程主体竣工，建成残疾人“幸福家园”20个；自然灾害惠民保险和老年人意外伤害保险分别赔付119例和475例，为困难老年人确定购买养老服务对象2027人。东部片区改造工程启动实施，西北片区生态修复工程年度建设任务顺利完成，森园路两侧棚户区共征收(搬迁)311户。建成游园绿地55个，梅兰路、迎宾路完成绿化提档升级；周山河和天德湖生态一期工程竣工，二期工程土建扫尾；凤凰河、南官河景观提升工程在建；102个老旧小区完成安全改造，75个社区完成环境综合整治；新增东风小区、肉联小区、建工二村等12个老小区管道燃气用户3000户；改造、开放人防工程停车场10处。东进路城市管理示范路创建工程竣工并完成验收；新建公厕1座，改建公厕15座，升级垃圾中转站2座；生物措施治理黑臭河道2条，完成先锋河、元河等13条生态河道整治。新增公共区域免费Wi-Fi热点240个，首批“市民卡”体验卡发行，电梯应急处置服务平台建成投运，姜堰区引长江原水工程竣工。

祥和老年康乐中心项目鸟瞰效果图

(孙桂周)

社 会 保 障

【概况】2016年，市人力资源和社会保障局推进机关事业单位工作人员养老保险制度改革。在全省率先出台全民参保登记动态管理办法，为实现社会保险精准扩面提供支撑。将城镇职工纳入大病保险制度，实现参保人群全覆盖。取消定点医药机构行政审批，实施协议管理。开展医疗保险付费方式改革，推进单病种结算，结算总数100个。建立工伤劳动能力鉴定预约制度，推行工伤认定网上申报，服务效率提升。

【职工大病保险保障制度建立】2016年，市人力资源和社会保障局出台《泰州市关于实施城镇职工大病保险的通知》，按照人均筹资45元（城乡居民提高到35元）的标准，建立职工大病保险保障制度，职工医保政策范围内的费用实际支付比例不低于60%，且上不封顶，实现职工大病保险与城乡居民大病保险的制度衔接和全覆盖。

【统一的城乡居民医疗保险制度建立】2016年，新农合管理和经办职能全部调整到人力资源和社会保障部门。市政府下发《关于全面建立泰州市城乡居民基本医疗保险制度的意见》，明确“六统一”覆盖范围、筹资标准、保障待遇、医保目录、定点管理、基金管理统一，在全市建立统一的城乡居民基本医疗保险制度，推进城乡医保制度公平，实现“同城同策同待”。通过统一数据库管理，杜绝参保人员重复参保，规范管理服务；通过整合城乡居民医保经办，规范经办管理体制，使医疗利用更加有效。

【保障性住房建设】2016年，全市完成新开工各类保障性住房10467套，基本建成13034套，分别占省年度目标任务的129.22%、137.78%。超额完成省、市下达的住房保障目标任务。降低市区住房保障门槛，经济适用房面向市区人均住房建筑面积23平方米、人均月收入2500元以下的城镇家庭；打破身份限制，将符合申购条件并在市区具有稳定就业和稳定住所的外来务工人员家庭、经认定的上岸渔民家庭纳入保障范围；公共租赁住房覆盖人均住房建筑面积15平方米以下的低保特困家庭、人均月收入2500元以下的中低收入无房家庭、新就业无房职工以及外来务工人员，实现“应保尽保”。

【物业管理】2016年，持续推进小区“微整治”。市政府将“微整治”列入为民办实事项目，并投入资金1000万元对玉城花园等30个老旧小区进行“微整治”。新增40个小区进行试点房屋维修保险工作。发布70家物业企业信用排名。全年累计处理数字物管5356件事务，答复政协、人大提案12件，处理书记信箱、市长信箱、“12345”热线、“数字城管”等来信来访447件，办结率100%。

（人社局　房管局）

民　政

【概况】2016年，泰州市民政工作持续深化现代民政“六化”建设，高港区、姜堰区创成全省现代民政示范区，初步形成政府主导、社会协同、市场参与、法治保障的现代民政运行机制。

完善社会救助体系。2016年，城市低保标准提高至人均590元/月以上，农村低保标准提高至470元/月以上，共保障城乡低保对象7.83万人；医疗救助比例提高至70%，全年救助26.25万人次；发挥临时救助应急救难功能，救助困难家庭5.04万户。出台《加强和改进社会救助的意见》，统筹市区各项托底性救助制度、救急难制度，形成社会救助制度体系。继续实施“佑护万家”市区自然灾害保险，将低保、五保、重点优抚对象等困难群体理赔金额增加10%。举办“5·12”系列防灾减灾知识宣传和救灾演练活动，建成全国综合减灾示范社区6个。

推进社会福利事业。全市建成标准化社区居家养老服务中心154个、社区日间照料中心6个、助餐点152个，千名老人拥有养老床位数37.6张。召开全市医养融合推进会、开展养老机构“消防安全达标年”和“食品安全达标年”活动。在海陵区试点实施助餐助浴补贴政策，并将老年人洗浴意外纳入“牵手夕阳”保险项目。制定《标准化社区居家养老服务中心指导手册》，规范社区居家养老服务行为。完善政府购买养老服务制度，制定《老年人能力评估标准（试行）》，实施第三方评估，为市区2027名老人购买养老服务。实施“孝心365”老年人关爱项目，探索空巢独居老人精神关爱长效机制。

落实双拥优抚政策。提高各类优抚对象抚恤补助标准。组织开展清明节祭扫、烈士公祭日等活动，春节、建军节期间集中开展军人立功受奖送喜报及走访慰问活动。实施关爱功臣老兵系列活动，安排部分重点优抚对象进行短期康复疗养和医疗巡诊。完成退役士兵接收安置和职业技能培训工作。出台《关于军队离休退休干部服务管理机构规范化建设的实施意见》，提升军休服务水平。开展爱国拥军促进会走军营慰问活动。2016年，全市实现全国双拥模范城创建“四连冠”，市烈士陵园获批国家级烈士纪念设施。

推进城乡社区建设。召开全市农村社区建设推进会，下发《农村社区建设评估标准》，在全省率先建立农村社区建设评估体系。出台《关于加强城乡社区协商民主建设的实施意见》，建立全市城乡社区协商民主示范点30个。在全省率先开展社会组织统一信用代码登记制度改革，举行全省首张“三证合一”新证书换发启动仪式。全市社会组织登记备案7390个，每万人拥有登记社会组织数8.1个。开展“福彩慈善·助力社区”公益创投活动和

泰州"公益日"暨"情系百姓·惠泽万家"助力精准救助活动启动仪式

"泰州公益日"活动，举办泰州市首届社会组织发展论坛。

完善专项事务管理工作。推进殡葬改革，联合出台《关于推行节地生态安葬的实施意见》。会同相关部门开展长江大道明坟专项整治行动，全面整治明坟800多座。提前收回卧龙公墓经营权并维修改造。全市救助流浪乞讨人员2230人次。开展农村留守儿童及困境未成年人摸底排查，实施"伴童行"未成年人社会保护行动，困境未成年人基本生活权益得到有效保障。规范婚姻收养登记管理，依法依规办理婚姻登记6.6万对，收养登记97例。兴化市完成驻地镇改设街道和乡镇合并等区划调整工作。开展全国第二次地名普查和地名专项整治行动，实施地名文化保护项目，编辑出版《泰州地名故事》。

（钱志宇）

·社会救助和社会福利·

【概况】2016年，全市共保障城市低保对象7156户、11157人，月人均低保标准由2015年的570元提高到590元，累计支出资金4133.87万元；保障农村低保对象43812户、67160人，月人均低保标准由2015年的420元提高到470元，累计支出资金17876万元。靖江市和市区实现城乡低保标准一体化。全年医疗救助262469人次，救助资金11804.31万元，其中救助住院患者66764人次，救助资金9379.99万元；资助参保人数132033人，资金1658.48万元。全年对50416户困难家庭实施临时救助，其中城市家庭11435户、农村家庭38981户，支出资金2027万元。因遭受雷电、风雹等自然灾害袭击，全市受灾人口104223人；紧急转移安置人口221人；倒塌房屋309间，农作物受灾面积达39902.77公顷，其中绝收面积3798.56公顷；已救助人口6316人，造成的直接经济损失17900.69万元。

2016年，全市共有各类养老床位数48337张，其中养老机构床位数30360张，居家养老床位数17977张，每千名老人拥有床位数37.6张。有养老机构142家，其中公办老年福利机构3家，拥有床位数856张；民办老年福利机构45家，拥有床位数13786张；公办民营4家，拥有床位数1587张；农村五保供养服务机构90家，拥有床位数14131张。全市所有敬老院增挂"养老服务中心"牌子，面向社会老人开放服务。全市有儿童福利机构3家，床位数180张。777名孤儿纳入孤儿基本生活保障体系，其中入住机构孤儿115人，供养标准每人每月1800元，社会散居孤儿662人，供养标准每人每月1200元以上。为全市20.2万80周岁以上老年人发放尊老金1.24亿元。

【养老机构规范管理】在全市养老机构开展"消防安全达标年"和"食品卫生安全达标年"活动，全市各级共投入资金3100多万元，整改各类安全隐患723处，安装点式报警器4886个，安装喷淋系统60套。

（柳阿红　刘春国）

【福利彩票销售】2016年，全市实现福利彩票销售收入6.52亿元，其中电脑型彩票销售4.74亿元、网点即开票销售1649万元、"中福在线"销售1.61亿元。兴化市、泰兴市、靖江市、姜堰区分别实现福利彩票销售1.31亿元、1.55亿元、7428万元、8669万元。

（泰州市福利彩票发行中心）

·基层政权和社区建设·

【概况】2016年，出台《市级城乡社区建设专项资金使用管理暂行办法》。推进和谐社区达标建设，对市区当年度新建或改扩建达标社区实施奖补。开展现场述比活动，评选全市十佳社区服务品牌和十佳社区工作者。全市城乡和谐社区达标率分别为96.8%和91.9%。印发《关于认真做好全市村（居）"两委"换届选举工作的意见》《关于进一步明确和落实村（居）"两委"换届风气监督责任的通知》《泰州市村（居）委会换届全程督导办法》，规范村（居）委会换届选举工作。至年末，全市1865个村（居）委会中有1863个完成换届选举，占比99.89%。下发《关于进一步加强村务公开民主管理工作的通知》，专项督查村（居）务公开民主管理工作，全市村（居）委会依法自治率分别为98.2%和98.7%。

（沈　慧）

·双拥优抚安置·

【概况】2016年，全市共接收安置秋、冬两季城乡退役士兵2009人，其中转业士官67人；组织1640名退役士兵参加免费职业技能培训；接收部队移交地方干休所退休士官1名、1-4级残疾士兵1名。出台《泰州市军队离休退休干部规范化服务管理实施意见》。全市56名在村任职退役士兵入选村"两委"班子。调整部分优抚对象抚恤补助优待金护理费标准，各类对象平均增幅8.4%以上，其中“两参”人员平均增幅12.6%。指导姜堰区认定吴九成同志为“红军失散人员”。开展“福彩助力优抚、关爱功臣老兵”系列活动，投入近20万元为全市部分老复员军人、“三属”、伤残军人等重点优抚对象购置轮椅、助听器、血压仪等辅助器械；另投入5万元在全市开展战争题材影片展映活动。启动优抚对象数据核查工作，全年共核查26408人，完成率273.46%，其中市局抽查6批次77人次，核减各类重复、错误、去世人员数据1638条，调整录入错误数据13条，各类优抚对象身份证信息采集认证比例99.85%，资料录入基本完整率98.21%。重点针对抗日时期在乡复员军人、抗战牺牲烈士遗属等对象开展12天期180人次短期疗养和6天期1100人次短期疗养，对335人次复退军人精神病患者和1-6级伤病残退役人员进行医疗巡诊。加强“一助一”帮扶力度，投入资金302.96万元，结对帮扶2069户，帮扶率100%。为12347名重点优抚对象张挂“光荣之家”门牌。

组织清明节烈士祭扫及“9·30”烈士纪念日公祭活动。开展泰州市首届新婚夫妇向烈士鲜花活动。全市8处县级以上烈士陵园共接待社会各界祭扫约921批次、49.9万人次，烈士家属1292人次。市烈士陵园被命名为第六批国家级烈士纪念设施保护单位。

【社会拥军】开展“进连队、暖兵心、激动力”系列走军营慰问活动。邀请中国红十字会总会事业发展中心主任江丹等人到泰州市姜堰复员军人疗养院，并捐赠电视40台、洗衣机4台、护理床43张、轮椅20辆。4月23日，“泰州舰”与市文广新局举办泰州图书馆“泰州舰”分馆揭牌仪式。泰州图书馆将每年为“泰州舰”分馆赠送新书1000本，实行“点单”送书到舰，方便官兵们阅读。5月，市爱国拥军促进会换届选举。年内，授予泰兴市黄桥镇北街社区等十个双拥工作站“泰州市双拥工作站示范点”称号。启动“院舰”共建项目，组织泰州学院与“泰州舰”签署“院舰携手，共建双赢”战略协议书。

（倪劲松　刘双林　崔赟智）

泰州市图书馆“泰州舰”分馆

·专项社会事务管理·

【概况】2016年，全市经各级民政部门注册登记的地方性社团总数1676个。其中市直338个，县级社团1338个。学术性社团316个，专业性社团239个，行业性社团350个，联合性社团159个，其他性社团612个。年内审核批准社团387个，依法注销社团360个、撤销社团5个。依法对社团年检，参检率81.3%。经各级民政部门注册登记的民办非企业单位2434个，其中市直166个，县级2268个；教育类668个，卫生类102个，文化类58个，科技类11个，体育类181个，劳动类286个，民政类190个，中介类121个，法律服务单位5个，其他类812个。年内审核批准民办非企业单位670个，依法注销民办非企业单位500个、撤销19个。依法对民办非企业单位年检，参检率85.3%。

救助管理。全年全市共救助生活无着流浪乞讨人员2425人，其中流浪未成年人967人，疑似精神病人、智障人员、危重病人、肢体残疾人528人。摸底排查全市农村留守儿童20896人，其中市区1659人，靖江市798人，泰兴市1742人，兴化市16697人。救助存在困难的农村留守儿童，其中享受低保474人、临时救助206人、医疗救助157人、住房救助26人、其他救助508人。

婚姻登记。全市办理结婚登记55216对，离婚登记10745对。婚姻登记合格率100%。

收养管理。全市办理收养登记97人，其中办理收养社会福利机构抚养的弃婴85人，办理社会福利机构抚养的孤儿1人，办理收养三代以内同辈旁系血亲的子女8人，办理收养特殊困难无力抚养儿童3人。委托第三方专业机构全面开展收养子女家庭评估，评估家庭118个，其中合格117家，不合格1家。

殡葬改革。全市火化遗体42010具，其中市区火化遗体12905具、靖江市火化遗体5445具、泰兴市火化遗体11540具、兴化市火化遗体12120具，火化率100%。开展长江大道两侧绿地内明坟整治专项行动，共迁平明坟817座。建立市区文明守灵减免制度，免除文明守灵费用100多万元。

（戴祝英　陈　红）

【行政区划】撤销兴化市昭阳镇、临城镇、城东镇、西鲍乡，设立昭阳街道、临城街道、兴东镇。制订《泰州市民政局关于推进小城市建设的实施方案》。解决腾龙花苑小区飞地管理权限矛盾问题。统计全市区划变化情况和村居调整情况，编制《2016年泰州市行政区划简册》。

【地名管理】调整泰州市地名委员会成员。命名更名道路、桥梁、居民区、商业广场等42处,实施环凤城河桥梁命名更名等审批事项。实施全市第二次全国地名普查主体工作,普查地名4万多条。清理整治不规范地名,公开征求社会意见;清理统计无名道路、桥梁100多个;巡查市区80多条,查看路名、起始点、路牌设置等道路现状。整理编印《泰州市第一批历史地名保护名录》;编辑出版《泰州印记》续篇《泰州地名故事》;设立静安路地名保护标志2处;编辑《泰州市标准地名词典目录》。配合城管局制定《泰州市区道路路名牌设置导则》,城区新路牌规范实施国家标准;更换主城区42条道路地名标志,共628块。组织巡查国省道与城市重点道路5次,巡查道路交通标志牌300多处,查改问题路牌100多处,至年末,更换到位60多处。

2016年命名更名情况:

1月26日,经市地名委员会批准,将药城大道南侧、正对市公安局东门的三新路北侧、海陵南路东侧约600亩水面的人工湖命名为天禄湖(T IANLU HU)。

4月6日,经市地名委员会研究决定,将位于市政府西大门对面,市农委(市质监局)南侧、市信访局北侧、美丽华大酒店西侧、市建工大厦东侧的“L”型道路命名为“金水路”。该路东起海陵南路、南至凤凰东路,全长约300米。

4月7日,经市民政局批准,将姜堰区姜堰大道南侧,三水河东侧,占地面积50854平方米规划建设的居民区命名为碧桂名邸。

4月26日,经市民政局批准,将姜堰区长江西路南侧,前进路西侧,体育路北侧,占地面积39619平方米规划建设的居民区命名为紫星铭苑。

5月20日,经市民政局批准,将姜堰区天目东路南侧、城北村民房西侧、鸡鸣东路北侧、人民北路东侧,占地面积50431平方米规划建设的居民区命名为天目晴岚公寓。

5月20日,经市民政局批准,将姜堰区新通扬运河沿河绿化带南侧、罗塘街道前堡村农田西侧、前堡村民房北侧、姜官路东侧,占地面积63570平方米规划建设的居民区命名为欧景名苑。

5月24日,经市民政局批准,将高港区口岸街道蔡滩社区农田南侧、向阳北路西侧、二井中沟北侧、蔡滩社区农田东侧的原项目名称为鑫福苑小区的居民区(占地面积6961平方米)命名为兴福苑。

5月24日,经市地名委员会批准,将海陵区苏陈镇部分道路进行命名:

1. 夏棋路(XIAQI LU)南起跃进路、北至海姜大道的南北向道路,因贯穿夏棋社区而命名。

2. 新华路(XINHUA LU)东起西石羊路、西至西石羊小区的东西向道路,因位于原新华大队区域内而命名。

3. 北园路(BEIYUAN LU)南起海姜大道、北至北园区北侧的南北向道路,因位于苏陈镇工业园北园区而命名。

4. 双官路(SHUANGGUAN LU)南至老328国道、北至原双官村庄前的南北向道路。

5. 跃进路(YUEJIN LU)东起张家院社区、西至百里社区的东西向道路,因位于跃进河南侧而命名。

6. 双石路(SHUANGSHI LU)东起北园路、西至东石羊路的东西向道路,因位于原双石村区域内而命名。

7. 紫荆路(ZIJING LU)南起夏棋社区、北至海姜大道的南北向道路,因贯穿紫荆欣城而命名。

6月15日,经市地名委员会批准,将东风北路向西,经麒麟桥,至长江大道的东西向道路命名为麒麟路(QILING LU)。麒麟路全长约5.5千米,由专名“麒麟”和通名“路”组成。因经麒麟村、麒麟桥而命名。

6月15日,经市民政局批准,将海陵区兴泰南路西侧、王庄河北侧、春晖路东侧,占地面积75349平方米规划建设的居民区命名为春晖花苑。

6月20日,经市民政局批准,将高港区金果路南侧、扬子江北路西侧、高港区人武部北侧、金港北路东侧,占地面积47245平方米规划建设的居民区命名为吉祥园。

7月19日,经市民政局批准,将高港区白马镇白马影剧院南侧、将军南路门面房东侧,占地面积8677平方米的居民区命名为海蓝小区。

7月25日,经市政府批准,将寺巷街道内长泰路上跨南官河的寺巷大桥更名为寺巷口大桥(SIXIANGKOU DAQIAO)。

7月25日,经市政府批准,将涵西街区南侧、华侨商场北侧,海陵北路向东,东止涵西街的东西向道路命名为紫藤街(ZITENG JIE)。紫藤街全长约120米,宽5米,由专名“紫藤”和通名“街”组成。因路南旧有紫藤花架、紫藤街而命名。

7月27日,经市政府批准,将姜堰区三水河西侧、姜堰大道北侧,人民北路东侧规划建设的商业区命名为万家福广场。

8月29日,经市政府批准,将东风路南段快速化改造的道路命名为东风南路。此路上跨永兴路、永定东路、海军东路、药城大道、宁通高速和金果路后落地。与高架路和隧道重叠的道路及平行辅道,也命名为东风南路。更改起止点后的东风南路,北起迎春东路、南止通港东路与新港大道交叉路口。

9月8日,经市政府批准,将姜堰区三水街道锦绣姜城住宅小区东侧、中干河绿化带西侧的南北向道路命名为文锦街(WENJIN JIE)。文锦街全长约600米,宽8米,由专名“文锦”和通名“街”组成。因路西文化教育店铺较多而命名。

9月23日,经市政府研究决定,将海陵区永泰花园北侧，东起现泰州市人民医院南院西门、西至青年南路长约150米的东西向道路命名为永康路(YONGKANG LU)。永康路由专名“永康”和通名“路”组成，取永远健康祝福之意。

10月19日，经市政府批准，命名桥梁6座：

1. 福龙桥(FULONG QIAO)，位于引凤路北段，跨越老通扬运河，南北走向。桥名含义：该桥与北侧的百凤桥相呼应，寓意龙凤呈祥、福星高照、繁荣昌盛、国泰民安。

2. 敬亭桥(JINGTING QIAO)，位于海陵南路，柳园西侧，南北走向。桥名含义：因该桥位于柳园西侧，为纪念柳敬亭，故命此名。

3. 如意桥(RUYI QIAO)，正在建设中，位于柳园新开道路(未命名)与海陵南路交接处西侧，净因寺北侧，东西走向。桥名含义：因该桥位于原如意巷所在地，“如意桥”名称有助于留住泰州老城南的记忆，同时与光孝寺的“最吉祥殿”相呼应，“吉祥”、“如意”恰好契合了泰州“中国吉祥文化之乡”的主题。

4. 净因寺桥(JINGYINSI QIAO)，位于海陵南路，跨越老通扬运河，南北走向。桥名含义：因该桥位于净因寺旁，以寺命名。据民国《泰县城厢图》等多种地图上的标注，其名均为“净因寺桥”，为历史地名。

5. 南园桥(NANYUAN QIAO)，位于人民西路向南新开道路(未命名)中段，跨越原生产河，南北走向，桥名含义：因该桥位于南园小区范围内，桥西即为水利部门的南园泵站，命名“南园桥”，其地理指向性更明确。

6. 迎淮门桥(YINGHUAIMEN QIAO)，位于海陵北路，跨越凤城河，南北走向。桥名含义：明万历《泰州志》城池篇记载“门楼四，东曰‘海宁’、西曰‘阜通’、南曰‘迎恩’、北曰‘迎淮’”，州城北门即“迎淮门”，而该桥位于迎淮门外，以城门命名，可彰显泰州文昌水秀、古今交融的国家历史文化名城的底蕴。

10月19日，经市政府批准，更名桥梁4座：

1. 西池寺桥(XICHISI QIAO)，原名新高桥，位于青年南路，跨越老通扬运河，南北走向。桥名含义：该桥附近历史上曾有西池寺，据《入唐求法巡礼行记》记载，唐开成三年，日本留学僧圆仁和尚等随日本大使藤原常嗣跨海入唐求法，在运盐河畔的西池寺受到县令、判官、兵马使等官员及僧人接待，此为泰州最早的对外交流史，可增加千年运盐河的历史文化内涵，同时也有别于高桥(新建)。

2. 阜通门桥(FUTONGMEN QIAO)，百姓习惯称之为西门桥，位于迎春西路，跨越南官河，东西走向。桥名含义：据明万历《泰州志》城池篇记载，州城西门即“阜通门”，该桥位于阜通门外，以城门命名，可彰显泰州文昌水秀、古今交融的国家历史文化名城的底蕴。鉴于“西门桥”已经成为群众耳熟能详的名称，可作为曾用名保留。

3. 新民桥(XINMIN QIAO)，原名新民街桥，位于新民街南段，跨越凤城河，南北走向。桥名含义：去新民街桥中的“街”，考虑读音方便，同时不影响定位。

4. 天滋桥(TIANZI QIAO)，原名东河路桥，位于东河路南段，跨越凤城河，南北走向。桥名含义：今鼓楼大桥西至北门(迎淮门)外的城河，古称天滋河，该桥位于天滋河旁，以河命名。

11月3日，经市政府批准，将高港区环港大道南侧、解放东路北侧、扬子江北路东侧规划建设的居民区命名为千顺园。千顺园由专名“千顺”和通名“园”组成，取意千秋大业，顺风顺水。

11月3日，经市政府批准，将医药高新区仲联河南侧、大华锦绣华城西侧、药城大道北侧、会展路东侧规划建设的居民区命名为世纪家园。世纪家园由专名“世纪”和通名“家园”组成。

11月4日，经市政府批准，将医药高新区扬子港南侧，东起规划中的龙新路、西至规划中的辅路的东西向道路命名为西徐路(XIXU LU)。西徐路由专名“西徐”和通名“路”组成，取通向原西徐村之意。

12月2日，经市政府批准，将姜堰区的上海路南延地段上跨老通扬运河的桥梁命名为陈庄大桥(CHENZHUANG DAQIAO)。陈庄大桥由专名“陈庄”和通名“大桥”组成，因位于三水街道陈庄村境内而命名。

12月5日，经市政府批准，将姜堰区的太宇家具广场南侧和西侧、大华工具厂北侧、兴业路东侧的原正脉家居建材广场更名为正茂家居广场。正茂家居广场由专名“正茂”和通名“家居广场”组成。

12月22日，经市政府批准，将医药高新区明珠街道梅兰西路南侧、南官河西侧、汤家河北侧规划建设的居民区命名为聚丰园。聚丰园由专名“聚丰”和通名“园”组成。

12月26日，经市政府批准，将海陵区的盛唐路上跨翻身河的桥梁命名为濮家桥(PUJIA QIAO)。濮家桥由专名“濮家”和通名“桥”组成，南北走向，因西侧约100米处原有濮家桥(已拆除)而命名。

【行政区域界线管理】完成苏州泰州、盐城泰州、姜堰泰兴3条行政区域界线联合检查工作；更换市际界桩1颗，更换县际界桩31颗，提交10颗新界桩测绘结果。

(赵殿祥　张亚平)

·老年人事业·

【概况】2016年，全市建成标准化社区居家养老服务中心432个(其中城市154个，农村278个)、社区老年人助餐点382个、老年人日间照料中心6个，市区为2029名老年人提供政府购买养老服务。年内，承办全省苏中片社区居家养老重点项目建设推进会。在全省率先编制出台《泰州市标准化社区居家养老服务中心指导手册(试行)》,先后印制发放2000册。联合市财政局下发《关于开展老年人助餐助浴补贴试点工作的通知》,对年满70周岁(含)以上的老年人每餐补贴1元,政府购买养老服务的老年人每餐补贴2元,在海陵区建立27个老年人助餐点和1个助浴点,将有资质的公共浴室洗浴意外纳入"爱老无忧"养老机构综合责任险保障范围。10月,召开老年人助餐助浴服务补贴试点发布会,11月1日正式提供服务。实施"孝心365"老年人关爱项目,累计提供线上服务超过1.9万人次,提供线下服务超过2100人次。

2016年7月1日,苏北片社区居家养老重点项目建设推进会在泰州市召开

【全省第五届老年春晚苏中专场会演】2016年10月13日,举办江苏省第五届"中国人寿杯"老年春晚苏中专场会演暨泰州市第二届"敬老文明号"授牌仪式,授予泰州市老干部活动中心等22家单位泰州市第二届"敬老文明号"称号,泰州市退休人员服务中心等8家单位省第二届"敬老文明号"称号,泰州市中级人民法院民事审判第四庭和泰兴市民政局等2家单位"全国法律维权工作先进集体"称号。

【"安康关爱"行动】召开2016年度安康关爱行动推进会,全市参保老年人35.7万人,参保率33.5%,理赔4600人次,赔款816万元,赔付率超54%,比2015年提高19个百分点。

2016年泰州市百岁老人分布情况表

表35

地区	男	女	合计
泰州市	58	346	404
靖江市	18	135	153
姜堰区	7	34	41
兴化市	12	53	65
海陵区	4	22	26
高港区	2	14	16
高新区	2	6	8
泰兴市	13	82	95

(戴晓玉)

餐饮服务

【概况】2016年,泰州市住宿餐饮业实现零售额153.40亿元,比2015年增长11.1%,其中,餐饮业实现零售额140.19亿元,增长11.1%,住宿业实现零售额13.21亿元,增长11.1%。全市限额以上住宿和餐饮业(年主营业务收入在200万元以上的住宿和餐饮业法人单位、产业活动单位和个体经营户)实现零售额22.82亿元,增长7.7%。

2016年,市烹饪餐饮行业协会承接政府服务,组织开展早茶节、早茶品种地方标准制订等活动,完成输出服务收入77.09万元。市烹饪餐饮行业协会和餐饮业商会组织开展免费培训2次,培训253人次;举办金秋美食展,60家酒店、169道菜品参展,参与人数超500人;开展送年夜饭进敬老院、环卫工人休息驿站、慰问贫困儿童和敬老院、公益创投活动等公益活动,受惠总人数为3352人,捐赠物品34多万元。推荐3人参加国家二级赛事——2016中国技能大赛,1人获餐厅服务员职工组特金奖,1人获中式面点师职工组金奖,1人获餐厅服务员学生组金奖;组织2家餐饮企业参加2016中国江阴顾山蒸菜美食节,均获宴席特金奖,1人获个人赛特金奖,1人获个人赛金奖;组织3人参加黄海美食节,均获特金奖;组织古月楼"泰州长寿宴"参加2016中国长寿宴暨溧阳"过年菜"大赛,获银奖。

2016年,市烹饪餐饮行业协会被省民政厅表彰为"江苏省示范性社会组织",被省商业联合会表彰为"江苏商贸流通服务业年度优秀社团组织";市工商联餐饮业商会被省工商联表彰为"江苏省工商联商会组织先进集体"。

【行业规范管理】2016年,市烹饪餐饮行业协会指导泰州宾馆成功申报"中华餐饮名店"称号,推荐21人入选省烹饪协会主办的《大师志》,推荐酷捞火锅为"江苏省十佳火锅企业"。发行《泰好吃》内刊6期,微信公共平台发布讯息146期、信息438条,微博发布信息438条,泰好吃网站累计点击量超107万。

2016年,市烹饪餐饮行业协会新增会员单位7家,其中副会长单位江苏嘉銮国际大酒店,常务理事单位繁花里音乐主题餐厅、兴化凤凰大酒店、胡一刀面馆,理事单位百粤轩、兴化金盛元大酒店,会员单位蒋记刀面。市餐饮业商会新增会员单位3家,其中副会长单位大富豪洗涤,常务理事单位雅庐时尚美食,理事单位庆熙烤肉。

【泰州早茶品牌建设】2016年,市烹饪餐饮协会整合泰州早茶资源,推进泰州早茶品牌建设。整理泰州早茶资料,挖掘泰州早茶文化,规范传统特色早茶操作流程。9月18日,泰州早茶4个品种的地方标准正式对外发布。年内,9家餐饮企业被授予“泰州放心早茶店”称号,10人被授予“泰州干丝首席烹饪师”称号,5人被授予“泰州干丝知名烹饪师”称号。加大资金投入,打造“干丝”美食品牌。12月,海陵区被中国烹饪协会授予“中国干丝美食之乡”称号,是海陵区获得的唯一国字号美食招牌。

泰州煮干丝

泰州烫干丝

【重点餐饮企业选介】泰州天德湖宾馆。宾馆位于海陵南路268号,紧邻天德湖公园,建筑面积6万多平方米,主楼高5层,有各类客房243间(套),配套有2000平方米无柱式宴会大厅、多功能厅、中西餐厅和各类会议室,提供湖景客房、四季美食、户外BBQ(烧烤)、湖畔草坪婚礼、养生温泉等特色服务产品。

泰州国际金陵大酒店。酒店位于海陵南路298号,是五星级品牌酒店,主楼高22层,有各类客房322间(套)、各类会议室17个、1200平方米无柱多功能厅1个和泰州唯一的同声传译会议厅,配套有大堂吧、香榭西餐厅、金銮阁餐饮私人会所、健身中心、游泳池、桑拿中心等。

会宾楼宾馆。宾馆位于济川东路101号,是国家三星级旅游饭店,是泰州市最大的民营酒店连锁企业。宾馆经营面积2.3万平方米,有客房113间(套)、大型宴会厅2个、中型宴会厅1个、可容纳500多人的会场1个和中小型会议室4个,配套有商务及票务中心、精品商场、康乐中心等。

江苏嘉鎏国际大酒店。酒店位于鼓楼南路336号,总投资1.8亿元,建筑面积2.4万平方米,楼高15层(含地下室一层),是集客房、餐饮、会议、休闲娱乐、购物为一体的大型涉外综合性酒店,有各类客房165间、大中会议室8个,配套有精品桑拿、健身房、美容美体中心、水疗中心为一体的休闲娱乐中心。

泰州市亚细亚大酒店。酒店位于海陵南路389号,是集餐饮、客房、休闲娱乐、会议等多功能为一体的三星级综合性大酒店,总面积2万多平方米,有包厢32个、宴会大厅2个、客房60间,休闲中心有休闲大厅及休闲包厢、休闲套房30间。

美丽华大酒店。酒店位于凤凰东路66号,主楼高15层,有各类客房126间(套),设有商务行政楼层,有各类中西餐厅30多个,配套有商务中心、精品商场、棋牌室、歌厅、桑拿洗浴中心、健身房、美容室等。

金汇宾馆。宾馆位于扬州路588号,是集餐饮、客房、康体休闲、娱乐为一体的时尚精品商务酒店,总面积2万多平方米,有商务客房100多套,配套有大堂吧、健身中心、康体休闲娱乐会所等。

(张　恒)

关心下一代工作

【概况】2016年,全市关工委推进一主(“学党史、学国史,听党话、跟党走”主题教育)、二帮(帮教帮扶青少年)、三建设(基础、队伍、品牌)工作,强化关工组织和“五老”队伍建设。年内组织队伍建设和主题教育、校外辅导站教育、预防青少年违法犯罪等4项工作在全省关工表彰大会和相关会上交流发言。6月21日,召开纪念江苏省关工委成立25周年暨全省关心下一代工作表彰大会,市关工委主任万门祖获“全省关心下一代工作突出贡献奖”,靖江市关工委等21个集体、朱沛源等45人分获全省关心下一代工作先进集体和个人称号。

强化基层建设。全市关工委组织覆盖到村民小组(居民楼幢),有关工组织3241个,其中新增民企、单位关工委65个。“五老”总数增至43026人,占总人口0.85%,其中新增9912人,70周岁以下占66.9%,年服务累计100小时以上“五老”占30%。县乡两级关工委班子调整面各占总数的57%、42.6%,乡村两级常务副主任调整面各占26.7%、16.9%,市县直属系统、部门调整关工委主要领导49人。全市关工委常务副主任年龄70岁以下占60%。95%以上镇、村关工委工作经费列入财政预算。省关工委多次推广泰州市做法,中国、省关工媒体多次报道。

加强校外辅导站建设。与市文明办、教育局、财政局民政局等10部门联合制发《关于促进城乡社区校外教育辅导站“强内涵、提质量、上水平”的意见》。推广靖江、泰兴、高港3市(区)财政给予配套资助的做法,改善办站条件。推广靖江市构建“学校、家庭、社会三教融合”辅导格局,泰兴市自办网站带动电子阅览室常态利用,高港区创新校外辅导站多种办站模式,兴化、海陵、姜堰、高新等地打造特色辅导项目等有效经验。完善下发市级示范校外辅导站标准,评选命名40个示范站全市有校外教育辅导站(点)1853个、电子阅览室317家,全年进站青少年77万人次。

关爱困境儿童。调查“三童”(留守、流动、特困儿童)底数和需求,将困境儿童纳入社保救助体系。全市共筹资1335.1万元,救助困境儿童20157人。兴化市开展“万名‘五老’做万件好事”活动;高港区关工委与工会资助50名贫困大学新生入学;泰兴市组织1500多名“五老”

与留守儿童结对帮扶；市教育系统关工委连续第9年开展“六·一关爱周”活动；姜堰区建立失依青少年档案，落实“2+1”结对关爱措施，成立失依青少年联络中心，构建立体式呵护网络；靖江市慈善总会、教育关工委在各学校创建“爱心超市”，跟踪关注“三童”心理健康，组织参与敬老、助人、环保宣传等公益活动。

【全市关心下一代工作表彰大会】2016年4月13日，文明办、市关工委召开关心下一代工作表彰大会，总结2011年以来全市关心下一代工作经验，表彰先进集体50个、先进个人100名。省关工委主任曹鸿鸣、市委书记蓝绍敏出席并讲话。市委常委、宣传部部长卢佩民主持会议，市关工委主任万门祖同志作工作报告。省关工委副主任兼秘书长郭兴华、副秘书长俞宝贤，市委副书记、市长史立军，市政协主席王守法，市人大常委会副主任、党组书记高纪明，副市长范玲等领导出席并颁奖。靖江市滨江新区党工委、姜堰区大伦镇关工委常务副主任胡宏根作经验介绍。

2016年4月13日，泰州市召开关心下一代工作表彰大会

【组织建设】年内，市政法、工商、农委、文广新4部门解决系统关工委长期无专职常务副主任、无同级老干部驻会等问题，市教育局坚持系统关工委常务副主任、秘书长在职和老同志“双配制”。市卫计委新建关工委。市科协、市妇联关工委“五老”分别发展到203人、138人。市委宣传部(文明办)推进校外辅导站建设、主题教育和青少年健康成长环境专题调研工作；市委政法委(综治办)和市公安局、司法局指导开展结对帮教、社区矫正及“未成年人零犯罪社区(村)”创建等活动；市委老干部局实施老干部与大学生村官牵手结对“学雷锋志愿服务优秀项目”；市教育局把关工委纳入局机关管理序列，推行退休干部、教师“双证齐发”“菜单+自助餐”参与关工模式；市农委推进“三扶两创一促进”活动，帮助青年农民申报省创业示范基地项目，培育省示范家庭农场和省创业之星、创业示范基地。市工商局筹资70多万元实施“3年千人助学计划”；市人社局为大学生就业创业提供全程服务；市民政局牵头开展农村留守儿童关爱规范化试点工作；市总工会组织老劳模开展“金秋助学”活动；市妇联组织妇女担任留守儿童、孤儿“代理妈妈”；市计生协为617名18周岁以下孤女免费办理每人2万元的意外伤害保险；市文广新局开展校外辅导进“农家书屋”活动；市财政局提供关工经费保障和政策支持；泰州报业、广电集团提高关工动态宣传频率，开设“关心下一代”专栏。

【主题教育活动】市关工委联合市教育局开展“学党史、学国史，听党话、跟党走”主题教育4项活动(即“讲党的故事，感党的恩情，听党话，跟党走”主题读书活动及“党在我心中”征文竞赛，“讲故事·颂党恩”故事大赛，“听党话跟党走”两史知识竞赛，“党史国史，乡情乡贤”教育)。全市共编写宣讲材料542篇，遴选2278名“五老”担任宣讲员，听众71.51万人次。全市中小学生中，参加主题征文16.91万人次、故事大赛1.1万人次、“两史”知识竞赛1.46万人次。全市公开评选“三好青少年”100名。

【预防和减少青少年违法犯罪】协调市综治办、预防办、司法局、教育局联合下发《关于以“关爱明天，普法先行”等活动为抓手推进预防和减少青少年违法犯罪重点工作深入开展的意见》，拓展法制教育进课堂、进单位、进村居的广度和深度。推广泰兴市利用校外辅导站开展系列普法活动、兴化市“五结合”“禁毒法漫画教育”、高港区法制教育进校园、海陵区中小学生带法回家、高新区青少年模拟法庭等经验，全市1106名“五老”道德法制宣讲员、261名法制副校长，共宣讲1129场次，听众约100万人次。推广兴化市关工委、司法局构建“五失”(失足、失范、失管、失学、失业等)和服刑强戒人员未成年人子女社区矫正、“五老”帮教工作机制；高新区关工委联合公检司部门组建“阳光帮教志愿者”队伍，对重点青少年实施专业化、社会化帮教；靖江、姜堰等地探索分类帮教模式；高港区重视人性化帮教。全市2320名“五老”组成601个帮教小组，结对帮教青少年692名，转化率90.5%；832名“五老”参与301名失足青少年社区矫正工作；1000多名“五老”常年义务监督网吧，未成年人进吧现象得到有效遏制；未成年人零犯罪社区(村)建成率97.2%。协调市18个部门和各地关工委，联合开展“营造青少年健康成长良好环境”专题调研，形成调研报告报市委、市政府。中国关工网、《泰州论坛》《大众社会科学》等媒体全文登载。

【“三扶两创一促进”活动】市关工委配合农业、工商等部门为青年创业就业提供“三扶两创一促进”(“三扶”即扶志、扶技、扶创业，“两创”即建设青年农民创业基地、培树青年农民创业之星，“一促进”即帮扶促进青年农民创办专业合作社等新经济组织)服务。农业系统关工委组织733名老专家采取“1+1”“N+1”模式(1名或N名“五老”为1名青年农民提供项目扶持、技术指导、业务培训等服务），扶助119名青年农民创办家庭农场和创业示范基地，获省补贴100多万元。市民营关工委创建大学毕业生、待业青年就业和民企用工2个信息库，收集求职、求贤信息895条、786条。姜堰区关工委实施“老农业专家导师制”“科技特派员入驻制”“农科员入户指导制”，培育青年创业标兵20个，《人民日报》、中央电视台及江苏电视台分别报道。

（姚东社　丁　洋）

慈　善　事　业

【概况】2016年，全市慈善系统接受捐赠收入3840.99万元，救助支出5877.19万元，受助与惠及183.62万人次。其中市本级接受捐赠1079万元，慈善救助等支出2053.4万元。全年，市本级共实施“慈善助困”“慈善助学”“慈善助医”“慈善助老”“慈善助孤”“慈善助残”“慈善保险”“慈善文化惠民”“关爱临时特困群体”“援助中西部地区”等12大类54个子项目，市本级救助支出资金2053.4万元。单个项目救助资金总量，100万元~200万元项目11个，200万元~300万元和300万元~390万元项目各2个。受助惠及千人以上项目23个，其中惠及万人以上项目5个。年内，市慈善总会获泰州“十佳公益之星”称号。

【慈善救助】2016年6月23日，阜宁、射阳发生特大龙卷风、冰雹灾害，市慈善总会募集救灾资金，支援阜宁、射阳受灾地区。不到一个月时间内共接受市和市（区）两级机关党员、干部和社会各界爱心人士捐款409.3万元，并全部汇往盐城市慈善总会。与中华慈善总会、省慈善总会、市（区）慈善总会、市民政局、市人社局、市残联、市妇联、团市委、市福彩中心、市广播电视台有关栏目传媒、中国人民人寿保险泰州公司、中国人寿保险泰州分公司、中国平安财产保险江苏分公司、市老区经济开发促进会等分别联合实施“情暖江苏·爱在泰州”“慈善超市”“福彩慈善 助力社区”“牵手夕阳”“爱老无忧”“佑护万家”“儿童大病救助”“血透”“暖心工程”“你的微心愿我来帮实现”“慈善文化惠民”等22个项目，争取联办单位资金1328.14万元，联办单位出资占整个项目资金投入41.6％。

【慈善宣传】2016年8月31日，与市民政局联合召开新闻发布会，对14个慈善项目集中发布。全年共有《泰州举办第二个公益日活动》《市区残疾人意外伤害险政府买单》等10多篇文章在《江苏慈善》《泰州日报》《泰州晚报》发表。与泰州电视台联合举办《慈善在线》节目，每周播出两次，先后播出《困境儿童走进兴化（捐髓救母）》《牵手困境儿童》等专题片和访谈节目。借助“互联网+”网络系统，开设泰州市慈善总会微信公众号和政府微信《新闻头条》栏目。

（慈善总会）

残疾人保障

【概况】2016年，全市有31577名低保家庭外的无固定收入重度残疾人享受生活补贴金（生活救助金），1740名低保家庭中的重度残疾人享受重残补贴金，3009名一户多残和依老养残家庭中的残疾人享受生活救助金，9503名重度残疾人享受护理补贴。泰州市区（不含姜堰区）2220名残疾人参加城乡居民社会基本养老保险，18940名残疾人享受100元/人/月养老补贴。全市有101714名持证残疾人参加意外伤害保险，其中市区50290名持证残疾人全部免费办理意外伤害保险。

【残疾人康复】年内，市残联为2138名白内障患者实施免费复明手术，向2878名精神病患者免费发放抗精神病药，为残疾人免费安装假肢80条，为残疾儿童免费验配助听器80台、发放儿童轮椅20个、儿童助行器10个，为7016名残疾人免费提供无障碍环境改造和辅助器具适配，为1000名0~6岁残疾儿童提供免费抢救性康复救助，为313名7~15岁残疾儿童提供康复训练。

【残疾人教育和就业培训】年内，市残联跟踪调查全市570名未入学残疾儿童，资助680名残疾人学生和贫困残疾人子女就学，建立327名全日制中专及以上院校在校残疾学生人才信息库。开通泰州市残疾人就业创业公共服务平台，制定出台市级残疾人职业培训基地、就业见习基地、创业孵化基地建设管理办法。全市核减927家小微企业残疾人就业保障金，为212家单位发放按比例安排残疾人就业达标补贴和超比例奖励资金，向84名残疾人发放扶持资金44万元。举办残疾人职业技能培训班、专场招聘会等，培训残疾人822人，实现就业1810人。

【残疾人扶贫】2016年，市残联为9029名低收入残疾人农户建档立卡，为59户残疾人实施危草房改造。全市新建市级残疾人扶贫基地3个，安置残疾人就业80多人，辐射带动残疾人家庭90多户。

（残　联）

消费者权益保护

【概况】2016年，泰州市消协深化12315效能建设，促进基层12315、12365、12331“三线融合”，共受理消费者咨询、投诉、举报2.5万人次，处理投诉3641件，为消费者挽回经济损失590万元。郑美琴被授予“新泰州建设功臣”称号。坚持问题导向，对投诉举报集中的商品实施精准抽检，完成76个品种1912个批次商品的抽样检测，检测不合格商品案件做到应查尽查。开通“畅消泰州”微信公众号，成立诚信商家自律联盟。市消协支持全省首例翻新车“退一赔三”案件，受到媒体广泛关注。

【消费教育】年内，组织“3·15”纪念活动，针对农民消费者、老年消费者、青少年消费者群体分别编印《维权知识读本》。开展老年消费知识讲堂，到凤凰小学开展消费维权知识讲座，在泰州移动设立通讯行业消费教育基地，对市区汽车市场消费满意度情况进行调查并形成报告。针对消费领域中“潜规则”、消费投诉热点问题，发布消费警示12条，联合移动公司、电信公司向全市消费者发送消费维权提示性短信2条，受众20多万人次。

【消费监督】推进公共服务行业消费满意度提升，对江苏有线泰州分公司开展消费评议活动，在全省率先对供水行业格式合同进行审查备案。对入驻国际汽车城的29家4S店集中约谈，强化汽车经销商法律责任和诚信义务。做好消费投诉的精准维权，支持消费者李某的汽车消费诉讼，成为新《中华人民共和国消费者权益保护法》实施以来全国个案标的最高的一起“退一赔三”案例，得到《中国消费者报》《扬子晚报》等媒体的报道关注。

【社会共治】指导成立泰州市诚信商家自律联盟，促进本土电商和中小商户消费争议内部解决。与保险行业协会、通信行业协会、美容美发行业协会等行业协会开展定期互动，指导成立行业消费维权服务站。组建维权志愿者专家团，首批吸收律师、汽车消费、珠宝、社会工作等方面专家加入，壮大消费维权义工队伍。约请监管部门和行业经营者、消费者、媒体代表，探讨如何应对预付式消费领域频发的侵权问题。

（消　协）

人口和计划生育

【概况】2016年，全市完成村级以上计生工作人员培训工作，利用主流媒体宣传全面两孩政策，全年共出生二孩16360人。下发市级《实施全面两孩政策工作方案》，指导各市（区）完善再生育审批业务规范，定期开展生育预警监控工作。全年出生人口2.9万人，出生政策符合率99.53%。靖江市、姜堰区获全国首批“新一轮计生优质服务先进单位”称号。全市全年发放各项计生奖励扶助金2.1亿元，惠及47万人，奖扶政策兑现率100%。实施计生特殊家庭“六个一”精准扶助，建成7754名特殊人员信息档案，依规赔付61.5万元。探索出生人口性别比综合治理新路径，调整并出台《泰州市出生人口性别比重点管理乡级单位实施意见》，年出生人口性别比105.80∶100。全市开展集中服务活动176场次，惠及13万人次。启用并运行流动人口服务管理信息系统，实现婚育证明出具服务电子化。制定《加快推进泰州市流动人口基本公共卫生计生服务均等化工作的实施意见》，健全留守儿童健康关爱组织网络、健康评估机制和健康档案。组织流动人口卫生计生动态监测工作，靖江、兴化市工作以“零误差”排名全国县级前列，获国家通报表扬。

【计生家庭发展】年内，对计划生育特殊家庭实施“六个一”（签约一名责任医生、建立一份健康档案、提供一次免费体检、购买一份住院护理和大病保险、明确一户“双岗”联系人、结对一名志愿者）精准扶助。全年全市328人共获赔付61.5万元，7754名特殊人员建成信息档案。兑现计划生育各项奖励优惠政策。全年发放各项计划生育奖励扶助金2.1亿元，惠及47万人，计生奖励扶助政策兑现率100%。

【幸福家庭建设】围绕“健康、幸福”的目标，开展幸福家庭创建、家庭健康促进、家庭文化建设等行动计划。年内，海陵区成为全省第三批试点项目县。兴化市评选表彰98户幸福家庭示范户。靖江市制订实施《“幸福马洲·健康靖江”建设实施方案》，全面启动幸福家庭、新家庭计划。借助基本公共卫生服务、“12320”卫生热线平台，开展各类宣传、讲座、知识竞赛活动。全市共开展卫生防病宣传活动78次，健康知识讲座8437场，张贴宣传画4.8万张。建成东湖公园健康主题公园。开展以“婚育文明、性别平等；计划生育、优生优育；生殖健康、家庭幸福”为主要内容的家庭人口文化宣传倡导活动。结合“母亲节”“国际家庭日”等重大节日，利用网络、短信、微信等现代传播方式宣传。在每个社区建立了美德孝行榜，推进家庭美德建设。在全市范围内组织开展“讲身边好故事”“学习道德模范，争当文明使者”等系列教育实践活动。

（卫计委）

民族·宗教

【概况】2016年，全市共有52个少数民族2.81万人，其中常住人口约1.01万人、流动人口约1.8万人。有市级民族社团1个、江苏省清真食品基本供应点3家、内地新疆班1个、少数民族关爱医院(挂牌)1家，回民公墓3处。依法登记的宗教活动场所243处，其中寺观教堂37所。有市级宗教团体6个、县级宗教团体14个，经认定的宗教教职人员454人，信教群众30多万人。全市新认定四星级场所6家，三星级场所6家，一、二星级场所39家，兴化市基督教恩典堂、姜堰区古寿圣寺被省宗教局认定为五星级宗教活动场所。年内，基督教新堂土建工程竣工，进入内部装修和环境绿化阶段。南山寺主体建筑及文峰塔竣工。泰兴市庆云禅寺佛教文化研究中心装修完毕，弘法中心完成土建，法轮塔修复工程竣工。高港区寿胜寺开工建设，白马庙举行大雄宝殿落成暨佛像开光典礼。江苏省口岸中学民族团结教育主题馆被命名为“首批省级民族团结进步主题教育馆”，泰州古寿圣寺被表彰为“第三届全国创建和谐寺观教堂先进集体”。

全市宗教界为盐城特大龙卷风灾区人民祈福，捐款捐物近70万元。“宗教慈善周”期间，全市宗教界支出善款近60万元，“慈善助学”“爱心助残”“尊老敬老”等宗教慈善品牌影响扩大。

年内，在政法处挂牌设立“市民族宗教法律服务指导中心”；整合民宗、司法部门人员和宗教教职人员、少数民族代表人士力量，成立200多人的民族宗教政策法规辅导员和宣传员队伍；依托光孝寺、基督教堂、清真寺建立3个“政策法规宣传教育基地”；先后举办“宪法进场所”“百名律师进场所”“民族宗教法律法规知识竞赛”“宗教教职人员学法用法守法演讲比赛”等活动。

泰州市星级宗教活动场所汇总表

表36　　单位：家

	一星级	二星级	三星级	四星级	五星级
佛教	22	29	11	7	2
道教	4	3	1	1	—
伊斯兰教	—	—	1	—	—
天主教	—	—	—	—	—
基督教	11	15	6	4	1
合计(118)	37	47	19	12	3

【民族团结进步创建活动】举办“缅怀革命先烈 放飞中国梦想”第七期少数民族青少年夏令营，海陵区40多名青少年学生参加。以“团结发展 和谐共融”为主题，开展全市第四个民族团结进步宣传周活动。会同市委统战部、省口岸中学开展“民族一家亲 关爱新疆行”活动，赴昌吉、吐鲁番等地走访慰问新疆班困难学生家庭10户。组织新疆班学生赴淮安开展“爱国·文化·历史之旅”社会实践活动，举办“分裂动乱是灾难，和谐稳定是福祉”主题报告会，深化爱国主义、集体主义和社会主义教育。

【宗教领域专项治理】2016年，完成全市基督教私设聚会点治理工作。指导市佛教协会对全市40多个佛教场所道风建设情况进行督查。规范宗教活动场所财务管理，指导市道教协会开展道教场所财务管理情况巡查。在全市佛道教场所开展“文明敬香”活动，光孝寺春节期间烧香乱象得到有效治理。

【宗教团体建设】2016年12月9日，泰州市道教协会第二次代表会议召开，会议听取并审议了《泰州市道教协会第一届理事会工作报告》，修改《泰州市道教协会章程》，选举产生泰州市道教协会第二届理事会及新一届领导班子。海陵区道教协会会长、泰州心圣观住持沈宏发当选为会长。

【宗教文化建设】全年共举办“最吉祥文化讲坛”四期。为海陵区福善庵住持心权法师举办百岁祝寿活动。市基督教两会举办“祝福中华、唱响泰州基督教好声音”庆祝建市20周年圣乐汇演。光孝寺承办省佛教协会缘源书画院2016秋季培训班。南山寺举行“书摄不二——台湾朱莉书法摄影作品展”。《泰州光孝寺志》《泰州伊斯兰文化》完成初稿编撰。

【首届全市民族宗教运动会】2016年9月，举办首届全市民族宗教运动会，各宗教教职人员、各族群众计160名选手参加斗鸡、板鞋竞速、花式投篮等8个项目比赛。市民宗局获市五运会优秀组织奖，靖江市、兴化市民宗局获体育道德风尚奖。

(张振宁)

消　　防

【概况】2016年，泰州市共发生火灾2696起，死亡7人，受伤3人，过火面积约13.2万平方米，直接财产损失555.8万元，火灾起数比2015年，下降5.7%，死亡人数下降了50%，受伤人数上升50%，财产损失下降73%。年内，全市消防部门共检查单位17895家次，发现火灾隐患和违法行为33981处，督促整改火灾隐患33797处，下发责令整改通知书13993份、行政处罚决定书897份，临时查封307处，责令“三停”157家，拘留40人。

【基础建设】年内，落实《泰州市区消防水源设施管理办法》，新建和补建市政消火栓459个；推进固定供水管道、机动泵组供水平台等多种形式消防水源设施建设，实现万达广场、坡子街等主要商圈取水设施建设全覆盖；推进微型消防站和消防“大数据”系统建设，建成微型消防站171个，新接入消防设施联网监测网单位209家；开展“119”大集中接警改造，构建现役、专职、微型消防站为一体的调度体系；推进泰州区域性灭火救援应急中心、海陵工业园区消防站工程建设，落实消防装备建设专项经费，购置各类消防车20辆，对全市消防装备建设和发展情况进行评估论证。

【火灾防控】出台《泰州市公安局关于“全警消防”工作的实施意见》，召开公安消防工作会议和“全警消防”现场推进会，成立派出所消防工作指导办公室并实体化运行；加强社会福利机构治理措施，将2016年确定为“养老机构消防达标年”，开展孝心365服务活动，全市88家单位增设消防设施，27家单位办理消防审批手续，取缔、合并养老机构7家，责令“三停”6家；推广应用简易消防设施，全市新增安装独立式火灾探测报警器4437个、简易喷淋119套；开展消防宣传“七进”活动，组织消防志愿者讲师团在全市各类单位、企业开展宣讲活动，发挥“两微一端”（微博、微信和手机客户端）网络新媒体宣传作用，泰州消防微信获“泰州市十大最具活力政务微信”称号。

【专项规划】年内，泰州市推进消防信用体系建设，制订《泰州市应急管理工作整体水平提升方案（2016年—2018年）》，依托相关市（区）现役消防部队，组建泰兴石油化工事故处置重型编队（中）1个和靖江（南）、医药高新区（西）、海陵姜堰（北）3个石油化工事故处置轻型编队。

【审批服务】在全省范围内率先试点推行施工图设计联合审查，实行一窗收件、一次告知、并联审图、限时办结、统一反馈；推进重大项目服务专员制度，对政府重大项目明确一名服务联络员为项目服务专员，由服务专员全过程协调处理；推动“智慧消防、网络政务”服务，推出消防业务网上服务系统，开通“微信服务群”推行网上咨询、网上查询业务办理进度等网上服务模式；梳理消防服务事项，缩短审批时限，在医药高新区、兴化市戴南镇等重点园区和小城市设置消防受理服务点，成立移动受理服务工作队。2016年，消防窗口共受理接件664件，接待咨询800多人次，办理施工图联合图审项目200多个，未出现超时审批和举报投诉等情况，连续15个季度获评“红旗窗口”，连续第4年获批“泰州市十佳政务服务窗口”。

（消防支队）

人 民 生 活

【城乡居民收入】2016年，泰州市全体居民人均可支配收入为28259元，比2015年增长9.0%。分城乡看，城镇常住居民人均可支配收入为36828元，增长8.0%；农村常住居民人均可支配收入为17861元，增长8.8%。分市（区）看，海陵区全体居民人均可支配收入为35155元，增长8.6%；高港区全体居民人均可支配收入为30632元，增长8.9%；姜堰区全体居民人均可支配收入为28353元，增长9.1%；兴化市全体居民人均可支配收入为24602元，增长9.1%；靖江市全体居民人均可支配收入为29544元，增长9.0%；泰兴市全体居民人均可支配收入为27806元，增长9.0%。分构成看，人均工资性收入17625元，增长8.8%；人均经营净收入4383元，增长8.4%；人均财产净收入2337元，增长10.3%；人均转移净收入3914元，增长9.8%。

【城乡居民消费】2016年，泰州市全体居民人均消费支出18218元，比2015年增长8.6%。分城乡看，城镇常住居民人均消费支出为22480元，增长7.0%；农村常住居民人均生活消费支出为13250元，增长11.9%。分市（区）看，海陵区全体居民人均消费支出为21969元，增长7.3%；高港区全体居民人均消费支出为21432元，增长8.8%；姜堰区全体居民人均消费支出为17812元，增长9.1%；兴化市全体居民人均消费支出为14911元，增长8.4%；靖江市全体居民人均消费支出为21600元，增长9.0%；泰兴市全体居民人均消费支出为17672元，增长9.6%。分构成看，人均食品消费支出5340元，增长7.5%；人均衣着支出1503元，增长8.6%；人均居住支出3964元，增长11.8%；人均生活用品及服务支出983元，增长8.6%；人均交通通信支出2528元，增长3.9%；人均教育文化娱乐支出2072元，增长12.1%；人均医疗保健支出1201元，增长8.3%；人均其他用品和服务支出627元，增长8.1%。

2016年泰州城乡居民生活情况

表37

指　标	单位	全体居民	比上年增长(%)	城镇常住居民	比上年增长(%)	农村常住居民	比上年增长(%)
调查户数	户	1009	-0.1	627	-0.49	382	0.57
平均每户家庭人口	人	3.22	0.63	3.29	0.61	3.10	0.00
平均每户就业人口	人	2.00	0.50	1.95	1.04	2.10	0.48
每一就业者负担人口	人	1.61	0.00	1.69	0.00	1.48	0.00
年末人均住房建筑面积	平方米	54.0	0.0	49.0	2.0	64.0	3.2
人均可支配收入	元	28259	9.0	36828	8.0	17861	8.8
人均消费支出	元	18218	8.6	22480	7.0	13250	11.9
#食品支出	元	5340	7.5	6470	5.5	4025	11.4
教育文化娱乐服务支出	元	2072	12.1	2651	11.4	1396	13.5
年末百户家庭耐用消费品拥有量							
1.家用汽车	辆	34.33	14.4	39.78	15.67	25.39	10.91
2.摩托车	辆	41.17	-8.51	40.90	-8.20	41.62	-6.78
3.助力车	台	140.27	8.74	138.45	4.57	143.26	14.97
4.洗衣机	台	104.59	3.56	106.39	1.21	101.64	8.01
5.电冰箱(柜)	台	112.42	6.06	110.70	2.58	115.25	11.27
6.微波炉	台	96.00	4.35	99.27	1.73	90.64	8.80
7.彩色电视机	台	196.92	4.19	205.33	2.95	183.12	6.91
其中:接入有线电视	台	176.30	4.32	185.43	3.23	161.32	7.14
8.空调	台	185.04	10.80	209.70	7.02	144.57	20.23
9.热水器	台	108.67	4.49	112.80	2.48	101.90	7.11
其中:太阳能热水器	台	90.92	2.16	90.94	-0.55	90.90	5.80
10.消毒碗柜	台	4.72	17.90	6.47	13.80	1.83	-0.52
11.洗碗机	台	1.19	18.93	1.44	-9.57	0.79	-0.52
12.排油烟机	台	67.26	6.76	80.93	2.04	44.83	21.97
13.固定电话	线	71.66	-5.72	72.37	-2.67	70.48	-9.10
14.移动电话	部	255.37	4.23	263.62	2.91	241.82	7.32
其中:接入互联网	部	159.59	14.81	177.43	13.06	130.30	19.02
15.计算机	台	85.84	4.68	100.29	2.41	62.11	9.77
其中:接入互联网	台	77.73	3.64	92.84	1.89	52.95	10.54
16.摄像机	台	4.37	-12.62	6.39	5.52	1.05	-50.26
17.照相机	台	19.63	-6.52	27.29	-2.74	7.07	-13.36
18.中高档乐器	架	4.26	-14.77	6.22	0.48	1.05	-55.79
19.健身器材	台	5.72	-4.61	7.93	-3.87	2.09	-20.42
20.组合音响	套	10.37	-13.62	12.21	-10.44	7.33	-22.63

2016年泰州市市区居民消费价格分类指数表

表38

指　标	2016年	比上年增加
市区居民消费价格总指数	102.1	0.4
#服务项目价格指数	102.2	0.3
消费品价格指数	102.0	0.4
食品价格指数	104.4	1.0
食品烟酒	103.8	——
#粮食	101.9	-0.2
食用油	101.5	——
菜	108.9	-2.4
畜肉类	109.5	——
禽肉类	99.4	——
水产品	106.6	3.6
蛋类	97.1	3.2
干鲜瓜果类	97.3	4.0
衣着	102.2	0.1
居住	101.5	0.9
生活用品及服务	101.9	——
交通和通信	99.7	1.7
教育文化和娱乐	101.3	——
医疗保健	103.3	——
其他用品和服务	102.8	——
市区商品零售价格总指数	101.1	-0.1

说明：从2016年开始为CPI新一轮基期，构成分类进行调整，与上年不可直接比较

（国家调查队）

靖 江 市

【概况】靖江位于长江下游，襟江近海，东、西、南三面临江，南与张家港、江阴等地隔江相望，东与如皋相邻，西、北与泰兴相连，是苏中新兴的港口工业城市，拥有优质长江岸线52.3千米，其中深水岸线35千米，水路交通便利。锡澄、广靖高速公路通过江阴长江大桥南连沪宁高速，北接宁通高速公路；新长铁路从靖江过江，向南联沪宁铁路，向北通陇海铁路。全市总面积665.58平方千米，辖1个国家级经济技术开发区、1个省级经济开发区、8个镇、1个街道和3个办事处，188个行政村、75个社区居民委员会。年末，全市总人口68.5万人。2016年，实现地区生产总值801.8亿元，固定资产投资500亿元，完成一般公共预算收入58.9亿元；城乡居民人均可支配收入分别为39713元、19605元，增长7.9%和8.6%；建成全省首个沿江岸电系统，口岸核心能力建设通过国家验收，是长江北岸首个县级亿吨港。全年完成进出口总额27.2亿美元；其中出口19.4亿美元，增长7.1%。

【农业】农业基本现代化指标实现程度提升，首次跨入全省第一方阵；实现农业增加值23.9亿元；农民人均可支配收入19605元，增长8.6%；粮食总产30.98万吨，平均公顷产6945千克。现代农业发展提速，新增高效设施农业面积733.33公顷、专业合作组织80家、家庭农场252家；农业实际利用"三资"15.6亿元，新开工规模以上农业项目18个；农业龙头企业实现销售收入92亿元、利税3.8亿元，新增农业"三品"47个。扶贫开发深入推进，实现脱贫低收入农户1554户3670人、转化经济薄弱村14个。农村改革持续深化，农村公共服务运行维护标准化试点通过国家级验收，形成"1189"靖江模式。实施国有粮企改革，优化粮食行政管理职能。村庄环境更加宜居，"八位一体"综合管护提质扩容，疏浚整治二三级河道947条(段)，创建省节水型社会示范市；新增成片林386.67公顷、农田林网1700公顷，创建省森林生态示范村2个、绿化示范村4个、美丽乡村3个；开展畜禽养殖污染治理，关停整治养殖场(户)435家。

【经济体制和社会事业改革】成立全面深化改革领导小组，出台《全面深化改革实施意见》，制定《关于进一步推进简政放权加快转变政府职能的实施意见》《关于健全完善现代市场体系的实施意见》《关于加快推进金融改革创新的实施意见》《关于深化财税体制改革加快建立现代财政制度的实施意见》4个实施意见。制定《深化重点领域改革工作要点》。清理政府职权，制定公布行政审批清单、权力清单、收费清单和行政审批服务流程图，梳理保留行政权力事项5475项，其中行政许可207项，削减行政许可、行政审批180项。梳理行政审批和服务类项目798个，优化审批服务环节171个。设立市政务办，实行政务服务与公共资源交易一体化管理。推进新桥镇简政放权改革试点，梳理确定首批赋予新桥镇行政权力事项319项。在全省率先实现企业注册登记"三证合一、一照一码"全覆盖，率先推行社保同步登记和启动个体工商户"两证合一"改革，新增市场主体7292户。优化配置人力资源，新建人力资源服务中心，建成省五星级人力资源市场和船舶专业人力资源市场。整合完成不动产统一登记信息系统和窗口建设等工作，2016年5月，发出第一批不动产权证。成立市产业技术研究院，共建产学研联合体32家，集聚科技项目76个。浙商银行、民生银行在靖设立支行,金融组织体系持续完善。融资渠道多元拓展,华达科技在上交所主板上市,华冶科技、靖互股份、五晟科技在新三板挂牌,储备上市(挂牌)后备企业103家。开展预算信息公开试点,市财政局、发改委等10个部门预算信息向社会公开。推进综合治税,治税平台共采集各类信息数据449万条。开展债务清理,对政府性存量债务进行清理甄别,初步形成政府性债务管理的项目清单,逐步实现对地方政府债务全口径管理和动态监控。完成马桥镇农村土地承包经营权确权登记试点,修订完善农村公共产品和公共服务标准化指导手册。推行关检合作"三个一",海关实现长江经济带区域通关一体化。试点推广排污权有偿使用和交易制度,重金属污染防治被列入国家试点,电镀集中区成为省首个专业生产片区。出台《新形势下就业创业工作相关意见》《关于进一步做好失业保险支持企业稳定岗位工作的通知》等政策文件,促进城乡劳动者实现更高质量的就业;推进社保扩面,调增养老保险待遇,建立分级诊疗机制,实施以总额控制为主,按日均、病种付费为辅的复合式付费方式,病种数量扩大到101种;创建成省义务教育优质均衡示范市,学前教育改革发展示范区通过省级验收;建成120急救体系,99个标准化村卫生室投入使用。

【财政、金融】全年完成财政总收入134.91亿元;完成公共财政预算收入(含江阴—靖江工业园区)58.93亿元,比2015年下降12.4%。全年公共财政预算支出64.15亿元,下降8.3%。金融存贷款规模平稳增长,年末,全市金融机构人民币存款余额940.16亿元,增长14.14%;人民币贷款余额694.02亿元,增长12.83%。保险收入持续增加,全年实现保费收入17.49亿元,增长15.14%;其中财产险保费收入5.64亿元、人身险保费收入11.85亿元,分别增长12.13%、16.63%。全年各类保险赔款给付支出7.07亿元,增长28.08%。其中,财产险赔付3.41亿元,增长13.29%;人身险赔付3.66亿元,增长45.82%。

【社会保障】养老、医疗、工伤、生育、失业五大保险人数分别为17.92万人、27.70万人、19.11万人、14.33万人、15.01万人,被征地农民参加基本生活保障9.65万人,城乡居民养老保险参保4.24万人,城乡居民医疗保险参保32.08万人。全年举办各类招聘会118场次,提供岗位41230个,进场求职30900人次,达成意向10260人,实现新增就业1.89万人,净增就业1.38万人,城镇登记失业率1.86%。

【科学技术】全市(不含江阴—靖江工业园区)完成高新技术产业产值700.44亿元,占规模以上工业总产值比重38.05%;新增国家高新技术企业25家、省民营科技企业63家、省科技型中小企业10家;认定省级高新技术产品143项;全年共上争省级以上科技专项资金2729.2万元,其中省重大科技成果转化2项、重点研发计划4项。新增省级企业重点实验室1家、省级企业院士工作站1家、省级工程技术研究中心4家、省级研究生工作站7家,获批数位列泰州市第一。全年引进高新技术项目75项,共建产学研联合体25家;获评省部级以上科学技术奖2项、泰州市级科学技术奖15项;完成专利申请量5391件,其中发明专利申请量1096件;专利授权量2453件,其中发明专利授权量251件;万人发明拥有量10.9件。市科技知识产权局被表彰为省知识产权工作先进集体、省专利行政执法工作先进单位。

【卫生计生】成立市公立医院管理委员会,公立医疗卫生机构全面实行零差价销售。推进分级诊疗制度,全年共投入资金9472.8万元。加快医疗卫生服务体系建设,临床检验、医学影像、集中消毒供应和远程会诊4大中心稳定运行。推行公共卫生网格化管理,开展家庭医生签约服务,侯河、惠丰两家试点单位提供多元化医养融合服务。全市建成省示范村卫生室6个,重大疾病防控工作有效落实。网络直报率100%,健康档案建档率84.04%。第四人民医院创成二级乙等中西医结合医院。确定首批65名优秀医药卫生人才培育工程培育对象、11个重点人才科研项目和10个名医工作室,公开招聘卫技人员10名,引进博士1人、研究生20人。实行城乡公立医院对口帮扶制度、县级公立医院医疗骨干到镇卫生院挂职副院长制度和城市医生晋升职称前下基层服务制度。实施全面两孩政策,坚持落实"一票否决"制,2016年,全市出生人口性别比104.55,处于正常值范围,获"全国计划生育优质服务先进单位"和2016年度"国家级妇幼健康优质服务示范市"称号。组织开展第28个"爱国卫生月"和江苏省第20个"健康教育宣传月"活动。迎接国家卫生城市复审,制订《靖江市国家卫生城市复审工作方案》。

【工业】2016年,实现工业开票销售收入(不含江阴—靖江工业园区)806.43亿元,比上年增长2.50%。开票销售收入亿元以上工业企业59家,实现销售收入614.03亿元。全年实现规模以上工业增加值424.59亿元、总产值1961.63亿元、主营业务收入1875.83亿元、利税230.20亿元、利润144.00亿元。五大新兴产业完成产值220.87亿元、销售收入211.89亿元、利税20.32亿元、利润11.74亿元,比2015年分别增长9.75%、9.29%、18.23%、20.64%。

【环境保护】开展化工、酸洗行业、危险废物、沿江码头、混凝土行业等专项整治,完成中央环保督察任务,全年共发出行政处罚决定书136份。处置"4·22"江苏德桥仓储有限公司火灾应急事故。推进大气污染防治各项重点工作,完成全市10蒸吨以下燃煤锅炉111台整治任务;创新饮用水源地水质保护工作，实施两个国控断面达标工程；加强重金属污染防治工作，打造土壤污染场地修复示范区。全年审批环评文件204件次，提前办结率100%。824家企业获评蓝色以上信用评价等级。环境空气质量优良天数262天，集中式饮用水源地水质达标率100%。全市区域环境噪声平均等效声级昼间53.9分贝，居民区、混合区、工业区、交通干线两侧昼夜间噪声值均达到其相应功能区的标准。12月，通过国家生态市创建考核验收。

【国内贸易】全年完成社会消费品零售总额177.24亿元，比2015年增长11.2%。批发业销售额为516.38亿元，增长8.9%；零售业销售额为153.96亿元，增长12.8%。住宿业营业额4.88亿元，增长14.3%；餐饮业销售额为42.58亿元，增长11.80%。加快发展商贸流通。组织全市商贸流通企业开展2016年金秋购物节活动，督促市餐饮烹饪协会开展"文明餐桌"活动。推进电子商务。双鱼食品有限公司被江苏省商务厅命名为"江苏省电子商务示范企业"。

【外向型经济】全年新批外资项目3个，增资项目4个，全市进出口总额271803万美元，其中进口78242万美元，自营出口193561万美元，比2015年增长7.1%。排在出口前四位的产品是：船舶、锚链、钢材和维生素C，出口额为141040万美元，占全市出口总额的72.9%。船舶业出口109042万美元（其中新时代造船出口103883万美元、新荣船舶出口5159万美元）。全市实现外经营业额10033万美元。新批境外投资项目数6个，协议总投资4340.87万美元。全市实现社会消费品零售总额177.24亿元，增长11.2%。2016年，全市完成服务外包离岸执行额28338万元，新增3家服务外包企业，在泰州市中排第1位。

【供电】全年用电量37.47亿千瓦时，比2015年增长2.29%；售电量33.38亿千瓦时，增长3.54%；综合线损率4.12%，下降0.88个百分点；电费回收率100%；城镇供电可靠率99.97%，农村供电可靠率99.90%。

【建筑业】全年完成建筑企业施工总产值545.12亿元、工程结算收入424亿元、上缴税金6.2376亿元、实现利润总额24.85亿元，分别增长11%、11%、11%、10.9%。完成施工面积5102万平方米，增长11%，其中承建规模工程2901万平方米、1364个，吸纳建筑劳务20多万人。全市共有建筑业企业178家，其中特级企业1家、一级企业15家、二级企业66家。二级以上企业总产值达463.6亿元，占比85%。跻身利比亚、安哥拉、菲律宾、印度、加拿大、巴拿马等国家和中国香港地区，完成境外产值17151.8万美元。

【城乡规划】编制《靖江市优化镇村布局规划》，完成评审报批工作；完成《靖江市城市综合交通规划(2016-2030)》初稿；编制完成《滨江新城控制性详细规划》；完成科教产业园规划、开发区高新技术产业园规划；配合北沿江城际高铁线型调整，调整城市空间布局。牵头推进特色镇村规划建设，结合本土产业基础、历史文化和资源禀赋，规划建设以传统特色产业为载体的孤山"空调小镇"和以水石盆景为载体的生祠"苑艺小镇"，培育八圩"美食小镇"和马桥"芦笋小镇"。鼓励优秀建筑设计，提升建筑设计水平，出台建筑设计创作"兰花奖"评选办法。修编滨江新城控制性详细规划，编制滨江新城慢行系统规划。开展海绵城市和绿色建筑的应用和推广，倡导生态文明。做好文化街区建设方案深化，研究老街区保护规划。

【交通运输】推进S229靖江段改扩建、S356沿江高等级公路改造、公新公路拓建等续建项目，城西大道实现半幅通车。S232靖江段完成工可审查，初步确定线位方案。全年实施农村公路提档升级项目25.79千米，桥梁12座，修补县道3.64万平方米。完成汽车客运站站前广场改造。建成交通运输综合管理服务平台，接入"两客一危"运输车辆卫星定位运行轨迹监控和车站、轮渡、内河危险品码头视频监控，并投入试运行。江苏金马运业有限公司"金马云"电商平台上线，实现"船舶管理、货运代理、保险代理、资产管理和燃料油销售"等业务线上服务。推进出租汽车行业改革，392辆CNG清洁能源巡游出租汽车投入市场运营，完成运价调整。购置50辆纯电动公交车（15辆设有残疾人无障碍通道），配套建设充电桩24个，新建公交站台22座。开通靖江至无锡、常州两地机场、高铁的定制快车线路，投入7辆奔驰商务车，定制快车从2016年9月开通至年末共安全发送旅客8311人。

【电信】全年投资约2800万元重点用于宽带提速、网络优化、光纤入户和4G建设。年内，建成光缆长度达14329皮长千米，光缆纤芯长度达92991纤芯千米，出口带宽280G。开通4G室外站点286个，室分站点58个，实现城区、乡镇镇区、市县道路、工业园区广覆盖。完成怀德学院、马洲公园、十圩港景观带等城市重点区域无线WiFi建设。配合市政做好中铁建项目、阜前路、公新公路等重点工程杆线迁移和一系列政府民生工程线路下地，在相关重点工程项目中投资约1500万元。获"江苏省文明单位""江苏省放心消费创建活动先进单位""社会治安安全单位""夏季百日安全赛先进单位"等称号。

【邮政】市邮政系统全年实现邮政总收入9172万元，比2015年增长8.1%，代理金融业务累计实现业务收入6302万元，增长13.84%；年度新增金融总资产12.29亿元，储蓄余额5.81亿元，定活比17.9%，保险销量5.02亿元，理财销售新增1.46亿元。发放有效卡34894张,新增电子银行24960户。借助泰州建市二十周年的契机申请《祥泰之州》城市专用邮资图,并配套印制邮资封。增值业务和分销业务向平台运营商发展转型,集邮先后开发制作2016《中欧乒乓球世界冠军对抗表演赛》个性化小本票、《体育中心一周年特刊》《靖江风情》系列邮册。

【教育】全市各级各类学校有公办教职工5808人,其中专任教师5715人。公办教职工中,幼儿园227人,小学2239人,初级中学1819人,普通高中1115人,特殊教育学校30人,职业学校378人。专任教师中,高级职称1207人,中级职称2553人,初级职称1955人。小学、初中、普通高中、职业高中教师学历达标率100%。新增省特级教师3人,靖江市三级骨干教师122人。教师出版专著9本。获评省责任督学挂牌督导创新市、省学生资助工作优秀单位、省关心下一代工作先进集体、泰州市安全教育先进市,市委教育工委获评全省先进基层党组织,教育局获评全国安全教育示范单位。

【文化】启动建设市文化中心,生祠文化馆分馆挂牌成立,文化馆总分馆制试点工作社会效应明显。"孤山泥狗子"入选省非遗扩展名录传统美术类;完成第一次全国可移动文物普查工作,省保单位刘国钧故居列入省文物局2016年全省陈列展览提升工程;建成村(社区)综合文化服务中心30个,创建成省AAAAA级数字档案馆;完成市图书馆改造过渡工程,新建环保局分馆与东兴中心校"阅读驿站",建成人民公园"马洲书房"和康阳社区自助图书馆。推进"影动靖江"农村固定放映点建设工作,建成固定放映点6个。举办第34届文艺节,舞蹈《东线第一帆》获省"五星工程奖"金奖。

【体育】全年新增体育健身路径400多件,增设30套室内健身器材支持市村(社区)综合性文化服务中心试点建设,农村体育设施覆盖率90%,人均拥有公用体育场地面积3.08平方米。靖江市体育中心健身馆建成并向市民开放,引进近5000平方米综合体量青少年培训中心。推进公共体育场馆免费、低收费向群众开放,市民健身广场全部免费向市民开放。新成立协会1个、俱乐部2个。全年在全国以上赛事中共获3金、1银。体彩销售额在泰州保持领先。

2016年靖江市各街道、镇简况一览表

表39

街道、镇	区域总面积(平方千米)	户籍总人口(万人)	村委会数(个)	村民小组数(个)	居委会数(个)	居民小组数(个)	一般公共预算收入(万元)	固定资产投资(万元)
靖城街道	53.07	11.45	11	166	23	426	20643	330826
新桥镇	61.35	6.2	18	398	5	15	18273	–
东兴镇	35.68	3.48	12	260	1	–	12195	234860
斜桥镇	107.88	9.07	26	484	8	75	9091	166032
西来镇	46.66	4.86	16	320	3	20	9354	239935
季市镇	41.63	4.81	24	280	2	48	5517	150580
孤山镇	47.99	4.35	14	288	4	18	8946	150704
生祠镇	70.19	4.87	19	476	3	15	6723	160226
马桥镇	50.31	3.68	18	348	2	15	6494	141946

·组织机构及负责人·

中共靖江市委员会

(2016年7月28日换届选举)

书　记　赵　叶

副书记　叶冬华

赵国庆

常　委　丁　斌

王　玮

包国芳(女)

申晓勇

潘企根

沈南松

史骥涛

罗晓东

靖江市人大常委会

主　任　高亚梓
副主任　陈燕国(2016-01免)
　　　　陈旭日(2016-01免)
　　　　顾正荣(2016-01免)
　　　　丁少华(2016-01任)
　　　　黄文龙
　　　　叶丽华(女,2016-01任)

靖江市人民政府

市　长　赵　叶(2016-07免)
副市长、代理市长　叶冬华(2016-07任)
副市长　赵国庆(常务,2016-10免)
　　　　何卫东(2016-10免)
　　　　沈南松
　　　　周小惠(女)
　　　　鞠林红(2016-05免)
　　　　周如勇
　　　　顾宝林(挂职,2016-01任,2016-07免)
　　　　李晓辉(挂职,2016-04 任)
　　　　陶敬东(挂职,2016-10任)

政协靖江市委员会

主　席　尤　红
副主席　王维三(2016-01免)
　　　　毛雨华
　　　　邵春宁(女)
　　　　庞余亮
　　　　苏　徐
　　　　王绍斌(2016-01任)

中共靖江市纪律检查委员会

(7月28日换届选举)

书　记　丁　斌

人民法院、人民检察院

人民法院
院　长　陈卫兵(2016-10免)
副院长、代理院长　许　飞(2016-10任)
人民检察院
检察长　刘　贵

(展建秋)

泰　兴　市

【概况】泰兴市位于泰州市南部,东接如皋,南界靖江,西濒长江,北临姜堰,东北与海安接壤,西北与高港毗邻。土地总面积1169.65平方千米。辖1个街道、14个镇、1个乡、355个村(社区),1个省级经济开发区、1个省级经济开发区(筹)、1个省级高新区(筹)和3个市级工业园区。年末户籍总人口119.31万人,常住人口107.74万人,城镇人口63.61万人。全市实现地区生产总值832.91亿元,比2015年增长10.8%(按可比价格计算,下同)。其中,第一产业增加值53.95亿元,增长1.4%;第二产业增加值388.52亿元,增长10.8%;第三产业增加值390.44亿元,增长12.2%。人均地区生产总值77315元,比上年增加8534元。三次产业增加值比例由2015年的6.6∶48.4∶45.0调整为6.5∶46.6∶46.9。服务业占GDP比重提高1.9个百分点,占GDP比重首次超过第二产业。城乡一体化发展进程加快,年末常住人口城镇化率59.0%,提高1.8个百分点。质量强市继续推进,新增中国驰名商标2件、省著名商标6件。连续16届跻身全国县域经济基本竞争力百强县(市)行列,排名第45位,比上年前移6位。农业基本现代化水平进入全省第一方阵,列第21位。

【农业】全年粮食总产量68.47万吨,比2015年减产2.83万吨,下降4.0%。全市粮食种植面积9.59万公顷,粮食单产为476千克,比2015年减少21千克。全年上市生猪108.04万头、家禽531.28万羽、山羊7.16万只、禽蛋2.47万吨、水产品2.50万吨,分别下降0.8%、增长0.6%、增长0.4%、下降0.4%、下降1.2%。全市林木覆盖率24.5%。

全市新增高效设施农业面积1466.67公顷,新增高标准农田2533.33公顷,新增泰州市级现代农业产业园区4个。全市现有规模养殖场(户)3114家,其中万头猪场11家、万羽禽场134家、千只羊场16家,生猪、蛋禽、肉禽、奶牛、山羊的规模养殖比重分别为91.4%、99.2%、100%、100%和56%;生猪大中型规模养殖比重为73%,比2015年提高3个百分点。新认证无公害农产品174个、绿色食品1个,农产品检测合格率98.9%。

推进农业机械化,全市农业机械总动力62.57万千瓦时,全年新增各类农机具1245台套,插秧机保有量3531标准台,其中高速乘座式914台(当年新增120台),农机化水平84.5%。

【工业和建筑业】全年规模以上工业增加值可比增长14.3%。实现规模以上工业总产值3082.42亿元,增长18.8%;其中,轻工业737.70亿元,增长17.4%;重工业2344.72亿元,增长19.2%。规模以上民营工业实现产值2411.55亿元,增长20.3%,其中私营企业1111.19亿元,增长20.8%。全年规模以上工业企业实现主营业务收入3040.00亿元,增长18.7%;利润总额274.81亿元,增长15.5%。全年净增规模以上工业企业45家。净增年销售亿元以上企业14家,净增税收过千万元企业4家、过亿元企业2家。

机电、化工、医药三大支柱产业实现产值2434.18亿元,比2015年增长19.2%,占全市规模以上工业产值比重为79.0%。其中,机电、化工、医药行业分别完成规模以上产值1251.81亿元、1019.71亿元、162.66亿元,分别增长20.2%、16.6%、29.4%。经济开发区创成国家循环化改造重点支持园区,黄桥工业园、城东高新区获批筹建省级开发区、高新区。"三区三园"实现规模以上工业总产值2517.47亿元,增长19.3%,占全市规模以上工业比重81.7%,提高0.4个百分点。

全年完成建筑业总产值621亿元,比2015年增长10.9%;入库税收6.98亿元,增长8.1%。在建工程建筑面积6486万平方米,增长11.3%。承建规模工程1847栋,其中29层以上工程373栋,占规模工程总数的20%。全年获国家级QC成果奖4项,省级QC成果奖24项,省级工法6项,参编国家标准1项,获发明专利7项,实用新型专利6项。创省优质工程10项,省标化项目12个。新增资质企业21家,资质增项扩项41个。全年新增一级建造师83人。全行业有一级建造师543人、二级建造师2055人。

【固定资产投资】全年完成固定资产投资687.46亿元,比2015年增长22.6%;其中,规模上固定资产投资619.78亿元,增长23.6%;房地产开发投资67.69亿元,增长14.4%。二三产业投资快速增长,规模上工业投资459.53亿元,增长25.0%;规模上服务业产业投资146.23亿元,增长53.1%。房地产市场健康发展。全年商品房销售面积146.47万平方米,增长23.2%。其中,住宅销售面积134.22万平方米,增长20.8%。商品房屋施工面积517.02万平方米,增长17.3%,其中住宅422.6万平方米,增长17.3%;房屋竣工面积86.61万平方米,下降18.9%。

"城建会战"三年计划基本完成。主城区文江路、银杏路全线贯通,兴南路、龙河路、国庆东路、东阳南路、银杏中路、园林路、金城路、龙河西路等15条道路竣工,配套完成银杏路、兴南路等10座桥梁工程,中心城市"九纵九横"框架基本形成,总里程增至96.5千米。全市小城镇新增道路面积67万平方米、绿化面积74万平方米,铺设污水管网65千米。宣堡张河、黄桥新洋等4个村通过省"美丽乡村"验收,张桥镇焦堡村成功申报省"康居村庄"。

全年新开工亿元以上项目125个,总投资375.6亿元,其中10亿元以上项目12个;新竣工亿元以上项目75个,总投资160.5亿元,其中10亿元以上项目4个。全年完成规模以上项目产业投资605.76亿元,增长30.8%。

【交通、邮电和旅游】全市公路总里程2191千米,净增46千米。年末,实有公交车242辆,出租车592辆。民用汽车拥有量12.48万辆,净增1.89万辆。其中,私人汽车拥有量11.37万辆,净增1.85万辆。新334省道分黄段、东部南北干线先导段全面建成。交通枢纽加快建设,黄桥客运站建设启动。农村公路提档升级120千米,新建改造农村桥梁150座。全市新增万吨级以上泊位2个。七圩作业区公用码头群项目列为省PPP示范项目并开工建设。

全市邮政电信业务总收入9.42亿元,比2015年增长6.9%。其中:全市邮政业务收入1.65亿元,增长18.1%;电信业务收入2.97亿元,增长1.1%;移动业务收入4.28亿元,增长6.7%;联通业务收入0.53亿元,增长11.5%。年末移动电话用户92.63万户,增长3.7%。固定电话用户数24.7万户。互联网用户32.1万户,增长33.8%。

黄桥古镇旅游区游客集散中心投入运营,新四军黄桥战役纪念地项目内部布展接近尾声。庆云禅寺创为AAA景区,济川药业新评为省级工业旅游区,泰兴国家古银杏公园获批省级生态旅游示范区、泰兴绿园春生态旅游庄园被评为省四星级乡村旅游区。

【国内贸易和开放型经济】全年实现社会消费品零售总额215.01亿元,比2015年增长12.3%。按销售单位所在地分,城镇消费品零售额167.46亿元,增长12.4%;乡村消费品零售额47.55亿元,增长11.7%。按行业分,批发和零售业174.38亿元,增长13.1%;住宿和餐饮业40.63亿元,增长8.7%。全年实现限额以上社会消费品零售总额64.99亿元,增长15.6%。限额上批发和零售业中,汽车类零售额15.12亿元,增长27.9%;中西药品类零售额7.84亿元,增长15.9%;家用电器和音像器材类零售额4.52亿元,增长18.8%;石油及制品类零售额8.10亿元,增长18.7%;金银珠宝类零售额1.11亿元,增长16.2%。粮油、食品类零售额10.17亿元,增长5.7%;服装、鞋帽、针纺织品类零售额3.75亿元,增长8.6%;日用品类零售额1.40亿元,增长5.6%。

全年完成进出口总额25.75亿美元,增长5.8%。其中,进口总额13.42亿美元,增长13.8%;出口总额12.33亿美元,下降1.7%。利用外资平稳发展。实际到账注册外资3.53亿美元,增长8.7%;新批协议注册外资7.33亿美元,增长100.9%。全年共批准外资项目37个,其中新批项目26个、增资项目11个,总投资超3000万美元的项目18个。

【财政、金融】全年完成一般公共预算收入57.20亿元，增长8.4%。其中，税收收入完成47.16亿元，增长7.6%，占一般公共预算收入比重为82.4%。一般公共预算支出75.82亿元，增长12.4%。财政用于民生支出占一般预算支出比重75.8%。一般公共预算支出中，教育支出13.18亿元，比2015年增长1.1%；科学技术支出2.5亿元，增长6.7%；住房保障支出4.4亿元，增长36.4%；医疗卫生支出7.7亿元，增长13.1%；社会保障和就业支出7.9亿元，增长4.5%；农林水事务支出14.6亿元，增长11.1%。

全市有金融机构20家。年末，全市金融机构人民币各项存款余额912.30亿元，增长20.9%；其中，住户存款余额465.34亿元，增长8.6%。年末金融机构人民币各项贷款余额581.39亿元，增长15.8%。从贷款期限看，全市短期类贷款余额为280.18亿元，增长20.2%；中长期贷款余额为307.42亿元，增长31.4%。

全年实现保险业务收入19.19亿元，增长5.6%。全年赔付额9.04亿元，增长57.5%。其中，人民保险公司财产保费收入2.5亿元，增长19.0%；人寿保险公司人身保险保费收入6.95亿元，增长16.7%。

【科学技术和教育】全年新增国家级高新技术企业46家，全市国家级高新技术企业突破100家。组织申报省级以上各类计划项目28个，其中：国家级2个，省级26个。实施创新驱动，实现高新技术产业产值1342.76亿元，比2015年增长20.0%，占规模以上工业总产值比重为43.6%。全社会研发经费投入占GDP比重2.4%以上。全年专利申请5117件，其中发明专利申请2664件；专利授权1041件，其中发明专利137件。拥有有效发明专利845件，万人有效发明专利7.84件。承办首届中国军民两用技术创新应用大赛决赛，获金奖1项。

全市共有普通中等专业学校2所，在校学生4826人，毕业生2108人；普通中学46所，在校学生42382人，毕业生15643人；小学43所，在校学生48883人，毕业生8968人；幼儿园56所，在园幼儿数24434人。学前三年幼儿入园率98%以上，九年义务教育入学率、巩固率99%以上，初中毕业生升学率98%以上。高考本二以上进线率52.9%，比2015年提高0.5个百分点。高分段人数实现新突破，10人被清华、北大录取。泰师附小东润小区、根思初中建成并投入使用。创成省优质园5所，新增泰州市义务教育现代化学校10所。

【文化、卫生和体育】至年末，全市共有文化馆(站)17个，图书馆1个，博物馆7个，美术馆1个，图书总藏量324千册。全市有线电视入户率100%，广播电视覆盖率100%。文化产业集约开发。现有国家级文化产业示范基地1个，省级文化产业示范基地2个，省级文化产业示范园区1个，国家级文化出口重点企业2个，省级重点文化科技企业2个。新增规上文化企业14家。在全省县级市中率先建成非遗展示馆和2个非遗项目传习所。拥有省级非遗项目4个，市级11个；省级传承人2人，市级9个，泰兴杖头木偶戏数字技艺工程被列为全省第二批试点项目。

推进医疗基础设施建设。人民医院新区分院建成投入运营，新中医院和妇幼保健院全面启动，推进二院新院建设，组建市第四人民医院并实现一体化运行，推进建制镇卫生院改造。年末，拥有各类卫生机构420个，其中医院5个、卫生院30个；各类卫生机构床位数4809张；各类卫生技术人员4939人，比2015年净增462人，其中执业(助理)医师2322人，注册护士1666人，卫生防疫人员145人。全市住院分娩率、妇幼保健机构健全率均为100%；计划生育免费技术服务率100%。

完善全市城区“10分钟体育健身圈”和农村“15分钟体育健身圈”功能，新建乡镇多功能运动场6个，健身路径场地127个，村(居)篮球场70个，羽毛球及乒乓球场60多个；创建体育社团6个，社团总数34个。举办各级各类全民健身展示活动100多次，承办国家级比赛3次，省级比赛2次。市运动员参加全国各项比赛获金牌16枚，银牌7枚，铜牌2枚；参加省级各项比赛获金牌15枚，银牌13枚，铜牌6枚。

【资源和环境】推进大气污染防治，完成10蒸吨以下燃煤锅炉整治，完成11家企业挥发性有机气体整治和38个港口省电系统工程项目。城市空气质量优良率76.2%，比2015年提高4.8个百分点。开展农村环境综合整治工作，强化重金属、危废和土壤污染防治。开展系列绿色创建，创成省级绿色学校1所、泰州市级绿色学校2所，省级绿色社区1个、泰州市级绿色社区2个。

全年淘汰落后用能设备256台(套)，淘汰落后铸造产能6万吨、电镀产能5.9万吨、印染产能1100万米、玻璃窑炉产能2.5万吨；实施节能技改项目30个，总投资2.09亿元，年节约标煤1.96万吨。单位GDP能耗下降和主要污染物排放削减均完成年度目标任务。

全年因各类事故死亡22人。亿元GDP生产安全事故死亡率0.026。

【人口、人民生活和社会保障】至年末，全市家庭总户数39.16万户，年末户籍总人口119.31万人，比2015年减少0.22万人。全年出生人口9810人，出生率8.21‰，下降0.78个千分点；死亡人口9624人，死亡率8.05‰，下降0.61个千分点，人口自然增长率0.16‰，下降0.17个千分点。年末常住人口107.74万人，其中城镇人口63.61万人，增加2.48万人。在常住人口中，0~14岁、15~64岁、65岁及以上人口分别占比13.1%、70.9%、16.0%。

全年全体居民人均可支配收入27806元，增长9.0%；

按常住地分，农村居民人均可支配收入17842元，增长8.8%；城镇居民人均可支配收入36521元，增长8.1%。全年全体居民人均生活消费支出17672元，增长9.6%，其中农村居民人均生活消费支出11935元，增长12.3%；城镇居民人均生活消费支出22891元，比上年增长8.4%。

全市新增创业1.27万人，带动就业3.80万人，城镇新增就业1.71万人，净增就业1.43万人，新增农村劳动力转移0.61万人，失业人员再就业1.36万人。年末城镇登记失业率1.9%。全市企业职工养老、医疗、工伤、生育、失业保险参保人数分别为17.68万人、24.1万人、15.7万人、12.2万人、13.5万人。城乡居民医疗和养老保险参保基本实现全覆盖。城乡居民基础养老金逐年增长，职工医保政策范围内报销比例提高至80%。

2016年泰兴市各乡镇、开发区、园区简况一览表

表40

乡镇名称	土地总面积（平方千米）	居委会（个）	村民委员会（个）	户籍人口（人）	现价农业总产值（万元）	规模上工业现价总产值（万元）	粮食产量（吨）	油料产量（吨）
古溪镇	76.06	2	12	58172	92290	1350041	48923	4699
分界镇	71.11	1	13	59906	53168	363200	49952	3044
珊瑚镇	49.38	3	10	52018	41906	515481	35106	2309
元竹镇	47.49	2	10	38632	55883	262119	26833	1499
新街镇	72.06	–	28	57560	77830	190039	45148	2462
广陵镇	58.43	2	15	52838	39604	672760	36355	2182
河失镇	64.41	3	16	53344	74070	518052	42396	3317
姚王镇	57.92	2	16	53629	52496	198148	30202	1658
张桥镇	61.76	3	15	52888	49902	325054	35065	1919
曲霞镇	35.31	1	9	30292	29909	721120	25935	1450
宣堡镇	32.27	1	12	29853	26010	235075	20584	2090
根思乡	58.90	–	10	45743	45512	286064	38529	3677
黄桥经济开发区（黄桥镇）	175.95	10	55	193978	187888	1986411	106384	7903
城区工业园区（济川街道）	73.31	18	20	255646	59857	3081381	32060	1723
泰兴经济开发区（滨江镇）	104.04	1	33	82712	44823	12584372	54320	2324
虹桥工业园区（虹桥镇）	88.25	1	24	75925	92853	6175791	62985	2183

·组织机构及负责人·

中共泰兴市委员会

书　记　孙耀灿（至2016-06）
　　　　张育林（2016-06任）
副书记　张育林（至2016-06）
　　　　刘志明（2016-06任）
　　　　孙　云（至2016-05）
　　　　张　坤（2016-05任）
常　委　孙耀灿（至2016-06）
　　　　张育林
　　　　刘志明（2016-06任）
　　　　孙　云（至2016-05）
　　　　张　坤（2016-05任）
　　　　钱　娟（女，至2016-05）
　　　　刘荣华
　　　　田之本（至2016-07）

耿元进(至2016-07)
徐闻仲(2016-05任)
张红霞(2016-05任)
钱宏琦
孙　群(至2016-10)
朱俊浩
鞠林红(2016-05任)
刘　辉(2016-07任)

泰兴市人大常委会

主　任　戴仁泉(至2016-01)
　　　　孙　云(2016-01任)
副主任　田元本(2016-01任)
　　　　耿元进(2016-01任)
　　　　王中先
　　　　官新民
　　　　王克毅

泰兴市政人民政府

市　长　张育林(至2016-06)
代市长　刘志明(2016-06任)
副市长　刘荣华
　　　　周桂香(女)
　　　　刘　辉(至2016-08)
　　　　张健羽(至2016-10)
　　　　顾　刚
　　　　邵　骅(女,2016-12任)
　　　　钱　军
　　　　凌玉富(至2016-10)
　　　　谢红官(2016-08任)
　　　　李双山(2016-10任)
　　　　刘　俊(挂职,至2016-10)
　　　　包国芳(女,挂职,2016-01任,至2016-06)
　　　　王东升(2016-04任,挂职时间8个月)
　　　　吴绍义(2016-10任,挂职时间2年)

政协泰兴市委员会

主　席　丁　亚
副主席　高寿林(至2016-1-10)
　　　　薛晨光
　　　　刘　建
　　　　顾爱军
　　　　孙　钦

中共泰兴市纪律检查委员会

书　记　钱宏琦

人民法院、人民检察院

人民法院

院　长　杨旭波

人民检察院

检察长　吴文彬

(泰兴市政府办)

兴　化　市

【概况】兴化市位于长三角沿江经济开发带,地处江淮之间里下河腹部,东邻大丰、东台,南接姜堰、江都,西与高邮、宝应毗邻,北与盐城隔界河相望。全市总面积2393.35平方千米,人口158.25万人(户籍人口),辖27个镇、4个乡、2个街道、1个省级经济开发区,设70个居民委员会、613个村民委员会。2016年实现地区生产总值748.85亿元,增长10.1%;公共财政预算收入37.06亿元,下降9.3%;城镇居民人均可支配收入33614元,农民人均纯收入16915元,分别增长7.8%和8.9%。兴化素有"鱼米之乡"美誉,境内生态环境优越,是国家级生态示范区、江苏省历史文化名城,先后被授予"中国生态河蟹养殖第一县(市)""国际象棋之乡""中国小说之乡"等称号。2016年兴化大米获评中国十大大米区域公用品牌,兴化市入选阿里巴巴"农产品电商50强县"。

【工业经济】全市完成规模以上工业增加值348.1亿元,增长12.4%;规模以上产值1810.4亿元,比2015年增长16.2%;实现销售1775亿元,利税185.8亿元、利润105.1亿元,分别增长15.6%、11.9%、17.7%;工业开票销售461.6亿元,工业入库税金16.8亿元,分别增长7.6%、1.7%;工业投资327.7亿元,增长24.8%。净增规模以上工业企业34家。规上工业中三大主导产业完成产值1403.2亿元,增长18%,占规模以上工业总产值的77.5%,其中,不锈钢产业完成产值904.2亿元,增长17.5%;健康食品产业完成产值210.8亿元,增长13.5%;机械制造产业完成产值288.2亿元,增长23.1%。全市596家规上工业企业中,12家企业产值过10亿元。32家成长型工业企业实现开票销售99.5亿元,入库税金3.7亿元,分别增长3%、5.5%,分别占全市总量的21.6%、22.1%,25家企业开票销售过亿元;双乐化工、安井食品、新宏大等11家企业入库税金超千万元。双乐化工实现开票销售6.9亿元，入库税金6820.3万元，分别增长13.6%、19.1%；研发“全自动颜料生产线集成控制智能制造”创新工程被省经信委认定为2016年江苏省互联网与工业融合创新试点企业。

【科学技术】全市新增省级以上高新技术企业39家、省民营科技型企业66家、省高新技术产品81项。高新技术产业产值占规模以上工业总产值比重为38.02%，新增省企业院士工作站1家、省研究生工作站2家、省绩效优良研发机构1家。获批省级以上科技计划项目17项，上争科技项目资金突破2600万元。举办各类产学研活动25次，促成企业与高校院所合作实施产学研项目23项，引导企业与高校院所共建校企联盟24家，实施高质量产学研合作项目54项，新建产学研联合体14家。全年专利申请量4524件，专利授权量2751件，其中：发明专利申请量503件，授权量104件，万人发明专利拥有量2.51件。

【开放型经济】开展“重大项目推进年”活动，举办菜花节、金秋经贸科技洽谈会投资环境说明会，开展上海、中国台湾、北京、深圳、韩国投资促进周以及苏州客商、台商兴化行等系列招商活动。完善落实招商引资项目建设“七大机制”、六大服务流程和考核奖惩制度，开展乡镇季度流动红旗竞赛，完成招商引资实绩156亿元，比2015年增长19.5%，实际到账外资1.83亿美元，增长274.5%，签约亿元以上项目91项，开工亿元以上项目81项，竣工亿元以上项目23项。江苏兴达钢帘线股份有限公司、江苏兴达特种金属复合线有限公司增资13347万美元。兴达钢帘线(泰国)投资项目，投资总额12亿人民币，是最大的境外投资项目。实际利用外资18708万美元，完成进出口总额5.23亿美元，实现外经营业额3962万美元。实施电子商务“12345”升级版工程，被评为2016年度江苏省农村电子商务十强县，江苏省兴化电子商务产业园被评为2017~2018年省级电子商务产业示范园区。

【环境保护】建成省级生态市，所有乡镇获省级生态乡镇命名，李中、缸顾等8个乡镇获国家级生态乡镇，开发区建成省级生态工业园区。颁布实施《兴化市生态文明建设规划(2016-2020)》《兴化市生态环境保护“十三五”规划》，在全国率先出台生态红线保护区域乡镇差别化考核办法。推动执法监察机制改革，完善环境监管网格化管理办法，环保、公安等部门环保执法司法联动机制基本建立，执行“人员随机、企业随机”抽查模式。落实大气污染防治工作计划，PM2.5平均浓度比2015年下降16%，空气环境优良天数比2015年提高7个百分点。水环境质量保持稳定，地表水省控断面水质优于Ⅲ类标准比例91.7%；化学需氧量、氨氮、二氧化硫、氮氧化物排放总量分别削减4.1%、3.5%、、5.0%、10.5%，区域环境质量总体好于周边县市。

【安全生产】加强安全隐患排查，开展安全生产大检查和专项整治行动，开展危化品、造(拆)船、烟花爆竹等重点行业领域的专项整治，全年累计检查企业1.2万多家(次)，排查治理事故隐患3.2万多处。全年共发生各类事故138起，比2015年下降4.83 %，死亡51人，下降13.56%，未发生较大以上生产安全事故。戴南、昭阳、大垛、昌荣、沙沟、中堡6个乡镇(街道)通过省安监局组织的基层安监机构能力建设验收。落实企业主体责任专项行动，482家中频炉企业通过作业现场规范化验收，14家规上企业三级创建达标，480家小微工贸企业通过评审，2家工贸企业和5家危化品生产企业通过二级标准化验收。

【供电】推动泰州供电公司与兴化市政府签订《“十三五”坚强智能电网建设战略合作协议》《关于共同推进兴化市小城镇(中心村)电网改造升级工程合作协议》。完成110千伏顾戴、帅戴等线路改造工程，110千伏兴西输变电工程进展顺利。全年全社会用电量、供电量、售电量分别为63.38亿千瓦时、62.3亿千瓦时、59.21亿千瓦时，分别比2015年增长7.76%、7.98%、8.88%。电网最高负荷120.16万千瓦，增长7.05%。

【粮食】2016年，国有购销企业粮食购销总量153.98万吨，夏粮收购22.75万吨，秋粮收购20.05万吨，实现经济效益3500万元，21家烘干服务中心站点全面建成，增加日烘干能力6084吨。实现粮食产业工业总产值81.15亿元，增长14.5%，产品销售收入78.44亿元，增长14.3%，利润23.5亿元，增长61%。

【农业】2016年，全市粮食总产14.35亿公斤，淡水产品总产量30.5万吨，粮食总产、水产品产量居全省首位，实现农业总产值167.86亿元，农业增加值102.59亿元，分别增长2.2%和1.5%；农村居民人均可支配收入16916元，增加8.9%。农业适度规模经营面积比重55.7%，农业机械化率82%。农业适度规模水平稳步提高，14个乡镇实现机插秧整体推进区域全覆盖，3个乡镇推进土地整体流转家庭农场化经营，全年新增家庭农场600家、合作社100家。

【水利】推进高标准农田项目，国家农业综合开发土地治理项目、小农水重点县项目、千亿斤粮食田间工程项目、土地整理项目均完成序时任务，改造市级标准粮田1.07万公顷，建设机耕桥330座，机耕路240千米，高标准农田比重55.86%，农田机械通达率90%以上。新建圩口闸25座、排涝站10座，修建圩口闸200座、排涝站100座，新建小型电灌站200座，闸门机械化启闭改造200座，加修圩堤122千米，100万立方米；疏浚县级河道3条，工长19千米，土方66万立方米；疏浚乡级河道4条，工长17千米，土方30万立方米，疏浚332行政村的生产河道，实施土方300万立方米。

【供销】开展供销社综合改革，成立乡镇农民合作社联合社15家。建设标准化农村综合服务社630家，实现全市行政村全覆盖，创建省级三星社138家，省级为农服务社样板社5家，省级基层供销社标杆社4家，参办领办农民专业合作社217家，组建农民专业合作社联合社27家。培植和营运富民农副产品、沙沟银泉水产品、永丰螃蟹三大农副产品批发交易市场，交易总额超50亿元。电子商务交易额20亿元，其中农产品电子商务交易额超14亿元，“双十一”实现线上销售6400多万元，其中农产品销售3200多万元。围绕“1号店·特产中国·兴化馆”“淘宝网特色中国·兴化馆”“京东商城·兴化馆”，新建“供销e家”和“地平线·兴化馆”。开展实用型电子商务培训36场，培训人员3100人次，孵化中小电商1000多人。建设“中国蟹库网”和“智慧城乡·供销通”服务平台，“蟹库网”平台交易额15亿元。建成镇村电商服务站115家、村级电子商务示范点268家。

【民政】加强基层群众自治管理，推进城乡和谐社区建设。落实城乡低保等困难群众生活补助标准增长机制，完成提标任务。落实优抚安置政策，推进省级双拥模范城“八连冠”创建工作；完善社会救助体系，实现市、乡镇两级社会救助服务中心全覆盖，开展低保动态核查，全年核停城乡低保1143户3153人。完成乡镇敬老院“三有三能六达标”提升改造工程；出台《兴化市人民政府关于加快发展养老服务业的实施意见》，鼓励支持社会力量参与养老事业，推动医养融合养老机构发展。推进残疾人服务体系建设，实现城乡残疾人基本养老保险全覆盖，加大残疾人享受公共服务优惠政策落实力度，全市持证残疾人可免费乘坐城市公交车。

【财政、金融】2016年，全市一般公共预算收入完成37.06亿元，占调整预算的100%，完成市人大常委会批准调整后的收入预期目标，比2015年下降9.3%。其中：税收收入完成30.07亿元，占调整预算的96.8%，下降10.3%。全市预计实现一般公共预算支出84.32亿元，占调整预算87.17亿元的96.7%，增长2.2%。其中：教育、文化、社会保障、医疗卫生、环境保护、农业和保障性住房等民生支出60.96亿元，占一般公共预算支出72.3%。全市各项存款余额684.58亿元，增长17.26%；各项贷款余额428.42亿元，增长9.02%。全年实现保费收入13.38亿元，增长4.69%，其中产险收入4.10亿元，寿险收入9.28亿元。3家证券营业部实现证券交易313.72亿元，减少33.64%。农村小额贷款公司贷款余额9.64亿元，农民资金互助合作社投放互助金余额1.48亿元。

【改革】完成全面深化改革两年行动计划，推进简政放权，优化政府机构职能配置。实施“五证合一”、“一照一码”和个体工商户“证照整合”登记。戴南镇行政管理体制改革试点取得阶段性成果。科学规划“四大板块”空间格局、产业布局，区域发展定位更加明晰。推进财税、投融资等重点领域改革，制定政府性债务管理办法，整合政府性融资平台，出台《关于整合我市融资平台组建兴化市投资建设集团公司实施方案》，推进五大平台实体化、公司化、市场化运作。推进机关事业单位养老保险制度、不动产统一登记、土地承包经营权抵押贷款试点等改革，加大医药卫生、计生、教育、文化、市场监督管理等领域改革力度。

【人力资源社会保障】全年新增扶持创业1.2万人，净增就业1.1万人，组织创业培训5400人。新增创业孵化基地8家，其中电子商务孵化基地2家。城镇登记失业率控制在2%以内。解决“老农保”历史遗留问题，全市共核查老农保参保人员55498人，问题处置完成率99.97%。实施企业职工养老保险“三年行动计划”，企业职工养老保险新增扩面17431人，完成年度目标任务的113.7%。城乡居民养老保险续保率91%、医疗保险参保率100%。连续12年大幅度调整职工养老金待遇，城乡居民基础养老金实现“5连增”，城镇职工纳入大病保险制度，城乡社会保障待遇持续调优。引进培养高层次人才511人，新增各类职业技能人才1.3万人，新增博士后科研工作站1家，获批泰州市突出贡献专家5人。实施“人才强企”政策及“购房券”制度。开展机关事业单位津补贴和奖金发放、“吃空饷”等“五个专项治理”和“六个专项行动”。完善事业单位岗位设置管理，组织参公人员登记前培训和考试。履行劳动保障“双维护、两服务”工作职能，开展“基层调解组织全覆盖年”“服务企业百日行”活动。

【教育】2016年，新建、扩建幼儿园16所，创建15所省优质幼儿园，认定普惠性民办幼儿园4所。调整城区教育布局，推进教育均衡发展，四所三星高中接受省教育评估院现场复，新区高中正在建设中，中等专业学校通过省高水平现代化职业学校现场评估，对口单招大专以上进线率100%，6个乡镇建成省级标准化社区教育中心，6个村(居)委会建成省级居民学校；组织23所课堂教学改革优秀学校课堂展示活动，开展全市校长“用模式”会课活动。组织13所学校进行素质教育“5+2”工程暨课堂教学改革促进月活动展示，泰州中考状元花落兴化昭阳湖初中，高考本科进线率比2015年上升2.7个百分点，创历史最高水平。组织学生参加省中学生作文竞赛和高中生数学、物理、化学和生物奥赛,5人获全国一等奖,102人获省特等奖、一等奖;完善全市教师信息统一备案制,严肃查禁有偿家教等违规行为,做好高层次人才选拔培养工作,3名教师被评选为江苏省特级教师,13名教师被泰州评为第四批省特级教师后备人才,8名教师当选为省"333"人才第三层次培养对象,1名教师评为泰州市突贡专家;组织实施中小学校舍加固改造工程,校舍建设投资2522.9万元,涉及19所学校28518平方米,升级改造校园技防设施,投入290多万元,新安装高清监控探头1398个,关心贫困学生生活,按规定发放学生资助经费23673人次1385.2万元,资助普通高校贫困新生19.7万元。

【卫生计生】2016年,兴化成为首批国家级妇幼健康优质服务示范市,被省政府表彰为省人口协调发展先进市,获省血吸虫病消除达标县(市)称号。实施"互联网+"健康医疗服务,所有二、三级医院接入"泰州智慧健康"微信平台,开展预约挂号、线上支付等业务应用。推进示范乡镇卫生院创建,大邹镇中心卫生院被确认为省示范乡镇卫生院。组建医疗联合体,41家乡镇(中心)卫生院、2家社区卫生服务中心与上级公立医院签订双向转诊协议,21家基层医疗机构与市人民医院组成医联体,22家基层医疗机构加入市中医医联体,市中医院加入省中医院南京都市圈协作联盟。全市建成中医馆27个,35个乡镇(中心)卫生院全部设置中医科室,戴窑、周庄等7家乡镇(中心)卫生院完成中医馆提档升级,形成全新"4室1房"中医药科室设置格局。与南京中医药大学合作,成立国际经方学院兴化经方研究室。在林湖、安丰镇中圩卫生院试点开展医养结合。市中医院养老床位建设列入医院新院区总体规划。市疾控中心整体搬迁项目主体工程土建完工;市三院整体搬迁工程完成建设前相关审批手续。乡镇卫生院实施改扩建业务用房9800多平方米。创建省级卫生镇2个、泰州市卫生镇1个、省级卫生村5个、泰州市卫生村4个。完成3000座改厕目标任务。深化公立医院改革,成立公立医院管理委员会。2016年7月,所有二级医院和市直医疗机构全部实施价格综合改革,药品零差价销售。实施十二大类46项基本公共卫生服务项目,基本公共卫生服务项目人均经费标准提高到50元,按照45%的比例设立基本公共卫生服务项目村级补助资金池。全市传染病疫情平稳,年内共报告法定传染病16种、2051例。建成预防接种数字化门诊24家,另有9家正在改造建设中。启动家庭医生签约服务,29个乡镇205个行政村、13个社区开展家庭医生签约服务,覆盖率68%。实施农村订单定向医学生免费培养工作,录取定向免费培养医学生24名。招聘卫生和护理人员172人,医学类硕士研究生18人。1人被省政府表彰为"江苏省先进工作者",3人入选省第五期"333高层次人才培养工程"培养对象。在全市6家二级以上公立医院及疾控中心设立卫生应急办公室,各乡镇(中心)卫生院及城市社区卫生服务中心均落实卫生应急工作专兼职人员。督查全市医疗机构依法执业工作,纠正7家医疗机构12个科室不规范管理行为,清理部分医疗机构不规范的合作科室。二级以上公立医院试点开展日间手术,全年出院病人平均医药费下降3%。举办医疗技术、急救技能、护理技术、中医药等方面知识讲座和培训45场。加强抗菌药物管理,7家二级及以上医疗机构7月1日停止门诊输注抗菌药物,年底全部停止门诊静脉输液。深化平安医院创建,公立医院全面实施医疗责任保险,乡镇(中心)卫生院及所辖村卫生室与保险公司签订2016年度医疗责任保险协议。落实全面两孩政策,实行生育服务登记制度,全年全市两孩生育服务登记6492对,受理批准再生育申请材料190份。完成乡镇妇幼保健和计划生育技术服务资源整合工作。建立孕产妇和新生儿救治中心。市妇保院和南京市妇幼保健院建立集团医院,与上海红房子医院、泰州市人民医院建成协作医院。落实计划生育家庭奖励扶助政策,发放惠民资金6989万元,惠及计划生育家庭18万多人。推进计划生育特殊困难家庭精准扶助工作,与利安人寿保险公司泰州分公司签订保险合同,1607人参保,投保总额26.32万元。开展出生人口性别比综合治理活动,全市共反馈1.8万条省内省外协查信息,新增流动人口信息入库1.9万人。永丰、昭阳等6个乡镇完成国家流动人口动态监测调查工作,中堡、垛田等2个乡镇完成省留守儿童健康促进项目基线调查。加强计划生育免费技术服务和避孕药具管理,上报国家避孕药具不良反应622例。

【民族宗教】截至2016年末,全市共有苗族、壮族、回族等41个少数民族,少数民族常住人口2387人,流动少数民族人口465人,分布全市35个乡镇(443个村庄和城区16个社区)。少数民族干部2人。有宗教团体3个,宗教活动场所92处,其中佛教58处,道教6处,基督教27处,天主教1处。年内,民宗局被泰州市民宗局表彰为民宗工作先进集体和信息工作先进集体。开展民族宗教政策宣传。结合5月举办的"民族政策宣传周"、6月举办的"宗教政策法规宣传月"活动,举办大型民族宗教政策宣传演唱会,开展"我身边的民族团结故事"主题征文、"民族进步宣传进公园""民族团结进步宣传进广场",编印《党的民族宗教工作宣传手册》、编辑《兴化报专刊》向全市发放、制作反邪教知识宣传栏、组织"民族政策有奖答题"等活动。建立健全城区少数民族流动人口信息网络、发放便民联系卡、建立双向联系制度,推进少数民族流动人员服务管理进社区;在英武、文峰社区按照"两室(图书

阅览室 活动室)、一窗口(少数民族服务之窗)、一栏(宣传栏)、一台账"的基本设置建成"民族之家",建立"楚水一家亲"微信公众平台。新建少数民族扶贫基地1处,帮助30多名少数民族同胞解决就业难的问题;对全市7户特困家庭实行一对一帮扶,先后筹集资金4万元,走访慰问帮助40户少数民族困难家庭。至年末,全市共有五星级场所1家,四星级场所6家、三星级2家,一、二星级场所20家。全年共筹集善款30多万元,帮扶残疾人100户,助困学生200人,走访慰问孤寡老人、特困家庭120户;盐城特大龙卷风灾害发生,组织市各宗教团体捐款30多万元。

【体育】2016年,启动城东新区体育中心项目建设,推进农村"20分钟体育健身圈"项目建设,打造乡镇多功能运动场,全市拥有公共体育设施总面积296.2万平方米,人均拥有2.36平方米。打造元宵节舞龙大赛、端午龙舟大赛、暑期广场舞比赛以及国庆"三球"(篮球、乒乓球、羽毛球)联赛等群众体育品牌活动,举办兴化市第五届运动会,全年组织举办、参加各类群众体育活动70多项次;为城乡居民进行国民体质监测,全年测试人数3000人;进行各级社会体育指导员培训工作,全年培训人数近500人。在2016年各类国际国内比赛中获全国比赛金牌8枚,银牌8枚,铜牌13枚。省级比赛金牌29枚,银牌33枚,铜牌17枚;承办第八届中国·兴化全国国际象棋锦标赛(个人甲组)和第七届全国少年儿童国际象棋精英赛两项国家级大型赛事。体育彩票销售14396万元,全省县级市排名第21位。

【文化广电】举办兴化百姓春晚、迎新春茶话会文艺演出、新春舞龙表演大赛、乌巾荡龙舟大赛、菜花节现场民俗表演、非遗项目展演、"梦水乡·民星汇"专场文艺演出和泰州市淮剧大赛等活动。参加泰州市建市20周年群众文艺大创作,举办兴化专场演出活动,歌舞《一枝一叶总关情》、歌曲《花开等你来》等3个节目获优秀节目奖,小品《大兰种钱》等3个节目获优秀作品奖。歌曲《花开等你来》获江苏省五星工程奖银奖。组织召开年度文艺创作培训班,面向全国征集"千垛菜花"题材文艺作品。

加强对营业性演出内容的审查。营业性演出典型案件被江苏省文化厅报送文化部,并获评"江苏省文化市场十大案件"。兴化市文化市场综合执法大队被江苏省委宣传部、江苏省文化厅、江苏省新闻出版局联合表彰为"第五届江苏省服务农民、服务基层文化建设先进集体"。全年出动执法人员4083人次,查处违规案件85起,收缴非法出版物280多册、赌博游戏机37台,取缔"黑网吧"2家,办案数量位居全省第1位。开展卫星电视传播秩序执法检查,会同相关部门整治偏远乡镇、城乡结合部等重点区域非法安装使用"小耳朵"。全年组织各类执法活动29次,查处非法销售点31家。全市现场会上集中销毁"小耳朵"180多只(套)。获江苏省"无小耳朵社区"标兵市称号。文化产业增加值突破20亿元,超额完成市政府下达GDP占比2.5%的任务,比2015年增长25%。上争省级文化产业引导资金,审核下发市级文化产业引导资金135.77万元。推进竹泓木船文化产业园区建设,完成施耐庵文化园相关创意设计。参加泰州市第四届文展会并获优秀组织奖。兴化市竹泓木船文化产业有限公司、兴化市创星文化艺术传媒有限公司获2016年度首批兴化市级文化产业示范基地。蒋庄遗址考古工作取得突破。2016年1月,入选中国社科院2015年中国六大考古新发现;2016年5月,入选国家文物局2015年全国十大考古新发现。完成可移动文物普查(历时5年),全市共有国有收藏单位5家,藏品2575件(套),完成约1.5万字的兴化市第一次可移动文物普查报告,8人获市普查办表彰。邀请泰州、兴化相关部门领导专家召开万兴大典修缮图纸评审会,完成万兴大典修缮工程监理及施工招投标,11月组织进场。完成上池斋药店修缮方案编制修改工作,上报省文物局待批。完成家舒巷古民居群、解家祠堂、竹业公所、中共兴化县委旧址、兴化市政府旧址修缮方案的审批工作。兴化民歌、淮剧、兴化锣鼓书、邱氏烫伤膏制作、兴化史氏中医幼科疗法、沙沟游走灯会、茅山东岳庙会7个项目入选省第四批非遗名录。完成兴化市第五批非物质文化遗产保护名录评选工作。上争茅山会船、板桥道情两个非物质文化遗产项目保护专项资金45万元。完成文化惠民券平台建设、文艺团队审核,在昭阳镇等4个乡镇实施文化惠民券工作试点。市文化馆举办免费开放活动16项,公益培训班3期12个课程,招收学员398名。博物馆免费开放接待量达65万人次,图书馆、文化馆共接待群众近20万人次,淮剧团送戏下乡惠及群众近30万人。博物馆分别组织高谷诞辰625周年和李鱓诞辰330周年学术研讨会。市文化行政综合执法大队、临城镇放映队、陈堡镇蒋庄村农家书屋同时被江苏省委宣传部、江苏省文化厅和江苏省新闻出版广电局联合表彰为"第五届江苏省服务农民、服务基层文化建设先进集体"。巩固江苏省农家书屋提升工程先进市成果,补充更新图书100家。为120家书屋配备数字阅读设施,实现区域内数字农家书屋全覆盖。图书馆拓宽服务渠道,加入全省少儿数字平台。举办全市农民读书节、全民阅读"手拉手春风行动"、中华经典诵读等系列活动。全民阅读创新"点单式"阅读分享活动得到多家媒体关注。推进"三送工程"。"三送"工程任务全面完成。在全省率先完成电影放映招标工作,本年度90%以上的行政村完成农村固定放映点建设。全年共开展送戏下乡136场,送电影到村9136场,送图书3.4万册,组织开展自办文体活动100多场次。推出"首季外资招引大突破""巡礼亿元企业”等系列报道;千垛菜花旅游节、品蟹赏菊旅游季期间,开展宣传报道;完成市委、市政府猴年贺岁片“游子千里行 难忘故乡情”、新春茶话会专题片、中国台湾招商宣传片以及市纪委、组织部、政法委等多部专题片的拍摄制作任务。启动第二季《寻访“兴化骄傲”》大型系列报道拍摄工作。先后派出4个摄制组,赴南京、上海、北京、天津、苏州、扬州、深圳、广州、东莞9个城市,采访20位兴化籍在外名人。年内,添置广播直播车1台,高清无人航拍系统1套,移动箱载高清EFP电视直播系统1套及20个站点高清非编网络系统。兴化市广播电视台经江苏省精神文明建设指导委员会复查确认为2013—2015年度江苏省文明单位。

【质量技术监督】强化标准监督,江苏兴海、兴龙、星火特钢、双乐化工、李工果蔬等公司共参与制修订6项行业标准,参与2项国家标准的制定:GB/T 30065《给水加热器用铁素体不锈钢焊接钢管》、GB/T 3006《热交换和冷凝器用铁素体不锈钢焊接钢管》,并获兴化市政府奖励20万元,江苏兴龙公司申报《不锈钢丝绳》国际标准,完成企业标准备案150个,其中具有自主知识产权标准5个,新制定2项省级和1项泰州市级农业地方标准,新申报3项泰州市级农业地方标准;加强特种设备安全监管,出动特种设备监察人员330多人次,检查使用单位150多家,检查特种设备200多台次;引导19家企业申报江苏名牌产品,22家企业申报泰州名牌产品,3家企业新申报泰州市质量管理奖,2家企业申报泰州市市长质量奖,6家企业申报兴化市市长质量奖。

【园林绿化】兴化市2016年建成区面积38.6平方千米,绿地率39.37%,绿化覆盖率42.32%,新增绿化面积67公顷。

【建筑业】2016年,完成建筑业总产值406亿元,工程结算收入240亿元,利润总额14.5亿元,多种经营产值2.1亿元,分别增长11.2%、15.4%、11.5%、12.3%,上缴地方税收4.02亿元。完成外施产值181亿元,其中出省施工产值59亿元,境外营业额1785.4万美元,分别增长17.1%、12.9%、8.7%。创建全国建筑业绿色施工示范工程1项、1个国家QC成果一等奖,2个省级QC成果优秀奖,1个省建筑业新技术应用示范工程、1个省级和14个市级优质工程、8个省级和11个市级标化工地,2项工程同时获评安全文明施工领域最高奖项——国家AAA级安全文明标准化工地,填补历史空白。举办各类培训班36期,培训各类人员6059人次。全年新增一级注册建造师31人、二级注册建造师209人。永泰公司奚友方、苏兴公司王涛2人获评省建筑业优秀企业经理,苏兴公司柯存龙获评省建筑业优秀总工程师;屹峰公司王书金获评兴化市首届“十佳金牌工人”,并成为《江苏建设者》杂志封面人物;在首届“泰州名匠”评选中,我市金秋公司徐干仁1人获表彰,屹峰公司王书金获提名,成绩列泰州大市前列。永泰公司连续两年获评“全国优秀施工企业”和“省建筑业最具成长性百强企业”;苏兴、屹峰、富安公司获评“省建筑业优秀企业”。苏兴、永泰、富安公司获评省建筑业企业安全生产先进单位,3人获评省建筑业企业安全生产先进个人,屹峰公司获“省安康杯竞赛优胜单位”称号。

【交通】2016年,兴化交通计划投资17.69亿元,实施“12335”工程。续建1个高速公路项目,即阜兴泰高速公路兴化至泰州段;建成2条省道改扩建工程,即333省道城区段、351省道东绕城段;建成3条路网连接线工程,即菜花景区至水上森林连接线、英武大道连接线、352省道张郭至东台市时堰镇连接线;新开工3个项目,即李中水上森林至徐马荒景区连接线、平旺湖通湖公路、229省道安丰至戴南段改扩建;实施5项民生工程项目,即200千米农村公路提档升级工程、80座农路桥梁改造工程、农村公路养护工程、撤渡建桥工程、盐邵线航道疏浚工程。完成年度建设目标,实际投资超20亿元,投资强度列泰州首位。年度农村公路提档升级工程完成道路建设204.327千米、建成桥梁128座。深化城市公交行业改革,组建大众公共交通有限公司,建立“国有控股、民营参股”的新模式,优化公交线路2条,新辟公交线路3条,建成关门城1000平方米公交换乘站。

【服务业】2016年,全市实现服务业增加值356.41亿元,增长12.1%,高出GDP增幅2个百分点;服务业增加值占GDP比重为47.6%,比2015年提升1.9个百分点;实现社会消费品零售总额172.16亿元,增长11.4%;完成服务业投资91.06亿元,增长5.7%;受营改增政策影响,完成服务业税收收入25.8亿元,下降15.1%。全市新设各类服务业企业1311家,个体工商户5135户,分别上升18.97%和56.45%。其中批发零售业、住宿餐饮业、居民服务业等传统服务业新设企业846户、个体工商户4976户,分别占全市新设服务业企业数和人体工商户数的64.5%、96.9%。省重点项目戴南不锈钢现代物流园3万平方米物流用房以及区内道路等有关配套在建;楚水购物中心项目11月初开盘;国际商城项目10月初开业。推进农产品现代流通体系建设,开展农超、农校、农企、农批对接。实施电子商务“12345”升级版工程,全市实现电子商务交易额150亿元,增长40%。开发区电子商务产业园有23家电商企业和3家物流企业入驻。电子商务培训中心和运营服务中心培训4328人次;先后开设1号店“特产中国·兴化馆”、淘宝网“特色中国·兴化馆”、供销E家、地平线·兴化馆并上线运营,设立电商“110”服务热线。

【旅游业】年内,兴化市成为国家旅游局公布首批“国家全域旅游示范区”创建单位。全年共接待游客500万人次，比2015年增长22%，实现旅游总收入38亿元，增长40.7%。新增国家AAA级景区、三星级酒店各1家。得胜湖、平旺湖两大项目均入选国家优质旅游项目名录。举办2016千垛菜花旅游节，节庆期间共接待游客145万人次，增长21%，实现旅游总收入10.15亿元，增长41%。其中，景区门票总收入3100万元，增长22%。推进品蟹赏菊旅游季、万亩荷塘景区荷花节、水上森林红杉节、乌巾荡首届“水包皮”温泉节等产品。获评长三角自驾游十强城市称号。发行兴化旅游市民年卡，举办“兴化旅游市民年卡暨‘把美丽兴化寄出去’首发式”。

2016年兴化市各乡镇简况一览表

表41

乡镇	乡镇总面积(平方千米)	年末人口(人)	农业总产值(万元)	规上工业总产值(万元)	农村居民人均可支配收入(元)	地区生产总值(万元)	棉花产量(吨)	油料产量(吨)	粮食产量(吨)
合计	2282	1582488	1799381	18104094	16915	748.85亿元	1496	34452	1408349
戴窑镇	94	68443	76000	693332	18980	247011	165	1471	70129
合陈镇	97	54513	56836	44432	18004	82959	1	1203	65004
永丰镇	77	51263	64755	–	16531	63427	6	1251	27108
大营镇	50	27600	39295	–	14276	36654	3	828	37030
新垛镇	47	26248	34834	29384.7	16088	44174	33.42	972	29901
老圩乡	52	27767	30703	13536.5	15391	39536	13.189	1007	18278
安丰镇	95	68422	110607	651411.8	19649	265348	–	1236	18353
下圩镇	49	25792	38290	5047.5	16358	32471	–	1151	16444
海南镇	70	37474	47319	23274.4	16588	60457	3	1405.971	41391
钓鱼镇	73	46084	40283	11036.6	14955	56898	62	1398	57035
大邹镇	45	27620	27875	2771.183	15472	39257	24	569	32527
沙沟镇	67	27433	56796	7554	17396	41477	213	1524	26532
周奋乡	56	27649	45855	–	15724	35816	–	1347	24125
缸顾乡	39	22441	44711	138001.3	17834	62382	136	914	18605
中堡镇	62	35468	49336	21662	19116	82809	0.279	1713	40893
李中镇	78	35651	66300	25256.6	16249	82683	43	934	24908
西郊镇	69	29661	55906	239932.3	18997	93606	25.13	1024.588	35521
城东镇	53	31890	46965	264433.2	18096	94120	3	769	21536
西鲍乡	50	29589	39840	8502.1	15641	50719	96	455.43	37514
临城镇	90	57481	89004	924267.3	20248	249191	–	637	53773

续表41

乡镇	乡镇总面积(平方千米)	年末人口(人)	农业总产值(万元)	规上工业总产值(万元)	农村居民人均可支配收入(元)	地区生产总值(万元)	棉花产量(吨)	油料产量(吨)	粮食产量(吨)
林湖乡	62	38387	35710	87046.3	15838	50264	13.4	533.649	30571
垛田镇	57	59475	66583	313291.5	16006	121418	–	388	788
竹泓镇	62	41528	46146	20804.5	16740	51529	143	837	37972
沈伦镇	49	27989	33006	12702.7	16286	53764	1	815.007	36871
大垛镇	70	43393	74906	103862.2	20463	192937	13	1003	55278
荻垛镇	69	47515	60453	348004.1	18333	121325	14	934	59028
陶庄镇	69	47155	61482	6141.8	14338	82540	80	1024	51475
昌荣镇	59	38636	47698	12713.4	16372	68916	–	726	42932
茅山镇	43	30189	27364	237645	18633	65400	11.465	685	32138
周庄镇	89	54841	97906	305455.5	21315	288408	170.25	1034	51629
陈堡镇	78	46095	75487	516346.1	21006	224960	97	1392	51558
戴南镇	105	97023	32620	7818177.3	28796	2210898	13.2	1007.06	53779
张郭镇	82	64139	34137	1883367.4	25304	802104	2.61	963	47985
昭阳镇	38	162978	26006	1649881.4	24940	761316	–	471.2	10156
开发区	37	24656	18367	1684819.3	23296	451722	34.2323	631	16645

·组织机构及负责人·

中共兴化市委员会

书　记　陆晓声(至2016-01)
　　　　李卫国(2016-05任)
副书记　黄红旗(2016-06任)
　　　　吉天鹏(至2016-05)
　　　　葛志晖(2016-05任)
常　委　徐立华
　　　　何　军(至2016-07)
　　　　马雅斐(至2016-07)
　　　　马元连
　　　　李　斌(2016-07任)
　　　　沙顺喜(2016-08任)
　　　　刘青萍(2016-05任)
　　　　刘文荣(2016-08任)
　　　　刘春龙(2016-07任)
　　　　李　蓓(女)(2016-05任)
　　　　张海林(2016-07任)
　　　　常冬海(2016-07任)
　　　　顾国平(至2016-07)
　　　　王吕忠(至2016-07)

兴化市人大常委会

主　任　陆晓声(至2016-01)
　　　　卞正祥(2016-01任)
副主任　卞正祥(至2016-01)
　　　　赵旭东(至2016-01)

翟云峰(2016-01任)
邹祥龙(2016-01任)
王小跃
刘云山

兴化市人民政府

市　长　李卫国(至2016-06)
代市长　黄红旗(2016-06任)
副市长　徐立华
邓志方(女)
佘建年
李　斌(至2016-08)
沙顺喜
刘文荣(至2016-05)
王　进
丁春华(2016-12任)
朱学林
吴海盈(2016-01任)
孙　雷(2016-01任)
武　浩(2016-04任)
刘汉梅(女)(2016-05任)

政协兴化市委员会

主　席　金厚坤(至2016-01)
吉天鹏(2016-01任)
副主席　彭国良
丁永明
常传林
刘春龙(至2016-07)

中共兴化市纪律检查委员会

书　记　马雅斐(女)(至2016-05)
刘青萍(2016-05任)

市法院、检察院

人民法院
院　长　宋亚平(至2016-11)
代理院长　张　伟(2016-11任)
人民检察院
检察长　钱　飞

(兴化市政府办)

海　陵　区

【概况】海陵区为泰州市主城区,总面积237平方千米,辖3个镇、6个街道、4个园区(海陵工业园区、泰州市新能源产业园、城北物流园、现代农业科技示范园)。2016年末,全区户籍人口42.91万人,常住人口47.91万人。全区实现地区生产总值516.8亿元,按可比价格计算,比2016年增长10.0%。其中,第一产业增加值7.59亿元、第二产业增加值240.25亿元、第三产业增加值268.96亿元,分别增长1.2%、8.9%和11.4%。按常住人口计算,全区人均地区生产总值107903元,增长10%。

【农业与新农村建设】2016年,新增高效农业面积300公顷,建高效规模设施园艺项目7个,实施重点农业项目10个,新建成罡杨镇粮食产业园、苏陈镇粮食产业园2家市级农业产业园。农民人均可支配收入19864.8元,增长8.6%。农业实际利用"三资"9.57亿元,新增国家级农业龙头企业1家,上争国家、省、市级财政各类支农惠农项目资金2298.48万元。22家农业龙头企业销售总额超过27.5亿元,增长10%;完成利税总额近1.1亿元,增长6.43%;实现农产品出口约1000万美元。新增省级无公害农产品产地23个、国家级无公害农产品49个,农产品抽检合格率100%。建成全区农村产权交易区、镇、村三级平台,推进农村土地承包经营权确权登记颁证工作,新成立家庭农场28家。提升秸秆能源化利用水平,实现秸秆禁烧率100%,秸秆综合利用率98%。全区成片造林95公顷,建成省级绿化示范村3个,完成森林抚育400公顷、绿色通道2条。大力推进"强富美高"新农村建设示范村创建,创成市级"强富美高""十佳村"1个、"强富美高""示范村"6个。

【工业】2016年,全区拥有工业企业2000多家、工业企业从业人员15万多人,其中规模以上企业251家。实现规模以上工业增加值229.9亿元,比2015年增长9.3%;完成规模以上工业产值1390.5亿元、利税161.1亿元、利润83.9亿元,分别增长8.3%、15%和15.3%;新增销售收入10亿元以上企业1家。实施工业技改项目65个,乐叶光伏2GW高效单晶光伏组件、华荣麦芽年产12万吨麦芽等项目建成投产。新能源、新材料、电子信息、先进装备制造等新兴产业产值占规模以上工业的49.4%,高新技术产业产值占规模以上工业的43.85%。传统产业转型加快,获批江苏省两化融合示范试点企业7家;新增江苏省著名商标3件、江苏省名牌产品4个,泰州市知名商标10件、泰州市名牌产品5个;制修订国家、行业标准4项,产品质量国家监督抽查合格率94.12%、省级监督抽查合格率100%，新增国家能源管理体系认证企业1家。完成工业固定资产投资107.92亿元，实施新开工亿元以上项目数32个、节能改造项目27个。

【建筑业】2016年，实现建筑业总产值502亿元，实现工程结算收入349亿元，完成建筑业增加值137.35亿元，分别比2015年下降10.2%、3.86%、1.12%，完成地方入库税收5.66亿元，增长17.18%。在建工程施工面积达4883万平方米，其中本年新开工面积1520万平方米，从业人数达19.83万人。完成省内施工产值218.64亿元，其中在泰州市完成施工产值188.83亿元；完成出省施工产值279.79亿，增长0.64%，出省施工人数达10.4万人。江苏一建获中国承包商80强、江苏省"竞争力"和"综合实力"双百强企业、泰州市建筑业"明星企业"；中城建十三局、江苏大都分别获泰州市建筑业"十强企业""明星企业"；江苏泰建、江苏正飞、泰州江海3家公司被评为泰州市建筑业先进企业，江苏海田、江苏科宇古典园林被评为泰州市建筑业专业先进企业。周晖被评为泰州市建筑业优秀企业家，张敏翔、孙文杰、李凤祥被评为泰州市建筑业优秀企业经理。2016年，全区建筑业企业创省、市级优质工程32项，省、市级标化工地12个，获省级工法3项、省级QC奖1项，获发明专利1项、实用新型专利2项。全年未发生重大质量安全事故。

【民营经济】推进行政审批制度改革，推行"三证合一""一照一码""企业名称自主选择"等登记改革措施。全年新增个体工商户3379户、私营企业2227户，分别比2015年增长17.2%、18.3%。宣传就业政策，鼓励群众自主创业就业，创业培训3000多人次。支持企业融资，全年开展银行企业对接活动6次；运用动产抵押、股权质押、债转股、知识产权出质等多种融资手段解决小微企业融资难题，帮助53家企业融资14.6亿元。

【服务业】全区实现服务业增加值269.0亿元，比2015年增长11.4%；占GDP比重为52%，实现社会消费品零售总额244.4亿元，增长11.3%。全年净增限额以上批零企业10家，净增规模以上服务业企业15家。慧钢网、江南春2家企业被纳入江苏省互联网重点平台企业培育库，顾木匠等企业获评泰州市知名商标，海陵旅游产品"农家七宝"获深圳国际博览会"中国工艺美术文化创意奖"金奖，钟楼巷街区被苏浙沪皖四家省级旅游局评为"长三角城市群'岁月余味'体验旅示范点"，麒麟湾景区申报国家AAA级旅游景区。全年上争市级以上服务业引导资金1165万元，其中中央内预算内资金750万元。全区有千余家企业涉及电子商务产业，全年全区电子商务交易额超200亿元。文化产业增加值占GDP比重为3.96%。形成以城北物流园区(省级服务业集聚区、省级生产性服务业集聚示范区)公铁水多式联运为核心，钓鱼岛、龙腾物流、双征物流、海华物流、泰东物流等小型专线集聚物流园多节点布局的城市物流体系。

【开放型经济】全年实际利用外资1.05亿美元，新批外商投资项目27个，增资项目6个，新签约5亿元以上内资项目和3000万美元以上外资项目44个，其中3000万美元以上外资项目13个。在北上广深、港台及日韩等地举办投资说明会和专题招商活动。将驻点招商机构明确为招商分局，在上海、北京、深圳、西安设立4个招商分局，分别负责长三角、京津冀、珠三角和西部地区的招商引资活动。选派优秀年轻干部赴上海、苏州等地的国家级开发区挂职招商。全年实现进出口总额12.99亿美元，增长3.06%，新增进出口有实绩企业20家。完成境外投资项目7个，完成市下目标任务的175%，完成率居泰州市第一；增强对外承包工程企业承揽国际重大项目能力，实现外经营业额1.95亿美元。

【社会事业】年内，二附中碧桂园校区、市幼儿园美好易居城分园投入使用，实验小学、智堡实验学校创成"全国青少年校园足球特色学校"。至2016年末，全区共有中小学、幼儿园58所，其中初中5所、九年一贯制学校6所、小学8所、幼儿园39所。在校中小学生34673人，在园幼儿12200人。专任教师3404人，其中小学1364人、初中1132人、幼儿园908人。创建省示范性教师发展中心，获首批"江苏省社区教育示范区"称号。全区有镇(街)园区文化中心9家，村(社区)文化室127家、区级百姓大舞台10个。全年共发放文化惠民券331.4万元，演出550场。通过江苏省公共文化服务体系示范区验收，麒麟湾景区申报国家AAA级旅游景区，钟楼巷被苏浙沪皖四家旅游局评为"长三角城市群'岁月余味'体验之旅示范点"。烟画馆开幕并对外开放，泰州单声珍藏文物馆被评为"华侨博物馆专业委员会成员单位""中国博物馆协会团体会员""江苏省对台交流基地""中华文化海外交流基地"。公布海陵首批特色旅游商品和"幸福海陵体验之旅"示范点。全区有医疗卫生单位129个，其中政府办二级综合医院1所，一级医院1所，乡镇卫生院(社区卫生服务中心)10所，村卫生室(社区卫生服务站)53个，区预防保健机构1个；民营二级专科医院1所，一级综合医院2所，一级专科医院1所，门诊部12个，普通诊所9个，口腔诊所18个，中医诊所11个；其他医疗机构8个。编制床位1372张，实际开放床位1264张；卫生技术人员1574人。被表彰为省"十二五"人口协调发展先进区，苏陈社区卫生服务中心获全省基层卫生岗位练兵和技能竞赛团体一等奖。

【城市建设】2016年，坚持"城建新提升两年行动计划"，落实征收十项规范措施，西北片区主管网全接通，安置房建设品质提升，全年实施城建项目109个，完成城建投入116亿元，促进中心城市建设转型升级。基础设施建设快速推进，鼓楼路北延、海光路、海曙路东延等工程竣工通车，主城区新增市政道路5.88千米；实施姚家路北延、兴晨路等农村公路项目，总长度9.2千米；新(改)建桥梁5座；推进天韵景园安置区和斜桥二期安置区建设，回迁安置2814户；市区共同实施泰来游园、迎宾游园等12个游园项目以及海陵北路节点、开发路绿化等12个城市绿化项目，区本级实施海陵北路节点、兴业桥游园等23个“微添绿”项目；推进西北片区生态修复工程，城北污水处理厂一期续建工程投入运行，江州北路、化工路等污水管网建设工程完成施工，沿线小区污水管网基本完成接管；完成后街背巷改造8条、低洼地整治29处；实施8个老小区停车位改造、路面维修和下水改造，实施西北片区老小区“雨污分流”改造及路面维修；30个住宅小区引入收件宝设备项目并投入运行；对迎春大桥、东风大桥、海姜大道、江州北路等路灯实施照明提升，安装道路路灯9137盏，小区及草坪灯4929盏，后街背巷路灯620盏。

【城市管理】实施城市环境综合整治“931”行动，完成9个大项14个小项的整治工程项目。开展市区空间美化百日专项整治行动，查处涉及户外广告类案件522件，面积约3万平方米。开展市区7个堵点、11条道路的机动车人行道违停贴单处罚，建成违停网上信息系统，下发违停罚单1518份。进一步推进城市管理重心下移，新建29个社区城管服务站。推行市容环卫责任区制度，与城区单位、商家签订《市容环卫责任书》8732份，签约率96%，履约率92%。全年拆除违法建设13.7万平方米。按照“户三包、组保洁、村收集、镇转运、市处理”的城乡生活垃圾一体化的要求，实现镇街、村(居)生活垃圾日产日清和无害化集中处理的目标，镇村生活垃圾集中收运率100%，共清理镇村生活垃圾16.4万吨，垃圾无害化处理率95%。落实村庄环境长效管护机制，解决各类村庄环境问题13827件。做好数字化城管案件处置工作，区二级平台共受理数字化城管案件共9.1万件，处理8.9万件，处理率97.96%，及时处理率97.43%。

【财政】全年实现财政总收入73.47亿元，比2015年增长7.07%。其中，上划中央收入25.07亿元、基金预算收入9.35亿元、一般公共财政预算收入39.05亿元。税收收入占公共财政预算收入的比重为81.7%。

【固定资产投资】全年完成固定资产投资273.61亿元，比2015年增长20.1%；其中，完成产业投资196.55亿元，增长23.1%；房地产投资51.34亿元，增长8.4%。

【科技创新及节能减排】全年专利授权2468件，新增国家高新技术企业27家、高新技术产品76件。引进国家“千人计划”专家8人，入选省“双创博士”2名，新增省“333”培养对象12名。全年共建立产学研联合体18家，签订合作项目64个，新建产学研联合体18个，挂牌建立离岸孵化基地12个。万人发明专利拥有量12.79件，全社会R&D经费占GDP比重2.3%。海陵工业园区获批中国产学研协调创新示范基地，春兰清能、金桥焊材获得省科技成果转化专项资金。举办创新发展合作大会，签订产学研合作项目8个、产业项目53个。制定减排方案，推进工程减排、结构减排和管理减排，将主要污染物总量减排控制目标和污染物减排“三大体系”建设目标纳入国民经济和社会发展年度计划。全年完成化学需氧量削减470吨、氨氮削减90吨、二氧化硫削减148吨、氮氧化物削减574吨。开展排污权有偿使用交易试点工作，重点污染源自动监测数据传输有效率95%，监督性监测结果公布率100%。

【人民生活和社会保障】全年新增就业15669人，新增创业6140人，创业培训882人，帮扶创业983人，就业技能培训1938人。城镇登记失业率控制在1.88%。全年面向各类就业困难人员提供政府公益性岗位500个，提供岗位补贴233.6万元。新增专业技术人员1487人，引进高层次人才187人，其中海外人才57人。新增企业职工养老保险参保5396人，失业保险参保6721人，城镇职工医疗保险参保4512人。城乡居民养老保险续缴率95.52%；提高新农合筹资标准至每人每年590元，参合率100%。举办海陵区首届创业大赛和职业技能大赛，获市创业富民大赛及江苏省技能状元大赛优秀组织奖。打造泰州顺丰电商产业园和钟楼巷商业服务街等2家市级创业孵化示范基地。为辖区内260家中小企业配备“人力资源助理”，被评为“全市人社系统为民服务优秀项目”。提高城乡低保保障标准至590元/月/人，救助全区城乡低保家庭1746户、2521人，全年发放保障金1023.27万元，提高城市“三无”、农村五保、城乡孤儿的救助标准，医疗救助比例提高至70%。推进社区治理创新工作，完成全区126个村(社区)居民委员会换届工作，175个小区物业规范化管理建设达标。城中街道、苏陈镇、江州社区、滨江社区、东风社区、大冯甸村创成省和谐社区建设示范单位，全区9家社区创成全国综合减灾示范社区。军民深度融合发展，开展“双拥在基层”活动，“八一”建军节、春节走访慰问驻泰州部队和各类优抚对象，推进军民共建。全年完成优抚对象上门入户、实地拍照核查1770人次，全区535名重点优抚对象全部参加基本医疗保险，享受重点优抚对象二次医疗救助。

【社会管理、社会稳定】深化综治平安、法治建设各项工作,全区公众安全感高达95%,位居全省前列,连续第七年被表彰为“省平安县(市、区)”。巩固升级“老娘舅”“调解超市”“3+N”等调解工作品牌,创新医患纠纷调解,全年各级调解组织共受理矛盾纠纷5661件,调处成功率保持100%。依法规范信访秩序,健全“阳光信访”信息系统,率先建成涉法涉诉信访中心,开展领导干部接访、下访和包案化解工作,12件信访疑难案件有效化解。新建设各类监控设备1300多处,重点单位联网140家,全区社会面摄像探头达2万多只,技防改造覆盖率100%。在全市率先开展三级平台“补短板、推样板”活动,完善基础数据库录入工作,全年共收集矛盾纠纷16287件,办结16257件,办结率99.82%。启动“七五”普法工作,研究制订全区“七五”普法规划,启动实施“法宣先锋”“法进万家”“法趣同行”等十大系列活动,建成一批法治文化游园、文化大道和文化广场,全区法治文化公共设施覆盖率95%以上。区司法局“法律服务点援制”、区法院“家事巡回法庭”、区市场监管局“两法衔接机制”等创新举措效果明显。全年25件行政诉讼案件中,行政机关负责人出庭应诉率100%。

【泰州市新能源产业园】全年实现地区生产总值68亿元、公共财政预算收入3.58亿元、全社会固定资产投资40亿元、规模以上工业企业产值293.6亿元、规模以上工业销售收入281.8亿元、利税29.8亿元、利润15.5亿元。新增授权专利1100多件、高新技术企业11家、高新技术产品55个、实施省级以上科技计划项目18个、上争各类科技资金2600多万元,发明专利申请量和万人发明专利拥有量在全区名列前茅。引进国家“千人计划”2人、省“双创计划”5人、“企业博士集聚计划”8人、市“双创计划”26人、区“双创计划”21人,柔性引进教授、博士90人。引进高端触摸屏、第三方检测中心、石墨烯锂电池、生物基环保新材料、动力锂电池组等重大项目,完成协议利用外资4.55亿美元、实际利用外资0.83亿美元、实际利用内资65亿元人民币。实现外贸进出口额14.29亿美元,新增自营出口企业12家、境外投资项目6个。

【泰州市城北物流园】完成公共财政预算收入1.23亿元、规模以上工业总产值2.55亿元,实现工业企业一般纳税人开票销售收入1.85亿元,完成固定资产投资38.39亿元,完成基础设施建设投入4.78亿元。推进野奔机械、宝鹿机械、海威沥青、卡行天下、中元智能仓储、天稔粮食物流中心、浩钦钢材深加工、海晶体育用品8个亿元项目发展,12月底获批“江苏省省级生产性服务业集聚示范区”称号。完成红绿灯广场景观工程、6个地块空转绿及小游园项目建设,推进兴丰路环境综合整治,兴晨路、邮电路已经建成。水润花苑安置区即将建成,社会管理服务中心施工中,森北菜场、运河百姓大舞台、渔行水村“水文化”小型博物馆等民生工程建成。

【现代农业科技示范园】园区名称经区政府批复由“泰州市海陵现代农业科技示范园区”更名为“江苏省海陵现代农业产业园区”。新增观赏鱼观光农业项目1个、高效农业面积20公顷、高效设施农业项目3个,引进示范果蔬、花卉新品种5个。完成固定资产计划投入4800万元;招引内资2500万元;协议利用外资310万美元;签约百香果、江捷文化传媒、佳沃机械3个项目,总投资6000万元;达成麒麟湾吉祥文化旅游目的地等意向项目;薰衣草主题乐园一期建成香草花卉、教堂、风车、游客服务中心、景观门、停车场等设施,并对外开园;朗润生态健康休闲中心项目建成兰花培育、观赏鱼繁殖、青年创业培训等项目;江苏森德农业开发有限公司投资5000万元建成占地25.33公顷蘑菇部落。完成国家农业综合试点项目10座桥梁及4000米道路建设。举办海陵区第八届农业观光旅游节。

2016年海陵区部分街道、镇简况一览表

表42

街道、乡镇	年末乡村人口(人)	行政村(个)	农业总产值(现价)(万元)	粮食产量(吨)	油料产量(吨)	水产品养殖产量(吨)
城东街道	22476	7	9724	679	911	1852
城西街道	16473	1	13196	3031	342	627
京泰路街道	28028	–	17416	6674	508	1590
九龙镇	19150	5	5163	8225	398	379
苏陈镇	40953	7	27912	30648	1260	1124
罡杨镇	21578	5	18423	22392	416	3117

·组织机构及负责人·

中共泰州市海陵区委员会

书　记　徐克俭
副书记　陈　翔
　　　　季玉平（2016-05免）
　　　　张兆洋（2016-05任）
　　　　孙靓靓（女，挂职，2016-05免）
常　委　于顺华（2016-07免）
　　　　丁和扣
　　　　陈锋剑（2016-05免）
　　　　刘　玲（女）
　　　　江福斌
　　　　仲春瑞
　　　　徐志仓
　　　　张　春
　　　　张爱华（2016-07任）
　　　　邵剑峰（2016-05任）
　　　　刘　燕（女，2016-12任）

海陵区人大常委会

主　任　徐克俭（至2016-01）
　　　　崔国庆（2016-01任）
副主任　张仁德（2016-01）
　　　　罗建群（女）
　　　　史桂旺
　　　　吴安家（至2016-01）
　　　　窦国钧（2016-01任）
　　　　周晓晔（2016-01任）

海陵区人民政府

区　长　陈　翔（2016-01任）
副区长　陈锋剑（至2016-05）
　　　　丁和扣（2016-05任）
　　　　朱爱俊（女）
　　　　丁　骅（至2016-01）
　　　　孙桂银（至2016-11）
　　　　费志民（2016-11任）
　　　　刘　燕（女）
　　　　黄正良（至2016-11）
　　　　于世生（2016-11）
　　　　张爱华（2016-04任，至2016-09）
　　　　周海霞（女，2016-11任）
　　　　杭绘东（2016-05任）
　　　　肖六林（2016-07任）
　　　　张国光（挂职）
　　　　吉志铭（挂职，2016-01任）
　　　　潘　榄（挂职，2016-01任）

政协海陵区委员会

主　席　崔国庆（至2016-01）
　　　　季玉平（2016-01任）
副主席　俞　军（2016-01提名免）
　　　　夏振宇（2016-01提名免）
　　　　孙佳玲（女）
　　　　张怀德
　　　　周宏林
　　　　彭　俊

中共海陵区纪律检查委员会

书　记　江福斌

人民法院、人民检察院

人民法院
院　长　陈　炜（至2016-01）
　　　　蒋　蓓（2016-01任）
人民检察院
检察长　王　成

（常宝海　黄欣雁　王顺国）

高　港　区

【概况】高港区位于泰州市市区南部，濒临长江。北连泰州医药高新区，东接姜堰区、泰兴市，西临扬州市江都区，南与扬中市隔江相望。全区总面积286.83平方千米。建成区面积18.92平方千米。辖镇4个、街道3个、村（社区）91个。年末户籍总人口26.29万人。风景名胜有口岸雕花楼景区、中国人民解放军海军诞生地纪念馆及旧址。2016年，实现地区生产总值423.06亿元，比2015年增长11.2%。其中，第一产业增加值12亿元，第二产业增加值245.74亿元，第三产业增加值165.32亿元，三次产业结构为2.84∶58.08∶39.08。形成新医药、粮油食品、装备制造、新材料四大主导产业。实现公共财政预算收入40.44亿元。全体居民人均可支配收入30632元，其中，城镇居民人均可支配收入37224元,农村居民人均可支配收入18565元。港口完成货物吞吐量2369万吨,外贸吞吐量411万吨,集装箱吞吐量25万标准箱。全年新开工1亿元以上项目108个,竣工亿元以上项目53个,继续保持全市领先。在泰州市"四个文明"建设综合考评中保持领先,获一等奖第一名,实现"七连冠"。

【项目建设】全年新开工1亿元以上投资项目108个,计划总投资261.7亿元。其中,5亿元~10亿元项目4个,10亿元~30亿元项目3个,30亿元及以上项目3个,10亿元以上项目分别是明发商业广场、大自然家居产业园、凤栖湖公园、水景街区二期、龙凤堂物流基地和丸庄酱油天然酿造项目。84个工业项目全部开工,总投资145.29亿元,当年实际投资64.61亿元。24个服务业项目全部开工,总投资116.45亿元,当年实际投资25.87亿元。竣工1亿元以上项目53个,实际完成投资107亿元,汇福粮油江苏基地、欧瑞格自动变速箱、苏萨特种兵饮料等大项目建成投产。

【农业】全年实现农林牧渔业产值20.37亿元,比2015年增长10.6%,其中,农业产值13.03亿元,增长9.3%;林业产值0.14亿元,增长1.5%;牧业产值4.92亿元,增长15.5%;渔业产值1.6亿元,增长5.8%。全年粮食播种面积1.76万公顷,比上年减少8.1%。粮食总产量11.66万吨,下降14.6%,其中,夏粮总产4.67万吨,下降15.3%,秋粮总产6.99万吨,下降14.2%。生猪年出栏20.1万头,下降4.7%;牛年出栏0.04万头,增长100%;羊年出栏2.7万只,增长2.7%;家禽年出栏235万羽,与上年基本持平。生猪存栏5.71万头,下降37.9%;牛存栏0.06万头,下降25%;家禽存栏86.5万羽,下降0.6%。全年水产品总产量6123吨,增长2%,水产养殖面积980公顷。创成省级农产品质量安全区。中共中央政治局委员、国务院副总理汪洋率出席全国春季农业生产暨森林草原防火工作会议的代表实地考察上膳源泰州农场。

【工业】全年完成工业总产值2106.07亿元,比2015年增长20.4%;其中,民营工业实现产值1704.9亿元,增长18.6%。分轻重工业看,轻工业产值1046.45亿元,增长23.1%;重工业产值1059.39亿元,增长17.9%。分经济类型看,集体、股份制、外商及港澳台商投资企业分别完成产值33.96亿元、1676.55亿元、328.17亿元,分别增长17.7%、19.6%、23.6%。从主要行业看,医药制造业593.86亿元,增长17.9%;铁路、船舶、航空航天和其他运输制造业356.65亿元,增长14%;农副食品加工业224.2亿元,增长32.5%;计算机、通信和其他电子设备制造业173.71亿元,增长34.1%;化学原料和化学制品制造业158.53亿元,增长10.9%;通用设备制造业111亿元,增长50.9%。

【建筑业】全年完成建筑业总产值458.25亿元,比2015年增长13.8%;竣工产值394.36亿元,增长22%,竣工率达86.06%;建筑业企业房屋建筑施工面积2775.15万平方米,增长10.5%,其中,新开工面积1554.23万平方米,增长2.1%;竣工面积1439.95万平方米,增长12.2%,其中,住宅竣工面积1088.82万平方米,增长19.6%。

【固定资产投资】全年完成固定资产投资380.16亿元,比2015年增长23.7%。其中,民间投资319.64亿元,增长61.9%,占固定资产比重84.08%。从登记注册类型看,内资企业投资342.16亿元,增长24.7%;港澳台商企业投资17.07亿元,增长82.7%;外商企业投资7.56亿元,增长0.7%。第二产业投资235.36亿元,增长25.7%,第三产业投资144.8亿元,增长20.6%。第二产业投资中,制造业投资227.33亿元,增长96.1%;高新技术产业完成投资74.87亿元,占工业投资31.81%。主要工业行业中,农副食品加工业投资35.15亿元,计算机、通信和其他电子设备制造业投资15.01亿元,医药制造业投资34.43亿元,汽车制造业投资17.33亿元,分别增长1689.3%、8.2%、286.6%和454.8%。第三产业投资中,交通运输、仓储和邮政业投资26.34亿元,批发和零售业投资10.03亿元,文化、体育和娱乐业投资39.16亿元,分别增长45.7%、40.8%、494.7%。

【国内贸易】全年实现社会消费品零售总额49.33亿元,比2015年增长12.2%。按销售单位所在地分,城镇消费品零售额48.43亿元,增长11.1%;农村消费品零售额0.9亿元,增长146.8%。按消费形态分,批发业零售额25.5亿元,零售业零售额20.91亿元,住宿和餐饮业零售额2.92亿元。实现限额以上社会消费品零售总额42.78亿元,增长25.2%。从全区限额以上批零企业商品销售26大类情况来看,零售额总量排前三的商品分别为中西药品类、石油及制品类、粮油食品类,这三类商品零售总额合计33.93亿元,占限额以上消费品零售额近八成。限额以上电子出版物及音像制品类、汽车类、建筑及装潢材料类零售额分别增长247.2%、131.2%、112.9%;限额以上五金、电料类实现零售额8355万元,增长57.4%;饮料类实现零售额3529.1万元,增长57.1%。

【开放型经济】全年完成进出口总额14.56亿美元,比2015年增长19.9%。其中,出口6.79亿美元,增长49.2%。实际到账外资和港澳台资2.67亿美元,增长54.3%。全年一般贸易出口额14978万美元,增长7.2%;加工贸易出口额52309万美元,增长66.1%。全年农产品出口额7403万美元,增长298.9%;机电产品出口额48519万美元,增长51.3%;化工产品出口额7493万美元,增长4.9%;高新技术产品出口额169万美元,下降32.7%。对东盟、欧盟、拉丁美洲、北美洲和大洋洲出口额分别为8938万美元、20624万美元、6521万美元、3472万美元和14352万美元，分别增长-12.5%、368.2%、677.2%、1.8%和22.9%。

【财政】全年实现公共财政预算收入40.44亿元，比2015年增长15.3%，其中，实现税收收入33.25亿元，增长15%，占税收82.21%。政府性基金收入6.81亿元，下降70.5%；上划中央四税（国内增值税、国内消费税、企业所得税、个人所得税）25.35亿元，增长8.1%。财政支出结构不断优化。实现公共财政预算支出35.5亿元，增长11.7%。其中，教育支出7.67亿元，增长20%；公共安全支出0.74亿元，增长7.7%；科学技术支出1.22亿元，增长23.8%；社会保障和就业支出2.26亿元，增长4%；医疗卫生支出1.98亿元，增长5.3%；节能环保支出1.3亿元，增长34.1%；城乡社区事务支出7.92亿元，增长3.7%。

【金融】年末，全区银行业金融机构存、贷款余额分别为428.34亿元、258.69亿元，比2016年初增长22.3%、13.9%。全区存贷比为60.4%。1月27日，“新三板”（全国中小企业股份转让系统）高港区专场在北京金融街举行，海天电子、榕兴医疗、友润电子3家企业同时在“新三板”挂牌上市。

【市场监督管理】全区设置5个市场监管分局，增挂食品药品安全监管所牌子，组建区市场监督管理稽查大队。深化商事制度改革，先后推行先照后证、三证合一、一照一码等改革措施，削减前置审批事项179个，保留前置审批事项48个。全区共核发“五证合一”营业执照543份。全区新增企业注册资本81.55亿元，新增个体工商户3509户、企业1244家、农民专业合作社30户，平均每天新增市场主体20户，企业户均注册资本655万元。在全市试点个体工商户“简易注销”，在全省率先出台相关管理办法，公示首批拟注销名单1039户并全部依法注销。扬子江药业集团的“扬子江”商标获批中国驰名商标，5家企业商标被评为江苏省著名商标，44家企业商标被评为泰州市知名商标。泰州市宏大广告有限公司申报国家级资质获得认定。检验检测中心建设进展顺利，省特防中心获准筹建国家级检测中心，省计量中心完成一期工程主体建设。全区通过ISO9000认证的企业数达361家，比上年增长25%。新增省名牌产品4个，省著名商标4件。至年末，全区省名牌产品、著名商标分别为41个、25个。扬子江药业集团获全球卓越绩效奖。2家企业获批AAAA级“标准化良好行为企业”，特防中心制定的《日常防护性口罩技术规范》国家标准发布，能建集团制定的《电站锅炉炉膛检修平台》行业标准、亚太吊索具主持制定的吊索具联盟标准进行修改申报，高港区长江河豚鱼养殖标准化试点被列为泰州市农业标准化试点项目。全年完成食品抽检960批次、药械保化品抽检112批次、商品质量监督抽检94批次、泡打粉快检106批次，27批次不合格产品被依法查处。各类专项整治中发现的403处安全隐患全部进行闭环处理并整改到位。发现6起建筑钢材质保书造假问题，全部予以立案查处，其中2件案件被省质监局列为督办案件。共办结各类案件143件，罚没入库300余万元，7人被判刑。

【城市建设】全区实施重点城建项目89个，完成投资62亿元。新增道路27.32千米。完成市政公用设施投入7363万元。拆除合法房屋面积约19万平方米。育才花园二期、高新区中转场（顺丰速递）、明发城市综合体（一期二阶段）、永安洲实验学校、污水管网建设、高港体育公园、水岸景城幼儿园等项目竣工交付，口岸中心小学异地改扩建、孔桥实验学校异地新建、海军小学、永安花苑、东方明珠二期、泰州国际财富中心、古寿胜寺、宗教文化产业园、老行当文化园二期等项目进展顺利。开工建设城市主次干道22条约35.39千米，完成投资8.81亿元。创业大道东段改造、龙港路、金港路南延、龙窝路、春城路西延、马永路等项目建成通车，扬子江南路扩建、环港大道、春港路东延、锦江路南延、明珠大道东延等项目开工建设。新增绿地面积61.44万平方米，其中，道路绿化39.3万平方米，河道绿化7.3万平方米，公共绿地15.56万平方米。全区绿化覆盖率43.55%，城镇人均公共绿地面积11.39平方米。新建小游园10个。

【环境保护】完善环境与发展综合决策制度，对新招引项目严格执行“八位一体”的综合评估，否决3个选址不当、污染治理难以达标项目。完成益海（泰州）粮油工业有限公司燃煤锅炉关停、江苏港城污水处理有限公司污水管网扩建和10家畜禽养殖污染治理共4个减排项目，全区实际完成化学需氧量削减154吨，氨氮削减19吨，二氧化硫削减100吨，氮氧化物削减160吨。出台《高港区环境监管网格化实施方案》，初步建立党政同责的网格化环境监管体系，全年累计办案查处29起，其中移送司法机关3起。开展化工园区整治，编制完成化工园区整治方案，通过市级评审。开展覆盖拉网式农村环境整治小型污水治理设施项目6个，提前1年完成省财政厅、省环保厅下达的整治工作目标任务。王营空气自动监测点移交环保部运行维护。编制《泰州市高港区“十三五”生态环境保护规划》《生态文明建设规划（2016~2020）》，并通过省环保厅组织的专家评审。优化调整生态红线区域，经省环保厅确认省级生态红线面积增加6.7平方千米。7月，《人民日报》《中国环境报》等媒体先后专题介绍高港区长江岸线保护相关情况。雕花楼步行街“生态文明建设宣传一条街”活动被省环保厅评为2016年度“生态文明建设宣传一条街”活动优秀奖。11月,省长江经济带发展座谈会与会代表参观高港区,省委书记李强对高港区滨江生态保护工作给予肯定。

【科技】全年实现高新技术产业产值1090.1亿元,比2015年增长23%,占规模以上工业产值比重为51.76%。全年获批各类市级以上科技计划项目200多项,博泰电子和海企仓储分别获省重点研发计划项目扶持120万元、100万元,扬子江药业集团获省成果转化资金800万元,净增新标准高企12家,全区高企55家。全年组织企业院校行、专家高港行、科技成果专题讲座等产学研集中活动20多场次,小分队“一对一”产学研对接活动12次,促成50多项校企技术、项目合作。“泰科易”平台完成交易20项,交易金额累计1745.3万元。全年共申请专利4640件,其中发明专利1524件,专利授权667件,其中发明专利授权50件,实现万人发明专利拥有量18.54件,创成国家知识产权试点园区、江苏知识产权强省建设区域示范区和江苏省知识产权示范园区。

【教育】2016年,高港区有中小学、幼儿园36所,其中,普通中等专业学校1所、高中2所、初中8所、九年一贯制学校2所、小学10所、幼儿园13所。中小学生22805人,在园幼儿6404人。教师2554人,其中,普通中等专业学校248人、高中378人、初中734人、小学796人、幼儿园398人。省特级教师10人,省特级教师后备人才5人,市级骨干教师162人。年内,新建的永安洲实验学校春学期投入使用;孔桥实验学校、海军小学、新口岸中心小学、高港实验小学南大门项目正在建设中;孔桥实验学校、海军小学运动场地塑胶化工程即将全面竣工。明发幼儿园装修完成,进行设施设备安装和室外场地绿化等工程,东方明珠幼儿园进行装修;小福龙、水岸幼儿园5月接受省优质幼儿园现场评估,省优质园比例达到84.6%;永安洲、许庄中心幼儿园的《亲近生活 乐享童年》被列入2016年省课程游戏化建设项目;刁铺、许庄中心幼儿园通过市学前教育课程游戏化建设基地评估。高港中专校许庄校区综合楼维修、女生公寓屋面防水及防护栏更换、运动场四周绿化等完成,录播室、会议室建成。更新优化“泰微课”资源,探索“泰微课”应用,进一步扩大优质资源的覆盖面。刁铺、许庄社区教育中心通过省级验收,累计有6个镇街社区教育中心通过省级验收。完成校园技防升级改造工程,校园监控全部联入公安系统,并实时监控,9所校园创成市平安校园示范校,汪群小学被评为“安全教育实验区全国示范学校”。

【文化】全年完成13个村居综合性文化服务中心建设,基本建成图书馆总分馆制度,实现图书通借通还“一卡通”。广泛开展全民阅读活动,邀请丁立梅、祁智等著名作家举办专题讲座。举办“大江放歌”广场文艺演出、“苏演院线”专场演出等各类文化活动80多场。加强文化惠民券的使用和管理,组织文化惠民演出120多场。口岸雕花楼景区获批国家AAAA级景区。田河绳带编织、刁铺宫灯、白马世泽木雕入选江苏省非物质文化遗产名录。高新区创成江苏省版权示范园区,龙冉壁纸创成江苏省版权示范企业。申报省、市文化产业引导资金335万元。文化产业增加值占地区生产总值比重超7%。

【卫生】至年末,有各类卫生机构81个,行政村医疗覆盖率100%。其中,二级综合医院1所,二级中医院1所,卫生院(社区卫生服务中心)9个,疾病预防控制中心1个,卫生监督所1个,妇幼保健计划生育服务中心1个,民营医院2所,个体诊所3个,村卫生室62个。全区各类卫生机构设置病床1088张,其中,综合性医院400张,中医院310张,乡镇卫生院(社区卫生服务中心)308张,民营医院70张。有卫生技术人员1085人,乡村医生164人。执业医师、执业助理医师541人,注册护士437人。疾病预防控制中心卫生技术人员9人,卫生监督所6人,妇幼卫生保健机构卫生技术人员16人。

【体育】举办第三届“高港杯”全国象棋青年大师赛。组织全民健身日暨区全民健身成果展示活动。全民健身中心二期项目建成。深入贯彻落实《全民健身实施计划》,推动体育运动进机关、进企业、进村居、进校园。成功举办区第三届全民健身运动会,开展跳绳、乒乓球、羽毛球、篮球等30多项比赛活动。支持社团组织开展各类体育运动。创成江苏省公共体育服务示范区。

【人民生活和社会保障】至年末,全区家庭总户数80545户,户籍总人口26.29万人,其中,女性13.02万人。户籍人口中,18岁以下人口3.65万人,18~34岁人口5.32万人,35~59岁人口10.99万人,60岁以上人口6.33万人。全年出生人口2480人,人口出生率为9.43‰,比2015年下降1.23个千分点;死亡人口2317人,死亡率为8.81‰,下降0.4个千分点;全年迁入1109人,迁出1008人。常住人口25.32万人,其中,城镇人口16.32万人,人口城镇化率64.45%。

全年全体居民人均可支配收入30632元,比2015年增长8.9%,其中,城镇居民人均可支配收入37224元,农村居民人均可支配收入18565元,分别增长8.3%和8.9%。城乡居民人均可支配收入差距呈逐年缩小趋势。居民的工资性收入、经营性收入、财产性收入、转移性收入比为62.6:16.8:8.9:11.7,居民收入结构更趋合理。

全年共新增就业12850人,新增创业6046人,城镇登记失业率为1.78%。引进各类高层次人才241人,其中海外人才38人。全区城乡基本社会保险覆盖率97.58%;城镇职工基本养老保险、医疗保险参保人数分别为5.24万人、7.56万人;城乡居民医保参保率100%;城乡居民养老保险参保人数5.63万人,待遇领取人数4.69万人。

【党建工作】2016年,高港区组织开展区、镇、村三级党组织换届选举工作。全区新发展党员190人。开展流动党员"三全三亮三为"管理模式,即信息数据全采集、跟踪管理全方位、学习教育全覆盖,亮去处、亮身份、亮业绩,为党旗添光彩、为他乡作贡献、为家乡助把力。利用"两学一做"学习教育、基层党支部换届等契机,对基层党组织书记进行普遍培训。开展纪念建党95周年"两学一做"学习教育知识竞赛活动。元旦、春节期间,开展第八次"关爱服务月"活动,356个基层党组织、3402名党员积极参与,走访慰问4628人,结成帮扶对子963个,解决实际问题398个,化解各类矛盾纠纷82个,投入资金783.9万元。结合选区、任职等情况,编排区第五次党代会代表工作室,重新制作党代表基本信息向群众公开。召开全区党建带群团组织建设工作推进会,制定《关于进一步加强党建带群团组织建设工作的通知》。统筹推进社区综合体制改革,推行村(社区)干部定岗定编、定责定酬和能进能出、能上能下"四定四能"机制,审核确定领导岗位、管理岗位职数,5月底前,各村(社区)干部队伍改革全部到位。强化村(社区)"第一书记"考核管理,推动"第一书记"更好扎根基层、服务基层。开展"你创业我支持"活动,依托江苏润泰电子商务生态园,举办创业沙龙、在线经验交流。建成泰州市首批大学生村官"为民电商"示范店4个。每个园区、镇街承办1场非公党建专题培训班,共举办9场专题培训班,培训1100多人次。出台《关于加强社会组织党的建设工作的实施意见》,启动"社会组织党建工作突破年"。在"志愿江苏"服务平台注册成立"周末高港·党员关爱服务队",开展党员关爱服务活动60多场次,受益群众2万多人次,"周末高港·党员关爱服务队"被评为泰州市优秀志愿服务组织,"周末高港·党员关爱服务行动"被确定为泰州市文明优质服务品牌、首届江苏志愿服务展示交流会"爱心单位",并入围2016年全国学雷锋志愿服务"四个100"先进典型推选活动。开展"百团千村万企大走访大落实"活动,12月17日起,每周末开展"集中走访日"活动。启动学校党建"十百千工程","十三五"期间将创建10个学校党建特色品牌、培养100名党务工作骨干、挂钩帮扶1000户学生家庭。

2016年高港区各街道、镇基本情况一览表

表43

街道、镇	面积(平方千米)	人口(人)	社区(个)	村(个)	农业增加值(万元)	列统工业增加值(亿元)	地区生产总值(亿元)
口岸街道	53.32	70685	17	6	23686	83.06	106.79
刁铺街道	18.69	23632	8	–	7829	19.08	30.81
许庄街道	46.1	39786	10	4	11276	16.4	31.18
永安洲镇	36.98	31067	11	–	1722	154.4	95.55
白马镇	23.5	22268	2	5	12019	7.45	13.11
大泗镇	36.7	33370	1	12	20071	10.54	12.7
胡庄镇	45.3	42103	2	13	27845	3.15	15.53

·组织机构及负责人·

中共泰州市高港区委员会

书　记　王　建(至2016-07)
　　　　顾　萍(女,2016-07任)
副书记　顾　萍(女,至2016-07)
　　　　张兆洋(至2016-05)
　　　　孙宏建(2016-07任)
　　　　陈　军(2016-07任)
常　委　王　建(至2016-07)
　　　　顾　萍(女)
　　　　张兆洋(至2016-05)
　　　　孙宏建(2016-07任)
　　　　陈　军
　　　　韩　亚(至2016-07)
　　　　薛永忠
　　　　高宇彤(女)
　　　　吴　斌(2016-07起援藏)
　　　　蒋向荣

陈志斌
王友茂
张汉刚(2016-05任)
蔡秋云(女,2016-07任)
顾为进(2016-07任)

泰州市高港区人大常委会

主 任 王 建(至2016-01)
赵晓玲(2016-01任)
副主任 刘振东
张 勤(女)
王国平
杨春宣

泰州市高港区人民政府

区 长 顾 萍(女,2016-01至2016-07)
代区长 孙宏建(2016-07任)
副区长 陈 军(至2016-08)
吴 斌(2016-07月起援藏)
蒋向荣(2016-08任)
蔡秋云(女,至2016-08)
张汉刚(挂职,2016-01至2016-06)
肖志勇(至2016-10)
李新美(女)
包 亚(至2016-12)
陈永清(挂职)
薛荣美
史晓进(挂职,至2016-12)
杨益华(2016-07任)
刘 洪(2016-06任)

政协泰州市高港区委员会

主 席 任寿南(至2016-01)
韩 亚(2016-01任)
副主席 周法鸣
李 强
胡万源
徐桂明(2016-01任)
周正青(2016-01任)

中共泰州市高港区纪律检查委员会

书 记 薛永忠

人民法院、人民检察院

人民法院
院 长 陈富贵
人民检察院
检察长 华为民

(高港区政府办)

姜 堰 区

【概况】姜堰区位于泰州市中部,东临海安市,南接泰兴市,北毗兴化、东台市,西连海陵区、高港区,全区总面积927.52平方千米。2016年全区实现地区生产总值583.19亿元,可比增长10.0%。其中:第一产业增加值40.10亿元,可比增长1.4%;第二产业增加值264.44亿元,可比增长9.3%;第三产业增加值278.65亿元,可比增长12.1%。按常住人口计算,人均地区生产总值达79829元。服务业占GDP比重比上年提高2.2个百分点。三次产业结构调整为6.9:45.3:47.8。全区实现高新技术产业产值占规模以上工业比重达41.0%,比上年提高0.1个百分点。年末,全区私营企业注册资金达到649.06亿元,私营企业1.38万家,个体工商户注册资金146.89亿元,个体工商户4.02万户。

【农林牧渔业】2016年,全区实现农林牧渔业总产值68.36亿元,比2015年增长9.4%。全年粮食产量53.83万吨,比上年下降4.9%。全年粮食播种面积为76020公顷,增长0.1%,粮食单产7080千克/公顷,下降5.0 %。2016年全区成片造林面积372.33公顷,森林覆盖率25.3%。生猪规模养殖比重72.1%,肉禽、蛋禽、奶牛规模养殖比重分别97%、99%和100%。全年生猪饲养量75.97万头,总量与2015年基本持平,其中:生猪出栏51.69万头,下降0.5%。家禽饲养量1284.4万只,增长4.7%,其中:家禽出栏830.55万只,增长0.03%。主要畜产品中,肉类总产量5.06万吨,下降0.03%;禽蛋总产量2.8万吨,增长4.7%。全年水产品产量4.58万吨,增长4.3%。新增设施农业面积886.67公顷、设施渔业面积313.33公顷,分别增长40.6%、23.7%。农业适度规模经营比重85%。协办全国春季农业生产现场会、承办全国农业现代化规划工作会暨农业改革试点工作培训会,规模经营“姜堰模式”得到副总理汪洋肯定,农业改革与建设试点工作终期绩效评价位列全国第一。

【工业】2016年,全区495家规模以上工业企业完成产值

1486.14亿元，比2015年增长13.9%。其中，轻、重工业产值分别为415.39亿元、1070.76亿元，分别增长12.8%和14.3%；国有工业增长7.2%，集体工业增长22.9%，股份制工业增长14.0%，外商及港澳台投资工业增长9.8%。从主要行业看，纺织业完成产值125.09亿元，增长16.4%；化学原料和化学制品制造业完成产值162.74亿元，增长13.8%；专用设备制造业完成产值179.66亿元，增长14.0%；电气机械和器材制造业完成产值295.34亿元，增长11.8%。在规模以上工业中，十强工业企业、30家重点工业企业、30家成长型工业企业产值分别下降3.2%、增长12.3%、30.3%。三大园区贡献突出，实现产值856.28亿元，增长12.0%，占规上工业产值的比重达57.6%。2016年全区规模以上工业企业实现主营业务收入1379.78亿元，增长14.7%；实现利润总额100.02亿元，增长7.7%。亏损企业数量下降38.5%。

【建筑业】2016年末，全区有资质的建筑施工企业188家，施工面积9219万平方米，比2015年增长22.2%；竣工面积3379万平方米，增长12.07%。全年实现建筑施工总产值633亿元、建筑企业增加值155亿元，分别增长11.39%、8.39%。

【固定资产投资】2016年，全区完成固定资产投资494.82亿元，比2015年增长16.8%。其中，一产投资5.37亿元，增长357.5%；二产投资337.41亿元，增长24.0%；三产投资152.03亿元，增长1.1%。固定资产投资中，产业投资420.65亿元，增长27.0%。房地产开发完成投资30.72亿元，下降14.8%。全年全区在建亿元以上项目125个，投资总额328.8亿元，其中5亿元以上项目12个。全年新开工亿元以上项目80个，投资总额222亿元，竣工亿元以上项目50个。房地产施工面积295.19万平方米，下降0.2%，竣工面积139.92万平方米，增长41.9%。全年商品房销售面积114.45万平方米，增长25.3%，商品房销售额59.02亿元，增长39.7%。

【国内贸易】2016年，全区社会消费品零售总额172.5亿元，比2015年增长11.8%，按行业分，批发和零售业零售额157.1亿元，增长10.0%；住宿和餐饮业零售额15.4亿元，增长31.9%。按销售单位所在地分，城镇消费品零售额165.3亿元，增长11.9%；乡村消费品零售额7.2亿元，增长8.7%。按规模分，限额以上单位消费品零售额57.7亿元，增长10.5%；限额以下单位消费品零售额114.8亿元，增长12.3%。在限额以上企业商品零售额中，粮油、食品类零售额与2015年持平，饮料、烟酒类零售额增长1.5%，服装、鞋帽、针纺织品类零售额下降5.2%，化妆品类零售额增长9.1%，金银珠宝类零售额下降16.1%，日用品类零售额增长6.9%，家用电器和音像器材类零售额增长9.9%，中西药品类零售额增长111.5%，文化办公用品类零售额增长14.8%，建筑及装潢材料类零售额增长38.7%，汽车类零售额增长2.8%。

【对外贸易】2016年，全区外贸进出口总额（海关数）95497万美元，比2015年增长12.2%。其中：出口总额82645万美元，增长9.2%。按贸易方式分，一般贸易进出口89396万美元，增长10.7%；加工贸易进出口6047万美元，增长40.0%。按企业性质分，外商投资企业进出口26661万美元，下降17.1%；民营企业进出口68835万美元，增长29.7%。按商品类别分，机电产品进出口33961万美元，增长16.1%；农产品进出口1990万美元，增长448.9%。全区新批协议注册外资18437万美元，增长65.0%；实际到账注册外资13702万美元，增长37.4%。新签外经合同额13430万美元；完成外经实际营业额1.76亿美元，增长1.2%。

【交通运输】全年全区完成交通运输、仓储和邮政业增加值33.63亿元，可比增长3.5%，占服务业增加值的比重为12.1%。全年完成公路客运量738万人，公路旅客周转量37765万人千米；完成公路货运量368万吨，公路货物周转量12957万吨千米；完成水路货运量1819万吨，水路货物周转量142756万吨千米。

【邮电业】2016年全区邮政业务总量14151万元，比2015年增长80.4%。邮电业务收入66401万元，增长16.9%。年末全区固定电话用户23.61万户，移动电话用户65.4万户，电信互联网宽带接入用户9.53万户。

【旅游业】举办中国湿地生态旅游节和溱潼会船节，溱湖旅游度假区获评全国旅游系统先进集体、入选首批省级研学旅游示范基地，推进溱潼古镇综合提升项目，溱潼镇入选首批中国特色小镇。全区接待游客645.8万人次，实现旅游直接收入15.9亿元，分别增长9.1%、9.6%。

【财政、金融、保险】2016年，全区公共财政预算收入35.60亿元，增长1.9%。其中，税收占比77.1%。在公共财政预算收入中，国税部门入库地方税收10.02亿元；地税部门入库地方税收17.39亿元；财政部门入库8.19亿元。

至年末，全区金融机构本外币存款余额664.58亿元，比2016年初增加69.05亿元，其中，人民币存款余额656.96亿元，增加69.48亿元；本外币贷款余额486.33亿元，增加64.97亿元，其中，人民币贷款余额484.89亿元，增加65.79亿元。在人民币贷款中，住户贷款133.48亿元，增加11.81亿元，非金融企业及机关团体贷款351.40亿元，增加53.98亿元。

2016年,全区保险业务收入13.51亿元,比2015年增长16.0%。其中,财产险业务收入3.80亿元,增长12.8%;人寿险业务收入9.71亿元,增长18.0%。全年保险业务支出6.80亿元,增长72.0%。其中,财产险业务支出2.35万元,增长35.1%;人寿险业务支出4.45万元,增长102.0%。

【科学技术】2016年,全区授权专利2168件,其中发明专利89件,比2015年分别增长4.6%、27.1%。全区发明专利拥有量为612件,增长34.5%。全年新增著名商标6件、省名牌产品2个、市长质量奖1个;建成省级以上众创空间4个、创新研发平台51个,设立离岸孵化基地4个,培植市级以上孵化器、众创空间6个;申报高新技术企业47家,新增省民营科技型企业88家,高新技术产业产值占规模工业产值比重达41.0%;新培植省高新技术产品121项,净增国家三部委高新技术企业41家,新建大中型工业企业科研机构69个,大中型工业企业及规上高新企业研发机构建有率81.2%;组织高校到姜堰开展技术需求对接和现场指导20多次,与上海电机学院、东南大学强化校地合作,与高校共建产学研联合体17个、校企联盟27个,新建成省级院士工作站1家、省级企业重点实验室1家,实施高质量产学研合作项目54项。

【教育】中考和省义务教育阶段质量监测的多项重点指标保持泰州前列。高考省文科状元、泰州市理科状元花落姜中,省状元连续两年花落姜堰。罗塘高级中学成功创成省四星级普通高中,蓝天幼儿园创成省优质园。高中数学名师工作室被评为全国"优秀数学教师基地",组建7个乡村教师培育站。创成泰州市"一校一品一特色"体育品牌3个,艺术品牌2个。全区义务教育现代化学校创成率达94.4%。年末全区拥有幼儿园43所,在园幼儿14942人;小学35所,在校学生31602人;初中23所,在校学生20548人;普通高中8所,在校学生11300人。2016年全区学龄儿童入学率100%,初中毕业生升学率98%,高中阶段教育毛入学率98%。

【文化】创建省公共文化服务体系示范区,顺利通过督查组中期督查。扶建了34座百姓大舞台、5家五星级农家书屋。全面推动姜堰区村(社区)综合性文化服务中心建设试点工作,打造了"一体两翼七配套"的综合体姜堰模式,全年建成100家。举办第十二届群众文化艺术节新创文艺节目调演、"梨园飘香"苏中七县市戏曲交流演出等大型文艺活动。全年流动舞台走进各社区、乡镇演出17场,区三水艺术团获评江苏省首批群众"百千万"工程优秀群文团队。做好姜堰区农村公益电影招标工作,全面完成全年3144场公益电影放映任务。年末全区拥有文化馆1个,艺术表演团体11个,博物馆1个,档案馆1个,公共图书馆1个,公共图书馆总藏量65.77万册。全年向社会开放各类档案数1.2万卷。

【卫生】人民医院科研教学楼、溱潼人民医院内科病房楼年底竣工,完成区疾控中心业务用房改造、大伦卫生院整体搬迁工程装修以及俞垛卫生院门诊病房综合楼土建工程建设,实施港口卫生院整体搬迁工程装修,完成70家村卫生室达标提升工程建设。创建成全国群众满意乡镇卫生院3个、省示范镇卫生院1个、省示范村卫生室3个。建立和完善了居民健康卡管理系统及信息采集系统,建立居民电子健康档案698650人,建档率91.09%。年末全区共有各类卫生机构304个,其中医院、卫生院33所;各类卫生机构实有床位3726张,其中医院、卫生院3460张;共有卫生技术人员3812人,其中执业医师、执业助理医师1934人、注册护士1494人。其中乡镇卫生院21个,床位772张,卫生技术人员754个;乡村医生和卫生员人数534人。新型农村合作医疗人口覆盖率100%。

【体育】推进体育设施基础建设,完善区文体中心相关功能,布局建设羽毛球馆、击剑馆、乒乓球室等场馆以及室外五人制笼式灯光足球场和笼式灯光标准篮球场,均免费对市民开放。人均拥有公共体育面积3平方米。举办2016年中国·姜堰第六届"黄龙士·双登杯"世界女子围棋擂台赛,并与中国围棋协会签订了第七届至第九届的合作协议。协办2016年泰州铁人三项亚洲杯赛,按阶段承办2016年中国体育彩票全国象棋业余棋王赛江苏赛区泰州姜堰分站赛、泰州分站赛和江苏站赛。男、女足丙组在省青少年足球锦标赛中均获冠军。

【城市建设】改造上海路、陈庄路、马厂路、东大街,东海北路、通前路、淮海东路、姜园路(梁徐镇区段)建成通车;上海路南延、三水大道南延和姜园路东段3条跨年度项目按计划推进,初步形成干路成格、支路成网的路网体系。完成新华书店仓库东侧、益民路等公共停车场建设,结合绿地游园建设及小区绿改停,合计增加停车位220个。提升改造振兴路、古田东路道路绿化,完成上海路、陈庄路等配套绿化,大型综合性滨水城市公园罗塘公园建成开放,获泰州市唯一"省海绵城市建设示范项目"。

【环境保护】完善生态保护差别化考核、环保网格化监管、企业环境信用等级评定等工作机制,创新基层生态管理格局,全国首创设立村级环保委员,获"国家生态区"命名。督促相关镇实施2016年全区覆盖拉网式农村环境综合整治工程,加强25套农村小型生活污水处理设施运行监督,累计处理生活废水约40万吨,城市污水集中处理率91.8%。完成市交168台燃煤锅炉整治任务,年削减用煤量约2.9万吨,空气环境达标率、达标天数同比增长率、PM2.5平均浓度、PM2.5浓度同比下降率四项重点指标处于泰州前列，环境空气优良率78.1%。

【人口与计划生育】2016年末全区家庭总户数26.82万户，户籍总人口78.66万人。在总人口中，女性39.09万人，占49.7%。全年出生人数7128人，人口出生率9.06‰；死亡人数6894人，死亡率8.76‰；人口自然增长率0.3‰。年末全区常住人口73.07万人。城镇化水平进一步提高，年末常住人口城镇化率59.4%，比上年提高2.32个百分点。

【人民生活】全区居民人均可支配收入28353元，增长9.1%。其中，城镇居民人均可支配收入36898元，比2015年增长8.1%，农村居民人均可支配收入17599元，增长8.8%。居民人均消费性支出17812元，增长9.1%。其中，城镇居民人均消费性支出21711元，增长7.8%。农村居民人均生活消费支出13096元，增长11.9%。城乡居民恩格尔系数分别为30.8%、35.3%。

【社会保障】2016年，全区新增创业1.1万人、转移农村劳动力3900人、城镇新增就业1.5万人。年末城镇人口登记失业率为1.88%，比2015年下降0.03个百分点。新增参保1.3万人，新农合人均筹资标准提高到555元，企业退休人员月均养老金提高到2011元，最低工资标准提至1770元，城乡居民基础养老金调至125元，城乡低保标准统一提高到每人每月590元，实施医疗救助9853人次、1697万元，发放价格临时补贴369.6万元。全区享受最低生活保障的对象12274人，其中，农村11662人，城镇612人。全年最低生活保障金额3083万元，其中，农村2809万元，城镇274万元。

2016年姜堰区各镇、开发区简况一览表

表44

镇、开发区	土地总面积（平方千米）	年末户籍人口（人）	居委会（个）	行政村（个）	农业总产值（万元）	农民人均纯收入（元）	（规上）工业总产值（万元）	粮食总产量（吨）	棉花总产量（吨）	油料总产量（吨）
罗塘街道	46.48	156187	22	20	41024	26010.88	22446734	13252	–	1068
溱潼镇	49.08	32888	4	10	20110	21130.64	2536292	11256	12	620
蒋垛镇	65.05	49648	1	17	55245	17840.41	6209151	43511	–	1209
顾高镇	38.20	29265	–	11	24270	16595.46	3613715	23993	–	2851
大伦镇	55.03	40417	–	16	46652	16940.39	7200530	35705	–	1869
张甸镇	93.60	75518	–	35	66567	18190.73	10716856	65663	–	3939
淤溪镇	71.68	40886	–	15	38568	20650.59	2767272	28271	86	2374
白米镇	54.88	43692	–	17	44707	22830.04	15558243	36619	–	936
娄庄镇	67.92	45715	–	17	52587	23310.71	12364475	52798	–	2656
沈高镇	56.73	36099	–	15	69640	22295.62	8396193	33899	8	2088
兴泰镇	36.91	24694	–	8	24562	21506.29	4926927	27411	–	1125
俞垛镇	79.80	46016	–	18	56717	21465.90	1501151	47917	148	2124
华港镇	69.77	39344	1	17	51506	20357.89	2451963	34812	6	1921
开发区	137.63	126244	1	18	86229	23405	21738322	82769	–	4272
梁徐镇	66.63	52026	–	21	43814	22565	5676288	41873	–	2775
桥头镇	37.99	24671	–	7	28343	22258	20352131	24390	–	611
其 他	4.76	–	–	–	5165	–	–	472	–	–

·组织机构及负责人·

中共姜堰区委员会

（至2016-07）

书　记　李　伟
副书记　李文飙
　　　　戚才俊（至2016-05）
　　　　孙靓靓（女，2016-05任）
常　委　李　伟
　　　　李文飙
　　　　戚才俊（至2016-05）
　　　　孙靓靓（女，2016-05任）
　　　　徐闻仲（至2016-05）
　　　　张红霞（女，至2016-05）
　　　　丁志强
　　　　张士林（至2016-07）
　　　　戴兆平
　　　　薛金林
　　　　刘志群（2016-05任）
　　　　刘文来（2016-05任）
　　　　肖延川（挂职，至2016-06）
　　　　徐　俊（至2016-06）
　　　　邓　肯（2016-06任）

中共姜堰区委员会

（2016-07换届）

书　记　李　伟
副书记　李文飙
　　　　孙靓靓（女）
常　委　李　伟
　　　　李文飙
　　　　孙靓靓（女）
　　　　丁志强
　　　　戴兆平
　　　　薛金林
　　　　刘志群
　　　　刘文来
　　　　邓　肯
　　　　盛育河
　　　　宋　羽

姜堰区人大常委会

主　任　高永明（至2016-01）
　　　　申泰州（2016-01任）
副主任　钱爱社
　　　　钱拥军
　　　　申忠华（至2016-01）
　　　　汤文林
　　　　秦永金（2016-01任）

姜堰区人民政府

区　长　李文飙（2016-01任）
代区长　李文飙（至2016-01）
副区长　李文飙（至2016-01）
　　　　徐闻仲（至2016-06）
　　　　戴兆平（2016-06任）
　　　　肖延川（挂职，至2016-08）
　　　　王　萍（女）
　　　　朱嘉浩（至2016-01）
　　　　盛育河（至2016-08）
　　　　刘文来（至2016-06）
　　　　王　平（至2016-10）
　　　　黄健全
　　　　刘　玮（挂职，至2016-10）
　　　　史献辞（2016-01任，挂职）
　　　　乌拉木江·沙吐哈力（2016-04任，挂职）
　　　　顾鹏程（2016-06任）
　　　　陈　华（2016-10任，挂职）
　　　　曹　祥（2016-10任）

政协姜堰区委员会

主　席　仲亚岭
副主席　陈文亚
　　　　夏彩霞（女）
　　　　黄彭赣
　　　　陈文德
　　　　花庆如

中共姜堰区纪律检查委员会

（至2016-07）

书　记　张红霞（女，至2016-05）
　　　　刘文来（2016-05任）

中共姜堰区纪律检查委员会

（2016-07换届）

书　记　刘文来

人民法院、人民检察院

人民法院

院　长　褚靖娟（女，至2016-10）

代院长　卢爱华（女，2016-10任）

人民检察院

检察长　丁军青（至2016-09）

代检察长　孔维俊（2016-09任）

（姜堰区委办）

泰州医药高新技术产业开发区

【概况】2009年3月，泰州医药高新技术产业开发区（简称泰州医药高新区）升级为国家级高新区。2010年2月，科技部、卫生部、国家食品药品监督管理局、国家中医药管理局与江苏省人民政府共建泰州医药高新区机制正式建立。泰州医药高新区下辖正处级泰州医药高新技术产业园区、泰州经济开发区、泰州出口加工区、泰州高等教育园区和泰州市周山河街区，副处级泰州数据产业园区和泰州滨江工业园区7个功能性园区，以及野徐镇和寺巷、明珠、凤凰、沿江4个街道。全区行政区划面积约125平方千米，辖社区59个、行政村1个，总人口约20万人，常住人口16.12万人。

【经济发展】2016年，全区实现地区生产总值195.2亿元，可比增长11.6%，占全市比重提高0.3个百分点，增幅高于全市2.1个百分点。完成公共财政预算收入40.15亿元，增长33.1%，高于全市平均增幅31.4个百分点。全年完成固定资产投资408.4亿元，其中产业投资331.8亿元，比2015年分别增长23.5%和28.3%，高于全市平均水平6.1和5.4个百分点。全区规上工业总产值、开票销售分别增长23.1%、9%，中海油一体化项目全面建成投产，全年实现产值179亿元。社会消费品零售额增长16.7%，高于全市2.4个百分点，服务业增加值占GDP比重为40%。推进产业集聚发展试点，新获批省级生物医药产业区域集聚发展试点，疫苗产业集聚程度领先国内。全年新增获GMP认证企业11家，新增药品生产批件56个，生物医药业务总收入187亿元。

【招商引资】2016年，全区洽谈签约一批重大项目，举办各类招商活动130多场次，新签约1亿元以上内资项目和1000万美元以上外资项目201个，列全市第一，其中外资项目20个，新签约5亿元以上内资项目和3000万美元以上外资项目42个，其中3000万美元以上外资项目7个。禾柏生物、迈博太科二期、千禧光、可利科技、巨腾电子、浪潮集团等一批5亿元以上项目先后落户。

【项目建设】2016年，全区有经核查认定的亿元以上新开工项目107个，列全市第三，计划总投资262.2亿元。其中5亿元~10亿元的项目5个，计划总投资28亿元；10亿元以上项目7个，计划总投资99亿元。新竣工亿元以上产业项目57个，列全市第一。法国高德美、雀巢配方食品等一批重大项目开工建设，其中，总投资1.5亿美元的巨腾电子项目实现当年签约、当年开工、当年投产。

【城市建设】2016年，全区房建类工程计划建设总建筑面积877.5万平方米，在建714.8万平方米。其中，泰职院整体交付使用，工业邻里中心高层主体封顶，中国医药城商务中心主体封顶，教育教学区体育馆进场施工，第二城南污水处理厂（北厂）三期土建施工，野徐卫生院、寺巷卫生院迁建项目建设6月底主体封顶，内外装施工工程量已完成过半；会展中心二期内外装施工基本完成。2016年全区道路建设开工60千米、建成54.2千米。其中，济川路西延工程、姜寺路（祥泰路—口泰路）改造工程、吴陵南路（凤凰西路—梅兰西路）、润河路改造工程、杨湾港区疏港公路改造工程、药城大道东延（大寨河—永丰河）、姜高大道（口泰路—泰州大道）、福康路、仲野路、天星路、南坝塘路等完成施工；鼓楼路南延、祥泰路南延开工建设。2016年，全区绿化建设新开工157万平方米，完成155万平方米（其中，周山河生态环境工程为市住建局建设）。其中，长江大道东侧绿化改造工程、润江路西侧绿化改造工程、职业技术学院绿化工程、药城大道东延景观提升工程、蚂蚁河和西景和绿化工程银杏林等已完成。启动天禄湖一期及海陵南路景观项目。2016年高新区推进民生配套项目。启动中国医药城小学和康居社区邻里中心项目方案设计、招标等前期工作。2016年，高新区对全区33户申请农村危房改造对象、改造方式及补助标准进行核查，经公示后审批通过27户，验收通过20户经公示无异议后，补助资金发放到位。

【拆迁安置】2016年，全区计划建设安置房项目6个，建筑面积59.7万平方米，已竣工安置房共2374套，面积38.7万平方米，在建安置房共404套，面积6.4万平方米。其中：康和学校东侧地块、凤凰曦城四标安置房竣工交付；梅兰花园三期、凤凰三居苑A、B区已具备交付条件;康居社区四期康和学校南侧A地块因政策原因取消建设计划。

高新区实施光电产业园配套基础设施建设项目三期、周山河和天德湖景观提升项目(二期)、济川西路改造工程、原经济开发区管委会北侧地块项目等房屋搬迁项目24个,完成2719户房屋搬迁任务,回迁安置3096套安置房,涉及2053户拆迁户,其中龙凤家园安置735套,康居新城安置1087套,腾龙御园安置1119套,祥和花园安置155套。

【科技创新】医药高新区实现高新技术产业产值323.23亿元,比2015年增长25.5%,占规上工业总产值的43.7%;全年上争省级及以上科技计划资金4081万元;新增三部委(科技部、财政部、国家税务总局)认定的高新技术企业11家;新增高新技术产品43项;新增省级科技型中小企业28家、省民营科技型企业34家;新建离岸孵化基地8家;新增省级众创空间2个;新建产学研联合体35家,实施高质量的产学研合作项目53项;新建市级及以上研发机构6个;新建各类科技公共服务平台4个,新增省级及以上产业联盟1个;新建产学研协同创新基地1家;新增省级科技进步奖2项、市级科技进步奖13项;全年发放企业类、平台类科技创新券1530万元,兑现1254.0548万元(含奖补类);全年科技政策税收减免1.3亿元。2016年新增申请专利1046件,增长79.11%,其中发明专利467件,增长127.8%;新增专利授权总量438件,增长22.69%,其中发明专利授权106件,增长26.19%;全区拥有有效发明专利384件,万人拥有发明专利17.1件。

【教育工作】全区现有小学5所(含1所民办学校)、独立初中2所、九年一贯制学校1所,在编在岗专任教师562人,在校学生数为7277人。现有幼儿园18所(其中公办园5所,民办幼儿园13所),在园专任教师397人,在园幼儿6239人。2016年,制订并发布《泰州医药高新区教育专业发展"十三五"规划》,"市直-高新区教育共同体"入选"泰州教育20年——十大教育品牌"。全区中小学省级课程基地和特色文化项目覆盖率50%。在全市率先实现省优质园全覆盖。全区镇(街道)省级示范社区教育中心创成率100%。加强师资队伍建设,推荐评选市师德模范1名、区师德模范12名、高新区"最美教师"5名、"最美幼儿教师"9名;1名教师获评为"江苏省特级教师",2名教师获评为"省特级教师后备人才",1名教师入选泰州市卓越教师培养工程第三批培养对象。全区三所初中均有2名以上考生录取省泰中非指标统招,7人进入省泰中非指标统招,达四星级高中统招人数比率12.43%。大力推进素质教育"5+2"工程,承办全市素质教育现场会;塘湾实验学校小学部女子足球队参加"市校园足球联赛"获第二名;康和实验小学组队参加市中小学生田径运动会,获小学组第1名。通过购买专家服务的方式,强化学校心理健康教育工作,架构学校安全立体"防护网",全年无一起安全责任事故发生。

【人才工作】全年引进高层次人才459名,新增海外优秀人才78名。开发高校毕业生就业见习岗位数286个,组织高校毕业生就业见习人数234人。集聚高校毕业生1553人,截至2016年末,398名高层次人才和高校毕业生申领购房券,涉及金额1689万元。其中中海油高级技师蒋玉领取"购房券"6万元,这是泰州市首次为高技能人才发放购房券。2016年三、四季度购房券兑现53人,涉及金额273万元,购房券契税财政补贴累计兑现21人,涉及金额9.22万元。

【劳动保障】2016年2月,高新区提出全省独创的"模拟保障"过渡办法,解决已按新办法征地的5000多人的保障问题。连续五年提高失地农民保障待遇标准。6月,继续调增失地农民保障待遇标准,各年龄段保障待遇设置趋于合理,并向养老年龄段人员适当倾斜。调整参保政策,扩大征地保障覆盖面。在"项目大突破"背景下,高新区取消符合撤组和整组参保两个条件限制,化解野徐仲联不规范征地、明珠待遇重复享受人员集访、综保区项目涉及江都郭村等征地保障遗留难题,至2016年末,基本实现"即征即保、应保尽保"目标。老办法参保人数79788人,全年新增14233人,增加15450人,增长率24%,新增人数列全市第1位,参保总人数全市第1位,基金增值率全市第1位。

【三农工作】2016年,医药高新区组织2个村(社区)创成市级全面小康创建示范村。落实农业支持保护补贴327万元,惠及全区农户1.5万户。发放小麦"一喷三防"补助物资折合人民币10万元,发放农机购置补贴4.47万元,发放秸秆机械化还田补助90.788万元。水稻、小麦、油菜实现应保尽保,完成保费总额170万元;组织开展查勘理赔,全区涉及农户共4305户,打卡发放理赔款100.13万元。全区秸秆全量还田面积占粮油面积比例为90%。13个村组织实施一事一议项目,中央和地方财政补贴资金286.44万元,自筹资金48.69万元,其他建设资金29.17万元,建设项目13个,建成村级道路9条7.6千米,建成文化体育场所2个,6000平方米。按照《市政府关于进一步推进户籍制度改革的实施意见》文件要求,确定明珠街道城南社区、野徐镇解家社区、寺巷街道小寿社区、沿江街道滨江社区、凤凰街道向阳社区5个社区作为试点村。出台《关于脱贫致富奔小康工程实施意见》和《关于组织挂钩帮扶经济薄弱镇村和低收入农户的意见》2个文件,对年收入7500元以下的低收入611

户农户1144人全部建档立卡，并分别明确帮扶部门和园区，确保到2020年实现全面脱贫。全区32个部门、园区参与帮扶，全区低收入农户按照市定标准脱贫487人、脱贫率42.64%。

【民政工作】2016年12月，高新区启动政府购买居家养老服务，由市、区两级财政出资，为一、二、三类老人每月分别提供价值100~450元的服务，全区首批205名年满70周岁以上、散居农村"五保"、城乡低保对象（含城乡低保标准2倍以内的边缘对象）、重点优抚对象和失独家庭中的低保边缘老人享受该福利。城乡低保标准提高到人均590元/月，全年全区1003户1805人享受城乡居民最低生活保障，其中城市低保22户39人，农村低保981户1766人，发放城乡低保金527.8万元。全区纳入五保供养人员73人，其中集中供养54人，集中供养标准提高到年均7520元/人；分散供养19人，分散供养标准提高到年均7520元/人，全年共发放五保供养经费62.4万元。分散供养孤儿10人，散居孤儿基本生活保障标准提高到1200元/月，全年发放孤儿供养14万元。全年共发放一户多残、依老养残342人次，发放资金35.8万元；向全区76名重度残疾人发放护理10.8万元。对全区970名享受重残低保人员实行动态管理，发放重残低保金672.6万元。全年资助参加医疗保险1899人，支出参保资金25.3万元，医疗救助13742人次，支出医疗救助资金294.7万元。建立退役士兵自谋职业补助金动态增长机制，在泰州地区率先发放资金到位，共发放退役士兵自谋职业补助金235.6万元，发放家庭优待金5.9万元；发放765名享受60周岁以上农村籍退役士兵人员待遇补助经费106.8万元。全区办理结婚登记1837对，离婚登记365对，婚姻登记率100%，婚姻登记合格率100%。免费为全区30名符合申请免费复明对象进行筛查、手术等工作。建成幸福家园社区4家。

【社区建设】2016年3月，全市农村社区建设会议在医药高新区召开，全市各乡镇（街道）党委（党工委）书记等300多人参加了会议。9~11月，展开全区第十一（十）届村（居）民换届选举工作，55个居委会和1个村委会参加换届且全部成功，共产生新一届村（居）民委员会成员252人，其中村（居）委会主任56人、副主任57人、委员139人。

【卫生计生】优化医疗资源配置，委托省社科院编制《泰州医药高新区卫生与健康事业发展"十三五"规划》。成立高新区卫生监督分所和高新区妇幼保健计划生育服务中心。野徐、寺巷卫生院迁建工程完成主体工程建设。深化公立医院综合改革，中西医结合医院实施医药价格综合改革，2016年财政补偿452.62万元。年内，许可设置医疗机构6家，发放医疗机构执业许可证4家，受理医师执业注册及变更注册22人，护士注册材料初审25人，大型医用设备配置审批初审1家。开展2016年卫生执业资格、专业技能考试等各项报名确认工作，确认护士资格考试108人、初中级职称考试106人、高级职称考试23人、卫生人才评价考试3人。全区激活（新建）居民健康档案92854份。全区基层医疗卫生单位共设置健康教育宣传栏41个，更新宣传栏234期，发放健康教育宣传资料18种15万份，播放健康教育音像资料118场次，组织健康教育咨询活动33次，举办健康知识讲座54场。康居、城南、龙凤、杨庄4所村级卫生机构建成省示范村卫生室。办理一孩生育服务登记964对，二孩生育服务登记863对，再生育审批发证34对。完成违法生育案件立案查处48例，社会抚养费征收到位64例共49.2487万元，全部缴入国库。审核发放各类奖励扶助资金712.788万元。明珠街道顺丰生育关怀基地被评为"省级生育关怀项目"。

（医药高新区）

人　物

2016年泰州市获省系统及以上表彰的先进个人情况表

表45

姓　名	工作单位及职务	荣　誉　称　号	获奖时间	授　予　单　位
周爱萍	泰州市防范和处理邪教问题办公室副主任	记一等功	2016-01	中央防范和处理邪教问题领导小组办公室
吴文凤	泰州市党史方志档案办公室档案业务指导处处长	全国档案系统先进工作者（省劳模待遇）	2016-03	人社部、国家档案局
韩　欣	泰州港务集团有限公司集装箱分公司机电部副经理	全国物流行业劳动模范（省劳模待遇）	2016-06	人社部、中国物流与采购联合会
陈敢峰	泰州市水利工程建设处主任科员	南水北调东中线一期工程建成通水先进工作者（省劳模待遇）	2016-06	人社部、国务院南水北调办
刘健美	泰州吉泰毛纺织染厂车间副主任	全国纺织工业劳动模范（省劳模待遇）	2016-06	人社部、全国纺织工业联合会
沈建民	江苏裕纶纺织集团有限公司纺一车间主任	全国纺织工业劳动模范（省劳模待遇）	2016-06	人社部、全国纺织工业联合会
梅新生	泰兴市史志档案办公室档案指导科科长	全省档案系统先进工作者（市劳模待遇）	2016-01	省档案局、省人社厅
邱步道	泰州市财政局税政法规处处长	全省财政系统先进工作者（市劳模待遇）	2016-04	省财政厅、省人社厅
郭道圣	靖江市财政局预算科科长	全省财政系统先进工作者（市劳模待遇）	2016-04	省财政厅、省人社厅
卢　忠	泰州市海陵区财政局社保科科长	全省财政系统先进工作者（市劳模待遇）	2016-04	省财政厅、省人社厅
黄卫东	泰州市姜堰区预算外资金管理办公室副主任	全省财政系统先进工作者（市劳模待遇）	2016-04	省财政厅、省人社厅
刘俊雄	泰州市民防局副局长	全省民防系统先进工作者（市劳模待遇）	2016-09	省人社厅、省民防局

续表45

姓　名	工作单位及职务	荣　誉　称　号	获奖时间	授　予　单　位
毛杰洲	靖江市人防指挥信息保障中心主任	全省民防系统先进工作者（市劳模待遇）	2016-09	省人社厅、省民防局
姚绍宏	泰州市文化馆馆长、党支部书记	全省文化系统先进工作者（市劳模待遇）	2016-10	省人社厅、省文化厅
沈凌云	兴化市文化馆馆长	全省文化系统先进工作者（市劳模待遇）	2016-10	省人社厅、省文化厅
叶　骏	泰兴市歌剧团团长	全省文化系统先进工作者（市劳模待遇）	2016-10	省人社厅、省文化厅
赵幼林	泰州市凤城河管委会副主任	全省旅游系统先进工作者（市劳模待遇）	2016-12	省人社厅、省旅游局
栾爱明	泰州国际大酒店董事长	全省旅游系统先进工作者（市劳模待遇）	2016-12	省人社厅、省旅游局
夏淑珍	兴化市乌巾荡风景区旅游发展公司	全省旅游系统先进工作者（市劳模待遇）	2016-12	省人社厅、省旅游局
王余红	泰兴市泰鑫绿园生态旅游庄园策划部、管理部部长	全省旅游系统先进工作者（市劳模待遇）	2016-12	省人社厅、省旅游局

2016年度泰州市劳动模范名录

（共149人）

靖江市

孔君霞（女）　靖江弘宇公共交通客运有限公司
宋智勇　国网江苏省电力公司靖江市供电公司
刘　霞（女）　江苏大中电机股份有限公司
熊　锋　江苏三江电器集团股份有限公司
张海银　帝斯曼江山制药（江苏）有限公司
卢　敏（女）　中国银行股份有限公司靖江支行
张状松　靖江市城西环卫所
刘阳生　江苏凯元科技有限公司
张玉永　江苏新世纪造船（集团）有限公司
朱惠健　江苏长江商业银行股份有限公司
丁旭春　江苏国信靖江发电有限公司
张金荣　靖江市生祠镇东进村
张　钢　靖江市建绿家庭农场
何　锋　靖江市丰园生态农业园有限公司
顾霞根　江苏光芒热水器有限公司
陶良凤（女）　江苏亚星锚链股份有限公司
徐　柯（女）　政协靖江市委员会办公室
朱亦刘　靖江市靖城街道办事处
崔益稳　靖江日报社
孙立翔　中共靖江市委组织部
展旭东　靖江市作物栽培指导站

泰兴市

顾小兴　江苏星光发电设备有限公司
张秀官　泰兴市汽车运输公司
蔡云龙　江苏泰隆减速机股份有限公司
王春红（女）　泰兴市市容环境卫生管理处
吴　剑　江苏泰兴市农村商业银行股份有限公司
高　玲（女）　泰州出入境检验检疫局泰兴办事处
张玉建　泰兴市沿江化工（集团）总公司
严俊佳　泰兴市第一建筑安装工程有限公司
符建林　泰州远大体育用品有限公司
倪建峰　江苏南极机械有限责任公司
曹　飞　江苏济川控股集团有限公司
成吉亮　泰兴市元竹镇成庄村
刘根新　泰兴市青源蔬菜发展有限公司
王余红　泰兴市河失镇元仙村
张加东　泰兴瑞泰化工有限公司
步国建　泰兴市东圣食品科技有限公司
沈建平　泰兴市国家税务局
丁海东　泰兴市司法局
吴玉华　泰兴市救助管理站
杨金林　泰兴市襟江小学
肖　扬　泰兴市人民医院

兴化市

万永福　江苏威鹰机械有限公司

仲爱军　江苏新宏大集团有限公司
许　峰　兴化东华齿轮有限公司
杨洪雨　兴化市绿禾食品有限公司
姜春旭　国网江苏省电力公司兴化市供电公司
徐方流　江苏兴达钢帘线股份有限公司
窦　琴(女)　江苏星火特钢有限公司
计建康　江苏兴海特钢有限公司
徐　波　兴化市规划勘测设计院有限公司
商留成　江苏中发物流有限公司
王海涛　五得利集团兴化面粉有限公司
徐文国　兴化通裕纺织有限公司
王志勇　兴化市周奋乡宏迪育秧专业合作社
杨明书　兴化市中堡镇夏宏村水果种植家庭农场
董德康　兴化市大营镇营中村
陈　伟　江苏双蝶集团有限公司
陆祥原　兴化市公安局
肖国瑞　兴化市审计局
曹素芳(女)　兴化市人民政府办公室
冷玉斌　兴化市第二实验小学
刘建华　兴化市总工会

海陵区

陈庆华　泰州乐金电子冷机有限公司
吕志宏　泰州市亨扬运贸有限公司
杨小乐　泰州市宏祥动力机械有限公司
刘永山　泰州市园艺场有限公司
管亚莉(女)　泰州市海陵区城中街道中山社区
卞龙扣　泰州双羊精密无缝钢管有限公司
徐汉军　泰州市城光道路照明工程有限公司
吕梅华　泰州市海陵区江南春蔬菜有限公司
孙正坤　泰州市海陵区城东街道宫涵社区
葛忙根　泰州市北洋金属材料有限公司
李　艳(女)　泰州地方税务局第四税务分局
顾源静　泰州市海陵区审计局
王加裕　泰州市海陵区动物卫生监督所

高港区

陈春香(女)　泰州东方离合器有限公司
陈国荣　泰州市飞翔车辆工具厂
黄良平　江苏乐彩印刷材料有限公司
孙玉龙　泰州口岸船舶有限公司
李付林　江苏正申索具有限公司
李传银　泰州永盛彩印包装有限公司
倪道凤　泰州市高港区永安洲镇兴隆社区
刘　敏　江苏逸夏果园有限公司
佘　磊　高港区纪律检查委员会
李根生　高港区财政局

姜堰区

吴月婷(女)　姜堰区溱湖景区旅游发展有限公司
邱德平　中国邮政集团公司泰州市姜堰区分公司
王　萍(女)　江苏曙光集团股份有限公司
纪汉祥　江苏苏中药业集团股份有限公司
金九如　江苏飞船股份有限公司
周有龙　江苏太平洋精锻科技股份有限公司
王　丽(女)　中国银行股份有限公司姜堰支行
钱友网　双登集团股份有限公司
姜文红　中国电信股份有限公司泰州姜堰区分公司
唐晓勇　国网江苏省电力公司泰州市姜堰区供电公司
王春阳　泰州市华丽塑料有限公司
丁谦军　泰州市双缘瓜果蔬菜专业合作社
陈余红　泰州市红陈食用菌种植专业合作社
徐鼎文　姜堰区罗塘街道公园村
张世元　润泰化学股份有限公司
刁　平　姜堰区实验初级中学
王益民　姜堰区殡仪馆
杨树圣　姜堰区新型农村合作医疗管委会办公室
郑长进　姜堰区住房和城乡建设局

泰州医药高新区

李　乐　江苏大同盟制药有限公司
周军林　泰州市航宇电器有限公司
张　震　泰州东联化工有限公司
朱宏玲(女)　江苏爱信诺航天信息科技有限公司泰州分公司
谢　宁　江苏泰康生物医药有限公司
乔增富　医药高新区野徐镇仲联社区
杨宜荣　泰州市第一铝材厂有限公司
张玉成　泰州医药高新区信访局

泰州市直单位

路显锋　扬子江药业集团
陈　斌　江苏春兰清洁能源研究院有限公司
王　峰　江苏林海动力机械集团有限公司
刘光耀　泰州石油化工有限责任公司
张　坤　泰州新源电工器材有限公司
宋　杰(女)　国电泰州发电有限公司
谢晓恩　中海油气(泰州)石化有限公司
何　波　中海沥青(泰州)有限公司
俞桂林　中国石化销售有限公司江苏泰州石油分公司
任金权　泰州市长运汽车运输有限公司
裴红敏(女)　泰州市环境卫生管理处
柏玉梅(女)　中国邮政集团公司泰州市分公司
王思广　泰州市城市基础设施建设发展有限公司

陈冬生　中国移动通信集团江苏有限公司泰州分公司
倪刘建　泰州市环境监测中心站
潘秀华　泰州市城区河道管理处
姚慧君(女)　中国银行股份有限公司泰州分行
汤　洁(女)　南京银行股份有限公司泰州分行
孙　影　中国农业银行股份有限公司泰州分行
夏万友　都邦财产保险股份有限公司泰州中心支公司
叶纪录　泰州市人民医院
杨美霞(女)　泰州学院
许　敏(女)　江苏有线泰州分公司
陆　峰　泰州新华书店有限责任公司
王庭君　泰州日报社
桂小银　泰州市公安局
葛东升　泰州市人民检察院
周卫平　泰州市中级人民法院
杨生奎　泰州市救助管理站
于秀英(女)　泰州市妇女联合会
吕道龙　中共泰州市委政法委员会
巫亚琴(女)　泰州市教育局
沈德庆　泰州市民防局
周明华　泰州市人力资源和社会保障局
戴兴泰　泰州市国家税务局
郭宁生　南京师范大学泰州学院

模范人物选介

村民致富领路人——杨恒俊。男，中共党员，1959年9月出生，靖江市新桥镇德胜村党委书记。杨恒俊原是一名商界成功人士，2009年受命为德胜村当家人。他自掏腰包40万元作为启动资金，成立村种养殖合作社，品牌化经营壮大村级经济；在此基础上，率领全村干群，创新思路，艰苦创业，成立德胜农业科技发展有限公司，开发建设400亩现代科技生态园、300亩水蜜桃园、百亩月桂园和500亩生态农业园等。打造农村优美环境，建成文化休闲生态长廊、农民娱乐广场，高标准建设社区卫生服务站、居家养老服务中心、社区服务中心等。在杨恒俊的带领下，德胜村破茧成蝶，一跃成为靖江数一数二的富强村，获得了“江苏省社会主义新农村建设示范村”“江苏省最美乡村”等荣誉称号。他本人也获得“全国劳动模范”、“泰州市最美基层干部”等荣誉。

2016年1月，省委宣传部将杨恒俊作为省级典型，组织省主要媒体在“最美基层干部”专栏中集中宣传。2月4日，新华日报以《“五不”村书记的无悔选择》进行了报道。省电台、江苏卫视《扬子晚报》《现代快报》、中国江苏网、《南京晨报》、泰州电视台、《泰州日报》《泰州晚报》等都作报道。

教授级的电焊工——王海东。男，42岁，中共党员，泰州口岸船舶有限公司焊接工艺室主任兼职工培训中心副主任。王海东从一名普通农民工成长为一名专家级的焊接高技能人才，用20多年的时间诠释了“不经一番寒彻骨，怎得梅花扑鼻香”的真谛。他秉承“持之以恒、求索进取、大胆创新、乐于奉献”的精神，在探索焊接技术的道路上永不停止自己的脚步，练就了一身非凡的技艺，解决了多项焊接难题，培养了一大批优秀的焊接人才，为企业的发展做出了重大贡献。先后被授予全国技术能手、全国机械工业劳动模范、江苏省有突出贡献的中青年专家、江苏省好青年、江苏省五一创新能手等荣誉称号，被评为江苏省技能大师工作室领班人，享受国务院政府特殊津贴。

2016年5月，省委宣传部将王海东作为省级典型，组织省主要媒体在“最美职工”专栏中集中宣传。5月19日，新华日报以《焊花里飞出“国家特贴”专家》进行了报道。省电台、江苏卫视、扬子晚报、现代快报、中国江苏网、南京晨报、泰州电视台、泰州日报、泰州晚报等都作了报道。

新泰州建设功臣名录

（共20人，排名不分先后）

徐镜人　扬子江药业集团有限公司党委书记、董事长、总经理
洪宗礼　原江苏省泰州中学副校长、江苏母语课程教材研究所所长
孙小玲　泰州市环境卫生管理处督查科副科长
杨善基　双登集团股份有限公司董事长、总裁
曹龙祥　济川药业集团有限公司党委书记、董事长、总经理
许杏桃　江苏安方电力科技有限公司副总经理兼技术总监
刘锦兰　江苏兴达钢帘线股份有限公司董事长
张文德　兴化市戴南镇董北村党委书记
何健忠　中国邮政集团公司江苏省泰兴市分公司江平路邮政局支局长
陈燕萍　泰州市中级人民法院副调研员、靖江市人民法院党组成员、副院长
丁新吾　泰州广播电视台副调研员
袁凯飞　江苏新世纪、新时代造船有限公司董事长
陈德林　原泰州淮剧团团长、支部书记
曾宪相　新浦化学(泰兴)有限公司董事长
朱同林　江苏泓膏大闸蟹有限公司董事长
胡方斌　靖江市人民医院大内科副主任、心内科副

主任、心导管室主任

郑美琴　泰州市工商行政管理局12315中心名誉主任

张海腾　泰州市公安局刑事警察支队支队长

吕爱梅　海陵区城西街道安居社区党委书记、居委会主任

武　华　华威特(江苏)生物制药有限公司总裁

新泰州建设功臣提名人选名录

(共13人,排名不分先后)

丁雪其　泰兴市黄桥镇祁巷村党委书记

薛兰梅　泰州市体育局体育学校校长

乔向民　高港区许庄街道人大工委主任、孔桥中心社区党委书记、乔杨社区党总支书记、居委会主任

刘爱红　江苏明星减震器有限公司总工程师

王海东　泰州口岸船舶有限公司焊接工艺室主任兼职工培训中心主任

赵　锋　泰州市消防支队司令部战训科科长

朱善元　江苏农牧科技职业学院副院长

陈俊才　泰州市种子管理站站长

夏强斌　中海油气(泰州)石化有限公司总经理

马文宁　泰州市城市基础设施建设发展有限公司总经理

林伯荣　泰州市公路处工程科副主任科员

唐来顺　中国农业银行泰州姜堰溱潼支行柜员

戴兴泰　泰州市国家税务局纳税服务处处长、市直一分局局长

2015~2016“感动泰州”美德善行十大人物

十大人物

助人为乐:马晓兵　王根桂

孝老爱亲:戴荣梅　蔡春香

敬业奉献:胡方斌　石云根、张冬梅夫妇

见义勇为:顾纪和　周洛阳

诚实守信:汤宏寿　姜宗洪

十大人物提名奖

吴荣纪　姚炜平　宋祥进　吴爱军　王海东

蔡国栋　王兰珍　刘邦银　陈秀兰　秦龙根

十大人物(特别奖)

张健邦(已故)　朱军军(已故)

十大人物简介

马晓兵　在姜堰区的爱好骑自行车的圈子里,说到马晓兵,几乎无人不知,大家敬佩他的,不是因为他经常组织自行车骑行活动,而是他将自行车运动与公益这两个本不相干的事结合到了一起。为了能更好地帮助他人,2009年,马晓兵在姜堰团区委的帮助下成立了姜堰先锋单车俱乐部,成员从10余人发展到1300多人。7年间,“先锋单车俱乐部”通过社会众筹405万元善款,帮助孤寡老人5300多人次,给2400多人次的环卫工人送关爱,为1000多人次贫困留守儿童和81名青少年重症病患“雪中送炭”。

石云根、张冬梅夫妇　石云根、张冬梅夫妇是全国首对双双成功捐献造血干细胞的夫妻。海陵区九龙镇雨声村这对恩爱夫妻,平时就热心公益事业,不仅长期坚持义务献血,还经常帮助有困难的乡亲。而在工作中,石云根是市公交公司的一名好司机,张冬梅是市振远保安服务有限公司的一名好保安。石云根家庭先后获评省红十字会博爱之家、省“最美家庭”、省文明家庭,2016年,张冬梅获评第四届全国先进保安员,2016年10月,石云根张冬梅夫妇被评为“中国好人”。

王根桂　做了30年企业的王根桂,2008年退休后致力于公益慈善事业。他自掏腰包1500多万元建起了拥有300多个座位的小雨天剧院,后剧院发展为道德讲堂;组建了小雨天艺术团,让老百姓不花钱周周有戏看。王根桂热心公益,带来了正能量,受到了广大干部群众的高度评价。

戴荣梅　2008年,时年21岁的戴荣梅与戴窑镇舍王村青年徐建中恋爱、结婚,来到了一个父亲患有胃癌、母亲天生智障且患有严重的糖尿病、大伯身体残疾需人照顾的家庭。直至今日,她一直履行当初的诺言,多年如一日,不辞辛劳地孝敬长辈,以自己的一言一行,用爱撑起了一个家。

蔡春香　8年前,蔡春香丈夫因车祸残疾,瘫痪在轮椅上,生活不能自理。公婆年逾古稀,丧失劳动力,且需要人照料。蔡春香始终不离不弃,硬是用柔弱坚强的双肩挑起家庭重担。8年来,在她的精心照顾下,丈夫奇迹般地能坐起来了。公婆在她的照料下,身心也颇有起色。她孝老爱亲,无怨无悔,让这个濒临绝望的家庭始终充满阳光。

胡方斌　现为靖江市人民医院大内科副主任。2015年7月4日凌晨,他在进行一台心脏介入急诊手术时,突发心脏大血管撕裂,但他强忍着剧痛坚持帮助病人完成了手术,把生的希望留给了病人,把死的危险留给了自己。走出手术室后不久,胡方斌就晕倒了,并被紧急送到南京鼓楼医院医治。经过12小时的抢救,他才转危

为安。

顾纪和　他是一名普通农民，也是一名67岁的花甲老人，但在面对他人生命遭到威胁的时候挺身而出，奋不顾身抢救他人的生命财产。2016年7月，他纵身入水，成功抢救一名不慎落水的老人，事后悄然离去；在这之前，他也曾抢救过2名落水人员。

周洛阳　入伍十五年来，先后参加了4000多次灭火救援战斗，从高空、高速公路、深井、火场等处救出了遇难群众500余人。特别是在"4·22"江苏德桥化工仓储有限公司爆炸火灾事故处置过程中，他更是以身作则，不怕牺牲，用实际行动践行了"人民消防为人民"的铮铮誓言，他也因火场表现突出被江苏省公安厅记个人一等功一次。

汤宏寿　1979年2月，21岁的汤宏寿和几名泰兴同乡走上了中越边境自卫反击战的战场，浴血奋战中，5名泰兴籍战士壮烈牺牲。战前他们约定，如果有人牺牲，活着的要看望逝者的父母家人。1987年转业后，为了实现那份生死诺言，汤宏寿和几位战友踏上了寻找烈士家属之路，一找就是30年。2016年底，5名战友中最后一位的亲人也被找到了。

姜宗洪　他担任兴化市沙沟镇水产品批发市场"姜五鱼行"总经理，是里下河地区有名的"渔代理"，又是一位诚实守信的个私企业家。他立志艰苦创业，敢为人先，致富不忘乡亲。养殖户遇到困难，他采取各种措施帮扶资金达数百万元；他先后吸纳16名下岗职工到渔行再就业，每年发放工资60多万元；他热心资助贫困儿童，汶川、玉树发生特大地震，他第一时间捐款赈灾，还主动捐资为弘扬古镇文化出力。

十大人物(特别奖)简介

张健邦　张健邦1955年荣获三级八一勋章、三级独立自由勋章和三级解放勋章，1988年7月被授予二级红星功勋荣誉章。离休后，他长期担任"红色传承"校外辅导员，为中小学生宣讲革命传统；为应征入伍青年讲战斗故事，激发参军热情。他心系贫困，带头捐资助学，累计为留守儿童、贫困家庭捐助物品上百件、捐资10多万元。他去世后，其子女继承他的遗嘱，把部队给予的1万元特别抚恤金全部捐给了困难学生。

朱军军　2016年4月22日，在处置江苏德桥仓储股份有限公司火灾事故中，泰州市公安消防支队靖江中队战士朱军军为保证灭火供水不间断、掩护战友撤退，延误了撤离时间，经抢救无效壮烈牺牲，年仅26岁。朱军军服役期间，参加灭火战斗800余次，抢险救援300余次，抢救被困人员30余人次。

先　进　集　体

2016年泰州市获省级系统及以上表彰的先进集体情况表

表46

获奖单位	荣誉称号	授予单位	获奖时间
泰兴市史志档案办公室	全省档案系统先进集体	省档案局、省人社厅	2016-01
泰州市财政局预算处	全省财政系统先进集体	省财政厅、省人社厅	2016-04
泰兴市济川街道财政所	全省财政系统先进集体	省财政厅、省人社厅	2016-04
泰州市高港区财政局	全省财政系统先进集体	省财政厅、省人社厅	2016-04
兴化市戴南镇财政和资产局	全省财政系统先进集体	省财政厅、省人社厅	2016-04
泰州市姜堰区人防办	全省民防系统先进集体	省人社厅、省民防局	2016-09
泰州市淮剧团	全省文化系统先进集体	省人社厅、省文化厅	2016-10
靖江市滨江花园酒店有限公司	全省旅游系统先进集体	省人社厅、旅游局	2016-12
泰州市金姜堰旅游发展有限公司	全省旅游系统先进集体	省人社厅、旅游局	2016-12
高港区口岸雕花楼景区管委会	全省旅游系统先进集体	省人社厅、旅游局	2016-12
泰兴市黄桥南湖旅游开发有限公司	全省旅游系统先进集体	省人社厅、旅游局	2016-12

2016年度泰州市十佳人民满意机关名录

市检察局
市委市级机关工委
市发改委
市统计局
市经济信息化委
市审计局
市人力资源和社会保障局(市公务员局)
市公安局
市环境保护局
市政务服务管理办公室

2016年度泰州市十佳服务地方发展单位名录

泰州市国土资源局
泰州市国家税务局
泰州地方税务局
人民银行泰州市中心支行
国家统计局泰州调查队
泰州出入境检验检疫局
江苏省电力公司泰州供电公司
江苏广电网络泰州分公司
交通银行泰州分行
中国建设银行泰州分行

2016年度泰州市机关效能建设先进单位名录

市中级人民法院
市机关事务管理局
市工商行政管理局
泰州广电传媒集团(台)
市机构编制委员会办公室
市财政局
市住房公积金管理中心
市司法局
市住房和城乡建设局

(王　卉)

郑板桥故居

重要文件题录

2016年中共泰州市委重要文件题录

表47

文　号	文件名称	备　注
泰发〔2016〕1号	中共泰州市委关于推动全面从严治党迈上新台阶、为实现“十三五”目标任务提供坚强保证的实施意见	2016-02-04
泰发〔2016〕2号	中共泰州市委印发《关于把纪律挺在前面的若干规定》的通知	2016-02-04
泰发〔2016〕3号	中共泰州市委泰州市人民政府关于印发《泰州市激励干部干事创业防治在岗不作为履职不担当的若干规定》的通知	2016-02-04
泰发〔2016〕4号	中共泰州市委泰州市人民政府关于印发《2016年全市农业农村工作目标管理意见》的通知	2016-02-04
泰发〔2016〕5号	中共泰州市委泰州市人民政府关于组织实施脱贫致富奔小康工程的意见	2016-02-04
泰发〔2016〕6号	中共泰州市委泰州市人民政府关于实施2016年市区改善民生实事的通知	2016-03-04
泰发〔2016〕7号	中共泰州市委泰州市人民政府关于进一步加快姜堰区与中心城区融合发展的若干意见	2016-03-17
泰发〔2016〕8号	中共泰州市委关于做好市(区)和乡镇领导班子换届工作的实施意见	2016-03-22
泰发〔2016〕9号	中共泰州市委印发《关于推进领导干部能上能下激励担当作为干事创业的暂行办法》的通知	2016-03-22
泰发〔2016〕10号	中共泰州市委印发《关于监督执纪“四种形态”实践运用规则》的通知	2016-03-29
泰发〔2016〕11号	中共泰州市委泰州市人民政府印发《贯彻落实省委省政府〈关于推进供给侧结构性改革的意见〉的实施意见》的通知	2016-04-25
泰发〔2016〕12号	中共泰州市委泰州市人民政府关于加快提升全市开发园区发展水平的实施意见	2016-05-11
泰发〔2016〕13号	中共泰州市委泰州市人民政府关于全面推进价格机制改革的实施意见	2016-05-26

续表47-1

文 号	文件名称	备 注
泰发〔2016〕14号	中共泰州市委泰州市人民政府印发《关于实施差别化产业发展策略培育三大战略性主导产业的意见》的通知	2016-06-03
泰发〔2016〕16号	中共泰州市委泰州市人民政府印发《关于构建“亲、清”政商关系的若干规定》的通知	2016-06-21
泰发〔2016〕17号	中共泰州市委泰州市人民政府关于构建和谐劳动关系的实施意见	2016-06-27
泰发〔2016〕18号	中共泰州市委泰州市人民政府关于印发《泰州市鼓励改革创新激励干事创业容错纠错实施办法》的通知	2016-07-08
泰发〔2016〕21号	中共泰州市委泰州市人民政府转发《市委宣传部、市司法局关于在全市公民中开展法治宣传教育的第七个五年规划(2016~2020年)》的通知	2016-09-21
泰发〔2016〕22号	中共泰州市委印发蓝绍敏同志在中国共产党泰州市第五次代表大会上的报告《激发干事创业精气神,提高转型创新含金量,为建设“强富美高”新泰州而团结奋斗》的通知	2016-09-26
泰发〔2016〕23号	中共泰州市委关于马士光同志代表市纪委向市第五次党代表大会所作的工作报告印发《坚持全面从严治党、强化监督执行问责,为建设“强富美高”新泰州提供坚强纪律保障》的通知	2016-09-26
泰发〔2016〕24号	中共泰州市委关于市委常委工作分工的通知	2016-09-29
泰发〔2016〕25号	中共泰州市委贯彻中共江苏省委关于加强市县党委巡察工作的意见(试行)的实施办法的通知	2016-10-12
泰发〔2016〕26号	中共泰州市委泰州市人民政府关于印发加快建设知识产权强市的意见的通知	2016-09-27
泰发〔2016〕28号	中共泰州市委泰州市人民政府关于加快特色小镇规划建设的意见	2016-12-01
泰发〔2016〕29号	中共泰州市委关于印发《关于深入贯彻省党代会精神扎实开展“百团千村万企大走访大落实”活动的实施意见》的通知	2016-12-09
泰办发〔2016〕1号	市委办公室市政府办公室关于推进小城市建设的意见	2016-01-14
泰办发〔2016〕3号	市委办公室市政府办公室关于印发《关于全市供给侧结构性改革的任务分解方案》的通知	2016-01-20
泰办发〔2016〕4号	市委办公室市政府办公室关于印发《泰州市高新技术企业千企行动计划(2016~2020年)》的通知	2016-01-19
泰办发〔2016〕5号	市委办公室市政府办公室关于印发《文化建设迈上新台阶重点任务分解表(2016~2020年)》的通知	2016-01-19
泰办发〔2016〕6号	市委办公室市政府办公室关于印发《泰州建市二十周年系列活动方案》的通知	2016-01-20
泰办发〔2016〕7号	市委办公室市政府办公室关于印发《泰州市文化惠民券实施办法(试行)》的通知	2016-01-28
泰办发〔2016〕8号	市委办公室市政府办公室关于成立“中国吉祥文化之乡”创建工作领导小组的通知	2016-02-02
泰办发〔2016〕9号	市委办公室市政府办公室关于印发《泰州市2016年招商活动计划》的通知	2016-02-02
泰办发〔2016〕11号	中共泰州市委办公室关于2015年度党委信息工作情况的通报	2016-02-06
泰办发〔2016〕12号	中共泰州市委办公室印发《中共泰州市委关于省委点评意见和落实党风廉政建设责任制检查考核反馈意见的整改工作方案》的通知	2016-02-23
泰办发〔2016〕18号	市委办公室市政府办公室关于明确2016年政治协商活动有关事项的通知	2016-03-01
泰办发〔2016〕19号	中共泰州市委办公室关于2016年市领导接待群众来访的通知	2016-03-02

续表47-2

文　号	文件名称	备　注
泰办发〔2016〕20号	中共泰州市委办公室关于印发《泰州市关心下一代工作委员会2016年工作要点》的通知	2016-03-01
泰办发〔2016〕21号	市委办公室市政府办公室关于印发《深化平安法治泰州建设两年行动计划责任分工方案》的通知	2016-03-03
泰办发〔2016〕22号	中共泰州市委办公室关于印发《中共泰州市委全面深化改革领导小组2016年工作要点》的通知	2016-03-01
泰办发〔2016〕23号	市委办公室市政府办公室关于印发《泰州市改革方案报审办法(试行)》的通知	2016-03-03
泰办发〔2016〕24号	市委办公室市政府办公室关于印发《2016年市区改善民生实事责任分解表》的通知	2016-03-04
泰办发〔2016〕27号	市委办公室市政府办公室关于印发《泰州年鉴(2016)编纂实施方案》的通知	2016-03-11
泰办发〔2016〕28号	中共泰州市委办公室关于印发《泰州市关心下一代工作委员会成员单位工作职责》的通知	2016-03-11
泰办发〔2016〕32号	中共泰州市委办公室关于认真做好乡镇党委换届工作的通知	2016-03-22
泰办发〔2016〕33号	中共泰州市委办公室关于印发《市管领导班子和领导干部综合分析研判暂行办法》的通知	2016-03-22
泰办发〔2016〕34号	市委办公室、市人大办公室、市政府办公室、市政协办公室关于做好2016年市人大代表建议市政协提案办理工作的通知	2016-04-01
泰办发〔2016〕35号	中共泰州市委办公室关于建立市委常委严肃换届风气联系点的通知	2016-04-02
泰办发〔2016〕36号	市委办公室市政府办公室转发市委组织部等五部门《关于加强全市关工委组织建设和发展壮大“五老”队伍的意见》的通知	2016-04-06
泰办发〔2016〕39号	中共泰州市委办公室关于抓好市委《推动全面从严治党迈上新台阶、为实现“十三五”目标任务提供坚强保证的实施意见》落实的通知	2016-04-25
泰办发〔2016〕40号	中共泰州市委办公室印发《关于在全市党员中开展“学党章党规、学系列讲话，做合格党员”学习教育的实施方案》的通知	2016-04-26
泰办发〔2016〕41号	市委办公室市政府办公室关于在全市广泛开展“新泰州建设功臣”推荐活动的通知	2016-04-26
泰办发〔2016〕42号	中共泰州市委办公室关于印发《“两学一做”学习教育实施方案》的通知	2016-04-27
泰办发〔2016〕43号	市委办公室市政府办公室关于组织挂钩帮扶经济薄弱镇村和低收入农户的意见	2016-05-03
泰办发〔2016〕44号	中共泰州市委办公室关于2015年度党内规范性文件备案工作情况的通报	2016-05-13
泰办发〔2016〕45号	中共泰州市委办公室关于印发《推进实践运用监督执纪“四种形态”相关工作任务分解方案》的通知	2016-05-24
泰办发〔2016〕47号	市委办公室市政府办公室关于印发《关于加强城乡社区协商民主建设的实施意见》的通知	2016-05-25
泰办发〔2016〕48号	中共泰州市委办公室印发《关于加强政党协商的实施办法》的通知	2016-05-30
泰办发〔2016〕50号	中共泰州市委办公室关于建立意识形态领域情况分析研判联席会议制度的通知	2016-05-27
泰办发〔2016〕51号	市委办公室市政府办公室关于印发鼓励企业资本重构和股权优化行动方案的通知	2016-06-02
泰办发〔2016〕52号	中共泰州市委办公室关于印发《深化落实中央八项规定和省委、市委十项规定精神整改工作方案》的通知	2016-06-03

续表47-3

文　号	文件名称	备　注
泰办发〔2016〕53号	市委办公室市政府办公室关于印发《泰州市生态文明建设考核评价与责任追究办法》的通知	2016-06-03
泰办发〔2016〕54号	中共泰州市委办公室关于成立市委统战工作领导小组的通知	2016-06-03
泰办发〔2016〕56号	市委办公室市政府办公室关于印发《进一步推动民办非企业单位快速健康发展若干意见任务分解表》的通知	2016-06-22
泰办发〔2016〕58号	市委办公室市政府办公室印发《关于认真做好全市村(居)"两委"换届选举工作的意见》的通知	2016-07-04
泰办发〔2016〕60号	市委办公室市政府办公室关于申报新泰州建设功臣荣誉奖章事项的通知	2016-07-15
泰办发〔2016〕63号	市委办公室市政府办公室关于成立泰州市生态文明建设领导小组的通知	2016-07-08
泰办发〔2016〕67号	市委办公室市政府办公室关于印发《泰州市市区文化产业发展专项资金管理办法》的通知	2016-09-26
泰办发〔2016〕68号	中共泰州市委办公室印发中共泰州市委2016~2020年巡察工作规划的通知	2016-10-12
泰办发〔2016〕69号	市委办公室市政府办公室关于做好当前信访维稳工作的通知	2016-10-21
泰办发〔2016〕70号	中共泰州市委办公室关于印发《市级党员领导干部实践运用监督执纪第一种形态工作规程》的通知	2016-10-28
泰办发〔2016〕73号	市委办公室市政府办公室印发《关于完善法律援助制度的实施办法》的通知	2016-11-10
泰办发〔2016〕75号	中共泰州市委办公室关于成立市委宣讲团开展党的十八届六中全会精神宣讲活动的通知	2016-11-11
泰办发〔2016〕77号	中共泰州市委办公室关于调整市依法治市领导小组组成人员的通知	2016-11-15
泰办发〔2016〕80号	中共泰州市委办公室关于做好学习贯彻省第十三次党代会精神宣讲工作的通知	2016-11-28
泰办发〔2016〕82号	市委办公室市政府办公室关于建立泰州市特色小镇规划建设工作联席会议制度的通知	2016-12-01
泰办发〔2016〕83号	中共泰州市委办公室关于认真学习宣传省第十三次党代会精神的通知	2016-11-26
泰办发〔2016〕85号	市委办公室市政府办公室关于做好中央环境保护督察组反馈意见整改工作的通知	2016-12-05
泰办发〔2016〕86号	市委办公室市政府办公室关于建立泰州市推进创新创业离岸孵化工作联席会议的通知	2016-11-29
泰办发〔2016〕87号	中共泰州市委办公室关于成立"百团千村万企大走访大落实"活动领导小组的通知	2016-12-09
泰办发〔2016〕88号	中共泰州市委办公室关于批转中共泰州市工商联党组《关于召开泰州市工商联第五次会员代表大会的请示》的通知	2016-12-09
泰办发〔2016〕91号	中共泰州市委办公室关于开展2016年度落实党风廉政建设责任制情况检查考核工作的通知	2016-12-13
泰办发〔2016〕94号	市委办公室市政府办公室关于印发泰州市党政督查系统应用工作方案的通知	2016-12-26
泰办发〔2016〕95号	市委办公室市政府办公室关于印发《泰州市区城建新提升新两年行动计划(2017~2018)》的通知	2016-12-30

2016年泰州市人民政府重要文件题录

表48

文　号	标　题	签发日期
市政府令1号	泰州市人民政府规章制定程序规定	2016-12-01
市政府令2号	泰州市地热资源和浅层地热能管理办法	2017-01-17
市政府令3号	泰州市地理信息资源共享管理办法	2017-01-16
市政府令4号	泰州市城市治理办法	2017-02-24
泰政规〔2016〕1号	市政府关于印发泰州市工伤保险管理办法的通知	2016-02-17
泰政规〔2016〕2号	市政府关于进一步加强安全生产监管执法工作的实施意见	2016-04-15
泰政规〔2016〕3号	市政府关于印发泰州市食品药品违法行为举报奖励办法的通知	2016-08-11
泰政规〔2016〕4号	市政府关于印发泰州市食品安全工作考核评价办法和泰州市食品安全工作责任制与责任追究办法的通知	2016-11-25
泰政规〔2016〕5号	市政府关于印发泰州市食品小作坊登记管理办法的通知	2016-11-25
泰政规〔2016〕6号	市政府关于印发泰州市重大行政决策事项管理办法的通知	2016-12-01
泰政规〔2016〕7号	市政府关于印发泰州市产业结构调整指导目录(2016年本)的通知	2016-12-27
泰政规〔2016〕8号	市政府关于印发泰州市市区便民服务亭管理办法的通知	2016-12-28
泰政规〔2016〕9号	市政府关于印发泰州市电梯安全管理办法的通知	2016-12-30
泰政规〔2016〕10号	市政府关于印发泰州市市级中小企业转贷资金管理办法的通知	2016-11-25
泰政发〔2016〕3号	市政府关于表彰2015年度安全生产工作先进集体和先进个人的决定	2016-01-14
泰政发〔2016〕7号	市政府关于下达2016年度引进高层次人才指标的通知	2016-01-19
泰政发〔2016〕12号	市政府关于授予路显锋同志泰州市科学技术突出贡献奖、刘中华等9名同志泰州市科学技术贡献奖的决定	2016-02-03
泰政发〔2016〕13号	市政府关于表彰2015年度泰州市科学技术进步奖获奖项目的决定	2016-02-03
泰政发〔2016〕16号	市政府关于表彰2014—2015年度中国建设工程鲁班奖获奖单位的决定	2016-02-17
泰政发〔2016〕17号	市政府关于表彰2014-2015年度国家优质工程奖获奖单位的决定	2016-02-17
泰政发〔2016〕18号	市政府关于表彰2015年度泰州市建筑业十强企业明星企业十佳专业企业的决定	2016-02-17
泰政发〔2016〕19号	市政府关于表彰2015年度泰州市建筑业优秀企业家的决定	2016-02-17
泰政发〔2016〕20号	市政府关于印发泰州市电子政务工程建设项目管理暂行办法的通知	2016-02-17
泰政发〔2016〕21号	市政府关于明确2016年全市一般公共预算收入预期目标的通知	2016-02-19
泰政发〔2016〕30号	市政府关于印发2016年重点工作目标任务及分解落实方案的通知	2016-03-04
泰政发〔2016〕35号	市政府关于印发泰州市国民经济和社会发展第十三个五年规划纲要的通知	2016-03-18
泰政发〔2016〕43号	市政府关于印发进一步推进户籍制度改革实施意见的通知	2016-04-01
泰政发〔2016〕44号	市政府关于印发泰州市较大及以上生产安全事故应急预案的通知	2016-04-08
泰政发〔2016〕49号	市政府关于进一步深化质量强市建设的意见	2016-04-19
泰政发〔2016〕50号	市政府关于印发泰州市水污染防治工作方案(2016~2020年)的通知	2016-04-25

续表48-1

文　号	标　题	签发日期
泰政发〔2016〕53号	市政府关于印发泰州市生态文明建设规划的通知	2016-04-25
泰政发〔2016〕56号	市政府关于印发促进市区房地产市场平稳健康发展若干意见的通知	2016-05-05
泰政发〔2016〕58号	泰州市人民政府关于开展沿江非法码头专项整治的通告	2016-04-10
泰政发〔2016〕63号	市政府关于印发分类施策处置僵尸企业实施意见的通知	2016-05-23
泰政发〔2016〕68号	市政府关于印发推动全市实体经济降成本增效益工作方案的通知	2016-05-25
泰政发〔2016〕69号	市政府关于印发进一步鼓励工业企业兼并重组意见的通知	2016-05-25
泰政发〔2016〕70号	市政府关于印发进一步化解过剩产能和淘汰落后产能工作意见的通知	2016-05-25
泰政发〔2016〕76号	市政府关于推进供给侧结构性改革下岗失业人员分流安置和培训再就业的实施意见	2016-05-27
泰政发〔2016〕77号	市政府关于印发泰州市产学研合作离岸孵化实施方案(2016-2020年)的通知	2016-05-26
泰政发〔2016〕78号	市政府关于印发加快发展三大战略性主导产业若干政策的通知	2016-05-24
泰政发〔2016〕83号	市政府关于加强政府债务管理创新政府融资机制和路径的意见	2016-06-01
泰政发〔2016〕90号	市政府关于完善困难残疾人生活补贴和重度残疾人护理补贴制度的实施意见	2016-06-21
泰政发〔2016〕94号	市政府关于促进和扶持建筑业发展的实施办法	2016-06-21
泰政发〔2016〕111号	泰州市人民政府关于划定无绿色环保标志机动车限制通行区域的通告	2016-07-20
泰政发〔2016〕115号	市政府关于进一步完善城乡义务教育经费保障机制的通知	2016-07-19
泰政发〔2016〕119号	市政府关于印发优化调整市区规划建设管理体制方案的通知	2016-07-29
泰政发〔2016〕121号	市政府关于给市公安局巡特警支队记集体二等功的决定	2016-08-04
泰政发〔2016〕124号	关于印发泰州市全民科学素质行动计划纲要(2016－2020年)实施意见的通知	2016-08-16
泰政发〔2016〕169号	市政府关于市级机关部门向泰州医药高新区下放7项行政审批等事项(第三批)的通知	2016-11-16
泰政发〔2016〕170号	市政府关于公布泰州市第十届哲学社会科学优秀成果奖的决定	2016-11-07
泰政发〔2016〕177号	市政府关于嘉奖泰州市十佳环卫工人的通报	2016-11-23
泰政发〔2016〕178号	市政府关于印发进一步加强应急管理工作意见的通知	2016-11-24
泰政发〔2016〕179号	市政府关于增强农民带资进城实力和积极性试点工作的意见	2016-11-04
泰政发〔2016〕185号	市政府关于印发泰州市生态红线区域保护规划的通知	2016-12-01
泰政发〔2016〕191号	市政府关于印发泰州市城市环境总体规划的通知	2016-11-25
泰政发〔2016〕192号	市政府关于表彰2016年度泰州市市长质量奖获奖单位的决定	2016-12-07
泰政发〔2016〕193号	市政府关于泰州凤城河建设发展有限公司应收账款及其他应收款偿付资金安排的通知	2016-12-09
泰政发〔2016〕199号	市政府关于表彰泰州市第十届自然科学优秀论文作者的决定	2016-12-15
泰政发〔2016〕200号	市政府关于表彰第二届泰州市青少年科技创新市长奖的决定	2016-12-22

续表48-2

文　号	标　题	签发日期
泰政发〔2016〕201号	市政府关于表彰2016年度科学技术进步奖获奖项目的决定	2016-12-22
泰政发〔2016〕204号	泰州市人民政府关于在全市开展第三次全国农业普查登记的通告	2016-12-27
泰政办发〔2016〕1号	市政府办公室关于2015年度全市权力公开运行、政府信息公开和政务信息资源整合共享工作考核情况的通报	2016-01-04
泰政办发〔2016〕2号	市政府办公室关于2015年全市老楼危楼安全排查及危房治理情况的通报	2016-01-08
泰政办发〔2016〕3号	市政府办公室关于开展2015年度土地卫片执法监督检查工作的通知	2016-01-13
泰政办发〔2016〕5号	市政府办公室关于2015年度全市应急管理工作考核情况的通报	2016-01-18
泰政办发〔2016〕6号	市政府办公室关于2015年度市(区)教育工作考核结果的通报	2016-01-21
泰政办发〔2016〕7号	市政府办公室关于公布泰州市工业企业转型升级示范企业(第三批)的通知	2016-01-21
泰政办发〔2016〕8号	市政府办公室关于2015年度中等职业教育考核结果的通报	2016-01-26
泰政办发〔2016〕12号	市政府办公室关于转发泰州市环境保护局审批环境影响评价文件建设项目目录的通知	2016-02-03
泰政办发〔2016〕14号	市政府办公室关于印发泰州市畜禽养殖污染治理实施方案的通知	2016-02-04
泰政办发〔2016〕15号	市政府办公室关于印发2016年市政府规章和规范性文件制定工作计划的通知	2016-02-02
泰政办发〔2016〕16号	市政府办公室关于2015年度泰州市建筑业工作目标考核情况的通报	2016-02-17
泰政办发〔2016〕17号	市政府办公室关于印发泰州市2016年度建筑业工作目标管理考核办法的通知	2016-02-17
泰政办发〔2016〕18号	市政府办公室关于印发2016年度泰州市应急管理工作考核办法的通知	2016-02-23
泰政办发〔2016〕19号	市政府办公室关于切实做好当前促投资稳增长工作的通知	2016-02-24
泰政办发〔2016〕23号	市政府办公室关于分解下达2016年度保障性安居工程建设目标任务的通知	2016-03-01
泰政办发〔2016〕24号	市政府办公室关于印发泰州市2016年价格调控目标责任制实施意见的通知	2016-03-03
泰政办发〔2016〕25号	市政府办公室关于印发泰州市政府系统值班工作规范的通知	2016-03-02
泰政办发〔2016〕27号	市政府办公室关于取消承接省政府下放行政审批等权力事项的通知	2016-03-09
泰政办发〔2016〕30号	市政府办公室关于印发泰州市环境公益诉讼资金管理暂行办法的通知	2016-03-17
泰政办发〔2016〕31号	市政府办公室关于印发泰州市2016年血吸虫病地方病和寄生虫病防治工作意见的通知	2016-03-23
泰政办发〔2016〕32号	市政府办公室关于表彰2015年度全市社会综合治税工作先进单位和先进个人的决定	2016-03-29
泰政办发〔2016〕33号	市政府办公室关于印发泰州市化工园区环保专项整治工作方案的通知	2016-03-29
泰政办发〔2016〕34号	市政府办公室关于印发泰州市加快科技服务业发展实施方案的通知	2016-03-31
泰政办发〔2016〕36号	市政府办公室关于印发各市(区)2016年学前教育工作目标的通知	2016-04-01
泰政办发〔2016〕37号	市政府办公室关于印发泰州市2016年市(区)教育工作考核办法的通知	2016-03-30
泰政办发〔2016〕38号	市政府办公室关于印发2016年泰州市中等职业教育考核办法的通知	2016-04-06

续表48-3

文 号	标 题	签发日期
泰政办发〔2016〕39号	市政府办公室关于印发进一步促进光伏发电行业健康发展意见的通知	2016-04-15
泰政办发〔2016〕40号	市政府办公室关于转发市体育局等部门泰州市第五届运动会实施方案的通知	2016-04-08
泰政办发〔2016〕41号	市政府办公室关于加强市区供水安全保障工作的通知	2016-04-15
泰政办发〔2016〕42号	市政府办公室关于印发泰州市保障G20峰会空气质量工作方案的通知	2016-04-15
泰政办发〔2016〕43号	市政府办公室关于印发泰州市整合建立统一的公共资源交易平台实施方案的通知	2016-04-20
泰政办发〔2016〕45号	市政府办公室关于全市2016年一季度棚户区(危旧房)改造工作情况的通报	2016-04-25
泰政办发〔2016〕46号	市政府办公室关于印发泰州市区2016年度城乡规划引导计划的通知	2016-04-27
泰政办发〔2016〕47号	市政府办公室关于印发新一轮实事工程实施方案(2016年度)的通知	2016-05-03
泰政办发〔2016〕48号	市政府办公室关于印发泰州市市区政府购买棚改服务实施办法(暂行)的通知	2016-05-05
泰政办发〔2016〕49号	市政府办公室关于印发加快推进市区棚户区(危旧房)改造货币化安置实施办法的通知	2016-05-05
泰政办发〔2016〕50号	市政府办公室关于印发泰州市沿江非法码头专项整治实施方案的通知	2016-04-10
泰政办发〔2016〕51号	市政府办公室关于印发泰州市标准化工作联席会议制度的通知	2016-05-09
泰政办发〔2016〕52号	市政府办公室关于全面建立农村“五保”和城市“三无”对象关爱照料制度的通知	2016-05-05
泰政办发〔2016〕53号	市政府办公室关于实施城镇职工大病保险的通知	2016-05-10
泰政办发〔2016〕54号	市政府办公室关于印发长江泰州水域非法砂石过驳市场整治工作方案的通知	2016-05-11
泰政办发〔2016〕55号	市政府办公室关于印发泰州市粮食安全责任制考核办法的通知	2016-04-19
泰政办发〔2016〕56号	市政府办公室关于印发泰州市2016年加快推进秸秆综合利用扶持政策的通知	2016-05-11
泰政办发〔2016〕57号	市政府办公室关于印发推进泰州市工业经济加快转型升级若干政策意见实施细则的通知	2016-05-16
泰政办发〔2016〕58号	市政府办公室关于印发2016年泰州市创新创业大赛方案的通知	2016-05-18
泰政办发〔2016〕59号	市政府办公室关于印发2016年全市打击侵犯知识产权和制售假冒伪劣商品工作要点的通知	2016-05-18
泰政办发〔2016〕62号	市政府办公室转发市物价局经济和信息化委住房城乡建设局关于实施市区水气热大用户价格直接交易的通知	2016-05-18
泰政办发〔2016〕63号	市政府办公室关于印发2016年新能源汽车推广应用实施方案的通知	2016-05-23
泰政办发〔2016〕69号	市政府办公室关于印发三大战略性主导产业奖励项目评估认定办法的通知	2016-05-27
泰政办发〔2016〕70号	市政府办公室关于提高城乡居民最低生活保障和特困人员供养标准的通知	2016-05-30
泰政办发〔2016〕71号	市政府办公室关于印发泰州市互联网金融风险专项整治工作实施方案的通知	2016-06-06
泰政办发〔2016〕72号	市政府办公室关于印发泰州市P2P资产管理机构各类交易场所和民间投融资机构“四项合一”整治工作操作方案的通知	2016-06-06
泰政办发〔2016〕73号	市政府办公室关于印发设立泰州市信息化和工业化融合发展专项引导资金意见的通知	2016-06-06
泰政办发〔2016〕74号	市政府办公室关于印发2016年度全市工业经济工作目标考评办法的通知	2016-06-06

续表48-4

文 号	标 题	签发日期
泰政办发〔2016〕75号	市政府办公室关于印发泰州市2016年政务公开工作要点的通知	2016-06-08
泰政办发〔2016〕78号	市政府办公室转发市民政局等部门关于泰州市市区社会救助家庭金融资产信息查询实施细则的通知	2016-06-08
泰政办发〔2016〕79号	市政府办公室关于印发泰州市生态文明建设环境保护重点任务行动方案(2016-2017年)的通知	2016-06-27
泰政办发〔2016〕81号	市政府办公室转发市财政局等部门关于完善农业产业化项目扶持政策创新财政支农投入机制的意见	2016-06-16
泰政办发〔2016〕82号	市政府办公室关于下达泰州市2016年度大气主要污染物减排任务的通知	2016-06-16
泰政办发〔2016〕83号	市政府办公室关于转发市财政局等部门泰州市2016年农业支持保护补贴(耕地地力保护)管理工作实施方案的通知	2016-06-17
泰政办发〔2016〕84号	市政府办公室关于印发泰州市促进开放型经济转型升级若干政策意见实施细则的通知	2016-06-21
泰政办发〔2016〕85号	市政府办公室印发关于全市工业企业土地使用权和房屋所有权“两证”遗留问题处理意见的通知	2016-06-21
泰政办发〔2016〕86号	市政府办公室印发关于盘活利用工业企业低效用地和闲置土地实施意见的通知	2016-06-21
泰政办发〔2016〕87号	市政府办公室关于印发泰州市市直事业单位出资企业国有资产管理暂行办法的通知	2016-06-21
泰政办发〔2016〕88号	市政府办公室关于印发泰州城区道路交通治堵保畅综合整治方案的通知	2016-06-21
泰政办发〔2016〕89号	市政府办公室关于印发泰州市2016年度水污染防治工作计划的通知	2016-06-21
泰政办发〔2016〕91号	市政府办公室关于加强市级政府融资平台融资担保等管理的意见	2016-06-22
泰政办发〔2016〕92号	市政府办公室关于印发泰州市药品和医疗器械安全突发事件应急预案的通知	2016-06-29
泰政办发〔2016〕93号	市政府办公室关于印发泰州市水环境区域补偿资金分摊方案的通知	2016-07-01
泰政办发〔2016〕94号	市政府办公室关于加快推进“三新”统计工作的实施意见	2016-07-01
泰政办发〔2016〕95号	市政府办公室关于印发姜堰区企业职工基本养老保险补助考核办法的通知	2016-07-01
泰政办发〔2016〕96号	市政府办公室关于印发泰州市市级现代农业产业园区认定管理办法的通知	2016-07-15
泰政办发〔2016〕97号	市政府办公室关于进一步加强耕地占补平衡管理工作的通知	2016-07-18
泰政办发〔2016〕98号	市政府办公室关于印发泰州市行政机关文明执法规定的通知	2016-07-21
泰政办发〔2016〕99号	市政府办公室关于2016年上半年全市棚户区(危旧房)改造工作情况的通报	2016-07-25
泰政办发〔2016〕100号	市政府办公室关于2016年上半年全市老楼危楼安全排查及危房治理情况的通报	2016-07-25
泰政办发〔2016〕101号	市政府办公室关于印发泰州市贯彻落实法治政府建设实施纲要(2015-2020年)实施细则和泰州市法治政府建设重点工作责任分工和完成时限表(2016-2020年)的通知	2016-07-25
泰政办发〔2016〕102号	市政府办公室关于印发2016年泰州市加快推进跨境电子商务工作方案的通知	2016-07-27
泰政办发〔2016〕103号	市政府办公室关于印发加强和改进社会救助工作意见的通知	2016-08-01
泰政办发〔2016〕104号	市政府办公室关于印发扶持全市农业物联网项目建设方案的通知	2016-08-03

续表48-5

文　号	标　题	签发日期
泰政办发〔2016〕105号	市政府办公室关于印发泰州市保障G20峰会空气质量相关细化措施及方案的通知	2016-08-03
泰政办发〔2016〕106号	市政府办公室关于印发泰州市乡村教师支持计划实施方案(2016~2020年)的通知	2016-08-05
泰政办发〔2016〕107号	市政府办公室关于印发泰州市贯彻质量发展纲要2016年行动计划的通知	2016-08-05
泰政办发〔2016〕108号	市政府办公室关于印发泰州市公共资源交易目录的通知	2016-08-09
泰政办发〔2016〕109号	市政府办公室关于进一步加强服务业统计管理的意见	2016-08-12
泰政办发〔2016〕110号	市政府办公室关于印发泰州市医疗机构设置规划(2016~2020年)的通知	2016-08-11
泰政办发〔2016〕111号	市政府办公室关于追加2016年泰州市建筑业工作目标考核指标的通知	2016-08-22
泰政办发〔2016〕112号	市政府办公室关于下达泰州市2016年度水污染物减排任务的通知	2016-08-29
泰政办发〔2016〕113号	市政府办公室关于认定第四批泰州市市级现代农业产业园区的通知	2016-08-29
泰政办发〔2016〕114号	市政府办公室印发关于建立双随机抽查机制加强事中事后监管实施意见的通知	2016-08-26
泰政办发〔2016〕115号	市政府办公室关于进一步推进“先照后证”改革后加强事中事后监管的实施意见	2016-08-31
泰政办发〔2016〕116号	市政府办公室关于印发泰州市地理信息资源共享实施方案的通知	2016-08-29
泰政办发〔2016〕117号	市政府办公室关于印发泰州市国家新型城镇化综合试点任务分工方案的通知	2016-09-01
泰政办发〔2016〕118号	市政府办公室关于加强施放气球安全管理工作的通知	2016-08-29
泰政办发〔2016〕119号	市政府办公室关于印发“双水绕城”三年行动计划的通知	2016-08-29
泰政办发〔2016〕120号	市政府办公室关于对5家重大火灾隐患单位进行市级挂牌督办整改的通知	2016-09-02
泰政办发〔2016〕121号	市政府办公室关于印发泰州市“互联网+”行动落实方案的通知	2016-09-02
泰政办发〔2016〕122号	市政府办公室关于进一步加强入河排污口及饮用水源地监督管理工作的通知	2016-09-05
泰政办发〔2016〕123号	市政府办公室关于加强全市食盐安全管理的通知	2016-09-05
泰政办发〔2016〕124号	市政府办公室关于印发泰州市推进“四好农村路”建设实施方案的通知	2016-09-08
泰政办发〔2016〕125号	市政府办公室关于印发泰州市国民经济和社会发展第十三个五年规划纲要主要目标任务分解方案的通知	2016-09-13
泰政办发〔2016〕126号	市政府办公室关于取消退休人员服务代办费收费项目的通知	2016-09-18
泰政办发〔2016〕127号	市政府办公室关于做好全民参保登记动态管理工作的通知	2016-09-19
泰政办发〔2016〕128号	市政府办公室关于印发泰州市城市环境综合整治接续工作考核办法的通知	2016-09-20
泰政办发〔2016〕131号	市政府办公室关于印发泰州市教育事业发展“十三五”专项规划的通知	2016-09-30
泰政办发〔2016〕132号	市政府办公室转发市物价局民政局关于泰州市市区养老服务收费管理实施细则的通知	2016-09-30
泰政办发〔2016〕134号	市政府办公室关于印发泰州市市区发放进城农民和外来务工人员购房补贴操作细则的通知	2016-09-26
泰政办发〔2016〕137号	市政府办公室关于对全市降低实体经济企业成本政策落实专项督查情况的通报	2016-10-18
泰政办发〔2016〕138号	市政府办公室印发关于解决全市工业企业“两证”不全遗留问题操作办法的通知	2016-10-18
泰政办发〔2016〕139号	市政府办公室关于印发泰州市推进离岸孵化促进创新创业行动计划的通知	2016-10-20
泰政办发〔2016〕140号	市政府办公室关于2016年1-9月份全市棚户区(危旧房)改造工作情况的通报	2016-10-24

续表48-6

文　号	标　题	签发日期
泰政办发〔2016〕141号	市政府办公室关于全面建立泰州市城乡居民基本医疗保险制度的意见	2016-11-01
泰政办发〔2016〕142号	市政府办公室关于取消和承接省政府下放行政审批项目等事项的通知	2016-11-03
泰政办发〔2016〕143号	市政府办公室关于公布市级机关部门随机抽查事项清单的通知	2016-11-03
泰政办发〔2016〕144号	市政府办公室转发市总工会等部门关于在全市开展“践行新理念建设新泰州”劳动竞赛实施意见的通知	2016-11-11
泰政办发〔2016〕146号	市政府办公室关于建立健全泰州市区国有土地资产管理机制的通知	2016-11-10
泰政办发〔2016〕147号	市政府办公室关于印发2017年泰州市政府集中采购目录及采购限额标准的通知	2016-11-11
泰政办发〔2016〕148号	市政府办公室关于印发泰州市超标粮食处置实施暂行办法的通知	2016-11-15
泰政办发〔2016〕149号	市政府办公室关于印发全市食品安全重点工作安排的通知	2016-11-14
泰政办发〔2016〕150号	市政府办公室关于市区贯彻《省政府关于机关事业单位工作人员养老保险制度改革的实施意见》的通知	2016-11-21
泰政办发〔2016〕151号	市政府办公室关于印发泰州市推进工业用地供应方式改革促进节约集约用地“双提升”意见的通知	2016-11-23
泰政办发〔2016〕152号	市政府办公室关于印发泰州市土地使用绩效综合评价及结果运用实施方案的通知	2016-11-23
泰政办发〔2016〕153号	市政府办公室关于印发泰州市应急管理水平提升三年行动计划方案（2016—2018年）的通知	2016-11-24
泰政办发〔2016〕154号	市政府办公室关于印发泰州市电子政务发展规划（2017~2019）的通知	2016-11-24
泰政办发〔2016〕155号	市政府办公室关于印发加强政府督促检查工作实施办法的通知	2016-11-25
泰政办发〔2016〕156号	市政府办公室关于印发市政府重点工作重要决策领导批示督查工作规程的通知	2016-11-25
泰政办发〔2016〕157号	市政府办公室关于印发泰州市市民卡建设工程项目实施方案的通知	2016-11-25
泰政办发〔2016〕158号	市政府办公室关于确定泰州市首批培育建设特色小镇名单的通知	2016-11-30
泰政办发〔2016〕159号	市政府办公室关于印发泰州市“十小”企业取缔整治工作实施方案的通知	2016-12-02
泰政办发〔2016〕160号	市政府办公室关于加快推进“互联网+政务服务”工作的实施意见	2016-12-05
泰政办发〔2016〕161号	市政府办公室关于在公共服务领域推广政府和社会资本合作模式的实施意见	2016-12-06
泰政办发〔2016〕162号	市政府办公室关于印发贯彻泰州市公共信用信息条例两年行动计划的通知	2016-11-25
泰政办发〔2016〕164号	市政府办公室关于印发泰州市党史地方志档案事业发展“十三五”专项规划的通知	2016-12-12
泰政办发〔2016〕165号	市政府办公室关于印发泰州市气象事业发展“十三五”专项规划的通知	2016-12-16
泰政办发〔2016〕166号	市政府办公室关于印发泰州市信用担保基金管理暂行办法的通知	2016-12-19
泰政办发〔2016〕168号	市政府办公室关于印发政府投资项目招投标专项整治工作方案的通知	2016-12-20
泰政办发〔2016〕170号	市政府办公室关于印发泰州市城市建设基金管理暂行办法的通知	2016-12-26
泰政办发〔2016〕171号	市政府办公室关于印发泰州市产业投资基金管理暂行办法的通知	2016-12-24
泰政办发〔2016〕172号	市政府办公室关于2016年度全市应急管理工作考核情况的通报	2016-12-30
泰政办发〔2016〕173号	市政府办公室关于2016年度全市政务信息和政府网站信息工作有关情况的通报	2016-12-30
泰政办发〔2016〕175号	市政府办公室关于2016年度政府督促检查工作情况的通报	2016-12-30
泰政办发〔2016〕176号	市政府办公室关于印发加快建设知识产权强市意见任务分解落实方案的通知	2016-12-30

统 计 资 料

2016年泰州市主要经济社会指标完成情况表

表49

指 标 名 称	单 位	2016年	比上年±%
地区生产总值	亿元	4101.78	9.5
#第一产业增加值	亿元	240.00	1.4
第二产业增加值	亿元	1933.89	8.8
第三产业增加值	亿元	1927.89	11.4
人均地区生产总值(按常住人口计算)	元	88330	9.4
规模以上工业总产值	亿元	12170.80	12.9
规模以上工业增加值	亿元	2766.85	10.0
规模以上工业主营业务收入	亿元	12139.45	13.0
规模以上工业利润总额	亿元	938.67	11.2
全社会用电量	亿千瓦时	239.55	5.3
#工业用电量	亿千瓦时	176.20	2.1
固定资产投资	亿元	3164.12	17.4
#工业投资	亿元	1957.87	19.8
服务业投资	亿元	1194.74	14.0
#房地产开发投资	亿元	250.71	1.3
社会消费品零售总额	亿元	1118.34	11.7
#限额以上社会消费品零售额	亿元	446.90	14.3
进出口总额	亿美元	103.81	1.5
#进口	亿美元	37.07	-3.8
出口	亿美元	66.74	4.7
实际到帐注册外资	亿美元	13.44	26.2
一般公共预算收入	亿元	327.60	1.7
#税收收入	亿元	263.73	0.6
一般公共预算支出	亿元	448.93	4.4
金融机构人民币存款余额	亿元	5275.62	18.8
#住户存款	亿元	2474.71	10.4
金融机构人民币贷款余额	亿元	3656.79	13.3
城镇常住居民人均可支配收入	元	36828	8.0
城镇常住居民人均生活消费支出	元	22480	7.0
农村常住居民人均可支配收入	元	17861	8.8
农村常住居民人均生活消费支出	元	13250	11.9
城镇非私营单位在岗职工年平均工资	元	61069	5.5
城乡住户人均存款(人民币)	元	53268	10.3
城市居民消费价格指数	上年=100	102.1	0.4点

2016年泰州市主要经济社会指标占全省比重一览表

表50

指 标 名 称	单 位	江苏省	泰州市	泰州市占江苏省比重(%)
土地面积	万平方公里	10.72	0.58	5.4
年末常住人口	万人	7998.60	464.58	5.8
地区生产总值	亿元	76086.17	4101.78	5.4
人均地区生产总值	元	95257	88330	92.7
粮食总产量	万吨	3466.01	313.03	9.0
棉花总产量	万吨	7.38	0.18	2.4
油料总产量	万吨	131.93	12.20	9.2
肉类总产量	万吨	345.90	26.03	7.5
水产品产量	万吨	523.15	39.64	7.6
规模以上工业增加值	亿元	35433.23	2766.85	7.8
规模以上工业主营业务收入	亿元	157789.51	12139.46	7.7
规模以上工业利润总额	亿元	10525.80	938.67	8.9
全社会用电量	亿千瓦时	5458.95	239.55	4.4
#工业用电量	亿千瓦时	4081.42	176.20	4.3
固定资产投资	亿元	49370.85	3164.12	6.4
#工业投资	亿元	24544.40	1957.87	8.0
服务业投资	亿元	24403.93	1194.74	4.9
#房地产开发投资	亿元	8956.37	250.71	2.8
一般公共预算收入	亿元	8121.23	327.60	4.0
#税收收入	亿元	6531.83	263.73	4.0
一般公共预算支出	亿元	9981.96	448.93	4.5
金融机构年末存款余额(人民币)	亿元	121106.58	5275.62	4.4
#住户存款	亿元	43900.50	2474.71	5.6
金融机构年末贷款余额(人民币)	亿元	91107.60	3656.79	4.0
社会消费品零售总额	亿元	28707.12	1118.34	3.9
#限额以上社会消费品零售额	亿元	14408.23	446.90	3.1
进出口总额	亿美元	5096.12	103.81	2.0
#进口	亿美元	1902.68	37.07	1.9
出口	亿美元	3193.44	66.74	2.1
实际到账注册外资	亿美元	245.43	13.44	5.5
城镇常住居民人均可支配收入	元	40152	36828	91.7
城镇常住居民人均生活消费支出	元	26433	22480	85.0
农村常住居民人均可支配收入	元	17606	17861	101.4
农村常住居民人均生活消费支出	元	14428	13250	91.8
城镇非私营单位在岗职工年平均工资	元	72684	61069	84.0
城乡住户人均存款(人民币)	元	54885	53268	97.1

2016年“泰州的一天”情况表

表51

指　标　名　称	单　位	2016年	2015年
每天创造的财富			
地区生产总值	万元	112378	101038
第一产业	万元	6575	5998
第二产业	万元	52983	49618
第三产业	万元	52819	45423
一般公共预算收入	万元	8975	8828
粮食	吨	8576	9023
猪牛羊肉	吨	591	737
水产品	吨	1086	1076
粗钢	吨	4184	5655
钢材	吨	7763	8615
水泥	吨	47869	44656
布	万米	95.50	85.66
每天消费量			
最终消费	万元	46101	40797
居民消费	万元	36645	32257
城镇居民每人消费性支出	元	62	58
#食品烟酒消费	元	18	17
农村居民每人生活消费支出	元	36	32
#食品烟酒消费	元	11	10
政府消费	万元	9455	8540
社会消费品零售总额	万元	30639	27442
每天其他经济活动			
货物运输量	万吨	53	48
旅客运输量	万人	21	26
商品房竣工面积	万平方米	1.44	1.54
固定资产投资	万元	86688	73854
进出口总额	万美元	2844	2803
#出口	万美元	1829	1747
实际到账注册外资	万美元	368	292
每天人口变动和婚姻			
出生人数	人	128	128
死亡人数	人	101	116
结婚对数	对	151	180
离婚对数	对	29	27

2016年泰州市地区生产总值完成情况表

表52 单位:亿元

指标名称	泰州市	市区	海陵区	高港区	姜堰区	高新区	兴化市	靖江市	泰兴市
地区生产总值	4101.78	1718.27	516.80	423.06	583.19	195.22	748.85	801.75	832.91
农、林、牧、渔业	248.99	62.95	8.12	12.26	41.25	1.32	106.53	23.92	55.59
农业	156.58	43.89	5.17	8.64	29.10	0.98	64.55	15.63	37.34
林业	2.40	0.34	0.03	0.09	0.20	0.02	1.46	0.33	0.70
畜牧业	39.39	11.57	1.49	2.46	7.40	0.22	18.13	4.89	13.46
渔业	41.63	5.15	0.90	0.81	3.40	0.04	18.45	1.66	2.45
农、林、牧、渔服务业	8.99	2.00	0.53	0.26	1.15	0.06	3.94	1.41	1.64
工业	1679.83	737.30	202.76	225.26	216.02	93.26	251.07	351.39	340.07
制造业	1658.63	722.47	202.47	213.30	215.22	91.48	249.04	346.22	338.19
#金属制品、机械和设备修理业	1.34	1.14	0.02	0.88	0.21	0.03	0.03	0.15	0.02
电力、燃气及水的生产和供应业	21.20	14.83	0.29	11.96	0.80	1.78	2.03	5.17	1.88
建筑业	255.40	127.41	37.51	21.36	48.63	19.91	38.81	40.71	48.47
批发和零售业	303.05	125.80	42.16	35.25	40.58	7.81	53.14	61.89	62.22
交通运输、仓储和邮政业	190.42	63.21	11.06	13.33	33.63	5.19	44.35	42.05	40.81
住宿和餐饮业	94.65	35.78	13.62	5.80	10.92	5.44	16.00	19.52	23.35
信息传输、软件和信息技术服务业	72.32	28.62	8.78	1.47	16.23	2.14	8.47	8.86	13.42
金融业	214.06	96.69	34.53	27.55	26.35	8.26	37.61	40.82	38.94
房地产业	293.09	124.33	35.47	19.98	43.82	25.06	55.02	56.74	57.00
租赁和商务服务业	171.45	86.30	26.34	20.88	25.56	13.52	42.93	61.66	45.83
科学研究和技术服务业	33.07	12.93	5.63	2.21	2.96	2.13	3.85	1.90	4.36
水利、环境和公共设施管理业	30.24	7.51	2.14	2.45	2.83	0.09	3.54	4.15	5.13
居民服务、修理和其他服务业	105.95	28.96	15.42	5.19	7.92	0.43	9.30	12.65	13.02
教育	100.47	32.48	6.82	4.97	20.61	0.08	15.94	16.02	26.95
卫生和社会工作	61.03	19.58	5.82	4.38	9.20	0.18	7.41	15.32	10.24
文化、体育和娱乐业	34.97	10.66	4.52	1.75	3.40	0.99	3.27	4.42	6.32
公共管理、社会保障和社会组织	212.79	117.76	56.10	18.97	33.28	9.41	51.61	39.73	41.19
第一产业	240.00	60.95	7.59	12.00	40.10	1.26	102.59	22.51	53.95
比重(%)	5.9	3.5	1.5	2.8	6.9	0.6	13.7	2.8	6.5
第二产业	1933.89	863.57	240.25	245.74	264.44	113.14	289.85	391.95	388.52
比重(%)	47.1	50.3	46.5	58.1	45.3	58.0	38.7	48.9	46.6
第三产业	1927.89	793.75	268.96	165.32	278.65	80.82	356.41	387.29	390.44
比重(%)	47.0	46.2	52.0	39.1	47.8	41.4	47.6	48.3	46.9
人均地区生产总值(元)	88330	105789	107903	167416	79829	120469	59662	116703	77315

2016年泰州市农业生产情况表

表53

指 标 名 称	单 位	2016年	比上年±%
种植业			
粮食产量	万吨	313.03	-5.0
夏粮	万吨	113.99	-7.5
秋粮	万吨	199.04	-3.5
棉花产量	万吨	0.18	-64.0
油料产量	万吨	12.20	-8.1
蔬菜(含菜用瓜)	万吨	310.39	1.4
瓜果类	万吨	12.52	1.0
蚕茧	吨	40	-19.8
园林水果	万吨	5.10	0.6
林业			
白果	吨	22175	36.5
畜牧业			
肉类总产量	万吨	26.03	-3.3
奶类总产量	万吨	4.21	-8.1
禽蛋总产量	万吨	12.44	3.5
大牲畜年末数	万头	1.57	-6.5
猪年末存栏	万头	159.71	-2.4
羊年末存栏	万头	16.23	-2.0
渔业			
水产品产量	万吨	39.64	1.0
农林牧渔业总产值	亿元	415.96	9.6
#农业总产值	亿元	228.85	9.3
林业总产值	亿元	3.60	0.6
牧业总产值	亿元	78.94	12.3
渔业总产值	亿元	83.30	9.0
农林牧渔服务业总产值	亿元	21.27	7.2
农林牧渔业增加值	亿元	248.99	1.5
#农业增加值	亿元	156.57	1.1
林业增加值	亿元	2.40	0.8
牧业增加值	亿元	39.39	1.1
渔业增加值	亿元	41.64	2.8
农林牧渔服务业增加值	亿元	8.99	4.3

2016年泰州市规模以上工业主要指标一览表

表54

指标名称	单位	全市	市区	海陵区	高港区	姜堰区	医药高新区	兴化市	靖江市	泰兴市
规模以上工业企业单位数	个	3018	1210	271	247	521	171	622	488	698
工业总产值(当年价)	万元	121707991	54895727	13499126	19943809	14476330	6976462	17904213	18887877	30020174
#高技术产业企业	万元	19545659	14069482	1305870	9930411	955448	1877752	633499	1672111	3170568
#国有控股企业	万元	6806415	4452642	1026840	729979	5508	2690315	67571	1734249	551953
#轻工业	万元	34075193	19858977	4419614	10412139	4123852	903372	4388032	2493598	7334585
#大型企业	万元	34730663	15909820	2228189	11746619	641554	1293458	659804	9908437	8252603
中型企业	万元	26652737	14252413	2490220	4546492	3208809	4006892	1716708	3851284	6832333
小型企业	万元	59793861	24384782	8671003	3624125	10442940	1646715	15473787	5059000	14876292
#制造业	万元	120168494	54030246	13460458	19235342	14455055	6879390	17873762	18407022	29857464
电力、燃气及水的生产和供应业	万元	1537226	863210	38667	706196	21275	97072	30450	480855	162710
资产合计	万元	66538394	27114076	6423882	9891598	6381154	4417442	7433083	15500038	16491197
流动资产合计	万元	36025776	14644860	3882898	4624807	4054801	2082354	2952911	9212238	9215767
固定资产合计	万元	21158414	8676640	1381890	3694104	1573973	2026673	3839103	3094648	5548024
负债合计	万元	34053328	14055884	3246004	4472993	3402889	2933998	3097686	8161497	8738261
主营业务收入	万元	121394526	53942176	13564364	19719592	13497390	7160830	17893323	18654156	30904871
主营业务成本	万元	101336460	43801528	11927998	14259779	11351039	6262713	15670808	16396096	25468029
利润总额	万元	9386743	4070176	839209	1693852	1003817	533299	1057159	1478717	2780690
全部从业人员年平均人数	人	596753	246785	55480	90882	64140	36283	69918	121338	158712

2016年泰州市固定资产投资完成情况表

表55

指　标　名　称	单位	全市	市区	海陵区	高港区	姜堰区	医药高新区	兴化市	靖江市	泰兴市
固定资产投资(不含农户)	万元	31641178	15570028	2736095	3801553	4948156	4084224	4196551	4999951	6874648
#工业投资	万元	19578688	8994138	1079246	2353575	3374112	2187205	3276660	2712598	4595292
#房地产开发投资	万元	2507052	1254513	513448	122964	307203	310898	224877	350811	676851
#住宅	万元	1949073	983865	390000	92368	217024	284473	152545	299112	513551
固定资产投资本年资金来源										
国家预算内资金	万元	151042	62248	25842	15057	15349	6000	37129	51665	0
国内贷款	万元	1612054	1258288	198181	257390	104810	697907	234787	79100	39879
利用外资	万元	64294	41774	2185	0	8715	30874	11880	8000	2640
自筹资金	万元	26853418	12291618	1828755	3488908	4594571	2379384	3595845	4604135	6361820
其他资金	万元	3661130	1829712	883464	191767	343416	411065	350936	517265	963217
新增固定资产	万元	26815583	12676658	2513866	3214297	4659186	2289309	3831777	4536445	5770703
住宅竣工面积	万平方米	437	258.53	55	17	106	81	38	62	79
商品房销售面积	万平方米	698.56	378.09	135.07	47.66	114.45	80.91	93.01	80.99	146.47
#住宅	万平方米	645.44	355.52	127.63	46.78	102.31	78.80	81.76	73.94	134.22
#别墅、高档公寓	万平方米	46.06	25.41	12.28	2.16	3.47	7.50	4.79	12.10	3.76
商品房销售额	万元	4026800	2092302	807837	230345	590162	463958	442004	544090	948404
#住宅	万元	3593260	1909345	738006	225184	493344	452811	373656	490549	819710
#别墅、高档公寓	万元	369039	199203	93241	19107	17152	69703	27433	110097	32306
待售面积	万平方米	435.45	263.72	101.92	21.76	88.25	51.79	34.37	62.15	75.21
#住宅	万平方米	291.78	186.18	76.92	20.79	49.79	38.68	25.61	31.11	48.88

2016年泰州市国内外贸易情况表

表56

指标名称	单位	全市	市区	海陵区	高港区	姜堰区	医药高新区	兴化市	靖江市	泰兴市
社会消费品零售总额	万元	11183404	5569079	2430782	493305	1724117	920875	1712442	1762364	2139519
#批发和零售业	万元	9649413	4976482	2040169	464130	1571091	901092	1457423	1482263	1733245
住宿和餐饮业	万元	1533991	592597	390613	29175	153026	19783	255019	280101	406274
限额以上批发和零售业主要指标										
法人企业个数	个	865	474	153	110	127	84	111	134	146
#零售业	个	387	206	58	41	59	48	60	48	73
商品销售总额	万元	13937578	9910970	2699978	3720207	1394606	2096180	1075535	1633029	1318044
进出口总额	万美元	1038108	456427	129941	145643	95497	85346	52350	271803	257528
#出口总额	万美元	667429	301628	107292	67859	82645	43832	48960	193561	123280
进出口总额(人民币计价)	万元	6846506	3017649	863555	957615	631457	565022	345243	1782703	1700912
#出口总额	万元	4397180	1987255	712135	444586	546248	284286	322849	1274853	812222
外商投资项目个数	个	107	75	27	17	12	18	3	3	26
协议外资金额	万美元	251645	158175	43966	49368	18437	45138	17271	2900	73299
实际到帐外资	万美元	134448	78565	10470	26651	13702	27720	18324	2290	35269

2016年泰州市教育事业情况表

表57

指 标 名 称	单位	全市	市区	海陵区	高港区	姜堰区	医药高新区	兴化市	靖江市	泰兴市
学校总数	个	362	130	22	21	58	8	89	50	93
#普通高等学校	个	7	7							
普通中等专业学校	个	9	5	1	1	1		1	1	2
普通中学	个	186	62	12	10	29	4	54	24	46
职业高中	个	3	3	1		2				
技工学校	个	3	2							1
小学	个	149	49	8	10	25	4	33	24	43
毕业生总数	人	123246	56956	8795	4711	18692	1202	24636	14771	26883
#普通高等学校	人	15632	15632	–	–	–	–	–	–	–
普通中等专业学校	人	6996	3283	300	664	841	–	557	1161	1995
普通中学	人	59730	22068	4418	1812	10945	415	13881	8138	15643
职业高中	人	113	–	–	–	–	–	–	–	113
技工学校	人	1203	1098	–	–	–	–	–	–	105
小学	人	39388	14808	4068	2235	6887	786	10173	5439	8968
招生总数	人	127185	61484	8846	4463	18086	1624	27237	14133	24331
#普通高等学校	人	19226	19226	–	–	–	–	–	–	–
普通中等专业学校	人	8117	4066	428	562	1436	–	916	1187	1948
普通中学	人	59232	22239	4343	1984	10772	410	14498	8251	14244
职业高中	人	806	806	–	–	806	–	–	–	–
技工学校	人	1997	1768	–	–	–	–	–	–	229
小学	人	37598	13280	4074	1917	5033	1213	11796	4665	7857
在校学生总数	人	479586	220918	37941	19338	69308	7324	106568	55315	96765
#普通高等学校	人	59201	59201	–	–	–	–	–	–	–
普通中等专业学校	人	21291	11048	1175	2005	3074	–	2389	3028	4826
普通中学	人	170830	64714	12653	5516	31848	1256	39917	23817	42382
#女生	人	79825	30630	5807	2613	15142	623	18117	11594	19484
#高中	人	61427	22906	2053	–	11300	–	14418	8249	15854
职业高中	人	2625	2625	–	–	2625	–	–	–	–
技工学校	人	4645	4280	–	–	–	–	–	–	365
小学	人	219965	78700	24073	11817	31602	6047	64051	28311	48883
#女生	人	94510	34971	10797	5126	14254	2555	25512	13311	20716
专任教师总数	人	38264	15646	2703	1778	5387	536	8569	5420	8629
#普通高等学校	人	3134	3134	–	–	–	–	–	–	–
普通中等专业学校	人	1673	665	63	248	148	–	168	445	395
普通中学	人	19014	6727	1276	734	3070	171	4251	2934	5102
职业高中	人	27	27	–	–	27	–	–	–	–
技工学校	人	156	118	–	–	–	–	–	–	38
小学	人	14108	4913	1364	796	2120	365	4116	2012	3067
幼儿园数	个	307	118	39	13	43	19	90	43	56
在园幼儿数	人	114496	41502	12200	6404	14942	5908	32996	15564	24434

2016年泰州市卫生事业情况表

表58

指标名称	单位	全市	市区	海陵区	高港区	姜堰区	医药高新区	兴化市	靖江市	泰兴市
卫生机构数	个	1963	640	250	86	304	–	669	289	365
#医院	个	67	35	19	4	12	–	13	13	6
卫生院	个	116	30	4	5	21	–	41	15	30
卫生机构床位数	张	23324	9895	5237	932	3726	–	4783	4275	4371
#医院	张	16659	7821	4565	568	2688	–	3208	3020	2610
卫生院	张	5206	1163	181	210	772	–	1449	1155	1439
卫生技术人员	人	26094	11252	6384	1056	3812	–	5730	4484	4628
#执业(助理)医师	人	11287	4437	2405	422	1610	–	2850	1934	2066
注册护士	人	10172	4766	2912	360	1494	–	2061	1624	1721
#卫生防疫人员	人	437	216	122	14	80	–	82	61	78
医院、卫生院技术人员	人	21297	8790	4862	774	3154	–	5163	3753	3591
#执业(助理)医师	人	8733	3227	1710	290	1227	–	2525	1514	1467
注册护士	人	8922	4077	2419	315	1343	–	1927	1461	1457

2016年泰州市财政收支表

（不含基金和江阴园区）

表59

指标名称	单位	全市	市区	海陵区	高港区	姜堰区	医药高新区	兴化市	靖江市	泰兴市
财政总收入(新口径)	亿元	690.19	332.43	73.47	72.60	60.86	85.75	62.45	133.68	161.63
上划中央收入	亿元	186.88	108.84	25.07	25.35	17.11	25.01	16.20	29.05	32.78
增值税	亿元	111.84	60.01	12.09	17.18	11.18	12.56	11.69	17.87	22.27
消费税	亿元	16.35	16.25	6.32	0.28	0.84	2.79	0.01	0.05	0.03
企业所得税(60%)	亿元	40.35	20.41	4.46	3.28	3.41	7.53	3.26	8.61	8.07
个人所得税(60%)	亿元	18.34	12.18	2.20	4.62	1.68	2.14	1.24	2.51	2.41
一般公共预算收入	亿元	327.60	174.41	39.05	40.44	35.60	40.15	37.06	58.93	57.20
#税收收入	亿元	263.73	138.43	31.89	33.25	27.45	35.17	30.07	48.08	47.16
#增值税	亿元	88.07	45.28	9.38	12.67	9.09	10.08	9.99	14.29	18.51
营业税	亿元	58.98	31.64	7.93	9.57	7.62	5.80	4.55	14.20	8.59
企业所得税(40%)	亿元	26.90	13.61	2.97	2.19	2.27	5.02	2.18	5.74	5.38
个人所得税(40%)	亿元	12.23	8.12	1.47	3.08	1.12	1.43	0.82	1.68	1.61
一般公共预算支出	亿元	448.93	223.39	27.15	35.09	66.88	29.84	85.02	64.15	76.38
#一般公共服务	亿元	53.16	30.43	5.46	4.51	8.09	4.03	7.46	7.73	7.53
科学技术	亿元	11.65	6.52	0.68	1.22	1.73	1.23	1.03	1.60	2.51
教育	亿元	75.59	34.64	5.29	7.67	11.52	1.46	14.80	12.98	13.18
文化体育与传媒	亿元	6.36	3.76	0.15	0.24	0.59	0.04	0.80	0.82	0.98
医疗卫生与计划生育	亿元	39.65	14.96	2.24	1.98	6.02	1.07	10.97	6.00	7.72
节能保护	亿元	10.88	4.35	0.31	1.21	0.75	0.33	1.14	1.95	3.44
城乡社区事务	亿元	51.47	36.50	1.69	8.00	9.29	8.73	4.40	7.28	3.28
交通运输	亿元	11.21	4.33	0.05	0.03	1.33	0.00	3.62	1.44	1.83
社会保障和就业	亿元	42.83	16.81	2.73	2.32	7.63	1.07	13.19	4.96	7.87
住房保障	亿元	17.46	6.96	1.12	0.70	2.03	0.29	3.31	2.82	4.37
农林水事务	亿元	56.74	19.78	2.21	3.81	9.98	0.74	14.64	7.76	14.55

2016年泰州市金融业主要指标完成情况表

表60

指　标　名　称	单位	全　市	市　区	海陵区	高港区	姜堰区	医药高新区	兴化市	靖江市	泰兴市
年末金融机构各项存款余额(人民币)	万元	52756180	27420744	–	–	6569619	–	6810796	9401607	9123033
#住户存款	万元	24747108	10535790	–	–	4270143	–	4836295	4721629	4653394
年末金融机构各项贷款余额(人民币)	万元	36567947	19529704	–	–	4848855	–	4284118	6940214	5813911
#短期贷款	万元	15432825	7726162	–	–	2346043	–	2282656	2997206	2426801
中长期贷款	万元	18970834	10613602	–	–	2179487	–	1801266	3482931	3073035
#个人消费贷款(短期+中长期)	万元	6531474	3087848	–	–	785277	–	983106	1053388	1407132

2016年泰州市城镇非私营单位劳动就业情况表

表61

指标名称	单位	全市	市区	海陵区	高港区	姜堰区	医药高新区	兴化市	靖江市	泰兴市
在岗职工人数	人	1014649	492826	109560	111102	216756	55408	82341	158873	280609
#国有单位	人	136466	64077	30241	7505	18653	7678	25439	20369	26581
城镇集体单位	人	26336	10317	4943	2269	2758	347	4990	3955	7074
港澳台商投资单位	人	43877	24092	2155	1623	3139	17175	2526	9729	7530
外商投资单位	人	80191	33706	7045	14840	5905	5916	7936	23518	15031
在岗职工平均人数	人	972993	468777	106763	114615	192545	54854	80823	148675	274718
在岗职工工资总额	万元	5941995	2953128	716141	709463	1152518	375007	414043	901422	1673402
在岗职工平均工资	元	61069	62996	67078	61900	59857	68365	51228	60630	60913
#国有单位	元	85052	115696	96831	86856	89429	113642	64534	87139	77843
城镇集体单位	元	63592	95519	53935	65700	70284	46199	43374	86285	69665

（张　华）

索 引

责任编辑 耿 维

说 明

一、本索引采用主题分析法编制，按标引词第一个汉字的拼音字母（同音字按声调）顺序排列；同音同调，按第二字的音序排列，依次类推。

二、标引后的阿拉伯数字表示内容所在页码，数字后的拉丁字母（a、b）分别表示该页的左右栏。

三、本年鉴的特载、大事记、专记、人物·先进集体、附录等栏目具体内容均未作索引。

四、为便于检索，在泰州的企事业单位和泰州发生的事件名称前的“泰州”两字，除易产生歧义者外，均予省略。

A

B

C

J

K

L

M

N

P

Q

R

S

T

W

（耿 维）

古银杏公园

靖江狐山